KB119168

인간행동과 사회환경

나남신서 2037

개정3판
인간행동과 사회환경

1995년 1월 10일 초판 발행
1999년 9월 5일 초판 10쇄
2000년 3월 15일 개정판 발행
2006년 9월 5일 개정판 14쇄
2007년 3월 5일 개정2판 발행
2017년 3월 15일 개정2판 11쇄
2020년 3월 5일 개정3판 발행
2020년 3월 5일 개정3판 1쇄

지은이   이인정·최해경
발행자   趙相浩
발행처   (주) 나남
주소   10881 경기도 파주시 회동길 193
전화   (031) 955-4601 (代)
FAX   (031) 955-4555
등록   제 1-71호(1979. 5. 12)
홈페이지 http://www.nanam.net
전자우편 post@nanam.net

ISBN 978-89-300-4037-2
ISBN 978-89-300-8001-9 (세트)

개정3판

인간행동과 사회환경

이인정 · 최해경

4th Edition

Human Behavior and Social Environment

Lee, In-Jeong & Choi, Hae-Kyung

nanam

머리말

이 책은 1995년에 출간되고 2000년, 2007년에 개정된 《인간행동과 사회환경》의 새로운 개정판이다. 지난 20여 년 동안 사회복지학뿐 아니라 인접 학문 분야에서 이 책에 보내준 관심에 감사하면서 이번 개정에서도 필요한 부분을 첨가하고 새롭게 만들고자 시도했다.

1부 인간의 성장과 발달에서, 〈영유아보육법〉의 보육 대상이 6세 미만인 것에 기초하여 발달단계를 2세 이하의 영아기와 2~6세의 유아기로 구분하고 유아기를 2~4세의 걸음마기와 4~6세의 학령전기로 세분했으며, 아동기는 6~11세의 초등학생 시기로 두었다. 3부 이상행동의 이해에서는 DSM-5의 출간에 따라 정신장애의 분류체계가 크게 개정되었으므로 이에 따라 변경이 필요한 부분을 수정하고, 아동기 및 노년기 장애를 새로운 장으로 추가했다. 4부 사회환경의 이해는 사회이론 및 사회환경의 이해로 확장하고, 사회의 본질을 설명하는 대표적 이론으로 기능주의이론, 갈등주의이론, 상징적 상호작용이론을 소개하는 장과 인간발달 및 인간행동에 영향을 미치는 환경으로 사이버환경을 다루는 장을 추가했다.

그 외에 사회변화와 더불어 인간행동과 사회환경에 관련된 새로운 연구결과와 학자들의 견해를 반영하여 내용을 최신화했고, 통계수치와 자료를 최근의 것으로 대치했다.

'인간행동과 사회환경'은 인간의 행동과 발달에 대한 이해를 돕는 이론적 기반을 형성해 주는 과목이다. 학생들은 이 과목에서 인간행동에 영향을 미치는 생물학적, 심리적, 사회적, 문화적 요소와 그 요소들 간의 상호작용에 관한 다양한 이론을 공부함으로써 사회복지실천을 위한 기초를 확립하게 된다. 우리나라 사회복지분야는 국가시험인 사회복지사 1급 자격시험과 사회복지 교과과정의 표준화 등을 통해 전문화를 추구하는데, '인간행동과 사회환경'은 사회복지사 자격취득을 위한 교과목에 필수과목으로 채택되어 있고 자격시험 과목에도 포함되어 있다. 이는 인간으로 하여금 다양한 문제를 해결하여 만족스러운 삶을 영위하도록 돕고자 하는 사회복지의 목적을 성취하는 데 인간행동과 사회환경에 대한 이해가 필수적임을 의미하는 것이라 할 수 있다.

교과목으로서 '인간행동과 사회환경'의 목표는 다음과 같다. 첫째, 인간의 발달을 이해하고 각 발달단계에서 습득해야 할 발달과제를 학습하며 이것이 사회복지실천에서 갖는 의미와 연관성을 파악한다. 둘째, 인간행동과 사회환경을 설명하는 대표 이론들을 이해함으로써 원조전문직이 필요로 하는 다양한 형태의 인간행동과 사회환경에 대한 이해와 원조방법을 파악한다. 셋째, 사회복지실천에서 접할 가능성이 높은 이상행동을 학습함으로써 인간의 역기능과 부적응을 향상시키기 위한 기초지식을 확보한다. 넷째, 사회를 이해하는 데 필수적인 기본 이론들을 학습하고 인간행동에 영향을 미치는 주요 사회환경인 가족, 집단, 조직, 지역공동체, 사이버환경에 관해 살펴봄으로써 '환경 속의 인간'이라는 사회복지실천의 주요 관점을 확립한다.

이와 같은 목표에 초점을 맞춰 이 책은 네 부분으로 구성되어 있다.

1부 인간의 성장과 발달에서는 이인정 교수가 인간의 전 생애에 걸친 성장 및 발달과정을 신체적, 심리적, 사회적 측면으로 구분하여 논의했다. 1장에서는 인간발달의 개념과 관점을 사회복지실천과 관련해 검토했으며, 2장에서 5장까지는 태아기, 영아기, 유아기, 아동기 및 청소년기의 발달과제와 특징적 행동에 관해 논의했다. 또한 6장에서 8장에 걸쳐 청년기, 장년기, 노년기의 발달과제와 사건, 그리고 특징적 변화를 검토했다. 각 발달단계마다 그 단계에서 사회복지실천의 관심대상이 될 만한 문제를 한두 가지씩 선정하여 다룸으로써 이론과 실천의 연관성을 파악하고 실천에 대한 이론의 적용에 통찰력을 갖도록 시도했다.

2부 성격이론에서는 최해경 교수가 인간의 성격에 관한 주요 이론들을 논의했다. 방대한 성격이론 가운데 사회복지분야에서 많이 활용되는 이론인지, 인간행동을 설명하는 주요 관점을 대표하는 이론인지를 기준으로, 보다 적합한 이론들을 선택해 다루었다. 9장에서는 인간 성격의 생물학적 영향력을 강조한 관점으로 한스 아이젠크의 생물학적 유형론을 논의했다. 10장과 11장은 지크문트 프로이트의 정신분석적 성격이론, 아나 프로이트의 방어기제이론, 에릭 에릭슨의 심리사회적 성격이론, 알프레트 아들러의 개인심리학적 성격이론, 카를 융의 분석심리학적 성격이론으로 심리역동적 시각의 성격이론들을 소개했다. 12장에서는 버러스 스키너의 행동주의적 학습이론, 앨버트 밴듀라의 사회학습이론으로 행동주의적 관점의 성격이론들을 논의했다. 13장은 장 피아제의 인지발달이론과 아론 벡의 인지적 성격이론으로 인지적 관점의 인간행동이론을 소개했다. 14장은 칼 로저스의 현상학적 성격이론, 에이브러햄 매슬로의 인본주의적 성격이론으로 인본주의적 시각의 이론들을 논했다.

3부 이상행동의 이해에서는 이인정 교수가 개인의 사회적 부적응이나 이상행동에 관한 이론 및 지식들을 논의했다. 이상행동에 대한 이해는 개인의 역기능적 행동의 향상을 목표로 하는 사회복지실천의 이론적 기반이 된다. 15장, 16장에서는 이상행동의 개념과 모델, 17장에서는 이상행동의 분류와 평가, 그리고 18장에서 21장까지는 이상행동의 유형별로 증상, 원인, 치료적 접근 등을 논의했다.

4부 사회이론 및 사회환경의 이해에서는 최해경 교수가 사회의 본질을 설명하는 사회이론과 인간행동에 영향을 미치는 사회환경에 관해 논의했다. 22장에서는 기능주의이론, 갈등주의이론, 상징적 상호작용이론의 기본 가정을 설명하고, 각 이론의 사회복지 영역과의 관련성을 살펴보았다. 23장에서는 사회체계이론의 기본 가정과 주요 개념을 설명하고, 사회체계의 역동성을 논의했다. 24장에서는 생태학 이론의 기본 가정과 주요 개념을 설명하고, 개인과 사회환경 간의 상호교류를 논의했다. 25장부터 29장까지는 주요 사회환경인 가족, 집단, 조직, 지역공동체, 사이버환경에 관해 각각 살펴보았다.

새로운 개정판을 내면서 그동안의 변화를 반영하여 보완할 부분들을 빈틈없이 다루고 싶었으나 제한된 시간 내에 개정작업을 끝내야 했기에 아쉬운 감을 떨치기 어렵다. 부족한 부분에 대해서는 독자들의 예리한 비판과 충고를 기대한다.

끝으로 이 책의 개정3판이 나오기까지 애써 주신 나남출판과 서울대 사회복지연구소에 감사드린다.

2020년 2월
이인정 · 최해경

개정3판

인간행동과 사회환경

차례

인간행동과 사회환경, 사회복지실천

사람들은 왜 특정한 방식으로 행동하는 것일까? 인간행동은 유전인자와 같은 개인적 요인에 의해 결정되는가? 아니면 개인을 둘러싼 가족, 집단, 지역사회와 같은 환경적 요인에 의해 결정되는가? 인간행동을 결정하는 이러한 역동적 요인에 대한 이해는 사회복지실천에 필수적인 기초지식(*foundation knowledge*)을 형성한다.

인간행동에 관한 지식의 중요성은 다음과 같은 사회복지실천의 목적과 연결해 생각할 수 있다(Zastrow & Kirst-Ashman, 2013). 첫째, 사회복지사는 클라이언트로 하여금 부적응과 같은 문제를 해결하고 상황에 잘 적응하도록 돕는다. 둘째, 사회복지사는 클라이언트가 필요로 하는 자원과 서비스를 확보할 수 있도록 가족, 지역사회, 정부관료조직 등을 포함하는 체계(*system*)에 개입한다. 셋째, 사회복지사는 클라이언트 스스로 자원과 기회에 더 잘 접근할 수 있도록 그와 체계들을 연결한다. 따라서 사회복지실천은 클라이언트의 사회적 기능향상을 목표로 하며 이를 위해 사회복지사는 인간행동과 더불어 개인과 그를 둘러싼 체계들 간의 상호작용에 관심을 가져야 한다.

이러한 맥락에서 환경 속의 인간(*person-in-environment*)은 사회복지실천의 중심개념이 되어 왔다. 이것은 사회복지전문직 종사자가 그 역할을 수행하는 데 인간과 환경의 양면에 초점을 두어야 함을 의미한다(Greene, 2017b: 14). 이 관점은 다음과 같은 미국사회복지교육협의회의 교과과정에 관한 지침에도 잘 반영되어 있다(Greene, 1991).

> 사회복지학이 추구하는 환경 속의 인간이라는 기본 입장에 따라
> 사회복지사는 전 생애에 걸쳐 발달하며 동시에 가족, 집단, 조직,
> 지역사회에 속하는 개인에 관한 지식과 인간행동에 영향을 미치는
> 생물학적, 심리적, 사회적, 문화적 요소 간의 관계에 관한 지식을
> 갖추어야 한다.

이 지침에 따르면 인간행동 및 발달, 개인을 둘러싼 사회적 환경에 속한 체계, 그리고 이 둘 간의 상호작용에 관한 지식은 사회복지실천의 기술을 형성하기 위한 필수적인 기초지식이다.

인간행동과 사회환경에 관한 지식의 중요성은 사회복지실천 과정과 연결해서도 이해할 수 있다. 사회복지실천의 기본 과정은 접수(*intake*), 문제에 대한 사정, 개입을 위한 계획 수립, 실제적 개입활동, 평가와 종결로 구성된다. 이 과정 중 문제에 대한 정확한 사정과 클라이언트의 문제해결에 필요한 계획을 선택하여 개입활동으로 옮기는 데 인간행동과 사회환경에 관한 지식은 반드시 필요하다(Greene, 2017b). 예를 들면 자살의 위험성이 있는 청소년을 돕기 위해 사회복지사는 청소년기의 특징,

자살행동에 관한 지식, 이 문제를 해결하기 위해 개입이 필요하거나 함께 활동하는 사회적 체계, 그러한 체계로부터 활용할 수 있는 자원에 대해 파악해야 한다.

  사회복지실천에서 개인의 문제에 대해 사정하고 개입하고자 할 때, 부적응과 같은 형태로 나타난 인간행동에 초점을 둔다. 이때 인간행동은 겉으로 드러난 행동뿐 아니라 사고나 감정 등 인지적·정서적 요소까지 포함한다. 이러한 인간행동은 한 가지 요인에 의해 결정되지 않으며 복잡한 체계 내에서 다양한 요인에 의해 특정한 행동이 유발된다. 즉, 인간행동에 대한 신체심리사회적 상호작용(biopsychosocial interaction)을 고려해야 하며, 구체적으로 신체적 발달이나 문제, 인지적 발달과 감정 등 심리적 과정, 가족과 지지적 체계 및 문화 등 사회적 영향이 개인에게 특정한 행동이 일어날 가능성을 증가시킨다(Ashford, LeCroy, & Lortie, 2006: 14). 그러므로 개인의 전체적 기능을 파악하기 위해 사회복지사는 이러한 모든 차원과 관련시켜 개인의 삶과 경험을 살펴보아야 한다.

  사회환경은 개인을 둘러싼 여건, 상황, 사람들 간의 상호작용으로 이루어진다. 인간이 생존하고 성공하기 위해서는 사회환경과 효과적으로 상호작용하지 않으면 안 된다(Zastrow & Kirst-Ashman, 2007: 18). 사회환경은 거주공간(habitat), 주거환경 등 물리적 환경과 더불어 개인의 삶이 그 안에서 전개되는 가족, 집단, 조직, 지역사회, 문화와 같은 사회적 환경으로 구성된다. 사회적 환경은 흔히 개인이 접촉하는 사회적 세계에 존재하는 타인에 의해 형성되며 인간행동의 중요한 요소인 기대, 동기 등을 결정한다. 그러므로 인간행동을 이해하기 위해서는 상이한 규모의 사회적 체계(가족, 소집단, 조직, 지역사회)가 개인의 행동에 미치는 영향을 이해해야 한다(Ashford, LeCroy, & Lortie, 2006: 10).

이제까지 논의한 바에 입각해 이 책에서는 인간행동에 관한 지식을 다음의 네 가지 영역 — ① 전 생애에 걸쳐 신체심리사회적 차원에서 전개되는 인간발달, ② 인간행동에 대한 결정요인인 성격(*psychological charac-teristics*), ③ 사회복지실천에서 흔히 문제로 표출되는 부적응 또는 이상행동, ④ 개인을 둘러싼 사회적 체계로 구성되며 인간행동에 영향을 미치는 사회환경 — 으로 구분하여 기술하고자 한다. 우선 각 영역에 대해 사회복지실천과의 관계를 간략하게 검토했다.

1. 인간발달과 사회복지실천

인간발달은 수정의 순간부터 죽음에 이르기까지 인간의 전 생애를 통해 일어나는 발달과 변화를 가리킨다. 인간발달에 관한 연구는 다양한 학문 분야에서 이루어져 왔으나 공통적으로 다음과 같은 주제에 대해 설명하고자 하는 것으로 볼 수 있다.

① 태아기로부터 노년기에 이르기까지 인간의 생애는
어떤 발달과정으로 이루어지는가?
② 전 생애에 걸친 발달과 변화에 영향을 미치는 요소는 무엇인가?
유전적 요소인가? 환경적 요소인가?
③ 인간발달에서 육체적, 인지적, 정서적, 사회적 기능은 어떻게 상호
작용하는가? 즉, 신체적 건강상태, 사고, 감정, 사회적 요소 간의 결

합을 어떻게 설명할 수 있는가?

④ 각 단계에서 중요한 사회적 관계는 인간발달에
   어떠한 영향을 미치는가?

이러한 주제와 관련해 발달이론이 사회복지실천에 기여할 수 있는 점을 다음과 같이 구체적으로 요약할 수 있다(Greene, 2017b: 29).

① 생애주기(*life-cycle*)를 순서대로 정리할 수 있게 한다.
② 각 단계에서 개인이 수행해야 할 과제를 제시해 준다.
③ 각 단계에서 그 단계의 발달에 기여하는 요소를 제시해 준다.
④ 각 단계에서 발달의 내용을 구성하는 신체심리사회적(*biopsycho-social*) 요소와 그 요소들 간의 관계를 보여 준다.
⑤ 결혼, 퇴직과 같은 생활변천(*life-transition*)에서
   변화와 안정의 차원을 파악할 수 있게 해준다.
⑥ 수태로부터 사망에 이를 때까지 변화하거나
   지속되는 과정을 제시해 준다.
⑦ 이전 단계의 결과로서 출현하는 각 발달단계의
   특징에 대해 설명해 준다.
⑧ 이전 단계의 결과가 각 발달단계의 성공이나 실패에
   미치는 영향을 보여 준다.
⑨ 발달에서 개인적 차이가 존재하는 것을 보여 준다.

재스트로와 커스트-애시먼(Zastrow & Kirst-Ashman, 2013)은 이러한 인

간발달에 관한 지식을 사회복지실천 과정과 연결하여 그 중요성을 강조했다. 그들에 의하면 사회복지실천의 과정 중 인간발달에 관한 지식은 특히 문제에 대한 사정과 관련된다. 사회복지실천에서 사정을 통해 클라이언트, 클라이언트의 문제, 클라이언트의 문제가 놓여 있는 상황에 대해 정확하게 이해하고 평가하는 것은 효과적 개입을 위해 매우 중요한데, 이는 인간발달에 대한 기본적 지식과 이해를 필요로 한다.

가령, 비행청소년을 도와주기 위해 접근하는 사회복지사는 우선 문제를 파악하기 위해 청소년기 발달에 관한 지식을 갖추어야 하고 청소년 비행 문제와 비행을 시도하는 사람의 특징 등에 관해서도 이해하고 있어야 한다. 또한 노인을 위한 프로그램을 개발하려는 사회복지사는 노년기의 특징과 발달과제에 대해 잘 알아야 노인의 욕구를 충족할 수 있는 효과적 프로그램을 만들 수 있을 것이다.

재스트로와 커스트-애시먼(Zastrow & Kirst-Ashman, 2013)은 사회복지실천에서 환경 속의 인간을 개념화하는 생태적 관점에 입각하여 인간행동과 발달을 사정하기 위한 모델을 제시했다. 이 모델은 한 단계에서 다음 단계로 이동하는 과정에서 전환적 문제나 욕구를 가진 개인과 환경 간의 관계를 관찰하고, 그러한 관계로부터 부적응 행동이나 역기능적 관계와 같은 문제의 원인을 파악하고자 했다. 생태적 관점에서 인간행동과 발달에 대해 사정하려면 다음과 같은 세 가지 차원에서 개인과 환경 간의 상호작용을 파악하는 것이 중요하다.

첫째, 인간의 보편적 발달이다. 이는 인간의 생애에 걸쳐 보편적으로 일어나는 신체적, 심리적, 사회적 발로로 성장 과정에서 누구나 일반적으로 경험하는 현상이다. 예를 들면, 아이가 한 살 정도 되면 걷기 시작하는 것, 청소년기에는 추상적 사고가 가능한 것 등이다. 사회복지사는 병적인 또는 문제 있는 상태를 정상적 상태로부터 구분해 내기 위해 신체적, 심리적, 사회적 차원에서 삶의 각 단계에서 보편적 발달에 대한 이정표(*milestones*)를 잘 알고 있어야 한다.

둘째, 인생의 특정한 시기에 공통적으로 마주하는 삶의 사건(*life-events*)으로서 특정한 삶의 사건은 대부분 특정한 삶의 단계에서 일어난다. 청년기의 결혼이나 노년기의 정년퇴직 등이 그 예이다. 이러한 사건은 그것이 일어나는 시기적 맥락에서 고려되어야 하며 그 사건을 경험하는 사람의 개인적 의미에 관심을 두어야 한다. 삶의 사건 중에는 이에 직면한 사람이 잘 대처하도록 돕기 위해 사회복지사의 개입이 자주 요구되는 것들이 있다. 그러므로 사회복지사가 사회복지실천에서 이러한 사건에 대해 이해하고 초점을 맞추는 것이 필요하다.

셋째, 인간의 다양성(*human diversity*)은 성, 연령, 인종, 계층, 문화, 장애, 종교, 정치적 성향 등에 관련된 집단 간의 광범위한 차이를 의미한다. 신체적·사회적 특징 가운데 사회의 주류(*majority*)에서 벗어난 소수집단(*minority*)의 특징을 지닌 것이 인간행동과 발달에 영향을 미친다. 어떤 사람이 소수집단의 특징을 갖게 되면 사회가 그 사람의 개인적인 고유한 속성에 의해서가 아니라, 소수집단에 대한 편견에 의해 반응함으로써 그러한 특징을 가진 사람은 차별(*discrimination*)이나 억압(*oppression*)에 놓일 수 있다. 인간의 차이와 소수집단의 특징이 개인의 행동과 발달에 미치는 영향을 이해하는 것은 사회복지실천에 중요한 의미를 갖는다.

이상에서 살펴본 인간발달에 대한 연구들은 공통적으로 개인의 행동과 발달에서 인간과 환경 간의 상호작용을 강조한다. 그리고 인간발달에 관한 지식은 사회복지실천에서 직접적으로 사용되는 기술에 관한 것이 기보다는 올바른 실천을 하기 위해 필수적으로 갖추어야 하는 기초지식이라 할 수 있을 것이다. 1부에서 각각의 발달단계별로 신체적, 심리적, 사회적 차원에서 발달과제를 상세하게 검토하고 사회복지실천과의 연관성을 살펴볼 것이다.

2. 성격이론과 사회복지실천

성격이론은 임상 사회복지실천의 중요한 이론적 지식기반이라 할 수 있다. 성격이론에 관한 사회복지전문직의 관심은 인간행동을 이해하여 체계적·과학적으로 원조하기 위한 목적 때문이다. 레비(Levy, 1970)는 우리가 성격에 관심을 갖는 것은 인간이 어떤 개체이고, 어떻게 해서 그렇게 되었으며, 무엇 때문에 그렇고, 어떻게 하면 그가 변할 것이며, 그들이 서로 어떻게 다르고, 현재와 미래의 행동은 이럴 것이라고 설명하기 위해서라고 하였다. 다시 말해, 그 사람의 성격을 이해하면 어느 정도는 그 사람이 왜 다른 방식이 아닌 바로 그 방식으로 행동하는지를 이해할 수 있다는 것이다. 그뿐만 아니라 성격에 관한 이론은 인간행동을 수정하는 방법까지 시사해 준다.

이를 두고 젤리와 지글러는 성격이론이 서술적(*descriptive*) 기능과 예측적(*predictive*) 기능을 갖는다고 보았다(이훈구 역, 1993: 13~14). 서술적 기능이란 인간행동을 체계적으로 정리해 알기 쉽게 제시하는 것이며, 예측적 기능이란 아직 나타나지 않은 사건과 그 사건의 결말을 예언할 수 있도록 하는 것이다. 성격이론이 갖는 서술적 기능과 예측적 기능은 다양한 형태의 인간행동에 대한 이해와 원조방법을 시사해 주므로 성격이론에 관한 폭넓은 지식은 사회복지사를 비롯한 원조전문직에게 필수적이다.

성격에 관한 정의는 200여 개에 이를 정도로 무수히 많다. 가장 포괄적 정의 가운데 하나는 올포트(Allport, 1961: 28)의 정의로, 그는 성격이란 개인의 특유한 행동과 사고를 결정하는 그 개인에 내재하는 심리신체적 체계들의 역동적 조직이라고 정의했다. 이와 유사하게 카버와 셰어(Carver & Scheier, 2012: 4)도 성격을 개인의 행동, 사고, 감정의 독특한 양상을 창조하는 개인 내부의 심리신체적 체계의 역동적 조직으로 정의했다. 이 정의들처럼 성격은 개인의 독특한 성질을 뜻하는데, 이는 인간의 사고과정이나 행동, 감정이 손에 있는 지문만큼이나 독특하다는 것이다. 그 사고과정이나 행동, 감정에서 중요하게 보는 것은 패턴이다. 성격의 또 다른 속성은 안정성 혹은 일관성으로, 상황이 달라지고 시간이 지나도 어느 정도 같은 방식으로 행동한다는 것이다. 그리고 성격을 구성하는 내용이 반응양식의 개인적 차이를 설명하는데, 이는 성격 특징에 의해 동일한 상황에 처한 사람들이 서로 다른 방식으로 반응하는 것을 말한다.

전술한 개념이 나타내듯, 성격은 개인의 사고나 감정 또는 행동을 결정하는, 지속적이고 일관되며 역동적인 정신기제이다. 이 정신기제를 규명하고자 무수히 많은 이론이 등장했다. 이 성격이론들의 주제인 인간의 본성과 성격발달에 관한 문제는 그 주제 자체가 워낙 광범위하므로 인간을 어떤 관점에서 보는가에 따라 이론적 접근과 그 내용이 상이하다. 다양한 관점의 성격이론은 상호보완적으로 인간행동에 대한 이해를 증진할 수 있다.

생물학적 관점의 성격이론은 유전자, 내분비선, 신경계, 체형 및 체질과 같은 신체적 특성 등을 성격형성의 주된 요인으로 설명한다. 인간행동에 관해서는 신체심리사회적 요소를 함께 고려하는 것이 강조되어온 반면, 성격에 영향을 미치는 유전 및 생물학적 요인에 대해서는 그동안 사회복지 교육과정에서 다른 관점의 성격이론에 비해 상대적으로 관심을 기울이지 않았다.

심리역동적 관점의 성격이론들은 아동기, 모자관계, 과거와 현재 경험과의 관계, 방어기제, 발달과업, 생활양식, 가족관계, 집단무의식 등에 초점을 두고 사회복지실천가에게 클라이언트의 행동을 이해할 수 있는 틀과 클라이언트가 자신의 문제에 관해 통찰하거나 해결할 수 있도록 돕는 개입기법을 제공했다. 특히, 프로이트의 정신분석이론은 사회복지실천의 역사에서 최초로 성격에 대한 강력한 설명이론으로 기여했다고 평가된다. 정신분석이론을 확장하거나 수정한 심리역동적 접근의 성격이론들인 에릭슨의 심리사회이론, 아들러의 개인심리학 등도 사회복지실천 모델에 유용하게 반영되었다.

행동주의 관점의 성격이론들은 사회복지실천의 효과성에 대한 사회적 요구가 높아지면서 그 중요성이 인정되었다. 행동주의적 성격이론의 주요 개념인 반응적 조건화, 조작적 조건화, 관찰학습 등은 클라이언트의 문제행동에 대한 사정평가, 목표설정, 개입기법에 활발하게 사용되었다.

인지적 관점의 성격이론들은 사고의 획득과 기능에 초점을 두는 접근으로, 인지체계의 발달과 단계별 특성을 설명하는 인지발달이론과 인지기능을 임상적 영역에서 치료적으로 적용한 인지치료이론 등이 있다. 인지발달이론은 인지구조의 발달을 통한 인간과 환경의 적응을 강조하며 인간을 사고하는 합리적 존재로 가정하는데, 이러한 전제는 인간이 환경에 능동적으로 대처할 수 있고 성장과 발달에 대한 잠재력을 가졌다고 보는 사회복지실천의 기본 가정과 일치한다. 인지치료이론에서는 행동이 환경에 대한 지각이나 해석의 영향을 받는다고 가정하여 왜곡된 지각과 해석이 부적절한 행동을 낳는다고 본다. 인지치료이론은 아동의 행동문제, 불안과 우울 등 정서장애, 대인관계 문제, 약물남용과 같은 자기조절장애에 효과적으로 적용되었다.

인본주의적 관점의 성격이론들은 인간의 존엄성, 자기 결정권과 같은 사회복지실천 철학의 기반으로 간주될 수 있다. 이 이론들이 사회복지실천에 기여한 바는 두 가지 측면에서 생각해볼 수 있다. 첫째, 클라이언트를 전인적 존재로 보고 경험에 대한 클라이언트의 주관적 해석과 이해를 존중하는 사회복지실천의 가치관을 이론적으로 뒷받침했다. 둘째, 클라이언트를 이해하는 데 비심판적이고 유연한 이해를 가능하게 하는 이론적 토대가 되었다. 클라이언트를 비난하지 않으면서 클라이언트의 사고, 정서, 행동을 설명하는 것이 가능해진 것이다.

이와 같이 어느 한 성격이론으로 인간행동을 충분히 이해할 수 없으므로 인간행동을 설명하는 주요 관점들에 해당하는 여러 성격이론을 포괄적으로 학습하는 것이 필요하다. 2부에서 인간 성격의 생물학적 영향력을 강조한 관점으로 아이젠크의 생물학적 유형론을, 심리역동적 관점으로는 프로이트의 정신분석적 성격이론과 아나 프로이트의 방어기제이론, 에릭슨의 심리사회적 성격이론, 아들러의 개인심리학적 성격이론, 융의 분석심리학적 성격이론 등을 살펴볼 것이다. 행동주의적 관점으로는 스키너의 행동주의적 학습이론과 밴듀라의 사회학습이론을, 인지적 관점으로는 피아제의 인지발달이론과 벡의 인지적 성격이론을, 인본주의적 관점에서는 로저스의 현상학적 성격이론과 매슬로의 인본주의적 성격이론을 논의할 것이다.

3. 이상행동과 사회복지실천

인간행동에 대해 정확하게 이해하려면 보편적이고 정상적인 인간의 발달뿐 아니라 개인의 부적응을 유발하는 이상행동에 관해서도 파악할 필요가 있다. 이상행동이란 객관적 관찰과 측정이 가능한 개인의 부적응적 특성과 행동으로 정의될 수 있다(권석만, 2013). 이러한 이상행동에 대한 이해는 개인의 역기능적 행동의 변화를 목표로 하는 사회복지실천의 지식 기반이 되므로 중요하다.

이상행동에 관한 지식은 정신건강이나 정신보건 사회복지분야에서 활동하는 사회복지사에게만 필요한 것은 아니다. 어떤 유형의 사회복지분야나 사회복지기관(예: 사회복지관, 동 행정복지센터나 구청 등)에 소속하든 사회복지사가 클라이언트를 대하는 사회복지실천의 직무를 맡게 되면 이상행동을 가진 클라이언트를 만날 가능성이 높다. 그리고 이런 경우 이상행동에 관한 기본적 지식을 갖추어야 클라이언트의 문제에 대해 더욱 정확한 이해가 가능해진다. 다시 말해, 보편적 인간의 행동과 발달에 대한 지식과 더불어 이상행동에 대한 기본적 지식도 사회복지실천을 위해 갖추어야 할 기초지식으로 간주할 수 있다.

구체적으로 이상행동에 대한 지식은 다음과 같은 측면에서 사회복지사에게 유용하다. 첫째, 심리적 장애(*mental disorder*)나 사회적 일탈(*social deviance*)에 관련된 이론 및 개념을 적절히 이해하고 적용할 수 있다. 둘째, 다양한 인간행동을 설명하는 데 이러한 개념의 유용성과 한계를 파악할 수 있다. 셋째, 이상행동에 대해 올바른 평가(*assessment*)를 내릴 수 있게 되며 이러한 평가를 바탕으로 적합한 사회복지실천을 확립할 수 있다. 이 책에서는 일반적으로 사회복지사가 알아야 할 대표적 이상행동의 유형과 내용을 검토했다.

이상행동과 관련된 사회복지사의 역할은 다음과 같이 요약할 수 있다 (Turner, 1989: 1~7).

① 이상행동에 대한 진단을 한다. 사회복지사는 사람들이 심리사회적 기능상의 문제가 있을 때 제일 먼저 접촉하는 전문가 중 한 사람이며, 흔히 이상행동의 여부를 판단해야 한다. 이러한 역할을 제대로 수행하기 위해 이상행동의 증상이나 조건에 관한 지식을 갖추어야 한다. 이것은 사회복지사가 이상행동의 진단에서 항상 가장 중심적 역할을 해야 한다는 의미는 아니다. 그러나 사회복지사가 이상행동의 범위와 증상에 관해 충분히 알고 있음으로써 적절한 개입이 적용되도록 하고 부적절한 개입이 적용되는 것을 방지할 수 있다.
② 의뢰(*referral*)의 역할을 한다. 사회복지사는 이상행동에 대해 정확한 진단이 이루어진 후에 그에 따라 적합한 전문가, 자원, 서비스의

연결이 이루어지도록 각각에 대한 정보를 확보하고 연결하는 역할을 한다.

③ 이상행동에 대한 치료를 담당한다. 사회복지사의 이상행동에 대한 치료는 두 가지 차원에 따라 그 양식이 달라진다. 첫 번째 차원은 책임의 정도로서, 문제의 유형과 상태에 따라 사회복지사가 치료에 대한 일차적 책임자가 되기도 하고, 정신과 의사를 돕는 이차적 역할을 담당하기도 한다. 두 번째 차원은 치료의 초점으로서, 초점이 클라이언트의 행동이나 성격의 변화에 주어지는지 또는 환경의 변화에 있는지에 따라 사회복지사의 치료자로서의 역할이 달라진다고 볼 수 있다.

④ 사회복지사는 이상행동을 하는 클라이언트의 가족을 대상으로 활동한다. 클라이언트의 문제를 더욱 잘 이해하기 위해 사회복지사는 가족을 치료에 포함할 필요가 있다. 그리고 클라이언트의 문제가 가족에게 주는 고통을 잘 이해하고 이러한 고통을 극복하는 데 필요한 지지와 개입을 하는 것도 중요하다. 클라이언트의 가족에게 이상행동에 관해 교육함으로써 그들이 클라이언트의 문제를 더 잘 알고 대응할 수 있도록 해준다.

⑤ 이상행동에 관련된 전문적·비전문적 인력, 그리고 지역사회를 대상으로 홍보와 교육활동을 함으로써 이상행동에 대한 편견이나 무관심을 감소시킨다. 이러한 활동은 클라이언트와 그 가족의 스트레스를 완화하는 효과와 더불어 이상행동에 관련된 프로그램을 성공시키는 데 필요한 이해와 지지를 조성한다는 점에서 중요하다.

이 책에서는 이상행동의 발생과 지속에 관련된 요인으로 개인적 속성과 사회적 환경의 양 측면을 고려하며, 3부에서 각각의 이상행동에 관해 원인, 진단, 증상, 치료 등이 구체적으로 검토될 것이다.

4. 사회이론 및 사회환경의 이해와 사회복지실천

20세기 초 인도의 정글에서 발견된 늑대소녀의 이야기는 인간행동에 관해 생각해 보는 실마리가 될 수 있다. 그들은 인간으로 태어났고 인간의 모습을 갖추고 있었지만 늑대에 의해 양육되었으므로 인간의 행동양식이 아닌, 늑대의 행동양식을 지니고 있었다. 즉, 네 발로 걸었고, 생고기를 먹었으며, 언어를 사용하지 못했다. 발견된 후 그들을 양육한 목사부부가 각고의 노력을 기울였음에도 직립보행과 몇 십 개의 단어를 배우는데 그치고 말았다. 이는 인간행동이 생물학적 요소만으로 결정되지 않는다는 것을 증명하는 한 예이다.

늑대소녀가 인간의 행동양식을 지니지 못했던 것은 인간사회와 단절된 채 성장한 탓이다. 인간은 사회와 분리되어서는 정상적 발달이 불가능하며, 인간행동은 복잡한 사회적 관계망 속에서 상호작용하는 많은 요소의 산물이라 할 수 있다. 사회적 관계망 속에 대표적으로 포함될 수 있는 것은 가족, 집단, 조직, 지역공동체, 사이버환경 등이다.

인간행동에 영향을 미치는 이러한 맥락, 즉 사회환경에 대한 이해는 인간행동을 이해하고 도움을 필요로 하는 사람의 사회적 기능향상을 돕기 위해 반드시 필요한 기초지식이다.

사회환경을 이해하기 위한 관점을 갖기 위해서는, 우선 사회구조를 비롯한 사회의 본질을 살펴볼 수 있는 기본 이론에 대한 지식이 필요하다. 사회의 본질을 설명하는 기본 이론들로 간주되는 기능주의이론, 갈등주의이론, 상징적 상호작용이론을 통해 인간이 생활하는 사회에 대한 다양한 관점을 알 수 있다.

사회복지학에서 인간과 사회환경의 관계를 조명한 이론적 견해로는 사회체계이론(Anderson & Carter, 1990; Martin & O'Connor, 1989)*과 생태학이론(Germain, 1991; Bronfenbrenner, 1979)**이 있다. 사회복지실천의 기초로서 인간행동에 관한 이해를 도울 수 있는 유용한 이론은 개인-환경 상호관계의 본질을 조명하는 것이어야 하는데, 두 이론적 관점은 이에 가장 적합하다고 평가된다.

사회체계이론과 생태학이론은 자주 동일한 의미로 혼용된다.*** 그럴

---

* 체계이론은 그 특성인 일반성과 사변성, 구체적으로 검증할 수 없다는 난점, 측정상의 문제 때문에 비판받기도 하나(최재현 역, 1988), 사회복지분야에서는 체계이론의 관점을 실제 사회체계의 특성에 적용함으로써 활용하고 있다. 사회체계이론은 사회복지실천을 인간행동을 이해하는 데 단선적 인과관계 관점을 가진 의료적 모델에서 다원론적 관점으로 전환했다는 점에서 기여한 바가 크다(Petr, 1988).

** 생태학이론은 개인-환경 간의 적합성, 개인과 환경 간의 상호교류, 적응을 지지 또는 방해하는 요소 등을 중요시하며 이는 사회복지실천의 중요한 이론적 준거틀이다.

*** 두 이론적 관점을 아예 통합해 생태체계이론으로 일컫기도 한다. 생태체계이론에서는 개인을 하나의 체계로, 사회환경을 또 다른 하나의 체계로, 생태학적으로 인간과 사회환경 간의 적응과 상호작용을 바라봄으로써 사회체계이론과 생태학이론을 통합한다. 생태체계이론은 다양한 부분 사이에서, 그리고 인간과 환경의 공유영역에서 일어나는 상호작용과 상호관계를 강조함으로써 환경 속의 인간을 강조한다. 환경 속의 인간은 사회복지사가 클라이언트의 사회적 기능 관련 문제를 설명하고 분석하기 위한 관점이다.

정도로 두 이론은 공통점을 갖는데 예컨대 개인행동을 이루는, 개인이 서로 상호작용하는 사회환경의 부분인 다양한 요소의 상호관련성에 관심이 있다. 또한 두 관점 모두 적응이 개인만을 변화시키는 것이 아니라 때로는 환경을 변화시키는 것까지 포함한다고 본다. 한편, 생태학이론이 환경과 협상하는 개인의 능력에 초점을 두는 반면, 사회체계이론은 변화하는 체계의 능력을 강조한다는 차이점이 있다.

20세기 후반부터 사회체계이론과 생태학이론은 사회복지실천의 가장 중요한 패러다임으로 기여했다. 이 이론들은 사회복지실천가가 인간행동을 이해하고 돕기 위해 개입할 때 단선적 인과관계가 아닌 인간을 둘러싼 다양한 사회환경을 포함해 사정하고 개입하도록 했다. 사회복지실천가는 사회체계이론과 생태학이론으로 사회환경을 파악하고 이해함으로써 문제의 진원지로서뿐 아니라 클라이언트체계를 돕는 데 동원 가능한 자원으로서, 그리고 개입지점과 관련해 가족, 집단, 조직, 지역사회를 함께 고려하게 된다. 클라이언트를 원조하는 전문직으로서 사회복지전문직은 인간의 사회적 기능향상을 도우며 이러한 목표달성에 적합한 사회적 조건을 만들기 위한 전문적 활동을 수행한다.

인간은 그들이 속한 사회환경과의 상호작용을 통해 발달이 이루어지고 행동특성이 형성되는 한편, 환경을 변화시키기도 하는 능동적이고 적극적인 존재이다. 이와 같은 인간관을 토대로 사회복지실천은 '환경 속의 인간'이라는 기본 틀의 전제 아래, 개인에 대한 접근 혹은 사회환경에 대한 접근으로 구분하지 않은 채 인간과 환경 간의 상호작용에 초점을 두고 있다. 상호작용하는 사회체계 내에서 성장, 발달하는 개인과 사회환경 간에 역동적 균형을 이룰 수 있도록 돕고 개인과 사회환경의 불균형에서 비롯되는 문제를 다루기 위해서는 다양한 사회환경에 관한 이론과 지식을 기반으로 두어야 한다.

사회복지실천은 개인에 한정되지 않는 광의의 시각이 필요하다. 많은 경우 개별 클라이언트의 행동문제 차원이 아닌 환경에서 비롯되는 외부 요인 혹은 개인과 환경 간의 상호작용 요인이 문제를 일으킨다. 예를 들어 보자(김규수 외 역, 2002: 16~17).

> 부모가 모두 저임금 노동자로 가난한 이 가족은 식구가 5명이고
> 아버지는 노동조합조차 결성되지 않은 작은 공장에서 일하고 어머니는
> 작은 식당에서 일한다. 아버지가 갑자기 실직하면서 얼마 동안은
> 실업급여로 생활하였으나 실업급여가 끊기면서 심각한 경제적
> 위기상황을 맞았다. 열심히 노력했으나 아버지는 일자리를 얻지 못했고
> 절망 속에서 공공부조를 신청했다. 신청 과정에서 실수로 문제가 생겨
> 급여결정이 두 달 동안 지연되었다. 그동안 가족은 심각한 곤란을
> 겪었다. 전화와 전기가 끊기고 집주인은 나가라고 위협했다. 심한
> 스트레스와 절망감을 느낀 부모는 서로 다투게 되었고
> 굶주림에 보채는 아이들을 때리게 되었다.

이 예는 인간과 사회환경의 역동적 상호영향을 개인과 가족, 가족과 조직, 개인·가족과 지역사회 등 다양한 측면에서 보여 주고 있다. 즉, 사회복지실천은 클라이언트와 사회환경 간의 상호작용을 향상하고자 하는 목적을 갖는데 이를 위해서는 문제 상황을 사회환경의 맥락에서 포괄적으로 검토하는 작업이 필수적이다.

사회환경을 이해하기 위한 이론 및 주요 사회환경을 살펴보기 위해 4부에서는 사회이론 및 사회환경의 이해로 구성했다. 우선 사회이론으로 기능주의이론, 갈등주의이론, 상징적 상호작용이론의 기본 가정을 설명하고, 각 이론의 사회복지 영역과의 관련성을 살펴볼 것이다. 다음으로는 사회체계이론의 기본 가정과 주요 개념을 설명하고, 사회체계의 역동성을 논의할 것이다. 또한 생태학이론의 기본 가정과 주요 개념을 설명하고, 개인과 사회환경 간의 상호교류를 논의할 것이다. 그리고 주요 사회환경인 가족, 집단, 조직, 지역공동체, 사이버환경에 관해 각각 살펴볼 것이다. 그동안 '인간행동과 사회환경' 교과목에서는 가족, 집단, 조직, 지역사회와 같은 물리적 공간을 전제로 한 사회환경을 논의했으나 인터넷이 만든 사회, 즉 사이버공간이 급격하게 발전하면서 환경 속의 인간 접근에서 사이버환경을 포함해야 할 필요성이 뚜렷해졌다. 가상사회에서 확장되는 인간관계망, 상호작용 등이 인간의 성격과 행동에 미치는 영향력이 커졌기 때문에 사회환경에 사이버환경을 포함해 논의할 것이다.

인간의 성장과 발달

1장

인간발달의 개념

1. 인간발달의 개념과 관점

인간발달(*human development*)이란 시간에 따라 개인에게 일어나는 신체 구조, 사고, 행동의 변화를 가리킨다(Papalia & Martorell, 2015: 3).* 이러한 변화는 점진적으로 진행되고 축적되며, 그 결과로 신체의 확장, 복잡한 활동수행 능력이 증가된다. 비렌과 우드러프(Birren & Woodruff, 1973)도 발달은 덜 분화된 상태에서 더 분화된 상태로, 덜 복잡한 유기체로부터 더 복잡한 유기체로, 능력과 기술의 낮은 단계에서 높은 단계로 진행되는 과정이라고 정의했다(Greene & Ephross, 1991: 20에서 재인용).

예를 들면, 운동능력의 발달은 유아로 하여금 초기에 자신의 의지와 상관없이 움직이던 팔과 다리를 나중에는 의도적인 뻗치기, 쥐기, 기기,

---

*　발달의 이론은 "2부 성격이론"에서 프로이트의 정신분석이론, 에릭슨의 심리사회적 성격이론, 피아제의 인지발달이론 등에 설명되어 있다.

걷기 등을 할 수 있게 한다. 또한 유아기에는 눈앞에 보이는 구체적 대상만을 인식할 수 있으나 청소년기에 이르면 사고의 발달로 현실에서 직접 관찰하지 않더라도 정신세계 내에서 인과관계를 추론하는 추상적 사고가 가능하다.

뉴먼과 뉴먼(Newman & Newman, 2018: 5)은 인간의 발달에 관해 다음과 같은 기본전제를 제시했다.

- 인간의 성장과 발달은 삶의 모든 기간에 걸쳐 일어난다. 그러므로 인간발달은 모체 내에서 수태되었을 때부터 죽을 때까지의 긴 인생 과정에서 일어나는 변화를 모두 포함한다. 각 단계에서 새로운 능력이 출현하고 새로운 역할이 수행되며 새로운 도전에 직면하고 그 결과로 자신과 사회에 대해 새로운 방향이 전개된다.
- 인간의 삶이란 시간에 따라 진행되면서 지속성(*continuity*)과 변화 (*change*)를 보인다. 이러한 지속성과 변화에 기여하는 과정을 파악하는 것이 인간발달의 이해에 중요하다. 지속성은 한 단계에서 다른 단계로 이동해도 유지되는 기억, 정체성과 같은 특징의 안정성 (*stability*)을 가리키며, 변화는 생물학적 성숙, 교육과 같은 체계적 사회화에 의한 성장과 재구조화를 의미한다.
- 인간을 전체로서 이해해야 한다. 왜냐하면 우리는 일상생활에서 인간으로서의 여러 기능이 통합된 방식으로 활동하기 때문이다. 즉, 육체적, 인지적, 사회적, 정서적 능력 및 이러한 것들의 상호관계 내에서 주요한 인간발달을 연구해야 한다.
- 인간의 발달과 행동은 그에 관련된 상황이나 인간관계의 맥락에서

분석되어야 한다. 왜냐하면 인간은 환경에 적응하는 고도의 능력이 있으므로 행동양식이나 그 변화는 흔히 그것이 일어난 물리적, 사회적 상황을 반영하기 때문이다.

- 인간은 자신의 발달에 능동적으로 기여한다. 이러한 기여는 기회와 목표, 사회적 기대에 대한 수용이나 거부, 선호와 취향 등에서 개인적 선택을 통해 이루어진다. 그러나 어떤 사회는 개인의 발달을 촉진하기 위해 더 많은 기회와 선택을 부여하는 반면, 어떤 사회는 기회와 선택이 제한되어 발달에 대한 개인의 기여에 사회적 영향이 존재한다.
- 인간의 다양성(*human diversity*)은 생물학적, 심리적, 사회적 체계의 상호작용의 산물이다. 인간의 다양성이란 사람들 간에 존재하는 차이를 가리킨다. 인간의 다양성은 유전적 요인인 게놈(*genome*)의 구조 위에 형성되며, 개인이 새로운 환경을 만나고 새로운 경험에 고유한 의미를 부여하면서 확대된다. 사회적 정체성, 경제적 자원, 교육의 기회 등은 다양성에 기여하는 사회적 체계의 예이다.

그러므로 인간발달의 연구는 모체 내에서 수태되었을 때부터 죽을 때까지의 전 생애에서 일어나는 변화를 그 대상으로 한다. 또한 과거에 이루어진 발달로 이미 형성된 구조 속에 현재의 경험이 융합되어 변화가 일어나므로 인간의 발달에는 지속성과 변화가 있다고 보아야 한다.

인간의 발달과정은 유전적 요소와 환경적 요소에 의해 추진된다. 유전적 요소는 인간이 지배할 수 없으며 주로 신체적 발달을 주도하는 요인으로서 성장률이나 태아기의 성장과 같은 성숙(*maturation*)에 영향을 미친다. 성숙이란 유전인자에 포함된 계획에 따라 전개되는 유기체의 형태, 조직, 복잡성, 통합성, 기능상의 변화를 가리킨다. 유전인자에 계획된 대로 크기, 복잡성, 기능이 정점(*optimal point*)에 이를 때까지 계속해서 증가하는 것을 성장(*growth*)이라고 하며 정점에 이른 이후에 일어나는 변화를 흔히 노화(*aging*)라고 부른다(Craig, 1999).

환경적 요소는 인간의 환경에 존재하며 삶의 각 단계에서 새로운 기회를 부여하고 새로운 책임을 요구하는 가족의 기대, 학교, 직장과 같은 사회문화적 요소를 말한다. 이러한 환경적 요소가 인간의 발달을 이끄는 기본적 과정을 학습(*learning*)과 사회화(*socialization*)라고 할 수 있다. 학습은 경험과 훈련에 의해 가치관, 태도 등을 형성하며 기술을 습득하고 지식을 얻는 과정을 말한다. 사회화는 개인이 자기가 속한 사회적 집단 — 가족, 지역사회, 민족 — 에 그 구성원으로서 자연스럽게 동화되어 가는 과정으로, 그 안에서 통용되는 사회적 기대, 관습, 가치, 신념, 역할, 태도 등을 배우는 것을 포함한다.

인간의 발달은 태아기의 성장과 같이 주로 유전적 요인에 주도되는 과정도 있으나, 대부분 유전적 요소와 환경적 요소의 지속적 상호작용을 포함하며 전적으로 한 요소에 의하여 일어나는 발달은 없다.

버거와 페데리코(Berger & Federico, 1991)도 인간발달은 내부적 요소와 외부적 요소의 결합에 의해 형성된다고 주장했다. 그들에 의하면 인간의 삶은 전 생애에 걸친 일종의 '마스터플랜'(*master plan*)에 따라 진행되며, 그러한 계획은 생물학적(유전적) 요소, 심리적 요소, 사회구조적 요소, 그리고 문화적 요소로 구성된다.

에릭슨(Erikson, 1963)에 의하면 인간의 삶은 생물학적(신체적) 체계

(*biological system*), 심리적 체계(*psychological system*), 사회적 체계(*societal system*) 등 세 가지 주요 체계로 구성된다. 생물학적 체계는 감각, 운동, 호흡, 순환, 내분비, 신경체계 등과 같이 인간이 유기체로서 기능하는 데 필요한 체계를 말한다. 생물학적 체계는 유전적으로 인도되는 성숙과 더불어 영양, 일조량과 같은 환경적 자원, 질병이나 사고, 식생활, 수면, 약물, 운동량과 같은 생활습관의 결과로서 발달하고 변화해 나간다.

심리적 체계란 경험으로부터 의미를 파악하고 행동을 취하는 개인의 능력에 핵심적인 정신적 과정으로, 감정, 기억, 인식, 판단, 언어, 문제해결 능력, 자아개념 등을 포함한다. 심리적 체계를 구성하는 요소들도 인간의 전 생애에 걸쳐 발달하고 변화하며, 유전적 요인과 더불어 다양한 교육기회와 같은 경험의 축적에 의해 영향을 받는다.

사회적 체계는 개인이 맡은 사회적 역할, 가족구조, 명절·제례 등 관습, 문화양식 등을 통해 인간이 사회에 통합되는 과정을 말하며, 전 생애에 걸쳐 변화한다. 그 사회의 경제적 번영이나 빈곤, 전쟁과 평화, 성차별이나 인종차별과 같은 다양한 차별의 존재도 사회적 체계에 포함된다.

에릭슨은 이러한 생물학적 체계, 심리적 체계, 사회적 체계의 상호작용 결과로 이루어진 내적 경험이 인간발달 연구의 초점이 되어야 한다고 주장한다. 그리고 개인과 그를 둘러싼 사회적 환경 간의 지속적인 상호작용의 중요성을 강조한다.

뉴먼과 뉴먼(Newman & Newman, 2018: 12)은 다음과 같은 사례를 통해 인간의 행동을 산출하는 데 이 세 가지 체계가 어떻게 상호작용하는지 보여 준다.

올해 60세인 로즈는 추수감사절에 모일 가족을 위해 만찬 준비를 하던 지난주 내내 심각한 현기증과 호흡곤란을 경험했다. 로즈는 평소에는 활기 있고 활동적인 사람이었다. 그녀는 결혼한 세 딸과 아들, 손자·손녀와 더불어 추수감사절에 시골에 있는 자신의 집에서 즐거운 시간을 보내고 싶었다. 그러나 최근 아들이 이혼했으며 아들과 며느리는 아직도 서로 미워하고 있었다. 로즈가 며느리나 손녀와 접촉하려고 하면 아들은 매우 화를 냈다. 그래서 로즈는 이번 추수감사절 모임에 아들과 며느리, 손녀가 함께 참석하지 못하리라는 것을 예견했다. 로즈의 딸들은 이러한 어머니의 마음을 알기 때문에 자기들의 집에서 추수감사절 만찬을 하자고 제안했다. 이렇게 함으로써 어머니의 심리적 압박을 덜어줄 수 있다고 생각했으며 로즈도 그에 동의했지만 그녀의 증상은 호전되지 않았다.

현기증과 호흡곤란이라는 신체적 증상은 로즈의 심리적 갈등의 결과로 나타난 생물학적 과정이다. 심리적 갈등이 신체적 체계의 반응을 가져왔는데, 이는 흔히 스트레스를 경험하는 사람에게서 볼 수 있는 예이다. 문제해결은 심리적 체계에서 이루어져야 하겠지만, 신체적 체계는 흔히 육체적 증상을 통해 문제의 심각성을 나타낸다. 심리적 체계는 아들의 행동에 대한 로즈의 해석과 판단에 관련되어 있다. 로즈는 아들이 자신과 아내(로즈의 며느리) 중 선택할 것을 로즈에게 요구하고 있다고 생각한다. 그런데 로즈는 아직 만족할 만한 해결책을 생각해 내지 못한 것이다. 보통 때에는 이러한 갈등을 회피하고 지냈으나 다가오는 추수감사절의 행사는 그것을 직시하도록 요구한다.

사회적 체계와 관련해 이 상황은 여러 수준과 관련된다. 우선, 어머니의 역할에 대한 사회적 기대는 가족을 사랑하고 돌보아 주는 것인데 로즈는 아들과 며느리, 손녀 중 어느 한편을 소외시키지 않고서는 이 역할을 수행할 수 없다. 또한 이혼한 후 양편에게 가족이 어떻게 관계를 맺고 대해야 하는지에 대한 사회적 규범이 모호하다는 것도 로즈의 문제와 관련된다. 마지막으로, 추수감사절이라는 관습은 로즈의 문화적 정체성과 관련이 있다. 만일 로즈가 동양인이라면 추수감사절은 아무런 중요성도 갖지 않았을 것이고 육체적 증상을 일으키지도 않았을 것이다.

요컨대, 인간의 발달은 생물학적 요인과 환경적 요인의 상호작용에 의해 주도되며 특정한 상황에서 한 인간의 행동을 결정하는 데도 생물학적 체계, 심리적 체계, 사회적 체계가 상호 관련된다고 볼 수 있다.

2. 발달단계와 발달과제

1) 발달단계

발달단계(*stages of development*)란 발달상에서 어떤 과제의 성취와 특정한 측면의 발달이 강조되는 삶의 기간을 말한다. 각 발달단계는 고유한 특징이 있어서 그 이전 단계나 이후 단계로부터 구분이 되며, 그러면서도 발달을 위한 방향이 있고 새로운 단계는 그 이전의 단계까지 이루어진 발달을 통합한다.

에릭슨(Erikson, 1963)은 인간의 발달을 8단계로 구분했으나 최근에는 발달단계가 더 세분화되는 경향이 있다. 유전적 요인과 같이 인간의 전 생애에 걸쳐 영향을 미치며 태내의 발달에서 비롯되는 요인의 중요성 때문에 태아기가 첨가되었다. 또한 노인의 평균수명이 늘어나 노년기가 크게 확장되면서, 비교적 나이가 적으며 자주적으로 생활을 영위할 수 있는 노인(*the younger old*)과 나이가 더 많고 건강이나 기능에서 타인에게 의존해야 하는 노인(*the older old*)으로 노년기를 구분하기도 한다(Newman & Newman, 2018). 이 책에서는 이러한 최근의 경향에 따라 발달단계를 태아기, 영아기, 유아기, 아동기, 청소년기, 청년기, 장년기, 노년기로 구분한 후, 유아기는 걸음마기와 학령전기, 청소년기·노년기는 전기와 후기로 각각 더 세분화했다.

발달단계를 구분하는 연령은 대략적이다. 다시 말해 대개 이러한 연령을 전후해서 발달적 전환이 이루어진다. 그리고 발달단계는 연속적으로 일어나며, 한 단계에서 일어난 발달은 그 이후의 모든 단계에 영향을 미친다고 할 수 있다.*

발달단계의 구분과 각 단계의 명칭은 학자마다 차이가 있다. 이 책은 발달이론 학자들(Newman & Newman, 2018; Papalia & Martorell, 2015; Zastrow & Kirst-Ashman, 2013; Ashford, LeCroy, & Lortie, 2006; Craig, 1999;

---

* 에릭슨(Erikson, 1963)은 발달단계가 점성원리(*epigenetic principle*)를 따른다고 본다. 즉, 완전하게 기능할 수 있는 유기체로 발달할 때까지 각 기능이 체계적인 방식으로 출현하는 일종의 생물학적 계획이 있으며, 발달은 그 영향을 많이 받는다. 그리고 한 단계를 통과하면 이전 단계로 돌아가는 것이 불가능하며, 심리사회적 발달의 모든 기능이 나타나고 통합되기 위해서는 전 생애가 필요하다. 각 발달단계마다 독특한 경험이 있으며 이러한 경험은 그 자체로서뿐만 아니라 그 이후의 발달에 기여하는 측면에서도 이해되어야 한다.

정옥분, 2014)의 견해와 우리나라의 법, 제도, 문화적 배경을 고려하여 각 단계를 연령대에 따라 구분했다.

우리나라 〈영유아보육법〉, 〈유아교육법〉 등에서 보육 대상을 6세 미만으로 정하고 2세 이하의 영아와 그 이후의 유아로 구분한 것에 기초하여, 0~2세를 영아기로 하였다. 또한 2~6세의 기간은 유아기로 하되 2~4세의 걸음마기와, 4~6세의 학령전기로 세분하였다. 이는 외국 학자들이 아장아장 걷는 시기, 걸음마 걷는 유아(*toddlerhood*)로 부르는 2~4세와 아동기 전기(*early childhood*), 학령전기(*early school age*)로 부르는 4~6세 간에 발달의 차이가 뚜렷하기 때문이다. 6~12세 정도의 아동기(*middle & late childhood*)는 초등학교에 해당하는 시기다.

청소년기(*adolescence*)는 대부분의 외국 학자들이 12세 정도에서 20대 초반까지 포함하며 우리나라의 〈청소년기본법〉에서 9~24세, 민법과 〈소년법〉에서 19세 미만으로 규정한 것을 참고해 12~24세로 하되, 중고등학교 시기와 그 이후의 발달 차이를 고려하여 청소년기 전기(12~18세)와 청소년기 후기(18~24세)로 세분했다.

성인기 이후의 발달단계 구분은 연령이나 명칭이 더 다양하지만 많은 학자가 성인초기 또는 청년기(*early adulthood*), 성인중기 또는 장년기(*middle adulthood*), 성인후기 또는 노년기(*late adulthood*) 등 세 단계로 구분함에 따라 청년기(24~35세), 장년기(35~60세), 노년기(60세 이후)로 정하고, 노년기는 다시 전기(60~75세)와 후기(75세 이후)로 세분했다.

사회복지실천에서 문제해결을 위해 프로그램이나 서비스를 고안할 때 발달단계에 입각해 접근하는 것은 매우 유용하다. 즉, 혜택을 받을 집단이 노인이나 청소년, 아동과 같이 특정한 단계에 속하는 경우에 이러

표 1-1 이 책에서 구분한 인간발달의 단계

태아기		임신~출산
영아기		0~2세
유아기	걸음마기	2~4세
	학령전기	4~6세
아동기		6~12세
청소년기	전기	12~18세
	후기	18~24세
청년기		24~35세
장년기		35~60세
노년기	전기	60~75세
	후기	75세~

한 단계의 발달적 특징을 이해함으로써 그 집단의 욕구와 이를 충족할 자원을 더 잘 파악할 수 있다.

2) 발달과제

발달과제(*developmental tasks*)는 인간의 환경에 대한 지배를 증가시키는 기술과 능력으로 구성된다. 다시 말해 신체적, 인지적, 사회적, 정서적 기술의 획득을 반영한다. 해비거스트(Havighurst, 1972)는 인간발달이란 사람들이 사회에 의해 부과된 과제를 배우는 과정이라고 주장했다. 발달과제는 대개 연령에 따라 변하는데, 이것은 각 사회가 연령에 부합하는 발달이나 행동에 대한 기대를 갖고 있기 때문이다. 이러한 과제를 잘 배우는 사람은 만족과 보상을 얻지만, 잘 배우지 못하는 사람은 불행과 사회적 부인을 경험하며 이는 사회복지실천에 중요한 의미를 지닌다. 그러므로 발달과제는 특정한 사회에서 각 연령에 부합하는 정상적 발달이 어

표 1-2 발달과제의 영역에 대한 구분

영역	특징
신체적 발달	신체에서 일어나는 성장과 변화를 포함한다. 신장, 체중 등 외적 변화, 근육, 뇌, 내분비샘, 감각기관 등의 내적 변화, 신체적 건강 상태, 걷기, 달리기, 공 받기 등의 운동능력으로 이루어진다.
심리적 발달	사고(*thinking*), 정보처리(*information processing*), 문제해결(*problem solving*)에 관련된 정신적 과정으로 인식(*perception*), 기억, 추론, 창의성, 지능, 상상, 언어 등 인지적 능력으로 이루어져 있다. 또한 감정과 태도, 자아개념과 정체성, 심리적인 강점과 문제 등 정서적 측면도 포함한다.
사회적 발달	가족과 집단, 지지적 체계, 조직 및 사회적 기관, 문화적 배경이나 성역할, 사회적 강점과 문제의 영향으로 이루어져 있다. 사회성, 사회적 관계, 사회적 행동 등도 포함된다.

떤 것인지를 정의한다.

해비거스트(Havighurst, 1972)에 의하면 특정한 연령에서 어떤 기술이 획득되어야 하는지를 결정하는 데 사회의 역할과 더불어 육체적 성숙도 중요하다. 즉, 각 발달과제를 배우는 데 생물학적으로 민감한 시기(*sensitive periods*)가 있으며 그 시기가 새로운 능력을 배우는 데 육체적 성숙에서 가장 준비되어 있는 기간이다. 대부분의 사람이 발달과제를 이러한 시기에 맞춰 학습하며, 만일 특정한 과제를 이때 배우지 못하면 후에 배우기란 훨씬 어렵다.

2장에서 7장에 걸쳐 발달단계별로 그 단계에서 습득되어야 할 발달과제를 신체적 발달, 심리적 발달, 사회적 발달의 세 영역으로 구분해 각각 자세하게 검토하고자 한다(Papalia & Martorell, 2015; Zastrow & Kirst-Ashman, 2013; Ashford, LeCroy, & Lortie, 2006; Craig, 1999).

각 발달단계별로 발달과제를 구체적으로 논의하기에 앞서 주요한 내용을 요약하면 〈표 1-3〉과 같다(Newman & Newman, 2018: 58~59).

표 1-3 발달단계에 따른 주요 발달과제*

발달단계	발달과제
영아기(0~2세)	• 신체적 성장, 감각 및 운동기능의 성숙 • 감각운동 지능, 즐거움, 분노 등 감정의 분화 • 사회적 애착의 확립
걸음마기(2~4세)	• 운동능력의 정교화 • 언어의 발달, 자기통제능력 습득
학령전기(4~6세)	• 초기적 수준의 도덕발달 • 성역할개념 습득, 집단놀이
아동기(6~12세)	• 왕성한 신체적 활동 • 구체적 조작사고, 학습능력과 기술 습득 • 사회적 규범의 학습, 팀 스포츠
청소년기 전기(12~18세)	• 신체적 성숙, 성적 성숙 • 형식적 조작사고 • 또래집단의 경험
청소년기 후기(18~24세)	• 부모로부터의 독립 • 직업에 대한 준비와 선택, 자아정체감 확립
청년기(24~35세)	• 배우자 선택과 결혼, 출산 및 가정 형성 • 직업에서의 경력 시작
장년기(35~60세)	• 신체적 및 인지적 변화에 대한 대응 • 부부관계의 유지, 자녀의 양육과 가정의 운영 • 직업 관리, 사회적 책임의 수행
노년기 전기(60~75세)	• 노화로 인한 신체적 건강 약화에 대한 적응 • 기억력 등 인지능력 감소에 대한 적응 • 조부모, 혼자된 사람 등 역할변화에 대한 적응 • 은퇴에 대한 대응
노년기 후기(75~사망)	• 감각과 행동의 둔화에 대한 적응 • 쇠약(frailty)과 기능손상에 대한 대응 • 죽음에 대한 두려움 극복 • 자녀의 존재, 종교 등을 통해 불멸의 느낌 확립

주: * 태아기에는 발달과제의 개념을 적용하지 않았다.

2장

태아기 · 영아기

1. 태아기

인간의 개인적 차이는 환경이나 그 사람이 성장하면서 부딪히는 경험 이상의 것에 기인한다. 이는 개인적 변이가 유전에 영향을 받는다는 것을 의미한다. 부모로부터 전달되는 특성이나 기질을 유전인자라고 하며 이는 염색체 속에 들어 있다. 우리가 인간의 구조나 모습을 갖춘 것은 인간 특유의 염색체를 가지고 있기 때문이지만, 염색체와 유전인자의 구성이나 배열은 개인마다 다르다. 이러한 유전적 요소는 태아기에 형성되며 이것이 개인적 차이에 기여할 수 있는 영역은 다음과 같다(Newman & Newman, 2018: 86~89).

1) 태아기의 유전적 요소가 결정하는 발달적 특징

(1) 성장률

태아기에 결정되는 유전적 요인은 사람이 성숙하는 속도에 영향을 미친다. 다시 말해 유전인자가 전 생애에 걸친 성장의 특수한 내용과 더불어 성장률에 대한 정보를 제공한다. 이것은 일란성 쌍생아의 경우 둘을 전혀 다른 환경에서 양육했을 때도 성장의 속도가 고도로 관련된 것과 같은 현상에서 입증된다. 인간의 다양한 특징 — 운동능력의 발달, 연령에 따른 지적 능력의 변화, 퍼스낼리티(*personality*)의 발달, 신체적 성숙의 시기 — 등이 모두 강력한 유전적 영향을 받는다. 유전인자는 성장에 대한 내부적 지배자로 간주될 수 있다. 왜냐하면 성장의 속도를 결정하고 삶에 있어 주요한 변화의 시작(예: 이가 나는 것, 사춘기의 시작, 갱년기의 시작)과 노화, 사망의 시기까지 인도하기 때문이다. 이와 같이 성숙은 유전적으로 결정되어 있는 성장률에 어느 정도 의존하기 때문에 특정한 연령에 특정한 기술을 습득하는 것은 전적으로 개인이 조절할 수 있는 것은 아니다.

(2) 개인적 특징

유전인자는 광범위한 인간의 특징에 대한 특수한 정보를 담고 있다. 눈의 색깔, 키, 혈액형, 지능과 같은 대다수의 중요한 특징은 여러 유전인자의 결합된 활동에 의해 결정된다. 이러한 신체적 특징뿐 아니라 사회성, 내향성과 같은 성격적 측면도 유전적 요소의 영향을 받는다.

(3) 비정상적 발달에 대한 유전적 요소

많은 비정상적 발달이 유전적 요소에 기인한다. 염색체가 없거나 필요 이상의 염색체가 존재하는 것은 태아에게 치명적이다. 대표적인 예가 다운증후군(*Down's syndrome*)이다. 몽고증(*mongolism*)이라고도 불리는 이 증상은 불필요한 염색체의 존재로 인해 일어나며 심각한 신체적·정신적 발달지체를 보인다.

신생아의 3~5% 정도가 하나 이상의 주요한 비정상적 상태나 선천적 기형을 가지고 태어나는 것으로 보고되었다(Cunningham et al., 2014). 그러나 특정한 장애는 아동기 이후에 나타나므로, 문제를 가지고 태어나는 비율은 6~7%에 이른다. 이와 같은 선천성 결함의 원인으로 유전인자나 염색체의 이상과 유해물질에 대한 노출, 약물 복용, 모체나 태아의 감염 등 환경적 요인을 들 수 있지만, 대부분의 장애가 정확하게 알 수 없는 유전적 약점과 환경적 위험요소의 상호작용에 의해 초래된다.

2) 태아의 발달

태아의 발달은 9개월에 걸쳐 일어난다. 이것은 각 3개월씩 세 기간 ─ 임신초기, 임신중기, 임신말기 ─ 으로 세분할 수 있다. 흔히 임신기간 중 임신초기가 가장 중요한 것으로 알려져 있다. 임신초기는 태아의 급속한 세포분열이 일어나는 시기이므로 모체의 영양상태나 약물 복용에 가장 영향을 받기 쉽고, 따라서 발달에 부정적 영향을 미치는 사건이 일어나면 영구적인 손상을 입기 쉽다. 신체의 각 부분이 출현하기 시작하여 심장과 소화기, 얼굴의 형상, 팔과 다리 등이 형성되며 생식기관도 분화된다. 임산부에게도 임신초기는 태아에게 적응하기 시작하는 힘든 시기로 구토, 두통, 피로, 특정한 음식에 대한 회피나 선호 등 신체적 증상과 더불어 정서적 예민함을 보인다.

임신중기는 비교적 안정된 시기다. 태아는 계속해서 성장하며 손가락과 발가락, 피부, 지문, 머리털 등이 형성된다. 팔과 다리를 움직이기 시작하여 태동을 느낄 수 있으며 20주 정도에는 활발하게 움직이는데, 이러한 태내 활동은 출생 후 반사능력의 기초가 된다(정옥분, 2014).

임신말기에는 태아의 발달이 완성된다. 신체의 내부기관이 완성되어 기능하며 뇌와 신경체계도 완전히 발달된다. 이 시기 이후에는 모체로부터 분리되어도 생존이 가능하다. 임신에서 출산까지 소요되는 기간은 평균 38주지만, 임신기간과 출산할 때 태아의 키나 체중 등에는 개인차가 매우 크다.

최근에는 이러한 임신기간과 출산을 돕기 위해 적극적으로 참여하는 아버지가 증가하고 있다. 이러한 지지는 임산부의 신체적, 정서적 안정에 도움이 될 뿐 아니라 장래 태어날 아기에 대한 아버지로서의 역할개념을 확립하는 데 중요하다.

3) 임산부가 태아에 미치는 영향

임산부와 태아의 관계는 상호적이며 서로 영향을 주고받는 것으로 볼 수 있다. 태아가 임산부에게 미치는 영향은 다음과 같다. 우선, 임산부는 가족이나 친지로부터 임신하기 전과는 다른 대접을 받는다. 그리고 임산부는 임신에 의해 신체적 불편함과 더불어 불안, 우울, 자부심, 흥분, 희망 등 감정 기복을 경험한다. 그러나 임산부가 태아에게 미치는 영향이 더 크다고 할 수 있다. 이러한 영향은 주로 신체적인 것들이지만 임산부의 정서적 상태와 같은 심리사회적 요인도 태아에게 영향을 미치며, 임신기간과 출산을 쉽거나 어렵게 할 수 있다.

　임산부가 태아에게 미칠 수 있는 영향을 구체적으로 살펴보면 다음과 같다.

(1) 임신 연령

이상적 임신 시기는 16~35세이며 16세 이하와 35세 이상의 출산은 선천적 결함의 여지가 많다. 특히, 첫 출산일 경우 이러한 문제가 일어날 가능성이 높다. 40세 이상의 임산부에게서 태어난 아기는 다운증후군이 발생할 확률이 매우 높다. 즉, 임산부가 35세 미만일 때에는 1,500명 중 하나, 40세에는 100명 중 하나, 45세 이상일 때는 25명 중 하나의 비율로 다운증후군을 가진 아이를 출산할 가능성이 높아진다(조복희·도현심·유가효, 2016; Craig, 1999). 이와 같이 임신 연령에 의해 임산부는 태아의 건강에 영향을 미칠 수 있다.

(2) 임산부의 건강상태

임산부는 자신의 건강이나 영양상태를 통해 태아의 신체발달에 영향을 미친다. 임신 전의 영양상태도 중요하며 임신기간 중의 영양섭취는 태아의 발달에 매우 중요하다. 태아에게 영양을 공급하기 위해 임산부는 평상시보다 300칼로리 정도를 더 섭취해야 하며 불충분한 영양섭취는 미숙아의 출생과 출생 후 아기가 질병에 걸리거나 사망할 가능성을 증가시킨다. 태아의 영양결핍은 내장기관과 중추신경계의 정상적인 발달과 기능을 저해할 뿐 아니라 행동장애, 학습장애, 특정한 정신질환의 발생에도 영향을 미치는 것으로 보고되었다(Newman & Newman, 2018: 113).

임산부의 질병은 태아의 선천적 결함을 유발하는 중요한 요인이다. 당뇨, 풍진, B형 간염, 후천성 면역결핍증(AIDS), 매독 등은 태아의 사망, 시각장애, 청각장애, 지적장애, 운동능력 지체 등을 초래할 수 있다. 그 밖에 유전성 질환에도 주의를 기울여야 한다.

(3) 약물 복용

술, 담배, 안정제, 감기약, 항생제와 같은 약품이나 물질이 임산부의 체내에 들어가면 태아에게 바로 그 영향을 미친다. 흡연하는 여성으로부터 태어난 아기는 흔히 체중미달이며, 임산부가 술을 많이 마시면 태아에게서 중추신경계통 장애, 체중미달, 안면기형 등을 일으키는 태아 알코올 중독(*fetal alcohol syndrome*)이 발생할 가능성이 매우 높아진다. 헤로인, 코카인과 같은 의존성 약물의 사용은 태아에게 치명적이다. 약물중독자인 임산부에게서 태어난 아이는 높은 사망률과 선천성 기형 발생률을 보이며, 그 밖에 복합적인 질병과 행동문제를 가진 경우도 많다. 또한 이들이 생존할 경우 나중에 약물에 중독되는 경향이 있다. 장기간에 걸친 항생제의 복용도 태아에게 해로우며, 아스피린과 같은 감기약이나 카페인도 주의해 사용해야 한다.

그 밖에, 임산부가 환경오염이나 공해, 유독한 물질에 노출되면 태아에게 해로운 영향을 미치게 된다.

(4) 임산부의 정서적 상태

임신은 신체적 반응뿐 아니라 정서적 반응도 일으킨다. 임산부는 태아에 대해 자랑스러움, 태아를 받아들이는 자세, 거부하는 태도, 그리고 양면적 태도를 취할 수 있다. 임신에 대해 받아들이는 자세와 거부하는 태도가 교차하는 양면적 입장이 가장 흔하다고 할 수 있다. 즉, 여성은 때때로 임신을 일종의 병과 같은 상태로 간주하여 약하고 불편한 상태로 여기는데, 이러한 부정적 태도는 불안과 예민한 상태로 이끌어가며 이는 또 태아에게 영향을 미친다. 반면에 기쁨과 즐거움으로써 아이가 배 속에서 자라나는 것에 반응하기도 한다.

분노, 공포, 불안 등 정신적 스트레스가 임산부에게 지속적으로 존재하는 것은 출생 후 과잉행동 등 자녀의 행동이나 성격문제와 관련이 있는 것으로 알려져 있다. 임신에 대한 태도는 그 아이를 임산부가 얼마나 바라는가에 달려 있으며, 이는 이미 있는 자녀의 수, 경제적 여건, 남편과의 관계, 그리고 정서적 성숙 정도 등에 따라 결정된다.

4) 사회복지실천의 관심대상이 되는 태아기의 문제

태아에게 영향을 미치는 문제는 세 가지 측면으로 구분할 수 있다. 첫째, 생물학적 문제로, 임산부의 연령이 매우 많거나 적은 것, 또는 임신에 관련된 여러 가지 문제의 전력이 있는 것, 유전적 질병이나 만성질환이 존재하는 것, 약물 사용이나 중독 등이다. 태아와 임산부의 건강을 위협하는 이러한 조건이 존재하는 경우, 철저한 의료적 진단과 그에 따른 개입이 이루어져야 할 것이다. 불임에 대해서도 선택할 수 있는 길에 관해 정보를 제공하거나 의사결정을 돕는 등 사회복지사가 도움을 줄 수 있다. 낙태는 태아가 모체 밖에서 생존이 가능하기 이전에 임신을 인위적으로 종결시키는 것으로 대개 수술을 통해 이루어진다. 낙태에 관해서는 모성을 선택하거나 거부할 수 있는 여성의 권리보호와 아직 스스로를 지킬 수 없는 태아의 권리보호 간의 갈등이 중요한 이슈이다.

둘째, 심리적 문제로, 계획하지 않은 임신에 대한 부정적인 심리적 반응을 나타내는 것, 임신과 출산의 과정에 대한 지식이 거의 없는 것, 부모로의 역할변화와 그에 따르는 책임을 받아들이는 데 매우 어렵고 부적합하게 느껴지는 것 등이다. 자녀를 갖는 것은 삶에서 매우 중요한 사건이며 가능한 한 많은 정보와 정서적 지지를 필요로 한다. 그러나 때때로 임신은 계획되지 않은 상태에서 일어나며, 이는 임신에 필요한 지식의 결핍으로 이어진다. 그러므로 가족과 친척, 친구와 같은 지지적 관계망을 활성화하고 이들로부터 동원할 수 있는 정보와 지지를 확보하는 것이 필요하다. 또한 임신기간에는 많은 육체적, 정서적 변화가 일어나므로 이러한 변화에 잘 적응하도록 해야 한다. 이와 같이 임신에 따르는 변화에 적응하는 데에도 개인을 둘러싼 관계망으로부터 받는 사회적 지지가 중요하다.

셋째, 사회적 문제로, 빈곤으로 인해 임신기간 중 필요한 영양과 의료적 보살핌을 받지 못하는 것, 물리적 환경이 열악한 것 등을 들 수 있을 것이다. 이 시기는 적절한 영양과 신체적 보살핌이 필수적이므로 사회복지사는 임산부에게 재정적 도움, 주거서비스, 그 밖의 도움이 필요한 상황인지 평가하고 이를 확보하는 데 주력해야 한다.

2. 영아기

영아기는 출생부터 대략 2세까지의 시기이다. 이 시기의 특징은 매우 빨리 성장한다는 것이다. 태어난 지 1년 이내에 몸무게가 3배 정도로 증가하며 2세가 되면 기본적인 운동능력, 언어 및 개념 형성을 볼 수 있다(Newman & Newman, 2018: 130). 영아는 어른이 생각하는 것보다 훨씬 능력이 있으며 태어난 후 곧 여러 가지 복잡한 행동을 수행한다. 그러나 이 시기에 적절한 감각적 자극이나 책임 있는 보호가 지속적으로 심하게 결핍되면 발달이 저해될 수 있다.

1) 신체적 발달

갓 태어났을 때의 평균 몸무게는 3.3kg, 키는 50cm 정도이며 남자아이가 여자아이보다 좀더 무겁고 키도 더 크다. 반면에 여자아이는 남자아이보다 신경체계와 골격이 더 성숙해 있다. 물론 갓 태어난 영아의 신체적 성숙 정도는 저마다 차이가 있으며 이러한 차이는 호흡, 소화, 수면과 같은 삶의 초기단계에서의 생존을 위한 기능에 중요한 영향을 미친다. 몸무게가 2.5kg 이하이면 체중미달로 간주되는데, 9개월의 임신기간을 채우지 못하고 태어났거나 임산부의 영양상태가 불충분할 때, 임산부가 약물중독이거나 약물을 사용했을 경우, 그 밖에 유전적 결함 등에 의해 일어난다. 이와 같이 체중이 평균보다 가벼운 영아는 태어날 때 그리고 태어난 후에 질병이나 다른 문제에 취약하다. 태어난 후 몇 달 정도는 시각, 청각, 미각, 후각, 촉각과 같은 감각체계가 운동체계보다 더 높은 수준에서

표 2-1 한국 영아의 발육 평균

구분	남자		여자	
	체중(kg)	신장(cm)	체중(kg)	신장(cm)
신생아	3.35	49.88	3.23	49.15
3개월	6.38	61.43	5.85	59.80
6개월	7.93	67.62	7.30	65.73
12개월	9.65	75.75	8.95	74.02
18개월	10.94	82.26	10.23	80.71
2년	12.15	87.12	11.48	85.72

출처: 질병관리본부 · 대한소아과학회(2017).

기능한다. 이 시기에는 자유의지에 의해 근육을 움직일 수 없기 때문에 영아는 감각적 능력을 가지고 의사를 전달하며, 응시하기, 빨기, 머리 돌리기 등을 통해 특정한 자극에 반응을 전달한다. 영아는 명암, 색깔, 움직임, 대조와 같은 여러 가지 시각적 자극에 반응한다. 소리에도 예민하여 소리의 크기나 높낮이의 변화를 분간할 수 있다. 영아는 또한 냄새나 맛에 반응한다. 모유를 먹는 영아는 엄마의 체취에 민감하다. 또한 설탕물, 소금물 등의 여러 다른 액체를 주면 빠는 방식이나 속도가 달라진다. 이러한 관찰은 영아가 자신이 직면하는 감각적 자극에 반응하고 이를 처리하는 능력이 있다는 것을 보여 준다.

  갓 태어났을 때의 운동반응은 반사적인 것으로 보인다. 다시 말해 특정한 자극은 영아의 자의적 통제가 없는 채로 특정한 운동반응을 일으킨다. 영아의 주된 반사는 빨기와 쥐기이다. 시간이 지나면서 이러한 행동은 자유의지의 통제를 더 많이 받는다. 예를 들면, 신생아는 쥐기 반사에 의한 힘을 통해 자신의 전체 몸무게를 지탱할 수 있으며, 대상에 반사적으로 손을 뻗쳐 잡으려 하는데, 4주 정도 되면 이렇게 반사적으로 대상에 손을 뻗치는 행동은 사라지며 5개월쯤 되면 자유의지에 의한 손 뻗치기, 정확한 쥐기, 단단히 쥐기, 손에서 놓기 등으로 대치된다. 이와 같이 자신이 통제하지 못하던 상태에서 자유의지에 의한 쥐기나 손 뻗치기로의 변화는 영아의 반복된 탐색과 근육운동의 연습을 통해 일어난다. 신체적 성장, 뼈와 근육의 성숙, 신경체계의 성숙도 영아의 운동능력 발달에 기여한다.

영아기에서 대략적인 운동발달의 단계를 보면 다음과 같다(오상은 외 역, 2017: 96; 조복희·도현심·유가효, 2016: 135).

- 2개월: 엎드린 상태에서 가슴을 들기
- 3개월: 몸을 뒤집기
- 4개월: 받쳐 주면 앉기
- 7개월: 혼자 앉기
- 9개월: 붙잡고 서기
- 10개월: 기기
- 11개월: 붙잡고 걷기
- 13개월: 계단 기어오르기
- 15개월: 혼자 걷기
- 17개월: 손잡고 계단 오르내리기
- 24개월: 달리기

발달단계는 영아에 따라 순서나 시기가 다를 수 있다. 그리고 여러 가지 감각적, 운동적 과제를 잘 수행할 수 있게 되는 것은 영아의 성숙 수준, 발달을 촉진하는 환경적 조건 등에 달려 있다고 볼 수 있다.

2) 심리적 발달

(1) 인지적 발달

피아제(Piaget, 1970)에 의하면 영아의 지적 발달의 기본적 기제는 감각운동 과정이다. 이는 환경에 대한 능동적 개입을 포함한다. 영아는 주위에 있는 대상의 독특한 속성을 파악하기 위해 자신의 본능적 반응을 변형시켜 나가며, 또 이 본능적 반응을 주위 세계를 탐색하기 위해 사용한다.

영아기에는 경험을 조직하는 데 언어를 쓰지 않으며, 직관과 환경에서의 직접 탐색을 통해 개념을 형성한다. 감각운동 지능이라는 개념은 영아가 자신이 속한 환경에서 특정한 사건과 관련해 알게 되는 감각적 경험과 그에 따르는 운동양식의 정교화를 가리킨다. 예를 들면 영아가 엄마 젖을 빨 때와 우윳병을 빨 때에 다른 기술(*technic*)을 사용하면 이는 영아가 빨기 반사에 적응하여 이를 더욱 효과적으로 사용하기 시작했다는 것을 의미하며, 바로 영아가 감각운동 지능을 지녔음을 보여 준다. 즉, 빨기 도식이 엄마의 젖과 우윳병의 다른 속성을 이해하면서 그에 맞게 변형된 것이다. 그리고 더 복잡한 운동기술이 발달함에 따라 자신의 세계를 이해하고 다루는 데 쓰일 많은 감각운동 양식을 개발하게 된다.

또한 영아기에는 원시적 수준의 인과관계 도식을 형성한다. 피아제와 인헬더(Piaget & Inhelder, 1969)는 영아기의 인지적 발달에서 인과관계 도식의 발달을 다음의 6단계로 구분하였다(Newman & Newman, 2018: 145에서 재인용).

① 반사(*reflex*): 생후에 나타나는 본능적 반사활동의 단계로, 원인과

결과가 자유의지가 아니라 반사적 반응에 의해 연결된다.

② 최초의 습관(*first habits*): 태어난 지 2주 후부터 보이는 현상으로 반사적 반응이 더 다양한 자극을 탐색하는 데 사용된다. 장난감, 손가락, 이불 등이 다 빨기 반응을 통해 탐색된다. 영아는 점차적으로 사물의 독특한 속성을 발견하고 이러한 사물의 특징에 맞춰 자신의 반응을 변형시켜 나간다.

③ 순환적 반응(*circular reactions*): 생후 4개월 정도면 수단과 결과의 조정통합을 할 수 있으며 영아는 자신의 행동을 예측되는 결과에 연결시킨다. 즉, 딸랑이를 흔들면서 소리를 들을 것을 기대한다. 그러므로 익숙한 결과를 가져오기 위해 익숙한 행동을 사용할 줄 알지만 왜 특정한 행동이 예측된 결과로 이끌어 가는지는 아직 이해하지 못한다.

④ 수단과 목적의 통합(*coordination of means and ends*): 생후 8개월이 되면 새로운 목적을 성취하기 위해 익숙한 행동을 사용한다. 예를 들면 자신이 듣기 위해서가 아니라 엄마를 놀래 주기 위해 딸랑이를 흔드는 행동이다.

⑤ 새로운 수단의 실험(*experimentation with new means*): 생후 11개월 정도면 목적을 성취하기 위해 행위를 수정할 줄 알게 된다. 다시 말해, 새로운 목적을 성취하기 위해 익숙한 수단을 가지고 실험해 보다가 이것이 안 되면 상황에 맞게 방법을 변화한다.

⑥ 통찰력(*insight*): 생후 18개월이 되면 정신세계 내에서 수단과 목적을 연결할 줄 알게 된다. 즉, 행동이나 물리적 조작을 통해 실제로 수행해 보지 않고서도 마음속에서 어떤 행동의 결과를 예측할 수

있는 통찰력이 생긴다.

영아기의 또 다른 중요한 인지적 발달은 대상영속성(*object perma-nence*)의 습득이다. 영아가 생후 9~10개월 정도가 되면 환경에 있는 대상은 그 존재가 영속적이며 자신의 눈앞에서 또는 자기가 잡을 수 있는 거리에서 사라진다 해도 그 존재가 끝나지 않는다는 것을 알게 된다. 이보다 어린 영아는 자신이 직관적으로 지각할 수 있는 영역에 있는 대상만을 의식한다. 가령, 6개월 된 아기가 장난감을 가지고 놀고 있을 때 그것을 멀리 치워 버리면 싫어하기는 하지만 장난감이 더는 존재하지 않는다고 여기기 때문에 그것을 찾으려 하지 않는다.

영아에게 대상영속성의 개념이 형성되어 있는지는 대상이 영아의 지각영역에서 사라졌을 때, 또는 한 위치에서 다른 위치로 옮겨졌을 때의 반응을 봄으로써 알 수 있다. 예를 들어 아기가 쥐고 있는 장난감을 빼앗아 의자 뒤에 숨겼을 때 그것을 찾으려는 노력을 전혀 하지 않으면 그 장난감의 존재가 지속적이라는 감각이 아직 형성되어 있지 않다. 장난감을 찾으려고 의자 뒤를 들여다보면 영아가 보는 앞에서 다시 다른 의자 뒤에 감춘다. 어른이라면 즉시 이 두 번째 의자 뒤를 찾아볼 것이다. 그러나 어떤 영아는 첫 번째 의자 뒤를 찾아보고 없으면 더는 찾지 않는다. 더 큰 아이들은 두 번째 의자 뒤를 계속 찾아본다. 이 두 집단의 영아는 대상을 찾는 단계는 학습했지만, 아직 대상영속성의 개념을 획득했다고 볼 수는 없다.

이번에는 아이가 보지 않는 사이에 세 번째 장소에 감춘다. 대상영속성의 개념을 습득한 아이는 두 번째 의자 뒤를 찾아보고 없으면 어딘가에 있을 것으로 확신하면서 계속해서 찾는다. 그러나 대상영속성을 아직 획득하지 못한 아이는 두 번째 의자까지 찾아보고 없으면 더 이상 찾지 않는다.

대상영속성의 개념을 획득함으로써 영아는 눈앞에 자신이 볼 수 있는 것에만 전적으로 의존하던 것에서 벗어날 수 있다. 그리고 이와 같이 대상의 영상을 마음속에 지속할 수 있는 능력은 이 시기 이후에 오는 여러 가지 복잡한 표현적 사고발달의 첫 번째 단계가 된다.

(2) 정서적 분화

영아기의 감정은 영아와 엄마 사이의 대화에 중심적 역할을 한다. 두려움, 흥분, 즐거움, 분노 그 외의 다른 감정이 영아와 그의 환경 간 관계에 중요한 부분이 된다. 태어난 후 처음 2년 동안 감정의 점진적 분화가 일어나는데, 이때 어느 정도 규칙적 양식을 따른다. 즐거움, 두려움, 분노의 세 차원의 정서가 다음과 같이 나이에 따라 변화한다(Newman & Newman, 2018: 162~163).

생후 1개월 동안의 정서적 반응은 영아의 내부상태를 반영하며, 신체적 불편이나 고통, 흥분 등이 감정의 근원이 된다.

생후 1~6개월에 감정은 자신과 환경을 구분하는 데 관련된다. 영아는 친숙한 얼굴에 대해 즐거움을, 수유가 갑자기 중단되거나 집중해서 바라보던 대상이 갑자기 사라졌을 때는 분노를, 새로운 자극에 대해서는 호기심을 보인다.

6~12개월에는 일어나는 일이나 사건의 전후관계를 이해하고 그에 따라 정서적 반응을 나타낸다. 이전의 경험을 기억하고 이를 현재의 경험

과 비교할 수 있는 영아의 능력에 따라, 기쁨, 분노, 두려움 등의 감정이 표현된다.

1년이 되면 분노나 두려움 등 영아의 부정적 감정은 자신을 돌보아 주는 사람(*caregiver*)의 우울이나 불안에 영향을 받는다.

2년 정도에는 감정에 불안, 자랑스러움, 수치심이 포함된다. 이는 영아의 자의식 발달을 의미한다. 즉, 자기가 인과관계에서 요인이 될 수 있음을 알고, 다른 사람의 감정에 반응하기 시작한다. 안아 주는 등의 행위를 통해 다른 사람에게 사랑을 표현하기도 하고, 애완동물을 사랑해 주거나 우는 아기를 달래 주는 것과 같은 행동을 보임으로써 기쁨을 주고받을 수 있는 새로운 능력을 획득한다.

영아기의 발달과제는 서로 복잡하게 관련되어 있다. 즉, 감각적, 운동적 성숙을 배제한 채 지능의 발달을 논할 수 없으며, 대상영속성과 정서적 표현의 발달을 생각하지 않은 채 사회적 애착의 확립을 논할 수 없다. 예를 들어 격리불안은 엄마가 눈앞에서 사라지면 그 존재가 아주 없어지는 것으로 생각하기 때문에 영아가 보이는 현상이지만, 엄마에 대한 사회적 애착을 확립하고 대상영속성의 개념을 획득한 후에는 엄마가 눈앞에서 사라져도 그 존재는 영속적이며 다시 돌아온다는 것을 확신함으로써 불안이 완화된다.

3) 사회적 발달

(1) 사회적 애착의 확립

사회적 애착이란 타인과 특수하고 긍정적인 정서적 유대를 형성하는 과정으로, 영아는 자신을 돌보아 주는 사람과 긍정적인 정서적 관계를 확립해야 한다. 유아기에 부모에게 애착을 경험하는 것은 후에 친근한 인간관계를 확립할 수 있는 능력의 기초가 된다.

영아는 부모, 그중에서도 엄마로부터의 따뜻함, 편안함, 자신을 돌봐 주는 것, 그리고 여러 가지 자극을 추구한다. 그러나 돌봐 주는 사람이 영아의 욕구에 적절히 반응하지 못하거나 거칠게 다룰 때 영아의 내부에서 환경에 대한 신뢰감에 의심이 생긴다. 그러므로 영아기에 불신의 형성은 육체적 그리고 심리적 편안함을 얻을 수 없는 데서 비롯되는 것이다.

영아기와 그 이후의 사회적 애착은 다음의 다섯 단계에 걸쳐 연속적으로 발달한다(Newman & Newman, 2018: 151~152).

- 1단계(출생 후~3개월): 빨기, 소리가 나는 쪽으로 머리 돌리기, 쥐기, 웃기, 응시하기, 눈으로 따라가기(*visual tracking*) 등을 통해 자신을 돌봐 주는 사람과 가까움을 유지하려고 한다. 이러한 친밀한 감각적 접촉을 통해 영아는 자신을 돌봐 주는 사람의 독특한 형상을 알게 된다.
- 2단계(3~6개월): 영아는 다른 사람보다 익숙한 대상에게 더 많이 반응을 보인다. 즉, 이 시기에는 몇몇의 친밀한 대상에게만 선택적으로 반응함으로써 애착을 표현한다. 이러한 대상과 함께 있을 때 더

많이 웃고 흥분을 보이며 그가 사라지면 싫어한다.

- 3단계(6~9개월): 능동적으로 자기가 애착하는 대상에 신체적 접근을 추구한다. 즉, 가까이 가서 기대거나 접촉을 유지하고자 한다. 기어갈 수 있는 능력과 손을 뻗쳐서 쥐는 능력 등이 영아로 하여금 이러한 행동을 잘 통제할 수 있도록 해준다.
- 4단계(9~12개월): 영아는 자신을 돌보아 주는 사람에 대한 내적인 심상을 형성하며 이는 애착관계에 대한 최초의 지속적 모델이 된다. 즉, 자신을 돌보아 주는 사람의 특징과 그가 자기 행동에 대해 어떻게 반응할까에 대한 영아의 기대가 애착도식(attachment scheme)으로 조직화된다.
- 5단계(1년~걸음마기 이후): 애착하는 대상과 가까이 있고 싶은 욕구를 충족하기 위해 부모 또는 애착 대상에게 영향을 줄 수 있는 여러 유형의 행동을 한다. 잠들 때 재워 달라고 하거나 책을 읽어 달라고 하는 것, 어디 갈 때 같이 데려가 달라고 하는 것과 같은 행동은 아동이 사랑하는 대상과의 신체적 접촉, 위로받기, 친밀성, 사랑 등을 유지하고 싶은 욕구를 충족하기 위해 사용하는 일종의 전략이다.

생후 6개월에서 1년 정도의 기간에 특정한 사람에 대한 애착이 형성됨으로써 낯선 사람에 대한 불안(stranger anxiety)과 분리불안(separation anxiety)을 보인다. 전자는 낯선 성인의 출현에 영아가 긴장이나 불편을 보이는 현상이고, 후자는 엄마에게서 떨어질 때에 분노와 절망을 보이는 현상이다. 분리불안은 두 살이 되면 잠시 떨어지는 것을 용납할 수 있는 정도로 완화된다. 엄마와의 사회적 애착이 완전히 확립되면 영아는 엄마에 대한 영상을 간직함으로써, 그리고 자신에 대한 부모의 사랑을 기억함으로써 부모와 떨어져 있는 동안 자신을 달랠 수 있게 된다.

4) 사회복지실천의 관심대상이 되는 영아기의 문제

영아기에는 두 가지 측면 ─ 선천적으로 불완전한 신체적·인지적 기능으로 인한 문제와 사회적 애착의 확립에서의 지장 ─ 이 특히 관심을 가져야 할 영역으로 보인다.

첫째, 신체적 측면에서 영아가 선천적으로 기능이 불완전하거나 기형일 때는 생존에 필요한 여러 가지 활동을 수행하는 데 어려움을 겪을 뿐 아니라 부모와의 상호작용에도 제약을 받는다(Craig, 1999). 뇌나 심장과 같은 신체 내부기관의 결함이나 선천성 질병을 가진 경우 그리고 신체적 장애를 가지고 태어난 영아 등이 이에 해당한다. 이와 같은 영아기의 신체적 이상은 많은 경우 의학적 처치를 통해 교정이 가능하지만, 영아와 부모 간의 첫 유대형성에 지장을 초래한다. 장애를 가진 영아는 여러 가지 자극에 대해 정상적 아동이 보이는 수준의 반응을 나타내지 못한다. 또한 출생할 때부터 분간할 수 있는 장애를 지닌 영아는 가족에 큰 혼란을 초래하며, 이에 적응하는 것이 가족성원에게 매우 심각한 과제로 등장한다.

생후 몇 달 동안은 영아와 엄마의 시각을 통한 대화가 유대형성에 필수적이다. 시각장애를 지닌 영아는 엄마의 표정이나 동작을 관찰하지 못하기 때문에 정상적 영아가 반응을 형성하는 데 필요한 시각적 정보를 놓치게 된다. 그 결과 적절한 반응을 보이지 못하는 영아는 엄마에게 정서적으로 고통을 주며 지지적 상담이 요청된다. 그렇지 않으면 영아와 엄마 간의 대화와 상호작용이 형성되지 못하며 엄마는 영아를 회피하게 된다. 시각장애를 가진 영아의 부모는 아이가 정상적인 영아만큼 웃음이나 표정을 통한 반응을 보이지는 못하지만, 손을 통한 의사표현, 애착을 보이는 행동과 같은 의사표현 양식을 나름대로 개발한다는 것을 이해해야 한다.

청각장애를 가진 아동은 생후 몇 달 동안은 시각을 통해 잘 반응한다. 그러나 태어난 지 6개월 정도 지나면 부모의 기대에 훨씬 못 미치는 반응을 보이며 상호작용에 지장을 받기 시작한다. 영아의 청각장애로 인한 부모의 충격을 줄이고 영아를 가능한 한 최대한도로 발달시키기 위해 상담과 청각장애아와 대화하는 데 필요한 특수훈련을 받는 것이 필요하다.

인지적 측면에서는 지적장애(*intellectual disability*)가 대표적 문제이다. 지적장애는 발달의 기간(아동기)에 일어나며, 지적 기능과 적응기능*에서 나타나는 결함을 가리킨다(권석만, 2013). 인지적 측면에서 영아가 동년배와 같은 속도로 개념이나 기능을 인지적으로 이해하지 못할 때 정신적 발달이 지체되었다고 말할 수 있다.

---

* 적응기능이란 가정, 학교, 직장, 지역사회 등에서 의사소통, 사회 참여, 독립적 생활과 같은 일상생활을 영위할 수 있는 능력을 말한다. 다시 말해 자신과 환경 간에 적절한 관계를 확립하고 유지하는 능력이다. 지적장애인 중에도 이러한 기능을 잘 수행하는 사람이 많다. 자신을 신체적으로 돌보고 청결한 위생 상태를 유지할 뿐만 아니라, 직업을 가지고 자신의 힘으로 살아가기도 한다. 타인과 대화하며 친밀한 관계를 수립할 수도 있다. 그러므로 이들에게는 환경에 적응할 수 있는 능력이 절대적인 인지적 수준보다 훨씬 중요하다고 할 수 있을 것이다.

장애를 가진 아이가 태어나면 엄마는 영아를 거부, 회피하기 쉬우며 우울증에 걸릴 확률도 높아진다. 장애아의 출생은 부부의 유대에 긴장을 가져오며 가족 내의 다른 자녀에게도 다양한 문제를 일으킬 수 있다. 사회복지사는 장애아동을 위한 특수기관에 이러한 가족을 연결해줄 뿐 아니라 지지적 서비스를 제공할 수 있다.

둘째, 사회적 측면에서 영아기에 애착을 확립하지 못하면 문제가 될 수 있다. 지속적이고 책임 있는 양육과 보호가 결핍된 경우 영아는 반응이 없고 언어의 발달이 늦으며 위축되고 주위 사람에 무관심하며 불안한 관계를 형성하는 등의 문제를 보인다. 그리고 영아가 자신이 애착하는 대상으로부터 지속적으로 분리될 경우 심각한 심리적 손상이 초래된다(Bowlby, 1980). 그뿐만 아니라 영아기의 사회적 애착의 결핍은 이후의 아동기, 청소년기에서도 자부심, 인지적 발달, 사회적 적응 등에 지장을 가져올 수 있는 것으로 나타났다(Jacobson & Hofmann, 1997). 오늘날 여성의 사회참여가 증가하면서 점점 더 많은 영아가 보육시설 등에서 엄마 외의 타인에게 양육되고 있으며, 이는 사회적 애착의 확립에 위협이 될 수 있다.

보육이 영아에 미치는 영향에 대한 여러 연구결과는 일치하지 않으나, 보육의 질이 가장 중요한 요인인 것으로 보인다. 양질의 보육에 포함되는 요소로는 보육을 맡은 성인에 대한 아동의 비율이 낮을 것, 보육을 맡은 성인이 영아에게 따뜻하게 잘 반응하며 자주 바뀌지 않도록 하여 영아가 애착을 형성할 수 있게 하는 것, 발달을 촉진하는 물리적 환경을 갖출 것 등이다.

3장

유아기

유아기는 대략 2~6세에 해당하는 기간이다. 이 시기에 아동은 뛰고 달리며 유창하게 말할 수 있게 된다. 어린이집이나 유치원에 다니면서 사회적 세계가 확장되고, 문화적 가치와 도덕적 규칙을 학습하며, 남아와 여아에 대한 성역할기대를 습득한다(정영숙 외 역, 2018). 유아기는 걸음마기(*toddlerhood*)와 학령전기(*early school age*)로 세분할 수 있다.

1. 걸음마기

걸음마기는 대략 두 살에서 네 살까지의 시기이다. 이 시기의 아동은 매우 활동적인 것이 특징이며 끊임없이 움직이고 말한다. 이와 같이 풍부한 활동은 자기주장과 지배에 대한 욕구에서 비롯된다. 개인으로서 자신을 의식하기 시작하며 특징적인 반항과 고집, 자기주장이 나타난다. 이는 자신을 정의하고 주장하고 싶은 강력한 욕구를 보여 주는 것이라 할 수 있다. 이 시기의 긴장은 아이의 행동을 제한하고 규제하려는 환경의 요구에서 비롯된다. 예를 들면, 두 살이 지나면 잘 달릴 수 있는데 아이는 새로이 획득한 달리기 능력을 즐거워하며 어디서나 뛰어다니고자 한다. 부모도 아이의 달리는 능력을 자랑스러워하지만 시간과 장소에 따라 규제를 가한다. 그러므로 걸음마기의 아동은 자신의 행동에 타인의 요구를 고려해야 한다는 것을 배우게 된다.

걸음마기의 아동은 다른 사람과의 상호의존성을 의식하지 못하는 자기중심적 존재에서 자의식을 가진 인간으로 성장한다. 그래서 이 시기의 초기에는 매우 독자적 방식으로 자신을 주장하다가, 이 시기가 끝날 때쯤이면 자기가 어떤 면에서 타인에게 의존적이며 어떤 면에서 독립적인지에 관련해 좀더 현실적 평가를 할 수 있도록 변화한다. 또한 걸음마기에 어린이는 자신의 고유성을 의식한다. 여러 가지 경험을 통해 자신이 원하는 것을 부모가 항상 알 수 있는 것은 아님을 알게 된다. 걸음마기의 초기에 아동은 자신의 독립성을 탐색하기 위해 다소 원시적 방식으로 고집하고 주장하지만, 자율성이 발달함에 따라 자신의 독립성을 표현하는데 더 자주적이고 지속적인 방식으로 변화한다. 그 결과 걸음마기 후반의 어린이는 "나 하고 싶은 대로" 또는 "내 방식대로" 하는 데 대한 관심보다는 "내 스스로" 하는 데 더욱 관심을 갖게 된다. 그리고 스스로 하는 것이 긍정적 결과로 이끌어갈 때에 자율성이 성장한다.

1) 신체적 발달

걸음마기에는 영아기처럼 급속한 성장은 이루어지지 않지만 그래도 꾸준히 성장한다. 영아기보다 팔다리가 확장되며 머리의 비율이 작아진다 (조복희·도현심·유가효, 2016).

(1) 운동능력의 정교화

걸음마기라는 이 단계의 명칭에서 알 수 있듯, 운동능력의 발달은 이 시기에서 중요한 비중을 차지한다. 예를 들면, 이 단계가 시작될 때 다소 불안정하고 위태롭던 아동의 걸음걸이는 점점 더 안정되고 지속적이며 활발한 걸음걸이로 바뀐다. 세 살 정도가 되면 걷는 능력은 아주 정교해지며 달리기(*running*)와 뛰기(*jumping*)가 운동능력으로 등장한다. 달리는 기술은 이 단계를 통해 많은 진전을 보인다. 처음에는 달리는 것 자체를 즐거워하며 이를 오랫동안 연습하지만 이 시기 말쯤 되면 달리기가 놀이나 게임의 중요한 부분이 된다는 것을 알게 된다.

걸음마기 동안 아동은 수영, 스케이트, 율동과 같은 다른 형태의 여러 운동을 접한다. 이러한 스포츠를 통해 다양한 방식으로 그들의 몸을 사용하고 싶어 하고 또한 매우 빨리 필요한 동작을 배운다.

표 3-1 3~4세 어린이의 발육 평균

	남자		여자	
	체중(kg)	신장(cm)	체중(kg)	신장(cm)
3세	14.74	96.50	14.20	95.41
4세	16.83	103.07	16.26	101.89

출처: 질병관리본부·대한소아과학회(2017).

2) 심리적 발달

(1) 인지적 발달

걸음마기는 피아제의 인지발달단계 중 2~6세에 걸친 전조작적 사고 (*preoperational thought*)의 초기에 해당한다. 아동은 눈앞에 보이지 않는 대상이나 사건에 대해서도 정신적 표상에 의해 사고할 수 있게 된다. 그러나 사고가 아직 자기중심적이고 두 개 이상의 차원을 동시에 고려하지 못하며 논리적 조작이 불가능하다(정옥분, 2014).[*]

① 상상능력

걸음마기는 영아기에 형성된 도식이 내면적 세계에서 묘사되고 상징화하는 시기이다. 아동은 이 시기에 실제 행동을 통해서가 아니라, 상징적으로 대상을 다룰 수 있는 다양한 기술을 습득한다(Newman & Newman, 2018: 199~202). 대상이 눈앞에 없는 상태에서도 모방할 수 있는 능력, 정신적인 영상을 간직할 수 있는 능력, 상상 속에서 그리고 묘사할 수 있는 능력, 상상놀이를 할 수 있는 능력, 언어능력이 이에 포함된다. 이러한 기술은 실제 사건에만 의존하던 것으로부터 어린이를 해방해 준다. 즉, 과거에 일어났을 관계나 사건을 모방해 상상 속에서 묘사하거나 수행할 수 있다. 또한, 일어나기를 바라거나 지금의 상황에서 변했으면 하는 관계나 사건을 상상 속에서 묘사할 수도 있다.

상상능력과 언어는 표현의 대조적 형태이다. 언어를 사용하기 위해 어

---

[*]   전조작적 사고단계는 "2부 성격이론"의 인지발달이론에 자세하게 설명되어 있다.

린이는 자신의 사고를 그 문화에서 공유되는 매개체로 바꾸는 것을 배워야 한다. 즉, 언어를 통한 의사전달을 위해 어린이는 자신의 내적 세계에 존재하는 내용을 기존의 단어와 문법에 맞추어야 한다. 그러나 상상은 거의 반대적 기능을 한다. 상상 속에서 아동은 아주 개인적 의미를 갖는 상황이나 인물을 창출한다. 상상은 대중에게 이해되어야 할 필요가 전혀 없다. 때때로 어린이는 마음속에서 강하게 느끼고 있으나 언어를 통해 표현하지 못하는 경우도 있다. 사회복지실천에서 그림이나 놀이치료를 통해 문제아동의 내적 세계를 이해하고자 하는 시도는 이러한 전제에 입각한 것이다.

② 언어의 발달

인간의 사고와 언어는 두 살 이전에는 별개로 존재한다. 언어와 사고가 통합되는 첫 단계는 대상이나 사물의 이름에서 시작한다. 즉, 반복에 따라 단어가 특정한 대상에 연관된다는 것을 알게 된다. 어린이가 처음 사용하는 말은 완전한 단어이기보다는 상대방에게 자신이 전하고자 하는 의미를 전달하면 족하다. 점차적으로 아동은 모든 대상이 이름을 갖고 있다는 것을 발견한다. 15~18개월이 되면 유아는 사물의 이름을 배우고 그 이름을 적용하는 데 많은 진전을 보인다(Rice, 1989). 두 살쯤에는 두 단어로 이루어진 문장을 사용할 줄 알게 된다.

언어의 발달에서 어휘력의 증가는 모방에 주로 의존한다. 그러나 어린이가 언어를 자주적으로 사용하기 위해서는 자신의 사고가 말로 전환될 수 있는 형태를 스스로 생각해 내야 한다.

미국의 말하기·언어듣기협회(2013)는 첫 4년간의 언어의 발달을 다음과 같이 구분했다(Newman & Newman, 2018: 192에서 재인용).

- 1년: 감각적 자극에 의해 여러 가지 소리를 내다가 구어(*spoken language*)를 모방하는 소리를 내기 시작한다. 50개 정도의 단어와 간단한 명령어를 이해할 수 있다.
- 2년: 이야기 듣기를 좋아한다. 두 단어로 이루어진 구절을 사용할 수 있으며 50개 정도의 단어를 말한다. 300개 이상의 단어를 사용하며 어떤 유아는 환경에 존재하는 모든 사물의 이름을 말할 수 있다.
- 3년: 사고, 관찰, 욕구를 전달하기 위해 언어를 사용하며 서너 단어로 이루어진 문장을 말할 수 있다. 그러나 이들의 언어 중 어떤 것은 가족 외의 사람은 쉽게 이해하지 못하는 것도 있다. 이는 어떤 어휘에 대해서는 분명한 발음을 할 수 없는, 아직 제한된 발음능력과 성인 문법에 대한 지식의 한계 때문에 일어난다. 500∼1천 개 정도의 단어를 사용할 줄 안다.
- 4년: 광범위한 어휘를 습득하며 대부분의 기초 문법규칙을 요하는 문장을 구사할 수 있다. 이로써 언어의 기초는 네 살쯤에 확립되며 이러한 기본적 언어의 확립이 이루어진 후에 비로소 더욱 정교하고 복잡하고 미묘한 언어적 기술이 발달한다.

(2) 자기통제

자기통제(*self-control*)란 타인의 특정한 요구에 순응할 수 있고, 상황에 맞추어 행동을 조절하거나 지연시킬 수 있으며, 외부에 의해 꼭 지시받지 않더라도 사회적으로 받아들여지는 방식으로 행동할 수 있는 능력 등을 포함한다. 이러한 능력은 자의식이 성장함에 따라 형성된다. 자기통제를 할 수 있으려면 상황을 평가하여 이를 이전에 학습한 행동의 지침에 비교하는 인지적 능력이 필요하다. 또한 충동의 강도를 감소시켜서 나타내거나 조정하는 능력도 요구된다. 걸음마기에 자기통제는 두 방향으로 형성되는데, 충동에 대한 통제와 환경에 대한 지배이다(Newman & Newman, 2018: 204~211).

① 충동의 통제

2~4세에 아동은 충동을 조정하고 통제하는 능력이 향상된다. 걸음마기 동안 충동의 만족이 지연되는 것을 견디는 능력 — 충동의 만족을 지연시킬 때 이전보다 훨씬 덜 좌절감을 느끼며, 좌절감을 느낄 때 이를 잘 다룰 수 있게 되는 것 — 이 형성되는데, 이는 다음의 두 가지 이유에서 비롯된다.

첫째, 어린이가 충동의 만족을 지연시킬 때 좌절감을 덜 느끼는 것은 초보적 시간감각이 생김으로써 미래에 대한 이해를 할 수 있게 되었기 때문이다. 즉, 어린이는 자신이 지금 원하는 것이 당장 주어지지 않더라도 조금 지연된 후, 또는 조금만 기다리면 가능하다는 것을 알게 된다. 영아기에 형성된 신뢰감이 어린이로 하여금 이를 터득하도록 도와준다. 자신의 욕구가 궁극적으로 충족되리라는 것을 알게 됨으로써 분노나 초조와 같은 감정의 격렬함이 감소한다. 이와 같이 조금 지연된 후에 욕구가 충족될 것을 아는 것과 그로 인한 격렬한 감정적 반응의 감소가 욕구 충족의 지연이 일으키는 좌절감을 완화해 준다.

둘째, 좌절감이 일어날 때 이러한 감정을 다루는 기술을 배우기 때문이다. 앞서 논한 바와 같이 어린이가 좌절감을 덜 느끼기는 하지만 어린이의 인내의 한도를 넘는 사건이 계속해서 일어나는 것도 사실이다. 걸음마기의 인지적 능력 — 언어와 상상능력 — 이 좌절감을 다루는 데 가장 중요한 도구가 된다. 다시 말해 어린이가 자신이 원하는 것을 언어를 통해 더 잘 표현할수록 그의 욕구가 충족될 가능성이 더 커진다. 또한 욕구가 충족되지 않았을 때도 자신이 어떻게 느끼는지 언어를 사용해 표현할 수 있다. 이와 같이 밖으로 표현된 감정은 표현되지 못한 감정보다 어린이가 다루기 쉽다. 그리하여 자신에게 말할 수 있을 정도로 언어능력이 발달한 걸음마기의 어린이는 언어를 통해 다양한 감정을 다스릴 수 있다. 겁이 나는 상황에서 스스로 "무서워하지 말자"고 다짐함으로써 공포심을 조절할 수도 있고, 화가 날 때 "너무 화내지 말자, 엄마가 곧 주실 거야" 하면서 분노를 조정할 수도 있으며, "다음에 또 할 수 있지" 하고 실망을 달랠 수도 있다.

또한 이 시기의 아동에게 상상력의 발달은 자기를 괴롭히는 문제가 표현되고 해결될 수 있는 상황을 상상하게 한다. 상상놀이를 통해 어린이는 현실에서 자신이 지배할 수 없는 상황을 지배하며, 이는 아동이 감정을 다스리도록 도와준다.

② 환경의 지배

걸음마기에 자기통제가 형성되는 두 번째 측면은 어린이가 자신의 환경과 주변에서 일어나는 사건을 스스로 지배할 수 있다고 느끼는 감정과 관련된다. 이러한 환경에 대한 지배는 어린이가 자신에게 관련된 다양한 영역의 일상생활이나 활동에 대한 결정에 참여하려고 노력하는 데서 비롯된다. 예를 들면, 어린이는 자신이 입을 옷을 선택한다든지 먹을 음식을 결정한다든지 등 가족활동에 대한 결정에 영향을 미치고자 한다. 또한 일상적인 가사에 공헌함으로써 자신이 가족의 귀중한 일원이라는 것을 느끼고, 이러한 자신감은 다양한 기술과 능력을 습득하면서 더욱 증가하며, 그에 따라 환경에 대한 지배감도 높아진다.

3) 사회적 발달

(1) 사회화

사회화는 아동이 자기가 속한 특정한 사회에서 구성원과 잘 어울리고 성공하기 위해 필요한 가치, 예절, 규범, 사회적 기대, 행동양식에 대한 지식을 습득하는 과정이다(Zastrow & Kirst-Ashman, 2013). 걸음마기에는 아동의 삶이 가족을 중심으로 이루어지기 때문에 가족 환경이 사회화의 일차적 지점이 된다. 특히, 부모가 사회적 기준에 맞춰 자녀의 행동을 제한하고 가르치기 시작하는 시기이므로 아동의 사회화에는 부모가 중요한 역할을 한다. 즉, 부모의 훈육에 의해 사회화의 기초가 형성되며 부모의 양육태도나 행동에 따라 사회화의 내용도 달라진다. 바움린드(Baumrind, 1991)는 애정과 통제의 두 차원의 양육태도에 따라 부모 유형을 다음의 네 가지로 구분했다. 즉, 권위 있는(*authoritative*) 부모, 권위주의적(*authoritarian*) 부모, 허용적(*indulgent*) 부모, 무관심한(*neglectful*) 부모 등이다(정옥분, 2014: 309~313).

　권위 있는 부모는 애정과 통제가 모두 높은 유형으로, 자녀와 대화를 많이 하고 훈육할 때 논리적 설명을 사용한다. 권위주의적 부모는 애정은 낮고 통제는 높은 유형으로, 아동에게 엄격한 통제와 규칙을 적용한다. 허용적 부모는 애정은 높으나 아동에 대한 통제가 낮고, 훈육에 일관성이 없다. 무관심한 부모는 애정이 없고 통제도 낮으며, 냉담하고 무관심하다. 권위 있는 부모 유형이 가장 바람직한 자녀양육 방식이며 사회성, 자신감 등 바람직한 사회적 행동을 보이는 자녀를 가질 가능성이 높다. 또한 이러한 양육태도는 자녀의 성별, 자녀 수, 부모의 연령 등에 따라 달라지는데, 딸보다 아들에 대해 그리고 자녀 수가 많을수록 더 권위주의적 양육태도를 보이는 경향이 있으며 부모의 연령이 높을수록 허용적 부모가 될 가능성이 높다(조복희·도현심·유가효, 2016).

4) 사회복지실천의 관심대상이 되는 걸음마기의 문제

사회복지분야 가운데 아동복지의 관심대상이 되는 여러 문제는 실제로 영아기, 유아기, 아동기에 걸쳐 존재하며, 따라서 이 시기 중의 어떤 시점에서도 일어날 수 있다. 이러한 문제 중에서 가장 위급한 것은 아동학대이며 이러한 문제에 대한 사회복지실천이 프로텍티브 서비스(*protective service*)이다. 프로텍티브 서비스는 학대받거나 방치되는 아동을 보호하기 위해 주어지는, 매우 강력한 형태의 아동복지 프로그램이다. 아동에 대한 학대란 어른으로부터 신체적, 정서적 그리고 성적으로 아동에게 가해지는 가혹한 행위를 가리킨다. 방임(*neglect*)은 부모가 어린이에게 필요한 적절한 신체적 보호나 정서적 지지를 제공하지 않고 방치하는 것을 말한다.

　사회복지실천에서 프로텍티브 서비스를 제공하는 사회복지사는 아동의 신체적·행동적 측면에서 발견되는 학대의 증거와 부모의 특징, 가족 상황을 검토하고 학대 또는 방임에 대한 평가를 내린다(Zastrow & Kirst-Ashman, 2013). 아동학대나 방임은 가족의 문제를 대변하며 가족 전체에 대한 자원의 제공이나 서비스를 필요로 하는 경우가 많다. 그리고 사회복지사는 이러한 서비스를 통해 부모와 아동, 그리고 가족과 환경의 관계를 향상하고자 한다. 이와 같은 평가와 개입 과정에서 관심의 초점이 되는 것은 어린이가 얼마나 위급한 상황에 있는가 하는 것이다.

프로텍티브 서비스를 제공하는 사회복지사는 아동을 학대하거나 방치하는 가족의 욕구와 학대받은 아동의 욕구를 모두 조사한 후, 직접적 서비스를 제공하고 그러한 욕구를 충족하기 위해 개입하거나 적합한 기관에 연결해 준다.

이 시기의 또 다른 문제는 빈곤이 어린이에게 미치는 부정적 영향이다. 걸음마기 아동의 경우 빈곤의 결과는 흔히 영양결핍과 빈약한 건강 상태로 나타난다(Newman & Newman, 2018: 217~220). 미국의 한 조사에 의하면 빈곤선 이하의 수입을 가진 가족에서 양육되는 아동은 그 이상의 수입을 가진 가족의 아동보다 건강문제를 가지고 있는 비율이 훨씬 높았다. 빈곤으로 인한 영양결핍과 질병이 결합되어 이 시기 아동에게 발육부진, 무기력, 뇌손상 등의 결과를 초래한다. 또한 이러한 요인은 걸음마기 아동의 지적 발달과 운동능력에서 지체를 가져오며 이러한 손상은 이들의 성인기 건강에까지 영향을 미친다.

빈곤지역이나 빈곤가정에 안전한 놀이 장소가 없는 것, 지적 발달을 촉진하는 자극과 경험이 결여된 것은 걸음마기 아동의 심리적 발달과 사회적 발달에 문제를 가져온다. 부모가 가족을 부양하기에 바쁘거나 양육

기술 부족으로 걸음마기 아동과 충분히 대화하지 않을 경우 언어의 발달이 지연될 수 있다. 또한 좁은 공간에서 방해받지 않을 만한 개인적 장소를 갖기 어려우며 이는 상상놀이의 기회를 제한한다. 부모가 거칠고 억압적인 경우, 아동의 자기통제능력이 잘 발달되지 못한다. 반면, 양육방식이 무질서하고 일관성이 없거나 가정에서 분노와 공격성이 자주 표출되는 경우 아동은 사회적 행동을 체계적 방식으로 조직화하는 능력에 손상을 받는다.

2. 학령전기

1) 신체적 발달

신체적 성장이 영아기나 걸음마기처럼 괄목할 만한 수준은 아니지만 학령전기에도 지속적으로 이루어진다. 5세가 되면 체중은 출생 시의 5배, 신장은 2배 정도에 달하게 된다. 5~6세 어린이의 평균 신체적 발달은 〈표 3-2〉와 같다. 남아는 여아보다 신장과 체중에서 앞서지만 골격 성숙에는 오히려 여아가 남아보다 1년 정도 앞서는 것으로 알려져 있다. 두뇌발달도 촉진되어 5세경에는 체중이 성인의 30% 정도인 데 비해 뇌의 무게는 성인의 90%에 이른다(정옥분, 2014). 이러한 두뇌발달에 의해 4세 이전까지 미숙하던 눈과 손의 협응이 원활해지고 주의를 집중하는 시간도 길어진다.

운동기능은 더욱 발달하여 5세가 되면 방향을 바꿔 가며 달릴 수 있고,

표 3-2 5~6세 어린이의 발육 평균

	남자		여자	
	체중(kg)	신장(cm)	체중(kg)	신장(cm)
5세	18.96	109.59	18.36	108.37
6세	21.34	115.92	20.66	114.73

출처: 질병관리본부 · 대한소아과학회(2017).

달리다가 갑자기 멈춰서도 넘어지지 않는다. 한 발로 뛰기, 그어진 선을 따라 걷기, 두 발을 번갈아가며 계단 오르내리기도 가능해진다. 공을 던지고 받는 동작도 정교해져서 작은 공을 똑바로 빠르게 던지고 손과 손가락을 사용해서 정확하게 받을 수 있다. 소근육 운동기술의 발달로 사각형과 삼각형을 그리고 글자나 숫자를 베낄 수도 있게 된다(조복희 · 도현심 · 유가효, 2016).

2) 심리적 발달

(1) 초기적 수준의 도덕발달
걸음마기 후반 정도부터 학령전기에 걸쳐 사회적 규칙을 내면화하면서 기초적인 수준의 도덕발달이 이루어진다. 걸음마기에는 적합한 행동에 대한 요구가 자기로부터 일어나는 것이 아니라 외부세계에 존재하는 요소에 의해 가해진다고 생각한다. 그러나 학령전기가 되면 부모로부터 습득된 가치가 아동의 사고에 통합되며, 따라서 적합한 행동에 대한 기준이 자아개념의 일부가 된다. 기초적 수준이지만 도덕성의 발달이 이루어졌다는 것은 아동이 자기가 속한 가족과 지역사회의 도덕적 규범을 학습하여 그것을 자신의 행동을 인도하는 지침으로 사용할 수 있게 되었음을 말한다. 이와 같은 초기적 수준의 도덕발달에 관한 주요 이론을 검토하고자 한다(Newman & Newman, 2018: 238~246).

① 프로이트와 정신분석이론

프로이트의 이론에서 도덕발달과정은 심리적 기제의 발달에 입각해 검토될 수 있다. 프로이트는 인간을 특정한 육체적, 정신적 능력과 한정된 에너지를 소유한 유기체로 보았다. 영아기에는 이러한 에너지가 원초아(id)에 집중된다. 원초아는 공격적 성향, 성적 욕구와 충동의 혼합체이다. 아동이 성장하면서 자아(ego)가 원초아로부터 분화된다. 자아는 원초아의 본능적 충동을 조절하면서 심리적 활동을 지배한다. 또한 자아는 원초아와 초자아를 중재한다. 초자아(superego)는 도덕적 행동을 산출하는 심리적 과정을 지배하며, 4~6세 정도에 어린이가 경험하는 오이디푸스 콤플렉스(Oedipus complex)의 해결로 형성된다.* 프로이트는 오이디푸스 콤플렉스를 통과하는 과정과 그에 따른 초자아의 발달이 남자와 여자에게 상이하다고 보았다. 남자아이는 여자의 생식기가 자신과 다른 것을 관찰하고 거세에 대한 공포를 느끼며 이것이 아버지에 대한 동일시를 강하게 촉진하여 그 결과 오이디푸스 콤플렉스가 해결된다. 그리고 나서 오이디푸스 콤플렉스의 유산인 초자아가 발달하기 시작한다. 프로이트는 이러한 초자아의 형성이 남자아이로 하여금 사회가 개인에게 요구하는 도덕과 질서의 과정을 추구하도록 인도하기 때문에 도덕적 인간이 된다고 주장했다. 그러나 여자아이는 거세에 대한 불안이 없기 때문에 오

---

*   오이디푸스 콤플렉스는 "2부 성격이론"의 프로이트이론에서 자세히 설명되어 있다.

이디푸스 콤플렉스가 창출되기는 하지만 해결되지 못하며, 그 결과 여자는 남자보다 초자아가 약하고 도덕적 판단의 수준도 낮다는 것이다.

이러한 초기적 수준의 도덕발달에 관한 프로이트의 이론에 대해 후속 연구들은 다른 견해를 제시했다. 예를 들면, 미셸 등(Mischel, Shoda, & Rodrigues, 1989)은 걸음마기에서 학령전기에 걸쳐 여자아이가 남자아이보다 유혹을 이겨내는 능력이 더 우월하고 도덕적으로 옳지 않은 행동이 더 많이 감소하는 것을 발견했다. 또한, 부모가 아동의 도덕적 행동에 미치는 영향을 조사한 연구에 의하면 어머니의 가치와 태도가 중요하며 그 밖에 부모의 따뜻함, 힘이나 권위의 절제된 사용, 의사결정에 아동을 참여시키는 것, 유혹을 이기는 행동에 대한 모델이 되어 주는 것 등이 아동에게 높은 수준의 친사회적 행동과 사회적 책임을 갖게 해주는 것으로 보인다(Maccoby, 1992).

② 인지발달이론

기초적 도덕발달을 설명하는 데 가장 중요한 인지발달이론가는 피아제와 콜버그(Kohlberg)이다.

피아제의 이론에서 도덕적 판단의 주요한 발달은 타율적 도덕성으로부터 자율적 도덕성으로의 전환이다. 그는 여러 상황에서 어린이가 내리는 판단을 관찰함으로써 이와 같은 두 가지 도덕적 판단의 유형을 제시했다. 타율적 도덕성은 어른의 신체적 힘에 대한 두려움과 어른의 권위에 대한 복종에서 시작되는 것으로, 사고의 경향이 아직 자기중심적인 2~6세 동안의 전조작기에 존재하는 도덕적 수준이다. 타율적 도덕성의 수준에서는 규칙을 신성하고 불변적인 것으로 이해하며, 행동의 옳고 그름을 규칙에 의거해 판단한다. 또한 이 시기의 어린이는 부모를 전지전능한 존재로 여기는 경향이 있다. 이와 같이 어른, 특히 부모에 대한 일방적 존중은 명령-복종이라는 타율적 관계에 어린이를 놓이게 한다. 즉, 권위를 갖고 있으며 존경받는 부모가 어린이가 해야 할 올바른 행동을 정의하고 그러한 행동을 수행하도록 요구하는 것이다. 이러한 타율적 도덕적 추론은 구체적 조작기에 감소하고, 그 이후에는 자율적인 도덕적 판단이 중요해진다. 피아제는 어린이가 지적 성장과 동년배 집단 내에서 역할을 맡아 보는 경험을 통해 규칙에 대한 인식이 외부적 권위에 의한 명령이 아니라 내면적 원리에 의한 것으로 자연스럽게 바뀐다고 설명한다.

콜버그는 상이한 발달시기에 나타나는 도덕적 추론의 차이를 이해하기 위해 6단계로 이루어진 모델을 제시했다. 1단계는 보상과 처벌이라는 행동의 결과, 2단계는 자신에게 이익이 되는 정도에 따라 옳고 그름을 판단하며 이 두 단계는 전인습적 수준의 도덕적 판단을 반영한다. 이 시기가 피아제의 전조작기에 해당하며 어린이는 규칙을 자신의 외부에 존재하는 것으로 인식한다. 3단계는 착한 사람이 인정하는 선의의 행동, 4단계는 사회질서의 유지에 부합하는지를 기준으로 판단하는 시기이다. 이 두 단계는 인습적 수준의 도덕적 판단의 시기로, 피아제의 구체적 조작기에 해당한다. 이 두 단계에서 어린이는 외부적 권위를 포함한 타인의 사회적 기대와 규칙을 내면화한다. 그러므로 콜버그에 의하면, 도덕적 추론은 시작 단계일수록 더 타율적이며 후속 단계로 나아갈수록 더 자주적으로 변화한다. 5단계는 개인의 가치에 대한 존중과 사회질서 유지, 6단계는 사회질서를 초월하는 인간의 존엄성에 대한 보편적 원리에 입각한 도덕적 판단을 나타낸다. 이 두 단계는 후인습적 수준의 도덕적 판단의 시기이다. 콜버그에 의하면 모든 사람이 6단계까지 나아갈 잠재력을 갖고 있으나, 실제로는 아주 적은 수의 사람만이 후인습적 수준의 도덕적 판단의 시기에 도달한다고 한다. 대부분의 사람은 인습적 도덕성의 수준 정도까지 도달해 그 수준의 도덕적 추론에 머무는 것으로 보인다. 콜버그는 그의 도덕발달단계에서 여자는 3단계 정도에, 그리고 남자는 4단계 정도에 도달하는 것으로 보았다. 이러한 연구결과는 종종 도덕적 추론에서 남자가 여자보다 더 발달해 있다는 증거로 사용되기도 한다.* 그러나 콜버그가 지적한 이러한 도덕적 판단에서의 성별 차이는 여러 연구에 의해 반증되었다(Papalia & Martorell, 2015).

③ 학습이론

학습이론에 의하면 초기적 수준의 도덕발달은 상과 벌에 대한 반응으로 성취된다. 어린이가 규범에 어긋나는 행동을 할 때 부모나 선생님으로부터 벌이라는 부정적 반응을 유발하고, 이는 그러한 행동이 다시 일어날 가능성을 감소시킨다. 즉, 아동이 규범을 어기는 행동을 하려고 생각할 때 과거에 벌을 받은 경험 때문에 긴장이 일어나는데, 이때 그 행동을 하려는 충동을 피하거나 억누르면 긴장이 감소되므로 규범에 순응하는 방

---

* 3단계의 도덕적 추론은 착한 소년·소녀의 단계이며 이는 '착한' 사람이 해야 하는 행동의 고정관념에 맞추어 생활하고 도덕적으로 판단하는 것을 말한다. 콜버그는 이것이 전통적인 여성의 표현적 역할에 상응한다고 보았다. 반면, 4단계는 사회적 규칙과 제도의 유지를 포함하는 법과 질서 지향적 성향을 갖는다. 남자 어린이가 일단 자신을 남성으로 범주화하고 자기의 성역할에 대한 인식이 생기면 자신의 성적인 정체감(*gender identity*)에 일치하는 행동에 긍정적인 가치를 부여하는데, 4단계의 도덕적 추론이 이에 부합한다는 것이다.

식으로 행동하게 된다.

아동이 스스로 자신에게 상과 벌을 적용하기 시작하는 것은 도덕적 기준의 내면화 과정이라고 볼 수 있다. 다시 말해 어린이는 흔히 자신이 지켜야 할 행동의 한계나 기준을 설정해 놓고 이에 따라 자신의 행동을 평가하며 스스로 상이나 벌을 준다. 이렇게 스스로 적용하는 강화(rein-forcement)는 도덕적 행동을 학습하고 유지하는 강력한 동기가 된다.

사회학습이론에서는 아동이 모방을 통해 도덕적 행동을 학습한다. 모방이란 관찰을 통한 학습을 가리킨다. 이것은 어린이가 실생활이나 상상 속에 존재하는 모델에 의해 표현된 바람직한 반응이나 행동, 태도를 재생산해 내는 것을 말한다. 어린이는 한 모델의 행동만이 아니라 여러 사람의 행동을 모방하기 때문에 아동에 의해 재생산된 행동은 독특한 특성을 갖는다. 또한 모델이 규칙에 어긋나는 행동을 하고 부정적인 결과를 경험하는 것을 관찰함으로써 그러한 행동을 억제하는 대리적 학습도 이루어진다.

(2) 자아개념의 형성

삶의 모든 단계에서 환경에 존재하는 주요한 사람과의 상호작용을 통해 자아(self)에 대한 사고와 개념이 형성되고 또 변형된다. 그러므로 자아개념은 한 개인이 가진 고유한 속성과 그 사람이 속한 세계의 속성, 그리고 그 사람과 환경 간의 상호작용을 반영한다고 볼 수 있다(Epstein, 1973). 또한 자아개념은 발달적 현상으로서, 태어났을 때는 존재하지 않으며 그 이후 사회적 경험과 활동 과정에서 생성된다.

미드(Mead, 1934)는 자아를 'I'와 'me'로 구분하여 그 형성과정을 설명했다. 'I'는 프로이트의 원초아와 유사한 개념으로 자기중심적이고 충동적인 욕구를 포함한다. 'me'의 개념은 프로이트의 초자아에 유사하며 미드의 또 다른 개념인 일반화된 타인(generalized other)에 해당한다. 일반화된 타인이란 개인이 그의 환경에 존재하는 사람들로부터 받아들여 내면화한 것으로 그가 속한 사회의 가치와 문화를 반영한다.

'me'는 다음과 같은 세 가지 기본 요소로 구성되며, 이러한 요소는 개인이 자아개념을 획득하는 기반이 된다. 첫째, 자신에 대한 타인의 태도를 파악하는 것이다. 둘째, 다양한 활동이나 상황에 대한 타인의 태도를 이해하는 것이다. 셋째, 이와 같은 두 가지 사고에 입각해 자신의 행동을 수정하고 조절해 나가는 것이다. 아동은 이 세 가지 요소를 모방, 놀이, 그리고 게임을 통해 획득하며, 일반화된 타인의 개념을 형성한다. 모방이 인지적 발달의 중요한 수단인 걸음마기에는 단순히 타인의 행동을 흉내 낼 뿐 그것으로부터 어떤 의미를 파악하고 내면화하지는 못한다. 학령전기가 되면 다른 어린이와의 놀이 또는 집단놀이를 할 수 있으며 이러한 놀이를 통해 자신을 표현하고 타인이 자신에게 어떻게 반응하는지 이해한다. 또한 사람에 따라 이러한 반응이 서로 다를 수 있다는 것도 알게 된다. 그리고 야구와 같은 게임을 할 수 있는 아동기가 되어서야 비로소 환경에 존재하는 아주 다양한 사람들의 태도, 다양한 역할, 그리고 이를 항상 고려해야 한다는 것에 익숙해진다.

그러므로 4~6세의 시기에는 자신의 사고나 행동에 타인의 처지를 충분히 고려하지는 못하지만, 사람들의 견해가 다를 수 있다는 것, 개인이 특정한 역할을 점하면 특정한 방식으로 행동할 것이 기대된다는 것 등을 알게 된다. 그뿐만 아니라 초기단계의 도덕적 발달이 이루어짐에 따라

도덕적 규범도 잘 이해하게 된다. 이러한 기대와 규범에 비추어 자신을 평가하고 그것이 기준에 미치지 못할 경우에 자기비판이나 좌절감을 경험할 수도 있다.

자신에 대한 평가는 다음과 같은 요소에 입각해 이루어진다(Newman & Newman, 2018: 253~255). 첫째로, 타인의 사랑, 지지, 인정의 표시이다. 자기가 사랑받고 있고 가치 있는 존재이며 성공적이라고 느끼는 것은 자부심을 높여 준다. 반면, 무시당하거나 거부당한다고 느끼는 것, 자신이 부적합하다고 느끼는 것은 자신이 쓸모없는 존재라고 생각하도록 만든다. 둘째로, 특정한 속성과 능력 그리고 이를 다른 사람이나 자신의 이상적인 수준과 비교해 받아들이는 방식이다. 자신의 모든 속성이나 능력이 가족과 친구에 의해서 인정받는 것은 아니며, 아동은 어떤 영역에서는 능력이 있지만 더 중요하다고 여겨지는 영역에서 그렇지 못하다고 느낄 수 있다. 따라서 일상적인 과제 수행에서 성공과 실패, 그리고 자기의 특정한 속성이나 능력이 도전받는 경험을 통해 자기평가가 달라진다. 로젠버그(Rosenberg, 1975)에 의하면 환경과의 불일치도 어린이의 자부심에 부정적 영향을 주는 요소이다. 다시 말해, 어린이가 자신이나 자기 가족의 주요한 속성과 일치하지 않는 환경에 존재할 때 불안정하고 확실하지 못한 자아개념을 갖게 되고 자부심이 낮아진다.*

---

* 로젠버그에 의하면 흑인 거주지역에 사는 흑인 어린이가 백인이 다수인 지역에 사는 흑인 어린이보다 확실한 자아개념과 높은 자부심을 가지고 있었다. 이는 어린이가 유치원과 초등학교를 통해 가족으로부터 이질적인 환경인 학교로 나아가면서 새로운 환경이 자기 가족의 주요한 사회적 특징에 부합하느냐, 부합하지 않느냐에 따라 아동의 자존심이 결정된다는 것을 보여 준다. 다시 말해 아동의 가족에서는 가치를 인정받는 속성이라도 어린

유치원 및 초등학교 초기의 어린이는 자부심이나 자신의 가치에 대한 감정의 기복이 심하다. 이 시기의 아동은 자신의 능력과 다른 아이의 능력을 비교할 줄 알고 가족 외의 어른이나 친구의 평가의 중요성을 인식한다. 이러한 과정에서 자기능력의 한계를 경험하거나, 새로운 어린이 가족만큼 자신의 능력을 자랑스럽게 여기지 않는다는 것을 발견하면 자신이 가치 없다는 감정을 경험하는 경우가 많다. 그러므로 부모나 선생님과 같은 어른은 어린이의 능력에 대해 자주 인정해 주고 또 어린이가 사랑받고 있다는 것을 확인해 주는 것이 좋다.

(3) 정서적 적응과 방어기제

걸음마기로부터 아동기 전기에 걸쳐 아동은 자신의 감정을 다루는 방법을 배운다. 이 시기에 즐거움, 사랑, 분노, 공포, 질투, 좌절감 등 여러 가지 감정을 다루며, 또한 충동과 사회적 요구 간에 균형을 취할 줄도 알게 된다. 그리고 아동은 자신의 감정을 적절하게 표현하는 방법도 배우게 된다. 각 문화마다 일상생활에서 감정을 표현하는 방식이 다를 수 있으며 아동은 정서적 표현에 대한 사회적 규범을 학습해야 한다.

이 시기의 아동은 여러 근원에서 비롯되는 불안과 공포를 경험한다. 상상에 근원을 둔 비합리적인 사고가 아직도 보편적이며, 따라서 현실적 위험에 입각한 불안 외에 비현실적이고 근원을 알 수 없는 불안도 존재한다. 부모는 이러한 아동의 불안과 공포를 이해하고 감정이입적 태도를

이가 속한 또 하나의 주요한 환경인 유치원과 학교에서 그 속성이 가치가 없다면 뭔가 이상하다는 느낌을 갖게 되며 이것이 자신의 가치에 의심을 품게 할 수 있다.

취하면서 극복하도록 도와주어야 한다. 어린이의 불안이나 공포를 놀리거나 강제로 금지하려고 해서는 안 된다.

어린이가 5~6세 정도 되면 자신의 감정을 감추거나 가장하는 여러 방식을 갖게 된다(Specht & Craig, 1999: 240~244). 이는 불안을 감소시키려는 아동의 노력이다. 즉, 실제적 사건이나 자신의 사고에 대한 반응이 어린이에게 불안을 야기할 경우, 그 뜻을 바꾸어 해석하거나 그 밖의 다양한 방법을 통해 불안을 제거하려는 시도이다. 다시 말해 어린이가 어떤 상황에 대해 있는 그대로 받아들이거나 감정을 표현했을 때 일어날 수 있는 극도의 불안으로부터 자신을 보호하기 위해 자아가 사용하는 일종의 적응장치라 볼 수 있다. 아나 프로이트(A. Freud, 1946)는 이러한 여러 가지 방어기제(*defense mechanism*)를 설명했다.* 다양한 방어기제가 아동의 주위에 있는 주요한 사람으로부터 학습과정을 통해 무의식적으로 습득되므로, 방어기제는 어린이의 발달에 강력한 역할을 하는 사람의 특징을 반영하는 것이 보통이다.

방어기제는 행동의 동기를 추론하는 데 유용한 개념이지만 프로이트

---

* 방어기제에 대해서는 "2부 성격이론"에 자세히 설명되어 있다. 일례로, 반응형성은 자신이 실제로 가지고 있는 감정이나 사고를 다른 종류의 감정이나 사고로 대치하는 것인데, 아동의 욕구나 사고가 그를 불안하게 만들 때 어린이는 정반대 유형의 행동을 취한다. 집 안을 온통 어지르고 싶지만 이것이 부모의 사랑을 잃게 할까 봐 불안해진 아동은 정반대로 매우 질서 있고 청결하게 행동한다(Specht & Craig, 1999). 상황으로 보아 타인에게 화를 내야 할 때에 자신에게 화를 내는 것도 일종의 반응형성인데, 예를 들면 부모에게 많은 불만을 가진 아동이 자기를 해하는 것과 같은 경우이다. 즉, 외부로 향한 분노의 표현이 너무 많은 불안을 야기할 것이라고 보아, 아동은 그러한 감정을 오히려 자기비난의 감정으로 경험하는 것이다.

의 다른 개념처럼 경험적으로 검증하기 어렵다. 그러므로 사회복지사를 비롯해 인간의 심리적 문제를 해결하기 위해 접근하는 전문가 가운데 많은 사람이 방어기제를 인간의 행동을 이해하는 데 유용한 개념으로 사용하지만, 좀더 의식할 수 있고 측정 가능한 행동의 측면만을 다루어야 한다고 주장하는 사람도 있다.

3) 사회적 발달

(1) 성역할에 대한 인식

학령전기에 자신의 성(性)역할에 대한 인식이 생기며 아동은 전체적인 자아개념에 자신의 성을 연결한다. 이 시기의 아동은 자신의 성과 그에 맞는 행동 및 사회적 관계에 관심을 갖는다. 그래서 자기와 같은 성의 친구와 어울리며 성에 따른 옷차림, 놀이, 직업에 대한 사회적 기대를 의식하고 이를 따르고자 한다.

이 시기에 성역할에 대한 인식이 아동의 발달에 중요한 이유는 어린이가 이해하는 성역할기준이 그의 행동에 영향을 미치기 때문이다. 성역할기준이란 남자와 여자의 적합한 행동양식에 대한 기준을 말하며 이는 문화나 시대에 따라 차이가 있다.

학령전기의 아동은 어른이 그에게 기대하고 적용하는 성역할을 이해하고 내면화한다. 이러한 과정에는 부모나 친구의 성역할에 대한 기대와 더불어 조건적 보상, 성역할의 내면화를 촉진하기 위한 자극, 벌 등이 주어진다. 그러므로 어떤 부모가 남자아이는 자기주장이 강하고 다소 공격적이어야 한다고 믿는다면, 여러 가지 방법을 통해 자신의 아이가 이러한 기대에 순응하도록 인도한다. 아이에게 주는 장난감, 아이에게 갖게 해주는 경험, 아이에게 참여하도록 격려하는 활동 등이 다 부모의 성역할기준을 반영하는 것이다(Newman & Newman, 2018: 234). 어린이가 초등학교에 갈 정도의 시기가 될 때까지 부모는 자신이 옳다고 생각하는 성역할기준을 아동이 받아들이도록 격려하고 성에 맞지 않는 행동을 할 때는 벌을 주기도 한다.

이와 같이 아동이 자기의 성에 맞는 역할기대를 학습하고 이에 맞추어 행동을 추구하다 보면 점차적으로 성역할기준을 자신의 행동과 친구들의 행동에 적용하기 시작한다. 학령전기의 어린이는 매우 엄격하고 고정적인 성역할기준을 갖는다. 이 시기에는 아직 개인적인 사고나 가치관의 차이를 고려할 만큼의 융통성이 없으며, 단지 학습을 통해 갖게 된 기준에 입각해 판단하기 때문이다.

(2) 집단놀이

학령전기의 어린이는 아직도 상상을 이용한 놀이를 지속하기는 하지만 좀더 조직적이고 현실적인 새로운 형태의 놀이인 집단놀이에 흥미를 갖는다. 집단놀이는 걸음마기의 상상놀이와 아동기의 팀 스포츠 사이의 과도기적 놀이형태이다. 몇 개의 쉬운 규칙을 가지고 있는 것이 보통이며 경쟁에서 이기는 것보다 친구와의 협동이나 상호작용에서 즐거움을 얻을 수 있는 유형의 놀이이다. 집단놀이는 보통 여러 차례 반복되어 놀이에 참가한 성원이면 누구에게나 이길 수 있는 기회가 돌아가도록 되어 있는 것이 보통이다. 예를 들면 술래잡기, 공 받기와 같은 놀이이다.

4) 사회복지실천의 관심대상이 되는 학령전기의 문제

학령전기에 남자아이는 흔히 공격적 성향이 증가한다. 거의 모든 문화권에서 남아가 여아보다 공격적인 것으로 보고되었고, 공격성이 남아의 놀이 일부인 경우도 있다(Gaskins, 2015). 일곱 개의 서로 다른 문화적 집단에서 3~11세 어린이에 대한 관찰자료를 분석한 결과, 남자아이가 더 자주 공격적인 언어와 거친 놀이 형태를 보였다(Whiting & Edwards, 1973). 이처럼 남자아이의 공격적 성향이 문화적으로 공통된 현상이기 때문에 공격성의 남녀 차이가 생물학적 요인에 기인하는 것이라는 주장도 있으나, 결코 사회적 영향을 무시할 수 없다.

아동의 공격성을 증가시키는 중요한 사회적 요인은 텔레비전, 게임과 같은 대중매체이다. 대중매체가 문화에 미치는 영향력은 매우 크며 그것이 전파하는 내용은 사회의 가치와 규범을 강화하는 경향이 있다. 학령전기는 대중매체의 사용이 크게 확장되는 시기로, 교육적 내용은 아동에게 유익한 영향력을 발휘할 수 있다. 그러나 많은 사람이 텔레비전 프로그램과 게임의 폭력성에 대해 우려한다. 다양한 실험과 연구에서 텔레비전과 게임에 등장하는 폭력은 아동의 공격성을 증가시키고, 아동의 행동이나 사고에 부정적인 영향을 미치는 것으로 확인되었다(Newman & Newman, 2018). 텔레비전 프로그램의 내용분석에 의하면 폭력성이 담긴 만화나 아동 프로그램이 많았으며, 대부분의 경우 피해자의 고통이나 가해자의 처벌은 포함되지 않았다(정영숙 외 역, 2018). 게임을 통해 아동은 대상을 무기나 초강력으로 죽이는 데 점점 더 숙련되기도 한다. 이러한 폭력적인 텔레비전 프로그램이나 게임에 오래 노출되면 아동에게 공격적 행동의 증가, 타인에 대한 낮은 공감, 현실의 폭력에 대한 민감성의 감소를 초래할 수 있다(Swing & Anderson, 2007).

또한 대중매체에 등장하는 폭력은 공격성을 증가시키는 데 남아에게 더 큰 영향을 미치는 것으로 보인다. 다시 말해, 남자아이와 여자아이가 함께 폭력적 텔레비전 프로그램을 시청하더라도, 그 결과로 공격적 성향이 증가하는 것은 남자아이가 더 심하다. 이는 어린이가 사회화하는 데 자신의 성에 맞는 특성을 받아들여 내면화하고 이를 추구하기 때문이다. 즉, 우리 사회에서 공격성은 남성적 특징으로 간주되므로, 성역할에 대한 인식이 싹튼 여아는 폭력적 장면을 보더라도 그러한 행동은 자신에게 적합하지 않다고 생각하는 것이다. 게임의 경우에도 남아는 싸우기와 스포츠 게임을 좋아하는 데 반해 여아는 모험과 학습 게임을 더 좋아해서 성별에 따라 선호하는 게임의 차이가 존재한다(정영숙 외 역, 2018).

오늘날 텔레비전과 게임의 높은 보급률을 고려할 때 아동의 공격성이나 성역할 인식에 미치는 영향이 얼마나 클지 유추할 수 있다. 학령전기는 아직도 상상놀이를 계속하는 시기이며 현실과 허구의 구분이 모호할 때가 많다. 우리는 어린이가 텔레비전에서 본 위험한 장면이나 폭력적 장면을 흉내 내다가 사고를 당하고 다른 아동에게 상해를 입혔다는 보도를 종종 접한다. 대중매체의 내용을 통제하는 것은 사회복지의 직접적 분야가 아니지만, 아동의 행동상 문제를 유발하거나 발달에 부정적 영향을 미치는 상황에 대해서는 관심을 가져야 할 것이다.

4장

아동기

아동기는 대략 아동이 일반적으로 초등학교에 입학하는 연령인 6세부터 초등학교를 졸업하는 12세 정도까지의 기간에 해당한다. 아동기로의 전환은 아동발달에서 큰 변화로, 이 시기의 아동은 어려운 인지적 과제를 수행하고 개인적인 책임감을 키우게 된다(정영숙 외 역, 2018). 또한 아동기에는 학교의 경험이 시작됨으로써 어린이가 더욱 복잡한 사회적 영향을 받게 된다. 학교는 아동에게 가족 이외의 외부로부터의 평가, 성공과 실패의 기회, 또래집단과의 경험 등을 제공하는 중요한 영향력의 원천이 된다.

아동기는 프로이트의 잠복기에 해당하는 시기이다. 프로이트에 의하면 이전 단계에서 오이디푸스 콤플렉스가 해결되고 성적·공격적 충동이 억제됨으로써 중요한 발달적 사건은 일어나지 않는다. 그 대신 아동은 이제까지 습득한 가치 있는 기술을 연마하고 더 수준 높은 새로운 기술을 배우는 데 집중한다. 즉, 읽기, 쓰기, 셈하기와 같이 사회에서 살아가는 데 필요한 지적 기술과 예술·신체적 활동을 익히기 위해 노력을 기울인다.

이 시기의 어린이는 지적 측면에서뿐 아니라 심리적, 사회적 측면에서도 균형 있게 성장한다고 볼 수 있다. 다시 말해 이제까지 경험한 부모와의 친밀한 관계, 친구와의 관계, 효과적 대화능력 등이 앞으로 다가올 청소년기의 여러 도전에 대처하는 데 필수적인 사회적 기술을 갖추도록 해준다. 대부분의 어린이에게 초등학교 시기는 매우 활동적이고 즐거운 시기이다. 이들은 아직 사회로부터 부과된 의무나 구속이 없으므로, 비교적 자유로운 가운데 자신이 속한 사회에 존재하는 자원과 기회를 맛보게 된다.

1) 신체적 발달

아동기의 신체적 발달은 점진적이고 지속적이며, 이전 단계와 같은 급속한 신체적 성숙은 일어나지 않는다. 이 시기 어린이의 평균적인 발달은 〈표 4-1〉과 같다.

이 표에서 알 수 있듯 10~12세경에 여자아이의 신체적 성숙이 남자아이보다 앞선다. 즉, 10세 전까지는 항상 남자아이가 여자아이보다 체중과 신장이 우세하나, 10세 이후 3년 정도에 걸쳐 신장에서 그 반대현상이 일어난다. 초등학교 고학년 어린이 가운데 남자아이보다 큰 여자아이를 종종 발견하게 되는 것은 이러한 현상을 반영하는 것이다. 그러나 이와 같은 여자아이의 우세한 발육은 청소년기에 들어서면 곧 남자아이에게 압도당하며, 이후에는 남자가 체중과 신장에서 우위를 지킨다.

이 시기에 유치가 영구치로 바뀐다. 뇌의 발달은 계속적으로 촉진되어

표 4-1 7~12세 어린이의 발육 평균

구분	남자		여자	
	체중(kg)	신장(cm)	체중(kg)	신장(cm)
7세	24.22	122.05	23.39	120.82
8세	27.53	127.87	26.56	126.67
9세	31.33	133.41	30.20	132.64
10세	35.53	138.85	34.40	139.12
11세	40.21	144.70	39.09	145.76
12세	45.43	151.42	43.74	151.66

출처: 질병관리본부 · 대한소아과학회(2017).

뇌의 각 부분이 더 효율적으로 기능하게 된다. 뼈가 신체보다 더 빠른 속도로 자람으로써 성장통(growing pains)을 겪기도 한다. 계속해서 성장하고 다양한 활동으로 인해 에너지 소모량이 증가하므로 단백질을 비롯한 영양소의 충분한 섭취가 필수적이나, 이 과정에서 비만이 되지 않도록 유의해야 한다. 그리고 아동기에는 면역력이 증가되어 건강한 편이지만 생활반경이 넓어져서 전염성 질병이나 사고 위험성도 높아진다(정옥분, 2014).

　운동능력에서 초등학교 어린이는 왕성한 활동을 보인다. 여러 게임과 스포츠를 통해 힘을 기르고, 신체 각 부분의 조정 통합을 추구하며, 몸의 유연성도 증가한다. 학교 운동장에서 여러 가지 기구를 사용하여 신체적 균형을 시험해 보기도 한다. 아동기가 되면 어른이 하는 거의 모든 스포츠를 할 수 있다. 야구, 농구와 같은 구기는 어린이의 눈과 손발의 협응 그리고 힘과 스피드를 향상시킨다.

2) 심리적 발달

(1) 인지적 발달

아동기에 어린이는 인지적으로 성숙하여 자신을 둘러싼 세계에 대한 사고와 이해가 변화한다. 6~7세경이 되면 새로운 형태의 사고과정이 등장한다. 즉, 이 시기의 어린이는 실제 행동을 통해서가 아니라 사고과정을 통해서도 많은 활동을 대상에게 수행할 수 있게 된다. 이러한 사고의 단계를 피아제는 구체적 조작사고라고 불렀는데, 그에 의하면 이 단계에서 아동은 여러 가지 개념적 능력을 획득한다. 구체적 조작사고 단계에서 성취하는 세 가지 개념적 능력은 다음과 같다.

첫째, 보존의 개념은 형태가 변화하거나 담는 그릇이 달라지더라도 질량이나 부피와 같은 물리적 문제는 변화하지 않는다는 것이다. 보존의 개념을 획득한 어린이는 세 차원의 논리 — 동일성의 원리, 보상성의 원리, 역조작의 원리 — 를 적용한다. 그리고 이러한 동일성, 보상성, 역조작의 개념이 확고해짐에 따라 어린이는 질량이나 부피, 길이, 숫자 등 어떤 물리적 차원에 대해서도 보존의 능력을 적용할 수 있게 된다.*

둘째, 유목화의 개념적 기술이란 대상을 그들이 공유하는 어떤 차원에 따라 집단화할 수 있는 능력을 말한다. 구체적 조작사고 단계에 있는 아동은 자신의 환경에 존재하는 대상을 분류하고 순서를 짓는 데 큰 즐거움을 느낀다. 가족이나 친척을 자신에게 가까운 차례대로 순서를 지어

---

* 구체적 조작사고와 보존의 개념, 동일성의 원리, 보상성의 원리, 역조작의 원리에 관해 "2부 성격이론" 중 "13장 인지적 성격이론"에서 자세히 설명되어 있다.

보기도 하고 친구들을 자기와 친한 순서대로 꼽아 보기도 한다.

셋째, 조합의 능력(*combination skill*)은 보존능력 중에서 숫자에 대한 보존능력을 획득한 후 어린이가 갖게 되는 개념적 기술이다. 이것은 일정한 수의 사물이 있으면 그것을 펼쳐 놓든, 모아 놓든 또는 형태를 바꾸더라도 그 숫자는 마찬가지라는 것을 이해하는 것이다. 조합의 능력을 획득함으로써 더하기, 빼기, 곱하기, 나누기와 같이 수를 다루고 조작할 수 있는 능력을 갖게 된다. 그러므로 6세 이후에 초등학교에서 셈의 기초적 기술을 가르치는 것은 우연이 아니며, 이 시기에 지적으로 준비되어 있는 인간의 주요한 측면을 충족하는 것이라 볼 수 있다(Newman & Newman, 2018: 281~287).

이와 같이 구체적 조작사고가 발달함에 따라 어린이는 분류와 인과관계의 추론을 할 수 있으며, 물리적 세계의 규칙과 대상 간의 관계를 지배하는 원리에 대해 통찰력을 갖게 된다. 그 결과 과학, 역사, 수학 등의 학문적 영역에 접근할 수 있다. 또한 책을 읽는 능력이 크게 향상되며 이는 정보와 상상력의 확대를 가져온다. 문학, 음악과 같은 예술적 기술도 획득하며, 거의 모든 스포츠의 규칙을 이해하고 적용한다.

사고의 발달은 자기를 둘러싸고 있는 사회에 대한 아동의 인식도 변화시킨다. 초등학교 전의 아동은 사회적 사고에서 자기중심적 요소가 많으나, 초등학교 이후의 아동은 사람들이 서로 다른 견해를 가질 수 있다는 것을 알고 이를 자신의 행동에 적용하기 시작한다. 스페트와 크레이그(Specht & Craig, 1987)는 이러한 사회적 사고의 성숙을 이끄는 데 직접적으로 관련된 세 가지 인지적 요소를 지적했다.

첫 번째 요소는 사회적 추론으로서 타인의 감정, 사고, 의도에 대해 유추하고 가정할 수 있는 능력이다. 10세 정도가 되면 타인의 사고에 대해 추론할 수 있게 되는데, 다른 사람의 입장을 잘 추론하는 아동일수록 성숙한 사고와 친근한 대인관계를 형성할 수 있다. 사회적 사고의 두 번째 요소는 사회적 관계에 대한 이해로서 아동은 공정함, 충성, 권위에 대한 존중, 합법성과 정의와 같은 여러 가지 사회적 관계에 연관된 개념을 습득하게 된다. 세 번째 요소는 사회적 규칙이나 인습과 같은 사회적 통제에 관한 지식이다. 이와 같은 사회적 개념의 획득은 어린이의 사회적 사고와 인간관계의 성숙을 가져온다.

3) 사회적 발달

(1) 학교의 영향

학교는 아동이 가족 외에 처음으로 경험하는 사회적 기관으로서 가족과 구별되는 다음과 같은 구조적 특징을 지닌다(Dreeben, 1967).

첫째, 아동의 통제와 교육에 대한 책임이 그들과 친족관계에 있지 않은 성인에게 주어진다. 둘째, 아동은 매일 아침 집을 떠나 학교에 가지만 하루가 끝나기 전에 집으로 돌아감으로써 가족의 한 구성원으로서의 기능과 능동적인 참여를 지속한다. 셋째, 아동은 1년을 단위로 한 학년씩 통과해 나가며, 학년이 끝날 때마다 그 학년의 선생님과 관계를 끝내고 새로운 학년의 선생님과 관계를 확립한다. 이것은 학교가 가족과 구별되는 특징으로, 아동과 부모의 관계는 연속적으로 일어나는 기존 관계의 종결과 새로운 관계의 확립이라는 양식을 따르지 않는다. 넷째, 구성원의 연령 분포가 다양한 가족과는 달리, 아동은 연령적으로 동일한 집단의 일원으로서 학교에 소속된다. 다섯째, 학교와 가족은 다 같이 성인과 어린이로 구성되지만, 구성 비율이 달라 학교의 아동 수가 훨씬 많다. 이러한 구조적 특징을 가진 학교는 아동발달의 다음과 같은 측면에 기여한다.

① 아동의 사회화

학교는 아동의 인지적 발달에 주로 관여하는 것으로 보이지만 이러한 과정에서 성격이나 자아개념 형성에도 중대한 영향을 미친다. 학교가 아동에게 영향력을 발휘하기 위해 사용하는 과정은 수업과 지도, 상과 벌에 의한 사회적 강화, 사회적 비교 등이다. 사회적 강화는 학교에서 아동을 사회화하기 위해 쓰는 대표적 방법이다. 즉, 교사는 학생의 행동을 바르게 형성하고 발달시키기 위해 가장 중요한 강화물인 성적 외에 칭찬, 비난, 특권, 처벌과 같은 강화를 사용한다.

성적은 주로 아동의 지적 성취에 대한 평가를 반영하는 것으로 보이지만, 그 외에 학교에 대한 순응이나 성격적인 특징에 대한 교사의 인정도 포함한다. 볼스와 진티스(Bowles & Gintis, 1976)의 연구에 의하면 교사는 지적 성취와 무관하게 학교의 질서에 순응하는 학생에게 높은 성적을 줌으로써 보상하는 반면, 규칙을 어기는 학생을 낮은 성적으로 벌하는 경향이 있다고 한다. 또한 보상을 받는 성격적 특징은 일관성, 인내심, 정확성, 기민함, 학교에 대한 동일시 등이며, 벌을 받는 성격은 공격성, 자신의 의지대로 행동하는 성향 등이다. 그러므로 교사는 성적과 그 밖의 강화물을 사용하여 학교에 대한 순응과 특정한 성격적 특징을 강화한다.

학교가 아동의 사회화에 영향을 미치는 또 다른 과정은 사회적 비교이다. 사회적 비교는 초등학교 학급 구성의 고유한 특징에서 유래한다. 즉, 초등학교의 학급을 구성하는 아동들은 연령이 동일하고 지위의 구분이 없는데, 이것이 아동으로 하여금 사회적 비교의 과정을 통해 서로 구분하도록 만든다(Gecas, 1981). 사회적 비교는 주로 아동의 능력과 성취에 입각해 이루어지며, 그 결과 아동은 학급 내에서 자신의 지위가 어느 정도인지를 깨닫게 된다. 로젠버그(Rosenberg, 1981)는 사회적 비교가 어린이의 자부심(*self-esteem*)에 미치는 영향을 연구했다. 그에 의하면, 학급 내에서 어린이가 다수집단에 의해 무시되는 소수집단의 특징을 지녔을 때 사회적 비교를 통해 그러한 불일치를 깨닫고 결과적으로 아동의 자부심이 낮아진다. 아동이 불일치를 인식할 수 있는 세 차원 — 인종이나 사회적 계층과 같은 사회적 정체감, 능력이나 업적, 가치 — 중 어느 차원이든 간에 소수집단에 속하는 것은 아동의 자부심에 부정적 영향을 미치는 것으로 나타났다.

② 사회적 규범의 학습

학교의 경험은 어린이로 하여금 사회적 규범을 익히도록 한다. 학교는 가족과 직장 사이의 전환적 기관으로서 그 중요성이 부각되어 왔다 (Dreeben, 1967). 가족과 직장은 서로 다른 규범적 원리에 의해 지배되며, 학교는 어린이에게 자주성, 성취의 중요성, 획일성과 같은 규범을 학습하는 경험을 제공함으로써 이 두 기관을 연결하는 역할을 한다. 미래의 유능한 시민을 길러내고자 하는 학교의 목표는 교과 과정을 통해서뿐만 아니라 다른 사회적 규범에 의해서도 추구된다.

드리번(Dreeben, 1967)은 이와 같은 사회적 규범으로 다음의 네 가지를 제시한다. 첫째, 보편주의(universalism)는 교사가 아동을 다루고 평가하는 데 있어 획일적인 기준을 적용하는 것을 말한다. 이는 학급 내에서 선생님으로부터 학생들이 공평한 대우를 받는 것과 관련된다. 둘째, 교사와 학생 간의 관계의 특수성이다. 교사와 학생의 관계는 그 역할에 한정되어 일어나며 일시적이다. 다시 말해, 아동은 초등학교에 들어가면 가족 내에서 엄마의 존재가 영속적인 것과 달리 선생님은 자꾸 바뀐다는 것을 알게 된다. 이러한 경험은 아동으로 하여금 성인의 사회적 관계를 지배하는 규범에 대하여 통찰력을 갖게 한다. 이 두 가지 규범이 교사가 아동을 대하는 데에 관련된 것이라면, 자주성과 성취는 아동의 편에서 주도되는 사회적 규범이다. 자주성이란 자신의 일을 스스로 처리하는 것과 자신의 행동에 대한 책임을 받아들이는 것 등을 가리킨다. 성취는 학교를 통해 얻는 가장 중요한 규범이다. 이것은 활동과 지배의 개념을 포함하며, 우수하다는 기준에 도달하기 위해 노력하는 것을 말한다. 성취는 학교의 가장 중요한 사명 — 학생을 가르치고 그들이 학습한 바를 평가하는 것 — 에 밀접하게 관련되어 있다. 즉, 아동은 학급에서 끊임없이 그들이 성취한 바를 공식적으로 평가받으며 이러한 경험은 사회적 규범을 익히는 것을 넘어 아동의 자아개념에 중요한 요소가 된다.

(2) 친구관계의 경험

아동기가 되면 친구와 우정을 나누는 소중한 경험을 하게 된다. 이것은 이제까지 가족의 영향 아래 놓여 있던 아동이 학교라는 사회집단의 일원이 되면서 겪는 새로운 경험이다. 친구와의 경험은 여러 가지 측면에서 가족과의 경험과 다르다. 가족 구성원은 마음대로 선택할 수 없지만 친구는 자유의사에 따라 선택한다. 또한 부모와 자녀, 형제 등 가족성원 간의 관계에는 지위의 차이가 존재하지만 친구간의 관계는 동등하다.

아동은 친구와의 일상적인 상호작용을 통해 다음의 세 가지를 배운다 (Newman & Newman, 2018: 273~276).

첫째, 친구들과 어울리면서 삶에 관련된 여러 측면에는 다양한 방식이 있다는 것을 알게 된다. 아동이 상호작용하는 대상이 가족으로 한정되었을 때는 예절, 규범과 같은 생활양식이 자기 가족의 것밖에 없는 것으로 이해한다. 그러나 친구들과 어울리면서 친구의 가족은 그 나름대로 고유한 인습이 있다는 것을 알게 되고, 더 이상 생활방식에 대해 자기중심적 사고를 하지 않게 된다.

둘째, 친구집단의 경험을 통해 또래집단의 사회적 규범과 압력에 점점 더 민감해진다. 친구집단은 아동에게 행동의 지침을 제공한다. 초등학교 아동은 친구의 생각이나 행동에 동조하고자 하는 욕구가 커서 동년배의 행동기준은 어린이에게 사회적 압력으로 작용한다(조복희·도현심·유가효, 2016). 반면, 성인은 아동의 행동에 영향을 미칠 수 있는 힘을 점점 상실한다. 따라서 초등학교 아동이 되면 점점 더 행동에 대한 기준이 가족으로부터 친구로 옮아가게 된다. 가족뿐만 아니라 선생님도 친구보다는 아동에 대한 사회적 압력이 약하다. 그러므로 친구로부터 받아들여지고 인정받는 것은 이 시기 아동의 자아개념 형성에 매우 중요한 역할을 한다.

셋째, 동성의 친구와 친밀한 관계를 경험한다. 친구와의 친밀감의 경험은 후에 원만한 대인관계, 그리고 이성과의 친밀한 관계에 기여한다. 그러나 이 시기의 친구와의 친밀성은 동성에 국한되며 이성에 대해서는 부정적 감정을 보인다.

아동은 이와 같이 세계를 자기와 다른 관점에서 보는 친구들과 상호작용함으로써 자신의 관점이 지닌 한계를 이해하기 시작한다. 그뿐만 아니라 친구집단 내에서 놀이나 활동을 할 수 있는 기회는 아동을 자기중심적 사고와 행동에서 탈피하여 어른의 사고와 행동의 융통성에 가까워지게 한다.

(3) 팀 스포츠의 경험

초등학교 아동기의 주된 놀이형태는 팀 스포츠이다. 신체적으로 조정·통합할 수 있는 능력이 확대되고, 인지적으로 여러 가지 규율을 한꺼번에 다룰 수 있도록 발달함에 따라 어린이는 거의 모든 형태의 어른 스포츠를 할 수 있게 된다. 이와 같이 팀 스포츠에 참여하고 팀에 대한 소속을 경험함으로써 아동은 다음의 세 가지를 배운다(Newman & Newman, 2018: 300～304).

첫째, 아동은 집단의 목표를 자신의 개인적인 목표보다 상위에 놓는 것을 배우게 된다. 아동은 팀에 대한 소속의 경험을 통해 자신의 행위가 전체 집단의 성공이나 실패에 영향을 준다는 것을 의식한다. 팀 스포츠의 독특한 점은 아동 자신이 못했더라도 팀이 승리하면 기쁜 반면, 아동이 아무리 잘했더라도 팀이 패배하면 고통스럽다는 것이다. 그러므로 팀 스포츠에 대한 참여는 상호의존의 교훈을 얻는 기회가 된다. 다시 말해, 자신을 내세우기보다는 팀의 모든 성원이 서로 의존하며 가장 약한 성원을 도와주는 것이 전체의 이익이 된다는 것을 깨닫게 된다.

둘째, 분업의 원리를 배운다. 아동은 친구들과 팀 스포츠에 참여함으로써 분업이 목적을 성취하기 위한 효과적인 전략임을 이해한다. 즉, 팀의 각 위치는 각각 독특한 기능을 가진다는 것을 알게 되며, 아동이 혼자 그 기능을 다 맡으려 하기보다는 각각의 성원이 분담하여 특정한 기능을 수행함으로써 성공의 기회가 더 많아진다는 것을 깨닫는다. 이와 같은 팀 스포츠에서 분업에 의한 문제해결의 경험은 아동이 다른 복잡한 문제에 접근할 때 적용되기도 한다. 아동은 어떤 일은 집단 내에서 과제를 분할할 때 가장 잘 성취될 수 있다는 것을 배움으로써, 사회적 공동체의 조직화 원리를 이해하기 시작한다. 사회의 모든 공동체가 분업의 원리에 입각하여 조직되어 움직이고 있다고 볼 수 있으므로 아동이 팀에 대한 소속의 경험을 통해 분업의 원리를 깨우치는 것은 매우 중요하다.

셋째, 경쟁의 여러 측면을 깨우친다. 팀 스포츠는 승리와 패배의 구분이 명확하다. 아동은 팀 스포츠에 참여함으로써 패배의 비참함을 맛보고 패배를 피하기 위해 팀에 헌신하는 경험을 하게 된다.

팀 스포츠는 아동의 심리적, 사회적 발달에 기여한다. 아동은 팀에 대한 소속의 경험을 통해 자신의 역할을 보다 상대적이고 상호관련성을 갖는 측면에서 개념화할 줄 알게 된다. 또한 팀 스포츠는 상당히 복잡해서 많은 규칙을 배워야 하며, 전략을 세우고, 성원의 장단점을 평가하여 일을 분배하며, 상황에 대한 판단 등을 요구하는데, 이러한 요소는 아동의 발달을 촉진한다.

4) 사회복지실천의 관심대상이 되는 아동기의 문제

아동기에 읽기, 쓰기, 셈하기 등의 기술을 익히는 데 문제를 가져오는 요인은 학습장애이다. 학습장애는 뚜렷한 생리학적 이상이 없는 채 학습에 어려움을 겪는 증상이다. 학습장애는 지적장애 때문에 일어나는 것이 아니며, 또한 시력이나 청력과 같은 감각의 장애 때문에 일어나는 것도 아니다. 그리고 정서장애에 의한 것도 아니다. 이는 뇌가 정보를 받아들이고 처리하여 사용하는 방식에 문제가 있어 발생하는 증상이다(Craig, 1999: 303~306).

학습장애는 아동이 글을 읽는 데 극심한 어려움을 보이거나, 한 영역에서는 잘 하는데 다른 영역에서는 매우 진전이 느리거나, 한 과제에 집중하기가 매우 힘든 것처럼 특정한 학업적 기술을 습득하는 데 어려움을 겪는 증상으로 나타난다. 대부분의 학습장애 아동은 평균 이상의 지능을 가졌으며, 정상적인 지능수준에도 불구하고 학업성취는 매우 낮은 것이 특징이다.

아동기 학습에 관련된 장애는 언어문제, 시각과 인식에 관련된 문제, 운동장애, 주의력결핍 과잉행동장애(*attention-deficit/hyperactivity disorder*: ADHD) 등으로 구분할 수 있다. 언어에 관련된 문제는 단어의 뜻을 잘 이해하지 못하거나 문법에 따라 단어를 어떻게 연결해야 할지 모르는 것, 자신이 말하고자 하는 내용을 언어를 통해 잘 표현하지 못하는 것, 언어를 듣는 데 문제가 있어 듣는 내용의 초점을 파악하지 못하는 것 등이다.

시각에 관련된 문제는 사물을 있는 그대로 보고 파악하지 못하는 문제로, 공간적 관계를 잘 이해하지 못한다든지 글자나 단어를 거꾸로 파악한다든지 하는 것과 같은 증상으로 나타난다. 시각과 운동능력을 포함하는 문제를 겪는 아동은 자신이 본 것을 받아들여 동작으로 전환하는 것이 잘 되지 않는 증상을 보이기도 한다. 이러한 아동은 스포츠에서 부정확하고 서투르며, 글씨를 쓰거나 그림을 그리는 능력도 매우 뒤떨어진다.

운동장애는 나이나 지능 수준에 비해 움직임과 운동능력이 현저하게 미숙하거나 부적응적인 움직임을 반복해서 나타내는 것이다. 섬세하고 정확한 근육의 움직임에 대한 능력이 결핍되어, 그 결과로 글씨가 엉망인 것과 같은 문제를 보인다. 또 전반적인 운동의 통합능력이 부족하여 걷기, 뛰기 등의 신체적 활동이 부진하며 스포츠에서 큰 어려움을 보인다. 부적응적 움직임이 반복해서 일어나는 문제는 틱장애로 아동기 이상 행동이다.

주의력결핍 과잉행동장애에서, 주의력결핍은 일정한 시간 동안 진행 중인 활동에 관심을 집중하지 못하는 증상으로 흔히 나타난다. 이러한 아동은 한 과제에 집중하는 데 어려움을 겪는다. 과잉행동은 과도한 신체적 움직임으로 가만히 있지 못하고 끊임없이 움직이며 매우 충동적이고 참을성이 없는 증상으로 나타난다. 주의력결핍이 반드시 과잉행동으로 연결된다고 할 수 없으나 이러한 장애로 어려움을 겪는 대부분의 아동이 이 두 문제를 동시에 가지고 있어 이와 같이 결합된 이름으로 불린다.

학습장애는 아동에게 여러 가지 심리적 영향을 미친다. 아동은 자신의 장애에 대해 다양한 반응 — 과제에 실패할까 봐 두려워하는 것, 후퇴와 회피, 무력감, 낮은 자부심 — 을 보인다. 학습장애를 가진 아동은 여러 과제에서 실패를 잘 하고 다른 아동이 별 문제 없이 습득하는 능력을 배울 수가 없는데, 이러한 경험은 아동에게 수치심을 갖게 한다. 그리고 학업이나 스포츠에서 여러 차례 실패함으로써 새로운 과제를 시도하려 하지 않으며, 혼자서만 지내는 회피반응을 보이는 경우도 있다. 즉, 실패로 인한 수치의 경험을 피하기 위해 자신에게로 후퇴해 전적으로 자기의 사고에 사로잡혀 지내는 것이다. 또한 학습장애 아동은 자부심이 낮고 열등감을 갖는다. 이는 아동이 자기는 할 수 없으나 다른 아동은 잘 하는 것을 관찰함으로써 그리고 자신의 실패에 대해 부모나 선생님이 보이는 좌절과 분노를 봄으로써 실패를 내면화한 결과로 일어나는 반응이다.

학교와 집에서 아동이 과제를 습득하는 수준을 관찰하고 또 여러 가지 검사에 의해 학습장애의 정도를 진단한 후, 아동의 능력을 최대로 발달시키기 위한 다양한 접근을 시도할 수 있다. 진단할 때, 학습장애 아동은 정신적 능력이 매우 상이하기 때문에, 앞서 열거한 증상 중의 하나 또는 그 이상의 범주로 구분하기보다는 아동의 장점과 결함을 구체적으로 기술해 주는 것이 바람직하다. 또한 각각의 학습장애 아동을 위해 부모의 참여 아래 개별화된 프로그램이 고안되어야 하며, "최소한으로 제한을 가하는 환경"에서 아동의 욕구에 맞춰 교육받을 수 있도록 일반 교실에서 필요한 도움을 제공하는 통합교육이 권장된다(Papalia & Martorell, 2015).

5장

청소년기

청소년기는 아동기로부터 성인기로 전환하는 과도기이다. 연령적으로 대략 12~24세까지 지속되며, 이것은 12~18세의 청소년기 전기와 18~24세의 청소년기 후기로 구분할 수 있다.* 청소년기 전기에는 급속한 신체적 변화와 인지적 발달을 경험하며, 청소년기 후기는 자아정체감 확립과 더불어 성인생활에 준비하기 위한 여러 과제에 집중한다. 청소년은

---

*   청소년기의 연령 구분은 법이나 학자에 따라 차이가 있다. 우리나라의 경우 〈청소년 기본법〉에서는 9세에서 24세까지를 청소년으로, 민법에서는 19세 미만을 미성년으로, 〈소년법〉에서는 19세 미만을 소년으로 규정한다. 학자에 따라서는 미성숙한 상태에서 태어나 하나의 인간으로 성숙하기까지 신체적으로 20년, 정신적으로 25년의 기간이 필요한 것으로 간주하고, 20세 또는 25세까지의 미성숙한 상태에 있는 사람을 아동과 청소년으로 규정하기도 한다(장인협 외, 1996: 2). UN이나 여성가족부도 청소년 정책의 대상을 24세까지로 한다. 이에 따라 사춘기 연령층인 12~13세에서 성인기의 시작이라고 볼 수 있는 22~24세까지를 청소년기에 포함해도 무리가 없을 것으로 보인다. 그러나 18~24세 정도의 시기를 성인진입기(정영숙 외 역, 2018) 등으로 분류하거나 성인초기나 청년기에 포함한 학자도 있다. 또한 청소년기를 초기(13~15세), 중기(16~18세), 후기(19~25세)로 세분하기도 하나 전기와 후기로 구분하는 것이 더 일반적이다.

신체발육이나 인지적 성숙, 사회적 행동양식 등에서 아동기를 벗어났지만 아직도 더 성숙과 사회화가 요구되며 아동과 성인의 이중적 성격을 띠므로 이들을 주변인 또는 중간인으로 부르기도 한다.

프로이트(Freud, 1920)에 의하면 청소년기는 심리성적 발달단계 중에서 마지막 단계인 생식기(*genital stage*)에 해당하는데, 보통 11~13세 정도에 시작되며 여자 어린이가 남자 어린이보다 1~2년 정도 일찍 시작한다. 이 시기에는 성적 에너지가 강력해지면서 오이디푸스 콤플렉스가 재등장한다. 그러나 청소년이 자신의 이성 상대자를 선택함으로써 그들이 부모에게 느끼는 친밀감에 대한 위협은 사라지며, 청소년기 말기에는 부모와 좀더 자주적인 관계를 수립할 수 있게 된다.

아나 프로이트(A. Freud, 1958)는 청소년기에 오이디푸스적 감정을 재경험하며, 이와 같이 성숙한 청소년이 가족에게 가하는 성적인 위협의 결과로 청소년기의 긴장상태가 존재한다고 설명했다. 이러한 위협을 피하기 위해 청소년은 가족으로부터 회피하거나 또는 일시적으로 부모를 경멸하려는 것과 같은 반응으로 대처한다. 이러한 반응은 일반화되어 자신이 애착하는 대상이 누구든지 상관없이 감정이나 충동으로부터 자신을 방어하려는 금욕주의적 행동을 보이기도 한다. 아나 프로이트는 청소년의 혼란과 방어를 자유로워지려는 시도로 볼 수 있으며 스스로 해결책을 찾도록 기회가 주어져야 한다고 주장했다.

에릭슨(Erikson, 1963)은 청소년기에 충동적 에너지가 증가하는 것에 동의하지만 이보다 더 중요한 점은 이 시기에 새로운 사회적 갈등과 요구가 대두된다는 것이며 그 결과로 혼란과 당황을 경험한다고 했다. 그리고 이러한 상황에서 청소년에게 부과되는 가장 중요한 과제는 자신의 정체감을 확립하는 것이라 주장한다. 청소년기 전기에는 집단에의 소속을 통해 자기의 정체감을 파악하고자 하는 경향이 강하지만, 청소년기 후기로 갈수록 개인적인 정체감을 확립하기 위해 노력하게 된다.

청소년기에 관한 이론은 공통적으로 청소년기를 인생의 매우 중요한 시기로 간주했다. 어떤 사회에서는 아동기에서 성인기로의 전환을 기념하는 특수한 의식을 갖기도 한다. 이 시기는 하나의 고유한 인간으로서의 정체감을 확립하기 위해 혼란과 방황을 경험하는 시기라고 볼 수 있다. 또한 이 기간에 성적으로 성숙하여 생식기능을 갖추게 된다.

1. 청소년기 전기

1) 신체적 발달

청소년기의 신체적 변화의 특징은 급속한 성장과 생식능력의 획득이다. 사람의 생애에서 가장 빠른 신체적 성장이 일어나는 시기가 출생 후 1~2년이지만, 청소년기에 일어나는 성장 또한 다른 단계들보다 매우 급속하다. 구체적으로 우선 신장과 체중이 급격히 늘어나는데, 이러한 현상을 성장 급등(*growth spurt*)이라 부른다. 그리고 생식기관의 성숙과 2차 성징의 출현을 보인다. 소화기, 폐, 심장과 같은 내부기관도 급속히 성장한다. 신체적 성숙의 속도와 형태는 남자와 여자가 서로 다르게 나타난다. 개인차가 있지만 여자는 8~13에 청소년기의 특징적인 변화가 시작되며, 남자는 여자보다 2년 정도 늦게 시작되는 것으로 알려져 있다(Papalia

& Martorell, 2015). 신체적 성숙의 속도는 동성 간에도 매우 다양해서 어떤 소년이 청소년기의 특징적인 신체적 변화를 다 마칠 무렵에 같은 나이의 다른 소년은 아직 변화를 시작하지도 않은 경우도 있다. 그러나 변화가 일단 시작되면 그 진행은 동성 간에는 거의 동일한 단계를 밟아 나간다.

(1) 신장의 확대

청소년기 전기에 소년은 신장이 확대되고 근육이 발달함으로써 어른의 신체적 형태에 더 가까워진다. 남자의 신장 증가는 21세까지 지속되며, 14세 정도에 가장 급속하게 성장이 일어나는 것으로 나타난다(Tanner, 1990). 이러한 빠른 발달에 대해 소년은 두 가지 반응을 보이며 이를 받아들인다(Newman & Newman, 2018: 323). 첫째, 신체적 성장은 대개 운동능력의 발달을 동반하는데, 이는 부모와 선생님, 친구들로부터 가치 있는 것으로 여겨지는 변화로 소년 자신도 긍정적으로 받아들인다. 둘째, 급속한 성장이 신체의 모든 부분에서 균등하게 일어나는 것이 아니므로 다소 어색하고 균형이 잘 잡히지 않은 상태에 놓인다.* 다시 말해, 키와 근육의 발달은 동시에 일어나지 않으며, 먼저 키가 급속히 큰 후 12~14개월 정도 지난 다음에 근육의 발달이 뒤따라 일어난다. 이와 같은 키의 성장과 근육의 발달 간의 시간적 격차가 소년으로 하여금 어딘가 어색한 신체적 모습을 갖게 하며 이것이 소년의 자부심에 부정적 영향을 미치기

---

*   신체의 부분 중에서 손, 발, 머리가 몸통보다 먼저 어른의 크기에 이르고, 다리가 다른 부분보다 앞서 급속하게 확장되는 것으로 알려져 있다.

도 한다.

신체적 성숙에는 개인차가 있는데 같은 나이의 친구들보다 성숙이 늦은 소년은 심리적으로 부담을 경험하고 부정적 자아상(self-image)을 갖게 된다고 한다(정옥분, 2014). 이는 늦게 성숙하는 소년이 실제보다 어리게 대접받으며 친구로부터도 고립되는 경향과 관계가 있는 것으로 보인다. 반면 일찍 성숙한 소년은 부모나 선생님으로부터 더 많은 책임이 주어지고 늦게 성숙하는 소년보다 다양한 활동에 적극적으로 참여하며 더 긍정적인 자아상을 형성한다.

소녀의 신체적 성숙은 11세 전후에 시작되는 것으로 알려져 있다. 이는 남자보다 두 살가량 이른 것이다. 이렇게 신장의 확장이 남자보다 먼저 시작되기 때문에 같은 나이의 소년보다 소녀의 키가 큰 경우가 많다. 이 시기의 소녀는 외모의 변화 중 성장 급등에 따라 일어나는 체중의 증가에 가장 신경을 쓴다. 아동의 신체적 형태에서 어른의 풍부한 형태로 신체가 변화하며 전체적으로 외모가 부드럽고 완만한 형태를 갖게 된다. 그러므로 일찍 성숙한 소녀는 자신의 외모가 또래의 기준에서 알맞은 자그마한 체구에 어긋나며 오히려 성인의 기준에 가까운 여성스러움을 지니는 것에 당황하는 경향이 있다. 실제로 조사연구에 의하면 일찍 성숙하는 소녀가 더 빈번히 행동문제를 보이는 것으로 나타났다(정옥분, 2014).

(2) 성적 성숙

청소년기 전기의 가장 중요한 발달은 성적 성숙이다. 이 시기에 성호르몬의 생성과 분비가 일어나며 그 결과로 성징이 발달한다.* 1차 성징은 생식기능에 직접적 역할을 하고 생식기관에 직접적으로 관련된 특징으로, 청소년기에 남자는 음경이 확대되고 전립선이 발달한다. 그 결과 사정하는 능력이 생긴다. 대부분의 소년은 부모나 학교로부터 성적 성숙에 대해 충분히 교육받지 않은 상태에서 이러한 경험을 하며 당황하고 두려워하는 반응을 보인다. 즉, 청소년기의 소년은 이 새로운 경험에 대해 즐거움과 불안이라는 양면적 감정으로 반응한다.

청소년기 전기에 여성은 가슴의 발달, 월경의 시작과 같은 현상을 겪는다. 소녀는 이를 자신의 여성스러움에 대한 확인으로서 경험하며, 성숙에 대한 자부심을 가지고 반응하는 긍정적 감정을 경험한다. 반면, 이러한 변화로 인해 겪는 불편함과 당황스러움 때문에 부정적 감정도 경험한다.

2차 성징은 남자와 여자를 구분하게 해주지만 생식에 직접적인 영향을 미치지 않는 특징을 말한다. 예를 들면, 소년에게 수염이 나는 것은 대표적인 2차 성징이며 턱수염을 면도하는 것은 남성의 성역할에 관련된 행동이다.

이상에서 논한 청소년기 전기에 일어나는 급속한 신체적 변화가 소년·소녀에게 미치는 심리적 영향은 다음과 같이 요약할 수 있다. 첫째,

---

* 청소년기 전기에 여성은 난소에서 분비되는 에스트로겐에 의해 유방이 발달하고 임신에 대한 자궁의 준비가 이루어지며, 남성은 고환에서 분비되는 안드로겐에 의해 2차 성징의 발달과 정자 생산, 성적 욕구의 증가와 같은 현상이 일어난다. 청소년기 이전에는 남성과 여성 모두 거의 비슷한 양의 남성호르몬과 여성호르몬을 분비하나, 이 시기에 남성은 보다 많은 안드로겐을, 여성은 보다 많은 에스트로겐을 분비한다(조복희·도현심·유가효, 2016).

청소년으로 하여금 자신을 더욱 성인에 가깝게 느끼도록 해준다. 둘째, 성역할에 대한 동일시를 강화한다. 즉, 청소년기의 신체적 변화는 이 시기의 소년으로 하여금 좀더 남자로서, 소녀로 하여금 좀더 여자로서 자신을 받아들이도록 한다. 셋째, 신체적 변화 중에서도 특히 성적 성숙에 따라 일어나는 현상은 청소년으로 하여금 양면적인 감정으로 반응하게 한다. 넷째, 이와 같이 급속한 자신의 신체적 변화에 관심이 집중되어, 청소년은 자기도취 상태에 빠지는 경향이 있다.

2) 심리적 발달

(1) 인지적 발달

청소년기에는 육체적 성숙과 더불어 인지적 능력도 확대된다. 더 추상적으로 사고할 수 있게 되며, 경험해본 적이 없는 사건에 대해서도 인과관계를 추론할 수 있게 된다. 피아제(Piaget, 1972)는 이와 같은 청소년기의 사고수준을 형식적 조작사고라고 불렀다. 그리고 청소년기의 사고는 인식이나 경험보다는 논리적 원리에 의해 더 많이 지배받는다고 지적했다. 형식적 조작사고는 자신의 사고를 비판적으로 검토할 수 있고, 한 변수가 다른 변수에 미치는 영향에 대해 가설을 세울 수 있는 능력을 포함한다(Keating, 2004).

구체적으로 청소년기에 출현하는 새로운 개념적 기술은 다음과 같다(Neimark, 1982). 첫째, 두 범주 이상의 변수를 실제로 조작하지 않은 채 정신적으로 다룰 수 있다. 둘째, 사건이나 관계가 미래에 변화한다는 것을 사고에 고려해 넣을 수 있다. 셋째, 일어날 수 있는 사건의 연속에 관해 가설을 세울 수 있다. 넷째, 자신의 행동결과를 예측할 수 있다. 다섯째, 일련의 진술이나 문장에서 논리적 일관성의 유무를 구분한다. 여섯째, 자신과 자신이 속한 세계에 대해 상대론적 입장에서 생각할 수 있다. 다시 말해 자신의 가치관이나 행동양식은 자기가 속한 사회의 규범 때문이라는 것을 이해함으로써, 다른 사회에 속한 사람은 그 사회의 규범에 따라 자신과 다른 방식으로 행동할 수 있다고 기대한다. 따라서 다른 사람에 대한 이해와 포용력이 증가한다.

앞서 지적한 청소년기의 사고의 발달은 여러 가지 환경적 요소에 의해 촉진되며 그 결과 청소년기의 특징인 자기중심적 사고의 감소를 가져온다. 이러한 현상을 좀더 구체적으로 설명하면 다음과 같다(Newman & Newman, 2018: 340~342).

첫째, 청소년기에 들어서면 더 다양한 역할에서 기능하는데, 이러한 여러 가지 역할에서 부과되는 요구들은 서로 양립하거나 갈등관계에 놓이기도 한다. 이 요구들 사이에서 균형을 취하고 조정할 수 있어야 하는데, 이를 성공적으로 다루기 위해서는 동시에 둘 이상의 변수를 정신적으로 다루는 것을 배워야 한다.

둘째, 이 시기의 인지적 발달은 청소년의 다양하고 이질적인 또래집단에 대한 참여에 의해 촉진된다. 즉, 초등학교에서 중·고등학교로 넘어가면 가족배경이나 사회적 지위가 서로 다른 이질적인 학생들과 알고 지낼 기회가 많아진다. 이렇게 다양한 배경에서 온 친구들과 사귀면서 미래에 대한 기대나 가치관이 자기와 다르다는 것을 알게 되고, 자신의 현재 가치관이 자기가 속한 가족이나 지역사회에 의해 형성된 것임을 깨닫게 된다.

셋째, 과학, 수학, 어학 등 중·고등학교의 교과과정이 논리적 사고를 촉진하며, 예술이나 인문과학은 상상능력을 발달시킨다. 한마디로 청소년기 전기에 증진되는 개념적 능력은 이와 같이 복잡하고 분화된 환경에 대한 적극적 참여의 결과로 이루어진다.

(2) 정서적 발달

청소년기 전기는 감정이 격하고 기복이 심하다. 낙관적·비관적 감정이 교차하기도 하고 자부심과 수치심을 강하게 경험하기도 한다. 또한 부모나 형제, 그리고 친구들과 공유할 수 없는 감정을 경험하며 고립감을 느끼기도 한다. 다양한 감정 중에서 강한 수치심, 죄의식, 우울, 분노, 수줍음 등은 문제가 되며 극단적인 경우 우울증, 거식증이나 폭식증과 같은 섭식장애의 원인이 되기도 한다. 특히, 우리나라는 입시 부담으로 인해 대부분의 청소년이 심한 불안과 긴장을 경험한다.

이렇게 강력하고 변화가 심한 감정상태가 청소년기 전기의 특징이기 때문에, 이 시기의 주요 과제는 자신의 감정에 더욱 관대해지는 것이다. 이는 자신의 격한 감정을 받아들이고 이러한 감정상태에 과민하게 반응하지 않는 것을 말한다. 가령 감정의 표현이나 수용에 엄격한 청소년은 자신의 강한 감정상태에 대해 부끄러움을 느끼고 표현을 지나치게 억제하며, 이는 더 나아가 사회적 고립이나 부적응행동을 가져올 수도 있다. 반면, 충동적이고 감정을 일으키는 자극에 즉각적 반응을 보이는 청소년이 있는데 이러한 반응은 흔히 비행에 연루되는 결과를 가져온다. 실제로 많은 미국 청소년이 청소년기 전기에 비행을 한 경험이 있으나 대부분 경미한 수준이다.

이와 같이 충동에 대해 통제력이 약한 것은 대부분의 청소년에게 일시적 현상이다. 이것은 비행에 따르는 두려움이나 죄의식이 지속적인 비행을 방지하는 일종의 벌로 작용하기 때문이다. 그러나 어떤 청소년은 비행을 반복함에 따라 스스로 통제하는 능력이 약화되어 비행이 증가하거나 강력해진다.

3) 사회적 발달

(1) 또래집단

청소년기 전기의 청소년은 또래집단의 인정을 받고자 하는 욕구가 매우 강하다. 청소년은 심리적으로 어떤 집단의 성원이 되기를 추구하는 경향이 있으며, 자기가 속한 집단에 의해 자신을 정의하고자 한다. 또한 이 시기 또래집단의 특징은 더욱더 조직적이며 구성원은 이질적이라는 것이다. 아동기에도 친구의 존재는 필요하지만, 한 집단의 성원이 된다는 것이 중요한 관심사는 아니다. 그리고 아동기의 친구는 동질적이며 흔히 같은 동네, 같은 반 친구들이다. 중·고등학교는 더 이질적 환경이며 친구들은 다양한 배경을 갖고 있다.

또래집단이 청소년에게 미치는 영향력은 매우 큰데, 이 시기가 되면 집에서 떨어져 밖에서 많은 시간을 보내며 친구들과의 대화가 일상활동이 되기 때문이다. 부모나 형제자매보다 친구에게 더 동료애와 친밀감을 느끼며, 또래친구가 청소년 비행의 중요한 요인이 될 수 있다(정영숙 외 역, 2018).

청소년이 특정한 또래집단을 선택하는 것은 사회경제적 계층, 부모로부터 물려받은 가치관, 거주지역과 학교의 성격, 특수한 능력이나 재질, 자신의 성격 등 여러 가지 요인에 의해 결정된다고 한다(Zastrow & Kirst-Ashman, 1987: 246~247).* 일단 한 집단에 속하면, 그 집단의 구성원은 사회적 활동, 공부방식, 이성교제, 취미활동 등 삶의 다양한 측면에서 서로 영향을 미친다.

청소년기 전기의 또래집단 경험은 성인의 집단활동의 전초적 경험이라 볼 수 있다. 또래집단의 경험을 통해 청소년은 집단의 조직을 평가하고 조직 내에서 자신의 위치를 평가하는 기술을 배운다. 이러한 사회적 기술이 후에 사회적 집단 내에서의 기능에 대한 기초가 된다.

(2) 이성관계

청소년기 전기에는 아직도 동성의 친구관계가 중요하다. 그러나 이 시기에는 이성관계가 새로운 관심의 대상이 되기 시작한다. 이와 같은 이성관계에 대한 관심의 증가는 성적 성숙과 사회적 기대의 결과이다. 다시 말해 청소년 이성교제의 시작은 실질적 성숙의 정도 이상으로 가족이나 학교, 친구로부터 오는 사회적 기대의 영향을 받는다.

청소년은 여러 가지 이성에 관련된 시도를 하지만 이성 간에 친밀한

---

* 청소년기의 친구관계에 대한 조사에 의하면 친구들을 선택하고 관계를 유지하는 데 다음의 다섯 차원이 중요한 영향을 미치는 것으로 나타났다(Weiss & Lowenthal, 1976). 즉, ① 가치, 성격, 태도, 경험 등의 유사성(*similarity*), ② 서로 이해하고 수용하며 도와주고 서로 믿고 신뢰를 공유하는 것과 같은 호혜성(*reciprocity*), ③ 함께 있으면 즐겁고 편안한 조화성(*compatibility*), ④ 지리적 거리 또는 사귀어온 기간과 같은 구조적 요인(*structure*), ⑤ 친구의 우수한 자질을 존중하고 좋아하는 정도(*role-modeling*) 등이다.

관계는 청소년기 후기에 이르러서야 비로소 성취된다고 볼 수 있다. 청소년기 전기에는 이성교제를 하더라도 일대일 관계보다는 집단으로 사귀는 것을 선호하는 경향이라는 연구보고도 있다(Connolly, Furman, & Konarski, 2000). 이러한 집단을 통한 이성교제는 이성에 대해 이해하고 이성과 사귀는 것을 배우는 첫 번째 단계가 된다.

요컨대, 청소년기 전기는 이성과의 관계에서 자기가 어떻게 기능해야 하는지를 실험하는 단계이며, 이를 통해 성인으로서의 성역할과 성적 행동에 대한 기본적 태도를 형성한다고 볼 수 있다. 구체적으로 이 시기에 이성교제는 성역할에 대한 동일시를 명확하게 해주고 이성과의 만남을 통해 인정과 애정을 주고받는 과정에서 남자 또는 여자로서의 자신을 가치 있게 여기는 방법을 배우며 되며 성(sexuality)에서 느낄 수 있는 즐거움을 경험하게 해준다.

4) 사회복지실천의 관심대상이 되는 청소년기 전기의 문제

(1) 청소년 비행

청소년기 전기에 사회복지실천에서 가장 관심을 가져야 할 문제는 청소년 비행이다. 청소년 비행은 대개 청소년기 전기에 시작되며 이에 적절하게 대처하지 못할 경우 비행과 범죄의 경력이 이어진다. 청소년 비행은 청소년 범죄와 유사한 의미로 간주되기 쉽지만, 실제로 범죄뿐 아니라 무단결석, 가출, 음주, 유흥업소 출입 등 신분에 어긋나거나 규범을 위반하는 행동을 포함한다. 최근에는 청소년의 인터넷중독과 인터넷 관련 범죄도 증가하고 있다.

대부분의 청소년이 성인기로의 전환을 성공적으로 마치지만 사회복지사는 종종 이러한 전환에서 매우 어려움을 겪고 비행에 연루되는 청소년을 대한다. 우리나라는 〈청소년보호법〉을 시행하여 청소년 문제를 예방, 해결하고자 시도하고 있으나 청소년 유해환경의 증가로 청소년 비행은 점점 더 심각해지고 있다.

사회복지사는 비행청소년을 돕는 프로그램에 지속적으로 참여해 왔다. 사회복지관이나 청소년기관을 통해 상담서비스를 제공하거나, 보호관찰 프로그램에서 사회복지기관에 의뢰된 비행청소년을 지도하거나, 법원에서 교정사회복지사로 활동하기도 한다. 또한 비행 예방을 위해 인근 학교와 연계하여 학교사회사업도 실시한다.

다양한 이론에 의해 청소년 비행의 원인이 지적되어 왔다. 밀러(Miller, 1958)는 사회적 계층 가운데 하위계층의 가치는 사회적 규범에 어긋나는 것이 많으며 청소년이 이러한 가치에 순응하면 자동적으로 비행에 가담하게 된다고 설명한다. 그에 의하면, 학교는 하위계층의 아동이나 청소년이 자기가 속한 계층의 문화에 동화됨으로써 자연스럽게 규칙에 어긋나는 행동을 저지르는 것을 극복하도록 도와줄 책임이 있다. 쇼와 멕케이(Shaw & McKay, 1942)도 우범지역에 거주하는 아동과 청소년이 일탈적 태도와 기술을 습득할 가능성이 더 높으며 따라서 청소년이 비행발생률이 높은 지역에 거주할수록 비행에 관련될 가능성이 더 높다고 지적했다.

부와 사회적 지위 등을 획득하기 위한 기회의 불평등에 초점을 맞춰 비행을 설명한 이론도 있다(Cloward & Ohlin, 1961). 이 이론에 의하면 하위계층의 청소년도 중산층의 청소년과 마찬가지로 사회적 성공에 대한 포부를 품지만, 이들에게는 합법적 절차와 방법에 의해 목표로 나아갈

기회가 적기 때문에 비합법적 방법인 비행에 의존할 수 있다. 허시(Hirschi, 1969)는 비행청소년이 애착, 전념, 참여, 신념의 네 측면에서 사회와 유대를 형성하고 유지하는 데 실패했다고 주장한다.* 요컨대 어떤 이론은 비행이 하위계층의 문화로서 학습되는 것이라고 주장하고, 또 다른 이론은 사회적 성공을 위한 합법적 기회가 제한되어 있는 집단에서 대체적 수단으로서 비행을 하게 된다고 설명한다.

정신분석이론에서는 청소년 비행을 유년기의 불행한 경험에서 초래된 성격장애의 증상으로 간주한다. 이러한 장애는 사회화되지 못한 공격양식, 불안에 대한 부적절한 방어기제의 형성, 죄의식의 결여 또는 죄의식 때문에 자신을 처벌하고 싶은 무의식적 욕구 등에서 비롯된다. 또 어떤 심리학자는 불충분한 인지발달이나 도덕적 가치를 통합하지 못하는 것과 같은 인지적 발달의 문제로 비행의 원인을 설명한다(Specht & Craig, 1987: 168~170).

비행에 대한 사회복지실천을 보면, 사회복지사는 비행청소년에 대한

---

* 허시에 의하면 애착(*attachment*)이란 청소년이 가족을 비롯한 주요한 사람과 형성하는 애정적 유대를 말한다. 부모는 자녀에게 사회적으로 바람직한 행동을 가르치는 애착의 근원이라고 볼 수 있다. 전념(*commitment*)이란 대학에 진학해 지위가 높은 직업을 얻고자 하는 포부에 관한 것으로, 일단 비행에 관련되면 이러한 목표는 성취하기 어렵다. 잘 정의된 자신의 목표를 가진 청소년보다는 미래에 관한 목표가 불확실한 청소년이 비행에 더 잘 빠진다. 참여(*participation*)는 사회적인 성공으로 이끌어 가는 인습적 활동에 참여하는 것을 가리킨다. 예를 들면 숙제를 열심히 하는 것은 좋은 직업을 갖기 위한 전제조건인 공부를 잘 하는 것에 필수적인 활동이다. 신념(*belief*)이란 그 사회의 중심적인 가치체계의 도덕적 타당성을 받아들이는 것이다. 사회적 규칙을 받아들이는 정도의 차이가 비행에 대한 관련 여부를 결정하는 데 중요하며, 규칙의 구속을 덜 느끼는 사람일수록 비행을 저지르기 쉽다.

상담과 더불어 이들을 교화하기 위한 교육, 직업훈련, 주거시설 마련, 보건의료 서비스 등을 제공한다. 또한 청소년 비행은 흔히 가족문제에 의해 일어나는 경우가 많으므로 가족관계를 개선하기 위한 가족상담과 가족치료도 제공한다. 인터넷중독과 인터넷범죄를 예방하기 위한 교육과 청소년에게 해로운 인터넷사이트에 대한 감시활동도 필요하다(권중돈ㆍ김동배, 2005).

(2) 십대 임신과 미혼모 문제

최근 우리나라에서도 십대 임신과 미혼모 발생이 새로운 사회문제로 대두되기 시작했다. 미국은 십대 임신 발생률을 9% 정도로 추산하는데, 이는 다른 나라보다 월등히 높은 수치이다(Zastrow & Kirst-Ashman, 2013). 우리나라는 정확한 비율을 알 수 없으나 전국의 중ㆍ고등학교 여학생을 대상으로 이루어진 한 조사(장순복 외, 2001)에서 표본 가운데 0.5%의 십대 임신 발생률이 확인되었다.

십대 임신은 청소년에게 신체적 질환이나 정신적 질환, 학업 실패, 빈곤 등 주요한 삶의 영역에서 장기적 문제를 초래할 위험성이 높다. 즉, 임신기간 동안 적절한 의료적 도움을 받지 못해 미혼모나 태아의 건강에 위협이 될 수 있는 의학적 문제가 발생할 수 있다. 또한 이들은 고등학교까지 학업을 마치지 못하는 비율이 높고, 빈곤과 복지 혜택에 의존하는 비율도 높으며, 스스로 기르기로 결정할 경우 자녀양육에 대한 특별한 지원이 필요하다. 또한 십대 미혼모의 아이 아버지 가운데 80% 이상이 역시 십대인 것으로 알려져 이들에 대한 관심도 필요하다(Zastrow & Kirst-Ashman, 2013). 십대 부모가 낳은 아이도 지속적인 돌봄의 어려움으로 방치되거나 학대받을 가능성이 있다.

　사회복지사는 청소년 임신과 관련해 이를 예방하기 위해 성, 피임, 임신에 따르는 위험과 책임에 관한 교육과 정보를 제공할 수 있다. 청소년 미혼모에 대해서는 임신, 유산, 출산, 아기를 기르거나 입양하는 데 대한 결정에서 상담, 정보 제공, 의뢰, 자원 연결 등의 도움을 제공할 수 있다. 또한 미혼모의 진로, 미혼부와의 관계, 원가족과의 관계 등에 대해서도 상담과 도움을 제공해야 한다.

2. 청소년기 후기

청소년기 후기는 대략 고등학교를 졸업하는 18세부터 24세 정도에 이르는 기간이다. 이 시기가 지나면 사람은 자신의 삶에 대해 결혼, 직업의 선택과 같은 어느 정도 영속적인 선택을 해야 한다. 청소년기 후기는 이와 같이 중요한 결정에 앞서 준비하는 최종적 단계이며 개인적인 정체감을 확립하는 시기이다.

1) 신체적 발달

신체적 성숙은 청소년기 후기로부터 성인초기가 시작되는 기간에 걸쳐 완성되며 이 시기에 신체적으로 활기, 힘, 건강이 최고 수준을 보인다. 근육과 내부기관은 19세에서 26세 정도에 최고 수준에 달한다(조복희·도현심·유가효, 2016). 시각과 청각도 20세 전후에 가장 예민하다.

2) 심리적 발달

(1) 인지적 발달

인지적 측면에서 지능검사의 개념에 의한 인지적 능력은 10대 후반에 정점에 달한다. 그러나 인지적 발달은 여러 측면 — 기억, 반응시간, 추리, 창의성 — 에서 각각 다르게 나타난다. 가령, 기계적인 암기나 수행의 속도와 같은 능력은 10대 후반이 가장 뛰어나다. 그러나 판단, 추론, 창의성 등의 인지능력은 전 생애에 걸쳐 발달하는 것으로 보인다.

(2) 자아정체감 확립

청소년기 후기에는 자신의 본질적인 인격에 대한 의문에 사로잡힌다. 에릭슨(Erikson, 1959, 1968)은 이 시기에 제시되는 의문 — 나는 누구인가? 무엇을 할 것인가? 나는 미래에 어떻게 될 것인가? — 이 자아정체감을 형성하기 위한 과정이라고 했다.

자아정체감을 정의하기란 어렵지만, 확고한 자아정체감을 지닌 사람은 개별성, 통합성, 지속성을 경험한다. 개별성은 가치나 동기, 관심을 타인과 공유하더라도 자신은 타인과 구별되는 고유한 존재라는 인식을 말한다. 통합성은 자신의 욕구, 태도, 동기, 행동양식 등이 전체적으로 통합되어 있다는 느낌을 말한다. 지속성은 과거, 현재 그리고 미래로 시간이 경과해도 자신은 동일한 사람이라는 인식을 가리킨다(조복희 · 정옥분 · 유가효, 1988: 358～359).

자아정체감의 형성은 아동기의 동일시의 경험에서 시작된다고 볼 수 있다. 즉, 부모나 선생님, 친구들의 감정, 태도, 가치관, 행동을 자신의 것으로 받아들여 이를 자기만의 독특한 총체로 통합함으로써 정체감이 형성되어 간다. 그러므로 정체감 형성은 부분적으로 어린 시절의 부모에 대한 의존으로부터의 정서적 분리를 포함한다. 청소년은 자기 행동에 대해 자주적 선택을 하기 위해 부모의 가치와 규범을 점점 더 나름대로 재평가한다. 따라서 정체감 형성의 과정은 아동기에 그 뿌리를 두고 청소년기를 거쳐 성인기까지 지속되지만, 특히 청소년기 후기에 가장 중요한 이슈로 등장한다. 자아정체감을 형성한 사람은 신념, 가치관, 정치적 견해, 직업 등에서 스스로 의사결정을 할 수 있다.

자아정체감 형성을 위해서는 자신의 신념, 가치관 등에 대한 고통스러운 의문 제시가 선행되어야 하며, 이때 일종의 위기를 경험한다. 자신이 경험한 많은 요소를 모아 통합된 명확한 자기정의를 내리는 것은 어려운 일이므로, 정체감을 형성하는 과정에서 누구나 일시적인 혼동이나 우울증을 경험할 수 있다.

마샤(Marcia, 1980)는 에릭슨의 이론을 바탕으로 정체감 형성에 관련된 위기를 경험했는가와 역할에 대한 전념이 있는가를 기준으로 하여 정체감의 수준을 〈표 5-1〉과 같이 네 범주로 구분했다.

유예(*moratorium*)란 정체감 위기를 겪고 있는 상태라 할 수 있다. 즉, 미래의 정체감에 대한 가능성을 내포하는 여러 역할을 실험하는 단계이다. 대학은 청소년을 유예 상태에 머물면서 역할에 대한 실험과 그 결과로 정체감을 형성하도록 인도하는 기관이라 할 수 있다. 청소년기 후기는 특정한 역할에 대한 전념을 요구하는 사회적 의무가 거의 없으므로, 정체감 위기 해결에 준비하기 위해 원하는 대로 많은 역할을 해 볼 기회가 주어진다. 에릭슨은 '심리사회적 유예'라는 개념을 최종적 정체감이

표 5-1 마샤의 자아정체감의 범주

정체감의 범주	위기	전념
정체감 성취	+	+
유예	+	-
정체감 유실	-	+
정체감 혼란	+ / -	-

성취될 때까지 자유롭게 실험하는 기간을 일컫기 위해 사용했다. 유예 상태에 있는 사람은 대부분 정체감 성취로 넘어가지만, 어떤 사람은 정체감 혼란으로 빠지는 경우도 있다.

3) 사회적 발달

(1) 부모로부터의 독립

청소년기 후기가 되면 사고와 행동이 점점 더 자율적으로 변하며 부모로부터 독립하기 시작한다. 이 시기까지 이루어진 신체적 성숙과 심리사회적 발달은 이와 같은 부모로부터의 독립을 위해 준비하는 과정으로 볼 수 있다. 즉, 독자적인 생존을 위한 힘과 신체적 통합능력이 어느 정도 완성되며 문제해결이나 미래에 대한 계획을 세우는 것과 같은 활동을 혼자서 다룰 수 있을 정도로 인지적 성숙도 이루어진다. 그 외에 개인적인 가치관의 내면화, 또래집단 참여 등을 통해 사회적 측면에서도 자주적으로 활동할 수 있을 만큼 성숙한다. 따라서 이제는 부모에 대한 의존을 매듭지어야 할 시기가 왔다고 할 수 있다.

청소년의 자율성 획득에는 가족, 그중에서도 특히 부모의 역할이 중요하다(Newman & Newman, 2018: 375~377). 청소년이 자신의 정체감을 추구하기 위해서는 가족이라는 경계 내에서 자신의 독자성을 표현할 기회를 가질 수 있어야 한다. 다시 말해 청소년이 자신의 고유한 견해와 관념을 가지고자 하는 욕구를 부모가 받아 주고 이해해 준다고 느껴야 한다. 그러므로 독립성은 부모와 청소년 간의 상호 관심과 정서적 지지 안에서 성취될 수 있는 것이다. 부모가 청소년 자녀로 하여금 집안일의 결정에 같이 참여하도록 격려해 주고 자신이 세워 놓은 한계에 대해 충분히 설명해 주는 상황이라면 이 시기의 청소년은 자연스럽게 자신의 독립성을 경험하게 된다.

따라서 빈번한 대화와 함께 어느 정도의 통제를 합리적으로 하는 부모의 경우에 자주적인 자녀를 갖게 될 가능성이 높다. 부모가 너무 제한적이거나 너무 관용적이면 청소년은 부모로부터 자신의 가치체계를 분화할 능력을 방해받는 것으로 보인다. 자립은 부모에 대한 거부나 소외, 또는 부모로부터의 분리와 다른 것으로, 부모와 자녀가 서로 상대방의 고유성을 받아들이는 자주적인 심리 상태이다. 물론 성인기에 이르기까지 부모와 자녀 간에 친근하고 지지적 관계를 지속시켜 주는 여러 가지 삶의 측면이 있다. 부모로부터 자율성을 획득한 청소년은 부모의 정체감에 전적으로 흡수되거나 부모의 사랑으로부터 전적으로 소외되지 않으면서, 자신과 부모 간의 상이성과 유사성을 확인하고 이를 받아들일 수 있다.

(2) 성역할에 대한 정체감
아동기에서 청소년기 후기에 이르기까지 자신의 성에 대한 정체감이 재개념화되고 확고해지는데, 이것은 대략 네 가지 중요한 경험에 입각하여 이루어진다(Emmerich, 1973).

첫째, 아동기의 친밀한 동성 친구와의 경험으로, 이것은 적절한 성역할 행동에 대한 친구 간의 규범을 알게 해준다. 둘째, 청소년기 전기에 일어나는 신체적 변화를 자신의 성역할에 대한 정체감에 통합하는 경험이다. 다시 말해 청소년은 자신의 자아개념에 남자 또는 여자로서의 성인의 신체를 통합해야 한다. 셋째, 청소년기의 호르몬 변화가 생식능력과 더불어 성적 충동을 갖게 한다. 넷째, 청소년기 후기를 통과해 나가면서 성인 남자와 여자에게 주어지는 성역할 행동에 대한 사회적 기대를 접하게 된다. 예를 들면 전통적으로 성인 남자에게 기대되는 성역할 행동은 가족을 부양하는 것이고, 성인 여자에게는 남편과 아이를 돌보는 것이다. 그러나 문화권, 교육과 고용의 변화, 결혼과 출산에 관한 사회적 변화에 따라 이러한 남녀 간의 성역할기대는 크게 달라진다.

이러한 네 가지 경험을 통해 성 정체감(*gender identity*)을 형성한다. 그러므로 자신의 성에 대한 정체감과 성역할에 대한 개념은 사춘기 이전부터 발달하지만, 청소년기에는 성에 대한 새로운 관심과 더불어 성적 충동을 자신의 성격에 통합하게 된다는 것이 중요한 변화이다.

이와 같이 청소년기 후기에 성 정체감이 확고해지는 과정을 성적 사회화(*sexual socialization*)라고도 하며, 이는 여러 요소로 구성된다. 구체적으로 이러한 요소에는 자신이 좋아하는 성적 대상을 선택하는 것, 성 정체감을 확립하는 것, 적절한 성인의 성역할을 배우는 것, 성행위를 이해하고 그에 대한 지식을 습득하는 것 등이 있다(Spanier, 1977).

(3) 직업에 대한 준비

직업은 성인의 삶의 상태를 결정하는 요인이라고 말할 수 있다. 성인에게 직업은 일상생활의 거의 모든 것을 지배하며 사회적 지위를 결정할 뿐만 아니라 그 사람의 가치관도 표현해 주는 것이기 때문이다. 청소년기 후기는 직업 선택에 대한 준비를 하는 시기라 볼 수 있다. 직업 선택은 여러 요인 — ① 능력, 적성, 동기, 직업에 관한 가치관 및 포부 등 개인적 요인, ② 출신 계층(SES), 성별, 교육수준 등 사회경제적 요인, ③ 가족 수입, 부모의 교육수준, 역할모델로서의 부모직업, 직업 탐색에 대한 가족의 지지 등 가족관련 요인, ④ 경제적 성장, 경기 후퇴, 변화하는 직업패턴, 노동시장, 정부 정책 등 사회 · 역사적 요인, ⑤ 학교, 또래집단, 멘토와의 경험, 이웃 등 사회적 맥락, ⑥ 정체감 발달의 경험과 수준 — 의 영향을 받는다(Dietirch et al., 2012; O'Neil et al., 1980).

성역할에 대한 정체감은 직업에 대한 자신의 능력을 평가하는 데 영향을 미친다. 특정한 직업에서 자신의 능력에 대한 기대는 직업 선택의 중요한 요인이 된다. 다시 말해 자신이 어떤 직업에 필요한 교육과정 및 그 직업에서 요구되는 직무를 성공적으로 완수할 수 있다는 기대가 전공과 직업선택에 매우 중요한 역할을 한다.

조사에 의하면 직업에 대한 자기능력의 기대에서 남녀 간 차이가 존재한다. 남성은 전통적으로 남성의 직업으로 간주된 엔지니어, 컴퓨터 프로그래머, 소방관이나 경찰관 등의 영역에서, 여성은 유치원과 초등학교 교사, 간호사, 비서와 같은 일반적으로 여성의 분야로 인식되는 영역에서 높은 분포와 더불어 높은 자기능력에 대한 기대를 나타냈다(Bureau of Labor Statistics, 2016). 그러나 이러한 능력에 대한 기대 차이가 이 직업을 갖는 데 필요한 실제능력에 대한 검사를 반영한 것은 아니었다. 결국 이러한 현상은 전공과 직업선택에 성별로 유형화된 구분이 존재한다는 것을 보여 준다.

어떤 청소년은 직업 선택에서 상황적 요인의 영향을 받는다. 예를 들면, 고등학교를 중퇴한 사람은 선택할 수 있는 직업의 범위가 매우 제한된다. 또한 여성은 결혼과 자녀양육에 가치를 부여하는 정도에 따라 직업 선택 및 그에 대한 헌신의 정도가 결정된다고 볼 수 있다.

4) 사회복지실천의 관심대상이 되는 청소년기 후기의 문제

청소년기 후기의 과제인 자아정체감 형성에서 문제를 경험하는 사람이 있다. 어떤 사람은 자신의 개인적 신념이나 목적을 충분히 고려하지 않은 채 외부에서 자기에게 기대하는 역할로 바로 들어가 버리기도 한다. 이는 '정체감 유실'(identity foreclosure)이라는 현상으로, 가족을 비롯해 자신에게 중요한 다른 사람의 요구에 따라 정체감에 대해 미숙한 결정을 내리는 것을 말한다.

예를 들면, 청소년기 후기에 부모가 원하는 대로 장래에 무엇이 되고자 성급하게 결정을 내려 버리는 사람이 있다. 자아정체감 형성을 위해서는 자신의 신념, 가치관 등에 대해 고통스러운 의문 제시가 선행되어야 하므로 이와 같이 위기의 경험이 없는 정체감 유실은 문제가 있다.

사회가 청소년에게 반사회적 가치를 지니는 자아정체감을 형성하도록 부정적 낙인을 찍는 경우도 있다. 예를 들면, '일탈자'나 '실패자'와 같은 것이다. 이러한 낙인이 찍힌 청소년은 사회에 기여할 수 없거나 성공의 가능성을 보여줄 수 없을 때, 자신에게 붙은 낙인을 받아들이고 이에 일치하는 방향으로 계속 행동함으로써 주어진 정체감을 타당하게 만드는 경향이 있다.

정체감 유실이나 부정적인 정체감 형성보다 더 문제가 되는 것은 정체감 혼란이다. 즉, 앞서의 두 경우에는 그래도 확고한 정체감이 존재하지만, 정체감 혼란의 경우는 자신에 대한 어떤 견해도 확고하게 받아들이지 못하는 상태이다. 이러한 상태의 사람은 자신이 담당하는 여러 역할을 통합하지 못한다. 대립되는 가치체계에 직면해 있거나, 또는 중요한 결정을 내릴 수 있는 자기능력에 대한 자신감이 결여되어 있기 때문일 것이다. 어떤 이유이든 이러한 정체감 혼란의 상태는 자신이 성공적으로 채택하지 못한 자기 역할에 대해 불안, 적의, 무관심을 일으킨다. 직업이나 결혼 등에서 마치 표류하는 것처럼 자기가 진심으로 하고 싶은 것이 무엇인지도 모르겠고, 또 일단 선택한 것도 다 무의미하게 느껴지며, 만족을 주지 못하는 상태라고 말할 수 있다. 한마디로, 정체감 혼란은 자신이 맡은 다양한 역할이나 포부 등의 구심점이 될 수 있는 만족할 만한 자아정체감을 전혀 가질 수 없는 것을 말한다.

자아정체감의 성취는 청소년기 후기와 그 이후의 발달에 결정적 역할을 한다고 볼 수 있으므로 청소년으로 하여금 과거의 경험을 미래의 희망과 적절히 연결하여 만족스러운 방향으로 통합하도록 이끌어 주어야 할 것이다.

6장

청년기

청년기는 흔히 성인초기라고도 불리며 이 단계는 생에 있어 성인기로 진입하는 주요한 전환기이다. 청년기 전의 모든 시기는 준비하는 시기라고 볼 수 있으며, 청년기 이후는 이제까지 준비해온 것을 실현하고 구체화하는 시기이다.*

청년기는 신체적, 지적 측면에서 가장 정점에 있는 시기라 할 수 있다. 심리적·사회적 측면에서는 다른 사람을 사랑하고 보살피는 능력이 심화되는 시기이다. 이전 단계에서 자아정체감을 형성한 사람은 이제 타인과의 상호관계에 집중할 수 있다. 이러한 맥락에서 청년기에 경험하는 가장 큰 변화는 직업을 갖고 결혼하는 것이다.

발달에 대한 잠재력은 전 생애에 걸쳐 존재하지만 청년기 이후의 발달은 아동기나 청소년기와는 그 성격이 다르다. 다시 말해 청년기 이후의

---

* 학자에 따라 인간의 생애를 준비하는 시기인 아동기(영아기~청소년기)와 실현하는 시기인 성인기(청년기~노년기) 등 크게 둘로 구분하기도 한다.

발달은 새로운 신체적 기능이나 인지적 능력의 획득에 의해 일어나기보다는 주로 사회적·문화적 요소에 의해 주도된다.

성인기 발달에 대한 연구 중에서 청년기에 관한 내용을 간략하게 살펴보면 다음과 같다(Craig, 1996: 450~454; 1999: 429~436).

그랜트 스터디(Grant Study, 1938~1970)*에 의하면 25~35세의 청년은 직업과 자신의 가족을 보살피는 데 전념하며 직장에서 인정을 받고 전문가가 되기 위해 열심히 일한다. 또한 청년기의 성공적인 발달에는 지능, 행복한 아동기, 풍족한 집안배경과 같은 요인보다는 훌륭한 지도자**와 역할모델의 존재가 더 큰 영향을 미친다.

레빈슨(Levinson, 1978)은 청년기에 다음과 같은 발달과제를 성취해야 한다고 설명했다. ① 아직 현실에 기반을 두지 못하고 다소 과장된 목표로 구성된 꿈과 희망을 명확하게 정의해야 한다. ② 청년의 목표를 인정하고, 기술이나 지혜를 가르쳐 주며, 청년이 자신의 경력에서 전진하도

---

* 1938년에 시작된 조사로, 성인 발달에 대한 최초의 종단연구(*longitudinal study of generations*)이다. 연구진은 다른 사람이 인생에서 실패할 때 어떤 사람들은 왜 그리고 어떻게 성공하는지를 알아내고자 했다. 조사 시작 당시 18세이던 하버드 대학생 286명을 그들이 50세가 될 때까지 추적해 연구했다.

** 지도자(*mentor*)란 교수나 직장 상사와 같이 청년에게 성인생활에 대한 안내자 또는 조언자 역할을 하는 사람을 말한다. 이들은 청년의 목표에 공감하고, 필요한 지혜와 기술을 제공하며, 자신의 분야에서 전진하도록 도와준다. 그렇지만 더욱 중요한 지도자의 역할은 청년으로 하여금 부모-자녀의 의존적 관계에서 벗어나 성인의 동료적 관계로 전환하도록 이끌어 주는 것이다. 그러므로 지도자는 높은 수준의 사회적 성취를 대표하는 부모적 속성을 갖는 동시에 청년과 세대 차이를 극복하고 동료적인 유대를 확립할 수 있을 정도로 동조적이어야 한다. 이러한 관계를 통해 청년은 점차적으로 자율성과 능력을 획득하며, 때로는 지도자를 앞지르기도 한다(Craig, 1996: 493; Sigelman, 1999: 447).

록 영향력을 발휘하고 자신감을 갖게 해주는 지도자를 발견해야 한다. ③ 직업을 선택해 경력을 쌓고 발전해 나가야 한다. ④ 친밀한 관계를 형성해야 한다. 친밀한 가족관계의 형성은 결혼이나 자녀의 출생과 꼭 일치하는 것은 아니며, 청년은 이성과 관련해 자신에 대해 계속해서 학습하고 30대에 비로소 진지한 이성관계의 능력이 생긴다고 한다.

굴드(Gould, 1978)에 의하면 청년기의 발달은 어린애 같은 환상과 그릇된 가정을 버리고 자기신뢰와 자기수용을 선택하는 과정이다. 22~28세의 청년은 계속적인 부모의 도움에 대한 환상과 기대에서 벗어나 자신의 삶에 대해 전적인 책임을 받아들여야 한다. 그러기 위해서는 생활기술이 발달되어야 하고, 비판적, 분석적, 논리적, 목표지향적인 사고가 필요하다. 또한 28~34세 동안에는 삶이란 단순하고 지배할 수 있는 것이라는 그릇된 가정에서 벗어나 삶이 생각처럼 단순하지 않다는 것을 인정하고 자신의 한계를 의식하며 노력에 입각한 능력개발에 정진함으로써 성장을 추구해야 한다.

이러한 청년기 발달에 대한 연구는 이 시기에 있는 클라이언트를 상담하는 사회복지사에게 특히 유용하다. 상담 대상인 클라이언트는 청년기에 등장하는 도전에 일시적으로 압도당하거나 심각한 고통을 겪는 경우가 많은데, 이들로 하여금 현실적 목표를 세울 수 있도록 도와주기 위해서는 그들의 능력뿐만 아니라 세계를 보는 방식과 포부도 이해해야 하기 때문이다.

1) 신체적 발달

청년기는 신체적 건강이 정점에 있는 시기라고 할 수 있다. 청년기는 아동기보다 더 건강하고 질병률도 낮으며 이러한 최적의 건강상태는 중년기에 건강이 쇠퇴하기 시작할 때까지 지속된다. 신장 확대와 근육 발달의 시간적 차이로 인한 청소년기의 어색한 모습은 사라지고, 청년기에는 균형 잡힌 모습을 갖추게 된다. 육체적 힘은 25세에서 30세 사이에 최고조에 이르며 그 후에는 점진적으로 쇠퇴한다(Zastrow & Kirst-Ashman, 2013). 그러나 대부분의 신체적 능력과 기술은 규칙적으로 사용하기만 하면 그 기능이 청년기 이후에도 지속된다.

규칙적 운동과 적절한 영양섭취는 신체적 건강과 균형을 유지하는 데 매우 큰 도움이 된다. 운동은 심장근육의 힘과 순환기능을 향상한다. 규칙적 식사습관과 균형 있는 식단에 의한 적절한 영양공급은 성취할 수 있는 건강의 최고수준뿐만 아니라 얼마나 그 수준을 유지하는가 — 즉, 건강이 쇠퇴하는 정도에도 영향을 미친다. 또한 과도한 흡연이나 음주, 약물 사용은 성인의 신체에 해로운 결과를 초래한다.

2) 심리적 발달

(1) 인지적 변화

일반적으로 인지적 능력은 청년기 이후에 감퇴하는 것으로 알기 쉬우나 이러한 편견은 실증적 연구에 의해 반증되었다. 베일리(Bayley, 1966)가 웩슬러 성인지능검사(Wechsler Adult Intelligence Scale)를 사용해 조사한 결과, 언어적 검사 점수는 청년기에 상승하는 데 반해 동작성 검사 점수는 26세를 정점으로 하강했다(Turner & Helms, 1983: 331~332).* 또한 연령에 따르는 지능의 변화에 관한 한 종단조사는 지능을 다음과 같은 네 가지 유형으로 구분했다(Baltes & Schaie, 1974).

① 결정성 지능: 언어적 이해력, 수에 관련된 기술, 귀납적 추론과 같이 교육과 경험의 축적을 통해 습득되는 능력
② 인지적 융통성: 동의어나 반대어를 생각해 내는 것처럼 익숙한 지적 운용의 맥락에서 한 사고로부터 다른 사고로 전환하는 능력
③ 시각-운동적 융통성: 시각과 운동능력의 통합을 요구하는 과제와 관련해 익숙한 방식에서 새로운 방식으로 전환할 수 있는 능력
④ 시각화: 복잡한 그림에서 간단한 형상을 찾아내거나 불완전한 그림을 확인해 내는 것처럼 시각적 자료를 조직하고 처리하는 능력

네 차원의 지능 중 시각-운동적 융통성은 청년기, 즉 25세 전후를 정점으로 하여 쇠퇴했으나 인지적 융통성에는 변화가 없었으며, 결정성 지능과 시각화 능력은 오히려 연령이 증가함에 따라 향상되었다. 이러한 연구결과들은 청년기 이후에 특정한 영역의 인지적 능력만 감소하며 많은 부분이 유지된다는 것을 보여 준다.

---

* 웩슬러 성인지능검사에서 언어적 검사는 어휘능력, 숫자, 공통점 찾기, 셈하기, 일반상식 등에 관한 것이며, 동작성 검사는 모양 맞추기, 그림 차례 맞추기, 빠진 곳 찾기, 바꿔 쓰기, 토막 짜기 등에 관한 것이다.

3) 사회적 발달

(1) 결혼

청년기는 정서적 친밀감, 관심사의 공유, 미래에 대한 비전의 공유, 성적 친밀성이 결합된 이성간의 관계를 형성하기 위한 가능성을 탐색하는 시기이다. 그리고 대부분의 청년이 성적 친밀성과 정서적 친밀감이 포함된 데이트를 하게 된다. 결혼은 청년기에 이러한 친밀한 관계를 성취하는 데 중심이 되는 배경이다. 대부분의 성인에게 삶의 행복은 성인생활의 다른 어떤 영역보다도 만족스러운 결혼생활에 달려 있다. 최근 결혼양식에 변화가 있어, 점점 더 결혼연령이 늦어져 많은 젊은이가 20대 후반까지 결혼하지 않으며 평생 독신으로 남는 비율도 증가하는 추세이다. 그 결과 아이를 갖는 연령이 늦은 것, 소수의 자녀를 갖는 것, 자녀양육 기간이 짧아지는 것 등 사회적 현상이 나타났다.

청년기가 되면 잠재적 결혼상대자를 만날 기회가 많이 생긴다. 이러한 기회 중 어떤 경우가 결혼까지 연결되는가? 이를 결정하는 요소는 다음과 같이 생각해볼 수 있다(Newman & Newman, 2018: 425~432).

첫째, 장기간에 걸친 상대방에 대한 헌신에 두 사람이 얼마나 준비되어 있는가 하는 것이다. 상대방에 헌신할 수 있으려면 자신의 정체감이 충분히 확립되어, 타인과 깊은 정서적 유대를 형성하는 것이 놀랍거나 당황스럽기보다는 즐거운 것으로 여겨져야 한다. 즉, 자아정체감을 성취한 사람만이 참된 친밀한 관계를 형성할 수 있으며 정체감 확립이 채 되어 있지 않은 사람은 친근한 관계를 맺지 못하고 고립된다.

둘째, 결혼은 자신의 직업이나 학업에서 특정한 수준에 도달하고자 하는 것, 원하는 정도의 수입과 같은 개인적인 이슈에 의해서도 영향을 받는다. 이러한 목표가 높으면 결혼에 대한 시간표가 늦어질 수 있다. 현대 사회의 개인주의와 자주성에 대한 문화적 가치는 개인적 목표를 결혼보다 우위에 놓도록 하는 경향이 있다. 다시 말해, 비록 청년이 결혼하겠다는 생각은 갖고 있더라도, 결혼에 대해 자신만의 시간표를 따르는 자유를 지닌 것으로 볼 수 있다.

① 결혼상대자의 선택

결혼상대자를 선택하는 것과 결혼하겠다는 결정을 내리는 것은 대략 네 단계를 거쳐 진행된다(Adams, 1986).

첫 번째 단계로, 상호작용의 가능성과 기회가 있는 사람 중에서 파트너가 선택된다. 청소년기와 청년기에 이루어지는 선택 — 대학에 갈 것인가? 어떤 직업을 선택할 것인가? 어떤 종류의 집단이나 모임에 참가할 것인가? — 이 상호작용할 수 있는 사람들을 결정한다. 따라서 결혼상대자의 선택은 그 사람이 관련된 상호작용의 관계망에 의존한다. 이러한 관계망에 의해 만나는 사람 중에서 어떤 사람은 관심을 끌고 어떤 사람은 관심을 끌지 못한다.

두 번째 단계에서는 상대방에게 자신에 관한 정보를 드러내기 시작하며 관계가 깊어지는 방향으로 진전된다. 이 단계에서는 서로 간의 근본적 유사성의 발견과 대화가 잘 되는 조화적 관계라는 느낌이 관계를 지속하는 데 중요하다. 사람들은 자신을 이해하고 정서적 지지를 제공할 수 있는 결혼상대자를 원하기 때문에 유사성은 매력을 증가시키는 데 중요한 역할을 한다. 반대 견해를 가졌거나 자신과는 다른 기질을 가졌거나 아주 다른 가족배경을 가진 사람에게는 잘 끌리지 않는다고 한다.

세 번째 단계에서는 역할조화(*role compatibility*)*와 공감의 발견이 관계의 지속에 중요하다. 점점 더 자신을 드러내는 영역이 확장되면서 이에 대한 상대방의 긍정적이고 지지적인 반응이 관계의 신뢰 수준을 깊게 해준다. 그러나 자신에 대한 정보를 드러낸 후에 부정적 반응을 얻게 되면 여기서 관계는 종결된다.

네 번째 단계가 되면 서로 많은 부분을 드러냄으로써 다른 사람에게 시도해 보지 않은 자신을 드러내는 위기를 극복했다는 감정이 존재한다. 그리고 이제 새롭게 다른 사람에게 끌리는 것보다 둘의 관계에 확신을 갖게 해주는 편안함과 공감이 형성된다.

② 결혼에 대한 적응

결혼하면 초기의 몇 년 동안 상호적응의 과정을 겪는다.** 실제로 이 시기를 보내는 것이 매우 어려운데, 이는 결혼 초기에 오는 긴장이나 갈등이 존재하리라고 예상하지 못하기 때문이다. 이러한 사실은 결혼한 후

---

*　역할조화란 두 사람이 어떤 상황에 함께 접근했을 때 상대방이 취한 행동을 좋아하고 둘이 같이 취한 행동이 효과적이라고 느끼는 것을 말한다.

**　결혼생활의 만족에 기여하는 요인은 다음과 같이 제시될 수 있다(Zastrow & Kirst-Ashman, 2013). 결혼 전부터 존재하는 요인으로는 부모의 행복한 결혼생활, 행복한 아동기, 1년 이상의 교제 기간, 결혼에 대한 부모의 인정, 연령의 유사한 정도, 공통의 취미나 관심사, 정서적 안정의 정도, 문화적 배경의 유사성, 직업에 대한 만족도, 배우자의 욕구에 대한 통찰력, 삶에 대한 긍정적 태도 등이 있다. 결혼 후의 요인으로는 적절한 대화기술, 민주적·평등주의적 관계, 시가 그리고 처가와의 원만한 관계, 자녀에 대한 욕구, 관심의 유사성, 성생활의 조화, 여가활동에 대한 공동 참여 등을 들 수 있다.

2~4년 사이에 이혼율이 높다는 보고에 의해서도 알 수 있다. 결혼 초기에 긴장의 원인이 될 수 있는 요소는 다양하다. 우선 사회계층적, 문화적 배경에 차이가 있을 때 가치관과 생활양식이 달라 이에 관련된 여러 가지 결정을 내리는 데 타협이 요구되며, 이것이 긴장을 유발할 수 있다.* 또한 서로 만족할 수 있는 성적 관계의 확립과 더불어 일상활동과 수면 패턴, 지출이나 저축과 같은 경제적 차원, 식생활 등에서도 합의가 필요하다. 이전에는 그러한 결정을 혼자 했지만 이제는 상대방의 의사를 고려해야 하며, 두 사람 다 만족할 수 있는 결정을 찾아야 한다는 것이 부담을 초래한다.

최근에는 결혼할 때 부부가 다 직업을 가지고 있는 경우가 많다. 맞벌이부부는 경제적 자원이 더 풍부하고 한 사람이 직업에서 문제가 생길 때 이로 인한 충격을 완화할 수 있으며 직장에서의 성취와 어려움에 대해 서로 공감할 수 있다는 장점이 있다. 반면, 두 사람이 다 직장 역할에서 부담을 겪거나 직업활동에 필요한 시간과 일정이 서로 맞지 않아 함께할 수 있는 시간이 부족한 경우, 결혼생활에 부정적인 영향을 미칠 수 있다.

이 시기에 결혼에 대한 적응의 일부로서 서로 간에 심리적 헌신을 확보해야 한다. 그리고 결혼 초기에 결혼관계가 허용하는 한계를 깨달아

---

* 　결혼생활에 갈등을 가져올 수 있는 요인은 다음과 같다(Zastrow & Kirst-Ashman, 2013). 결혼 전부터 존재하는 요인으로는 부모의 이혼, 주요한 성격적 특징에서 상대방과의 부조화, 짧은 교제 기간, 심각한 개인적 문제, 외로움이나 가족으로부터 벗어나기 위해 결혼을 선택한 것 등이 있다. 결혼 후의 요인으로는 배우자의 지배적 태도, 배우자에 대한 우월감, 시가 또는 처가와 함께 사는 것 등을 들 수 있다.

야 하며 그러면서도 어느 정도의 자유를 느낄 수 있어야 한다. 결혼 초기의 부부는 결혼생활의 문제를 가장 예민하게 의식하며, 중년 또는 그 이후의 부부보다 배우자로서 부적합하거나 어색한 감정을 느끼는 경향이 있다.

(2) 자녀의 출산과 양육

자녀를 갖는 것은 삶에서 매우 중요한 사건이다. 그리고 자녀를 기르는 것은 부부의 삶의 방식과 결혼생활을 바꾸어 놓는다. 그러나 결혼한 부부가 모두 부모가 되는 것은 아니며 부모가 되는 시기도 다양하다. 대부분의 부부가 결혼 초기에 아이를 갖지만, 최근 우리나라에서는 그 시기를 연기하거나 전보다 적은 수의 자녀를 갖는 경향이 있어 지속적인 출생률 감소를 보이고 있다.

40세 이하의 부부에 대한 조사결과, 자녀를 가짐으로써 아이와 사랑과 애정을 나눌 수 있으며 아이는 어른을 외로움에서 보호해 주는 효과가 있었다(Newman & Newman, 1991: 479). 우리에게는 누군가를 보살피고자 하는 욕구가 있는데, 자녀는 이러한 양육의 욕구를 충족해 주는 역할을 한다. 그러나 자녀를 갖는 것은 이와 같이 만족을 주는 동시에 새로운 적응을 필요로 하는 급격한 변화를 동반한다. 이는 결혼 초기에 형성되기 시작한 부부간의 친밀감에 위협이 되기도 한다. 따라서 첫 자녀의 출산은 결혼생활에서 스트레스가 존재하는 시기가 될 수도 있다.

일반적으로 아이의 존재는 낮은 결혼만족도와 관련되는데, 이는 자녀를 가진 후에도 결혼에 대한 만족은 지속되나 그 정도가 다소 낮아진다는 것을 뜻한다. 그 원인으로 자녀의 출산에 따르는 새로운 책임의 등장,

이러한 책임의 분담, 그리고 아이에 맞춘 일과 등을 들 수 있다. 그 외에 아기를 돌보는 데 자신이 없는 것, 육아에 대한 가치관이 부부간에 일치하지 않는 것 등이 결혼생활에 긴장을 가져온다.

아기를 처음 돌보는 몇 달을 잘 극복하는 것이 부부간의 유대를 지속하거나 강화하는 데 중요하다. 그렇게 함으로써 아기를 돌보는 상대방의 능력을 서로 인정하고 존중하기 시작하며, 부모로서의 새로운 역할을 받아들이고, 가족구조가 복잡해진 것을 부담이라기보다는 도전으로 여기게 된다.

첫 자녀를 가진 후의 적응을 순조롭게 하기 위한 조건이 있다. 첫째, 부모로의 역할변화에 대한 준비이다. 결혼 후에 적절한 시간적 여유를 갖고 부모가 되기를 기대하고 준비하는 것이 부모로의 역할전환에 적응하기 쉽도록 해준다. 둘째, 육아에 관련된 교육이다. 부모라는 새로운 역할수행에 아무 준비도 없는 채로 첫 아기를 낳는 것은 곧바로 혼란으로 이어지게 한다. 셋째, 부부간의 역할과 책임을 재정의하고, 그에 대한 만족스러운 합의가 이루어져야 한다.

(3) 직업의 세계

청년기에 직업을 갖고 가족을 부양하는 것은 성숙의 중요한 증거이다. 직업에 대한 태도는 사회적 계층, 연령, 성, 성격 등에 따라 달라진다. 대부분의 사람은 직업을 생존에 필수적인 것으로 간주하지만, 어떤 사람은 창의력을 발휘하거나 자부심을 획득하기 위한 기회로 간주하기도 한다. 다시 말해, 직업을 갖는 이유로는 경제적 이유가 가장 중요하겠으나 그에 못지않게 자기실현의 통로와 사회생활의 핵심요소로서의 의미도 커서, 직업에 대한 만족은 개인의 자부심과 행복에 큰 영향을 미친다(정옥분, 2014).

남성은 직업을 정체감의 중심적 부분으로 느끼도록 사회화된다. 최근에는 여성도 남성과 마찬가지로 직업과 성취에 대해 포부를 갖도록 사회화되는 경향이 있지만 그 결과는 다양하다. 어떤 여성은 직업을 결혼에 대한 대체물로 간주하는 반면, 어떤 여성은 직업과 결혼을 만족스럽게 결합시키기도 하며, 직업을 갖되 자신의 일차적 역할을 아내와 어머니로 간주하는 여성도 있다.

청년기는 직업을 선택하는 시기이다. 직업을 선택하거나 준비하는 사람은 그 과정에서 자신의 개인적 능력과 특정한 직업이 갖는 다음과 같은 요소가 조화를 이루는지를 평가해야 한다(Newman & Newman, 2018: 446~448).

첫째, 전문적 기술이다. 대부분의 직업은 그 직업에 고유한, 일정한 수준의 기술적 전문성을 필요로 한다. 그러므로 각 개인은 특정한 직업에서 요구되는 기술이나 능력이 자신에게 있는지 평가해야 한다. 또한 앞으로 그러한 기술을 향상시킬 잠재력이 있는지 그리고 그러한 능력을 발휘하는 데서 만족을 얻을 수 있는지에 관해서도 평가해야 한다. 직업에 대한 준비나 훈련의 단계는 그 직업에 필요한 새로운 기술의 학습을 반드시 포함하는데, 이러한 학습의 성공 여부가 그 직업에 종사하겠다는 결정을 내리는 데 중요한 역할을 한다.

둘째, 권위적 관계이다. 각 직업에서 직장의 구성원은 지위와 정책 결정에 관해 계급에 입각한 상하관계를 갖는다. 그러므로 직업을 선택할 때는 누가 자신의 일을 평가할 것이며 평가에 어떤 기준이 적용될 것인가를 이해하고, 직책에서 자신의 자율성의 한계를 파악해야 한다. 새로 직장에 들어가면 명령계통의 구조를 파악하고 권력을 쥐고 있는 사람에게 순응해야 한다. 그리고 정책 결정의 통로를 알고 자신이 영향을 미칠 수 있는 길을 알아내야 한다.

셋째, 그 직업에 존재하는 고유한 요구나 위험이다. 모든 직업은 독특한 직업적 요구를 갖는다. 예를 들면 생산성에 대한 규칙, 자기보호에 대한 규범과 같은 것이다. 어떤 직업은 높은 수준의 헌신을 요구하기도 하는데, 이 경우에는 직업상 역할에 의해 여가나 가족생활이 제한받을 수 있다. 근무자가 소외되거나, 불안하고 공격적인 고객을 상대하는 직업도 있다. 직업적 위험은 독성물질이나 질병유발 요인에 대한 노출, 부상과 같은 신체적 위험, 소음, 교대근무 등 부정적인 결과를 초래하는 작업여건들을 포함한다.

사회복지사를 비롯해 클라이언트와 깊은 정서적 접촉을 해야 하는 직업을 가진 사람은 '소진'(burnout)의 위기를 경험하기도 한다. 직업마다 종사자에게 가하는 위험이 다르며, 이러한 위험에 대한 취약성에서도 개인마다 차이가 있다. 그러므로 직업에서 얻는 보상에 비추어 그 직업에 존재하는 특정한 위험을 받아들일 것인지 스스로 결정해야 한다.

넷째, 동료와의 인간관계이다. 이에 대한 규범은 협동적 또는 경쟁적 관계로 구분할 수 있다. 협동적 관계를 맺을 수 있는 우호적 동료의 존재는 작업환경을 크게 향상해 준다. 이에 반해, 어떤 직업은 경쟁을 강조하며 경쟁을 촉진하기 위해 자극이 주어진다. 어떤 사람에게는 경쟁적 환경이, 또 어떤 사람에게는 협동적 환경이 적성에 맞는다. 그러므로 새롭게 직업을 갖는 사람은 그 직업과 직장의 인간관계의 질을 평가하고, 그

것이 자신의 사회적 욕구를 충족해줄 수 있는지를 결정해야 한다.

실제로 직업을 선택하는 과정에서 이 네 가지 요소에 관한 정보를 얻기는 쉽지 않으며, 따라서 최초의 직업에 대한 결정은 매우 제한된 정보에 입각해 이루어지는 경우가 많다. 이것이 최근 청년들이 직업이나 직장을 자주 바꾸는 원인이 된다고 볼 수도 있다.

요컨대, 청년기는 직업에 대한 실험과 훈련의 단계라고 볼 수 있다. 직업을 선택하고 직장에 들어가 그 직업이 요구하는 전문적 기술, 직업에 존재하는 권위적 관계, 독특한 요구나 위해, 인간관계 등을 평가해야 한다. 이러한 과정에서 자기 직업의 장점과 요구하는 대가를 파악하고, 자신의 고유한 직업 역할을 미래와 연결해 생각해야 한다.

4) 사회복지실천의 관심대상이 되는 청년기의 문제

최근 모든 연령대에서 이혼율이 증가하는 것이 우리나라의 추세지만, 청년기인 결혼 초기에 결혼생활에서 오는 긴장도 높고 이혼율도 높은 것으로 알려져 있다.

이혼은 부부와 자녀의 삶에 심각한 손상을 초래한다. 법적인 그리고 재정적인 해결과정을 거쳐야 하고 새로운 사회적 역할을 받아들여야 하며 이혼자로서의 새로운 정체감을 형성해야 한다(Zastrow & Kirst-Ashman, 2013). 이혼한 부부는 이혼하기 전에는 경험하지 못한 광범위한 생활상의 문제로 고통받을 수 있다. 이혼 전 직업이 없던 여성은 특히 경제적으로 큰 타격을 받는다. 이전의 친구관계가 소멸되기도 하며, 집 밖의 생활이 없는 여성은 고립상태에 빠지고 소외감을 느끼게 된다. 자녀양육의 권리를 빼앗긴 경우 배우자 역할과 더불어 아버지 또는 어머니 역할도 상실하게 된다. 이와 같이 이혼은 매우 심각한 스트레스를 초래하는 사건으로서, 이혼한 사람은 그렇지 않은 사람보다 건강문제를 더 많이 경험하고, 정신병원에 입원하거나 자살할 확률이 훨씬 높은 것으로 보인다.

대부분의 이혼한 사람은 이혼이 가져오는 스트레스에 대처하기 위해 노력한다(Newman & Newman, 2018: 465). 이혼은 슬픔, 분노, 죄의식, 우울, 두려움, 자기회의 등 다양한 감정을 동반하며 이혼자는 시간을 두고 이러한 감정에 직면하고 이를 다스릴 수 있어야 한다. 심리치료나 지지집단의 도움을 받는 것 외에 이혼으로 인한 스트레스에 대처하기 위해 사용할 수 있는 전략으로는 ① 식사, 수면, 운동, 기타 일상 활동에서 건강한 생활방식을 되찾는 것, ② 이혼에 대한 감정과 사고를 발산할 수 있도록 일기를 쓰거나 글로 표현해 보는 것, ③ 우울하거나 무기력한 상태일 때 사용할 기분전환 활동의 목록을 만들고 실천에 옮기는 것, ④ 새로운 관심거리를 찾거나 유능감과 자존감을 느끼게 하는 이전의 취미활동을 재개하는 것, ⑤ 가족이나 친구와 더 많은 시간을 보내는 것, ⑥ 새로운 기술을 배우거나 새로이 직업을 갖는 것 등이 있다. 사회복지사는 사람들이 이혼으로 인한 스트레스를 극복하기 위해 이러한 대응전략을 개발하고 그 결과 이혼이라는 어려운 삶의 사건을 개인적인 성장의 기회로 전환하도록 도와줄 수 있다.

7장

장년기

이 책에서는 장년기를 35세에서 60세까지의 기간으로 본다.* 이는 여러 학자의 견해를 종합해볼 때 30대 후반부터 장년기로 보아도 무리가 없으며, 60세가 넘으면 노인으로 간주하는 것이 일반적 경향이기 때문이다.

　많은 사람에게 장년기는 인생의 전성기로 간주된다. 다른 어떤 시기보다 경제적으로 안정되어 있고, 삶의 다양한 영역에서 경험을 통해 지혜를 터득한 상태이며, 직장에서도 높은 지위와 책임을 갖는다. 그러나 장년기에도 위기가 존재하며 사람에 따라서는 불행하고 우울한 시기이기도 하다. 학자들은 공통적으로 장년기를 전환기로 간주한다.

---

*　학자에 따라 장년기의 기간이 다르다. 대개 장년기의 시작은 30세부터 40세까지의 한 지점으로 잡으며, 끝은 60세부터 70세까지의 한 지점으로 잡는다. 크레이그(Craig, 1999)는 40~60세, 시겔맨(Sigelman, 1999)은 40~64세 동안에 장년기가 지속되는 것으로 보았다. 또한 재스트로와 커스트-애시먼(Zastrow & Kirst-Ashman, 2013)은 30~65세, 뉴먼과 뉴먼(Newman & Newman, 2018)은 34~60세, 애시포드와 연구진(Ashford et al., 2006)은 35~60세, 로저(Rogers, 1991)는 35~55세로 각각 장년기를 잡았다.

장년기가 전환의 시기라는 것을 가장 먼저 지적한 사람은 융(Jung, 1933)으로, 그에 의하면 사람들은 삶의 전반부에서는 자신의 외부세계를 다스리지만 삶의 후반부에서는 개인적 한계와 질병이나 사망을 지배할 수 없다는 것을 이해하면서 점점 더 내면세계에 초점을 맞추기 시작한다.* 그 외에 성인기 발달에 대한 연구 중 장년기에 해당하는 것을 정리하면 다음과 같다.

레빈슨(Levinson, 1978)은 장년기에 세 가지 발달과제를 성취해야 한다고 주장했다. 첫째, 자신의 과거에 대한 재평가이다. 이는 자신의 죽음을 더욱 강하게 의식하여 남은 시간을 현명하게 사용하고자 하는 의도에서 비롯된다. 둘째, 인생의 남은 부분을 새로운 시기로서 시작하는 것이다. 이를 위해 삶의 기존 구조에서 부정적 요소를 수정하고 새로운 요소를 갖추기 위한 선택이 이루어져야 한다. 셋째, 개별화이다. 장년기 이전에는 반대의 관계로 경험하던 상태나 경향 ― 양극에서 그중의 하나에만 해당할 수 있고 동시에 둘의 상태를 취할 수 없다고 느끼던 것 ― 을 직면하고 통합할 수 있어야 한다.**

굴드(Gould, 1978)는 장년기에 벗어나야 할 다섯 가지 비합리적 가정을

---

* 융은 장년기에 자아를 외적·물질적 차원으로부터 내적·정신적 차원으로 전환하는 것을 가리키기 위해 개별화(*individualization*)라는 개념을 사용했다.

** 개별화는 장년기에 젊음과 늙음, 파괴와 건설, 남자다움과 여자다움, 애착과 분리 등 양극의 중간에 처한 상태를 이해하고, 이러한 상반되는 경향을 자신의 생활에서 통합할 수 있어야 함을 말한다. 예를 들면, 장년기의 남성은 자신을 젊다고 느낄 수도 있고 늙었다고 느낄 수도 있으며 또는 그 중간에 있다고 느낄 수도 있다. 이러한 상황에서 중요한 과제는 젊음과 늙음의 중간에 있는 조건을 잘 파악하고 받아들이는 것이다.

다음과 같이 제시하고 설명했다. 첫째, 안전이 영원히 지속될 것이라는 가정이다. 실제로 장년기에는 부모의 보호를 상실하며 부모가 생존해 있더라도 역할전도(*role reversal*)가 일어난다.* 둘째, 자신과 자신이 사랑하는 사람들에게 죽음이 일어나지 않을 것이라는 가정이다. 이 시기에 부모가 병들거나 사망하며, 자신의 죽음에 관해서도 신호를 받는다. 셋째, 배우자 없이 사는 것이 불가능하다는 가정이다. 특히, 장년기의 여성은 배우자의 보호 없이 살 수 없다는 사고를 버림으로써 더 광범위한 사회적 접촉을 경험하고 인격의 발달을 도모할 수 있다. 넷째, 가족 밖에서는 어떠한 삶이나 변화도 존재할 수 없다는 가정이다. 장년기에는 자신을 재정의하고 결혼생활에 대한 새로운 협상·실험 등을 통해 가족 밖의 생활과 자신의 변화 가능성을 발견하게 된다. 다섯째, 자신이 순수하다는 가정이다. 많은 성인이 탐욕, 시기, 경쟁과 같은 속성은 타인에게만 존재한다고 인식했으나, 이제는 자신에게도 그러한 속성이 있음을 깨닫고 그 결과로 자신의 장점뿐만 아니라 약점도 분명하게 알게 된다.

펙(Peck, 1968)은 성인기의 발달에 관해 일곱 가지 이슈를 제시했다. 그중 다음의 네 가지가 장년기에 해당한다(Craig, 1999: 514～515).

① 지혜 대(對) 육체적 힘: 장년기에 육체적 힘의 감소와 건강문제의 증가는 이 시기의 사람으로 하여금 에너지를 육체적 활동보다는 정신적 활동에 기울이도록 한다. 따라서 이 시기를 효과적으로 보내는 사람은 육체적 힘보다는 정신적 능력을 평가의 기준과 문제

---

* 자녀가 부모를 돌보는 역할을 맡게 되는 것을 말한다.

해결의 수단으로 삼는 사람이다.

② 대인관계의 사회화 대 성적 대상화: 장년기에 경험하는 신체적 변화는 인생에서 대인관계를 성적 친밀성이나 경쟁보다는 친구, 동료 사이를 강조하는 관계로 재정의하도록 만든다. 다시 말해서 갱년기의 변화는 남녀 관계에서 상대방에 대해 성적 대상으로 가치를 두기보다는 개인적 인격에 가치를 두도록 한다.

③ 정서적 융통성 대 정서적 빈곤: 정서적 융통성이란, 정서적 투자를 한 사람 또는 한 활동에 집중하던 것으로부터 다른 사람, 다른 활동으로 전환할 수 있는 능력을 말한다. 장년기에는 부모의 사망, 자녀의 독립, 친지의 사망 등에 의해 정서적으로 초점이 되었던 대상이 사라지는데, 감정을 다른 사람이나 활동에 재투자하지 못하면 정서적 빈곤을 경험한다.

④ 지적 융통성 대 지적 엄격성: 중년기의 사람은 견해나 활동에 융통성이 있어야 하고 새로운 사고에 수용적이어야 한다. 중년기까지 많은 사람이 삶의 중요한 문제에 대해 이미 해답을 얻었다고 생각하지만 이에 안주하고 새로운 해답을 모색하지 않을 때 사고가 경직된다. 반면, 지적 융통성을 가진 사람은 자신의 경험과 해답을 새로운 문제를 해결하기 위한 잠정적 지침으로 사용한다(정옥분, 2014).

사회복지사가 장년기의 클라이언트를 대상으로 '지혜 대 육체적 힘' 그리고 '대인관계의 사회화 대 성적 대상화'의 이슈와 관련된 문제를 다룰 때는 그들이 취하는 선택에 대해 옳고 그름을 판단해서는 안 된다

(Specht & Craig, 1987: 217). 이 두 이슈를 만족스럽게 해결하는 데는 여러 가지 방식이 있기 때문이다. 즉, 어떤 사람은 자신의 육체능력 감소를 막기 위해 많은 노력을 할 수도 있고, 또 어떤 사람은 신체적 변화를 쉽게 받아들인다. 마찬가지로 이혼이나 배우자의 사망으로 인해 장년기에 혼자가 된 사람 중에서 어떤 사람은 새로운 짝을 얻기 위한 경쟁에 들어가는 반면, 또 어떤 사람은 동성 간의 우정으로 이를 대치하고자 한다. 사회복지사는 이와 같이 서로 다른 유형의 적응을 선택하는 사람들의 상이한 욕구를 충족할 수 있는 서비스를 제공해야 할 것이다.

그러나 '정서적 융통성 대 정서적 빈곤', '지적 융통성 대 지적 엄격성'의 이슈에 관해서는 사회복지사가 옳고 그름에 대한 판단을 내려야 한다. 다시 말해 분명히 융통성이 엄격성보다는 훨씬 바람직하다. 장년기에 있는 사람 중에는 예전에 사용하던 적응방식이 통하지 않을 때 도움을 요청하는 경우가 흔하다. 사회복지사는 이들로 하여금 융통성 없이 과거의 경험과 판단을 고집하는 것으로부터 벗어나, 새로운 사고와 적응 방식을 수용할 수 있도록 도와주어야 한다.

1) 신체적 변화

대부분의 장년기 성인은 여전히 양호한 건강과 에너지를 가지고 있다. 그러나 신체적 능력과 건강은 감퇴하기 시작한다. 장년기의 성인은 이전보다 육체적 일을 하는 능력이 약화되며 감기와 같은 질병에서 회복하는 데도 더 긴 시간이 걸린다. 신체적 힘과 청년기의 활력도 잃어 간다. 재스트로와 커스트-애시먼(Zastrow & Kirst-Ashman, 2013)은 장년기에는 에너지의 급속한 투입을 필요로 하는 일보다 지구력을 요하는 작업에서 더 능력을 발휘할 수 있다고 지적했다.

40대 초반에는 신진대사의 저하가 일어나며 체중이 늘기 시작한다. 건강문제가 일어나기 쉬우며 질병에 취약해진다. 청년기까지는 사고가 가장 큰 사망의 원인이지만, 장년기에는 질병으로 인한 사망률이 높아진다. 당뇨의 징후도 흔히 이때부터 나타난다. 고혈압, 순환기질환, 암도 청년기에 비해 이 시기에 발병하는 비율이 높으며, 류머티즘, 디스크, 천식 등도 빈번하다(Zastrow & Kirst-Ashman, 2013). 여성의 경우 에스트로겐의 감소로 인한 골다공증도 빈발한다.

따라서 장년기의 성인은 이러한 질병을 발견하고 조기에 치료를 받기 위해 정기적으로 검진을 받을 필요가 있다. 사회복지사는 때때로 장년기의 가장이 건강을 상실함으로써 곤경에 빠진 가족을 대하며, 이러한 가족을 위해 자원을 연결해 주는 일을 한다.

장년기에는 감각기관의 능력도 감소한다. 특히, 시각에서 원시가 되는 경향이 있으며 청각도 예민성을 상실하기 시작한다. 외모의 변화가 나타나며 피부의 탄력성이 줄어들고 주름이 생기기 시작한다. 그러나 규칙적인 운동과 음식섭취의 조절로 청년기의 모습과 건강을 유지할 수 있으며 따라서 장년기의 신체적 여가활동은 노화에 매우 중요한 영향을 미친다.

여성은 장년기에 폐경을 경험하는데, 이에 수반하여 생리적 변화가 일어나는 기간을 갱년기라고 부른다. 폐경은 월경의 종료를 말하며 이제 더는 아이를 가질 수 없음을 나타낸다. 폐경의 평균 연령은 50세 정도로, 대부분의 여성이 45~55세에 폐경을 경험한다. 폐경과 더불어 신체적 변화가 일어나는데, 그 대표적 증상이 에스트로겐 분비의 감소로 인한 홍조현상이다. 이는 얼굴이나 상체에 갑자기 열이 나고 땀이 나는 증상으로, 몇 초 또는 몇 분에 걸쳐 지속되며 오한이 뒤따르기도 한다. 다른 증상으로 감정기복, 기억력 감퇴, 심계항진 등을 경험할 수 있고 우울증에 걸릴 위험도 증가한다(정영숙 외 역, 2018). 여성은 폐경에 다양한 반응을 보일 수 있는데, 폐경을 이제까지 경험해온 삶의 사건 중 하나로 받아들이면 심각한 곤란을 겪지 않을 수 있다(Papalia & Martorell, 2015: 445~447).

남성은 폐경을 경험하지 않으나 이와 유사한 현상이 존재한다. 즉, 남성은 생물학적으로는 생식능력을 계속 유지하지만, 남성 호르몬의 생산이 감소함에 따라 성기능이 약화되고 성적 무력감, 피로, 우울 등을 경험할 수 있다. 테스토스테론 분비의 감소는 근육조직의 손실과 그로 인한 근력감소, 심장질환의 위험성도 증가시킨다(정옥분, 2014).

2) 심리적 발달

(1) 인지적 변화

장년기의 인지적 변화에 대해서는 다음과 같은 상반된 견해가 존재한다. 첫째, 신체적 능력이 감소하는 것과 더불어 인지적 능력도 감소하기 시작한다. 둘째, 장년기에는 지능이 감소하지 않으며 특정한 측면의 지적 능력은 강화된다.

성인의 지능에 관한 전통적 연구는 횡단조사에 의한 것이며, 이들은 지능이 나이가 들수록 감소하는 것을 보였다(조복희·도현심·유가효, 2016). 그러나 종단연구들은 지능이 연령이 증가함에 따라 오히려 향상된다는 것을 보여 주었다. 이러한 연구의 고전적인 예로, 1919년에 대학에 입학할 때 지능검사를 받은 사람들이 50세에 재조사를 받았는데 그 점수가 증가했으며, 61세에 재검사를 받았을 때는 50세에서 61세까지 변화가 없는 것으로 나타났다(Owens, 1966).

인지적 능력의 변화를 더 구체적으로 보면 단기적 기억능력은 장년기에 약화되기 시작하지만, 장기간에 걸쳐 정보를 보유하는 장기적 기억능력은 장년기에 변화를 보이지 않는다(Turner & Helmes, 1983: 388~391). 또한 반응시간이 느려지고 속도와 민첩성을 요구하는 검사에서 젊은 사람보다 낮은 점수를 얻으며 문제를 파악하고 해결하는 데 필요한 시간도 길어지지만, 이를 지적 능력의 약화보다는 조심성, 숙고, 불안 등의 요인에 의한 것으로 보고한 연구도 있다.

사람이 사용하는 지능을 결정성 지능과 유동성 지능으로 구분할 때, 언어적 추론, 공간개념 등을 포함하는 결정성 지능은 장년기에도 증가한다(Papalia & Martorell, 2015: 461). 샤이(Schaie, 1996)의 종단연구에 의하면, 단어 유창성, 공간지각능력 등은 오히려 장년기에 정점에 달하는 것으로 나타났다. 유동성 지능은 신경과 생리학적 능력에 입각한 것으로 운동속도, 기억, 새로운 정보를 인지적으로 다루는 것과 같은 지적 능력을 포함하는데, 이는 청소년기 후기까지 증가하다가 점진적으로 감소한다. 그렇지만 장년기가 끝나는 시기에도 청소년기 중반 정도의 수준을 유지할 정도로 유동성 지능의 감퇴는 그 정도가 작다.

이러한 연구결과를 종합해볼 때, 인지적 기능은 장년기까지는 비교적 안정적으로 유지되며 60세 이후에 감소하는 것으로 볼 수 있다(Ashford, LeCroy, & Lortie, 2006).

(2) 중년의 위기

중년의 위기(*mid-life crisis*)라는 용어는 융에 의해 처음 사용되었다. 융은 자신의 환자 가운데 다수인 중년기에 속한 사람들이 이 시기에 심각한 정신적 위기를 경험하고, 주요 증상으로 불안, 우울, 자신감의 저하 및 성취감의 상실과 같은 정서적 문제를 보이는 것을 발견했다.

남성은 장년기에 심리적으로 자신의 결혼생활과 가정에 대해 재평가하고, 과거와 미래를 생각하며, 성취한 것과 실패한 것을 생각한다. 이러한 과정에서 불안, 우울, 집중력 감소, 피로, 수면장애, 초조, 흥미와 자신감 상실 등의 증상이 나타나기도 한다. 또한 직업이나 삶의 다른 영역에서의 실패에 대해서도 두려워하게 된다. 실제로 중년의 위기를 경험하는 남성은 자신의 직업에 대한 불만이 증가하거나 직업에 갇힌 것 같이 느끼고 성취감을 상실하는 경우도 있다. 그러나 장년기의 모든 남성이 위기를 경험하는 것은 아니다. 장년기에 올 수 있는 여러 변화를 이해하고 있는 사람일수록 위기를 겪지 않거나 순조롭게 넘길 가능성이 높다.

여성의 경우 이러한 현상은 흔히 폐경에 대한 부정적인 심리적 반응으로 간주된다. 그리고 이 시기는 여성도 자신의 과거를 재평가하는 기간이므로 만일 과거가 자신이 원한 대로 되지 않았고 앞으로도 희망이 없다고 느끼면 우울증에 빠질 수 있다. 때때로 이는 사회적 고립이나 알코올중독과 같은 심각한 정신적 문제로 진전되기도 한다. 그러나 대부분의 여성에게 갱년기가 이렇게 심각한 결과를 가져오지는 않는다.*

---

*   19세기 서구문화에서는 폐경을 난소의 기능이 소멸되는 일종의 병으로 간주하기도 했으나, 오늘날 폐경을 경험한 여성의 대부분은 이를 자연적인 과정으로 긍정적 시각에서

최근에는 보편적인 중년의 위기라는 개념이 옳지 않다는 주장도 있다(정영숙 외 역, 2018: 425). 직장이나 재정에서의 안정감, 일상적 책임을 잘 다룰 수 있다는 느낌으로 인해 다른 시기보다 불안이나 걱정이 많을 가능성은 높지 않으며, 이 시기에 실직, 재정문제, 이혼, 건강문제 등이 존재할 때 위기가 촉발된다고 보는 것이다.

3) 사회적 발달

(1) 부부관계 유지

정신건강에 관한 연구들은 만족스러운 결혼관계가 성인의 행복과 삶의 만족에 영향을 미침을 발견했다(Veroff, Douvan, & Kulka, 1981). 부부관계는 역동적이며 부부의 성숙, 가족구성의 변화, 가족의 위기나 사건의 발생과 같은 요소에 따라 변화한다. 장년기에 결혼을 건강하고 활기 있게 유지하기 위해서는 결혼생활에 초점을 맞춘 노력이 필요하다.

뉴먼과 뉴먼(Newman & Newman, 2018: 480～483)은 행복한 결혼생활을 지속하기 위한 조건으로 다음과 같은 네 가지를 제시했다.

첫째, 부부의 개인적 특성이다. 행복한 결혼은 상대방에게 따뜻한 마음을 가지고 서로 배려하는 두 사람의 사랑에 기초해 형성된다. 이러한 결혼에서 부부는 과도하게 불안하거나 우울하거나 충동적이지 않으며,

---

받아들인다(Papalia & Martorell, 2015). 애시포드와 연구진(Ashford et al., 2006)의 연구에 의하면, 많은 폐경기 여성이 "폐경 후 열정"(*postmenopausal zest*: PMZ)이라고 부르는 에너지, 자신감, 자기주장의 증가 현상을 보였다.

상대방을 이끌어 주고 사려 깊고 표현적이다. 이들은 각자 부부관계에 도움이 되는 친지 등 지지적 관계망을 가지고 있고, 재정적으로 가정에 기여하며 의사결정 방식에서 협조적이고 집안일에서도 고유한 기능을 수행한다.

둘째, 부부간의 상호작용이다. 장기간의 안정된 관계는 강한 유대에 기초한다. 부부는 서로 지지하고 좋아하며 공유하는 관심사가 있고 상대방의 성취를 인정할 수 있어야 한다. 이때 효과적 대화체계의 개발은 필수적이다. 직업과 자녀양육에 몰두하면서 부부간의 상호작용 기회가 감소하면 부부는 서로 고립될 수 있다. 즉, 공유하는 경험이 점점 줄어들고 상대방의 반응에 영향을 받지 않게 된다. 이러한 상황에서 효과적 대화체계가 없으면 상대방에 대한 미움이나 불쾌한 감정이 해소될 기회가 없는 채로 축적된다. 그러므로 적합한 대화체계의 존재가 성공적 결혼에 꼭 필요하다.*

셋째, 부부관계의 미래를 배양하는 데 대한 헌신이다. 이를 위해 장기간에 걸친 헌신을 중요한 가치로 간직하고 있어야 한다. 미래의 만족스러운 결혼생활을 위해 부부는 몇몇 과제 ─ 부부간의 친밀성과 자신의

---

* 뉴먼과 뉴먼(Newman & Newman, 2018)에 의하면 만족스러운 부부는 상대방의 문제를 귀담아듣고 깊이 생각하며, 어떤 해결책을 제시할 수 없더라도 이해를 표현함으로써 상대방과 걱정을 나눈다. 한편이 불만을 표현할 때 상대방은 또 다른 부정적 반응으로 맞대응하지 않으며, 이렇게 함으로써 부정적 반응을 증폭하지 않고 공감과 수용을 유발한다. 반면, 불만스러운 부부는 문제를 표현한 후 상대방으로부터 회피나 공격을 받으며, 이것이 지속되면 서로 소원해진다. 부정적 발언은 상대방으로부터 똑같은 부정적 반응을 일으키고 그 결과 부정적 반응의 상승으로 인한 관계의 악화가 일어난다.

자율성 간 균형을 유지하기, 부부관계를 배양하면서 사랑의 유대에 자녀가 포함되도록 확대하기, 삶에서 일어나는 재난에 대해 부부관계를 강화하는 방향으로 대응하기, 일상생활에서 웃음과 즐거움을 공유하기 ― 를 성취해야 한다. 이처럼 결혼생활에서 활기를 유지하는 것은 장기간에 걸친 과제로, 부부는 안정과 신뢰, 공감을 성취한 후에도 미래를 위해 상대방에 대한 지속적인 헌신이 필요하다.

넷째, 성인기 전체에 걸쳐 부부간의 친밀한 관계를 조성하는 데 성적 차원을 보존하는 것이 일정한 역할을 할 수 있다. 장년기에 성적인 반응과 관련된 생물학적 변화에 대응하면서, 부모로서의 역할요구, 질병, 스트레스를 유발하는 삶의 사건 가운데서도 부부간에 성적 접촉을 유지할 수 있는 방식을 찾는 것이 필요하다.

(2) 가정의 운영

가정은 인간의 성장과 정신건강을 조성하는 장으로서, 이러한 환경을 창출하는 것이 장년기의 과제이다. 장년기의 성인은 가족성원의 욕구를 이해하고, 이러한 욕구를 가장 잘 충족하는 방식으로 자원과 시간을 조직하는 능력이 필요하다. 따라서 효과적인 가정의 운영은 다음과 같은 여러 가지 행정적 기술을 필요로 한다.

첫째, 가족성원의 욕구와 능력을 평가하는 것이다. 장년기에 있는 성인은 각 가족성원의 고유한 욕구, 기호, 기술, 재능을 파악해야 한다. 욕구의 차이를 가져오는 요인으로는 연령, 성, 기질, 건강상태, 지적 능력, 주로 종사하는 작업이나 활동의 유형 등이 있다. 가정의 관리를 책임지는 사람은 가족성원의 욕구의 차이를 이해하고 각자의 다양한 욕구에 기꺼이 반응해야 한다.

둘째, 결정을 내리는 것이다. 여러 가지 삶의 영역에서 결정을 내리는 능력이 효율적인 가정운영에 요구된다. 구체적으로는 여러 가지 선택 가능한 길을 찾아내고, 그 각각의 가능성을 평가하고, 취할 활동을 선택해야 한다. 이러한 결정은 일상적인 것과 결정의 결과가 비교적 장기간에 걸쳐 영향을 미치는 것으로 구분할 수 있다. 장년기의 성인이 결정을 내려야 하는 구체적인 가정운영의 영역은 재정, 주거, 교육, 일상적 활동, 여가, 사교, 자녀양육 등이다.

각각의 가정에서 결정을 내리는 방식을 대략 다음과 같이 분류할 수 있다. ① 남편 또는 아내가 결정권한을 갖는 것으로, 이것은 한 성원이 가족의 자원을 지배하거나 자신의 결정능력이 우월하다고 여길 때 존재하는 방식이다. ② 가족성원 중 성인이 결정권을 갖는 경우로, 아동에게는 순종이 요구되며 결정능력이 없는 것으로 간주된다. ③ 가정운영에 필요한 결정을 내리는 데 전 가족이 책임을 공유하는 방식으로, 아동을 포함한 가족성원이 각자의 견해나 해결책을 제시한다. 자녀가 아직 어릴 때는 그들이 견해를 제시할 수 있는 결정에 참여하도록 격려한다. 이 방법은 번거로운 과정일지 모르나, 아이들의 고유한 견해를 반영하고 다양한 의견과 아이디어를 확보할 수 있으며 결정과정에 함께 참여하는 것이 가족의 결속을 강화해 준다는 점에서 바람직하다.

셋째, 시간을 조직화하는 것이다. 가정의 관리를 맡은 사람은 서로 다른 작업이나 활동시간을 조정하는 역할을 한다. 성인의 경우에는 사실상 직업이 하루의 활동이 어떻게 조직되는가를 결정한다고 보아야 한다. 다시 말해 아침에 일어나는 시간, 잠자리에 드는 시간, 사회화의 방식 등이 가정 밖의 요인에 의해 결정된다. 그러나 나머지 활동시간을 어떻게 쓸 것인가에 대해 계획을 세우고 집 안 관리, 휴식, 사교생활, 취미활동 등의 여러 가지 활동에 각각 적절한 시간을 지정해야 한다.

넷째, 목표를 세우는 것이다. 가정운영은 현재뿐만 아니라 미래에 대한 설계도 요구한다. 미래에 대한 설계는 가족으로 하여금 현실적 목표를 세우고, 목표성취를 위한 계획과 실천단계를 개발하며, 목표를 향해 진전된 정도를 평가하는 능력을 요구한다.

다섯째, 다른 사회적 체계와 관계를 확립하는 것이다. 장년기의 성인은 자기 가족과 다른 사회적 집단의 유대를 확립해야 한다. 여기서 사회적 집단이라 함은 가족 밖에 존재하는 개인, 확대가족성원, 직업에 관련된 집단, 종교집단, 교육집단, 지역사회집단 등을 포함한다. 가장은 가치 있고 만족스러운 외부관계를 유지하는 동시에, 가족이 과도한 외부적 요구에 시달리지 않도록 보호할 수 있어야 한다.

(3) 자녀양육

자녀를 기르는 것은 어렵고 도전적인 과제이다. 자녀는 항상 변화하는 예측 불가능한 존재로, 자녀의 요구에 잘 적응하기 위해 부모는 새로운 상황에 민감하고 융통성이 있어야 한다. 자녀의 발달수준이 변화하는 데 따른 가족의 변화를 설명한 가족발달단계의 여러 모델이 있다(Duvall, 1977).

자녀의 발달을 기준으로 한 가족발달단계에서 장년기의 부모에 해당하는 단계는 대략 자녀가 걸음마기에 있을 때부터 독립해 나가는 시기까지이다. 자녀가 걸음마기에 있을 때 부모는 규칙을 세우고 이에 순응하도록 자녀를 훈련하는 역할을 한다. 초등학교와 중학교의 시기에 있는 자녀는 자신의 할 일, 갈 곳, 친구를 사귀는 것 등에 대한 선택에 부모의 도움을 필요로 하며, 이 단계에서 부모는 자녀에게 주로 교육자로서의 역할을 한다. 자녀가 청소년기를 통과할 때에는 약물사용이나 성에 관련된 걱정이 증가하며 부모는 자녀로 하여금 스스로 판단하도록 자유를 허락하는 한편, 계속해서 필요한 기준이나 한계를 적용할 수 있도록 권위를 유지해야 한다.

끝으로는 자녀가 독립하고 부부만 남는 시기이다. 미국의 경우 마지막 자녀가 독립하여 나갈 때 부모 연령의 최빈치는 52.3세이다. 자녀가 집을 떠나가는 시기는 '빈 둥지'(*empty nest*), '부모역할로부터의 은퇴', '진수기' 등으로 불리며, 이 기간에는 부모역할의 의무가 감소함에 따라 부부관계도 변화한다.

자녀양육에 대한 걱정과 성인의 정신건강에 관한 연구에 의하면, 자녀를 갖고 기르는 것이 점점 더 성인기의 의무라기보다는 선택사항으로 변하고 있다(Veroff, Douvan, & Kulka, 1981). 그러나 자녀양육에서 어려움을 겪는 영역에 관해서는 거의 변화가 없으며, 조사대상의 75% 정도가 공통적으로 다음과 같은 다섯 영역 — ① 자녀에 대한 신체적 보호와 물질적 제공, ② 훈육과 순종의 확보, ③ 부모와 자녀 간의 친밀한 관계 형성, ④ 자녀의 외부관계 적응, ⑤ 자녀의 행동에 대한 관용과 인내 — 을 자녀양육에서 어려운 영역으로 지적했다.

요컨대 자녀를 기르는 것은 부모에게 많은 스트레스를 초래하지만, 자녀양육은 또한 자녀의 성장을 위해 새로운 문제와 대결하는 가운데 부모의 인격 발달을 촉진하는 구실도 한다.

(4) 직업 관리

직업은 장년기의 발달이 일어나는 중요한 배경이며 직업에서의 성공은 개인적 성장, 삶의 만족과 높은 상관관계가 있다. 그러므로 장년기에 직업을 관리하는 것은 개인적 성취와 사회적 통합을 위한 가장 중요한 과제이다. 특히, 이 시기에 직업의 세 측면이 개인의 발달과 적응에 영향을 미친다.

첫째, 대인관계기술 — 자신을 신뢰할 수 있는 존재로 인식시키고 유창한 대화기술과 집단이나 팀으로 효과적으로 일할 수 있는 능력을 갖추며 타인에게 영향력을 발휘할 수 있는 것 — 은 장년기의 직업에서의 성공에 중요하다. 또한 직업이 동료 간 협동적 관계를 강조하는지, 아니면 경쟁적 관계를 강조하는지를 분간할 수 있는 능력도 필요하다. 경쟁적 직장에서는 자신의 생산성을 유지하기 위해 대인관계의 요구를 무시할 수도 있지만, 협동적 환경에서는 자기의 성취나 생산성을 저하하더라도 대인관계에 필요한 요구를 따라야 한다.

둘째, 직업에 존재하는 권력의 구조를 확인하고, 그 구조 내에서 자신의 위치를 확립해야 한다. 장년기에는 직업의 경력이 축적됨에 따라 직장의 권력구조 내 지위가 향상되며 책임과 결정권도 증가한다. 이는 권력의 행사와 더 높은 권위에 대한 순종을 동시에 할 수 있는 능력을 요구한다. 이러한 직업 내의 권위관계의 본질을 잘 이해하는 것이 장년기에 직업에서 성공하는 데 중요하다.

셋째, 직업에 따라 필요로 하는 기술이 있으며 청년기에서 장년기에 걸쳐 종사하는 직업과 직장에서 맡은 업무는 그 사람의 지적 발달에 영향을 미친다. 콘(Kohn, 1980)은 직업에서의 요구와 심리적 발달에 관해 조사한 결과, 한 사람이 맡는 직무의 복잡성이 그의 지적 융통성의 발달에 강력한 영향을 미치는 것을 발견했다. 결국, 장년기에 개인이 갖는 직업과 업무의 내용 및 그 직업에서 얼마나 성공적인지가 그 사람의 심리적·사회적 발달에 중요한 영향을 미친다는 것을 알 수 있다. 장년기의 성인은 자신의 직업에서 높은 지위에 오르고 수입도 높아지며 영향력도 커지고 더 존경을 받는 경향이 있다. 이에 따라 직업에 대한 만족의 수준도 높다. 그러나 장년기 후반이 되면 승진의 기회도 적어지고 은퇴가 다가오면서 직업 만족도가 점점 감소하는 것으로 보인다(정옥분, 2014).

4) 사회복지실천의 관심대상이 되는 장년기의 문제

(1) 실직과 직업 스트레스

장년기의 대표적 직업문제로 자신의 의사와 상관없는 직장 폐쇄, 기업의 구조조정, 노동시장의 변화 등에 의해 발생하는 실직을 들 수 있다. 종래에는 청년기에 직업을 선택한 후 퇴직할 때까지 그 직업에서 경력을 쌓는 것을 당연한 것으로 여겨 왔다. 그러나 경제적 불안정이 증가하고 각 분야에서 기술이 획기적으로 발달함에 따라 일생 동안 한 직장이나 한 가지 직업에 종사하던 시절은 지나갔으며, 실직과 직업전환이 중요한 이슈가 되고 있다.

장년기에 경험하는 실직은 청년기보다 훨씬 더 대응하기 어렵다고 알려져 있다. 장년기 남성은 이제까지 종사해온 직업에 이미 자신의 많은 것을 투자했고, 노동시장(*job market*)에서 연령차별로 인해 재취업이 어려우며, 재취업에 성공하더라도 이전에 가졌던 직업보다 봉급, 지위 등에서 열등한 경우가 대부분이기 때문이다. 또한 오랫동안 유지해온 직업은 그 사람의 정체감에서 핵심을 이루는데, 이를 상실함으로써 자부심과 자아개념이 크게 손상된다. 이는 종종 정서적 문제로 이어져 실직으로 인한 경제적 손실보다 더 큰 문제가 되기도 한다.

사회복지사는 장년기에 실직을 당한 사람에게 실직기간 동안의 생활 안정을 위한 실업보험 혜택과 재정지원에 관한 상담, 재취업과 관련된 정보 제공과 직업훈련 등 고용 관련 서비스, 정서적으로 도움을 줄 수 있는 지지적 체계(배우자, 친구나 친척 등)의 활성화 등을 제공할 수 있다.

직업 스트레스도 장년기 남성에게 심각한 문제이며 이는 과로사, 높은 질병률 등의 현상으로 나타난다. 장년기 남성이 흔히 경험하는 직업 스트레스로는 과다한 업무량, 역할갈등, 직업이나 업무에 대한 만족의 결여, 직업이 주는 보상에 대한 불만, 직업과 개인생활의 부조화 등을 들 수 있다. 이러한 직업 스트레스가 잘 관리되지 않은 채 지속되면 정신적·신체적 건강에 부정적 영향을 미치는 것으로 확인되었다(House, 1983).

30대 후반에서 50대 사이의 남성 직장인을 대상으로 이루어진 조사에 의하면, 이들은 직업 스트레스의 완화를 위해 상담, 교육, 위기개입, 여가활동, 가족을 위한 서비스 등 사회복지 프로그램을 활용하고자 하는 욕구가 높은 것으로 나타났다(이인정, 1996). 미국의 경우 직업 스트레스를 다루기 위한 근로자복지 프로그램(*employee assistance program*: EAP)에 전체 직장인의 3분의 1 이상이 혜택을 받고 있음을 볼 때, 우리나라에서도 장년기 직장인을 위한 사회복지 프로그램을 활성화해야 할 것이다.

(2) 부모에 대한 간병과 수발

가족과 관련된 문제로 부모의 건강이 약화되어 보호를 요하는 시기는 대개 자녀가 장년기에 있는 시기와 일치한다. 따라서 장년기의 성인자녀는 흔히 부모와의 관계에서 역할전도와 간병의 부담을 경험한다. 이들은 대부분 충분히 준비되지 않은 상태에서 부모에 대한 간병의 책임을 맡는다. 장년기는 사회적·가정적으로 가장 책임이 큰 시기이며 이러한 많은 책임에 병든 부모를 돌보는 역할을 첨가하는 것이 과부담을 초래하기도 한다. 또한 자신을 길러준 부모를 거꾸로 돌보아야 하는 역할전도는 장년기의 자녀에게 심리적으로 충격을 주기도 한다.

부모의 간병에 관련된 좀더 현실적인 문제는 세 가지 영역 — 재정적 부담, 신체적 부담, 정서적 부담 — 으로 구분할 수 있다. 노년기 부모가 만성질환을 앓는 경우 자녀는 지속적으로 재정적 부담을 져야 한다. 또한 부모에 대한 간병은 여러 가지 신체적으로 힘든 활동의 수행을 요구함으로써 자녀들의 신체적 건강을 약화하는 수도 있다. 그러나 간병을 맡은 자녀의 가장 심각한 문제로 지적되는 영역은 정서적 부담으로, 이들은 흔히 우울증, 불안, 좌절감, 무력감, 불면, 의기소침, 정서적 고갈 등과 더불어 사회적 활동에 대한 지장과 여가시간의 결핍을 호소한다.

병든 부모를 돌보는 성인자녀로 하여금 간병의 경험을 공유하게 하고 간병에 대한 자신감을 갖게 해주며 간병에 관련된 정보나 자원, 지식 등을 교환할 수 있도록 돕는 지지집단은 이들의 부담을 완화해 주는 유용한 접근방법이다. 또한 사회활동에 지장을 받거나 여가의 필요성을 느끼는 자녀 수발자에게는 주간보호, 단기보호, 가정봉사원 등의 사회복지서비스를 활용하도록 연결시켜 주는 것이 필요하다.

8장

노년기

이 책에서는 노년기를 아직 건강하고 자주적인 활동이 가능한 노년기 전기(60~75세)와 신체적으로 더욱 약화되어 일상생활에서 타인에 의존적이기 쉬운 노년기 후기(75세 이후)로 구분했다. 노년기를 한 단계로 다룬 학자도 많으나, 평균수명의 연장에 따른 75세 이상 노인의 급격한 증가로 많은 나라가 '고령화사회'로 접어든 현실에서 노년기를 세분할 필요가 있다고 본다.*

이와 같이 노년기를 세분하는 것은 사회복지에서도 중요한 의미를 지닌다. 즉, 노년기 확장의 경향에도 60세 또는 65세 이상의 노인을 묶어 하나의 노인집단으로 간주하는 것은 노인복지에서 고려해야 할 연령대에 따른 차이(*cohort difference*)를 간과하게 만들 수 있다. 다시 말해, 노인

---

* 뉴가튼(Neugarten, 1974)은 연령을 기준으로 노인집단을 '*the younger old*'(75세 미만)와 '*the older old*'(75세 이상)로 구분했다. 전자는 더 젊고 비교적 건강하여 자주적인 생활을 영위하고 활기와 능력을 유지하는 집단을 가리키며, 후자는 신체적·정신적 기능손상을 경험하기 쉽고 그 결과 생활에서 의존성이 증가하는 집단을 가리킨다.

복지 서비스는 노인의 건강이나 생활의 다양성을 고려해 연령보다는 개개인의 수요에 따라 실시되어야 하지만, 확장된 노년기를 세분하여 접근하는 것은 이들을 한 집단으로 다룰 때보다 노인인구를 정확하게 이해하고 서비스의 효율성을 높이는 데 훨씬 유용하다.

먼저, 성인기 발달에 관한 연구 중 노년기에 해당하는 내용을 간략하게 살펴보고자 한다. 펙(Peck, 1968)은 노년기의 발달에 관련된 다음과 같은 세 가지 이슈를 제시했다.

① 자아분화 대 직업역할에 대한 몰두: 이는 은퇴의 영향에 관한 것으로, 오랫동안 종사해온 직업을 떠나 새롭게 시작하는 활동에서 만족을 얻을 수 있도록 개인적 가치가 재정의되어야 한다. 직업역할 이후의 활동에서 자신의 가치를 느끼는 것은 은퇴라는 상실로 고통스러워하는 대신 지속적으로 활기 있는 삶을 확립하기 위해 매우 중요하며 성공적인 노화에 필수적이다.

② 신체초월 대 신체몰두: 은퇴시기가 되면 대부분의 사람은 신체적 약화를 경험한다. 삶의 안락을 신체적 건강과 동일시해온 사람은 건강의 쇠퇴를 큰 충격으로 받아들인다. 그러나 쇠퇴하는 건강에도 삶을 즐기는 사람도 있다. 이들은 만족스러운 인간관계나 창조적 정신능력에서 행복을 정의하는 방법을 배운 것으로 보인다. 즉, 이들의 가치체계에서는 삶의 만족에 대한 사회적·정신적 요소가 신체적 요소를 초월한 것이다.

③ 자아초월 대 자아몰두: 노년기에는 자신이 죽을 것이라는 사실을 이해하고 받아들여야 한다. 이러한 적응은 소극적 후퇴나 자아의

부정이 아니며, 오히려 후손을 위해 자신의 삶을 좀더 의미 있는 것으로 만들고자 하는 적극적 노력이다. 그러므로 성공적으로 노화하는 사람은 자아를 초월하여 인간의 문화를 영속화하고자 열심히 활동하는 사람이며, 또한 이렇게 함으로써 자신의 생활에서 의미 있고 적극적인 참여가 가능하다.

'성공적인 노화'(successful aging)가 중요한 이슈로 대두되었는데, 분리이론과 활동이론은 이를 설명하는 대표적 이론이다. 노년기의 특징인 사회적 활동의 감소에 대해 두 이론은 대조적 입장을 보인다. 분리이론에 의하면 노인의 사회적 후퇴는 사회의 요구에 반응하는 것이라기보다는 본질적이고 발달적인 속성을 지닌다(Cumming, 1961). 즉, 감소된 사회적 상호작용은 사회와 노인이 서로 후퇴하는 일종의 상호적 과정(mutuality)으로, 노인은 사회적 활동의 축소에 수용적이고 더 나아가 그것을 소망하는 것으로 보인다. 다시 말해, 사회적 후퇴는 자신에 대한 몰두의 증가, 환경에 존재하는 대상에 대한 정서적 관심의 감소와 같은 노년기의 발달적 성향에 동반하거나 뒤따라 일어난다는 것이다. 이러한 설명에 따르면 노인의 사회적 활동으로부터의 분리는 사회에 의해 강요된 과정이라기보다는 자연스러운 현상이다. 그러므로 심리적으로 만족을 느끼는 노인은 주위 사람들로부터 증가된 심리적 거리, 감소된 사회적 상호작용을 특징으로 하는 새로운 심리적 균형(equilibrium)에 도달한 사람인 것이다.

반면, 활동이론은 노인이 생물학적 측면과 건강상의 불가피한 변화를 제외하고는 장년기의 사람과 똑같은 심리적, 사회적 욕구를 가진 사람이라고 본다. 따라서 노년기의 특징인 사회적 상호작용의 감소는 사회가 노인으로부터 후퇴하기 때문에 일어나며, 이는 사회적 활동에 계속 참여하고 싶어 하는 노인의 소망에 상반되게 진행되는 것으로 간주한다. 그러므로 최적의 상태로 노화하는 노인은 계속해서 활동적으로 남아 있으며 그의 사회적 세계는 축소되지 않는다. 즉, 장년기의 활동을 가능한 한 유지하고, 그러한 활동을 그만둘 수밖에 없게 되면 이에 대한 대체활동을 찾는 것이 성공적으로 노화하는 노인이다. 요컨대 '성공적인 노화'에 관한 이슈에서 분리이론과 활동이론은 상반된 견해를 제시한다고 볼 수 있다.

1. 노년기 전기

1) 신체적 변화

생물학적 노화는 모든 사람에게 보편적으로 일어나는 현상이다. 신체적 면역체계의 약화와 같이 시기나 진행속도에서 어느 정도 개인적 차이는 있지만 결국 누구에게나 공통적으로 일어난다. 노화는 점진적으로 일어나며, 그 주요인은 신체 내적인 것이다. 노화는 신체적 기능의 약화를 가져오고 결국 노화를 통해 죽음에 이른다.

노화의 원인에 관한 가장 기본적인 이론은 유전적 이론이다. 이 이론은 유전인자 속에 마련되어 있던 개인적 노화의 속성이 시간이 지남에 따라 출현하면서 노화현상이 나타난다고 본다. 동맥경화가 노화의 원인이라고 믿는 학자도 있다. 피의 흐름이 지장을 받으면 기관이나 조직에 대한 산소와 영양소의 공급이 원활하지 못하게 된다. 특히, 정신적 기능의 장애는 뇌혈관의 경화에 의해 주로 일어나는 것으로 보인다. 그러나 이러한 혈관의 경화가 모든 노인에게 일어나지는 않는다는 것이 이 설명의 한계이다.

소화기의 노폐물 축적이론은 나이를 먹을수록 해로운 박테리아가 소화기에 번성하며 이러한 박테리아가 노폐물과 독소를 생산해 조직에 치명적 영향을 미친다고 설명한다. 근래에는 면역체계의 약화를 일반적 노화의 근원으로 인정하는 견해도 증가하고 있다. 노년기가 되면 이전에 접해본 바이러스나 세균을 확인해 내고 이와 싸우는 면역체계의 기능도 점진적으로 상실된다는 것이다.

노화의 신체적 징후는 이미 장년기에 시작된다. 노년기에는 피부의 건조화, 탄력의 감소, 주름의 증가 등이 더욱 심해지며 노인성 반점도 생긴다. 모발은 계속해 백발이 된다. 근육이 위축되어 근육의 강도와 운동력이 감소한다. 평형감각, 동작조정의 능력이 감소하여 신체의 균형을 잃고 넘어지기를 잘하며 민첩성도 상실된다.

감각기관의 기능도 점차적으로 손상된다. 백내장, 녹내장 등은 시각의 손상을 가져올 수 있는 대표적 노인성 질환이다. 청각기능도 60세 이후 급격히 감퇴하는데, 청력의 손상이 있는 경우 말을 잘 알아듣지 못해 노인의 소외를 가속화한다.

내부기관의 기능도 급격히 약화된다. 폐와 심장의 능력이 감소해 75세가 되면 휴식 시 심장의 출력은 30세 성인의 약 70%이며, 호흡능력은 30세인 사람의 40%이다(Zastrow & Kirst-Ashman, 2013). 질병이나 충격 그리고 스트레스를 경험한 후에는 이러한 기관의 효율성이 더욱 감소하며, 이것이 노인이 쉽게 사망하는 이유를 설명해 준다.

질병의 가능성은 노년기에 급격히 증가한다. 노인의 70% 정도가 적어도 하나의 만성질환을 앓으며 보편적으로 복합적 질환을 가진 것으로 보인다(조복희·도현심·유가효, 2016: 416). 심장병, 당뇨, 관절염, 고혈압, 신경통 등이 노년기에 흔히 앓는 만성질환이다. 노인사망의 주요인이 되는 질병은 순환기질환, 암, 뇌일혈, 폐렴, 기관지염, 동맥경화, 당뇨 등이다. 또한 기억력, 지남력 등 인지능력의 손상과 우울증, 망상 등 정신증상을 보이는 치매는 노인과 가족을 힘들게 하는 대표적인 노인성 질환이다.

2) 심리적 발달

(1) 인지적 변화

연령에 따른 생산성의 변화를 통해 성인기의 인지적 기능 변화를 연구한 학자들이 있다(Simonton, 1990). 연구결과에 의하면 과학, 예술, 학문연구 등에서 창의적 생산성은 30대 후반에서 40대까지 꾸준히 상승한 후 이후 점진적으로 쇠퇴한다. 그 결과, 정점에 있을 때와 비교해 60대에는 반 정도의 수준을 보인다. 그러나 60대나 70대에 창의적 에너지의 부흥(renaissance)을 보이는 사람도 있어, 생산성은 그 수준과 변화에서 개인차가 있으며 노화에 의해 손상된다고 단언할 수는 없다.

샤이(Schaie, 1996)의 시애틀 종단연구는 1956년에 시작해 7년마다 언어이해능력, 추론능력, 공간지각능력, 수리능력, 어휘의 유창함 등에 관해 성인을 35년간 추적 조사했다. 그 결과, 노인의 인지적 능력쇠퇴는 영역별로 차이가 있지만 전체적으로 60대까지는 큰 변화가 없다가 80대 이후에 현저하게 진행됨을 발견했다. 이에 대해 연구자는 정보처리능력과 반응시간의 둔화를 고려하면 노년기 연령에 따른 인지적 능력의 쇠퇴는 그리 크지 않은 것으로 결론을 내렸다.

그러나 노년기에 연령이 증가할수록 정보처리속도는 감소하며(Schaie & Willis, 2002) 반응시간, 시각에서 받은 정보를 운동반응으로 전환하는 능력, 기억 등에서 인지적 능력의 쇠퇴가 일어난다.

기억은 연령에 따라 점진적 쇠퇴가 일어나는데, 노년기에는 단기간에 걸친 기억이 장기간의 기억보다 더욱 심하게 쇠퇴한다(Schaie & Willis, 2002). 따라서 새로 습득한 정보를 잠시 저장했다가 더듬어 내는 데 어려움을 겪는 반면, 오래 기억한다는 장점이 있다. 즉, 배운 후 단기간에 많이 잊어버리지만 일단 기억한 것은 매우 오래 기억에 남는다. 특히, 정보가 매우 빠르게 제시되고 전후관계에 대한 암시가 없는 상태에서 노인의 기억기능은 매우 낮다. 한 연구는 형식적 조작사고에 의한 문제해결, 유목화, 보존과 같은 피아제의 과제를 준 결과, 노인이 청년기나 장년기에 있는 사람보다 과제를 잘 수행하지 못했으며 자기중심적이고 원시적인 방식으로 문제를 해결하는 경향이 있음을 발견했다(Denney, 1982).

노년기의 인지적 능력의 저하가 환경의 산물이라는 지적도 있다. 스키너(Skinner, 1983)에 의하면 노년기의 환경은 새로운 사고나 체계적 사고를 강화하고 격려하는 유형이 아니며, 이러한 요인이 인지적 능력의 쇠퇴에 기여한다.* 스키너는 노년기에 인지적 능력의 쇠퇴를 막기 위한 개

---

* 예를 들면 많은 노인이 혼자 사는데, 이는 지적 분화와 새로운 사고 형성을 촉진하는

입으로 타인과 언어적 상호작용을 촉진하는 규칙적인 기회를 가질 것, 기억이 감퇴하는 것을 막기 위해 책이나 논문의 개요를 작성해볼 것, 아이디어가 떠올랐을 때 즉시 행동에 옮길 것 등을 제시했다.

(2) 자신의 삶에 대한 수용

노년기에 들어서면 장년기까지의 주요 과제에서 성공과 실패를 평가할 수 있는 증거가 축적되기 시작한다. 예를 들면, 자녀가 독립한 후 부부관계에 초점을 맞출 기회가 증가하면서 결혼생활을 잘했는지 아니면 결혼생활이 원만하지 못했는지를 평가할 수 있다. 또한 성인이 된 자녀가 직업이나 친밀한 관계형성 등에서 성공 또는 실패하는 것을 봄으로써 자녀양육의 과제를 얼마나 잘 수행했는지 평가할 수 있다. 직업에서는 자신의 생산성이 자기능력과 얼마나 부합했는지, 또 개인적 목표를 얼마나 성취했는지 등을 평가할 수 있다.

이 과정에서 자신의 성취에 대한 한계를 깨닫고 어느 정도의 실망을 경험하는 것은 불가피하다. 그러나 이러한 현실을 수용할 수 있어야 하며, 자신의 성취와 목표 사이에는 필연적인 차이가 존재한다는 것을 이해해야 한다. 자신의 지나간 삶을 받아들이는 과정은 개인적으로 어려운 도전으로, 자기가 적합하지 못했다는 느낌에 의해 크게 부담스러워하지 않으면서도 실패, 위기, 실망스러운 영역을 자신의 자아상에 통합할 수 있어야 한다(Newman & Newman, 2018: 515). 그리고 자신의 성취가 자신

다양한 사회적 상호작용이 결핍된 환경이다. 또한 노인은 과거에 관해 이야기할 때 강화받는 경향이 있으며, 이렇게 회상에 사로잡히는 것은 새로운 방향의 사고를 격려하지 않는다.

의 기대에 못 미친다 하더라도 성취한 바에 대해 자부심을 가질 수 있어야 한다.

이러한 과제에 대해 노인은 여러 가지 반응을 보일 수 있다. 어떤 노인은 과거를 돌아보면서 극도로 우울해져서 이것이 장래의 불행으로 연결되기도 한다. 즉, 과거의 실패, 위기, 질병이 그들을 지배하며 어떠한 현재의 경험도 이를 보상할 수 없다. 반면에 어떤 노인은 철저한 자신감으로 반응한다. 이들은 자신의 삶을 청년의 모델처럼 생각하며 실패를 의미하는 어떠한 흔적도 인정하지 않으려 한다. 이 두 반응 모두 노년기의 적응을 어렵게 한다. 보다 바람직한 반응은 노인이 실망이나 위기의 영역을 자신의 성취와 균형을 취해 받아들이는 것이다.

3) 사회적 발달

(1) 역할변화에 대한 적응
역할변화와 역할상실은 삶의 어느 단계에서나 일어날 수 있지만 노년기 전기에는 역할변화가 주요한 삶의 기능에서의 전환을 가져온다. 즉, 이 시기에 배우자 사망, 은퇴 등에 의해 역할상실이 일어난다. 그리고 조부모 역할과 같이 새로운 행동양식과 관계형성을 요구하는 역할이 출현한다.

① 조부모 역할
이는 아동과의 만남, 또는 노인이 알고 있는 아동기의 재개를 의미한다. 즉, 노인은 손자에게 동화를 이야기해 주고 놀이터에 데려가거나 함께 집안일을 하면서 즐거움을 느끼고 자신의 어린 시절을 되돌아보기도 한다. 그러나 조부모의 역할을 수행하는 데 필요한 기술, 인내, 지식은 부모에게 요구되는 것 이상으로 어렵다.

노인이 조부모의 역할에 부여하는 의미와 또 그것을 수행하는 양식은 각기 다르다. 중산층가정의 조부모를 대상으로 조사한 한 연구는 다음과 같은 다섯 가지 유형의 조부모 역할수행 양식이 있다고 보고했다(Neugarten & Weinstein, 1964).[*]

첫째, 공식적 유형이다. 조부모의 약 3분의 1이 이에 해당하는, 가장 보편적인 유형이다. 이들은 손자녀에게 관심을 갖고 때때로 필요할 때 돌봐 주기도 하며 부모를 도와주지만 간섭하지 않도록 조심한다.

둘째, 즐거움을 추구하는 유형이다. 손자녀와 비공식적이고 재미있는 상호작용을 갖는 조부모이다. 즉, 손자녀와 서로 즐기는 유형이다.

셋째, 대리부모의 역할이다. 어머니가 집 밖에서 직업을 가진 경우에 아이의 양육을 책임진 조부모이다.

넷째, 가족의 지혜 원천으로서의 역할이다. 조부모, 특히 조부가 지혜, 기술, 자원을 베풀고 부모 및 손자녀는 이에 복종하는 다소 권위적 관계이다.

다섯째, 원거리형이다. 생일 또는 명절 때나 방문하며 보통 손자녀와 거의 접촉이 없는 유형이다.

이상에서 볼 수 있듯 조부모의 역할수행 양식이나 역할개념은 매우 다양하다. 우리나라에서는 전통적으로 조부모가 가족의 지혜 원천으로서

---

[*]　벵슨(Bengtson, 2001)은 세대에 관한 종단연구에서 다세대가족의 유대를 최근 경향을 반영해 다섯 유형으로 재구성했는데, 이 역시 조부모 역할의 유형과 매우 흡사하다.

의 역할을 수행했으나 근래에는 핵가족화로 인해 공식적 유형이 많으며 맞벌이부부의 증가에 따라 대리부모의 역할을 수행하는 조부모도 늘고 있다. 또한 원거리형도 증가하는 것으로 보인다.

조부모의 또 다른 역할은 조상으로부터 내려오는 지혜와 문화적 유산을 손자녀에게 전해 주는 것이다. 이러한 역할을 수행하는 과정에서 노인은 자신의 경험에 대한 의미를 발견하며 이것을 손자녀가 이해할 수 있는 방식으로 전달하고자 한다. 그러나 우리나라에서는 급속한 사회적 변화로 조부모의 지혜와 문화를 전달하는 역할도 점점 더 감소하는 것으로 보인다.

조부모는 손자녀에게 자부심과 만족을 느끼며, 조부모의 역할은 그들의 전체적 자아개념과 목적의식에 중요한 의미를 지닌다. 손자녀의 존재가 노인의 삶의 만족에 중요하므로 손자녀가 없거나 또는 그들과의 관계 형성에 실패한 것은 노년기의 절망의 근원이 될 수 있다. 손자녀가 없을 때는 봉사활동 등을 통해 다른 어린이에게라도 이러한 에너지를 투자할 수 있다.

② 혼자된 사람 역할
노년기에 가장 힘든, 새로운 역할에 대한 적응은 배우자를 상실했을 때 일어난다. 많은 노인에게 배우자 상실은 슬픔이나 우울뿐만 아니라 극심한 혼란을 가져온다. 혼자 남은 사람은 이제 사회적으로, 그리고 가정에서 배우자가 없는 채로 기능하는 방법을 배워야 한다. 즉, 배우자가 없는 상황에서도 쾌활함을 유지하고 창의적으로 문제를 해결하며 자신의 가치에 신념을 가질 수 있어야 한다.

흔히 배우자 상실 직전에 경제적 비용이 많이 소요되며 이에 따라 혼자된 후에 재정적 자원의 감소를 경험하는 노인이 있다. 직업을 갖지 않았던 여성 노인의 경우 노동시장에 참여할 기술이 없고 고용관련 정보나 서비스 이용도 어려워해서 더욱 문제가 될 수 있다.

대부분의 혼자된 사람에게 배우자 상실은 또한 정서적 지지의 상실을 의미한다. 그러나 배우자와의 사별에 따르는 극도의 고통과 슬픔에도 대부분의 노인은 이에 잘 대처해 나간다. 자녀와 친구에게서 지지를 발견하고, 또 의미 있는 활동에 참여하는 데서 즐거움을 찾는다. 실제로 이러한 상실을 극복한 사람은 타인에 대해 동정적이고 공감할 수 있으며 삶의 가치를 충실히 인식하는 것으로 보인다.

(2) 은퇴

은퇴는 개인의 삶의 양식을 바꾸어 놓는 중요한 변화이다. 일상활동, 사회적 관계, 자아정체감 등이 직업을 중심으로 형성되어 왔기 때문이다. 그러나 은퇴는 어느 정도 예측된 사건이므로 준비를 사전에 충실히 할수록 퇴직에 대한 적응이 순조로운 것으로 알려져 있다. 퇴직이 갑작스러울수록, 그리고 자아개념이 그 사람의 직업역할에 깊이 뿌리박고 있을수록 퇴직 후의 적응에 어려움을 겪는 것으로 보인다.

은퇴에 대한 적응은 다음 단계를 거치는 것으로 알려져 있다(Atchley, 2000: 253~255). 그러나 퇴직 후에 반드시 누구나 이러한 단계를 순서대로 밟아 나가는 것은 아니다.

첫 단계는 퇴직 전 단계로서, 퇴직이 아주 가까워지면 사람들은 자신의 직업 및 그에 관련된 사회적 상황에서 자신을 분리할 준비를 한다. 또한 퇴직 후의 생활을 꽤 구체적으로 상상하기 시작한다.

두 번째 단계는 '허니문' 단계이다. 즉, 퇴직 직후 얼마 동안은 그동안 하고 싶었으나 직업 때문에 하지 못한 모든 일을 하고자 하면서 행복을 느낀다. 많은 사람이 퇴직 직후에 하고 싶었던 일을 하느라 오히려 더 바빠진다. 그러나 하고 싶었던 일을 할 만한 경제적 자원이 결핍되었을 경우에는 이러한 즐거운 시기가 없이 지나가는 수도 있다.

세 번째 단계는 휴식과 긴장완화의 단계이다. 허니문 단계와는 대조적으로 활동을 줄이고 쉬는 시기로서 활동량 감소가 특징이다. 그러나 충분한 휴식과 긴장완화 후에는 다시 활동을 재개한다.

네 번째 단계는 각성 또는 꿈에서 깨어나는 단계이다. 이 시기에 어떤 사람은 퇴직생활에 적응하기가 어렵다고 느낀다. 허니문 시기가 끝난 후 또는 퇴직 후의 생활이 자신이 기대하던 것과 다른 것을 깨닫고 의기소침해지고 우울해진다. 허니문 단계에서 퇴직자는 퇴직 전에 가졌던 꿈을 실행하고자 하는데, 이러한 꿈이 비현실적일수록 이 단계에서 공허와 우울을 겪는다. 그러나 퇴직자의 10% 정도만이 이러한 증상을 보인다(최성재·장인협, 2006).

다섯 번째 단계는 새로운 방향을 설정하는 단계이다. 퇴직 후의 생활에 대한 비현실적 꿈에서 깨어나 우울한 단계에 있거나, 휴식과 긴장완화의 단계에 있던 사람이 자신을 수습하는 시기이다. 퇴직의 경험을 살려 자기가 가진 자원의 한계 내에서 선택할 수 있는 길에 대해 좀더 현실적 안목을 갖게 된다. 이 단계에서 새로운 참여와 사회적 지지를 모색한다.

여섯 번째 단계는 일상(routine)의 시기로 노인은 어떤 변화든지 일상적으로 다룰 수 있는 몇몇 기준을 확립하고 안정에 들어간다. 이 단계에 도달한 사람은 선택에 대해 잘 확립된 기준을 갖추며, 자신의 삶을 예측 가능한 방식으로 다룰 수 있다. 바쁘고 흥분된 순간도 있겠지만 이 단계에서 삶은 대체로 안정되고 만족스러운 상태이다. 어떤 사람은 퇴직 후에 바로 이 단계로 들어가는 경우도 있고, 또 어떤 사람은 허니문과 휴식의 시기를 거쳐 이 단계에 도달하기도 한다. 이 단계에 도달하지 못하는 사람도 있다. 요컨대, 만족스러운 퇴직 후의 일상생활을 확보한 노인은 은퇴자로서의 역할을 성취한 것이라고 보아야 한다.

은퇴 후에 수입이 감소하는 것이 일반적 현상이므로 경제적으로 잘 대비할수록 노년기에 빈곤해지는 것을 막을 수 있다. 또한 은퇴 후 집에서 보내는 시간이 많아지므로 새로운 부부관계에 잘 적응하는 것도 필수적이다.

(3) 가족과 친구

노인에게 가족과 친구는 삶의 만족을 결정하는 중요한 원천이 된다. 노년기의 가족관계는 크게 부부관계, 성인자녀와의 관계, 손자녀와의 관계*로 구분할 수 있다.

노년기의 부부관계는 매우 중요하다. 자녀가 독립하고 친구들도 세상을 떠나면서 친밀한 감정을 나눌 수 있는 대상이 배우자로 좁혀지기 때문이다(정옥분, 2014: 647). 수명의 연장과 자녀양육 기간의 단축으로 부

---

*　손자녀와의 관계는 앞선 "3) 사회적 발달"의 "(1) 역할변화에 대한 적응" 중 "① 조부모 역할"에서 설명했다.

부가 생활하는 기간이 길어지는 것도 노년기에서 부부관계를 중요하게 만드는 요인이다. 부부간의 적응은 오랜 기간에 걸쳐 형성되므로 장년기까지 결혼생활이 만족스러웠던 부부는 대체로 노년기 전기에도 원만한 관계를 유지한다. 그렇지 못한 부부는 새로이 적응하여 생활양식을 확립해야 하는데 이것이 쉽지 않아 결혼생활이 어려워진다. 우리나라에서는 최근 황혼이혼이 급격하게 증가하고 있으며, 이에 따라 노인의 재혼에 대한 태도도 긍정적 방향으로 바뀌는 경향이 있다. 노년기에 행복한 부부관계에 영향을 미치는 요소로는 부부간의 융통성 있는 성역할개념과 평등한 역할분담, 퇴직자의 긍정적 자아개념, 경제적 여유, 만족스러운 성생활 유지 등을 들 수 있다.

노인에게 자녀는 큰 관심사이며 따라서 노년기의 사회적 관계의 중심이 된다. 우리나라는 전통적으로 노인이 기혼자녀가족과 동거하면서 부양을 받았으나 핵가족화로 인해 3세대 동거가족이 크게 감소했다. 노인이 자녀가족과 분리되어 생활하더라도 친밀한 유대를 형성하는 것이 필요하며 이것은 상호균형을 이룬 원조관계, 노년기 이전까지의 부모자녀관계 등에 의해 영향을 받는다.

노부모와 성인자녀 간의 원조관계는 사회적 계층, 건강상태, 배우자 유무 등에 따라 달라진다. 예를 들면, 저소득층의 경우 주로 자녀가 부모에게 경제적 원조를 제공하지만, 중산층 이상에서는 오히려 부모가 자녀에게 제공하는 경우가 많다(최성재 · 장인협, 2006). 노부모와 성인자녀 간의 원조내용은 경제적 도움을 비롯해 정서적 지지, 가사 관리, 아동양육 및 보호, 병간호 등이며 아동양육 및 보호를 제외하고는 상호 호혜적인 경우가 많다(최성재 · 장인협, 2006).

노인에 대한 지속적인 병수발처럼 수고를 요하는 원조가 일방적으로 계속되면 원조관계의 균형이 깨지고 갈등이 발생하기 쉽다. 또한 노인과 자녀의 세대 차이, 자녀의 의무에 대한 과도한 기대는 부모자녀관계에 문제를 초래하므로 상호차이에 대한 이해 및 수용, 의무보다 애정을 바탕으로 부모자녀관계를 수립하려는 노력이 필요하다.

친구도 노년기 사회적 관계에서 중요하다. 친구는 생활주기에서 같은 시기에 있으므로 관심사를 공유하며 노인의 자아개념에 중요한 기반이 된다. 그러나 실제로 노년기에 친구의 수는 감소하며 새로운 친구를 만드는 것도 더 어렵다. 노년기 전기의 친구관계에 영향을 미치는 요인은 건강상태, 사회경제적 수준, 거주지역(도시, 농촌), 성격, 현재 주거지에서 살아온 기간, 노인활동(노인복지기관)에 대한 참여 등이다(최성재·장인협, 2006). 즉, 사회경제적 수준이 높고 건강상태가 좋으며 한곳에 오래 살고 대도시보다는 농촌에 거주하고 노인활동에 많이 참여하고 사교적 성격일수록 친구관계가 많다. 가까운 친구의 존재는 노년기의 상실이나 변화로부터 노인을 보호하는 효과가 있으므로 노년기에 친구관계를 활성화하는 것이 필요하다.

4) 사회복지실천의 관심대상이 되는 노년기 전기의 문제

노년기 전기에는 사회적 역할의 축소에 따른 자부심의 저하, 고독과 소외, 은퇴로 인한 소득감소 등이 주요한 문제로 등장한다.

노년기 전기에는 사회적 역할의 축소와 그에 따른 자부심의 저하를 경험할 수 있다. 이 시기에는 장년기 동안 차지했던, 사회적으로 중요한 역할과 지위로부터 물러난다. 로소(Rosow, 1985)는 제도적 역할은 장년기를 정점으로 감소하는 반면, 희박한 역할은 증가한다고 지적했다. 적절한 준비가 없는 가운데 맞는 노년기 전기의 이러한 역할변화를 노인은 흔히 고통스러운 상실로 받아들인다. 또한 현대사회는 젊음에 가치를 부여하기 때문에 노인은 사회로부터의 무시에 직면한다. 그 밖에 구식 사고나 생활방식, 증가하는 의존성과 무능력에 대해 가족성원이나 사회의 젊은이가 표시하는 부정적 태도는 노인으로 하여금 자신의 가치가 매우 낮다고 느끼도록 만든다. 그리고 이 시기에 일어나는 신체적 능력의 점진적 쇠퇴도 사회적 역할의 축소에 따르는 노인의 좌절감과 사기 저하를 촉진한다.

이러한 변화들은 노인의 자부심을 크게 저하하고 스스로 쓸모없는 사람으로 낙인찍게 만들기도 한다. 자신을 쓸모없고 무능한 사람으로 받아들이는 것은 노년기의 적응과 사회적 관계, 역할수행을 매우 어렵게 만든다.

사회적 역할의 축소에 따르는 자부심의 저하를 막기 위해 역할변화에 준비하는 프로그램을 통해 정년퇴직 이후의 삶에 대비하도록 하고, 노인 스스로 자신을 능력 있는 존재로 인식하도록 자신감을 고취하며, 활용할 수 있는 기존의 능력이나 새로운 기술을 개발하도록 도와주고, 노년기의 변화를 부정적으로 보는 사회의 인식을 개선해야 할 것이다.

노년기 전기의 사회적 역할의 축소는 고독과 소외도 초래한다. 핵가족화로 자녀와 동거하는 노인의 비율이 점점 더 줄고 있다는 점, 자녀나 손자녀와의 세대 차이로 인해 대화가 단절된다는 점 등도 노인을 소외시키는 중요한 요인이다. 또한 노부모에 대한 부양의식의 약화로 가족부양보다는 사회부양에 대한 요구가 증가하고 있다. 정부는 노인부양가족에 대한 다양한 혜택을 보장하여 노인부양에 대한 동기를 유발하고, 재가 노인복지 서비스를 강화하는 것 등을 통해 노인에 대한 수발 부담도 완화해야 할 것이다.

노년기 전기에는 퇴직으로 인한 경제적 문제를 경험할 수 있다. 퇴직 후 소득감소는 필연적이며 이에 사회적·개인적인 대비가 없을 때는 경제적으로 어려움을 겪는다. 이 시기에 노인은 아직 건강하고 그동안 쌓아온 경험과 기술이 있으므로, 일할 기회를 제공하여 경제적 욕구를 충족하고 노후에 시간을 유용하게 쓰도록 할 필요가 있다. 이러한 취지에서 최근 노인복지 정책이 노인을 위한 일자리 창출 등 고용기회 증대를 추구하는 것은 바람직하다. 또한 노후의 경제적 안정을 위해 많은 나라가 사회보험제도를 갖추고 있다. 우리나라에서도 국민연금제도가 전 국민을 대상으로 실시되고 있다. 국가 차원에서 이러한 사회보험제도와 공공부조의 확충을 통해 노년기에 경제적 안정을 보장할 수 있도록 해야 할 것이다.

2. 노년기 후기

1) 신체적 변화

노년기 후기는 노화에 따른 신체적 약화에 적응하는 것이 가장 중요한 과제이다. 이 시기에는 주요한 신체적·정신적 능력의 감퇴가 일어나기 쉬우며 이는 타인에 대한 의존도를 증가시킨다. 학자들은 건강의 쇠퇴와 그에 따른 일상생활 활동능력(*activities of daily living*: ADL)의 감소가 75세 이후에 가속화되며, 특히 85세 이후에 두드러진다고 지적한다(Cavanaugh & Blanchard-Fields, 2015).

건강에 대한 주관적 인식도 노년기 후기로 갈수록 부정적이어서, 자신의 건강상태가 좋다고 보고한 비율이 노년기 전기보다 후기에 낮은 것으로 조사되었다(Newman & Newman, 2018). 그러나 노년기 후기에 있는 모든 노인이 건강이 다 쇠약하고 의존적 상태에 있는 것은 아니다. 사실상 75세 이후에도 건강과 활기, 능력을 유지하는 사람의 수가 더 많다. 따라서 75세 이후의 노인은 아직 활동적인가 아니면 활동할 수 없는가, 건강한가 아니면 병들었는가, 지구력이 있는가 아니면 쇠약한가 등에 따라 건강상태가 다양하다고 할 수 있다.

노년기 후기에는 신체기관의 능력도 더욱 감소한다. 예를 들면 순환기, 호흡기의 능력이 더 저하되고 그에 따라 심장이나 근육조직에 산화된 피를 공급하는 능력도 저하된다. 그 결과로 갑자기 자세를 바꾸면 어지러운 증세를 경험한다.

신진대사의 저하는 칼로리의 필요량을 감소시키며 따라서 음식섭취량도 줄어든다. 음식섭취량의 감소는 노인에게 필수적인 영양소의 결핍을 가져온다. 이는 영양실조를 초래할 수 있으며, 영양상태가 불량한 경우 노인은 쇠약해진다. 그러므로 노년기 후기에는 건강한 기능을 위해 필요한 영양을 갖춘 음식을 선택하려는 의식적 노력이 필요하다.

나이가 많아지면서 어떤 사람은 앉아 있기만 하려는 경향이 있으며 육체적 활동에 흥미를 잃는다. 그러나 최적의 기능을 유지하고 노화에 따르는 기능저하를 막기 위해 아주 나이가 많은 노인도 육체적 활동에 대한 빈번하고 규칙적인 기회를 계속해서 가져야 한다. 이 시기의 노인은 흔히 만성질환을 겪으며 이것이 활동을 저해할 가능성이 있고 지구력도 감소한다. 그러나 이러한 여러 가지 불리한 조건에도 활동적 상태를 유지하고자 하는 의도적 노력이 노년기 후기의 기능유지에 필수적이다.

2) 심리적 발달

(1) 인지적 변화

노년기 후기에는 정보를 과정화하는 속도(*speed of processing*)가 더욱 감소하는 경향이 있으나 추론능력(*reasoning abilities*) 등 경험의 축적을 통해 습득된 능력은 유지된다(Garfein & Hrezog, 1995).

70세 전후에 언어와 추상적 사고의 능력이 감소한다는 견해도 있다. 그러나 신체적 건강과 마찬가지로 인지적 능력에서도 개인차가 존재하며, 노년기 후기에도 높은 수준의 인지적 능력을 유지하는 노인이 많다. 이 시기에 인지적 능력의 유지는 실제로 여러 가지 변수 — 교육수준, 건강, 활동수준 — 에 의해 영향을 받는다. 교육수준이 높고 건강하며 활동적일수록 노인의 인지적 능력은 높은 것으로 알려져 있다.

또한 노인의 인지적 능력은 훈련에 의해 향상될 수 있지만 이러한 훈련의 효과는 노년기 후기보다는 전기에서 더 높은 것으로 보고되었다(Rowe & Kahn, 1997). 예를 들면, 귀납적 추론, 공간개념 등을 포함하는 결정성 지능은 노인에게 그러한 측면의 문제해결을 훈련하는 교육을 통해 향상되었는데, 실제로 그 효과는 노년기 후기로 갈수록 감소했다(Kliegl, Smith, & Baltes, 1990).

3) 사회적 발달

노년기 후기의 사회적 측면에 관한 연구는 주로 이 시기에 발생하는 부정적인 삶의 사건과 사회적 지지에 초점을 맞추고 있다.

(1) 부정적인 삶의 사건

삶의 사건은 모든 발달단계에서 일어날 수 있지만 노년기 후기에 발생하는 사건은 예측 불가능하고 바람직하지 않은 성격이 더 강하다. 반면에 이에 대처하는 데 필요한 자원이나 능력은 현저하게 감소하여 특별한 관심이 요청된다. 셀리(Seley, 1956)에 의하면 쇠약한 상태에 있는 사람은 스트레스를 조금만 받아도 육체적·심리적 건강이 악화되는데, 노년기 후기는 다른 연령층보다 더 쇠약한 상태이므로 부정적인 삶의 사건으로 인한 스트레스의 영향은 더 크다고 보아야 할 것이다.

　노년기 후기에 주로 경험하는 삶의 사건은 기능손상 등으로 인한 건강의 상실, 퇴직 후 지속적인 소득감소로 인한 빈곤, 배우자나 친지의 죽음 등이며 이러한 사건들은 만성적인 긴장이나 고통을 유발한다. 또한 이러한 사건들은 서로 연관될 수 있다. 예를 들면 노인의 만성질환이나 기능손상 치료에 대한 비용부담으로 빈곤이 심화되거나, 배우자의 죽음으로 인해 육체적·심리적 건강의 상실이 일어날 수도 있다. 그리고 자녀나 다른 가족성원에 관련된 문제도 경험할 수 있는데, 노년기 후기의 노인은 이러한 사건들의 부정적 영향에 더 취약한 것으로 알려져 있다(Birditt, 2014).

(2) 사회적 지지

사회적 지지는 정서적 차원이나 실제적 생활에서 관심과 도움을 주고받으며, 개인의 가치를 확신시켜 주고, 대화와 상호작용의 관계망에 속하게 해주는 것 등을 포함한다(Dunkle, Roberts, & Haug, 2001). 사회적 지지는 삶의 모든 단계에서 필요하지만, 특히 노년기 후기에 삶의 만족을 유지하고 신체적 한계를 극복하는 데 중요한 역할을 한다.

사회적 지지는 세 가지 방식을 통해 노인의 건강과 삶의 만족에 이바지한다(House, 1985). 첫째, 의미 있는 관계를 지속함으로써 고립을 막아 준다. 즉, 사회적 지지가 풍부한 노인은 삶의 만족도가 훨씬 높다. 둘째, 사회적 지지를 제공하는 사람은 노인의 실제적 일상생활에 도움이 된다. 즉, 이들은 정보, 조언, 교통편의, 식사, 건강에 관련된 도움과 같은 중대한 자원을 제공한다. 셋째, 사회적 지지의 존재는 건강에 미치는 스트레스의 부정적 영향을 완화해 주며 심각한 질병의 결과로부터 노인을 보호하는 역할도 한다. 지지적 관계망에 존재하는 사람은 종종 노인으로 하여금 건강을 위해 필요한 치료작업을 지속하도록 격려하기도 하고 진단이나 의료적 처치를 추구하도록 격려한다(Newman & Newman, 2018). 요컨대, 노년기 후기에 의미 있고 지지적인 사회적 관계를 갖는 것은 정신적, 육체적 건강의 유지에 매우 중요하다.

노년기 후기에는 배우자와 친지의 사망 등으로 인해 사회적 지지가 감소할 가능성이 증가한다. 즉, 지지적 기능을 수행해줄 사람이 없는 노인의 비율이 75세 이상에서 그 이하의 연령층보다 훨씬 높다(Dunkle, Roberts, & Haug, 2001). 또한 사회적 지지의 근원과 유형에서도 노년기 후기에 나타나는 특징이 있다. 이 시기에 사회적 지지의 근원으로는 가족의 지지가 증가하고, 사회적 지지의 유형으로는 도구적 지지가 증가하는 경향이 있다 (Rogers, 1996). 이는 노년기 후기에 증가하는 신체적 건강 악화나 기능손 상에 대한 수발은 간병, 가사 등을 실질적으로 담당하는 도구적 지지이며, 이는 보통 친지보다는 가족에 의해 수행되기 때문이다.

4) 사회복지실천의 관심대상이 되는 노년기 후기의 문제

노년기 후기에는 기능손상과 만성질환의 위협이 급격하게 증가한다. 실 제로 노년기 후기의 삶은 기능손상이나 만성질환의 유무에 의해 크게 지 배를 받는다고 보아야 한다. 즉, 이 시기의 노인은 만성질환의 존재와 기 능의 상실 등으로 일상생활에 제약을 받는 경우가 많다.

　노인이 신체적·정신적 기능을 상실하거나 만성질환을 앓으면 투약 을 비롯한 건강에 관련된 시중, 식사와 목욕 등의 일상생활에 대한 수발, 심리적으로 좌절하지 않도록 하는 정서적 지지가 필요하다. 장기간에 걸 쳐 지속적으로 이와 같은 서비스를 제공하는 것을 장기보호(long-term care)라고 한다. 노인은 질병의 정도나 기능손상의 수준이 다양하며, 따 라서 노년기 후기의 쇠약한 노인을 보호하는 데는 매우 개별화된 접근이 요구된다.

　노년기 후기의 만성적 질병과 기능상실은 장기보호를 요하기 때문에 지속적인 의료비 부담, 간병, 의료시설 활용 등의 어려움이 따르며 이러 한 문제를 다루기 위한 사회복지 정책이 요구된다.

3. 죽음과 애도

삶의 최종단계는 죽음이다. 죽음은 생물학적으로는 유기체가 생존능력을 상실한 것을 의미하며 신체기능의 정지로 간주된다. 즉, 일정 기간 심장박동이나 뇌의 활동이 멈추었을 때 죽었다고 판정할 수 있다. 죽음은 심리적으로는 다가오는 자신의 죽음을 어떻게 느끼고, 가까운 사람의 죽음에 어떻게 반응하는가 하는 정서적 과정과 관련된다. 사회적으로는 장례와 사후 재산의 처리와 같은 죽음에 관련된 종교적·법적 과정이 포함된다(정옥분, 2014).

1) 죽음에 대한 태도

노년기에는 죽음에 대한 심각하고 두려운 의문에 사로잡힌다. 대부분의 사람이 장년기에는 부모의 죽음을 경험하고 노년기에는 동료의 죽음을 경험한다. 이러한 죽음은 노인을 슬픔과 애도라는 정서적 과정뿐 아니라 죽음을 받아들이고 이해하려는 인지적 긴장에 놓는 스트레스의 근원이다. 죽음에 대한 태도를 확립하는 것은 자신의 죽음과 더불어 가까운 친지의 죽음을 받아들일 수 있는 능력을 요구한다.

죽음에 대한 두려움은 자연스러운 현상이다. 죽음을 두려워하는 이유는 두 가지로 구분할 수 있다. 첫째, 죽는 과정과 관련된 두려움의 원인으로는 죽음이 고통스러울 것이라는 생각, 혼자서 죽음을 맞을지도 모른다는 걱정, 자신이 고통받는 것을 다른 사람들이 보는 것, 자신의 사고와 신체에 대한 지배력을 잃게 되는 것 등이 있다. 둘째, 죽음의 결과에 관련된 공포로는 죽음 이후 미지의 세계에 대한 두려움, 자기가 잊힐 것이라는 걱정, 가족이나 친지가 자신의 죽음에 대해 겪을 슬픔, 신체가 소멸되는 것, 사후세계에 존재할지도 모르는 벌과 고통 등이 있다(Tomer & Eliason, 2000).

노인은 죽음에 대해 두려움과 거부감을 갖는 반면, 수용하는 태도도 갖고 있어 부정적 감정과 긍정적 감정이 교차하는 것으로 볼 수 있다. 큐블러-로스(Kubler-Ross, 1975)는 사람이 죽음에 직면했을 때 보이는 반응을 다섯 단계 — 부정, 분노, 타협, 우울, 수용 — 로 구분했다. 첫째, 자신에게 죽음이 임박한 사실에 충격을 받고 이를 부정하는 단계이다. 둘째, 더는 죽음을 부정할 수 없음을 깨닫고 분노, 적개심 등을 보이는 단계이다. 셋째, 신 또는 초자연적 존재에 탄원하여 죽음을 연기하고자 시도하는 단계이다. 넷째, 죽음을 피할 수 없음을 알고 체념과 절망으로 우울을 보이는 단계이다. 이렇게 자신에게 다가온 죽음에 대해 슬픔을 표현하는 것은 죽음을 수용하는 데 도움이 되므로 이는 필요한 과정이다. 다섯째, 자신의 죽음에 동의하고 순응을 보이는 수용의 단계이다.

이러한 다섯 단계는 차례대로 일어날 수도 있지만 동시에 일어나거나 두세 단계가 혼합되어 나타나기도 한다(최성재·장인협, 2006). 그러나 임종에 관한 연구 가운데 이러한 다섯 단계가 아니라 유일하게 우울만 일관성 있게 존재하는 것으로 보고한 연구도 있어, 이를 모든 사람에게 적용하기는 어려운 것으로 보인다(조복희·도현심·유가효, 2016).

2) 편안한 죽음

사회복지사를 비롯해 임종을 돕는 전문가는 노인의 편안한 죽음(*good death, dying well*)에 관심을 둔다. 미국의 호스피스 교육기관(2001)은 이상적 임종을 위한 돌봄이 갖추어야 할 요소로 ① 고통을 제거하거나 완화할 것, ② 노인을 보호하는 데 심리적 요소와 영적·종교적 요소를 통합할 것, ③ 노인이 임종까지 가능한 한 적극적으로 살도록 돕기 위해 지지적 체계를 형성하거나 제공할 것, ④ 노인의 가족에게 노인의 투병기간과 사별 후 슬픔에 잘 대응하도록 도울 것 등을 제시하고 있다(Newman & Newman, 2018).

호스피스 케어(*hospice care*)는 죽음을 앞둔 노인과 그 가족을 위한 의학, 간호, 상담, 영적 케어가 통합된 지원체계이다. 이는 노인의 육체적·정서적 고통을 최소화하고 가족으로 하여금 노인이 죽는 과정과 사별 후 슬픔에 잘 대응하도록 그들의 강점을 지지함으로써, 임종을 앞둔 노인과 그 가족이 가능한 한 가장 높은 수준의 삶의 질을 성취하도록 지원하는 활동이다(Knee, 2010). 호스피스의 대상에는 노인뿐 아니라 불치의 병으로 죽음을 앞둔 사람 등이 모두 포함되며 병원, 시설, 가정에서 모두 이루어질 수 있다. 호스피스에 개입하는 전문가는 의사, 간호사, 사회복지사, 심리학자, 성직자, 가족, 친구, 자원봉사자 등이다.

호스피스 케어의 개입의 초점은 단순히 질병의 치료나 삶의 연장이 아니라 노인이나 환자의 삶의 질을 향상하는 데 있다는 점에서 병원 치료와 차이가 있다. 임종을 앞둔 노인은 인지적 능력과 건강이 허락하는 한, 그들에 대한 케어에 가능한 한 많은 면에서 적극적 역할을 하도록 격려된다. 즉, 자신의 죽음에 관해 이야기하고 또 가족과 충분히 상호작용할 수 있도록 지지된다. 호스피스 케어는 말기환자에게도 큰 긍정적 효과가 있다. 가족이나 가까운 친지가 없는 사람이라도 혼자 죽지 않도록 배려하며, 또한 정서적・영적・신체적으로 안락함을 제공해 편안하게 죽음을 맞이하도록 한다. 그 결과 더 자연스럽고 가족적인 분위기에서 임종하게 된다.

3) 사별과 애도

노인은 자신의 죽음뿐 아니라 가족이나 친지의 죽음에도 대응해야 한다. 배우자의 죽음은 스트레스 지수가 가장 높은 사건이며 성인자녀의 죽음, 노부모의 죽음도 큰 슬픔(*grief*)을 남긴다. 이러한 정서적 고통의 강도와 지속되는 기간에는 개인차가 있지만, 대략 4단계를 통과하는 것으로 보인다(정옥분, 2014). 첫째, 충격단계로 분노, 죄책감, 당황, 혼란스러움 같은 정서적 증상과 답답하고 숨이 가쁜 신체적 증상 등이 나타난다. 둘째, 그리움의 단계에서는 죽은 사람에 대한 그리움을 경험하며 그 사람이 살아 있는 것처럼 느끼고 돌아올 수 있으면 무엇이라도 하겠다는 타협의 마음을 보인다. 불면, 불안, 심할 경우 자살에 대한 생각을 보이기도 한다. 셋째, 절망의 단계에서는 강한 슬픔은 감소하지만 죽은 사람을 다시 만날 수 없다는 것을 깨달으면서 절망이나 우울에 빠진다. 넷째, 회복의 단계는 사별 후 1년 이내에 나타나며, 일상활동을 재개하고 평온한 감정으로 죽은 사람을 회상할 수 있게 된다.

사랑하는 사람의 죽음에 따른 전체적 적응과정을 애도(*bereavement*)라고 부른다. 애도는 분노, 슬픔, 불안, 우울 등 감정적 경험과 더불어 신체적 건강의 악화와 역할상실 등을 가져온다. 노년기에 겪는 애도는 질병을 유발하며, 이것이 죽음으로 이어지기도 한다. 즉, 슬픔으로 인한 우울과 혼란은 남은 사람으로 하여금 자신의 신체적 건강에 대한 감각을 무디게 만든다. 또한 자신이 쓸모없는 존재라는 생각은 건강상 문제가 있어도 대책을 추구하지 않게 한다. 슬픔에 대응하기 위해 약물이나 술에 의존하는 경우도 있으며, 그 밖에 슬픔으로 인한 식욕상실과 수면장애 등도 모두 건강을 해치는 원인이 된다.

린드먼(Lindemann, 1944)은 사람들이 애도를 통과해 나가는 정상적 과정을 다음의 단계로 구분하였다. 첫째, 죽은 사람과의 유대로부터 자신을 해방해야 한다. 이것은 자기가 죽은 사람에게 잘못했다든지 또는 해를 끼쳤다든지 하는 죄의식으로부터 벗어나는 것을 포함한다. 둘째, 이제 죽은 사람이 존재하지 않는 환경의 여러 측면에 적응해야 한다. 셋째, 새로운 관계를 형성하기 시작해야 한다.

4) 죽음과 애도에 대한 사회복지실천

죽음과 사별은 매우 고통스러운 사건으로 사회복지실천에서 관여하지 않을 수 없다(최성재·장인협, 2006). 사회복지사는 죽음을 앞둔 사람을 위한 호스피스 팀의 전문가로 참여할 수도 있고 배우자나 성인자녀와 사별한 노인이 슬픔을 극복하도록 도울 수도 있다.

사회복지사는 임종에 직면한 노인의 관심사를 경청하고 수용해야 하며 정서적 지지를 제공해야 한다. 무엇보다도 죽음에 대한 노인의 공포나 불안을 완화하고 죽음을 준비할 수 있도록 돕는 것이 주된 과제이다. 자신의 죽음에 지배력이 없는 것에 대한 노인의 분노·절망 등을 표현할 수 있도록 하고, 이를 비심판적으로 수용해야 한다. 이렇게 하기 위해 노인환자와의 의사소통을 돕는 대화능력과 기술을 갖출 필요가 있다.

사회복지사는 사별로 인한 슬픔과 애도의 과정에 있는 노인이 정서적 고통을 극복하고 슬픔이나 죄책감으로 인해 건강을 상실하지 않도록 지지해야 한다. 재스트로와 커스트-애시먼(Zastrow & Kirst-Ashman, 2013)은 사별로 인한 슬픔과 애도를 극복하기 위한 다음과 같은 전략을 제시했다.

첫째, 상실감을 표현하고 이를 극복하기 위한 계획에 대해 이야기하도록 한다. 이는 구체적으로 가족, 친구, 전문가와 슬픔을 공유하게 하고, 애도를 경험한 사람들로 구성된 집단 프로그램에 참여하도록 하는 것 등을 통해 이루어진다.

둘째, 우울한 감정이 찾아올 때 이에 빠지지 않고 자신의 삶에서 일어나는 여러 가지 일에 능동적으로 참여하게 한다.

셋째, 죽은 사람뿐 아니라 누구든지 다 죽을 수밖에 없는 존재라는, 죽음의 불가피성을 수용할 수 있도록 한다.

넷째, 죽은 사람을 떠올리게 하는 생일이나 기념일 등은 견디기 힘든 시간이므로, 혼자 있지 말고 노인을 지지해줄 수 있는 가족이나 친구와 함께 보내도록 한다.

다섯째, 살아야 할 이유가 없어졌다고 느끼면 자살의도가 생길 수 있다. 그러므로 당장 공허하게 느껴지더라도 삶의 목표와 의미가 되돌아올 것을 믿고 노력하도록 유도한다.

여섯째, 심한 스트레스는 종종 육체적 질병으로 이어진다. 아플 때는 반드시 의사의 진료를 받고 병이 사별의 어려움에 관련되었을지도 모른다는 것을 의사에게 이야기하도록 한다.

일곱째, 슬픔은 식생활과 수면 등 생활양식도 어지럽힐 수 있으므로 의도적으로 균형 잡힌 식사와 적당한 운동, 휴식을 취하도록 한다.

여덟째, 감정이 고조되어 있는 상태에서는 잘못된 선택을 하기 쉬우므로, 중대한 결정은 정서적으로 안정될 때까지 연기하는 것이 좋다.

성격이론

9장

생물학적 유형론
아이젠크의 성격이론

한스 아이젠크(Hans Eysenck)의 성격이론은 인간의 유전적 성향을 토대로 한 생물학적 유형론이다. 성격과 생물학적 기능을 연결하려고 시도했던 그는 성격이란 환경에 대한 개인의 독특한 적응에 영향을 미치는 인성, 기질, 지성, 신체 요소가 다소 안정되고 영속적으로 조직화된 것이라고 정의했다(Eysenck, 1970: 2). 인성은 인간의 의지와, 기질은 정서와, 지성은 지능과, 신체는 신체적 외형 및 내분비적 특성과 관련된다고 보았다.

아이젠크의 성격 패러다임은 정신병적 경향성(*psychoticism*), 외향성-내향성(*extraversion-introversion*), 신경증적 경향성-안정성(*neuroticism-stability*)의 세 약자를 모은 PEN 모델로 불리는데, 이는 성격의 세 가지 차원으로 구성된다. PEN 모델의 세 가지 기본 특질 차원상에서의 개인차를 측정하는 도구로 아이젠크 성격검사(EPQ)가 개발되었다. PEN 모델이 등장한 이후 성격의 생물학적 기초에 대한 많은 연구가 이루어졌는데, 생물학적 요인이 P, E, N 차원의 발달에 중요한 역할을 한다는 증거로 아이젠크는 이 요인들이 문화 간 비교에서도 나타나며 이 요인들에 강력한 유전적 요소가 있음을 지적했다(정영숙·안현의·유순화 역, 2005: 54).

아이젠크는 성격에 대한 심리역동적 관점 혹은 인본주의적 관점이 엄격하게 검증될 수 없다는 측면에서 이 관점들에 대해 비판적이었고 자신의 이론은 실증적인 정신생물학적 연구에 근거하고 있다는 자부심이 강했다.

1) 한스 아이젠크의 생애

한스 아이젠크는 1916년 독일 베를린에서 태어났다. 부모는 유명한 배우였는데 두 살 때 부모가 이혼하면서 어린 시절 할머니와 살게 되었다. 아이젠크는 배우였던 부모로부터의 유전적 기질을 나타내듯 대중 앞에 서거나 논쟁에 휘말리는 것을 즐겼다. 대여섯 살 무렵 어머니가 주연인 영화에 출연한 적 있었으나 어머니는 장래 그가 배우가 되는 것에 반대했으며 이후 아이젠크는 연기에 대한 관심을 버렸다(Ryckman, 2004: 336).

논쟁적인 그의 기질을 잘 보여 주는 에피소드가 있다. 고교 시절 수업시간에 선생님으로부터 유태인이 전투 시 용기가 부족한 것 같다는 이야기를 듣고 아이젠크는 이 문제를 조사하겠다고 결심했고, 조사결과 유태인 병사들이 1차 세계대전 동안 아주 높은 비율로 무공훈장을 받은 사실을 밝혔다고 한다(김교헌·심미영·원두리 역, 2005: 239).

나치 비밀경찰에 가입하지 않으면 대학 입학이 허락되지 않을 것이라들어 아이젠크는 히틀러가 집권한 1년 후인 1934년 독일을 떠났다. 유태계 영화제작자와 재혼해 프랑스로 이주한 어머니가 아이젠크를 불러들인 것이다. 얼마 후 아이젠크는 대학공부를 위해 영국으로 건너갔고, 런던대학에서 본래 공부하길 원했던 물리학 대신 심리학을 공부했다.

1940년 런던대학에서 박사학위를 받은 후 병원에서 활발한 연구업적을 쌓는 것을 시작으로, 아이젠크는 성격에 대한 생물학적 접근으로 성격의 유전과 신경계의 관련성, 지능, 동기, 성격검사도구 개발 등 다양한 주제를 연구했다. 뇌종양으로 1997년 런던에서 세상을 떠나기까지 약 80권의 저서와 1,100편의 논문을 저술하는 왕성한 활동을 했다.

2) 주요 개념

(1) 외향성-내향성

아이젠크는 성격의 기본을 이루는 차원으로 외향성-내향성을 상위특성으로 보았다. 내향적인 사람은 조용하고, 비사교적이며, 내성적인 반면, 외향성은 사교성, 흥분에 대한 갈망, 쾌활성, 활동성, 지배성이 특징이다 (Eysenck & Eysenck, 1985: 15).

(2) 신경증적 경향성-정서적 안정성

아이젠크는 성격의 기본을 이루는 또 하나의 차원으로 신경증적 경향성-정서적 안정성을 상위특성으로 포함했다. 이 차원은 사람이 쉽게 자주 혼란스러워 하거나 고통을 받는 것과 관련된다. 신경증적 경향성이 높은 사람은 정서적으로 불안정하고, 두통, 소화불량, 현기증 등의 신체적 고통과 함께 걱정과 불안을 호소한다. 신경증적 차원의 특질은 흔히 말하는 신경증과 달리 포괄적이며, 여러 가지 신경증이 가지는 다양한 특징을 포함한다. 신경증적 경향성은 침울, 불안, 우울로 반영된다(Eysenck & Eysenck, 1985: 15).

(3) 정신병적 경향성-충동 통제

아이젠크의 제3성격 차원은 정신병적 경향성-충동 통제이다(Eysenck, 1982: 9). 정신병적 경향성이란 용어는 정신병과 같은 정신병리적 질환을 뜻하는 것으로 오해를 불러일으키기도 하는데, 이 차원에서의 개인차는 임상적 정신병 상태와 관계없는 정상분포를 나타낸다. 정신병적 경향성은 다른 사람으로부터 심리적으로 이탈하려고 하는 사전경향성을 말한다. 정신병적 경향성은 공격성, 냉담성, 자기중심성, 비인간성, 충동성, 반사회성, 창의성, 강인성의 지표로 사용된다(Eysenck & Eysenck, 1985: 14). 아이젠크는 정신병적 경향성이 호르몬과 신경전달물질 수준의 차이를 반영한다고 주장했다(Eysenck, 1982: 19). 정신병적 경향성이 여성보다 남성에게 높으며, 남성성은 안드로겐 분비와 밀접하게 관련된다는 것이다.

(4) 네 가지 유형론

아이젠크는 성격의 중요한 두 차원인 외향성-내향성과 정서적 안정성-불안정성으로부터 분류된 네 가지 범주*의 특성을 제안했다(Carver &

---

* 아이젠크는 히포크라테스(Hippocrates)와 갈렌(Galen)의 유형론, 분트(Wundt)의 차원적 성격연구를 참조해 네 가지 유형을 구분했다. 히포크라테스와 갈렌은 사람을 네 집단으로 나눌 수 있다고 주장하며 침착한 점액질, 침울한 우울질, 낙천적인 다혈질, 화를 잘 내는 담즙질로 구분하고 각 유형의 특성은 네 가지 체액 중 하나가 과잉된 데 기인한 것으로

表 9-1 아이젠크의 네 가지 범주의 성격 특성

	정서적 안정성	정서적 불안정성
내향성	점액질 수동적인 조심스러운 사려 깊은 평온한 자제력 있는 신뢰할 만한 차분한 침착한	우울질 조용한 비관적인 비사교적인 냉정한 경직된 침울한 불안한 말없는
외향성	다혈질 사교적인 활달한 수다스러운 호의적인 느긋한 생기발랄한 걱정 없는 선도하는	담즙질 적극적인 낙관적인 충동적인 변덕스러운 흥분하기 쉬운 공격적인 침착하지 못한 과민한

출처: Carver & Scheier, 2012: 57.

설명했다. 점액질은 점액의 분비가 왕성하므로 감정이 둔하고 행동이 느리며, 흑담즙질의 분비가 과다한 우울질은 슬픔에 잠기기 쉽고, 다혈질은 열정적이며, 담즙질은 황담즙의 분비가 왕성하여 정서적으로 불안하다는 것이다. 분트는 성격특성을 지속적 차원에서 관찰하여, 정서변화의 속도와 강도를 결합했다. 분트는 담즙질과 다혈질은 변화 가능성이 높아 안정성이 결여되었고, 점액질과 우울질은 변화 가능성이 낮아 안정성이 있다고 주장했다. 담즙질과 다혈질의 정서변화 속도는 빠른 반면, 우울질과 점액질은 느리다. 아이젠크는 전자를 외향성, 후자를 내향성이라 했다. 분트가 추가한 다른 성격차원은 아이젠크가 신경증적 경향성으로 일컬은 정서적 차원으로, 담즙질과 우울질의 특성을 공유한다. 즉, 감정반응 강도가 강한데, 이는 부정적 감정을 유발하기 쉽다. 비정서적 차원은 점액질과 다혈질의 특성을 공유하여 감정반응 강도가 약한데, 약한 감정반응을 가진 사람은 인생을 즐길 수 있다.

Scheier, 2012: 56~59). 네 가지 범주는 점액질, 우울질, 다혈질, 그리고 담즙질이다. 유형이란 용어를 사용하긴 했지만 이는 양극단을 갖는 차원을 나타내는 것으로, 유형 수준은 양극단 사이의 어떤 지점에 위치한다. 각 범주는 정서적 안정성의 높고 낮은 수준과 내향성 혹은 외향성 수준의 조합으로 이루어진다.

이 범주에서는 두 가지를 감안해야 한다. 첫째, 성격의 두 차원이 비연속적인 것처럼 표현되었지만 이 차원들은 연속적이다. 둘째, 기술된 특성은 상대적으로 극단적이고 명확하게 분류되는 사례에 적용된다. 대부분의 사람은 이 차원들의 중간지점에 가깝기 때문에 기술된 것보다 약한 특성을 나타낸다.

3) 제지이론과 각성이론

제지이론은 외향성과 내향성의 기본적 이론적 틀을 제공했다(이현수, 2001: 45~62). 아이젠크는 유형학적 공리를 토대로 외향성-내향성 차원의 특성을 기술했다. 제지이론에서는 생리적 과정으로 외향성과 내향성의 행동특질이 결정된다고 보았다. 신경계통의 흥분속도가 느리고 그 강도가 약한 사람은 외향성이고, 유사하게 반응성 제지속도가 빠르고 그 강도가 강하게 일어나 소거속도가 느리면 외향성으로 간주된다. 따라서 외향성인 사람은 특정한 활동에 더 빨리 싫증을 내고 다른 활동으로 바꾸기 쉽다. 외향성인 사람은 직업이나 경력을 바꾸기 쉽고 행복하지 않으면 연애상대와 헤어지기 쉽다(Eysenck, 1965: 81). 신경계통의 흥분속도가 빠르고 그 강도가 강한 사람은 내향성이고, 또한 반응성 제지속도가 느리고 그 강도가 약하며 소거속도가 빠르면 내향성으로 간주된다.

이 유형학적 공리가 흥분과정과 제지과정을 설명하는데, 흥분-제지의 균형을 단일 차원 개념으로 본다. 즉, 흥분과정의 속도가 빠르면 제지과정의 속도는 느리다. 대조적으로, 흥분과정의 속도가 느리면 제지과정의 속도는 빠르다. 이에 따라 내향성과 외향성의 행동차이가 생기는데 내향성은 흥분강도가 강하고 외향성은 제지강도가 강하다.

흥분-제지의 균형상태를 조정하기 위해 약물을 사용할 수 있는데 내향성인 사람은 흥분제에 더 민감하고 외향성인 사람은 진정제에 더 민감하다. 제지제는 피질의 제지기능을 증가시키는 반면, 흥분기능을 저하한다. 이는 외향적 행동을 유발하는 원인이 된다. 알코올은 기본적으로 억제제로서 제지제로 기능한다. 그러므로 술을 마시면 생기가 넘치고 말이 많아지고 더욱 외향적으로 변한다. 반면, 흥분제는 피질의 제지기능을 저하시키나 피질의 흥분기능을 증가시킨다. 이는 내향적 행동을 유발하는 원인이 된다.

연구결과가 축적되면서 아이젠크는 패러다임 변화에 직면했으며 이에 따라 제지이론은 각성이론으로 대체되었다(Eysenck, 1967). 각성이론은 제지이론과 근본적으로 다른 이론이 아니라, 제지이론을 수정하고 보완한 이론이라 할 수 있다. 각성이론은 제지이론에서 설명할 수 없었던 외향성과 내향성의 생리적 기초를 밝히는 데 크게 기여했다.

내향적인 사람은 조용하고 비사교적이며 내성적인 반면, 외향적인 사람은 사교적이고 억제되지 않으며 지배적이고 사회활동에 몰두하는데, 이 차이는 상행 망상 활성체계(*ascending reticular activating system*: ARAS)로 일컬어지는 뇌의 부위에서 유래한다는 것이다(Ryckman, 2004: 349).

상행 망상 활성체계는 대뇌피질을 활성화 혹은 진정시킨다. 아이젠크에 의하면 내향적인 사람은 외향적인 사람에 비교해 상행 망상 활성체계의 활동수준이 높다. 따라서 내향적인 사람은 기본적 각성수준이 높으므로 과도한 긴장상태가 되기 쉽다. 과도한 긴장상태가 되면 예민해지므로 내향적인 사람은 과도한 자극을 회피하며 사회적 상호작용에서 흔히 뒤로 물러선다. 반면, 기초 각성수준이 낮은 외향적인 사람은 자신을 각성시킬 자극을 추구한다. 이는 외향적인 사람이 자극수준이 낮은 것을 싫어하고 더욱 높은 수준의 자극을 추구하는 강한 경향성을 설명해 준다.

각성이론은 흥분-제지의 균형에서 제지기능보다 흥분 혹은 각성개념에 초점을 둔다는 점이 제지이론과의 차이이다. 내향성이 외향성에 비해 피질의 각성수준이 높다는 것이 기본 가정이다. 시각, 청각, 미각, 인지, 신호탐지 등의 지표가 주로 활용되어 내향성이 외향성보다 외부자극에 예민함이 입증되었다.

4) 성격의 발달

아이젠크는 성격의 대부분이 유전에 의해 결정된다고 주장했다(Eysenck, 1977: 407~408). 성격에서의 개인차가 생물학적 기능의 차이를 반영한다는 것이다.

아이젠크의 이론은 심리적 장애나 증상이 신경계기능의 원리와 기본적 성격특질과 관련이 있다는 가정에서 발전되었다. 그는 정서적으로 불안한 사람의 뇌의 정서 관련 부위가 쉽게 각성되는 두 가지 측면을 강조했다. 하나는 정서적 각성이 내향성과 외향성의 특성을 반영한다는 것이며 다른 하나는 정서적 각성이 조건화가 일어나기 위한 장을 만든다는 점이다.

아이젠크는 어떤 사람은 생리적 기능, 특히 각성수준의 유전적 차이 때문에 다른 사람보다 더 쉽게 조건화된다고 주장했다. 즉, 외향성인 사람은 조건화가 쉽게 되지 않는 반면, 내향성인 사람은 쉽게 조건화된다는 것이다. 내향적인 사람은 대뇌피질의 각성수준이 높기 때문에 조건화가 쉽게 이루어진다. 내향성인 사람은 외향성인 사람보다 생리적 각성수준이 높으므로, 다양한 자극을 받는 사회적 상황에서 더 불안하고 주저하며 부끄러워한다. 내향적인 사람은 사회적 금지를 쉽게 학습하므로 더욱 억제적이다.

아동기의 조건화는 흔히 좌절과 처벌에 근거하기 때문에 조건화의 내용이 부정적이기 쉽다. 그 결과 신경증적 경향성이 높고 내향성인 사람은 불안과 우울의 발달에 취약하다. 반면, 대뇌피질 각성수준이 낮은 외향성인 사람은 조건화가 잘 되지 않는다. 따라서 신경증적 경향성이 높고 외향적인 사람은 정서에 충동적으로 반응하며 제대로 사회화가 안 될 가능성이 높다.

신경증은 히스테리, 불안, 반응성 우울증, 강박증과 같은 전통적 신경증과 범죄, 성적장애, 약물중독 같은 반사회적 행동으로 양분되는데, 전자는 고전적 조건화의 원리로 형성되는 반면, 후자는 사회화 과정에서 필요한 행동을 형성하고 반사회적 행동을 억제하는 데 필요한 기술을 습득하지 못한 결과로 설명된다(이현수, 2001: 67).

전통적 신경증과 반사회적 행동은 정서적으로 불안정한 차원에 속한다. 외향성-내향성 차원에서 보면 전통적 신경증은 내향성이며 반사회적 행동은 외향성이다. 양자는 조건화 과정에서는 특징이 다르게 나타난다(이현수, 2001: 68). 반사회적 행동을 하는 사람은 외향성이므로 피질의 각성수준이 낮고 학습능력이 부족해 조건형성이 어려워 양심과 같은 사회화 조건반사가 쉽게 형성되지 못한다. 반면, 전통적 신경증은 내향성이라 조건형성이 쉽기 때문에 공포나 불안과 같은 비합리적 정서에 쉽게 조건화된다. 내향적인 사람은 조건화될 때 처벌의 영향을 더 크게 받는 반면, 외향적인 사람은 보상의 영향을 더 크게 받는 것으로 밝혀졌다(정영숙·안현의·유순화 역, 2005: 53).

아이젠크는 심리적 장애가 발달되고 지속되는 현상과 관련해 유전적 요인을 강조했지만 치료적 접근으로는 행동주의적 관점을 취했다. 심리적 외상을 줄 수 있는 사건을 피하거나 학습된 공포반응을 소거하거나 사회적 규범을 획득하는 등 학습이론의 원리에 따라 이상행동이 치료될 수 있다고 보았다.

10장

심리역동적 성격이론 Ⅰ

1. 프로이트의 정신분석적 성격이론

지크문트 프로이트(Sigmund Freud)는 자유연상법으로 무의식의 세계를 연구하여 성격이론을 수립했다. 자유연상은 검토하거나 순서대로 생각하지 않은 채 긴장을 풀고 마음속의 모든 생각을 떠오르는 대로 말하게 하는 방법이다(Crain, 1985: 138). 프로이트의 무의식세계에 관한 연구는 동기가 행동을 유발하는 과정을 설명하려는 시도였는데, 그는 두 가지 기본적인 심리적 동기인 성적 충동과 공격적 충동이 개인의 심리적 기능에 미치는 영향에 초점을 두었다. 그는 수많은 심리사회적 현상이 인간의 두 가지 근본적 충동인 성과 공격성에 근거하는 것으로 보았다. 예를 들어, 아동의 사회화는 부분적으로 부모와 사회가 기대하는 바에 따라 성적 충동을 한 대상으로부터 다른 대상으로 전환하는 것이라 설명했고, 인류역사상 주기적으로 발발했던 전쟁은 인간의 공격적 충동의 전환이라 보았다.

현대적 관점에서 보았을 때 프로이트의 이론은 종종 과학이라기보다는 철학이나 문학에 가까운 것으로 언급되지만, 정신분석적 성격이론은 여전히 인간행동을 이해하는 데 지대한 영향을 미치고 있다.

프로이트의 이론에 대한 사회복지분야의 관심은 사회복지실천의 과학적 기반을 찾으려는 사회복지전문직의 고민에서 싹텄다고 할 수 있다 (Hamilton, 1958; Hollis, 1964). 저메인(Germain, 1970)은 "원인을 밝히는 것이 치유책을 낳는다"는 리치먼드(Richmond, 1917)의 《사회적 진단》 (Social Diagnosis)의 전제가 프로이트에 의해 창안된 의료모델에 근거한다고 주장했다.

또 홀리스(Hollis, 1964)는 프로이트의 이론상 주요 개념들이 사회복지전문직 종사자가 인간행동을 이해하는 데 큰 도움을 주었다고 인정했다. 즉, 인간에겐 무의식적인 정신과정이 있으며, 이 과정이 매우 중요하다는 인식을 가져온 것은 두말할 나위 없이 프로이트의 정신분석이론의 공헌이라는 것이다.

로웬스타인(Lowenstein, 1985)은 성인의 정신병리가 유아기 경험에 근원을 두고 있다는 프로이트의 가정* 또한 사회복지실천 방법론에 큰 영향을 미쳤다고 평가했다. 감추어진 아동기 행동의 동기를 밝히는 것이 개별사회사업(casework)에서 클라이언트의 문제에 대한 사정(assessment)의 중요한 측면이 된 것은 프로이트의 영향이라는 것이다. 그뿐만 아니

---

*   프로이트는 인간의 기본 성격구조가 초기 아동기에 어떤 경험을 했는지에 의해 결정되고, 기본 성격구조는 성인이 된 후에도 지속된다고 보았다. 따라서 프로이트는 현재를 변화시키기 위해서는 과거를 변화시켜야 한다는 전제 아래 심리치료가 기본 성격구조를 변화시키는 데 초점을 둘 것을, 특히 초기 아동기의 경험을 재구성하는 것을 강조했다.

라 클라이언트의 무의식 속에 내재한 어린 시절의 정신적 외상을 재구성하는 것을 통해 현재의 문제를 해결하는 접근도 프로이트의 이론에 근거한 것이다.

한편, 프로이트의 비판자들은 수십 년 동안 사회복지전문직이 정신분석이론에 너무 빠져 있다고 말한다. 그러한 비난 중 하나로 우드루프(Woodroofe, 1971)는 정신내적 현상에 대한 사회복지전문직의 지나친 강조가 개인에게 더 관심을 갖는 사회복지사와 환경을 더 강조하는 사회복지사라는 전문직 내 분열을 낳았다고 주장했다. 뿐만 아니라 프로이트의 정신분석이론은 환경을 도외시하고 클라이언트에 대한 병리적 시각을 갖게 하는 사회복지실천 측면에서의 한계도 있다고 비난받았다.

1) 지크문트 프로이트의 생애

지크문트 프로이트는 1856년 5월 6일, 현재는 체코의 영토가 된 모라비아의 프라이버그에서 8남매 중 맏아들로 출생하여 생애의 대부분을 비엔나에서 보냈다. 빈민가에서 자라면서 자신이 학대받는 소수민족인 유대인임을 항상 의식했고, 유대인은 의학이나 법학을 전공하지 않고는 마땅한 직업을 갖기 어렵다는 생각으로 의학을 전공했다.

프로이트의 가족배경은 그의 정신분석이론을 이해하는 데 자주 거론될 만큼 그의 이론 형성에 영향을 미쳤다. 프로이트의 아버지는 그 시대의 보통 사람이 그러하듯 엄격하고 권위적인 사람이었으며, 어머니는 매력적이고 정이 깊었으며 사려 깊게 보살펴 주는 사람이었다.

프로이트는 아버지가 세상을 떠났을 때 느낀 혼란스러운 감정으로 인해 자신의 꿈, 기억, 어릴 때 경험 등을 분석하면서 아동기 성욕에 관해 확신을 얻고, 오이디푸스 콤플렉스를 발견했다고 한다. 즉, 꿈의 의미를 탐색하면서 성격발달의 역동성에 대한 통찰력을 얻었으며, 아동기 기억을 검토하면서 아버지에 대해 느꼈던 강한 적대감과 어머니에 대한 성적 감정을 깨달은 것이다.

몹시 질투했던 갓난 동생이 죽은 후 일생 동안 느껴야 했던 죄책감, 어린 시절에 목격한 어머니의 나체에 대한 강한 성적 흥분, 가부장적이던 아버지에 대한 증오와 반발 등의 가족 내에서의 경험이 프로이트로 하여금 인간의 심층심리에 관심을 두게 했으며 무의식을 인간행동과 성격의 결정요인으로 중시하게 했다.

프로이트의 일생 중 가장 창조적인 시기는 그가 심한 정서적 갈등을 경험한 시기와 일치하는데, 40대 초반에 프로이트는 죽음에 대한 공포와 그 밖의 다른 공포증과 더불어 다양한 정신신체적 장애를 겪으면서 이 시기 동안 자기분석이라는 어려운 과제를 수행했다. 프로이트는 나치를 피해 1938년 영국으로 이주한 다음 해인 1939년 9월 23일 런던에서 사망했다.

2) 주요 개념

(1) 리비도

리비도(*libido*)는 정신적 에너지 또는 본능적 충동이며, 의식적으로 또는 무의식적으로 개인의 성격과 행동에 좋게 또는 나쁘게 영향을 미친다. 처음에 리비도는 협의의 성적 에너지로 생각되었다가 점차 그 개념이 넓혀져 사랑과 쾌감의 모든 표현이 포함되었다(Freud, 1920). 프로이트는 성욕이라는 용어를 빠는 것부터 성교에 이르기까지 타인과 친밀하고 유쾌한 신체적 접촉을 갖고자 하는 모든 욕구를 총망라하는 아주 광범위한 의미로 사용했다(Freud, 1905: 610~612). 다시 말해 리비도는 심리적 혹은 생리적 의미에서 성적 에너지를 지칭한다.

프로이트의 말년에 가서는 리비도의 개념을 생의 본능인 에로스(*eros*) 뿐만 아니라 죽음의 본능인 타나토스(*thanatos*)까지 포함하는 것으로 설명했다(Freud, 1938). 에로스는 생명을 유지, 발전시키고 사랑하게 하는 본능을 일컫는다. 이 본능 때문에 인간은 자기를 사랑하고, 생명을 지속하며, 종족을 보존한다. 배고픔, 갈증, 성욕 등이 생의 본능에 해당된다. 타나토스는 생물체가 무생물체로 환원하려는 본능을 말한다. 죽음의 본능 때문에 생명은 결국 사멸되고, 살아 있는 동안에도 자기를 파괴하거나 처벌하며, 타인이나 환경을 파괴하는 공격적 행동을 한다. 죽음의 본능은 종종 공격적·파괴적 성향의 근원이 된다. 그런데 본능적 욕구의 표현은 흔히 성적인 것과 공격적인 것이 혼합되어 있다. 예를 들어, 성행위는 가장 친밀한 결합을 위한 공격적 행동이라 볼 수 있다.

(2) 원초아

원초아(*id*)는 완전히 무의식적이며, 본능과 충동의 원천으로서 마음의 에너지 저장고이다(Freud, 1915). 즉, 원초아는 무의식세계에 존재하는 본능적 충동을 자극하는 정신체계를 말한다. 프로이트의 정신분석이론에서 가장 중요시하는 무의식세계의 주 메커니즘이 바로 원초아이다. 프로이트에 의하면 신생아는 정신에너지의 원천인 원초적이고 학습되지 않은 힘으로 구성된 단순하고 미발달된 성격을 가지는데 이것이 원초아이다. 출생 직후의 심리세계에는 분화되지 않은 원초아만 존재한다는 것이다.

(3) 자아

원초아가 구조화되지 않은 에너지 형태를 취하고 있는 데 비해 자아(*ego*)는 상대적으로 조직적이고 구체적인 정신구조로 간주된다. 원초아와 현실 간의 갈등이 성격의 두 번째 단계인 자아를 발달하게 한다. 자아는 원초아로부터 발달하는 것으로 가정된다(Freud, 1933).

프로이트는 자아의 발달과정에 대해 구체적으로 언급하지 않았으나, 충동이 좌절되기 때문에 자아가 발달한다고 암시하고 있다. 원초아는 본능을 충족시키기 위해 외부세계의 현실과 싸우게 되는데, 쾌락만 추구하고 현실을 적절히 평가하여 이에 맞추지 못하기 때문에 이 기능을 담당하도록 자아가 생기게 된다는 것이다(Hall, 1954). 자아의 행동방향을 통제하는 현실원리의 기능은 욕구 충족을 위해 적합한 대상이 발견될 때까지 긴장해소를 유보하게 한다. 외부세계와의 교류 때문에 대부분의 자아 기능은 의식과 전의식에서 발생한다. 그러나 원초아와 관련되면 무의식 속에서도 기능한다.

(4) 초자아

초자아(*superego*)는 양심과 자아이상으로 이루어진 정신구조의 최고단계를 일컫는다. 프로이트는 원초아로부터 자아가 발달하는 것과 마찬가지로, 초자아는 자아로부터 발달한다고 생각했다(Freud, 1923: 28). 자아처럼 초자아도 무의식, 전의식, 의식 수준에서 작용한다. 성격발달의 기제인 동일시 과정이 초자아를 형성해 에너지를 공급하는 작용을 한다.

즉, 아동은 자기의 욕구를 만족시켜 주는 부모나 양육자에게 에너지를 전적으로 투입하는데, 부모나 양육자에 대한 사랑, 두려움, 감탄이 동기가 되어 능동적으로 부모나 양육자의 특징을 모방하고 그들의 가치, 신념, 행동을 내면화한다. 부모나 양육자는 사회의 도덕규범, 전통적 가치, 이념 등을 가르쳐 주며 가르친 대로 아동이 행동하면 상을 주고 어기면 벌을 준다. 아동은 긴장을 해소해 주는 상을 받기 위해 부모나 양육자의 지시를 따르고, 이것이 반복되면서 그들을 동일시하게 되고 그 결과 사회의 도덕규범, 가치관, 이상이 아동의 성격구조에 자리 잡아 초자아가 발달한다. 아동의 사회적 세계가 학교, 교회, 또래집단 등으로 점차 확대되면서 초자아도 확대된다.

3) 마음의 지형학적 모형

프로이트는 마음을 일종의 지도로 개념화해 마음의 다양한 현상을 단순화하고 명료화했다. 즉, 마음을 무의식, 전의식, 의식이라는 세 부분으로 나누어진 조직으로 가정한 것이다.

의식은 현재 느끼거나 알 수 있는 모든 경험과 감각을 뜻한다. 의식된 내용은 순식간에 지나간다(Freud, 1923: 14). 의식되었던 것은 시간이 경과한 후에는 흔히 전의식이나 무의식 속으로 잠재된다. 의식의 내용은 외부세계의 자극으로 인해 나타나고 변화하지만, 일부는 전의식이나 무의식 속에 있던 것이 의식으로 튀어나온다.

전의식은 현재 의식되지는 않지만 전에 의식했던 것이 저장된 것으로, 주의집중을 통해 쉽게 의식될 수 있는 경험이다(Freud, 1923: 1~15). 예를 들면, 초등학교 시절의 친구에 관해 당장 생각하고 있지 않더라도 누군가 물으면 생각해낼 수 있다. 전의식은 무의식과 의식의 영역을 연결한다. 정신분석 치료에 의해 무의식 속에 잠재되었던 내용이 전의식으로 나오고, 전의식 수준에서 다시 의식될 수 있다.

프로이트는 무의식이 정신내용의 대부분을 형성하며 인간행동을 결정하는 주된 원인이라고 보았다(Freud, 1923: 14~18). 다시 말해 소망, 공포, 충동, 억압된 기억 등이 저장된 무의식이 행동을 결정한다는 것이다. 무의식의 정신과정 혹은 정신내용 중 일부분은 의식 속에 있다가 억압되어 무의식에 저장되며, 나머지는 의식될 수 없고 또 의식되지 않았던 무의식의 근저에 있다. 무의식의 내용은 언어화되기 어렵고 논리성도 없으며, 상반되는 경향이 동시에 공존하기도 한다. 무의식이 있다는 증거로는 최면에 걸렸을 때의 암시, 꿈, 잘못 튀어나오는 말, 불쾌한 사건의 망각 등이 있다.

4) 마음의 구조적 모형

프로이트는 여러 환자와의 임상적 경험에서 충동이 의식에 도달하는 것이 방해받는 현상에 주목했다. 그는 이를 억압이라 일컬었고 의식 혹은 의식의 가까운 데에 억압과정이 있다고 보았다. 이를 설명하기 위해 프로이트는 구조적 가설*이라는 체계를 구성했다(Freud, 1923: 23~39). 구조적 가설은 마음을 원초아, 자아, 초자아라는 세 부분으로 나눈 모형으

그림 10-1 프로이트의 성격구조와 의식 수준

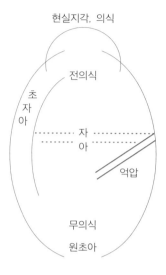

로 제시했는데, 이는 마음을 원초적 요소와 정교화된 요소로 위계질서를 이룬 실체로 본 것이다.

〈그림 10-1〉은 성격의 구조와 의식 수준의 상관관계를 보여 준다 (Freud, 1933: 111). 원초아는 전적으로 무의식이다. 반면 자아와 초자아는 무의식, 전의식, 의식의 세 측면을 모두 가지고 있다. 자아는 의식에까지 뻗어 있는데 이는 현실을 다루기 위해 원초아로부터 발달하기 때문이다. 현실적 사고와 현실검증 같은 자아의 기능이 의식적 과정이다. 자아의 대부분은 전의식 영역이다. 자아의 의식적인 부분이 무의식적인 부분을

---

*   여기서 구조란 신체적이거나 해부학적 용어가 아닌, 행동을 결정하는 요소로 정의되며 상대적으로 안정되고 지속적이며 영속적인 속성을 갖는 것을 뜻한다.

엄격히 통제한다. 자아의 무의식적 측면은 억압하는 힘을 일컫는다. 한편, 자아는 심층적 수준에서 무의식적 원초아와 상호작용을 계속한다. 초자아는 우리가 인식하는 도덕적 가치관은 의식 수준에서 작용하나 초자아의 무의식적인 기능이 작용해 죄의식, 자신에 대한 불신감 같은 것을 경험할 수 있다.

원초아는 쾌락을 추구하고 고통을 회피하는 방향으로 쾌락원칙(*pleasure principle*)에 따라 움직인다(Freud, 1920: 365). 여기서 쾌락이란 긴장의 감소를 뜻한다. 그러므로 원초아는 충동적이고 비합리적이며 자애적으로 표현된다. 원초아에는 긴장을 해소시키는 두 가지 기제, 즉 반사행동과 일차과정 사고(*primary process thinking*)가 있다(Freud, 1900: 565~567, 598~609). 반사행동은 선천적이고 자동적인 행동이다. 재채기나 눈을 깜박이는 것과 같이 유기체는 긴장을 즉각적으로 처리할 수 있는 여러 가지 반사행동을 선천적으로 할 수 있다.

일차과정 사고는 욕구를 만족시키는 대상의 심상(*image*)을 기억 속에서 만들어 내는 것이다. 신생아는 배가 고프다가 그 배고픔이 해결되면 긴장이 감소하고 쾌감을 경험한다. 배고픔, 섭취, 긴장감소의 주기가 반복되면서 맛, 냄새, 우윳병, 어머니의 외모 등이 점차 유아의 기억에 심상으로 남는다. 따라서 배고프다는 긴장이 발생하면 이를 해소해 주는 물체의 심상을 마음속에 떠올림으로써 욕구를 충족한다. 원초아는 정신적 에너지를 가지고 이를 시도하는데, 이 환각적 경험이 소망실현이라고 일컬어진다. 그 외 일차과정 사고가 작용하는 것이 꿈, 환상, 공상 등이다.

본능충족을 위해 활동하거나 심상을 만드는 데 에너지를 투입하는 것은 본능적 대상선택이라 불린다. 그러나 원초아의 에너지 투입은 식별력 부족으로 전이가 쉽게 일어나 서로 다른 대상을 동일시하기 쉽다. 한 대상이 많은 사물을 상징할 수 있고, 한편으로는 많은 상이한 대상이 동일한 것을 의미할 수 있다. 예컨대, 유아에게는 우윳병이 양육자, 배고픔을 해소해 주는 물체, 장난감 등 여러 대상을 표상하는 한편, 주위의 여러 남자의 얼굴이 모두 아버지를 표상할 수 있다.

한편 외적인 욕구 충족이 실제로 없기 때문에 물체의 심상과 실제 물체를 구별하지 못하는 혼동은 점차 사라지게 된다. 거의 출생 직후부터 유아의 본능적 충동은 현실과 충돌한다. 예를 들어, 배고픔은 항상 즉시 충족되지는 않는다. 실질적으로 배고픔이 해소될 때까지 기다려야 하는 것이다. 유아는 서서히 외부세계가 있다는 것을 배움으로써 만족을 지연하는 능력이 발달한다. 이러한 인식이 싹트면서 자아가 발달한다. 즉, 일차과정 사고만으론 실제적 긴장해소가 어렵기 때문에 쾌락원칙을 일시 중단하고 현실적 사고를 해서 욕구 충족의 계획을 세우고 검증하게 되는데, 이것이 자아의 현실검증(reality testing)이다.

프로이트는 자아가 이성과 분별을 뜻한다고 했다(Freud, 1933: 76). 따라서 자아는 현실원칙(reality principle)에 입각해 작용한다(Freud, 1911). 자아는 원초아를 좌절시키려는 것이 아니라 원초아의 목적을 달성하기 위해 존재한다. 다시 말해, 자아는 원초아를 의식적으로 통제하고 이를 적절한 방향으로 이끌어 현실에 맞추려고 노력한다.

이와 같이 욕구를 좀더 만족할 만한 정도로 충족하기 위해 이차과정 사고(secondary process thinking)가 발달한다(Freud, 1900: 598~609). 이차과정 사고는 자신이나 다른 사람에게 해를 끼치지 않으면서 본능적 욕구 충족에 적합한 반응을 하게 한다. 즉, 배고프면 심상을 만드는 것이 아니라 잠시 기다리면 어머니가 다가와 먹을 것을 주리라는 것을 기대한다. 이차과정 사고는 사람으로 하여금 외부세계에 참여하면서 계획하고 행동하게 하며, 개인적으로나 사회적으로 용납되는 방식으로 만족을 추구하도록 한다. 이차과정 사고를 통해 만족추구를 잘 할수록 자아의 작용이 효과가 있고 자아가 확고해지며 원초아는 약해진다. 적합한 반응을 하기 위해서는 배우고, 사고하며, 추리하고, 지각하며, 결정하고, 기억하는 것이 필요하므로 자아기능은 보통 인지능력으로 간주된다. 자아는 현실원칙을 따르므로 현실을 정확하게 파악하는 인식과정이 자아의 중요한 기능으로 발달한다. 이에 자아기능은 지각, 학습, 기억, 판단, 자기인식과 언어기술까지 포함한다.

이러한 자아의 근본적인 힘은 원초아에서 나온다(Freud, 1933: 77). 프로이트는 동일시가 원초아에서 자아를 형성해 가는 기제라고 보았다(정옥분 역, 1991: 135). 자아는 원초아뿐 아니라 초자아도 통제한다. 어릴 때는 자아의 힘이 약하지만, 성장하면서 현실과의 접촉이 많아짐에 따라 자아는 점점 강해진다.

초자아는 성격의 도덕적 측면이다. 따라서 초자아는 쾌락보다 완성을 중시하며, 현실보다 이상을 강조한다. 초자아는 원초아와 마찬가지로 비현실적이다. 초자아의 일부는 사회의 도덕률이나 금기로 구성되고, 일부는 부모에게서 받은 도덕교육을 토대로 형성된 도덕관념으로 구성된다. 즉, 초자아는 외부세계의 대변자인 것이다. 따라서 초자아는 사회적 원리(social principle)에 따른다고 볼 수 있다. 초자아의 주요 기능 중 한 가지는 자아가 지향하는 현실원리에 의한 이기적 행동을 통제하는 것이다.

초자아는 양심과 자아이상이라는 두 가지 하부체계를 발달시킨다 (Freud, 1933: 28). 양심은 마음의 도덕적 가르침이며, 자아이상은 긍정적 이상형을 뜻한다. 양심은 벌을 통해 발달하는 것으로 자아가 죄책감을 느끼도록 작용하는 반면, 자아이상은 상을 통해 발달하는 것으로 자아가 긍지를 느끼도록 작용한다. 초자아의 기능은 원초아와 자아를 비판하여 사회규범에 맞는 생활을 하게 하는 것이다. 이를 위해 초자아는 자아로 하여금 원초아를 억제하도록 압력을 가한다.

프로이트는 인간의 성격을 에너지체계로 가정했는데 원초아, 자아, 초자아라는 세 구조의 에너지 보유량에 따라 성격의 특질이 결정된다는 것이다. 원초아가 에너지를 장악하는 사람은 성격이 충동적이기 쉽고 초자아가 에너지를 장악하는 사람은 이상적, 도덕적 측면이 강하다. 자아는 성격의 집행자이므로 자아의 강도가 원초아의 욕구를 충족하고, 초자아의 요구를 조정하며, 현실의 요구에 대처하는 능력을 결정한다. 자아가 강하고 원초아, 초자아, 환경의 요구 간에 균형을 취할 수 있는 사람은 만족을 느끼기 쉬우며, 죄책감이나 무가치하다는 느낌이 없다. 그러나 원초아나 초자아가 자아보다 강할 때, 그는 쾌락에 대한 강한 욕구로 인해 고통을 겪거나 그 욕구를 성취하는 것에 대한 죄책감 때문에 심리적으로 시달릴 수 있다.

한편, 환경의 압력이 강하고 자아가 약할 때, 개인은 압도당할 수 있다. 이러한 자아의 붕괴는 정신장애를 낳는다. 예를 들어, 마음속의 자아와 원초아 간의 경계선이 무너져 원초아 속의 억압된 생각이 자아로 들어와 초자아와 충돌하면 정신은 혼란에 빠지게 된다. 그러나 자아가 너무 강해도 자아의 목표수준이 지나치게 높기 때문에 늘 욕구불만 상태에

있게 되므로 좌절감을 느끼기 쉽다. 따라서 원초아, 자아, 초자아의 균형
이 성격발달에 매우 중요하다.

5) 성격의 발달: 심리성적 발달단계

프로이트는 성격발달의 세 가지 기본원칙으로 정신적 결정론, 무의식의
중요성, 성적 에너지인 리비도를 제시했다(Freud, 1923; 1933; 1938). 첫째,
정신적 결정론은 인간의 정신적 활동이 이전의 행동이나 사건에 의해 결
정된다고 보는 것이다. 둘째, 인간의 행동이 의식적 과정이라기보다는
인식할 수 없는 무의식에 의해 동기가 유발된다고 보았다. 셋째, 본능적
인 성적 에너지가 행동과 사고의 동기가 된다고 간주했다. 특히, 프로이
트는 모든 본능이 근본적으로 성적인 것이라 믿었기 때문에 인간의 성격
발달이 성적 욕구와 밀접한 관련이 있다고 보았으며, 성격발달을 심리성
적 발달이라 일컬었다. 그는 성적 충동이 정신적 활동에 미치는 영향과
생식기능에 미치는 영향을 구별하여 아동이 생식을 할 수는 없을지라도
아동의 성적 충동이 환상, 문제해결, 사회적 상호작용 등에 작용한다고
보았다.

프로이트에 의하면 성격의 발달은 유아기부터 청소년기까지 다섯 단
계에 걸쳐 이루어지는데, 이 단계들 중 앞의 세 단계가 성격형성에 결정
적 역할을 한다. 이 시기에 리비도는 신체의 특정 부위에 자리 잡고 그 특
정 부위에서 만족을 추구한다. 만족을 추구하는 특정 부위는 연령에 따
라 변화하며, 리비도가 지향해 욕구 충족을 추구하는 대상도 연령에 따
라 변화한다.

리비도의 특정 부위에서의 만족추구는 출생 후 18개월까지는 입과 입술 부위에서 주로 쾌감을 느끼고, 18개월부터 3세까지는 항문에서 만족을 느끼며, 3세부터 6세까지는 성기에서 쾌감을 얻는다.

그러나 심리성적 발달단계가 모두 성공적으로 진행되는 것은 아니다. 한 단계에서 다음 단계로의 진행이 방해받으면 특정 단계에 고착될 수 있다. 특정 단계에 고착되면 이후 단계에서 갈등을 다루는 데 사용할 에너지가 부족해진다. 프로이트는 이 고착이 성인기 성격에 직접적 영향을 미친다고 보았으며, 이를 좌절과 방임이라는 두 가지 요소로 설명했다. 좌절은 아동의 심리성적 욕구를 양육자가 적절하게 충족하지 못한 것을 의미하며, 방임은 과잉으로 만족시켜 양육자가 아동에게 내적으로 극복하는 훈련을 제대로 시키지 않아 의존성이 심한 것을 뜻한다.

심리성적 발달을 단계별로 정리해 보면 다음과 같다(이훈구 역, 1993; 홍숙기 역, 1992; Crain, 1985; Thomas, 1985).

(1) 구강기

구강기(*oral stage*)는 출생부터 약 18개월까지로 유아는 입에서 쾌락을 얻는다. 이 시기 동안은 입이 성적·공격적 욕구 충족을 하는 신체부위가 된다. 이 시기에는 입, 입술, 혀, 잇몸 등을 자극하는 데서 만족을 느끼기 때문에 빨고, 삼키고, 깨물면서 만족을 얻는다. 출생 후 6개월 동안은 음식을 빨고 삼키는 데서 쾌감을 느끼지만, 6개월 후 이가 나면서부터는 이유의 좌절감을 깨무는 것으로 해소하며 쾌감을 얻는다.

구강기에는 수동적으로 어머니의 보살핌을 받으며 생활하기 때문에 유아는 의존적이고 다른 사람으로부터 분화되지 않은 상태이다. 특히, 구강기 전반기에는 유일한 접촉대상이 어머니이므로 어머니에게 합일하고 접근하려는 경향이 있다. 그러나 구강기 후반기에는 이유로 인한 욕구불만 때문에 어머니에게 애정과 우호적 태도를 갖는 동시에 적대적이며 파괴적인 태도를 갖게 된다. 이때 유아는 최초의 양가감정(*ambivalence*)을 경험한다. 구강기 동안 신체적으로나 정서적으로 무시당하거나 박탈당한 아이는 성인이 된 후 충족되지 못한 사랑과 보살핌에 대한 강한 갈망을 경험하기 쉬우며 타인에 대한 강한 불신으로 대인관계가 어려울 수 있다.

프로이트에 의하면 구강기 전반기에 좌절 혹은 방임을 경험하면 구강 수동적 성격이 된다. 이 성격은 낙천적이고, 타인에게 의존적이며, 모든 걸 희생해서라도 인정을 받고 싶어 한다. 이 유형의 사람이 심리적으로 적응하는 양식은 수동적이고 미성숙하며, 과도한 의타심을 보이고 잘 속는다. 반면, 구강기 후반기에 고착되는 구강공격적 혹은 구강가학적 성격은 논쟁적이고, 비꼬길 잘하며, 타인을 이용하거나 지배하려 한다.

(2) 항문기

빨아들이는 데서 만족을 취하고 긴장해소를 했던 리비도의 방향이 항문*으로 이동하는 발달단계로, 대소변을 가리는 훈련이 시작되는 18개월부터 3세까지를 말한다. 이 시기에 아이는 신경계의 발달로 괄약근을 수의적으로 조절할 수 있으므로 부모는 대소변을 가리게끔 청결습관을 기르는 배변훈련을 시작한다. 괄약근의 발달로 아동은 자기가 원하는 대로 배설하거나 보유할 수 있는데, 배변훈련이 시작되면서 아이의 본능적

---

*   유아는 대소변을 배설하는 과정에서 생리적 자극에 의한 쾌감을 느낀다.

충동은 외부에 의해, 즉 양육자인 어머니에 의해 통제된다.

유아는 항문의 긴장을 즉각 해소하는 데서 오는 쾌감을 늦추고 적절한 시점에 적절한 장소에 배설하도록 요구되는 것이다. 이때 리비도를 항문 영역으로 향한 아이와 대소변을 가려 청결습관을 기르려고 하는 부모 간에 일종의 싸움이 전개되고, 부모의 현실적 요구에 대응하면서 자아가 발달한다. 배변훈련의 전형적 방식은 두 가지이다. 한 방법은 아동에게 알맞은 시간과 장소에서 배설하도록 촉구하고 성공하면 칭찬하는 것이다. 이 경험을 통해 아동은 알맞은 때와 장소에서 생산하는 것의 가치를 터득하게 된다. 또 다른 방법은 실패하면 벌을 주고 조롱하거나 수치심이 들게 하는 것이다.

부모는 배변훈련을 시킬 때 옳고 그름에 대해 말하면서 아이가 부모에 동조하며 부모의 의견을 내면화하여 이에 따르는 행동을 하도록 기대한다. 배변훈련이 성공하면 아이는 사회적 승인을 얻는 쾌감을 경험하며 창조적이고 생산적인 성격특성이 발달한다. 어떤 아이는 본능적 충동의 만족을 방해하는 외적 통제에 반항하기 위해 부적절한 때 혹은 장소에 배설하거나 몇 시간씩 변기에 앉아 애를 태우게 하는 식으로 부모를 조종하는 행동을 한다.

항문기(*anal stage*)는 아이가 처음으로 사회의 기대에 순응하라는 요구에 직면하는 단계이다. 항문기에 이르러서는 타인에게 의존하는 것이 줄어들고 스스로 활동하며 환경을 조절할 수 있으며 운동력과 판단력도 발달하게 된다. 언어의 발달로 이제 예측할 수도 있고 생각도 하게 되어 타인과 의사소통이 가능해진다. 이 시기에 유아는 외부세계만 잘 다루게 되는 것이 아니라 자기 자신에 대해서도 통제할 수 있게 된다. 항문기의 경험을 통해 아이는 의존에서 벗어나 자기조절, 자립, 자부, 자존 등을 배우게 된다.

한편 항문기와 관련해 지나치게 엄격하고, 전적으로 통제하려 하며, 감정적으로 억압되어 있는 가정환경은 문제가 발생하기 쉽다. 이런 가정에서는 아이가 자신의 주장이나 공격성을 표현하면 제재가 가해진다. 이와 같이 자신의 감정을 마음대로 표현할 수 없는 좌절감과 분노를 반복 경험하면서 성인이 되면 감정적으로 완고하고 냉정한 특성을 갖기 쉽다.

부모가 너무 일찍 혹은 너무 심한 배변훈련을 시켜 항문기에 고착되면 고집이 세고, 인색하며, 복종적이고, 시간을 엄수하며, 지나치게 청결한 특징을 가진다. 또는 정반대로 잔인하고, 파괴적이며, 난폭하고, 적개심이 강하며, 불결한 특징을 보이기도 한다.

(3) 남근기

남근기(*phallic stage*)는 3세에서 6세까지로 아동이 자신의 성기를 만지고 자극하는 데서 쾌감을 느끼는 시기를 말한다. 이 시기부터 원초아, 자아, 초자아는 역동적으로 작용하기 시작한다. 남근기의 아동은 이성의 부모에게 성적 관심을 갖게 되면서 동성의 부모에게 성적 동일시를 하므로, 남자아이는 남자답게 굴고 여자아이는 여자답게 행동하려고 애쓴다. 남자아이가 어머니의 사랑을 갈망하고 아버지를 싫어하는 경향을 프로이트는 오이디푸스 콤플렉스라 했다. 어머니에 대한 근친상간적 욕구가 아버지에게 발각될까 봐 공포를 느끼면서, 남자아이는 아버지가 성적 활동기관인 자기의 남근을 거세할 것을 두려워하는 거세불안(*castration anxiety*)을 경험한다.

전 단계인 항문기에는 외적 금지에 대항해 자신을 방어했지만 남근기에는 내적 금지에 대항하여 자신을 방어한다. 한편, 여자아이가 아버지를 좋아하고 어머니를 싫어하는 경향은 엘렉트라 콤플렉스(*Electra complex*)라 일컫는다. 여자아이는 이 시기에 남근을 부러워하는 남근선망증(*penis envy*)의 심리상태를 보인다.

오이디푸스 콤플렉스와 엘렉트라 콤플렉스는 양가감정을 초래한다. 즉, 아동은 이성의 부모로부터 독점적 관심을 받고 싶어 다른 쪽 부모가 떠나거나 죽기를 바라는 동시에, 이성의 부모에 대한 연모가 동성의 부모로부터 적대감이나 보복을 초래하지 않을까 두려워하거나 혹은 사랑하는 부모가 그 사랑을 철회하지 않을까 걱정한다.

프로이트는 남근기에 초자아가 확립되는 것이 오이디푸스 콤플렉스의 결과라고 했다. 남자아이의 경우 오이디푸스 콤플렉스를 거세불안으로 인해 극복하게 되고, 결과적으로 근친상간의 본능을 억압하게 되면서 초자아가 발달하게 된다는 것이다. 위험한 성적 충동을 통제하기 위해 아동은 부모의 가치관을 그의 성격에 합치시키게 되는 것이다.

한편, 남근기 동안 일어날 수 있는 다양한 외상(*trauma*) 경험, 예컨대 정서적, 신체적, 성적 학대나 부모의 상실 등은 신경증의 원인이 되기 쉽다. 또한 남근기에 고착된 남자는 경솔하고, 과장이 심하며, 야심이 강하고 여자는 난잡하고, 유혹적이며, 경박하다.

(4) 잠복기

잠복기(*latency stage*)는 6세에서 12~13세까지의 시기이다. 리비도의 신체적 부위는 특별히 한정된 데가 없고 따라서 성적인 힘도 잠재된다. 이 시기에는 오이디푸스적 근심으로부터 비교적 자유롭지만, 그 감정은 무의식 속에 계속 존재한다. 다시 말해 이 시기에 원초아는 약해지고 자아와 초자아는 강력해진다. 성격에서 이루어지는 주요 발달은 초자아의 기능이다. 리비도의 지향대상은 친구, 특히 동성의 친구에게로 향하고 동일시의 대상도 주로 친구가 된다. 잠복기 아동의 에너지는 지적인 활동, 운동, 친구와의 우정 등에 집중된다. 특히, 잠복기에는 신체의 발육과 성장에 에너지가 집중되므로 리비도의 본능적 욕구형태인 성적 관심이 약하다.

그런데 이 시기에 과도한 성적 억압을 하면 수치심, 도덕적 반동 형성, 혐오감에 빠질 수 있다. 잠복기에 고착되면 성인이 되어서도 이성에 대한 정상적 친밀감을 갖지 못한다. 예를 들어, 동성 간의 우정에 고착되면 생식기에 가서도 분리되지 못하고 동성애로 발전할 수 있다. 또는 이성과의 성적 관계를 회피하고 정서적 감정 없이 단지 공격적 방식으로 성적 행동을 하기도 한다.

(5) 생식기

생식기(*genital stage*)는 사춘기부터 성적으로 성숙되는 성인기 이전까지의 시기로, 심한 생리적 변화가 특징이며 격동적 단계로 불린다. 호르몬과 생리적 요인으로 인해 그동안 억압되었던 성적 감정이 크게 강화되면서 잠복기 동안 억제되었던 성적, 공격적 충동이 자아와 자아의 방어를 압도할 정도로 강해진다. 따라서 이전의 방어방식들이 부적절해지면서 광범위한 재적응이 요구된다.

생식기는 사춘기 전기와 사춘기로 나뉜다. 사춘기 전기는 12~13세부터 시작되며 성적 성숙을 준비하는 시기다. 이 시기의 리비도는 다시 유아기의 애정대상을 지향한다. 소녀나 소년이 중년 남성이나 부인에게 끌리는 심리를 프로이트는 제 2의 오이디푸스 콤플렉스 현상이라 보았다.

사춘기 전기 청소년은 동물적 쾌락추구에 몰두하거나 자아를 지나치게 표면에 내세우는 경향을 보인다. 즉, 원초아가 우세할 때는 지나치게 쾌락추구에 몰두해 사춘기 특유의 공격성, 야수성 등이 왕성해지며, 반대로 자아가 너무 표면화되면 불안이 심해지고 금욕주의, 지성화의 경향이 강해져서 원초아를 억제하고 자아를 방어하려고 애쓰게 된다.

사춘기는 성적 성숙이 다 이루어지는 때이므로 사춘기 전기의 불안정성이 사라진다. 성적 대상으로서 부모에 대한 관심이 사라져 사춘기 전기까지 있었던 오이디푸스 콤플렉스적 공상에서 벗어나며, 관심이 가족으로부터 멀어지고 가족 밖에서 연장자와 친교를 갖게 되며, 이성을 향한 성욕 충족을 추구한다. 이성에 대한 성적 욕구는 다른 활동을 통해 승화되기도 한다. 독서, 운동, 자원봉사 등은 흔히 도덕적 규범이 강한 사회의 청소년이 성욕을 승화하는 대체활동이 된다.

이상적인 생식기적 성격발달을 위해서는 근면을 배워야 하고, 즉각적 만족을 지연시켜야 하며, 책임감이 있어야 한다. 아동기 초기에 경험한 심각한 외상으로 인해 성적 에너지의 고착이 있으면 생식기에 적응하기 어렵다.

2. 아나 프로이트의 방어기제이론

정신분석자로서 아나 프로이트(Anna Freud)의 가장 큰 공헌은 정신역동적 방어기제의 규명과 분석이라 할 수 있다. 아나 프로이트는 아버지 지크문트 프로이트가 제기한 자아의 방어기능에 대한 관점들을 정리하여 방어기제에 관해 최초의 체계적 이론을 수립했으며, 성격발달에서 방어기제의 역할에 관한 이해를 확대했다.

자아의 발달에 따라 욕구 간의 갈등을 조정하기 위한 기술이나 습관이 생기기 때문에, 성숙하고 강한 자아는 본능적 욕구, 환경의 요구, 초자아의 명령을 그대로 인정하여 각각의 욕구를 충족하기 위한 합리적 방법을 지시할 수 있다. 그러나 약하고 미성숙한 자아를 가진 사람은 불안으로부터 자신을 보호하고 부분적으로라도 욕구를 충족할 방법으로 일종의 적응기술인 방어기제를 사용한다. 방어기제는 두 가지 속성을 갖는다(Carver & Scheier, 2012: 177). 첫째, 모든 방어기제는 무의식적으로 작용할 수 있다. 둘째, 모든 방어기제는 여러 가지 방식으로 현실을 왜곡하고 변형하며 속인다. 성격의 변화는 일면 방어기제의 재배치 또는 재조정이라고 할 수도 있다.

아나 프로이트의 방어기제이론이 사회복지분야의 주목을 직접적으로 받은 적은 없었지만, 그의 방어기제이론은 인간행동과 인간발달에 관한 사회복지사의 이해를 넓히는 데 기여한 바가 매우 크다.

1) 아나 프로이트의 생애

아나 프로이트는 방어기제이론, 아동발달, 유아기 모자관계의 중요성 등을 주로 연구한 아동 정신분석자로, 1895년 12월 3일에 지크문트 프로이트의 막내딸로 태어나 1982년 사망했다. 자녀들을 편애하지 않고 모두 사랑한 프로이트였지만, 막내인 아나에 대해서만은 일생 동안 특별한 애착을 보였다고 한다. 아나 프로이트 역시 배우자를 찾는 데 방해가 될 만큼 아버지에게 각별한 애정을 가졌던 것으로 알려졌다. 병약했던 아나 프로이트가 앓은 통증 같은 대부분의 질환은 프로이트에 의해 정신신체적인 (*psychosomatic*) 것으로 진단되었다. 예를 들면, 언니인 소피(Sophie)의 결혼 때는 형부가 될 막스 할버슈타트(Max Halberstadt)에 대한 혼란스러운 감정으로 병이 난 적도 있었다.

20대 초반에 교사로 일했으나 1920년에 교사직을 그만두고 정신분석학 연구에 입문했다. 그가 다룬 최초의 환자는 언니 소피의 아들인 조카였다. 아동들을 분석하면서 1922년 비엔나 정신분석협회의 회원이 되었다. 저서 《자아와 방어기제》(*The Ego and the Mechanisms of Defense*)는 자신의 일상경험에 근거했으나, 이론적 통찰의 주된 출처는 아버지의 저서에 의존했으며, 아버지의 이론에 대한 아나 프로이트의 의존은 오랫동안 지속되었다.

2) 주요 개념

(1) 불안

방어기제와 관련된 불안의 개념은 지크문트 프로이트에 의해 수립되었다. 처음에는 불안이 내적인 호르몬 축적과 외적인 성적 자극으로 생긴 긴장에서 비롯되는 것으로 가정하였으나(Freud, 1895), 나중에는 성적 감정이 충족되지 않으면 넘쳐서 불안으로 방출된다고 보아 불안이 원초아에서 야기되는 것으로 설명했다. 이후 불안이 원초아에서 생기는 것이 아니라, 그 근원이 자아에 있는 것으로 크게 수정되었다(Freud, 1926). 다시 말해, 용납할 수 없는 본능적 충동이 자아의 영역을 침범하려고 위협할 때, 자아는 위험을 느끼지만 그 위험이 내적인 것이기 때문에 자아는 도망칠 수 없으며, 이에 따라 정신이 위협받고 있다는 것을 알리는 신호인 불안이 발생한다는 것이다. 그러므로 불안의 기능은 위험을 경고하는 것이 된다.

    프로이트는 자아를 위협하는 근원인 외부환경, 원초아, 초자아로 인해 각기 야기되는 현실적 불안, 신경증적 불안, 도덕적 불안이라는 세 가지 유형의 불안을 설명했다(Freud, 1933). 현실적 불안은 외부세계에 객관적 공포대상이 현존할 때 무서워하는 것으로, 정상인의 타당한 불안이라고 할 수 있다. 신경증적 불안은 원초아의 충동이 의식될지도 모른다는 위협을 느낄 때 생기는 정서적 반응이다. 도덕적 불안이란 자아가 초자아로부터 처벌을 예감할 때 발생한다. 강한 자아를 가진 사람은 현실적 불안에 효율적으로 대처할 수 있으며, 본능적 충동을 통제해 적절하게 그 충동을 방출할 수 있고, 가치관과 규범을 조화롭게 적용할 수 있으므로, 불안은 높은 수준에 도달하기 전에 감소한다.

(2) 자아방어기제

자아방어란 자아가 불안에 대처할 때 작용하는 심리적 메커니즘이다. 인간은 늘 마음의 평정을 원하지만 내적·외적 사건이 흔히 이를 깨뜨린다. 방어기제는 이럴 때 나타나는데, 불안이 지속되고 강하면 자아가 불안을 감소시키려고 내적·외적 현실에 대한 인식을 달리하려는 시도를 하게 된다. 충동이나 주위환경의 요구에 비현실적 방식으로 대처할 때 방어기제가 주로 사용된다. 따라서 방어기제를 사용한다는 것은 일반적으로 자아가 약하다는 의미이다.

1900년까지 프로이트는 방어를 정신적 기능이라고만 여겼다. 그 후 1900년부터 1923년 《자아와 원초아》(*Ego and Id*)의 출판에 이르기까지는 방어의 개념을 충동과 관련해 정의했으며, 방어의 기능을 충동의 방출에 대한 저항세력으로 간주했다. 그러나 《억제, 증상 및 불안》(*Inhibitions, Symptoms and Anxiety*)에서는 방어가 본능의 압력과 초자아의 내재화된 가치와 금지의 압력 간을 중재하기 위해 발생하는 것으로 설명했다 (Freud, 1926).

방어기제는 갈등의 원천을 왜곡하거나 대체하거나 차단하는데, 이는 무의식적으로 채택되며, 대부분 한 번에 한 가지 이상의 방어기제가 동원된다. 방어기제는 불안을 감소시킬 뿐 아니라 긍정적인 사회적 결과를 가져오기도 한다. 테일러와 브라운(Taylor & Brown, 1988)은 방어를 병리적으로 보는 대신 방어가 적응을 돕고 정신건강을 향상한다고 주장했다. 그들에 의하면 자아방어는 정상적이며 성격을 유지하는 데 도움이 될 수 있다는 것이다. 예를 들면, 자신의 패배를 합리화할 줄 아는 아동은 패배에도 불구하고 자부심을 유지할 수 있다.

물론 방어에는 정신병리적 측면이 있어 방어기제를 과다하게 사용하면 심각한 심리적 문제가 야기되기도 한다. 방어기제의 과다한 사용이 다른 자아기능을 발달시키지 못하도록 정신에너지를 소모하기 때문이다. 정신병 환자의 경우 부정, 투사, 퇴행 등 원시적 방어를 많이 사용한다. 어떤 사람은 특정한 방어기제를 다른 것들보다 더 자주 사용한다. 어릴 때부터 발달된 불안에 대처하는 양식이 어른이 되어서도 지속되므로, 방어 스타일이 그 개인의 전체적 성격패턴의 일부가 된다. 현실생활에 잘 적응하는 사람은 방어기제를 고정시켜 사용하지 않고 유연하게 선택적으로 사용하는 경향이 있다.

방어가 정상적인지 혹은 병리적인지에 관한 논의에서 아나 프로이트는 ① 한 가지 방어를 사용하는지 혹은 여러 가지 상이한 방어를 사용하는지 살펴보는 균형, ② 방어의 강도, ③ 사용된 방어의 연령 적절성, ④ 자아가 위험에 빠지는 것을 막기 위해 사용된 방어가 그 위험이 사라져도 사용되는지 혹은 사용되지 않는지와 같은 철회 가능성 등 네 가지 요소를 고려해야 한다고 제시했다(A. Freud, 1965). 이들 네 요소에 근거해 정상적 성격 혹은 병리적 성격이 결정된다는 것이다.

3) 아나 프로이트의 10가지 방어기제

아나 프로이트는 《자아와 방어기제》에서 억압, 반동 형성, 퇴행, 격리, 취소, 투사, 투입, 자기로의 전향, 역전, 승화라는 열 가지 방어기제를 설명했다(A. Freud, 1936: 42~50). 이 방어기제를 간략하게 설명하면 다음과 같다.

(1) 억압

억압(*repression*)은 방어의 기본적 기제이다. 불안에 대한 일차적 방어기제로 가장 흔하게 볼 수 있는 억압은 용납할 수 없는 충동을 무의식으로 추방하는 능동적·무의식적 과정이다. 고통스러운 감정에 대한 방어와 충동에 대한 방어는 불안과 죄의식을 피하여 자아를 보호하려는 동일한 동기와 목적을 가진다. 일반적으로 억압된 충동은 의식적 노력으로 표면화되지 않는다. 억압은 한 번도 의식된 적이 없을 수도 있고(1차적 억압), 한 번 의식된 것일 수도 있다(2차적 억압).

억압은 무의식 속에 있는 것이 의식되지 못하도록 방해할 수도 있다. 구체적 사건, 특히 정신적 충격을 주었거나 고통스러운 감정과 관련된 사건은 불안을 일으키기 때문에 억압의 대상이 되기 쉽다. 억압의 예로는 저명한 연사를 소개하는 중요한 시간에 기억착오를 일으키는 것 등이 있다. 이 실수는 상징적 의미를 지니며, 실제 기억상실이 일어난 것은 아니다. 억압되는 것이 많을수록 억눌린 생각들로 인한 편견이나 선입견이 많아진다. 한편, 때로는 억압을 통해 본능적인 혹은 반사회적인 욕구가 억제되므로, 억압이 도덕적·사회적으로 적응된 생활을 가능하게 하기도 한다.

(2) 반동 형성

반동 형성(*reaction formation*)은 불안을 야기하는 충동, 감정, 생각이 의식의 수준에서 반대로 대체되는 것을 말한다. 처음의 충동이나 감정, 생각은 완전히 사라지는 것이 아니라 반대의 표현을 통해 의식에서 감춰지는 것이다. 증오는 애정으로 대체되고, 관심은 무관심으로, 질책 대신 칭찬으로 표출된다. 반동 형성은 현실적으로 적응에 문제를 일으키지 않는 한 불안을 막는 유용한 방어기제가 된다.

(3) 퇴행

잠재적 외상이나 실패 가능성이 있는 상황에 처할 때 해결책으로 초기의 발달단계나 행동양식으로 후퇴하는 것이 퇴행(*regression*)이다. 어릴 때 효과적이고 위안이 되었던 행동으로 되돌아가 갈등이나 스트레스를 피하는 것이다. 배변훈련이 충분히 된 아동이 동생이 태어난 후 부모의 관심이 동생에게 집중되자 대소변을 가리지 못하게 되는 것이 그 예라 할 수 있다. 성인의 퇴행은 사고와 행동에서 이전 단계의 관심사가 상징적으로 나타난다.

(4) 격리

과거의 고통스러운 기억과 연관된 감정을 의식에서 떼어 내는 것이 격리(*isolation*)이다. 즉, 감정이 사고와 분리된다. 아버지와 관련되어 해결되지 않은 감정이 무의식에 남아 있는 한 청년이 자기 아버지의 갑작스러운 죽음에 대해 말할 때는 슬픈 감정을 전혀 보이지 않으면서, 아버지를 연상시키는 권위적인 남자가 죽는 영화를 볼 때 비통하게 우는 것은 격리의 한 예가 된다.

(5) 취소

취소(*undoing*)는 보상과 속죄의 행위를 통해 용납할 수 없거나 죄책감을 일으키는 충동이나 행동을 중화 또는 무효화하는 것으로, 심리적 말살이라고 불리기도 한다. 예를 들면, 비서에게 성적으로 끌리는 것을 느낀 남자가 부인에게 줄 비싼 선물을 사는 것이나 기도문을 되풀이하는 마술적 방법으로 죄책감에서 벗어나려고 하는 것이 취소에 해당한다. 취소과정에 의해 현실은 왜곡되는데, 의식 수준에서는 용납할 수 없거나 죄책감을 일으키는 충동이나 행동이 없었다고 여긴다.

(6) 투사

투사(*projection*)는 자신의 용납할 수 없는 충동, 생각, 행동을 무의식적으로 다른 사람이 이러한 충동, 생각, 행동을 느끼거나 행한다고 믿는 것이다. 예를 들어, 남성에 대해 느끼는 강한 성적 감정을 인정하고 싶지 않은 여성이 모든 남성이 성적으로 그녀에게 관심이 있으며 끊임없이 자신을 원한다고 주장하는 것이 투사에 해당된다.

(7) 투입

투입(*introjection*)은 외부의 대상을 자기 내면의 자아체계로 받아들이는 것을 뜻한다. 특히, 애증(愛憎)과 같은 강한 감정을 직접적으로 표현하는 것을 피하기 위해, 다른 사람을 자기로 간주하는 것을 의미한다. 외부대상에 대한 적대적이거나 부정적인 감정을 자신에게로 지향한다는 점에서, 투입은 우울증을 야기하는 중요한 기제로 간주된다. 예를 들어, 어머니를 미워하는 것이 자아에 수용될 수 없기 때문에 나 자신이 미운 것으로 대치된다. 투사와 반대되는 개념이다.

(8) 자기로의 전향

자기로의 전향(*turning against self*)은 공격성 같은 본능적 충동이 자기에게 향하는 것을 의미한다. 예를 들면, 부부싸움을 한 남편이 화가 나서 자기 머리를 벽에 부딪치는 것은 부인에 대한 분노를 자기한테로 향한 것이다.

(9) 역전

감정, 태도, 특징, 관계, 방향을 반대로 변경하는 것을 뜻한다. 역전(*reversal*)과 반동 형성의 구별은 어렵다. 엄밀한 의미로 반동 형성은 감정의 역전에 해당되기 때문이다. 그러나 반동 형성보다 역전이 더 일반적 기제이며, 더 광범위한 행동을 포함한다. 역전의 예로는 극도로 수동적이며 무력한 어머니에게 무의식적으로 반항하면서 성장해 자신만만하고 유능하게 된 여성이 자신의 성공에 대해 죄책감과 불안을 경험하는 것을 들 수 있다.

(10) 승화

리비도를 성적 목표로부터 더욱 고상한 사회적 목표로 전환하는 것이다. 승화(*sublimation*)란 용납할 수 없는 소원을 사회적으로 바람직한 행동으로 표출하는, 가장 성숙한 방어로 간주된다. 창조적 예술작품은 성적 또는 공격적인 본능의 승화로 여겨진다. 경쟁적인 운동을 즐기는 것도 공격적 본능의 승화에 해당한다.

4) 방어기제의 위계서열

정신분석적 자아심리학은 방어가 성격의 성숙수준을 나타내며, 일반적으로 성격발달에 밀접하게 연관된다고 본다. 예를 들면, 부정과 투사는 억압과 승화보다 이른 발달단계에 관련 있는 것으로 간주된다. 따라서 부정과 투사를 자주 사용하는 사람은 억압과 승화에 의존하는 사람보다 전반적인 성격기능에서 미성숙한 사람으로 간주된다. 아나 프로이트는 특징적 방어기제가 특정 발달단계에서 생긴다고 했다(A. Freud, 1936: 50~53).

그가 시도한 방어기제의 연대기적 분류는 두 가지 관점에 근거한다. 첫째, 각 방어기제가 특정한 본능적 충동과 연관이 있다고 보았다. 예를 들면, 억압은 성적 소망을 방어하기 위해 주로 사용되므로 심리성적 발달단계 중 남근기와 관련된다. 둘째, 정신의 구조분화에 근거한 분류이다. 예를 들어, 억압은 생각을 의식적 자아에 노출되지 않게 하는 것을 의미하므로, 자아와 원초아 간의 분화가 생긴 후에야 억압이 일어날 수 있다.

이와 유사하게 투사와 투입은 자아를 외부세계로부터 분화하는 것과 관련된 방어기제이다. 자아로부터 생각이나 정서를 추방하는 것이나 외부세계에 이관하는 것은 자아가 외부세계로부터 자기를 구분하는 것을 배웠을 때만 가능하다. 또한 승화는 적어도 초자아가 발달해 있어야 사용 가능하다. 일반적으로 억압과 승화는 발달과정상 후기에 사용되는 방

표 10-1 방어기제[*]의 위계서열

1	합리화
2	억압
3	전치
4	동일시
5	전환
6	격리 혹은 지성화
7	반동 형성 혹은 과잉보상
8	취소
9	내면화
10	투사
11	부정

*　아나 프로이트가 설명한 방어기제에 포함되지 않은 방어기제의 개념은 다음과 같다. 합리화(*rationalization*)는 용납할 수 없는 태도, 신념, 또는 행동을 정당화하기 위한 시도로 그럴듯한 설명을 하는 것이다. 전치(*displacement*)는 본능적 충동이 진짜 대상에서 덜 위협적인 대상으로 옮겨 가는 것을 말한다. 동일시(*identification*)는 주위의 중요 인물의 태도와 행동을 닮는 것을 의미한다. 전환(*conversion*)은 심리적 갈등이 신체감각기관과 수의근육계의 증상으로 표출되는 것을 의미한다. 지성화(*intellectualization*)는 용납할 수 없는 정서와 충동을 직접 경험하지 않고 지성적으로 사고함으로써 피하는 것이다. 지성화를 사용하는 사람은 대단히 지적으로 보이는데, 설명하고 있는 감정이나 상황을 느끼지 않고도 감정적 의미를 가진 주제에 관해 충분히 말할 수 있다. 보상(*compensation*)은 실제든 상상이든 자신의 성격, 지능, 외모 등 이미지상의 결함을 메우거나 체면을 유지하려는 무의식적인 노력을 의미한다. 내면화(*internalization*)는 다른 사람, 특히 부모의 태도, 규범, 가치관을 자신의 성격으로 흡수하는 것을 말한다. 부정(*denial*)은 자아가 현재의 상황에 있는 위협적 요소를 감당할 수 없는 경우 위협적 요소가 존재한다는 사실을 인정하지 않는 것을 말한다.

어기제이다. 반면, 투사, 퇴행, 역전, 자기로의 전향 등은 어릴 때부터 나타나는 방어기제이다.

〈표 10-1〉은 많은 임상가가 동의를 표시한 방어기제의 위계서열이다 (Giovacchini, 1977: 29). 좀더 정교한 방어기제가 위에 있으며, 아래로 내려갈수록 더 원시적이며 초기 발달단계에서 사용되는 방어기제이다.

방어기제가 상대적으로 정교한지 또는 원시적인지를 결정짓는 가장 중요한 기준은 그 방어기제가 보유한 현실검증의 정도이다.

합리화는 현실을 최소한도로 왜곡하는 반면, 부정은 전적으로 현실을 부인한다. 합리화를 사용하는 사람은 자존심을 유지하기 위해 사회적으로 용납될 수 있는 방식으로 그의 행동을 설명한다. 예를 들어, 대학에 들어갈 자신이 없는 고등학교 3학년 학생이 자기의 이상에 맞는 대학이 우리나라엔 없는 것 같다며 수학능력시험을 포기하고 취업반으로 옮기는 것은 현실왜곡의 정도가 크지 않다.

반면, 부정은 현실의 전면 부인까지 포함한다. 이 방어를 사용하는 사람은 현실을 전적으로 인정하지 않는다. 예를 들면, 부정의 방어기제를 사용하는 어머니는 죽은 아이를 마치 살아 있는 것처럼 계속 돌볼 수 있다.

11장

심리역동적 성격이론 II

1. 에릭슨의 심리사회적 성격이론

에릭 에릭슨(Erik Erikson)은 인간은 일생 동안 여러 단계의 심리사회적 위기를 경험하는데, 그 위기의 결과로 성격이 발달한다고 보았다. 다시 말해 에릭슨의 이론은 사회가 개인에게 미치는 영향과 개인이 개인적·사회적 위기를 극복하면서 '나는 누구인가?', '내가 무엇을 해야 하는가?'에 대한 답을 발견하는 과정에 초점을 두고 있다. 따라서 이 이론은 개인적 기능의 중추적 요소로서 자아기능을 강조하여 자아를 성격을 통합시키는 구조로 간주했고, 자아력을 다양한 심리기능의 차원을 결속하는 접착제로 보았다. 이와 같이 에릭슨의 이론은 프로이트와 달리 무의식에는 거의 관심이 없었다.

에릭슨은 스스로 정신분석적 사고의 주류라고 주장했지만 심리사회적 성격이론은 세 측면에서 근본적으로 프로이트의 정신분석적 성격이론과 구별된다(Maier, 1969: 17~19). 첫째, 인간의 행동과 기능의 기초로 원초아보다 자아를 강조했다. 자아를 성격의 자율적 구조로 간주한 것이다. 둘째, 가족상황 속에서 개인과 그 부모의 관계뿐 아니라 그 가족이 위치한 역사적·문화적 상황 속의 사회적 관계에 관심을 두었다. 즉, 자아가 형성되는 심리역사적 환경을 중요하게 여겨, 자아발달이 사회제도와 변화하는 가치체계에 밀접하게 연관되어 있음을 강조했다. 셋째, 삶의 심리사회적 위험을 극복할 수 있는 인간능력에 관심을 기울였다. 에릭슨은 모든 개인적·사회적 위기가 성장으로 이끄는 요소를 제공한다고 보았다. 위기가 새로운 경험을 할 기회를 제공하고, 자신과 세상에 대한 관점의 변화를 요구하기 때문이다.

에릭슨의 심리사회적 성격이론에 의해 제창된 인간의 자아기능에 관한 견해는 사회복지실천 방법론에 중요한 영향을 미쳤다고 평가된다. 개인의 자아를 강화하고 클라이언트를 둘러싼 환경적 조건을 향상함으로써 문제해결이 가능하다는 관점은 아직도 사회복지전문직의 핵심적 시각이다. 그의 성격발달에 대한 접근방법은 사회복지실천 철학 및 가치와 일치하며, 사회제도가 어떻게 인간발달을 촉진하는지에 대한 사회복지계의 이해에 도움이 되었다. 특히, 사회복지실천이 단선적 '의료모델'로부터 변화를 시도할 때 에릭슨의 이론은 사회복지실천의 심리사회적 접근방법의 지식기반을 제공한 것으로 평가된다(Hamilton, 1940).

1) 에릭 에릭슨의 생애

에릭 에릭슨은 1902년 독일의 프랑크푸르트에서 출생했다. 부모는 덴마크 사람이었으나 그가 태어나기 전 이혼하여 어머니가 친구들이 있는 프랑크푸르트로 갔기 때문에 독일에서 출생한 것이다. 에릭슨이 세 살 때 어머니가 재혼해 그는 소아과 의사인 계부 밑에서 성장했다. 어머니와 계부는 유대인이었으나 에릭슨은 외모부터 전혀 달라 주위에서 이방인이라는 별명으로 불렸다(Coles, 1970: 180).

의학을 공부하라는 계부의 조언을 듣지 않은 채, 에릭슨은 고등학교 졸업 후 집을 떠나 유럽여행을 했고 여행에서 돌아온 후 잠시 동안 예술학교에 적을 두었다가 다시 이탈리아 전국을 방황하면서 시간을 보냈다. 그는 이 시기를 자신의 유예기간이라고 일컬었다. 이방인으로 불렸던 인종적 소외감과 계부 밑에서의 성장과 같은 에릭슨의 가족배경과 청년기의 방황경험이 그의 심리사회이론에, 특히 자아정체감이나 심리사회적 유예기간과 같은 주요 개념을 정립하는 데 큰 영향을 미쳤다고 볼 수 있다.

25세 때인 1927년에 아나 프로이트가 설립한 어린이연구소에 참여하면서 에릭슨의 방황기는 끝났다. 1927년부터 1933년까지 아나 프로이트와 아우구스트 아이크혼(August Aichhorn)의 지도로 정신분석 훈련을 받았다. 1933년 미국으로 이주하여 아동분석가로 개업했고, 1936년부터 1939년까지 인간관계연구소(Institute of Human Relations)와 예일대학 의대 정신과에서 일했다. 그는 여기서 문화인류학에 관심을 갖게 되어 그 후 지속적으로 인류학과 역사에 관심을 두고 상이한 문화적 환경에서 성장하는 아동과 정상 아동의 생활에 관한 연구를 계속했다. 에릭슨은 정식 대학교육을 받지 못했고 학위도 없었지만 임상가와 대학교수로 왕성한 활동을 했으며, 1994년 미국에서 사망했다.

2) 주요 개념

(1) 자아

프로이트는 자아가 원초아와 초자아의 세력 중간에 있다고 보았으나, 에릭슨은 이 두 세력을 어느 정도 무시하고 자아가 자율적 기능을 하는 것으로 간주했다(Erikson, 1963: 189~234). 이 차이는 성격이 어떻게 기능하는지에 관한 에릭슨의 관점을 암시한다. 즉, 성격이 주로 본능이나 부모의 영향을 받는 것으로 생각하는 대신, 에릭슨은 부모, 형제자매, 다른 사람을 포함한 사회의 모든 구성원의 영향을 받는다고 보았다. 또한 성격이 아동기 초기에 거의 형성된다고 믿는 대신, 지속적으로 사회와 관계되어 발달한다고 보았다.

(2) 자아정체감

에릭슨은 자아정체감(*ego identity*)이 두 측면을 가지고 있는 것으로 보았다. 제1의 측면인 내적 측면은 시간적 자기동일성과 자기연속성의 인식이다(Erikson, 1959: 23). 이는 시간이 경과하면서 자신을 이제까지의 자신과 같은 존재로 지각하고 수용하는 것이다. 제2의 측면인 외적 측면은 문화의 이상과 본질적 패턴을 인식하면서 그것과 동일시하는 것이다(Erikson, 1968: 104). 즉, 타자와 본질적 특징을 공유하는 것이다.

　에릭슨은 자아정체감이 없는 상태에서 자아정체감의 상태로 이동하는 인간발달을 "내적·외적 갈등 과정이며 인간이 위기를 극복하면서 통합감, 판단력, 자신과 주위 사람의 판단기준에 적합한 대처방식을 익히면서 성장하는 과정"이라고 설명했다(Erikson, 1968: 92).

(3) 점성원칙

에릭슨은 심리사회적 자아발달이 점성원칙(*epigenetic principle*)을 토대로 한다고 주장했다. 점성원칙이란 성장하는 모든 것은 기초안을 가지며 이 기초안으로부터 부분이 발생하고, 각 부분이 특별히 우세해지는 시기가 있으며, 이 모든 부분이 발생하여 기능하는 전체를 이루게 된다는 것이다(Erikson, 1968: 92). 각 요소는 결정적 시기가 정상적으로 도달하기 전에도 어떤 형태로든 존재한다. 생물학적으로도 인간은 수태되면서 이미 기본적 요소들을 가지며, 시간의 경과에 따라 이 요소들이 결합·재결합하여 새로운 구조를 형성하듯 심리사회적 성장도 이 원리를 따른다는 것이다(Erikson, 1968: 92~95). 즉, 건강한 성격은 각 요소가 다른 모든 요소에 체계적으로 관련되면서 적절하게 연속적으로 발달하게 된다.

3) 심리사회적 자아발달의 여덟 단계

에릭슨의 심리사회적 자아발달 이론은 이전의 다른 이론들과 구별되는 세 가지 특징을 가진다. 첫째, 일생에 걸친 성장을 논한다. 유아기부터 노년기까지 주된 쟁점을 규명하고 구별했다. 둘째, 인간이 생물학적 혹은 환경적 영향에 전적으로 좌우되지 않는다고 가정한다. 즉, 인간은 매 단계의 심리적 발달을 주도하는 능력을 가지고 있으며, 자신을 보호하고 자신의 삶의 과정을 지시함으로써 경험을 통합하며 조직화한다고 가정했다. 셋째, 개인의 성장에 문화가 기여하는 것에 주목한다. 매 단계마다 문화적 목표와 동경, 사회적 기대와 요건, 문화가 개인에게 제공하는 기회가 있다는 것이다. 다시 말해, 사회가 양육의 패턴을 전수하고 교육기회를 제공하며 성욕, 친밀, 일에 대한 가치와 태도를 전달한다고 보았다.

인간의 심리발달은 생물학적 성숙 과정의 요구와 일상생활 중에 직면하는 사회의 요구 및 사회적 압력 간의 상호작용에서 비롯되는 것으로 간주되었다(Erikson, 1963). 즉, 심리사회적 위기는 생물학적 성숙과정의 요구인 개인의 내적 욕구와 사회에서의 기대가 상충되는 것을 말한다. 다시 말하자면, 성숙의 힘에 의해 지배되는 일련의 발달단계가 있는데 이 단계의 시작을 자극하는 힘은 생물학적 성숙이며 이 단계를 이끄는 것은 사회의 요구로, 이 요구가 심리사회적 위기를 낳는다고 보았다. 이와 같이 각 단계가 어느 정도는 생물학적으로 결정되나 생물학적 요구 또는 사회적 환경에 의해 전적으로 결정되는 것은 아니다. 이는 생물학적 요구와 환경 두 측면이 각 단계의 출현에 관계가 있으나 위기의 해결은 전적으로 개인에게 달려 있다는 가정이다. 성격은 심리사회적 위기가 어떻게 해결되었는지 그 결과에 의해 결정된다.

〈표 11-1〉은 이와 같은 심리사회적 발달단계를 설명하기 위한 것이다 (Erikson, 1982: 56~57). 표의 대각선상의 네모들은 각 단계의 주된 심리사회적 자아갈등과 각 위기를 성공적으로 극복하여 생긴 심리사회적 능력을 나타낸다. 심리사회적 갈등은 개인이 단계마다 사회환경의 요구에 적응하기 위해 심리적 노력을 해야 하기 때문에 일어난다. 단계별 심리사회적 위기는 각각의 단계에서 해결해야 하는 발달과업으로 볼 수 있다. 각 단계에 내재하는 심리사회적 위기는 긍정적 요소와 부정적 요소를 다 포함한다. 즉, 각 단계의 갈등은 심리기능의 연속선상에 존재하는 것이다.

그러나 사실상 연속선상의 양극단은 비현실적이다. 예를 들어, 어떤

표 11-1 심리사회발달 여덟 단계의 점성적 도표

	Ⅰ	Ⅱ	Ⅲ	Ⅳ	Ⅴ	Ⅵ	Ⅶ	Ⅷ
노년기 Ⅷ								자아완성 대 절망: 지혜
성인기 Ⅶ							생산성 대 침체: 배려	
성인초기 Ⅵ						친밀 대 고립: 사랑		
청소년기 Ⅴ					자아정체감 대 자아정체감 혼란: 성실성			
학령기 Ⅳ				근면성 대 열등감: 능력				
유희기 Ⅲ			주도성 대 죄의식: 목적					
초기아동기 Ⅱ		자율성 대 수치심과 회의: 의지력						
유아기 Ⅰ	기본적 신뢰감 대 불신감: 희망							

아동도 완전한 신뢰감 또는 완전한 불신감을 갖고 있지는 않다. 자아갈등은 새로운 심리사회적 능력을 낳는다. 유아기의 갈등이 만족스럽게 해결되면, 기본적 신뢰감 같은 긍정적 요소가 자아에 반영되어 더욱 건전한 발달이 보장된다. 반대로, 유아기의 갈등이 불만스럽게 해결되면, 자아발달은 손상을 입고 불신 같은 부정적 요소가 자아에 크게 반영된다.

에릭슨은 심리사회적 발달단계를 거치는 것을 인간발달의 보편적 현상으로 간주하는 한편, 개인이 각 단계의 문제를 처리하는 방법과 가능한 해결책은 문화적 차이가 있다고 보았다. 〈표 11-1〉을 토대로 여덟 개의 심리사회적 발달단계를 단계별로 설명하면 다음과 같다(Erikson, 1963: 247~269; 1982: 55~80).

(1) 유아기 — 기본적 신뢰감 대(對) 불신감: 희망

유아기는 출생 후 2세까지 지속된다. 이 단계의 유아가 만족을 얻는 생물학적 방식은 구강적이다. 즉, 함입적 접근방법(incorporative approach)이 유아기의 특징이다. 대상에 반사적인 단계로 입이 닿는 대상이 있으면 빨고, 액체를 삼키며, 시야에 들어오는 것을 눈으로 바라보고, 촉각으로 좋게 느껴지는 것을 받아들인다. 유아기 후기에 가서는 더 적극적이고 직접적인 함입적 접근방법으로 이 능력을 발전시키고 쾌락을 느낀다. 이가 나면서 딱딱한 것을 깨무는 데서 쾌락을 느끼고, 눈도 대상에 초점을 두고 분리해서 파악한다. 청각기관도 중요한 음(音)을 구분하고, 집중하며, 적절한 위치변화를 지시받는 것에 숙달된다. 팔을 뻗치고 손으로 꽉 잡는 것도 배운다.

건강한 성격의 가장 기본적 요소 중 하나가 신뢰감인데, 자신과 다른 사람에 대한 신뢰감은 유아기 동안 발달한다. 이 시기 동안 유아는 생을 신뢰할지 혹은 불신할지 결정짓는 위기를 겪는다. 그 위기의 해결책은 부모, 특히 어머니에게 달려 있다.

유아의 신뢰감은 양육자의 동일성과 연속성에 자신이 의존할 수 있음을 아는 것뿐만 아니라 자신과 충동을 다루는 자기 신체기관의 능력을 신뢰하는 것도 포함한다. 즉, 유아는 외부세계에 대한 신뢰뿐 아니라 생의 욕구를 충족하기 위한 자신의 능력을 신뢰할 수 있어야 한다. 외부세계를 신뢰하는 유아의 태도는 빨거나 무는 대상에 대한 유아의 관계를 토대로 형성되는데, 어머니의 보살핌의 질이 이에 결정적이다. 기본적 신뢰를 증진하는 데 중요한 것은 양적인 구강적 욕구 충족보다는 어머니와의 관계의 질이다. 어머니는 유아의 개별적 욕구를 민감하게 보살피고 문화적으로 전수된 양육방식에 의해 자녀의 신뢰를 받게 된다. 어머니의 보살핌에서 유아가 일관성, 신뢰성, 예측성을 느끼는 것이 중요하다. 이를 느끼면 유아는 다른 사람에 대한 기본적 신뢰와 자신에 대한 확신 및 신뢰감을 발달시키기 쉽다.

불신감은 어머니의 행동을 전혀 예측할 수 없고 믿을 수 없으며, 필요할 때 어머니가 옆에 없을 것이라는 느낌에서 싹튼다. 다시 말해 자녀를 양육하는 데 다양한 양육방식을 시도하는 어머니, 부모역할에 자신감이 부족한 어머니, 지배적 문화와 갈등을 일으키는 가치관을 가진 어머니는 그 모호성이 자녀에게도 감지되므로 유아의 불신감을 낳는다.

신뢰감은 심리적으로 건강한 사람을 만들며 다른 사람과 유대감과 애착을 형성하는 데 필수적이다. 그러나 건전한 성장이 전적으로 신뢰감만으로 이루어지지는 않는다. 에릭슨은 건전한 성장발달이 신뢰와 불신의 적절한 비율로부터 온다고 했다. 실제로 어느 정도의 불신은 누구나 혹은 무엇이나 믿어서는 안 되는 험난한 현실세계에 적응하는 데 유용한 도움을 줄 수 있다. 유아가 분별력 있는 신뢰를 하기 위해서는 상당한 정도의 불신을 경험해야 하지만 지나친 불신은 과도한 경계심을 유발하므로 다음 단계의 위기를 해결하는 데 필요한 강한 토대를 마련하지 못하게 만든다. 따라서 불신보다 기본적 신뢰를 더 많이 획득한 유아에게 잘 기능하는 자아의 기초가 만들어질 수 있다.

기본적 신뢰감 대 불신감의 갈등이 성공적으로 해결되어 얻어진 심리사회적 능력이 곧 희망이며, 실패의 결과는 공포이다. 신뢰는 희망의 토대가 된다. 희망은 외부세계와 그것이 갖는 의미를 신뢰할 수 있다고 확신하는 데서 발달한다.

(2) 초기 아동기 — 자율성 대 수치심과 회의: 의지력

초기 아동기는 2세에서 4세까지 지속된다. 이 단계의 아동은 신경계의 발달로 괄약근을 수의적으로 조절할 수 있어 변을 배설하거나 보유하는 것이 가능해진다. 이 시기의 기본양식인 보유 혹은 배설은 전반적으로 다른 행동에서도 나타난다. 어른에게 다정하게 안기다가 갑자기 밀쳐 낸다든지 소지품에 집착하다가도 내동댕이치는 행동이 그것이다.

제 발로 서고 걸을 수 있고 손을 사용하는 능력이 발달하면서 아동은 스스로 외부세계를 탐색하기 시작하는데, 이러한 자율성을 획득하게 되면서 부모와 아동 간에 통제를 둘러싼 갈등이 치열해진다. 이 시기에 아동은 '나'와 '너'를 구분하며, '내가', '내 것'과 같은 자기 세계를 분명히 한다. 이 단계의 아이는 무엇이든 스스로 해보려는 경향이 강하다. 스스로 무엇인가 하는 경험을 통해 아동의 자율성이 발달한다. 부모가 아동의 의사를 묵살하지 않고 사회적으로 기대되는 행동을 배우게 하면, 아동은 자율성을 상실하지 않으면서도 사회적 규제에 잘 적응하게 된다. 이 단계에서 외부의 통제는 확고한 신뢰를 주는 것이어야 한다. 확고함은 보유할 것인지 배설할 것인지를 모르는 혼란으로부터 아동을 분별 있게 보호해 준다. 이 단계에서는 미래에 대한 이해가 가능한 초보적 시간감각이 있기 때문에, 욕구의 충족을 지연할 수 있다. 유아기에 형성된 신뢰감이 이를 터득하게 해준다. 아동이 부모와 세상을 신뢰하는 것을 배우면 자신의 의지대로 행동하게 된다.

그러나 아동이 미성숙한 상태에서 외부통제가 너무 빨리 또는 엄격하게 가해지는 경우, 아동은 자신의 통제능력이 미약하고 외부 압력자를 통제할 수 없다는 무력감으로 수치심과 회의를 갖게 된다. 수치심과 회의는 사회의 기대와 압력을 과도하게 의식하는 데서 생긴다. 수치심은 다른 사람의 눈에 자신이 좋게 보이지 않으리란 느낌이며, 회의는 다른 사람이 반드시 자기를 통제하리라는 느낌에서 비롯된다.

너무 엄격하거나 이른 훈련으로 아동에게서 자유선택으로 배변이나 다른 기능을 스스로 통제할 기회를 박탈하면, 그 아동은 패배와 반항이라는 이중성에 직면한다. 이런 상황에서 아동은 자신의 신체와 외부세계에 대한 무력감으로 퇴행 혹은 다른 사람의 도움을 거부하는 행동을 하기 쉽다. 예를 들면, 엄지손가락을 빨고 보채며 요구가 많아지는 등 구강기로 퇴행하거나 공격수단으로 변을 사용하기도 한다. 한편, 부모가 전반적으로 관용적이면서 확고하지 못할 때도 전 단계로 퇴행하는 수가 있다.

자율성 대 수치심과 회의의 위기를 겪으면서 아동은 애정과 증오 간의 비율, 협동과 고집의 비율, 자기표현의 자유와 억제 간의 비율 등이 결정된다. 자존심의 상실 없이 자기통제감을 가지면 선의와 긍지가 발달한다.

이 단계의 종합적 의미는 근육체계가 성숙하고, 보유와 배설 같은 갈등을 일으키는 행동패턴을 조정하는 능력이 발달하고, 전적으로 의존적이던 아동의 자율성이 발달하는 것이다. 아동은 자기통제와 탐색을 위해 돌아다니면서 자기충족을 하는 문제에 부딪힌다. 탐색충동이 나타내듯 아동은 부모의 보호로부터 벗어나는 것을 당연히 배워야 하며, 그래야만 아동은 더욱 독립적으로 되고 스스로 결정하는 것을 배우게 된다.

이 단계의 위기를 성공적으로 극복하면 의지력이 생긴다. 반면 위기극복에 실패한 아동은 자신의 의지력을 불신할 뿐만 아니라 다른 사람이 자기를 지배하고 이용하려 한다고 불신함으로써 의심에 빠진다.

(3) 유희기 ― 주도성 대 죄의식: 목적

4~6세가 이 단계에 해당한다. 이 단계의 행동을 지배하는 특징은 침투적 양식(*intrusive mode*)이다. 신체적 공격으로 다른 사람의 몸에 침투하고, 공격적인 말로 다른 사람의 귀와 마음에 침투하며, 활기찬 운동으로 공간에 침투하고, 호기심으로 미지의 것에 침투한다. 이 단계에서는 침투적 양식에 근거한 세 가지 발달이 일어난다. 첫째, 신체적으로 더 자유롭고 더 격렬하게 움직이는 것을 배워 무제한의 목표반경을 수립한다. 둘째, 언어능력이 발달하여 이해의 폭이 넓어지고 많은 질문을 한다. 셋째, 언어능력과 운동능력이 인지적 활동을 확대시킨다. 언어능력과 신체

적 기술이 발달하므로 아동은 사고하고 상상하며 행동할 수 있다.

한편, 외부세계에서는 아동이 활동적으로 행동하고, 새로운 과제와 기술을 배우며, 생산적으로 움직일 것을 기대한다. 언어능력과 운동기술의 발달로 아동은 가정 밖에서의 사회적 놀이에 참여한다. 이 단계의 아이는 신체적 놀이뿐 아니라 부모를 비롯한 어른을 흉내 내는 놀이를 하는데, 이러한 경험을 통해 자신이 한 인간으로서 목적이 있다는 것을 깨닫는다. 그러면서 아동은 계획을 세우고, 목표를 설정하며, 이를 달성하려고 노력하는 주도성이 생긴다.

또한 이 시기는 성적 호기심, 성기의 흥분, 성적인 문제에 대한 과잉관심이 생기는 단계이므로 아동이 주도하는 행동은 때때로 제재를 받을 수 있다. 아동은 남성적인 또는 여성적인 주도성의 필요조건을 발달시키면서 상상력을 발휘하고 필요한 자제와 사물에 대한 관심을 갖는 반면, 희망과 소망 중 많은 것을 억압하거나 잊어버린다. 질투와 경쟁심이 최고도에 달하며, 이 과정에서 불가피하게 경험하는 실패가 체념, 죄책감, 불안을 낳는다. 이 시기에 주도성의 지배자인 양심이 확립되는데, 아동의 양심은 타협의 여지가 없는 흑백논리적 특성을 가진다. 그러므로 과도하게 처벌하거나 무시하면 아동은 자신의 주도적인 행동에 자신감을 잃고 죄의식을 갖게 된다. 죄의식이 강한 아동은 체념하게 되며 의존적으로 된다. 즉, 목표를 세워 달성하려는 의지가 없어진다.

주도성 대 죄의식의 갈등해결에 관련되는 주된 기제는 동일시이므로, 동일시의 주 대상인 부모와 가족은 가장 중요한 영향을 미친다. 부모가 자신의 권위를 절대시하지 않으면서 아동의 주도성을 격려하여 이끌어 주면 아동은 자신의 열망과 대범성을 성인기 사회생활의 목표에 맞게 부합할 수 있다. 반면, 부모가 아이 스스로 어떤 일을 하도록 기회를 주지 않고 지나친 통제를 하면 죄의식을 발달시키게 된다.

이 단계의 위기를 성공적으로 극복한 결과로 목적을 갖게 된다. 아동은 인지능력과 운동기술로 목표를 갖기 시작하며, 존경하는 성격과 직업을 가진 사람을 동일시하여 그러한 사람이 되기를 꿈꾼다. 죄의식이 지배적인 아동은 스스로 무가치하다는 감정을 가지므로 목표를 수립하고 추구하려는 목적의식이나 용기가 없다. 에릭슨은 지속적 죄의식이 성인기의 소극적 성격, 성적 무기력, 정신병리적 행동 등을 낳는다고 보았다.

(4) 학령기 — 근면성 대 열등감: 능력

학령기는 6세부터 11세까지로 활동이 활발한 시기이다. 모든 문화에서 이 단계의 아동은 체계적 교육을 받는다. 아동의 사회적 관계가 가정에서 학교로 확장되는 것이다. 이 단계의 아동은 적어도 낮 시간의 일부는 집을 떠나 부모의 보호나 지배 없이 동료들과 경쟁해야 한다. 즉, 이 시기에 아동은 세상을 살아가는 데 필요한 인지적·사회적 기술을 학습한다. 따라서 사회의 생산적 성원이 되기 위한 근면성이 발달하는데, 아동의 주위환경이 지지적이면 근면성이 발달하기 쉽다. 근면성은 단순히 어떤 일을 하는 것이 아니라 다른 사람이 가치 있게 여기는 일을 하는 것을 의미한다. 또한 다른 사람이 적절하게 여기고 칭찬하는 방식으로 일하는 것을 말한다.

이 단계의 위험은 부적절감과 열등감의 발달이다. 만일 아동이 공부와 기술 혹은 동료 사이에서의 자기 위치에 절망한다면 직업세계에 대한 동일시와 동료에 대한 동일시가 방해받는다. 때로는 전 단계의 오이디푸스적 갈등을 제대로 해결하지 못해 지식보다 어머니를 원하거나 아버지와 자신을 비교하여 그 비교가 열등감과 죄책감을 일으키기 때문에 자신감이 없을 수 있다. 학습에 실패한다든지 과제를 수행할 능력이 없을 때 열등감이 생기며, 가정에서 학교생활에 대한 준비를 시키지 못하거나 학교생활이 전 단계의 기대에 못 미치는 경우 아동의 발달수준은 미흡하게 된다. 열등감은 아동이 자신의 무능력이나 하찮음을 지각하면서 생기지만, 열등감을 조장하는 사회적·문화적 요소도 근면성의 발달을 방해한다. 다시 말해, 아동은 그의 사회적 가치를 결정하는 것이 자신의 소망과 의지보다 피부색, 부모의 배경, 의복의 가격이라고 느끼기 시작하면 상처를 받게 되어 정체감에 영향을 받을 수 있다.

근면성은 다른 사람과 나란히, 함께 일하는 것을 의미하기 때문에 이 단계는 사회적으로 가장 결정적인 단계가 된다. 이 단계를 성공적으로 극복하면 개인적으로나 사회적으로 의미 있는 목표를 추구하면서 사회 환경에 적극적인 영향력을 발휘할 수 있다는 자신감인 능력을 갖는다. 반면 이 단계의 실패는 무능력감을 낳는다.

(5) 청소년기 — 자아정체감 대 자아정체감 혼란: 성실성

청소년기는 12세부터 20세 이전까지로, 아동기가 끝나는 시점부터 성인기가 시작되기 직전까지가 해당된다. 사춘기가 지나면 청년은 가족에서 분리되기 시작하여 드디어 자신의 가치관과 생활방식이 정립된 성인이 된다. 사춘기 때는 급격한 신체 성장과 생식기의 성숙으로 자신의 동일성과 연속성에 관한 의문이 생기기 쉽다. 생리적으로 큰 변화를 경험하는 청소년이 사회적 역할을 강화하려고 시도하면서 직면하는 과제는 새로운 자아정체감을 확립하는 것이다. 자기 자신을 발견하는 것은 어려운 일이므로 다양한 역할과 소망이 자기에게 맞는지 종종 시험해 보게 된다. 그들은 자신이 누구라고 스스로 느끼는 것과 비교해 다른 사람 눈에 자신이 어떻게 비치는지에 관심이 크다. 신체의 변화, 성욕의 증가, 동료 관계가 정체감에 영향을 미치는 중요한 문제를 낳는다. 급격한 신체적 성장이나 거대한 사회질서가 가하는 요구는 정체감 혼란을 일으키기 쉽다. 따라서 이 시기에는 스트레스가 매우 크다.

일반적으로 청소년집단이 성인의 역할과 책임을 일정 기간 연기하는 것은 허락되며, 이 시기를 심리사회적 유예기간(*psychosocial moratorium*)이라 일컫는다. 심리사회적 유예기간은 사회적・직업적 역할을 탐색하는 기회가 된다. 정체감에 관한 확고한 선택을 할 수 없을 때 이 단계의 위험인 혼란이 발생한다. 어린 시절의 불행한 경험이나 현재의 사회환경 때문에 정체감 발달에 실패하면 정체감 혼란을 겪는다. 정체감 위기 혹은 역할혼란의 결과 직업을 선택하지 못하거나 학업을 중단해 버리는 경우도 있다.

이 위기를 성공적으로 넘기면 스스로 지키리라 약속한 대로 충실할 수 있는 능력인 성실성이 발달한다. 성실성은 사회적 관습, 윤리, 가치를 지각하고 이를 지키는 능력을 의미한다. 이 단계의 실패는 불확실성을 초래한다.

(6) 성인 초기 — 친밀 대 고립: 사랑

이 시기는 20~24세에 해당하는 비교적 짧은 기간이다. 진정한 친밀감은 합리적인 자아정체감이 확립되었을 때만 가능한데, 에릭슨이 말하는 친밀감은 성적인 것 이상을 의미하며 사회적 친밀감을 포함한다. 자아정체감이 확립된 후에야 이성과 진정으로 친해지는 것이 가능하며 우정이나 지도력 등도 마찬가지이다. 그러므로 이 시기에는 개인적 정체감과 더불어 사랑, 친교, 안정된 관계를 맺는 능력이 발달한다. 이 단계의 위험은 자아도취에 빠지거나 혹은 친밀감과 사회적 관계를 맺기를 회피하는 것이다. 자아정체감을 확립하는 과제에서 실패한 사람은 친밀감을 가질 수 없어 고립에 빠지거나 또는 진지한 관계가 못 되는, 난잡하고 일시적인 관계를 통해 거짓된 친밀관계를 만들어 낸다. 이와 같은 부적절하거나 미성숙한 반응은 다른 사람으로부터 멀어지게 하며 깊은 인간관계를 유지할 수 없게 한다. 자아도취에 빠진 사람은 직업도 소용없다고 여기므로 직업에서도 소외감을 갖기 쉽다. 이는 다음 단계로의 진행을 방해하기 마련이다.

친밀감 대 고립의 갈등을 성공적으로 해결하면 사랑의 능력이 생긴다. 사랑은 자신을 타인에게 관여하고 이 관여를 유지하는 능력이다. 이러한 사랑은 다른 사람에 대한 보호, 존경, 책임으로 나타난다. 이 단계의 실패는 난잡함을 낳는다.

(7) 성인기 — 생산성 대 침체: 배려

25세부터 65세 이전에 해당하는 성인기에는 다음 세대를 양육하는 것이 가장 중요한 과업이다. 여기서 중요한 것은 다른 사람에게 필요한 사람이 되고 싶은 소망이다. 이러한 생산성이 결핍되면 성격이 침체되고 황폐해진다. 즉, 혼자라고 느끼거나 피상적이고 위장된 친밀감으로 퇴행하는 자기중심성 또는 자아도취에 빠진다. 침체는 이기적으로 자신에 대해서만 관심을 갖는 것을 뜻한다. 과도한 자기애를 가진 사람은 다른 사람을 보살필 능력이 없다. 자녀가 있거나 자녀를 원하는 것만으로 생산성을 성취하지는 못한다. 사실상 일부 젊은 부모는 이 단계를 발달할 능력 부족으로 고통을 겪는다.

이 단계에서 성공한 사람은 다른 사람을 배려할 줄 안다. 배려는 심리적 무관심의 반대 개념이다. 생산성의 확립에 실패한 사람은 개인적 욕구나 안위를 주된 관심으로 하는 자아도취의 상태에 빠지므로 이 단계의 실패는 이기주의를 낳는다.

(8) 노년기 — 자아완성 대 절망: 지혜

65세 이후에 해당되는 노년기는 신체적·사회적 상실에 직면하는 시기이다. 자아완성을 성취하기 위해서는 이전 단계들을 성공적으로 통과해야만 한다. 노년기에는 내적 투쟁이 강조된다. 노인은 죽음에 직면하여 지나온 생을 음미하게 되는데, 이 과정에서 후회나 회한 같은 절망에 부딪힐 수 있다. 이 절망에 직면하면서 지나온 단계들의 경험을 다져 최종적인 자아완성을 이룰 수 있는 기회를 갖는다. 지나온 일들이 어쩔 수 없었다는 것을 인정함으로써 이를 용납하고 가치 있다고 여길 수 있다. 또한 지나온 삶을 돌아보고 많은 것이 좋았다는 것을 발견할 수 있어야 한다. 이 단계에서 지혜, 자기수용, 지나온 생이 옳았고 적합했다는 느낌, 죽음을 위엄과 용기로 직면할 능력을 갖게 된다.

그러나 자아완성에 실패할 경우에는 궁극적으로 절망에 빠지게 된다. 절망은 현재 남은 시간이 없고 다른 인생을 시작하기엔 늦었다는 느낌을 나타낸다. 자아완성의 부재나 상실은 죽음에 대한 공포로 나타난다. 죽음에 대한 공포, 실망, 분노 때문에 삶을 돌아보기가 고통스럽고 현재가 불만스러운 것이다. 절망은 인생을 돌이킬 수 없다는 후회 그리고 자신의 부족과 결함을 외부세계로 투사하는 것으로 흔히 표현된다.

이 단계를 성공적으로 극복한 결과가 지혜이다. 지혜는 한 시대를 살면서 얻은 지식으로 인생에 대한 초연하면서도 적극적인 관심을 갖는 것을 의미한다. 이 단계에서 실패한 결과는 인생이 무의미하다고 느끼는 것이다.

4) 중요한 관계의 범위

에릭슨은 발달단계에 따른 중요한 인간관계의 범위를 제시했다(Erikson, 1982: 32). 〈표 11-2〉를 보면 초기엔 적은 수의 관계에 집중되어 있다. 학령기, 청소년기, 성인초기 동안 관계의 범위가 확대되면서 그 관계의 깊이와 강도가 다양해진다. 성인기와 노년기의 인간관계는 다시 깊이와 친밀의 기회를 주는 소수의 극도로 중요한 관계에 집중되면서 동시에 지역사회 내의 관계, 인류애로 확대된다.

유아기에 중요한 사회적 관계는 어머니 또는 양육자와의 관계이다. 주로 어머니가 유아기에 중요한 사람이 된다. 초기 아동기에는 어머니뿐만 아니라 아버지 혹은 대체 양육자도 중요한 관계를 제공한다. 초기 아동기에 대부분의 아동은 광범위한 양육자와의 관계를 수립한다. 유희기엔 부모뿐 아니라 형제, 조부모를 포함한 가족과 관계가 강해지고 깊어진다. 학령기에는 이와 더불어 친구 및 교사와의 관계가 중요해진다.

청소년기에는 이웃과 학교의 지인을 포함하여 더 넓은 범위의 사람들

표 11-2 발달단계별 중요한 관계의 범위

단계	중요한 관계의 범위
I 유아기	어머니
II 초기아동기	부모
III 유희기	가족
IV 학령기	이웃, 학교
V 청소년기	또래집단, 외집단, 지도력의 모델
VI 성인초기	우정, 애정, 경쟁, 협동의 대상
VII 성인기	직장, 확대가족
VIII 노년기	인류, 동족

과 중요한 관계를 수립하게 된다. 청소년기 전기에는 또래집단, 클럽 및 조직, 종교집단이 자아정체감을 확립하는 데 유익한 새로운 관계를 제공한다. 청소년기 후기에는 통합된 정체감을 갖기 위해 애쓰는 데 중요한 관계의 반경이 교사, 지도자, 지도력의 모범을 보이는 사람을 포함하도록 확대된다.

성인초기에는 우정, 애정, 경쟁 및 협동 상대가 중요한 관계를 제공한다. 이 시기에는 관계의 깊이가 새로운 초점이 된다. 성인기의 중요한 관계는 가족, 일, 지역사회에 토대를 둔다. 이 관계는 다른 도시와 나라에서 맺는 우정으로까지 확대될 수 있다. 성인은 자신의 삶뿐만 아니라 자기 자녀와 부모의 삶에 영향을 미치는 사회적 관계의 영향을 받는다.

노년기에는 인간에 대한 더 일반적인 관계를 발전시키게 되면서 인간관계가 피상적으로 되는 한편, 어느 측면에서는 도움이 필요한 가까운 친척과 친구를 보살펴야 하므로 더 집중된다.

앞서 말했듯 각 단계마다 존재하는 중요한 관계망이 그 사람에게 가해질 요구와 보살핌을 받게 될 방식과 그가 관계로부터 부여받을 의미를 결정한다. 이 관계망은 사람마다 다르며 발달단계가 진행되면서 각자는 중요한 관계망과 더 넓은 사회적 영역에 참여할 기회를 갖는다(Duck, 1988; Grusec & Lytton, 1988; Higgins, Ruble, & Hartup, 1985).

2. 아들러의 개인심리학적 성격이론

개인심리학(*individual psychology*)이라 명명된 알프레트 아들러(Alfred Adler)의 성격이론은 인간을 전체적으로 보는 관점을 갖고 있다. 개인심리학의 첫 번째 전제는 인간이 통일된, 자아일치된 유기체라는 것이다(Adler, 1927: 5~7). 아들러는 이 통일되고 자아일치된 성격구조를 생활양식이라 일컬었고 인간을 전체적 관점에서 보았다. 두 번째 전제는 인간은 역동적으로 완성을 추구하며, 개인적으로 중요한 인생목표를 향해 전진한다는 것이다(Adler, 1964a: 85~86). 세 번째 전제는 개인이 창조적인 힘을 가지고 자기 삶을 결정할 수 있다는 것이다(Adler, 1964a: 86~87). 인간은 환경에 의해 지배되는 존재가 아니라 자신의 생활양식에 의해 자신의 미래의 삶을 결정한다고 보았다. 네 번째 전제로, 모든 사람은 협동하고 상호작용하는 사회적 관계를 맺을 수 있는 선천적 능력을 타고난다고 보았다(Adler, 1956: 2). 다섯 번째 전제로, 개인이 자신을 어떻게 주관적으로 지각하느냐에 따라 행동이 결정된다고 보았다(Ansbacher, 1971: 57~58). 경험이 인간에 중요한 영향을 미치는 측면에 관해 아들러는 과거의 사건 그 자체가 아니라 그 사건에 대한 개인의 지각과 해석이 인간행동에 영향을 미치는 것으로 보았다.

1차 세계대전에 참전하여 전쟁을 경험한 아들러는 비엔나 공립학교에 수많은 아동상담 클리닉을 열었으며, 전문가 훈련을 시도했다. 아들러는 상담을 통해 더 나은 생활양식을 만들고, 부정적인 생활양식을 긍정적인 것으로 대체하며, 사회적 관심을 발달시킬 수 있다고 믿었다. 아들러는 열등감과 우월성 추구라는 개념을 정신건강에 적용했는데, 격려를 통해 클라이언트의 자존감을 향상시키고 사회적 관심을 강화하는 접근이다. 출생순위 등 클라이언트의 생활양식을 이해하는 데 도움을 주는 개념도 널리 알려지게 되었다. 가족분위기, 가족형태, 가족 구성원의 생활양식 등에 초점을 둔 아들러의 이론은 개인상담뿐 아니라 가족상담에도 유용한 지식기반이 될 수 있다. 또한 열등감은 집단 내에서 효과적으로 도전받고 극복될 수 있으며, 사회적·정서적 문제의 근원인 잘못된 생활양식은 집단경험을 통해 변화가 가능하므로 아들러의 이론의 주요 개념은 집단사회사업(*group work*)에서도 유용하게 활용될 수 있다.

1) 알프레트 아들러의 생애

알프레트 아들러는 1870년 2월 7일 비엔나 인근지역인 펜지히에서 5남 2녀 중 셋째로 태어났다. 그는 형의 그늘에 가려진 어린 시절을 보냈다. 병약했기 때문에 동생들이 태어나기 전에는 어머니의 관심을 독차지했으나, 동생이 출생한 후에는 응석받이 위치를 상실했다. 그 후 아버지와는 신뢰관계가 지속되었으나 어머니에 대한 애정은 회복되지 않았다. 아들러는 다섯 살 때 심한 폐렴에 걸려 죽을 고비를 넘겼고, 사고로 두 차례나 죽을 뻔한 위기를 넘겼다. 만성적으로 병약한 아이였던 아들러는 육체적인 놀이에서 형이나 친구의 경쟁상대가 안 되었으나 자신의 허약함과 신체적 열등감을 극복하려고 꾸준히 노력했다. 학교생활에서도 수학성적이 좋지 않아 학교를 그만두고 구두 만드는 일을 권유받을 정도로 심한 열등감을 경험했으나, 끊임없는 아버지의 격려와 자신의 노력으로 나중에는 우수한 성적을 받았다.

아들러는 정신과 의사가 된 후 1902년부터 1911년까지 프로이트와 같이 활동했으나 점차 프로이트의 이론적 입장과 대립하게 되어, 1911년 비엔나정신분석학회를 떠나 자유정신분석학회를 창설해 1912년 학회명칭을 개인심리학회로 변경했다. 1926년부터 아들러는 미국을 정기적으로 방문하여 다양한 청중을 대상으로 강연했고 1932년 뉴욕의 롱아일랜드 의과대학의 교수로 임명되었다.

아들러의 가족경험이 그의 이론형성에 영향을 미친 것은 분명한데, 그는 자신의 성장과정에서 직접 경험한 열등감과 보상 추구, 출생순위, 사회적 관심 등을 토대로 오늘날까지도 적용될 수 있는 훌륭한 이론을 만들어 냈다는 평가를 받는다. 그는 강연여행 도중 1937년 5월 28일 심장마비로 사망하기까지 300여 권의 책과 논문을 발표하는 왕성한 활동을 했다.

2) 주요 개념

(1) 열등감과 보상

열등감은 개인이 잘 적응하지 못하거나 준비가 안 되어 해결할 수 없는 문제에 부딪혔을 때 생긴다. 아들러는 어떤 사람이 왜 특정의 병에 걸리며, 왜 신체의 특정한 영역이 영향받는지를 연구하면서 열등감에 관심을 두게 되었다. 그는 처음에는 어느 한 부분이 기본적으로 열등하거나 약하기 때문에 병에 걸린다고 보았다(Adler, 1907). 그 후 아들러의 연구는 신체기관 혹은 신체적 결함에서 유래하는 열등상태뿐 아니라 심리적 혹은 사회적 열등상태도 열등감의 범주에 포함했다(Adler, 1956).

아들러는 동물원에 구경 간 세 아이의 반응으로 열등감의 다양한 형태를 예시했다(Adler, 1931: 50). 사자우리 앞에서 첫 번째 아이는 어머니에게 집에 가고 싶다고 보챘고, 두 번째 아이는 얼굴이 창백해지고 벌벌 떨면서도 조금도 무섭지 않다고 했으며, 세 번째 아이는 사자를 노려보며 침을 뱉어 줄까라고 말했다. 각자는 열등감을 자기의 생활양식과 일치된 방식으로 표현한 것이다.

한편, 아들러는 심한 신체적 약점이나 결함이 있는 사람이 연습이나 훈련을 통해 이를 보상하려는 노력을 하며, 이들 중 일부는 결국 그 약점을 보상받는 것에 주목했다(Adler, 1931: 246~248). 보상은 잠재력을 발휘하도록 인간을 자극하는 건전한 반응이다. 이와 관련해 아들러는 인간은 항상 좀더 나아지고 싶어 하기 때문에 본질적으로 열등감이 발달하게 되어 있다고 주장했다(Adler, 1956). 열등감은 항상 긴장을 낳기 때문에 우월감을 향하게 하는 자극이 된다는 것이다.

(2) 우월성 추구

우월성 추구는 열등감에 대한 보상과 관련된 개념이다. 아들러는 우월성 추구가 인간에게 공통된 기본적 동기라고 보았다(Adler, 1930: 398). 우월성 추구는 열등감을 보상하려는 욕구에서 나오며 환경을 더욱 잘 통제할 수 있도록 권력 혹은 힘을 성취하려는 것이다. 인간은 열등감을 극복하고 자신이 우선적으로 여기는 목표를 달성하기 위해 노력한다. 따라서 우월성은 사회적 계층이나 지위를 의미하기보다는 자아실현으로 간주될 수 있다.

아들러는 우월성 추구가 선천적이라고 생각했는데(Adler, 1964a: 39), 우월을 향한 선천적 노력은 잠재적으로 존재하나 이 잠재력이 실제로 어떻게 구현되는지는 개인마다 다르다. 이것은 우월을 향한 목표가 저마다 고유하며, 각자가 인생에 부여하는 의미에 따라 다르기 때문이다. 우월의 목표는 긍정적 경향 혹은 부정적 경향을 취할 수 있다. 긍정적 경향은 사회적 관심이나 다른 사람의 행복을 지향하는 이타적 목표이며, 부정적 경향은 개인적 우월성을 추구하는 자기존중, 권력, 개인적 허세 같은 이기적 목표이다.

(3) 사회적 관심

아들러는 프로이트와 달리 인간이 성적 충동보다 사회적 충동에 의해 주로 동기화된다고 주장하면서 사회적 관심이란 각 개인이 이상적 공동사회의 목표를 달성하고자 사회에 공헌하려는 성향을 의미한다고 했다(Adler, 1964a: 34~35). 이는 개인적 우월의 목표가 사회적 목표로 이동하는 것으로, 다른 사람의 행복에 기여하기 위해 개인적 우월의 목표를 포기하는 것을 말한다. 아들러는 사회적 관심의 잠재력이 선천적이라고 보았으나, 다른 선천적 경향과 마찬가지로 사회적 관심도 자동으로 발생하는 것은 아니고 의식적 개발을 필요로 한다고 보았다. 일반적으로 사회적 관심은 가족관계 및 다른 아동기 경험의 맥락에서 발달하는데, 특히 협동심, 연대의식, 동료의식 같은 사회적 관심의 발달에 가장 큰 영향을 주는 사람은 어머니이다. 아버지는 사회적 관심에 영향을 미치는 두 번째로 중요한 사람이다. 일, 우정, 사랑과 결혼 같은 주요 인생과업에서 긍정적 성취와 만족을 느끼는 부모가 아동의 사회적 관심을 키워줄 수 있다.

아들러는 사회적 관심을 개인의 장래 모든 적응이 달린 중요한 관건으로 간주했다. 그는 사회적 관심의 수준이 그 개인의 심리적 건강을 측정하는 유용한 척도이며 사회적 관심이 부족한 사람은 적응을 잘 하지 못한다고 주장했다(Adler, 1956).

(4) 생활양식

아들러의 생활양식 개념은 자기 혹은 자아, 성격, 성격의 통일성, 개성, 문제에 대처하는 방법, 삶에 공헌하려는 소망 등으로 정의된다(Ansbacher & Ansbacher, 1956). 생활양식은 개인이 어떻게 인생의 장애물을 극복하고, 문제의 해결방법을 찾으며, 어떤 방법으로 목표를 추구하는지를 결정한다(Sharf, 2000). 이와 같이 생활양식이 모든 행동을 구체화하는데, 아들러는 4~5세경에 이것이 기본적으로 결정된다고 보았다(Adler, 1963: 4). 가족관계 및 다른 중요한 사회적 경험이 일생 동안의 특징이 될 기본적 양식(*style*)을 만든다는 것이다. 물론 새로운 경험들이 더해지지만, 기본적 구조는 4~5세경에 형성된다는 뜻이다.

아들러는 많은 사람이 신체기관의 열등, 허약한 체질, 혹은 환경적 요인에서 비롯되는 사회적 결핍상태 때문에 잘못된 생활양식을 가지는 것으로 보았다. 그들은 미래에 대한 불안이나 두려움, 일상생활에서 일어날지도 모르는 문제에 대응하려는 목적을 갖는다. 예를 들어, 실패를 피하려 하고 실패하는 경우 그 원인을 다른 사람 탓으로 돌리려는 욕구가 강한 사람은 이것이 그들의 생활을 지배하게 된다.

3) 성격의 발달

아들러는 가족 및 사회적 요인에 의해 개인의 성격이 발달한다고 보았다. 이와 관련해 생활양식을 왜곡하기 쉬운 상황을 세 가지로 설명했다 (Adler, 1956).

　첫째는 병약하거나 허약체질인 아동의 상황이다. 아들러는 신체기관의 열세가 개인의 능력을 형성하는 데 중요한 역할을 하는 것에 주목했다. 신체기관의 불완전은 목표를 달성하려고 할 때 불리한 조건이 되기 쉽다. 즉, 신체기관의 열세가 능력이나 기술의 습득을 방해하는 신체적혹은 정신적 제한이 되므로, 능력이나 기술을 숙달할 수 없는 아동은 열등감을 경험하기 마련이다. 이에 아동은 마음속으로 자기의 불완전한 신체기관의 기능 정도를 헤아려 자신의 발달에 일정한 한계를 부여하기 쉽다. 정신에 영향을 미치는 것은 신체적 결함 그 자체가 아니고, 결함에 대한 태도와 훈련이다.

　신체기관이 불완전한 아동은 관심을 자신에게만 집중하기 쉬우며, 타인에게 공헌하는 것을 인생의 의미로 받아들이기 어렵다. 주위 사람의 동정, 기피, 조소 등으로 열등감이 심각해지기도 한다. 물론 루스벨트 대통령, 헬렌 켈러, 호킹 박사처럼 이러한 어려움을 극복하고 인간승리를 하는 사람도 있는데, 이들의 신체적 불완전은 더 나은 발전을 위한 자극이 된 셈이다.

둘째는 응석받이 아동의 상황이다. 지나친 사랑은 부적응의 주된 결정요인이 된다. 응석받이는 보살핌을 받으려 애쓰지 않고도 지나칠 정도의 보살핌을 받으며, 이러한 완벽한 보살핌을 자기의 권리라고 믿는다. 따라서 응석받이는 다른 사람을 배려하는 것보다 다른 사람에게 기대는 데 익숙하다. 응석받이로 키워진 아동은 요구하는 것만 배우지, 좌절에 대처하는 방법을 배우지 못했기 때문에 어려움에 처하면 이에 대처하는 유일한 방법이 다른 사람에게 요구하는 것이다. 응석받이는 협동이나 계획, 책임에 대해 배우지 못했기 때문에 언제나 다른 사람에게 무엇을 기대하는 생활양식이 발달한다. 응석받이의 관심은 오직 자신에게만 쏠려 있으며 협동의 필요성이나 유익성을 알지 못한다. 이런 사람은 문제나 장애물에 부딪힐 때 퇴행함으로써 반응한다. 극복하는 방법을 배운 적이 없으므로 열등감을 피하기 위해 퇴행하는 것이다.

세 번째는 거부된 아동의 상황이다. 부모에게서 거부당한 아동은 잘못된 훈련을 받기가 쉽다. 아동이 거부당하는 이유는 신체적 결함, 부모의 불행한 결혼, 가정의 재정문제 등 다양하다. 거부는 물리적 폭력을 가하는 외형적인 것일 수도 있고 심리적 학대 같은 미묘한 것일 수도 있다. 거부에서 비롯되는 불신감은 아동을 일생 동안 괴롭힐 수 있다. 즉, 거부당한 아동은 세상이 적대적이고 위협적이라고 지각하기 때문에 반항적이고 사람들과 잘 지내지 못한다. 또한 권리를 위해 싸우는 것을 생활양식으로 선호한다. 그러나 그는 적대적이고 비협조적이기 때문에 자신의 목적을 그르치기 쉽다.

거부당한 아동은 신뢰할 수 있는 사람을 접해본 적이 없어 사랑이나 협력 등을 알 기회가 없으며, 다른 사람에게 유익한 행동을 함으로써 애정이나 존경을 얻는다는 것을 이해하지 못한다. 그들은 생활상 모든 문제를 과대평가하고 자신의 능력은 과소평가하기 때문에 사회가 자신에게만 냉혹하다고 믿으며 항상 그런 상황만을 습관적으로 기대한다.

이 세 가지 상황, 즉 불완전한 신체기관, 지나친 사랑, 거부는 인생에 잘못된 의미를 부여하게 만드는 계기가 되기 쉽다. 이 세 가지 부정적 요소는 자존심과 사회적 관심의 발달을 위협하는데, 아들러는 이에 대한 개선의 가능성은 인생에 대해 더욱 협동적이며 용기 있는 대처방식을 훈련하는 데 달려 있다고 보았다. 다시 말해, 인생에서 모든 문제는 그 해결을 위해 협동을 필요로 하므로 자신이 다른 사람에게 기여해야 한다는 것을 이해하는 사람만이 역경에 용기를 갖고 대처하며 성공의 기회를 얻게 된다는 것이다.

아들러는 성격에 영향을 미치는 또 다른 변인으로 출생순서를 고찰했다(Adler, 1931: 144~155; 1964b: 96~112). 그는 출생순서가 각자의 생활양식에 큰 영향을 미칠 수 있다고 보았는데, 특히 출생순위에서 첫째, 둘째, 막내, 외동자녀에 큰 관심을 보였다.

맏이는 태어났을 때 혼자라는 독특한 위치에 있다. 맏이는 집중된 관심을 받으면서 일반적으로 버릇이 없어지는데 이 점에서 외동자녀와 비슷하다. 그러나 모든 맏이는 외동자녀의 상황을 경험한 후 동생의 출생과 함께 새로운 상황에 적응해야 한다. 어떤 의미에선 쫓겨난 황제에 비유될 수 있다. 한때는 외동아이로서 넘치는 사랑과 과잉보호를 받았으나 동생이 생긴 후엔 모든 것을 양보해야 한다. 이 상황은 매우 위협적일 수 있어 잃어버린 것을 다시 쟁취하기 위해 아동은 유치하게 퇴행하거나 파괴적으로 되거나 관심을 끌기 위해서라면 무엇이든 하려들 수 있다.

따라서 빼앗겼다는 감정이 맏이의 생활양식을 형성할 수 있다. 그와 같은 생활양식을 형성한 맏이는 희망이 없으며, 그가 결코 사랑을 되찾을 수 없다고 상상한다. 따라서 적대감, 반항, 동생에 대한 공격을 표출하거나 혹은 아기 노릇을 하려고 하는 등 부모가 자기 존재를 재고하도록 노력한다. 질투, 시기, 혹은 이기심이 나타나는 것은 동생을 본 상황과 분명한 관계가 있다. 또한 천식과 백일해 같은 질병을 오래 앓을 수 있다. 이러한 긴장은 두통, 편두통, 위장장애, 가벼운 발작 등을 낳을 수도 있다. 이 싸움은 오래 지속되며, 때로는 일생 동안 지속되기도 한다. 동생이 늦게 태어날수록 맏이의 행동변화는 더 합리적이고 이해 가능한 정도로 큰 문제가 되지 않지만, 동생을 너무 일찍 보게 되면 맏이는 앞에서 말한 본능적인 속성을 나타내기 쉽다. 맏이가 남자이고 둘째가 여자인 경우 맏이는 더 어려운 상황에 처한다. 동생에게 지는 경우 남매간의 긴장은 형제 혹은 자매간의 긴장보다 높다. 어떤 경우든 맏이의 생활양식은 환경 속에서 다른 사람의 반응과 그가 그 반응을 평가하는 방식에 의해 영향을 받는다. 그러나 부모가 맏이에게 애정의 확신을 주고, 맏이가 동생에 대해 준비가 되어 있다면 그 위기는 잘 극복될 수 있다.

맏이는 나이가 들면서 부모의 명령에 동조하는 사람이 되기 쉽다. 부모가 특히 맏이에게 성숙과 책임을 기대하기 때문에 맏이는 윗사람에게 동조하는 생활양식을 발달시키게 된다. 그가 지배했던 작은 왕국을 잃은 아동은 권력과 권위의 중요성을 다른 사람보다 더 잘 이해하므로 성장한 후 맏이는 권위를 행사하고 싶어 하며 규칙과 법을 중시하는 경향이 있다.

일반적으로 둘째아이는 맏이보다 더 유리한 위치에 있다. 둘째아이는 이전에 관심의 초점이 되어본 적이 없으므로 동생에 덜 예민하다. 맏이는 둘째에게 노력하도록 자극을 주며, 둘째는 손위의 형제가 있으므로 협동 및 타협의 기술을 좀더 쉽게 배울 수 있다. 그러나 때로 중간 자녀는 손위의 우월한 형제의 권리 및 특권을 의식하게 된다. 둘째아이가 경쟁하기에 맏이가 너무 강하면, 둘째아이는 현실에서 도피하여 게으름, 거짓말, 혹은 도벽으로 신경증, 범죄, 자기파멸의 길을 걸을 수 있다.

연령이나 발달정도에서 먼저 태어난 형제가 항상 앞서 있으므로 분발해서 따라가야 한다는 부담이 열등감을 낳아 노력하고 경쟁하는 행동으로 표현될 수 있다. 따라서 둘째아이는 다른 사람의 엄격한 지도력을 견디거나 절대적 법칙이란 생각을 받아들이지 않는 혁명가적 기질이 있을 수 있다.

막내는 항상 가족의 아기이며, 부모의 관심과 애정을 동생에게 빼앗겨본 비극을 모른다는 점에서 막내의 상황은 유리하다. 또 막내가 출생할 즈음에는 가족의 경제적 처지가 안정되어 있기 쉬워 교육도 상대적으로 잘 받을 수 있다. 그러나 막내는 외동아이처럼 과잉보호될 수 있다. 특히, 막내가 다른 형제보다 훨씬 어리면 지나친 사랑이 부모뿐 아니라 손위 형제들로부터도 주어진다. 반면, 만일 부모가 경제적으로 넉넉하지 못한 경우라면 자기 것이라고는 아무것도 없이 늘 물려받아야 하는 덤처럼 취급될 수 있다. 이 경우 자기보다 힘세고 특권이 있는 형제들에 둘러싸여 독립심이 부족하고 열등감을 경험하기 쉽다. 그러나 막내는 경쟁할 형제가 여럿이므로 둘째아이와 비슷하게 경쟁심이 강할 수 있다.

외동자녀는 경쟁할 형제가 없는 독특한 위치에 있으므로 응석받이가 되기 쉽다. 외동자녀는 관심과 걱정의 대상이 된다. 경쟁할 형제가 없고 부모의 관심을 독차지하므로 자기중심적으로 되기 쉽다. 다시 말해 외동 자녀는 노력 없이도 관심의 초점이 되고 응석받이가 되면서 다른 사람의 후원을 받는 것이 생활양식이 된다. 이는 나중에 그들이 더 이상 만인의 귀염둥이가 아닐 때 현실적 문제를 야기할 수 있다.

여자형제뿐인 가정의 외아들은 여성적 환경에서 어려움이 많다. 그는 집안에서 자기만 다른 사람이라고 소외되면서 자라기 쉽다. 특히, 여자 형제끼리만 단결하는 경우 고립되기 쉽다. 맏이면 경쟁자가 될 여동생이 있을 수 있으며, 막내라면 누나들의 마스코트가 되기 쉽다. 만일 서열상 중간이면 양쪽에서 공격받는 최악의 경우가 될 수도 있다. 여성적 환경 에서 자라면 여성적 성향을 띠거나, 반대로 여성적 분위기에 저항해 남 성다움을 강조하게 된다. 남자형제 틈에 끼인 외동딸도 매우 여성적이거 나 남성적인 특성을 갖기 쉽다. 그러나 외아들이나 외동딸이 만일 다른 아이와 접할 수 있는 기회가 충분하다면 이 문제는 쉽게 해결될 수 있다.

아들러의 출생순서에 따른 생활양식은 모두 가능성을 나타내는 것이 다. 가족 내의 위치가 생활양식에 영향을 미치지만, 각 가정마다 역동이 다르다. 아들러의 의도는 단지 가족 내 서열상 위치에 따라 부딪히는 독 특한 문제가 있을 수 있다는 점을 보여 주려는 것이다. 다시 말해, 성격에 영향을 미치는 것은 출생순서에서의 숫자가 아니라 태어난 상황이다. 예 를 들면, 만일 맏이가 의지박약하거나 억눌린 상태라면 둘째 자녀가 맏 이의 생활양식을 가질 수 있다. 대가족 속에서 두 자녀가 다른 자녀들보 다 훨씬 늦게 태어나 위의 형제들과 떨어져 함께 자란다면 이 둘 중 손위 가 맏이의 특성을 가지기 쉽다.

4) 성격의 유형

개인의 독특한 생활양식은 사고하고, 느끼며, 행동하는 모든 것의 기반
이 된다. 따라서 생활양식에 기초하여 기본 성격구조는 일생 동안 일관
성이 유지된다. 아들러는 인생문제에 접근하고 해결하는 방법을 통해 생
활양식의 형태를 알 수 있다고 보았다. 직업, 우정, 사랑과 결혼의 문제
가 모든 사람이 해결해야 하는 세 가지 중요한 인생과업이다. 아들러는
이 인생과업이 서로 관련되어 있으며, 그 해결방법이 생활양식에 달려
있음을 강조했다(Adler, 1956: 133).

아들러는 생활양식 태도의 유형으로 성격을 유형화했다(Ansbacher &
Ansbacher, 1995: 139; Dreikurs, 1950: 91~108). 이 유형론은 사회적 관심과
활동수준을 기준으로 했다. 사회적 관심은 개인적 이익보다 사회발전을
위해 다른 사람과 협력하는 것을 의미한다. 활동수준은 삶의 문제를 해
결하려는 개인의 에너지 수준을 말한다. 활동수준은 무기력한 사람부터
원기왕성하게 활동하는 사람에 이르기까지 매우 다양하며, 활동수준이
건설적일지 혹은 파괴적일지는 사회적 관심과 결합될 때 결정된다. 사회
적 관심과 활동수준에 따른 생활양식은 네 가지로 설명된다.

지배형은 활동수준은 높으나 사회적 관심은 낮은 유형으로, 독선적이
고 공격적이며 활동적이지만 사회적인 관심이 거의 없는 사람이다. 이
유형은 사회적 관심 외의 측면에서 활동적이며 외부세계를 지배하려는
태도를 가진다. 그러므로 인생과업에 공격적 · 비사회적인 방법으로 대
처해 나간다.

획득형은 활동수준은 중간이고 사회적 관심은 낮은 유형으로, 기생적

인 방식으로 외부세계와 관계를 맺으며 다른 사람에게 의존하여 자신의 욕구를 충족한다. 인생의 주된 관심은 가능한 한 많은 것을 다른 사람에게서 얻어 내는 것이다. 활동수준이 높지 않아 다른 사람에게 의존하는 것이 위험한 정도는 아니다.

회피형은 참여하려는 사회적 관심도 적고 활동수준도 낮은 유형으로, 성공하려는 욕구보다 실패에 대한 두려움이 더 강하기 때문에 인생과업으로부터 도피하는 행동을 주로 한다. 인생의 모든 문제에서 회피함으로써 실패를 면하려 하고 사회적으로는 무익한 행동이 대부분이다.

사회적으로 유용한 유형은 사회적 관심과 활동수준이 모두 높은 유형으로, 사회적 관심이 커 자신과 타인의 욕구를 동시에 충족하면서 인생과업을 완수하기 위해 다른 사람과 협력한다. 사회적 유용형은 사회문제가 해결되기 위해서는 협력, 개인적 용기, 다른 사람의 안녕에 기여하려는 의지가 필수적이라는 것을 잘 알고 있다.

한편, 아들러는 아동기 실패의 성격유형을 수동적 유형과 능동적 유형으로 설명했다(Adler, 1938: 127~143). 수동적 유형은 게으르고, 나태하며, 복종적이면서 의존적이고, 소심하며, 불안하고, 성실하지 못하다. 능동적 유형은 지배적이고, 성급하며, 흥분하기 쉽고, 정에 이끌리며, 다루기 힘들고, 잔인하며, 허풍이 심하고, 달아나기 쉬우며, 도벽이 있고, 성적으로 쉽게 흥분한다. 일반적으로 신경증 환자 중에는 아동기의 수동적 유형의 실패자 비율이 훨씬 높고, 범죄자 중에는 능동적 유형의 실패자가 훨씬 많다.

아동기의 실패는 오줌 싸기, 식사장애, 밤에 고함지르기, 헐떡거리기, 기침, 변비, 말 더듬기 등이 수반되는 응석받이인 의존적 아동에게 발생하기 쉽다. 이 증상들은 독립성과 협동을 요구받는 것에 대한 일종의 저항인 것이다.

3. 융의 분석심리학적 성격이론

인간정신의 구조와 정신역동을 설명하면서 프로이트의 성욕 및 정신생물학적 결정론을 거부한 카를 융(Carl Jung)은 심리적 건강의 이상형이 의식이 무의식을 감독하고 지도하는 것이라고 보았다(이혜성 역, 1982: 137). 이는 의식과 무의식의 세계가 융화되어 양쪽이 모두 자유롭게 발달되도록 허용해야 한다는 관점이다. 그는 또한 개인적 · 사회문화적 원형이 갖는 힘의 상호작용을 고려하지 않고는 정신을 이해할 수 없다고 믿었다. 이에 따라 융의 분석심리학은 고고학, 연금술, 점성술, 신화, 동서양 철학, 천문학, 종교에 대한 광범위한 관심을 반영하였다. 또한 융의 외향성-내향성(extroversion-introversion) 개념은 성격을 구체적인 특질(traits)로 조명하여 성격에 대한 이해를 확대했다.

융의 이론에 대해 사회복지분야에서 직접적 관심을 가진 적은 없었지만, 인간행동과 인간발달에 관한 이해를 넓히는 데 그의 이론의 주요 개념, 심리적 유형, 중년기의 마음에 관한 연구는 매우 유용하다.

1) 카를 융의 생애

카를 융은 1875년 7월 26일 스위스의 케스빌에서 개혁파 목사의 맏아들로 태어났다. 부모의 결혼생활이 원만치 못해 그의 유년시절은 고독하고 불행했다. 아버지는 짜증이 심하고 까다로웠으며, 어머니는 정서장애와 우울증이 심했다. 어린 시절부터 고독하게 지낸 경험은 이후 자기분석에 큰 도움이 되었다. 아버지는 목사였으나 융은 교회를 싫어해 아버지와 종교적 논쟁을 자주 벌일 정도였다. 그런데 융의 가계에는 목사가 대단히 많아 아버지, 친삼촌 두 명, 외조부와 외삼촌 여섯 명 전부가 목사였다. 어머니와 외조부, 외삼촌이 초자연적인 것에 대한 믿음을 가지고 있었으며, 특히 융의 사촌 중 한 명은 자신이 영매(靈媒)라고 주장하였다. 융이 종교와 초자연적인 현상에 조예가 깊은 것은 이런 가정배경과 관련이 있다.

아홉 살이 돼서야 누이동생이 태어났으므로 아홉 살까지 융은 외동아이였고 누이동생이 태어난 후에도 동생에게 무관심한 내향적 성격이었으며, 그 내향성은 일생 동안 지속되었다. 내향성으로 인해 융은 주로 개인의 정신범위 내에서 이루어지는 성격의 발달과정에 주된 관심이 있었고 개인 간의 관계인 대인관계에 대해서는 무관심했다.

융은 전공분야를 결정해야 할 때 식탁이 쪼개져 있고 빵 자르는 칼이 산산조각이 나는 신비로운 현상을 경험한 것이 계기가 되어 정신의학을 하겠다고 결정했다. 융의 일생에서는 특히 중요한 결정을 내려야 할 때 꿈, 공상, 초심리적 현상이 항상 결정적 역할을 했다.

1907년 교분이 시작된 후 6년 동안 계속된 프로이트와의 개인적·직업적 관계를 학문적 관점의 차이로 결별한 후, 융은 혼란과 내적 불안정으로 상징적 꿈과 환상을 경험하는 정도가 정신병적 상태에 가까웠다. 그러나 그는 이러한 혼란을 새로운 개인적 통합으로 이끄는 내적 여행으로 보았고, 자신의 체험에 근거해 무의식과 상징에 대한 탐구를 계속했다. 그뿐만 아니라 융은 연금술, 점성술, 예언, 텔레파시, 투시, 요가, 강신술(降神術), 영매, 강령술, 종교적 상징, 환상, 꿈 등에 대한 관심이 지대했다. 융은 1961년 사망했다.

2) 주요 개념

(1) 정신

융은 퍼스낼리티 전체를 정신이라 일컬었으며, 정신을 생리적 충동에 예속되지 않은 독자적 실체로 보았다(Jung, 1936: 30). 즉, 인간이 퍼스낼리티의 전체성을 가지고 태어나는 것으로 간주했다. 여기서 정신은 의식적, 무의식적인 모든 생각, 감정, 행동을 포함한다. 정신적 에너지는 인간정신에 깊이 근원하는 모든 상이한 충동을 만족하는 많은 형태를 가진다고 가정되었다. 예를 들면, 예술의 목적은 사회적·종교적 목적을 충족할 뿐만 아니라 권력, 성적 충족, 상징적 죽음과 부활, 파괴적-공격적 충동의 방출, 또는 창조력이라고 보았다(Maduro & Wheelwright, 1977: 103~104).

(2) 리비도

융은 프로이트의 리비도 개념을 넓혀, 리비도가 생물학적·성적·사회적·문화적·창조적인 모든 형태의 활동에 에너지를 제공하는 전반적인 생명력을 의미한다고 보았다(Maduro & Wheelwright, 1977: 103). 다시 말해, 융의 리비도는 영적인 특질을 가진 창조적 생명력으로 개념화되었다(홍숙기 역, 1992: 92).

(3) 콤플렉스

융에 의하면 콤플렉스(*complex*)는 특수한 종류의 감정으로 이루어진 무의식 속의 관념 덩어리이다(김형섭 역, 1997). 콤플렉스의 내용은 완전히 무의식일 수도 있고 어떤 때는 의식하다가 다시 의식하지 못하는 상대적 무의식일 수도 있다. 콤플렉스의 존재는 언어연상 실험을 통해 발견되었다. 융은 일련의 단어를 한 번에 하나씩 읽고 피실험자에게 마음에 떠오른 단어를 대답하도록 했을 때, 가끔 피실험자가 반응하는 데 오랜 시간이 걸리는 점에 주목했다. 반응을 지연시킨 단어 간에 연관이 있기 때문에 무의식 속에 사고, 감정, 기억의 연합체인 콤플렉스가 있다고 생각한 것이다. 콤플렉스에 관한 융의 연구결과는 콤플렉스가 퍼스낼리티 속의 별개의 작은 퍼스낼리티임을 암시한다. 콤플렉스는 자립적이며 그 자체의 추진력을 갖고 사고와 행동을 강력하게 지배할 수 있다.

(4) 원형

원형(*archetype*)은 표상 불가능한, 무의식적이고 선험적인 이미지를 의미한다(Jung, 1961: 380). 융은 출산, 죽음, 권력, 마법, 영웅, 신, 악마, 대지, 거인, 나무, 태양, 달, 바람, 강 같은 무수히 많은 원형을 설명했다. 융은 원형에 대해 "인생의 전형적인 장면과 같은 수만큼 무수히 많은 원형이 있다. 무한한 반복에 의해 이 경험들은 정신적 소질 속에 새겨진다. 그것은 내용이 있는 이미지 형식이 아니라 처음에는 내용이 없는 형식이고, 어떤 유형의 지각과 행동의 가능성을 가지고 있을 뿐이다"(Jung, 1936: 48)라고 설명했다.

원형은 과거의 기억과 같은 완전한 심상이 아니다. 즉, 어머니의 원형은 어떤 어머니의 사진이 아니라 경험에 의해 현상되어야 하는 음화(陰畵)인 것이다. 따라서 잠재적 이미지는 현실 속의 부합되는 대상과 동일시됨으로써 의식적 실재가 된다.

(5) 자아

자아(*ego*)는 의식의 개성화(*individuation*) 과정에서 생기는 것으로 보았다. 개성화란 개인의 의식이 다른 사람으로부터 분리되는 과정을 말한다(Jung, 1936: 275). 따라서 의식의 시작이 곧 개성화의 시작이며, 의식이 증가하면 개성화도 증가하게 된다. 자아란 의식의 견해를 나타내므로 의식적인 지각, 기억, 사고, 감정이 자아를 이루게 된다. 이때 자아가 의식의 문지기 역할을 하므로 감각이든 관념이든 기억이든 자아에 의해 의식으로 인지되고 받아들여지지 않으면 보이지도 들리지도 생각나지도 않는다. 그러므로 자아는 선택적이다. 무수히 많은 체험을 해도 대부분은 의식에 도달하기 전에 자아에 의해 제거된다.

융은 자아가 의식 여부를 결정하는 것은 부분적으로 심적 기능에 의해 좌우된다고 보았다. 예를 들면, 감정적 유형인 사람의 자아는 정서적 경험이 의식되는 것을 허용하기 쉽다. 의식화 여부는 부분적으로 그 경험이 자아에게 얼마만큼 불안을 일으키느냐에 따라 결정된다. 즉, 불안을 일으키는 경험은 의식되기가 어렵다. 융은 강하고 잘 구조화된 자아가 이상적인 발달의 결과라고 주장한다.

(6) 페르소나

페르소나(*persona*)는 자아의 가면으로, 개인이 외부세계에 내보이는 이미지, 즉 개인이 사회적 요구에 대한 반응으로 내보이는 사회적 모습이다. 즉, 사회의 기대치에 부응하는 개인의 역할을 말한다. 그러므로 페르소나는 때로 음영(陰影)에 대비되기도 하고 때로는 아니마와 아니무스에 대비되기도 한다. 사회에 적응하기 위해서는 어느 정도 페르소나가 발달하는 것이 필요하다. 페르소나에 의해 싫은 사람까지도 포용하면서 다른 사람과 잘 융화할 수 있으므로, 퍼스낼리티에서 페르소나는 유익할 수 있다. 그러나 개인이 사회적 역할에 지나치게 사로잡혀 자아가 오직이 사회적 역할만 동일시하기 시작하면 성격의 다른 측면들이 발달하지 못한다(Jung, 1961: 385). 즉, 자아가 페르소나와 지나치게 동일시되면 자신의 내면세계로부터 유리될 위험이 있다.

(7) 아니마와 아니무스

융은 양육, 감정, 예술 및 자연과의 일치 등에 대한 역량은 여성적 원리로, 사고, 영웅적 주장, 자연의 정복은 남성적 원리로 간주했다(Jung, 1961: 379~380). 그는 인간이 남성호르몬과 여성호르몬을 모두 분비하므로 생물학적 의미로 양성의 성질을 가지며 심리적으로도 인간이 양성적 특질을 갖고 있으나, 유전적인 성차와 사회화로 인해 남성에게선 여성적 측면이, 여성에게선 남성적 측면이 억압되고 약화된다고 보았다. 이 무시된 측면들은 무의식 속에 존재한다고 간주되었다. 무의식 속에 존재하는 남성의 여성적인 면은 아니마(*anima*), 여성의 남성적인 면은 아니무스(*animus*)라 명명했다(Jung, 1961: 380).

아니마와 아니무스는 꿈, 환상, 문학, 남녀의 상호작용, 신화 속에 나타나는 반대 성의 원형이다. 남성이 그의 여성적 본성을 억압하고 경멸하고 홀대할 때, 그는 자신의 창조력과 전체성으로부터 고립된다. 여성이 남성적 본성을 억압하는 경우도 마찬가지이다.

(8) 음영

음영(*shadow*)이란 의식의 이면으로, 무시되고 도외시되는 마음의 측면이다. 음영은 인간의 동물적 본성을 크게 포함하고 있어 용납하기 어려운 특질과 감정으로 구성되어 있다. 인간이 사회생활을 무리 없이 하기 위해서는 음영에 포함된 동물적 본성을 자제해야 하므로, 페르소나를 발달시키게 된다. 그러나 음영은 동물적 본능의 근원일 뿐 아니라 자발성, 창의력, 통찰력 등 완전한 인간성에 필수적 요소의 원천이기도 하다. 따라서 음영을 완전히 억압하면 창조성과 생명력 같은 본성을 희생시키는 대가를 치르게 된다. 반면, 자아와 음영이 조화를 이루면 그 사람은 생기와 활력에 넘치게 된다.

음영은 긍정적인 자기상과 반대되기 때문에 대부분의 경우 부정적이다. 그러나 의식적 자기상이 부정적이라면 무의식적 음영은 긍정적 모습이 된다(Jung, 1961: 387). 음영에 대한 통찰은 자기자각과 성격통합의 첫걸음이 된다(Jung, 1933: 35~42). 그러나 음영을 인식하기는 어려운데, 그 이유는 주로 그것이 투사와 관련되기 때문이다. 융은 인간 사이에 일어나는 많은 갈등이 음영의 투사로 인해 생긴다고 보았다. 즉, 자신의 일부임에도 외면하는 음영이 상대방에게 있을 때 질투하거나 적개심을 느낀다는 것이다.

(9) 자기

자기(*self*)는 중심성, 전체성, 의미를 무의식적으로 추구하는 원형이다 (Jung, 1961: 386). 의식과 무의식을 포함한 전체 정신의 중심인 자기는 태어날 때부터 존재하는 원형이므로, 의식의 중심인 자아(*ego*)는 의식의 영역밖에 볼 수 없지만, 자기는 모든 것을 볼 수 있고 통합할 수 있다. 자아는 의식을 전부라고 여기고 의식의 판단에 따라 행동하므로 무의식과는 단절되어 있다. 그러므로 무의식은 끊임없이 꿈, 사건 등을 통해 자아에 무의식이 존재한다는 것을 알리려 자극한다. 자아의식이 확대되어 무의식을 깨달을 때 자아는 자기에 가까워진다. 융은 꿈이 상당히 직접적으로 무의식을 드러낸다고 보았다(Jung, 1933: 12~13). 그는 꿈이 성격의 상이한 체계들의 상호작용 결과이기 때문에 의식과 무의식이 호혜적이고 보충적인 관계로 존재한다고 간주하였다(Jung, 1934: 153). 자기의 원형은 중년이 될 때까지 거의 드러나지 않는데, 이는 자기가 드러나기 위해서는 퍼스낼리티가 개성화를 통해 충분히 발달해야 하기 때문이다. 자아가 자기의 원형으로부터의 메시지를 무시한다면 자기에 대한 이해가 불가능하므로 자기실현 여부는 자아의 협력에 달려 있다. 즉, 자기인식이 자기실현에 이르는 길인 것이다.

(10) 집단무의식

모든 개인의 정신이 공통으로 가지고 있는 하부구조를 집단무의식(collective unconscious)이라 일컫는다. 집단무의식은 개인무의식(personal unconscious)과 달리, 개인적으로 얻어진 것이 아니다. 융은 모든 인류에게 공통적으로 유전되어온 집단무의식이 정신의 심층에 존재한다고 보았다. 그 증거로 멀리 떨어져 있는 지역에서의 신화*가 서로 비슷한 것을 예로 들었다. 결국 진화와 유전이 신체적 청사진을 제공하듯 집단무의식이 정신의 청사진을 제공한다는 것이다(Jung, 1928: 162).

뇌를 통해 마음은 각종 유전적 소질을 가지는데, 즉 특정한 방법으로 생각하고, 느끼며, 지각하고, 행동하는 소질을 가지고 인간이 태어난다는 의미이다. 사람들이 어떤 것들을 쉽게 지각하고 특정한 방법으로 반응하기 쉬운 것은 정신에 그 소질이 있기 때문이다. 다시 말해 인간의 마음이 진화에 의해 미리 형성되어 있다는 것이다. 집단무의식은 직접적으로 의식화되지는 않지만 신화나 민속예술의 주제를 통해 간접적으로 파악될 수 있다.

3) 무의식의 구성

〈그림 11-1〉에서(서봉연 역, 1983: 315) 보듯, 융은 무의식이 개인무의식과 집단무의식이라는 두 층으로 구성되어 있다고 보았다. 융은 무의식의

---

*   예를 들어, 서로 다른 문화권인데도 영웅신화는 유사한 내용을 갖는다. 집을 떠나 모험을 하고, 생사를 가르는 위험에 부딪히나 승리하며, 그 보상으로 왕이 되거나 공주와 혼인을 한다.

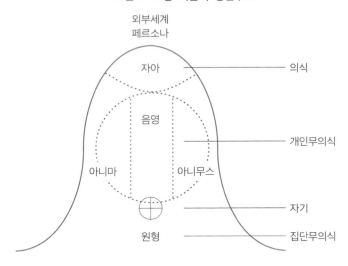

그림 11-1 융 이론의 정신구조

외부세계
페르소나

자아 ———————— 의식

음영

———————— 개인무의식

아니마   아니무스

———————— 자기

원형 ———————— 집단무의식

세계는 상징을 통해서만 접근할 수 있다고 생각했다. 융은 무의식의 창조성을 절대적으로 신봉했으므로, 그의 무의식은 프로이트식의 위험한 무의식 개념과 뚜렷이 구별된다.

　자기(*self*)보다 상층부에 있는 것이 개인무의식이다. 자아(*ego*)에 의해 인정받지 못한 체험이라고 해서 정신에서 소멸되지는 않는다. 융은 이 체험들이 개인무의식에 저장된다고 보았다. 개인무의식은 살면서 의식이 억압하고 망각한 모든 성향과 감정을 포함한다(Jung, 1961: 389). 음영의 대부분은 개인무의식이며, 아니마(남성)와 아니무스(여성)도 부분적으로는 개인무의식이다. 개인무의식 중 일부는 프로이트의 억압된 무의식과 거의 같아서, 자아와 초자아에 의해 용납될 수 없는 고통스러운 경험과 심한 불안으로 인한 환상, 감정, 사고가 자아에 의해 억압, 억제, 격리, 부정, 망각되어 인식되지 못한 것이다.

그러나 어떤 개인무의식의 내용은 필요할 때 쉽게 의식에 접근할 수 있다. 즉, 자아에 의미 있는 인상을 주지 못한 경험은 프로이트의 전의식처럼 쉽게 의식에 도달할 수 있다. 예를 들면, 전혀 흥미 없이 배웠던 것을 몇 년 지나서 그것이 필요할 때 개인무의식으로부터 상기할 수 있다. 개인무의식은 꿈의 형성에 중요한 역할을 한다.

개인무의식에는 하나의 공통된 주제와 관련된 정서, 기억, 사고가 집합을 이루는 경우가 있는데, 이것이 콤플렉스이다(Jung, 1907: 40). 콤플렉스는 무의식이므로 자아는 콤플렉스의 지배를 받고 있는지를 깨닫지 못한다. 자아의 저항이 콤플렉스와 관련되어 신경증을 일으키는 정서나 원형을 의식하지 못하게 하므로, 콤플렉스는 자율적이다. 콤플렉스는 부정적 요소와 긍정적 요소를 가지므로 성장을 방해 또는 촉진한다(Maduro & Wheelwright, 1977: 90). 또한 콤플렉스는 항상 다른 콤플렉스에 구조적으로 관련되어 작용한다. 예를 들면, 모성 콤플렉스는 자녀 콤플렉스, 부성 콤플렉스와 상호작용한다. 콤플렉스는 통합적 자아로부터 독립적으로 분리되어 있으므로 유해할 수 있다.

융이 관찰한 콤플렉스의 대부분은 환자의 콤플렉스*였다. 후에 융은 콤플렉스가 반드시 적응을 방해하지만은 않는다는 것을 깨달았는데 콤플렉스가 뛰어난 업적을 이루는 데 꼭 필요한 영감과 충동의 근원이 될 수 있음을 발견한 것이다.

프로이트의 영향을 받은 융은 처음에는 콤플렉스가 아동기 초기의 외

---

* 심리치료 과정에서 이 콤플렉스를 의식하게 될 경우, 환자는 콤플렉스에서 벗어나게 된다.

상 경험에서 비롯된다고 믿었으나, 프로이트의 영향에서 벗어난 후에는 아동기 초기의 체험보다 더 심오한 것으로부터 생기는 것임을 깨닫기 시작했다. 그 결과 콤플렉스는 종의 진화사에서 겪은 어떤 경험, 즉 유전이라는 기제를 통해 한 세대에서 다음 세대로 계승되는 경험이라고 간주되었는데, 이것이 정신의 또 다른 수준인 집단무의식이다.

집단무의식의 구조적 요소는 인간의 근원적 행동조건인 원형이다. 원형들은 집단무의식 속에서 별개의 구조를 이루고 있지만 서로 결합하기도 한다. 예를 들면, 영웅의 원형이 악마의 원형과 결합하면 '무자비한 지도자' 유형의 성격이 나온다. 따라서 모든 원형이 여러 가지 형태로 결합되어서 작용하는 점이 개인마다 성격이 다르게 되는 한 요인이 된다.

한편, 융은 무의식으로부터 나오는 원형적 활동을 작동시키고 상징적으로 구조화하는 데 문화의 역할을 강조하였다. 그러므로 동일한 환경에서의 경험이 상이한 원형적 반응을 일으킬 수도 있고, 다양한 환경적 요인이 동일하거나 유사한 원형적 반응을 일으킬 수도 있다는 것이다.

4) 성격의 발달

융의 견해에 의하면 성격은 자아, 개인무의식, 집단무의식의 세 가지로 분리되어 있으나 서로 교류하는 체계로 구성되어 있다. 그는 이 성격의 발달이 일생에 걸친 연속적 과정이라고 보면서도, 두드러지는 변화가 일어나는 네 단계로 성격의 발달을 설명했다(Jung, 1933; 1961; Jacobi, 1959).

(1) 아동기

이 단계는 출생부터 사춘기까지이다. 출생 후 몇 년 동안은 정신이 완전히 본능에 의해 지배되므로, 이 시기 동안 아동은 전적으로 부모에게 의존한다. 의식적 자아가 발달하기 전이므로, 지각된 것은 조직화되지 못하며 의식적 기억도 쓸모가 없다. 생활 속의 질서의 대부분을 부모가 결정한다. 유아의 행동은 본능에 의해 지배되므로 심리적 문제는 있을 수 없고 사실상 있지도 않다. 심리적 문제란 의식부에 자아가 존재해야 생기는 것인데 이 시기에 자아는 아직 형성되지 않았기 때문이다. 따라서 의식의 연속성도, 자아정체감의 감각도 없다. 아동기 후반부에 가서 기억이 지속되면서, 또 자아정체감의 감각과 관련된 지각이 축적되면서 자아가 형성된다. 학교에 들어가면서 아동은 부모로부터 점차 분리되기 시작한다.

(2) 청소년기와 성인기

이 단계는 사춘기에 일어나는 생리적 변화로 시작되어 35~40세 사이에 끝난다. 융은 청소년기를 정신적 탄생(*psychic birth*)이라 불렀다. 정신적 탄생과 부모로부터 자아의 의식적 분리는 청소년기에 일어난다. 생리적 변화가 이러한 정신적 혁명을 수반한다. 청소년기는 본인도 부모도 어려운 시기이다. 물론 개인의 각오, 자각, 적응이 충분히 발달해 있으면 청소년기에 큰 어려움이 없다. 그러나 청소년기에 현실과 모순되는 환상에 집착하면 많은 문제에 부딪히게 된다. 예를 들면, 어른이 되는 것보다 어린이로 머무르기를 좋아하는 어린이의 원형이 청소년기의 문제를 낳을 수 있다.

성인기는 외양적으로 팽창하는 시기이며, 성숙의 힘에 이끌려 자아가 발달하고 외부세계에 대처하는 능력이 발달한다. 따라서 경력을 쌓고 가정을 이루며 사회적 성공을 얻기 위해 노력한다. 즉, 활력은 외부로 향하고 외향적 태도를 취하기 쉽다. 대개 남성은 남성적 원리를, 여성은 여성적 원리를 발달시킨다.

(3) 중년기

35세부터 40세를 전후해 정신적 변화가 오게 되며, 외향적 목표와 야망은 중년이 되면 그 의미를 잃기 쉽다. 융은 그러한 변화가 일어나는 것은 사회가 보상한 성취가 성격의 어떤 측면을 희생한 대가로 얻어진 것이기 때문이라고 보았다. 그러나 중년기 위기에서 정신은 인간으로 하여금 내면으로 시선을 돌려 생의 의미를 음미하도록 촉구하여 위기에서 벗어날 출구를 제시하는데, 무의식이 정신의 균형과 조화를 위해 억압된 측면을 인식할 것을 요구한다. 즉, 중년기에는 외부세계를 정복하는 데 쏟았던 에너지를 자신의 내부에 초점을 맞추도록 자극을 받으며 자신의 잠재력에 깊은 관심을 갖게 된다. 이에 따라 남성은 여성적 측면을, 여성은 남성적 측면을 표현하게 된다. 이는 성격의 태도 측면에서 내향적으로 되면서 의식에만 집중하던 경향이 무의식의 세계를 깨달음으로써 바뀌기 때문이다.

중년기 변화는 처음부터 의식되는 현저한 변화가 아니며, 오히려 무의식에서 야기되는 것 같은 간접적 변화이다. 성격의 변화 같은 것이기도 하고, 어떤 사람에게는 아동기에 사라졌던 특질을 나타내는 것이기도 하다. 중년기에 청소년기나 성인기의 가치와 목표에 여전히 매달려 있으면 더는 발달하지 못한다. 그 가치들은 이미 의미를 상실했으므로 새로 의미를 찾아야 하는데 그러지 못하면 절망에 빠지게 되는 것이다.

(4) 노년기

노인은 자신의 삶이 더는 상승할 수 없으며 인생의 마감을 앞두고 있다는 것을 알아야 한다. 내적 과정에 있어 청소년기에는 자기 자신에 지나치게 몰두하는 것이 좋지 않으나 노년기에는 자신에 대해 진지한 관심을 가지는 것이 의무이고 필수이다. 그런데 많은 노인은 그렇게 하는 대신 지나치게 건강을 염려하고, 인색하며, 공리공론과 과거에 대한 찬양만 하면서 인생의 후반부도 전반부의 원리로 살려는 환상을 가진다.

융은 "사람이 나이가 들어 명상과 회고를 많이 하면 자연적으로 내적 이미지가 이전과 달리 큰 비중을 차지하게 된다"고 보았으며, "노인은 죽음 앞에서 생의 본질을 이해하려고 애쓴다"고 말했다(Jung, 1961: 309). 그는 노인이 내세의 이미지를 갖고 있지 않다면 건전하게 죽음에 직면할 수 없다고 믿었다. 나이 든 사람에게도 미래를 향한 목표는 필요하며 죽음의 불가피성은 어느 정도 죽음 자체가 하나의 목표로 간주되어야 함을 시사한다. 죽음에서 인간이 추구할 수 있는 목표를 발견하는 것이 건전하며, 죽음을 회피하는 것은 인생 후반부의 목적을 빼앗는 것으로 불건전하고 비정상적이라는 의미이다.

융의 관점에서 죽은 사람의 영혼은 새로 죽은 사람에게서 생의 의미에 대한 진리를 깨닫기 위해 넋을 잃고 귀 기울이는 청중과 같다(Crain, 1985: 204). 융의 관점에서는 사후의 삶도 인생의 연속인 것이다. 따라서 노인처럼 죽은 사람도 존재의 의문에 대해 계속 씨름하고 있다고 가정된다(Crain, 1985: 205).

5) 심리적 유형

융은 심리적 유형에 관한 연구에서 자아의 기본적 태도와 기능을 제시했으며, 이들이 여러 가지 결합으로 개인의 성격을 결정하는 방식에 대하여 설명했다(Jung, 1959).

(1) 자아의 태도

융은 자아의 기본적 태도를 외향성과 내향성의 두 가지로 구분했다. 자아의 기본적 태도는 태어날 때부터 결정되는 것으로 간주된다. 외향성은 정신에너지인 리비도가 객관적 외계의 표상으로 향하며, 객관적 사실과 조건에 관한 지각, 사고, 감정에 의해 좌우되는 것을 의미한다. 따라서 외향적인 사람은 사람, 사물, 사건에 무한히 흥미를 느끼며 환경에 쉽게 적응한다. 그의 마음은 외부대상에 의해 자극되고 특정하게 반응한다. 외향적인 사람은 자기 안에서 일어나는 변화를 바깥에서 영향을 미치는 외부대상 탓으로 여긴다.

   내향성은 리비도가 주관적 정신구조와 과정으로 향해 있다. 그래서 내향적인 사람은 외부대상에 대한 자신의 성찰로부터 영향을 받는다. 내향적인 사람에게서 대상의 중요성은 대상 그 자체가 아니라 그것이 어떻게 자신의 심리에 관계되는지에 달려 있다. 그러므로 외향적인 사람은 외부 세계가 제공하는 정보로 판단하지만, 내향적인 사람은 자신의 주관에 의해 판단한다. 예를 들어, 어떤 사람은 밖이 춥기 때문에 외투를 입도록 설득되지만, 밖이 아무리 추워도 추위를 느끼고 싶은 다른 사람은 외투가 불필요하다고 여긴다. 어떤 사람은 세상 사람들이 찬양하기 때문에 그

테너 가수를 찬양하지만, 다른 사람은 그 테너 가수가 아무리 명성이 높아도 자기 취향에 맞지 않으면 높이 평가하지 않는다. 전자는 객관적 정보로 판단하지만, 후자는 자신과 객관적 사실 간에 삽입되는 자기 나름의 주관적 견해를 가지고 판단하는 것이다.

모든 사람은 외향성과 내향성을 양쪽 다 가지고 있으나 어느 한쪽의 상대적 우세가 그 유형을 결정한다. 외부환경과 내적 성향이 어느 한쪽을 지지하고 다른 쪽을 제한하여 한쪽의 우세가 자연히 발생하게 된다. 결국 일반적으로 외향성과 내향성 중 어느 한쪽의 태도가 개인의 일생에 걸쳐 우위에 있다. 객관적 지향이 우세하면 외향적이라 간주되며 주관적 지향이 우세하면 내향적이라 불린다. 외향적인 사람은 다른 사람과의 상호작용에 관심을 가진다. 활동적이고 사교적이며 주위의 일에 흥미를 가진다. 내향적인 사람은 자신의 내적 세계에 대해 사색하고 분석하는 일에 흥미를 갖는다. 고독하고 비사교적이며 자기 일에만 관심을 가진다. 이 두 태도는 번갈아 나타날 수도 있지만 동시에 의식에 공존하지는 못한다.

자아의 태도유형은 성별, 연령, 직업, 계층 등과 상관이 없다. 예를 들어 동일 가족 내에서 한 자녀는 내향성이지만 다른 자녀는 외향성일 수 있다. 이러한 사실에 비추어 자아의 태도유형은 의식적 판단이나 의도일 수 없으며, 무의식적인 본능적 동기에 의해 결정된다.

한편, 의식에 표현되는 것과 반대되는 태도가 무의식에 존재한다. 이것이 개인무의식의 일부가 되어 그 속에서 행동에 영향을 미칠 수 있다. 예를 들어 외향적인 사람이 갑자기 우울해하고 비사교적으로 행동할 때, 그는 일시적으로 무의식 속에 억압된 자신의 내향성을 표현한 것이다.

보통은 의식의 태도를 무의식의 태도가 적절히 보완하므로 문제가 없으나, 의식의 태도가 너무 지나치면 정반대의 무의식의 태도에 의해 때로 의식이 지배되기도 한다.

(2) 자아의 기능

융은 의식에 외향성과 내향성 외에 자아의 기본적인 심리적 기능이 있다는 것을 이후 추가했다. 그는 외향성과 내향성이라고 해서 모두 똑같지 않음을 발견했는데, 특히 합리적 혹은 비합리적인 차원에서 다른 점에 주목했다. 융은 그 심리적 기능을 ① 사고, ② 감정, ③ 감각, ④ 직관이라는 네 가지로 보았다. 이들 네 기능 중 어떤 한 기능이 우세하면 그에 상응하는 유형이 된다. 즉, 자아의 기능은 사고형, 감정형, 감각형, 직관형으로 분류된다.

평가 혹은 판단에 사용되는 기능인 사고와 감정은 합리적 기능이라고 하는데, 이 두 기능이 판단행위를 필요로 하기 때문이다. 사고와 감정은 실제로 정반대 기능이지만, 양쪽 모두 경험에 대해 판단하고 평가하며 체계화하고 분류하는 속성을 갖고 있다. 사고는 여러 가지 생각을 연결해 일반적 생각 또는 문제해결에 도달하는 기능이다. 즉, 사물을 이해하고자 하는 지적 기능이다. 감정은 내적 혹은 외적 실체에 대한 인정 혹은 경시를 포함한다. 사고형은 모든 중요한 행동이 지적인 동기로부터 나온다. 사고형은 감정을 누르는 경향이 있다. 주로 사고를 통해 외부세계에 적응하는 사람은 감정의 문제는 잘 다루지 못한다. 감정형은 평가할 때 어떤 생각이 유쾌한지 불쾌한지, 흥미가 있는지 없는지 등에 의해 그 생각을 받아들이거나 거부한다. 감정형은 주로 감정판단에 근거해 생활을 영위하며 사고기능이 열등하다.

　지각의 두 형태인 감각과 직관은 이성을 필요로 하지 않으므로 비합리적 기능이다. 감각과 직관이 이성을 필요로 하지 않는 것은 두 기능이 모두 개인에게 작용하는 자극으로 인해 발생하는 심적 상태이기 때문이다. 이 상태는 방향이 없을 뿐만 아니라 사고나 감정과 달리 목표도 없다. 감각은 감각기관을 통해 현실을 경험하는 것인 반면, 직관은 일종의 초감각적 경험이나 육감을 토대로 한다는 점에서 상반되는 기능이다. 즉, 감각이란 감각기관의 자극에 의해 생기는 모든 의식적 경험을 포함하지만, 직관은 직접적으로 주어진 경험이라는 점에서 감각과 같으나 그것이 어디에서 왔는지 혹은 어떻게 생겼는지 당사자가 모르는 점이 다르다. 직관은 내용을 모르는 채 전체적 형태를 즉각 깨닫는 것이므로 갑자기 나타난다. 감각형은 사물의 현재 있는 그대로에 관심이 있지만, 직관형은 사물을 가능한 모습으로 바라본다. 즉, 감각형은 나무를 보나 숲을 보지 못하며, 직관형은 숲을 보나 나무를 보지 못한다. 감각형은 직관기능이 열등하여 분방한 예측을 주로 한다. 반면, 직관을 통해 미래의 가능성을 잘 감지하는 사람은 감각을 통해 구체적 현실을 파악하는 것은 잘 하지 못한다.

　의식적 주의는 사고, 감정, 감각, 직관이라는 네 가지 심적 기능의 작용으로 발달한다. 사람은 성장하면서 네 가지 심적 기능을 같은 비중으로 똑같이 사용하지는 않는다. 일반적으로 특정 기능을 다른 기능들보다 많이 사용한다. 이 네 기능 중 어느 기능을 많이 사용했느냐에 따라 기본적 성격이 달라진다. 예를 들면, 사고기능이 뛰어난 아동의 성격은 감정기능이 뛰어난 아동의 성격과 상당히 다르다. 결국, 심리적 기능에서도 한 가지 기능만이 의식에서 지배적이고 나머지 세 기능은 개인무의식의 일부가 되는 것이다.

(3) 심리적 유형: 태도와 기능의 조합

융은 모든 사람이 자아의 태도와 기능을 활용해 생활을 영위한다고 주장했다. 즉, 자아의 두 태도 중 하나와 자아의 기능 가운데 상대적으로 발달한 기능이 일반적으로 그 사람의 내적·외적 생활에 관계하는 방식을 결정한다는 것이다. 두 가지 태도와 네 가지 기능의 결합으로 여덟 가지 심리적 유형이 형성된다. 즉, 외향적인 사고·감정·감각·직관과 내향적인 사고·감정·감각·직관이 그것이다. 심리적 유형을 기계적으로 적용해 인간이해를 하면 위험하지만, 이러한 유형화가 인간의 다양성과 개성을 보여주는 측면이 있으므로 인간이해를 도울 수 있는 일종의 가설이라 할 수 있다. 각 유형을 살펴보면 다음과 같다.

외향적 사고는 자극에 의해 뇌에 전달되는 정보를 이용하는 것을 일컫는다. 따라서 외향적 사고를 하는 사람은 실천적이며 실제적이다. 외향적 사고형은 객관적 사고를 일생의 과제로 삼는다. 그 표본은 객관적 세계에 관해 배우는 데 전력을 다하는 과학자이다. 외향적으로 사고하는 사람은 자기의 감성적 측면을 억압하기 쉬우므로 냉정하며 오만하게 보이기 쉽다. 그 억압이 너무 심하면 감정이 결핍되어 사고가 빈약하고 메마르기 쉽다.

주관적으로 생각하는 내향적 사고는 내적 심리세계에 관해 주로 생각한다. 그러므로 내향적 사고형은 생각이 내면으로 향해 있다. 자신의 실존을 이해하고자 하는 철학자가 그 표본이다. 극단적인 경우에는 현실을 완전히 떠나게 된다. 이 유형은 흔히 완고하고, 분별없으며, 거만하고, 쌀쌀하게 보인다.

외향적 감정은 외적 또는 객관적인 기준에 지배된다. 이에 따라 외향적 감정형은 사고보다 감정을 상위에 놓는 유형이다. 이 유형은 상황에 따라 감정도 변하기 때문에 변덕이 심하고 감정적이며 기분파로 보인다.

내향적 감정은 주관적 조건, 특히 원형에서 생기는 원시적 이미지에 주로 사로잡힌다. 내향적 감정은 독창적, 비정상적인 경향이 있다. 내향적 감정형은 자기의 감정을 감춘다. 이 유형은 말수가 적고, 접근하기 어려우며, 우울해 보이고, 깊고 열렬한 감정이 감추어져 있다.

외향적 감각은 개인이 어떤 객관적 현실에 직면해 있는가에 의해 결정된다. 따라서 외향적 감각형은 외부세계에 관한 사실을 파악하는 데 관심을 가진다. 이 유형은 현실적이며 앞뒤를 계산하지 않고 있는 그대로 받아들인다. 극단적인 경우 호색가 또는 탐미주의자가 된다.

내향적 감각은 특정 시점에서의 주관적 현실에 지배된다. 따라서 내향적 감각형은 외적 대상과 거리를 두고 자신의 정신적 감각에 몰두한다.

외향적 직관은 객관적 상황에서 모든 가능성을 발견하고자 하며, 외적 대상에서 가능성을 찾는다. 그러므로 외향적 직관형은 외부세계에서 새로운 가능성을 발견하기 위해 여기저기 뛰어다닌다. 일반적으로 이 유형은 경솔함과 불안정이 특징이다. 신기한 일만 쫓아다니기 때문에 흥미를 장기간 유지할 수 없다.

내향적 직관은 심적 현상의 가능성을 특히 원형의 이미지에서 찾는다. 내향적 직관형은 원형의 이미지 속에 고립되어 있는데, 그 이미지의 의미를 자신도 모른다. 예술가가 이 유형의 표본이다.

12장

행동주의적 성격이론

1. 스키너의 행동주의적 학습이론

버러스 스키너(Burrhus Skinner)의 행동주의적 학습이론은 당시 지배적
이론이었던 정신분석에 반대되는 관점을 내세우며 성격이론의 확대에
지대한 기여를 했다. 스키너에 의하면 인간은 내적인 창조적 힘에 의해
행동하는 것이 아니라, 유전적 요인과 환경에 따라 조건 지어진다. 특히,
그는 대부분의 인간행동이 내적 충동보다 외적 자극에 의해 동기화된다
고 보았다(Skinner, 1953: 65~66).

이 주장은 인간행동이 그 결과에 의해, 즉 보상과 처벌에 의해 유지된
다는 것으로 스키너가 보는 인간은 기계적 존재라고 할 수 있다. 이 관점
에 따르면 모든 인간행동은 법칙적으로 결정되고, 예측이 가능하며, 통
제될 수 있다(Skinner, 1938; 1953).

스키너는 인간의 인지적 기능을 전혀 고려하지 않았고 무의식, 자아,
내면적 동기 등으로 인간행동을 설명하는 것을 거부했으며 행동에 대한

과학적 분석을 위해서는 자율적 인간의 성격, 심리상태, 느낌, 성격의 특징, 계획, 목적, 의도 같이 경험적 실증이 불가능한 것은 연구될 필요가 없다고 주장했다(Skinner, 1990: 12~13). 그는 또한 어떤 행동의 양상이 유전적 소질에 의한 것이라 해도 이것이 행동의 예측에는 유용하지만 조작이 불가능하므로 실험적 분석이나 통제에는 무가치하며 따라서 유전적 설명이 쓸모없다고 주장했다(Skinner, 1974). 이에 따라 스키너의 학문적 관심은 인간행동 중 조작이 가능한 행동에 한정되었다.

행동주의적 학습이론은 상당수 사회복지전문직으로 하여금 원조의 초점을 정신 내적 갈등에서 외현적 행동으로 이동시키는 영향을 미쳤다. 또한 이 이론은 인간의 신체적·심리적 발달에 환경이 얼마나 중요한지를 뒷받침하는 사회복지분야의 지식기반이 되었다. 사회복지실천의 목표 중 하나가 바람직한 행동을 증가시키고 바람직하지 않은 행동을 완화 혹은 소멸시켜 사람들이 적절하게 행동하도록 원조하는 것이라 할 때, 행동주의적 학습이론이 사회복지실천 측면에서 이론적으로 기여한 바는 상당하다. 행동수정이나 행동치료에서는 고전적 조건화와 조작적 조건화의 원리에 근거한 개입기법을 주로 사용한다. 그뿐만 아니라 상세한 행동관찰을 필요로 하는 클라이언트에 대한 면접기록과 사정(assessment)에서도 행동주의적 학습이론은 중요한 지식기반이 된다.

1) 버러스 스키너의 생애

버러스 스키너는 1904년 3월 2일 펜실베이니아의 서스쿼해나에서 태어났다. 변호사인 아버지 슬하의 안정된 가정환경 속에서 보상과 벌이 주어지는 적절한 훈육을 받으며 스키너는 학습을 중시하게 되었다. 롤러스케이트, 스쿠터, 연, 모형비행기 같은 움직이는 기계를 디자인하고 만들어 보는 데 열중했던 스키너의 관심은 이후 관찰한 행동을 변형하는 데 대한 관심으로 연결되었다. 해밀턴대학에서 영문학을 전공한 후 작가가 되려 했으나 실패한 후, 하버드대학 심리학과 대학원에서 동물행동을 전공해 1931년 박사학위를 받고 여러 대학에서 교수와 연구자로 탁월한 업적을 남겼다.

스키너가 가장 중요하게 강조한 것은 행동을 이해하는 데 있어 경험적인 접근방법이었다. 학습 분야에서의 실험적 공헌 외에도 이상향 소설인 《월든 투》(*Walden Two*)를 집필했으며, 행동주의 원칙을 《자유와 존엄을 넘어서》(*Beyond Freedom and Dignity*)에서의 사회비판으로 확대한 것은 행동을 결정하고 통제하는 데 환경의 강력한 역할을 입증하려는 스키너의 시도였다. 스키너는 1990년 사망했다.

2) 주요 개념

(1) 반응적 행동

반응적 행동은 구체적 자극에 의해 유발되는 구체적 행동을 일컫는다. 자극은 발생순서상 반응에 선행한다. 옆에 지나가는 사람이 어깨를 부딪치면 움찔하며 피하는 반사행동이나 의견을 말하도록 지목을 받은 후 당황하는 행동 등이 반응행동의 예라고 할 수 있다. 반응적 행동으로는 눈깜박임, 타액분비 반응, 공포 반응 등이 있다.

(2) 조작적 행동

조작적 행동은 환경을 조작해 어떤 결과를 낳는 행동이다. 즉, 조작적 조건화에 의해 습득된 행동을 일컫는다. 예를 들어, 아들이 진로문제를 상의하려고 할 때 계속 딴청을 부리는 아버지는 아들로 하여금 앞으로 진로문제를 상의할 가능성을 없게 만들 것이다. 조작적 조건화는 학습하는 사람이 어떤 행동패턴을 발달하게 한다(Davey & Cullen, 1988). 조작적 조건화는 모든 나이에 발생할 수 있으며 일상생활에서 중요한 행동은 대부분 조작적 행동이다. 직장, 배우자, 또는 자신이 만든 강화 스케줄 등이 많은 성인행동에 작용한다.

(3) 일반화와 변별

어떤 반응양식이 여러 조건에서 똑같이 보상을 받으면 일반화가 발생한다. 일반화는 자극상황들의 유사성에 달려 있다. 즉, 일반화는 조건화된 자극과 유사하지만 동일하지 않은 자극들에 조건화된 반응을 나타내는 것을 의미한다. 자극이 유사할수록 그 자극에 대한 반응률이 증가하여 일반화의 정도가 높아진다.

변별은 사물을 구별하는 것으로 상이한 자극에 상이한 반응을 보이는 것을 의미한다. 변별자극은 특정한 반응이 보상되거나 보상되지 않을 것이라는 단서 혹은 신호로 작용하는 자극을 말한다(Skinner, 1953: 107~109). 변별은 어떤 상황에서는 그 행동이 강화를 받지만 다른 상황에서는 그렇지 않은 데서 생긴다. 강화받을 것이라 생각하는 상황에서는 그 행동을 할 가능성이 더 커진다. 변별자극은 바람직한 결과를 얻기 위해 어떤 행동을 선택해야 할지를 암시한다. 벽에 색칠을 했을 때 보는 어머니의 무서운 얼굴은 처벌을 받는다는 신호로 일종의 변별자극이 된다. 변별자극이 존재하지 않으면 부적절한 반응을 자주 하게 된다. 변별자극은 반응적 조건화*에서는 자동적 통제를 하지만 조작적 조건화에서는 반응이 일어날 가능성만을 좌우할 뿐이다. 변별자극을 통해 인간은 외부세계를 예측하고 통제하는 것이 가능하다.

(4) 강화
강화는 행동재현의 가능성을 높이는 것을 일컫는다. 강화는 정적 강화(*positive reinforcement*)와 부적 강화(*negative reinforcement*)로 구분되는데, 정적이라는 것과 부적이라는 것은 단지 그 상황에 자극을 더하거나 자극을 줄이는 것을 뜻한다. 즉, 정적 강화는 행동에 대한 보상을 수반하고 부적 강화는 불쾌한 경험으로부터의 구제를 의미한다. 정적 강화나 부적 강화 모두 그 결과는 반응률의 증가이다(Skinner, 1953: 73).

(5) 행동형성
행동형성은 복잡한 행동이나 기술을 학습시키는 과정이다. 기존의 행동목록에 포함되지 않은 행동은 강화시킬 수가 없다. 이런 경우 목표가 되는 행동을 만들어 가는 것이 행동형성이다. 행동형성은 이미 일어나고 있는 행동 중 목표로 삼은 바람직한 행동에 가까운 것을 찾아내는 데서 시작된다. 목표하는 행동을 학습할 수 있도록 기대에 부응하는 행동에

---

*   고전적 조건화는 유기체가 자극에 자동적 또는 수동적으로 반응을 일으키게 만드는 속성 때문에 반응적 조건화로도 불린다.

대해 강화를 함으로써 행동을 점차 만든다.

3) 고전적 조건화

고전적 조건화 혹은 반응적 조건화는 인간이 환경적 자극에 수동적으로 반응하여 형성되는 행동인 반응적 행동을 설명하는 개념으로, 파블로프(Pavlov)의 고전적 조건반사 연구에 근거한다. 생리학자인 파블로프는 소화생리 연구를 통해 반응행동이 조건화되는 것을 처음 발견했다(Pavlov, 1927: 16~32). 즉, 타액분비를 이끌어내는 자극을 반복함으로써 이전에 중립적이던 자극이 반사적 반응을 유도한다는 사실을 발견했다. 배고픈 개의 입에 넣어준 고기조각은 항상 침을 분비시키는데, 여기서 침의 분비는 무조건적 반응이다. 그리고 고기조각의 모습과 냄새는 침이라는 무조건적 반응을 유도하는 무조건적 자극이다.

　그런데 개에게 고기조각을 주기 직전에 매번 종을 울리면 점차 그 개는 종소리를 듣고 침을 흘리게 된다. 조건화 이전의 종소리는 중립적 자극이며, 단지 관심을 끌어낼 뿐이었다. 조건화 시행 동안 종소리는 고기조각이 나오기 직전에 울리는데, 음식이 나오기 전인데도 종소리를 듣고 침이 감돌면, 개는 조건화된 것이다. 여기서 종소리는 전에는 중립적이었으나 무조건적 자극과 반복해서 짝지어진 후에는 침샘반응을 통제하는 조건화된 자극이 된다. 종소리만으로 반응을 일으키는 침은 조건화된 반응이다. 추후 실험에서 종소리가 울린 후 고기조각을 규칙적으로 생략하면 반응하는 침의 양은 점차 줄어 조건자극(종소리)이 주어져도 침이 나오지 않게 되는데 이는 조건반응이 소거되었기 때문이다.

고전적 조건반응이 동물실험의 결과이기 때문에 인간행동에도 이 법칙이 적용될 수 있는지 많은 의문이 제기되었으나, 왓슨(Watson)을 비롯한 고전적 조건화 이론가들은 정서적 측면을 포함한 모든 인간행동이 고전적 조건화 원리로 학습되는 것이라고 주장한다. 왓슨의 연구에서 아이 앨버트는 흰쥐를 보았을 때 처음엔 접근해서 만질 만큼 전혀 공포반응을 보이지 않았으나, 쇠막대를 세게 치면서 쥐를 보여 주자 놀라는 반응을 보였는데 반복된 실험을 통해 조건화가 된 후 앨버트는 쥐를 보면 울고 피하게 되었다.

고전적 조건화는 인간의 일생에 걸쳐 발생하는 많은 연상적 학습(associational learning)을 설명해 주는데, 고전적 조건화를 통해 수립된 연상은 분류나 개념 같은 것이다. 특정한 상징이 한 이미지, 정서적 반응, 또는 대상과 짝지어질 때 그 상징은 새로운 의미를 갖게 된다. 예를 들어, 물에 대한 공포의 연상은 일생 동안 물을 체계적으로 회피하도록 이끌 수 있다. 즉, 특정한 대상에 대한 공포 혹은 고통의 연상은 그 대상에 대한 체계적 회피를 낳는다.

고전적 조건화로 인한 행동은 지속될 뿐 아니라 확산될 수 있다. 자신의 성기를 만지는 것이 나쁜 짓이라고 심하게 처벌받았던 아동은 심한 성적 죄의식이 발달한 결과, 성인이 된 후에 정상적인 성적 호기심조차 과도하게 억제하고 성기능장애 문제를 가질 수 있다.

4) 조작적 조건화

스키너의 조작적 조건화는 손다이크(Thorndike)의 도구적 조건화 실험을 기초로 수립되었다. 음식물을 얻으려면 지렛대를 움직여 미로상자에서 빠져나와야 하는 실험을 실시한 결과, 동물들은 지렛대를 조작해 미로상자를 빠져나오는 방법을 학습했다. 손다이크는 이 실험결과에 근거해 모든 행동의 효과가 그 유기체가 앞으로 나타낼 그 행동의 원인이 된다는 효과의 법칙을 제시하였다. 스키너는 이러한 도구적 조건화에 의해 습득된 행동을 조작적 행동으로 명명하였다. 조작적 조건화는 인간이 환경적 자극에 능동적으로 반응하여 나타내는 행동인 조작적 행동을 설명한다.

스키너는 인간행동을 설명하는 데 자극과 고전적 조건화에서 행동의 결과와 조작적 조건화로 초점을 변경했다. 그는 단순한 반사나 조건화된 반응으로 구성되지 않는 인간행동이 많으며, 인간이 성장하면서 고전적 조건반응보다는 조작적 조건반응인 행동을 주로 하는 것에 주목했다. 반응적 조건화가 행동의 선행조건에 초점을 두는 반면, 조작적 조건화에서는 행동이 발생한 이후의 결과가 핵심이다. 행동은 그 결과에 의해 형성되고 유지된다는 것이다.

조작적 조건반응은 어떤 행동의 결과가 보상적이면 그 행동이 쉽게 재현되나, 그 행동의 결과가 고통스럽거나 도움이 되지 않는다면 그 행동이 재현되기 어려운 것을 말한다. 다시 말해, 모든 다른 조건이 동일하다면 강화된 행동은 반복되는 반면, 비강화되거나 처벌받은 행동은 반복되지 않거나 소거되는 경향이 조작적 조건화이다. 따라서 조작적 조건화는 고전적 조건화와 달리, 유기체가 원하는 결과를 얻기 위해 실행하는 자발적 반응인 것이다. 결국, 조작적이란 용어는 유기체가 바라는 결과를 얻기 위해 선택적으로 환경에 작용하는 것을 의미한다. 조작적 조건화에서는 인간이 환경을 조작해 변화하는, 즉 행동의 결과를 만들어 가는 것으로 보아 인간은 고전적 조건화에서처럼 수동적 존재가 아닌, 능동적 존재로 간주된다.

스키너는 반응을 유도하는 구체적 자극을 설정하는 것보다 반응의 가능성을 증가 또는 감소하는 요소에 초점을 두는 것이 행동의 기능적 법칙을 수립하는 데 더 적절하므로, 가장 중요한 것은 유기체의 반응률이라고 보았다. 강화물은 한 반응에 뒤따르는 자극으로 그 반응이 다시 발생할 가능성을 증가시키는 것이다. 강화물인지 아닌지는 다음과 같은 절차로 확인된다.

먼저 잠재적 강화물을 도입하기 전에 시간간격당 문제되는 반응이 몇 번 나왔는지를 측정한다(기준선 단계). 잠재적 강화물을 도입하고 동일한 시간간격 동안에 그 반응이 발생하는 빈도를 측정한다(조건화 단계). 마지막으로 반응의 빈도를 변화시킨 것이 강화물이라는 것을 다시 확인하기 위해 그 잠재적 강화물을 주지 않은 상태에서 반응의 빈도를 측정한다(역전 단계). 역전 단계에서 반응률이 기준선 수준으로 돌아가면 잠재적 강화물이 효과적이었음이 입증된다.

강화물은 정적(正的) 강화물과 부적(負的) 강화물로 구분되는데, 두 가지 강화물 모두 반응의 가능성을 증가시킨다. 정적 강화물인지 부적 강화물인지는 그들이 갖는 효과에 의해 결정된다. 정적 강화물은 그것을 획득함으로서 반응의 가능성이 증가하는 반면, 부적 강화물은 그것의 철회로 인해 반응의 가능성이 증가하는 효과를 낳는다.

　한편, 스키너는 부적 강화물과 처벌을 구별했다(Evans, 1968: 33). 부적 강화물은 바람직한 행동의 발생률을 높이는 데 초점이 있으나 처벌은 용납할 수 없는 행동을 억제하는 데 그 목적이 있으므로 부적 강화물의 목적과 반대된다. 강화처럼 처벌에도 정적 처벌과 부적 처벌이 있다. 정적 처벌은 행동 다음에 체벌과 같은 혐오자극이 뒤따를 때 반응빈도가 감소하는 것을 일컫는다. 행동 다음에 뒤따르는 긍정적 자극을 제거함으로써 반응빈도가 감소하는 것은 부적 처벌이다. 스키너는 처벌이 일반적으로 바람직한 행동변화를 낳는 강화물보다 덜 효과적이라고 주장했다(Skinner, 1953: 184). 이는 처벌이 새로운 것을 가르치지 않고 지속적 반응이나 확립된 반응을 억제하기 때문이다.

　그러므로 처벌은 인간을 성나게 하거나 분노하게 하는, 바람직하지 못한 결과를 낳을 수 있다. 이에 스키너는 가장 좋은 행동통제 방법은 정적 강화를 통해 바람직한 행동을 조건화하는 것이라고 주장했다.

　또한 스키너는 두 가지 형태의 강화를 인정했는데, 일차적 강화물은 애초부터 강화속성을 가진 사건이나 대상이다. 배고픈 사람에게 음식, 목마른 사람에게 물은 전형적인 일차적 강화물이다. 일차적 강화물이 유기체에 주는 보상의 값어치는 학습과 무관하다. 이차적 혹은 조건강화물은 유기체의 과거 조건화 역사에서 일차적 강화와 밀접한 관련이 있는 사건이나 대상이다(Skinner, 1953: 77~81). 미소, 칭찬, 점수, 돈 등이 이차적 강화물이다. 어떤 이차적 강화물은 하나 이상의 일차적 강화물과 연합된다. 예를 들어, 돈은 신체적 편안함, 음식, 옷 등과 연합된다. 관심, 인정, 호의, 사회적 승인 같은 이차적 강화는 인간행동에 큰 영향을 미친다. 이차적 강화물이 짝을 지어 다른 이차적 강화물을 산출하는 연쇄과정이 진행되기도 한다.

결국, 조작적 행동이 학습되고 유지되는 비율은 강화 스케줄이 좌우한다(Skinner, 1953: 99~106). 연속적 강화는 반응의 횟수나 시간에 상관없이 유기체가 반응할 때마다 매번 강화를 주는 것이다. 연속적 강화는 실험실에서는 가능하지만 일상생활에서는 드물다. 연속적 강화는 초기 단계에서 어떤 행동을 시작하게 하고 강화시키기에 좋은 방법이지만, 소거의 영향을 받기 쉬워 행동을 유지시키는 데는 좋지 않다. 간헐적 강화는 일상생활 속에서 연속적 강화보다 훨씬 더 흔하다.

간헐적 강화 스케줄은 그 종류에 따라 행동에 각기 다른 효과를 미치며, 종류는 네 가지로 나눌 수 있다. 첫째, 고정간격 스케줄은 반응에 대해 정해진 시간간격이 지난 후 강화를 준다. 고정간격 스케줄로는 일당이나 주급, 정기적 시험 등을 생각해볼 수 있다. 이 강화 스케줄에 따른 반응률은 시간이 지나면서 증대되나 강화를 얻은 바로 직후에는 반응률이 낮다.

둘째, 고정비율 스케줄은 규칙적으로 보상을 주기 위해 정해진 수의 반응이 일어난 후 강화를 준다. 많은 직장에서 근로자는 생산하거나 판매한 단위 수에 따라 부분임금 혹은 전체임금을 받는데, 고정비율 스케줄은 높은 수준의 조작적 반응을 야기한다.

셋째, 가변간격 스케줄은 강화 시행 간의 시간간격이 다른데, 평균적으로 확인할 수 있는 시간간격이 지난 후 강화를 준다. 가변간격 스케줄의 반응률은 간격이 짧은 경우는 높게, 간격이 길면 낮게 나온다. 유기체는 언제 다음 강화가 있을지 예측할 수 없기 때문에 가변간격 강화 아래에서는 완만한 반응률을 나타내고 천천히 소거된다.

넷째, 가변비율 스케줄은 평균적으로 어떤 정해진 수의 반응이 일어난 후에 강화를 준다. 가변비율 스케줄은 유기체가 다음 강화가 언제 일어날지 예측할 수 없으므로 높고 지속적인 반응률이 나타난다. 바람직한 행동이 습관화되어 고정된 후에는 간헐적 강화가 연속적 강화보다 행동을 소멸시키지 않고 유지시킨다(Bijou & Baer, 1961: 62).

반응률이 높은 강화 스케줄은 가변비율, 고정비율, 가변간격, 고정간격 스케줄 순이다.

5) 성격의 발달

행동주의적 학습이론은 인간의 성격과 행동을 형성하는 데 환경의 역할을 강조한다. 스키너는 성격의 발달이 조건화가 이루어진 행동이 연속적으로 증가하는 것이라고 간주하고, 성격을 이러한 행동패턴의 집합으로 보았다. 즉, 강화된 행동이 습관이 되고 이 습관이 성격의 일부가 된다는 것이다. 따라서 스키너는 성격을 유기체의 행동과 그 행동이 강화된 결과 사이의 독특한 관계양식이라고 설명했다(Skinner, 1974: 167~168).

이와 같은 스키너의 행동적 접근은 다른 성격이론의 가정과는 근본적으로 다르다. 다른 성격이론에서 가정하는 관찰 불가능한 자아 혹은 본성 등의 개념은 인간행동의 과학적 분석을 추구하는 스키너의 이론체계에서는 거부되었다. 인간이 갖는 경향성을 무시한 채 오직 어떤 상황에서 비롯되는 행동과 그것의 결과를 강조하는 스키너 이론을 성격 없는 성격이론으로 일컫기도 한다(노안영·강영신, 2003: 371).

스키너는 건전한 성격은 자극의 일반화와 변별능력이 적절하게 발달된 결과라고 주장했다. 강화된 행동이 다양한 관련 상황으로 확장되는 것이 자극의 일반화이다. 각각의 새로운 사회적 환경에서 어떻게 행동해야 하는지를 일일이 학습할 필요는 없다. 예를 들면, 가정에서 예절 바른 태도를 학습할 때 보상이 주어진 아동은 가정 밖의 비슷한 상황에서도 예절 바르게 행동한다. 한편, 자극의 변별화는 다양한 자극에 적절하게 구별된 반응을 하는 것이다. 길을 묻는 사람에게는 친절한 반응을 보여야 하지만, 공연히 지나가는 사람을 희롱하기 위해 길을 물어보는 척하는 사람에게까지 친절한 반응을 보일 필요는 없다. 변별할 수 있는 능력의 개인차는 개인마다 독특한 차별적 강화 경험에 의해 좌우된다.

스키너는 행동주의적 원리를 적용시킨 이상적 공동사회를 그린 《월든 투》라는 소설에서, 조작적 조건화를 통한 성격의 발달을 제시했다 (Skinner, 1962). 《월든 투》에서 양육의 기본방침은 인생의 초기에는 아동의 욕구를 가능한 한 빨리 그리고 완전히 충족해 주고 그 후에는 서서히 인생의 어려움이나 복잡함을 아동이 자연스럽게 습득하도록 이를 과학적으로 통제된 비율로 도입하는 것이다. 이러한 통제된 조작적 조건화는 사랑이나 기쁨 같은 생산적 감정을 습득하는 것을 의도하는 반면, 슬픔, 증오, 분노, 공포와 같은 감정은 무익하므로 피하게 한다. 《월든 투》에서의 단계별 환경조작은 다음과 같다.

출생부터 1세까지 유아는 가정에서 어머니에 의해 양육되는 것이 아니라 초급 육아실에서 양육된다. 유아는 공기조절이 되는 유리상자에서 크는데, 이 유리상자는 유아에게 옷이나 이불의 속박이 없고 먼지나 균이 없는 알맞은 기온의 환경이 된다. 유아는 기저귀만 찬 상태로 깨끗한 매트에서 위에 매달린 장난감으로 놀며 유리상자 밖의 사람을 바라볼 수 있다. 부모는 매일 아이와 놀아 주며, 부모뿐만 아니라 양육하는 사람들이 충분한 애정을 아이에게 준다. 이러한 양육법으로 유아는 부모로부터 특별한 영향을 받는 것을 피할 수 있다.

유아는 1세 전후에 유리상자에서 상급 육아실로 이동한다. 상급 육아실에는 작은 놀이실, 세면실과 탈의실, 공기조절이 되는 침실이 있다. 발육과 연령, 전염병 감염 여부, 교육적 목적에 따라 아이들을 분류할 수 있도록 많은 침대가 있다. 유아는 여전히 기저귀만 착용한 상태로 활동한다. 양육의 원리는 초급 육아실과 같다. 유아의 욕구는 가능한 한 빨리 완전히 충족되기 때문에 유아는 좌절, 불안, 공포를 알지 못한다. 아픈 경우를 제외하고는 유아는 모든 것에 흥미를 보인다. 이 단계에서 유아에게 인내심을 키우는 것을 목적으로 하는 장난감이 제공된다. 좌절을 해결할 수 있는 나이가 되면 서서히 장애물을 제시해 좌절에 대한 인내를 길러 준다. 어머니에 편향된 관계에서 생기는 문제를 제거하기 위해 상급 육아실의 직원구성은 남녀 동수이다.

3~4세경에는 침대가 하나씩 주어지고 옷 입는 교육이 시작된다. 5~6세경에 아동은 3~4명의 아동침대와 소지품이 있는 작은 방으로 옮겨진다. 아동에게는 방 사용에 대한 약간의 책임이 부여되고, 이때부터 도덕적 행동을 위한 조건반사 스케줄이 실시된다. 6세경이면 도덕적 훈련이 완결된다. 이러한 훈련을 통해 결국 아이들은 자기통제를 할 수 있게 된다.

7세가 되면 아동은 서너 명이 같이 쓰는 방으로 옮긴다. 방을 같이 쓰는 아동은 자주 바뀐다. 그리고 어른 식당에서 식사를 한다. 7세 이전에는 거처하는 건물에서 식사하게 되어 있다. 아동은 할 일을 부여받고 사회에 기여하는 일에 자기 책임을 다하도록 기대된다. 교육에서는 학년제를 채택하지 않는다. 아동은 학습과 사고의 기술을 배운다. 그런 후 지리, 문학, 과학 등을 혼자 학습할 기회가 주어진다.

13세가 되면 성인들이 거처하는 건물로 옮겨, 방 하나에 두 명이 사용한다. 그리고 모든 감독이 없어진다. 생물학적 성능력이 생기는 사춘기 이후에는 자유롭게 결혼이 가능하며, 성적 쾌락을 억제하도록 요구하지 않는다. 10대가 연애하면 그들은 약혼한다. 두 사람 사이에 지적 능력이나 성격에 큰 차이가 있는 경우, 결혼상담원이 결혼하지 말거나 연기할 것을 충고한다. 그러나 두 사람이 잘 맞는 경우엔 15~16세에도 결혼해 출산할 수 있다. 10대 후반에 청소년은 성인으로서 지위를 확립하게 된다.

성인은 공동사회의 이익을 위해 하루 4시간 정도 극대화된 작업동기에 의해 일을 한다. 일은 노동점수로 평가되는데 《월든 투》에서는 성질이 다른 여러 종류의 일에 각기 다른 점수를 배정하고 일에 대한 수요를 반영해 때때로 그 점수를 조정한다. 이미 결혼한 성인 간에도 자유롭게 애정이 허용된다.

비록 《월든 투》가 가상적 소설형태로 쓰였을지라도, 이는 인간의 행동과 성격이 환경에 의해 조작가능하다는 스키너의 행동주의적 학습이론이 주장하는 바를 기본전제로 하고 있어 성격의 발달에 관한 스키너의 관점을 잘 드러내고 있다. 그는 정적 강화에 의해 행동은 물론 동기, 욕망, 희망 등 행동의 성향까지도 통제된다고 보았다.

2. 밴듀라의 사회학습이론

사회학습이론이란 명칭은 행동 또는 성격의 결정요인으로서 사회적 요소를 중요시하기 때문에 붙여졌다. 앨버트 밴듀라(Albert Bandura)의 사회적 학습개념은 대부분의 학습이 다른 사람의 행동을 관찰하고 모방한 결과 일어난다는 인식에서 비롯되었다(Bandura & Walters, 1963: 4). 이처럼 인간은 종종 다른 사람을 보고 배운다. 그런데 인간은 자신이 어떤 행동을 했을 때 그 결과가 어떠할지 생각을 하고 행동할지 여부를 결정한다. 밴듀라는 외부자극이 대부분의 인간행동을 통제한다는 스키너의 가정을 비판하면서, 스키너의 행동주의이론이 스스로 계기를 만들고 자기강화를 가능하게 하는 인간의 능력인 인지능력을 고려하지 않았다는 점에 반론을 제기하였다. 인간의 상징적 회상능력이 예측을 가능하게 하기 때문에 인간은 자신의 경험을 토대로 생각하고, 계획하며, 예상할 수 있다. 또한 인간은 결과를 상징적으로 경험할 수 있는 인지능력이 있어, 이에 의해 미래의 결과가 잠재적 결과로서 행동에 영향을 미치는 동기가 될 수 있다. 다시 말해 강화가 많은 인간행동을 통제하긴 하지만 절대적으로 통제하지는 못하며, 강화의 효과는 행동과 그 결과 간의 관계에 대한 인간의 의식에 의해 좌우된다는 것이다.

사회학습이론은 사회복지실천에 많은 기여를 했다. 예컨대, 사회복지사가 클라이언트를 비롯해 다른 사람의 행동을 명확하게 인지하고 이 행동들이 서로 어떻게 연관되는지 파악하는 것을 가능하게 했다. 또한 사회학습이론은 어떤 행동이 있을 때와 없을 때 어떻게 다른지 관찰하는 사정평가(assessment)의 중요성을 강조한다. 모델링을 통한 관찰과 모방이 클라이언트의 문제행동을 제거하는 데 유용하다는 것이 임상적으로 입증되었으므로, 사회학습이론은 치료적 측면에도 중요한 공헌을 했다.

1) 앨버트 밴듀라의 생애

앨버트 밴듀라는 1925년 12월 4일 캐나다 앨버타의 먼데어에서 폴란드계 농부의 아들로 태어났다. 캐나다의 브리티시콜롬비아대학을 졸업한 후 미국으로 이주해 아이오와대학에서 박사학위를 받았고, 스탠퍼드대학 심리학과 교수로 재직했다. 밴듀라에 의하면 복잡한 행동의 패턴은 분화적으로 강화에 의해 서서히 학습되는 것이 아니고, 오히려 전체적으로 학습된다(Bandura, 1977: 12).

사실상 부모가 자녀에게 모든 행동을 일일이 가르치는 것은 불가능하며, 아동은 다른 사람을 관찰하고 모방하여 많은 것을 배우기 마련이다. 어른은 감정을 표현하고, 태도를 말로 표현하며, 일을 수행하고, 도덕적 가치를 행동으로 보여 주어 아동이 수행하는 활동의 모델이 된다. 이 행동들을 관찰하고 모방함으로써 아동은 가족과 지역사회의 생활방식으로 사회화되는 것이다.

밴듀라는 개인중심적 성격이론이 지배적인 상황에서 인간이 환경과의 접촉을 통해 행동유형을 어떻게 발달시켜 나가는지를 보여 주는 선구적 연구들을 했다. 밴듀라는 임상가로 훈련을 받은 사람으로서 기본 성격기능에 관한 이론을 개발하는 데 초점을 두었지만, 부적응 기능을 이해하고 치료변화를 위한 절차를 구성하는 데도 관심이 높았다(정영숙·안현의·유순화 역, 2005: 472).

2) 주요 개념

(1) 모델링

모델링(*modeling*)은 다른 사람이 행동하는 것을 보고 들으면서 그 행동을 따라 하는 것이다(Bandura, 1969: 118~120). 흔히 공격적 행동, 이타적 행동, 불쾌감을 주는 행동이 관찰을 통해 학습된다. 밴듀라의 실험적 연구에 따르면 아동은 ① 위대하다고 생각하는 사람의 행동을 위대하다고 생각하지 않는 사람의 행동보다 더 잘 모방하고, ② 자기와 동성인 모델의 행동을 이성인 모델의 행동보다 더 잘 모방하며, ③ 돈, 명성, 높은 사회경제적 지위 등을 지닌 모델을 더 잘 모방하고, ④ 벌을 받은 모델을 거의 모방하지 않으며, ⑤ 연령이나 지위에서 자기와 비슷한 모델을 상이한 모델보다 더 잘 모방한다(Bandura & Walters, 1963: 10~11).

(2) 인지

사회적 학습은 주로 인지적 활동이다(Bandura & Walters, 1963). 인간은 심상, 사고, 계획 등을 할 수 있는, 생각하고 인식하는 존재이므로 장래를 계획하고, 내적 표준에 근거해 자신의 행동을 조정하며, 자기 행동의 결과를 예측할 수 있다. 학습된 반응을 수행할 의지는 인지적 통제 아래 있다. 고전적 조건화, 조작적 조건화, 관찰학습을 통해 인간은 장래의 학습과 수행에 영향을 미치는 인지적 구조를 획득한다.

(3) 자기조절

자기조절(*self-regulation*)은 세 가지 요소, 즉 수행과정, 판단과정, 자기반응과정으로 이루어진다(Bandura, 1977: 130~133). 수행된 행동은 여러 보조적 과정을 포함하는 판단과정을 통해 자기반응을 낳는다. 자기조절은 성과를 평가하는 개인적 기준에 따라 좌우되며, 또한 자기평가적 반응에 관계된다. 어떤 행동이 보상을 받을지 처벌을 받을지는 개인적 기준에 의해 평가된다. 적절성에 대한 절대적 기준이 있을 수 없는 활동은 다른 사람의 활동과 비교해 상대적으로 평가된다. 또한 자기조절의 판단요소 중 하나는 활동의 가치이다. 사람들은 높은 가치를 두지 않는 활동에 대해서는 어떻게 하든지 큰 관심이 없다. 내적 표준은 자기의 행동에 대해 중요한 타인이 부과한 보상 및 처벌을 통해 학습된다. 타인으로부터 습득된 이 표준이 자기조절체계의 토대가 된다.

밴듀라는 내적 표준이 대리로도 습득될 수 있다고 보았다. 예를 들면, 낮은 내적 표준을 가진 모델의 행동을 관찰한 아동은 후에 수행이 요구될 때 자신의 행동에 대해 낮은 내적 표준을 부과한다(Bandura & Kupers, 1965: 7~8). 결국, 인간행동은 외부환경의 보상 및 처벌에 의해서뿐만 아니라 스스로 정한 내적 표준에 의해 조절되므로, 인간의 행동 및 인지가 일관성이 있는 것이다. 인간이 외적 강화에 의해 완전히 좌우된다면 이러한 일관성이 존재하지 않을 것이다.

사람들은 자신의 행동이 자기의 기대나 기준에 얼마나 잘 맞는가에 따라 자신을 비판하거나 만족하는 반응을 보인다. 기대 혹은 기준과 불일치하면 불일치를 줄이거나 더 낮은 수준으로 기대 혹은 기준을 재설정하도록 동기화된다. 밴듀라는 바라는 결과를 얻은 후에 사람들이 사

용하는 자기보상 혹은 자기칭찬이 자기조절의 핵심적 측면이라고 주장
했다(Bandura, 1986).

(4) 자기강화와 자기효율성

자기강화(*self-reinforcement*)는 자신이 통제할 수 있는 보상을 스스로에게
주어서 자신의 행동을 유지하거나 변화시키는 과정을 의미한다(Bandura,
1977). 자기강화는 수행 또는 성취와 관련된 내적 표준에 근거해 보상 여
부가 결정된다. 영화감상이 취미인 고등학생은 하루 4시간 이하로 잠을
자면서 학기말 시험공부를 열심히 한 보상으로 시험이 끝난 후 자신에게
새로 개봉한 영화를 보는 것을 상으로 줄 수 있다.

   내적 표준과 자기강화에 의해 형성되는 자기효율성(*self-efficacy*)은 어
떤 행동을 성공적으로 수행할 수 있다는 신념이다(Bandura, 1982). 자기
효율성은 총체적 자기개념을 지칭하는 것이 아니라, 구체적 상황이나 과
제와 관련된다. 따라서 자기효율성 개념은 사람들이 새로운 역할이나 새
로운 상황에 들어갈 때 어떻게 적응하는지를 설명해 준다. 자기효율성에
관한 지각은 개인이 추구하거나 피하려고 선택하는 활동에 영향을 미쳐
결과적으로 그가 누구인지, 그가 무엇이 될 것인지를 결정한다. 자기효
율성은 어떤 상황에서 어떤 행동을 해야 할지, 어느 정도 노력해야 할지,
얼마나 오래 계속해야 할지, 그리고 상황을 예측하거나 몰입할 때의 정
서반응에 영향을 미친다. 이와 같이 자기효율성 개념은 특정 상황에 대
처하는 지각된 능력과 관련된다.

(5) 상호결정론

상호결정론은 환경으로부터의 자극이 인간행동에 영향을 주지만, 신념이나 기대와 같은 인지 요인 또한 인간행동에 영향을 미친다는 가정이다 (Bandura, 1986a: 23~24). 이 가정에 따르면 인간은 단순히 환경 속에서의 사건에 반응하는 것이 아니라, 적극적으로 자신의 환경을 창조하고 변화하기 위해 행동한다. 인지요인은 환경 사건의 지각과 그 사건이 어떻게 해석되고, 조직화되며, 다루어질 것인지에 영향을 미친다. 행동으로부터의 피드백도 인지 요인과 환경을 변화시키려고 행동하는 방식에 영향을 미친다.

3) 모델로부터 학습하는 과정

(1) 관찰학습

관찰학습은 다른 사람의 행동을 관찰함으로써 학습하는 것이다. 예를 들어, 청소년은 텔레비전에서 본 인기가수의 노래와 춤을 그대로 따라 할 수 있다. 밴듀라는 관찰학습을 네 개의 단계를 가진 과정으로 설명했다 (Bandura, 1977: 22~29).

① 주의과정

우선 관찰에 의해 학습하려면 어떤 모델에 조심스럽게 주의를 기울여야 한다. 모방할 행동의 중요한 특징에 주의하고 정확하게 지각하지 않는다면 관찰로부터 많은 것을 학습할 수가 없다. 어떤 모델은 다른 모델보다 더 주의를 기울여야만 한다. 모델의 행동에 주의하고, 중요한 측면을 재확인하며, 뚜렷한 특징을 변별해야만 관찰을 통해 학습이 가능하다. 주의과정에서 노출된 무수한 관찰대상 가운데 무엇을 선택적으로 관찰할 것인지를 결정한다. 관찰자의 특성, 모방될 행동의 특성, 상호작용 시 구조상 배치 등이 관찰경험의 양과 유형을 결정한다. 밴듀라에 따르면 어린 아동이 사회적 모델로 선택할 가능성이 가장 높은 대상은 다정하고 보살펴 주는 사람 또는 유능하고 강력한 힘을 가진 사람이다.

② 보존과정

모델의 행동을 재현하려면 그것을 기억해야 하는데, 이는 반응패턴을 상징적 형태로 기억 속에 표상시키는 것이다. 기억은 시간이 지나면 희미해지거나 없어진다. 따라서 모델의 행동특징을 회상할 수 있는 능력이 결정적이다. 밴듀라는 보존과정이 두 가지 방식으로 진행된다고 제시했다. 첫째, 심상의 표상체계가 복원할 수 있는 지각의 심상을 형성한다. 즉, 심상을 형성해 이 심상이 모델에 관한 정보를 지속적이면서 쉽게 꺼낼 수 있는 출처가 되는 것이다. 심상은 언어적으로 부호화하기 어려운 행동패턴을 배울 때나 언어적 기술이 미숙한 연령에서의 관찰학습에 특히 중요한 역할을 한다. 둘째, 언어적 표상체계이다. 모델의 행동이 언어로 부호화되면 이 언어적 단서가 후에 필요할 때 상기하는 데 도움이 된다.

③ 운동적 재생과정

심상과 언어적 단서들이 운동적 재생으로 옮겨지는 행동의 재현은 모방될 패턴에 따라 공간적·시각적으로 반응을 조직화하여 이루어진다. 분석목적을 위해 행동수행은 반응의 인지적 조직화, 개시, 조정, 피드백에 근거한 정교화로 나눌 수 있다. 필요한 기술을 소지한 학습자는 연습 없이도 실수하지 않고 모방할 수 있으나, 한두 가지 반응만 결핍되어도 관찰자는 행동을 재현하기가 어렵다.

④ 동기과정

관찰학습은 강화가 없어도 가능하다. 다시 말해, 관찰만으로도 학습은 가능하며 관찰한 것을 재현할 수 있다. 그렇다고 동기과정이 중요하지 않다는 것이 아니다. 관찰로 배우는 것과 이 반응을 수행할 의지를 구분하는 것은 중요하다. 밴듀라의 연구결과는 강화가 관찰학습을 위해 필수적이지는 않으나 학습된 행동을 수행할 가능성을 증가시키는 것을 입증한다. 강화는 행동이 학습된 후, 그 행동의 수행 여부를 결정하는 데 중요하다. 행동은 실제로 주어지는 강화에 의해서만 결정되는 것이 아니라 예상된 강화에 의해서도 결정된다.

밴듀라는 행동의 결과가 자동적으로 강화물이 되어 반응의 강도를 증가시키는 것이 아니라 정보 혹은 동기를 부여한다고 주장한다. 즉, 행동의 결과를 정보로 제공하고 그 결과를 얻기 위해 어떤 방식을 취하도록 동기유발을 시킴으로써 행동을 통제한다는 것이다. 사실상 이미 모델에 주의를 기울이는 단계에서 이러한 동기의 영향을 받는다. 관찰한 것을 재현할지 말지도 동기의 영향을 받는다. 동기가 없다면 주의, 보존, 재생과정이 잘 진행되지 않는 반면, 동기가 결합되면 복잡한 사회적 행동의 학습 및 수행이 원활하다. 밴듀라는 직접적 강화와 대리적 강화가 학습된 행동의 수행을 결정한다고 결론지었다. 이 과정을 보면 관찰학습은 기계적인 모방이라기보다는 능동적으로 판단하고 구성하는 과정이라고 할 수 있다.

(2) 대리적 강화 및 대리적 조건화

밴듀라는 학습이 직접적 강화보다 대리적 강화를 통해 이루어진다고 보았다. 대리적 강화에는 강화에 대한 기대라는 인지적 요소가 작용한다. 아동의 모델 모방 여부를 결정하는 조건을 규명하려는 많은 연구들(Bandura, 1971; 1977; 1986b; Bandura, Ross, & Ross, 1961)에서 아동은 공격적, 이타적, 원조적인 모델을 모방하기 쉽다고 밝혀졌다. 아동은 존경받는, 자원을 통제할 위치에 있는, 또는 보상받는 모델을 가장 모방하기 쉽다는 것이다. 한 모델이 어떤 행동에 대해 강화를 받는 것을 보는 것은 그 관찰자에게도 강화로 작용한다. 예를 들면, 친구가 심부름을 하고 선생님의 칭찬을 듣는 것을 한 아동이 보았다면 그 아동은 대리로 보상을 체험하게 된다. 벌도 마찬가지이다. 친구가 학교규칙을 위반해 벌을 서는 것을 목격하면, 친구의 처벌을 대리로 경험할 수 있으므로 그 아동은 학교규칙을 준수하게 된다. 새로운 동일시는 생의 어느 단계에서나 일어날 수 있고, 모방과정을 통한 새로운 학습은 항상 가능하다.

인간은 공감하는 능력이 있으므로 대리적 조건화도 발생한다. 어떤 사람에게 벨소리에 이어 고통스러운 전기충격을 주는 고전적 조건화를 통해 벨소리를 무서워하는 반응을 학습시킬 수 있는데, 관찰자도 이 모델을 관찰하는 동안 대리적인 고전적 조건화가 되어 벨소리에 대해 공포반응을 보이게 된다(Bandura & Rosenthal, 1966).

4) 성격의 발달

밴듀라는 일생 동안 갖는 습관의 대부분이 다른 사람을 관찰하고 모방함으로써 배우는 것이라고 생각했고, 사회학습의 경험이 성격을 형성한다고 주장했다(Bandura, 1977). 관찰학습이 그러한 역할을 하게 되는 이유들이 있는데, 우선 관찰학습은 시행착오 방법보다 훨씬 더 효과적이다. 만일, 아동이 모방대상인 사람들과 접촉하지 않으면 많은 복잡한 행동이 결코 학습되지 않는다. 또한 관찰대상이 특별히 아동을 가르치려고 하지 않는 상황에서 흔히 아동은 관찰을 통해 새로운 반응을 획득한다. 그러나 밴듀라는 관찰을 통해 학습하는 것이 성격발달의 유일한 방법이라고 주장하지는 않았다. 그는 성격형성에 가장 중요한 것은 의미 있다고 여겨지는 타자의 행동을 모방하는 것이라는 관점을 가졌으나, 유전된 소질, 보상과 벌도 성격에 영향을 미친다고 인정했다.

사회학습이론은 성격발달에 있어 상징적 환경에 대해 특별히 강조하고 있다. 특히, 텔레비전 시청이 아동이나 청소년에게 미치는 영향은 사회적 관찰학습의 중요성을 잘 말해 준다. 또한 자녀가 좋은 영향에 노출되도록 부모가 평판이 좋은 학교가 있는 동네로 이사 가길 원하는 것도 사회적 관찰학습이 성격발달에 중요하기 때문이다. 밴듀라에 의하면 정서적 반응은 다른 사람의 정서적 반응을 관찰함으로써 대리로 전파될 수 있다.

대리적인 정서적 학습에 관한 연구(Bandura, 1965)에서 반응의 차이는 결과에 대한 각자의 추정에 기인한다. 관찰자는 모델을 관찰하는 가운데 규칙을 배우는데, 판단방식, 언어양식, 개념적 도식, 정보처리전략, 행동기준 등이 그것이다. 사람이 누구로부터 배우고 얼마나 많이 배우는지는 모델이 된 사람의 지위 또는 영향의 강도에 의해 좌우된다. 이러한 행동 패턴은 상황 속에서 학습되므로, 아동은 무차별적으로 행동을 단순히 배우지 않고, 그 상황의 적절성을 해석하게 된다.

밴듀라는 인간행동이 직접적 강화나 대리적 강화와 같은 외적 통제에 의해서만 결정되는 것이 아니라 내적 통제, 즉 자기 스스로 중재하는 것이 가능하다고 보았다. 많은 인간행동이 자기강화에 의해 규제된다고 간주한 것이다. 자기강화의 방법으로는 스스로 평가함으로써 자기보상과 자기처벌을 할 수 있다. 자기반응은 행동의 결정요소를 어떻게 지각하는지에 따라 다르다. 즉, 사람들은 성공이 자신의 능력과 노력에 기인할 때 그 성취에 긍지를 느끼지만, 성공이 외적 요인에 기인한다면 크게 자기만족을 느끼지 못한다. 똑같은 원리가 실패에 대한 판단에도 적용된다. 스스로 책임이 있다고 여기는 부적절한 행동수행에 대해서는 자책하지만, 예외적 상황이나 성공할 가능성이 없는 상황에서 실패한 경우에는 자책하지 않는다.

다시 말해 사람들은 많은 부분에서 자신에 대한 수행기준을 세우고 스스로 부과한 요구에 비추어 긍정적 또는 부정적으로 그들의 성취에 대해 반응한다. 이는 행동이 외적 보상 및 처벌의 지배를 받기도 하지만 내적 표준의 지배도 받는다는 것을 의미하는 것이다. 이와 같이 인간의 사고, 행동, 정서는 스스로 주는 강화의 영향을 받는다.

자기강화 수준은 직접적 경험과 관찰학습을 통해 획득된다. 100점 맞을 때마다 용돈을 주거나 장난감을 사주는 물질적 강화물을 부모가 사용하거나 친구 부모가 친구에게 물질적 강화물을 사용하는 것을 관찰하면,

이 강화의 결과로 아동은 100점을 잘한 일의 표시로 간주하며 이것이 기준이 된다.

밴듀라는 자기강화의 기준이 자아개념 형성에 주된 역할을 한다고 보았다. 그는 자아존중감을 개인의 실제 행동과 개인적 우수함의 표시로 선택한 기준 간의 일치에 비추어 정의하여, 자아존중감이 개인이 자신을 얼마나 수용하며 가치 있는 존재로 보는지를 나타내는 것으로 설명했다. 즉, 자기가 부과한 행동상 요구를 계속 만족시킬 수 없는 사람은 자신을 부정적으로 평가하며 자아존중감이 낮다. 수행에 대한 긍정적 자기평가는 보상적 자기반응을 낳으며 부정적 자기평가는 응징적 자기반응을 일으킨다. 개인적 의미가 없는 것으로 간주되는 수행은 어떤 반응도 일으키지 않는다. 따라서 밴듀라는 자아개념이 자아존중감에 기초하여 구성된다고 간주했다. 부정적 자아개념은 빈번한 부정적 자기평가, 즉 낮은 자아존중감을 반영하는 것이며 긍정적 자아개념은 긍정적 자기평가, 즉 높은 자아존중감을 반영한다.

한편, 밴듀라는 자기효율성이 성격발달에 결정적이라고 보았다. 자기효율성은 개인적으로 자신의 행동을 책임질 수 있고 통제할 수 있으며, 긍정적 결과를 도출할 수 있다는 믿음이다(Bandura, 1982). 즉, 자신이 얼마나 잘 수행하리라고 기대하는지 또는 훈련을 통해 자신의 기술수준이 얼마나 향상되리라고 기대하는지가 행동수행에 영향을 미친다. 밴듀라는 자기효율성을 행동의 인지적 기본원리의 핵심요소로 규정했다(Bandura, 1982; 1989). 그리고 성공에 관한 확신은 그 상황에 들이는 노력의 강도뿐 아니라 그 상황에 관여할지 여부도 결정한다(Bandura, 1989: 731).

자기효율성 신념은 ① 실제 수행을 통한 성취, ② 대리경험, ③ 언어적 설득, ④ 정서적 각성과 같은 네 가지 경로를 통해 결정된다(정영숙·안현의·유순화 역, 2005: 336). 실제 수행을 통한 성취는 자기효율성 신념에 가장 중요한 요소이다. 실제 수행 경험을 통해 자신이 무엇을 잘하고 못하는지를 알게 되면서 사람들은 자신의 능력과 한계를 깨닫는다. 대리 경험을 통해서는 다른 사람의 성공과 실패를 관찰하고 자신을 비교 평가함으로서 자기효율성이 발달된다. 그 사람의 잠재력과 가능성에 대한 다른 사람들의 태도와 신념은 언어적 설득을 통해 영향을 미친다. 그러나 언어적 설득만으로는 불충분하며 실제 성취를 통해 확인될 때 자기효율성에 유의한 영향을 미칠 수 있다. 마지막으로, 정서적 각성을 의식함으로써 자기효율성에 대한 정보를 얻을 수 있다. 불안감이나 심장이 쿵쾅거리는 것은 실패할 가능성과 관련 있고, 편안하고 호흡이 자연스러운 것은 성공과 관련이 있다.

사람들은 자기효율성을 토대로 결과를 추정한 것에 근거하여 자신의 행동을 결정한다(Bandura, 1982: 122~123). 그 판단은 행동할지 말지를 결정할 뿐만 아니라 얼마나 오래 지속할지, 어느 정도의 손해 또는 대가를 감수할지, 어떤 과제를 선택할지, 그 과제에 대해 얼마나 많이 준비할지 등을 결정한다. 고도의 자기효율성을 가진 사람은 행동수행을 위한 긍정적 지침을 제공하는 성공각본을 상상하며, 문제점에 대한 가능한 해결책을 인지적으로 연습한다. 스스로 효율적이지 않다고 판단하는 사람은 실패각본을 상상하며 사태가 어떻게 악화될지를 깊이 생각한다. 그러한 자신감 없는 생각이 동기를 약화시키고 결과적으로 일을 망친다. 밴듀라는 상황의 결과에 관한 그 사람의 판단에 의해 적응이 좌우된다고 지적했다(Bandura, 1989: 729).

만일 높은 자기효율성을 가진 사람이 잘한 일을 보상해 주는 환경에 있다면 자신 있게 행동하기 쉽다. 만일 이 사람이 성취를 제대로 보상하지 않는 환경에 처해 있다면 노력을 배가하고 환경을 변화시키려는 시도를 할 것이다. 반면, 자신이 효율적이지 않다고 판단하는 사람은 지지적이지 않은 환경 속에서는 포기하거나 무관심하게 된다. 또한 이들은 지지적 환경 속에서는 자신과 비슷해 보이는 다른 사람이 성공하는 것을 보기 때문에 더 우울해지고 자기비판적으로 될 수 있다.

13장

인지적 성격이론

1. 피아제의 인지발달이론

장 피아제(Jean Piaget)의 인지이론은 인간이 외부세계를 이해하고 파악하는 바탕인 인지적 구조가 형성되는 과정을 설명한다. 그는 지식의 구체적 내용에 관심을 가진 것이 아니라 적극적 과정으로서의 인식에 관심을 가져, 인지적 성숙과정을 주된 연구영역으로 했다. 여기서의 인식은 경험을 조직화하고 의미를 부여하는 과정으로, 말한 것을 해석하고, 문제를 해결하며, 정보를 종합하고, 복잡한 과제를 분석하는 포괄적인 인지적 활동을 말한다.

피아제는 인식의 근원이 생물학적 능력에 있다고 가정했다. 생물학을 전공한 피아제는 큰 호수에 있던 연체동물을 작은 연못으로 옮겼을 때 환경의 변화로 인해 유기체에 구조적 변화가 오는 것을 관찰하고, 연체동물이 어느 정도 환경에 적응할 수 있는 특성을 갖고 태어난다는 구조상의 유연성을 깨달았다. 피아제의 연체동물에 관한 연구는 인간에게서 유사점을 발견하는 계기가 되었는데, 이는 아동이 나이가 들면서 사고과정의 유연성을 보이며 문제를 잘 해결한다는 발견이다. 즉, 인간의 뇌는 인지적 구조를 변화시킴으로써 환경에 적응하는 능력을 가지고 있으며, 지능은 환경이 적절한 다양성과 탐구에 대한 지지를 제공하면 체계적 방식으로 발달한다는 것이다.

인지는 일반적으로 사고의 능력을 의미하는데, 광의의 개념으로는 사고 외에 지각, 기억, 언어, 지능 등을 포함하는 정신과정을 일컫는다. 이와 같이 인지는 지식, 의식, 사고, 상상, 추론, 문제해결, 개념화, 분류, 상징, 지각, 학습 등 정신적 과정을 포괄하므로 인간의 심리과정을 이해하는 데 인지이론은 매우 중요하다. 피아제의 인지발달이론은 사회복지실천에서 아동 대상의 프로그램 계획 및 실행 시 교육적 측면의 이론적 토대가 될 수 있다. 피아제의 인지발달에 관한 이론은 성격의 한 측면으로 간주될 수 있는 인지기능의 다양한 발달수준을 개념적으로 설명하여 인지적 측면의 인간행동과 인간발달에 관한 사회복지사의 이해를 넓히는 데 기여한 바가 크다.

1) 장 피아제의 생애

장 피아제는 1896년 스위스의 뇌샤텔에서 출생하여 1980년 사망할 때까지 인지이론의 발달에 큰 업적을 남긴 것으로 평가된다. 중세역사학자인 아버지의 학구열을 이어받은 피아제는 매우 학구적이어서 21세에 생물학으로 박사학위를 받을 정도였다. 피아제는 1920년 파리의 비네(Binet) 실험실에서 아동용 지능검사 자료를 만드는 연구과제를 통해 지능검사에서 아동의 답, 특히 틀린 답이 일관성 있는 유형을 나타내고 있음을 발견했다. 이 발견으로 그는 아동의 사고가 성인과는 다르게 나름대로 독특한 특성을 가지고 있다고 여기게 되었다.

피아제는 아동이 얼마나 많이 아는지보다 어떻게 사고하는지에 관심의 초점을 두었다. 이러한 아동의 사고 특성을 알기 위해 지능검사 같은 표준화된 검사가 아닌, 개방적인 임상적 면담과 관찰방법을 택했다. 이 방법으로 그는 아동의 꿈, 도덕성, 아동이 일상생활에서 흥미를 느끼는 주제에 관한 연구를 주로 하였다. 1925년 첫딸 재클린의 출생 후부터 자기 자녀들을 대상으로 아동의 인지적 행동에 관한 본격적인 관찰에 들어갔으며, 1940년대부터는 아동의 수학적·과학적 개념 이해에 초점을 둔 연구를 주로 하였다.

2) 주요 개념

(1) 도식

도식(*schema*)은 주어진 자극에 대해 적합한 반응을 하는 반응체계이자 정신적 발달과 함께 변화하는 인지적 구조로, 기본도식은 생리적으로 가지고 태어나며 환경과의 접촉에서 반복되는 행동과 경험을 통해 형성된다(이효선·Garz, 2006: 191). 도식은 어원으로는 형태라는 의미이며, 일반적으로 사물이나 사건 또는 사실에 대한 전체적 윤곽이나 개념을 말한다. 피아제는 개념보다 도식이란 용어를 선호했는데, 도식이 언어와 그외 다른 상징적 체계가 발달하기 전인 유아기의 개념 및 개념적 연결에 해당되는 것이라고 보았다. 그는 도식을 행동이 유사한 상황 속에서 반복되면서 전승되거나 일반화되는 행동의 구조 또는 조직으로 정의했다 (Piaget & Inhelder, 1969: 4). 그리고 도식이 사건, 감정, 관련된 심상, 행동, 또는 생각의 의미 있는 배치임과 동시에 자료나 정보가 투입될 때 일종의 준거틀로 기능한다고 보았다. 이에 따르면 도식은 정신적 조직화의 일차적 단위로, 인간은 도식을 통해 환경에 적응한다.

　기본적 도식을 가지고 태어난 유아는 조직화와 적응의 과정을 통해 새로운 도식을 개발하고 기존의 것들을 변화시킨다. 빨기와 잡기 같은 최초의 도식은 본질적으로 반사적이다. 도식은 연합에 의해 발달하는데, 반사가 다른 경험과 연합되면 빨기, 잡기, 보기와 같은 단편적 행동이 좀 더 반경이 넓어지고 통합적으로 발전한다. 예를 들면 보기, 잡기, 빨기는 동시에 보고 잡으며 빠는 것으로 통합된다. 도식은 일생에 걸쳐 계속해서 개발되며 수정된다.

(2) 조직화

조직화(*organization*)는 신체적 또는 심리적 과정을 일관된 전체로 종합하는 식으로 배우는 것이 아니라, 성숙해지면서 상이한 도식들을 결합시키는 것이다(Piaget, 1963: 7). 즉, 서로 다른 감각의 입력정보들을 상호 관련시키는 것이다. 예를 들면, 출생 후 몇 달이 지나면 유아는 어떤 대상을 쳐다보고 그것을 잡을 수 있게 된다. 보이는 것을 잡는다는 것은 보는 것과 잡는 것을 결합한 행동이다. 사람은 관찰한 것이나 정보들을 재구성하는 식으로 여러 도식의 논리적 결합을 추구하는 경향이 있다. 따라서 심리적 측면에서 조직화는 떠오르는 생각들을 이치에 맞게 종합하는 것을 말한다.

(3) 동화, 조절, 적응

동화(*assimilation*)는 자극 혹은 입력되는 정보자료를 이전부터 존재하는 구조의 활동에 의해 처리하는 것이다. 즉, 이미 경험이나 학습으로 형성된 개념인 기존 도식에 맞게 새로운 자극을 이해하는 것이다. 이는 새로운 경험을 기존 도식 또는 구조에 통합시키는 과정으로 기존 도식의 관점에서 새로운 경험을 해석하는 경향을 말한다. 예를 들면, 평소에 사립학교에 자녀를 보내는 학부모를 속물이라고 생각하는 H가 사립학교에 자녀를 보낸 사람을 만날 때, H는 그 사람이 속물일 것을 기대한다. 몇 분간 이야기를 한 후 H는 그 사람이 실제로 속물이라고 결론 내린다. H는 사립학교에 자녀를 보내는 학부모에 관한 자기의 도식에 비추어 그 학부모와의 상호작용을 해석한 것이다.

조절(*accommodation*)은 정보에 적응하기 위한 구조 자체의 능동적 변경을 일컫는다. 환경은 유기체에게 도식의 변화를 요구할 수 있는데, 이러한 기존의 도식에 대한 변화가 조절이다. 즉, 조절은 대상의 새로운 차원 또는 감추어진 사건을 설명하기 위해 기존의 도식을 수정하는 과정이다. 앞의 예에서, H와 그 학부모가 더 많은 시간을 함께 보낸 결과, H는 그 학부모가 학교 설립이념인 기독교 교육 때문에 자녀를 사립학교에 보내고 있다는 이야기를 듣는다. H와 그 학부모는 사실상 많은 공통된 관심사를 갖고 있었다. H는 사립학교에 자녀를 보내는 모든 학부모가 속물이 아니라는 사실을 깨닫는다. H가 입수한 새로운 정보를 통합하기 위해서는 사립학교에 자녀를 보내는 학부모에 관한 그의 기존 도식을 수정해야 하는데 이것이 조절이다.

조절을 통해 도식의 형태에 질적 변화가 발생하므로, 조절은 새로운 도식이 형성되는 과정이라고 할 수 있다. 도시에서 자란 아동이 부모와 함께 시골에 갔을 때, 벼를 보고 쌀나무라고 했고 부모는 쌀나무가 아니고 벼라고 가르친다. 이 아동은 열매가 달린 것은 나무라는 자기 나름의 도식을 갖고 있어 이 기존 도식으로 새로운 사물인 벼를 이해하려 했고 이것이 동화이다. 그러나 쌀나무가 아니라 벼라는 설명을 듣고 이 아동은 기존 도식과 새로운 사물 간의 차이를 인식하면서 기존 도식을 변경시킨다. 쌀이 달려 있어도 나무는 아니라는 것을 인식하면서 도식을 변경하는데, 이것이 조절이다.

피아제는 적응(*adaptation*)을 자기조정적 구조로 정의하고, 이 구조는 동화와 조절의 평형화 과정에 의해 발달한다고 보았다(Piaget, 1963: 6). 동화와 조절의 경험이 인지구조의 발달을 초래한다.

(4) 평형화와 평형

평형화*는 동화와 조절이라는 반대성질을 지닌 것의 결과물이다. 피아제에 따르면 모든 유기체는 평형상태를 취하려고 애쓴다(Piaget, 1985). 운동기관이든 감각기관이든 혹은 인지적 기관이든 간에 평형상태는 조직화된 구조들의 균형을 의미하는데, 이 구조들은 평형상태에 있어야 환경과 효과적 상호작용을 한다. 따라서 유기체 혹은 환경에서의 변화가 기본적 구조의 변경을 요구할 때면 유기체는 불균형에 휩쓸리게 되면서 평형상태를 재성취하려고 노력한다.

---

* 피아제의 평형화 개념은 추상적인 자동제어적 개념인 피드백(*feedback*) 개념과 유사한 것으로 간주된다.

앎(*knowing*)은 항구적 상태가 아니라 평형상태를 이루고 재성취하는 활동적 과정이므로(Miller, 1989), 이는 사람과 환경 간의 계속적 상호작용의 산물인 것이다. 예를 들어, 지식은 동화와 조절의 변증법적 과정에 의해 능동적으로 구성된다(서창렬 역, 1999). 즉, 환경으로부터 주어진 새로운 정보가 이미 존재하는 정신구조에 동화되고, 이에 따라 정신구조가 조절되면서 인지구조가 발달하는 것이다. 사람은 과거에 갖고 있던 기대를 가지고 새로운 상황을 대하지만 매번 새로운 경험이 이 기대를 다소 변화시킨다. 따라서 경험을 이해하고 해석하는 능력은 환경 속에서 다양성과 새로움을 더하면서 끊임없이 변화한다.

(5) 자아중심성

자아중심성은 자신과 대상을 서로 구분하지 못하는 것으로 정의된다. 단계별로 이러한 분화의 결핍상태는 각기 다르다. 예를 들면, 유아기 초기에는 자신과 주변의 대상을 구별하지 못하며, 청소년기에는 현실과 환상을 구별하지 못한다. 그런데 어느 단계의 자아중심성이든 공통적으로 조절보다 동화를 주축으로 하는데, 이는 자기 자신의 사고와 감정에 초점을 맞추고 조작의 근거로 자신의 지식을 이용하기 때문이다(Flavell, 1963: 60). 특히, 어린 아동은 다른 사람의 관점을 받아들이지 못한다. 아동은 모든 것을 자신과 관련지어 생각하며, 일반적 세계에서 얻은 경험을 자신의 제한된 세계로부터 발전한 도식에 동화시킨다(Beard, 1969: 9).

3) 인지발달의 단계

피아제는 인간발달의 기본적 요인이 ① 유전(내적 성숙), ② 신체적 경험, ③ 사회적 전달(교육), ④ 평형이라고 보았다(Piaget, 1973: 2). 유전적 요인은 신생아가 외부세계의 문제에 적응하는 최초의 상태를 결정할 뿐 아니라 성장·발달의 각 시점에서 어떤 새로운 발달 가능성을 전개할 것인지 결정한다. 유전 혹은 내적 성숙은 발달을 촉진하는 데 필요하지만 그것만으로 충분하지는 않으며, 직접적 경험으로부터 논리나 지능이 발달한다. 신체적 경험은 자발적·심리적인 지적 발달에 기여한다. 그러나 신체적 경험이 정신발달에 본질적이지만, 그것만으로는 지적 발달에 불충분하다. 사회적 전달은 외부로부터 지식을 전수받는 것이다. 부모, 학교, 사회가 전달하려는 것에 동화될 수 있는 도식을 준비하는 것은 내적 성숙과 신체적 경험에 달려 있기 때문에 사회적 전달만으로 정신발달을 기대할 수는 없다. 사회적 전달은 인지발달의 심리사회적 측면에 기여한다. 이러한 내적 성숙, 직접 경험, 사회적 전달은 서로 잘 조화되어야 하고 평형상태가 유지되어야 한다. 이 네 가지 요인들이 인지발달의 단계를 결정한다.

피아제는 인지적 성숙의 기본적 패턴을 설명하기 위해 인지발달을 네 단계로 구분하였다.

① 감각운동기(출생에서 2세까지)
② 전조작기(2세에서 7세까지)
③ 구체적 조작기(7세에서 12세까지)

④ 형식적 조작기(12세에서 성인기까지)

　피아제의 인지발달단계 개념은 각 단계별로 발생하는 다양한 행동들을 단순히 기술하는 것이 아니라, 각 발달단계에서 일어나는 구조적 변화를 설명한다. 새로운 단계에 들어간다고 해서 이전 단계들에서 발달한 능력이 상실되는 것은 아니며, 사고와 지식이 질적으로 새로운 접근방법으로 통합되는 것이다. 발달의 각 단계는 지속적이고 상호의존적이다. 다시 말해, 한 단계의 완수는 그 이전 단계에서 형성된 인지적 구조에 의존하므로 단계별 발달은 지속적이고 각각의 발달단계에서 새로운 능력과 기능이 성숙하면서 심리적 재구조화가 이루어진다. 인지발달이론은 경험과 사회적 상호작용을 중시하므로 개인의 자아와 세계관을 구성하는 것이 사회적 상호작용과 역할획득을 통해서라고 보았다. 또한 개인을 사회화 과정에서 능동적 역할을 하는 존재로 간주해 아동이 수동적으로 정보를 받아들이는 것이 아니라 그들이 보고, 듣고, 느끼는 것을 선택하고 해석한다고 보았다.

　발달단계들은 각기 다른 연령에서 나타나는 행동들을 보여 주기 때문에 편리한 구분이긴 하나 이 단계들은 일반적 연령기준 이상의 의미는 없다. 〈표 13-1〉은 단계, 대략의 연령범위, 단계별 주요 특징을 보여 준다(정옥분 역, 1991: 280∼281).

　이 인지발달단계는 몇 가지 특징을 가진다. ① 단계별 성취 연령은 개인차가 있기 때문에 제시된 연령이 반드시 들어맞지 않는다. ② 모든 아동은 단계를 순서대로 통과하여 발달하며 절대로 단계를 뛰어넘을 수 없다. ③ 다음 단계로 이동하는 과도기에는 두 단계의 인지적 특징이 함께

표 13-1 피아제의 인지발달단계

단계	연령 범위	특징
Ⅰ. 감각운동기	0~2세	감각적 경험에 기초한 지능
1. 반사활동기	0~1개월	반사가 좀더 효율적으로 됨, 분화의 결여
2. 일차순환반응	1~4개월	즐거운 행위 반복, 습관 형성, 반사의 협응
3. 이차순환반응	4~10개월	우연히 발견한 사건에 대한 의도적 반복, 인과개념
4. 이차도식들의 협응	10~12개월	기존 도식을 새로운 상황에 적용, 대상영속성, 지능의 뚜렷한 첫 신호, 도구적 활동
5. 삼차순환반응	12~18개월	새로운 문제해결을 위한 새로운 수단의 발견 및 새로운 것을 위해서 다양하게 반복, 인과적 상황에 대한 실험, 가설 검증
6. 상징적 표상	18~24개월	행위를 내면화하고, 행동하기 전에 사고하기 시작, 상상을 통해서 대상과 상을 표현, 새로운 사고의 고안
Ⅱ. 전조작기	2~7세	복잡한 언어체계의 시작, 자아중심적 추론, 지각에 한정된 사고
Ⅲ. 구체적 조작기	7~12세	가역적 사고와 구체적 문제해결 능력의 발달, 보존의 개념 발달, 논리적 조작의 발달, 경험에 기초한 사고
Ⅳ. 형식적 조작기	12세~성인기	형식화와 가설검증, 추상적 사고, 연역적 추론, 더 이상 지각에 한정되지 않는 사고

나타날 수 있다. ④ 형식적 조작기에 도달한 아동이나 고도로 인지발달
이 된 성인도 때로 낮은 단계의 사고를 한다.

각 인지발달단계를 설명하면 다음과 같다(정옥분 역, 1991; Flavell, 1977;
Miller, 1989; Piaget & Inhelder, 1969; Thomas, 1985).

(1) 감각운동기

감각운동이란 용어는 유아의 행동이 자극에 대한 반응이기 때문에 붙었
다. 즉, 유아가 경험하는 자극이 감각적이고, 이에 대한 반응이 신체운동

으로 나타난다는 것이다. 단순한 반사반응만 나타내는 출생 직후부터 초기의 유아적 언어를 사용하며 상징적 사고가 시작되는 2세까지가 이 단계이다. 신생아의 인지세계는 미래에 대한 설계나 과거의 기억이 없는 현재의 세계이며, 신생아는 감각운동에 기초해서만 경험한다. 이 시기의 유아는 주로 사물을 만져 보고, 그것들을 조작해 보며, 환경을 직접 탐색해 학습한다. 이 단계의 최종적 성취는 자신의 환경이 독특하고 안정된 속성을 갖고 있다는 것을 유아가 이해하는 것이다.

피아제는 감각운동기를 독립적이지만 상호 관련되는 여섯 개의 하위 단계로 구분하였다. 이 하위단계들은 유아가 어떤 체계적 목적 없이 행동하는 수동적 유기체에서 지능의 초기적 요소를 가진 사고하는 존재로 발달하는 과정을 나타낸다.

① 반사활동기

신생아는 학습되지 않은 생득적 반사로 환경에 적응한다. 외부세계에 대한 유아의 선천적 능력과 준비가 제한되어 있어, 유아는 대상에 행하는 자신의 행위와 대상 그 자체를 구분하지 못한다. 외부세계에 대한 지식을 습득하는 일차적 정보원은 잡기, 빨기, 큰 소리에 반응하기와 같은 반사적 행동이다. 출생 후 한 달 동안 유아의 행동에는 목적이 없다. 유아는 반복적으로 같은 반사를 사용하는 재생적 동화를 한다. 예를 들면, 유아는 장난감이든 이불이든 닥치는 대로 빨거나 손이 닿는 곳에 있는 모든 것을 잡는다. 동화가 환경적응의 대부분을 차지하지만 때로 조절도 일어난다. 예를 들어, 젖을 빨면서 젖꼭지와 가슴을 구별하게 된다.

반사활동기의 특징은 두 가지이다. 첫째, 자신과 외부세계의 구분이 없다. 둘째, 다양한 반사도식을 사용해 경험을 쌓아감에 따라 유아는 증가하는 환경의 요구에 더욱 잘 적응할 수 있게 된다.

② 일차 순환반응

이 시기는 유아의 관심이 외부의 대상보다 자신의 신체에 있기 때문에 일차 순환반응이라 불린다. 순환반응은 반복되는 빨기, 잡기, 블록 치기와 같은 감각운동 행동의 반복을 의미한다. 반사활동기에는 동화와 조절의 기능이 거의 차이를 보이지 않으나, 이 단계에서는 반사행동 간의 분리가 증가해 동화와 조절기능이 분리된다. 순환반응의 목적은 기존 도식에 대한 수정이며, 도식의 수정은 곧 지적 발달을 의미한다. 이 하위단계에서 유아는 다양한 반사에 숙달하고, 이 반사들은 서로 협응된다. 예를 들면, 유아는 눈으로 흥미 있는 물체를 추적하면서 그 물체를 잡으려고 손을 뻗는다. 이 하위단계에서 유아는 많은 시행착오를 거쳐 학습하며, 학습과정에서 우연은 중요한 요소가 된다.

이 시기에도 유아는 목적지향적이지 않으나 다양한 순환반응의 협응은 인지발달에 영향을 미친다. 시행착오 학습을 통해 유아는 구체적 인과관계를 분명히 알지는 못할지라도 어느 정도 인과개념을 발달시킨다. 유아는 자기의 행동을 예측되는 결과에 연결한다. 즉, 딸랑이를 흔들면 소리를 듣게 되리란 것을 안다. 일차 순환반응은 환경이 제공하는 대로 학습하거나 획득하는 것이 아니며, 유아 스스로 발견하는 자신의 신체에 대한 탐구과정이다.

③ 이차 순환반응

이차적이란 용어가 암시하듯, 이 단계의 유아는 이제 외부의 사건과 대상에 열중한다. 유아는 마치 새로운 것을 발견하여 반복해서 그것을 연습하는 것처럼 보인다. 그러나 아직 재생적 동화가 주가 된다. 피아제는 그 예로 유모차에 누워 있는 아이가 머리 위에 매달려 있는 인형을 반복해서 발로 차서 인형을 흔드는 것을 들었다(Piaget, 1936: 157~159). 유아는 덜 자기중심적으로 되며 외부세계에 대한 정보를 자기 자신보다 다른 사물에 더 의존해서 파악한다. 이 시기에 유아는 외부세계의 어떤 사건이 유아 자신의 행동으로 발생한다는 것을 이해하기 시작한다. 그러나 행동과 그 행동의 결과 간에 의식적 결합은 아직 불가능하다.

이차 순환반응기에는 대상영속성 개념이 나타나기 시작한다. 이전 단계에서는 사람이나 사물을 감추면 그것을 이제 존재하지 않는 것처럼 여기지만, 이 시기에는 시야에서 사라지면 그것을 찾으려 하는 대상영속성의 기초개념 획득을 볼 수 있다.

④ 이차 도식들의 협응

이 시기에 유아의 행동은 좀더 분화되며 분리된 도식을 협응한다. 피아제는 예로 장애물에 대한 유아의 행동을 들었다(Piaget, 1936: 217). 피아제의 연구대상이었던 그의 아들 로렌이 성냥갑을 잡으려 할 때 피아제는 손으로 가로막았다. 로렌은 피아제의 손을 넘거나 둘러서 성냥갑을 잡으려 했으나 피아제는 손으로 계속 가로막았다. 여러 차례의 시행착오 끝에 로렌은 방해되는 피아제의 손을 먼저 치워 장애물을 제거하고 성냥갑을 잡는 데 성공하였다. 로렌은 목적을 달성하기 위해 치우기와 잡기라는 분리된 도식을 협응한 것이다.

　이 시기 유아의 인지발달에는 두 가지 획기적 사건이 일어난다. 첫째, 새로운 사건을 접하면 이미 학습된 행동양식과 도식을 사용하기 시작한다. 유아의 행동은 의도적이며 기존의 도식을 목표성취를 위해 협응시킨다. 둘째, 주위에 있는 대상이 자신과는 분리되어 있으며, 각자 별개의 성질을 갖고 있다는 것을 깨닫는 대상영속성이 발달한다. 지각적 영역에서 사라진 대상이 실제로 부재하는 것이 아니라는 대상개념을 갖게 되는 것이다. 대상영속성을 획득한 유아는 원인과 결과의 관계를 이해해 어떤 행위의 결과를 예측할 수 있으므로, 그 결과를 얻기 위한 의도적 행동을 할 수 있다.

⑤ 삼차 순환반응

활동성이 증가하면서 유아는 새로운 경험을 할 기회가 많아지는데, 이에 따라 유아는 점점 환경을 통제하고 실험을 하기 시작한다. 이 시기의 유아는 전 단계들처럼 단순한 반복을 위해 활동을 반복하지 않는다. 아동은 실험을 통해서 사건 간의 인과관계를 검토하는 모색적 조절(groping accommodation)을 한다. 즉, 유아는 실험적 사고에 열중하여 원인과 궁극적 결과 간의 관계에 관한 새로운 가설을 설정해 보는 삼차 순환반응을 한다. 다시 말해, 새로운 목적을 성취하기 위해 익숙한 방식으로 시도해 보다가 이것이 안 된다는 것을 알게 되면 상황에 맞게 변형한다. 예를 들면, 로렌은 새 식탁에 흥미를 보이면서 식탁을 주먹으로 쳤는데, 자기 행동이 만들어 내는 각기 다른 소리를 듣기 위해 때로는 세게 때로는 약하게 쳤다. 피아제는 새로운 반응을 시도하는 시행착오의 학습과정을 인간의 선천적인 호기심으로 보았고, 이 반응을 일차, 이차 순환반응과 구분하기 위해 삼차라고 하였다.

⑥ 상징적 표상

이 하위단계 동안 직접적 경험이나 실험 없이도 대상 및 그 대상과 연합된 활동 간의 관계를 이해하는 유아의 능력이 크게 발달한다. 즉, 내적으로 사건을 표상하기 시작하는 상징적 사고가 주요 사고양식이 된다. 유아는 단순히 과거의 생각을 재구성하는 것을 넘어 새로운 생각을 고안하기 시작한다. 정신세계 내에서 수단과 목적을 연결할 수 있으므로 마음속으로 문제해결 활동 및 계획을 수행해 본다. 예를 들면, 이 단계의 아동은 컵을 들고 가다가 문이 있으면 문을 열어야 한다는 상황판단으로 손에 든 컵을 내려놓는다. 이것은 손의 컵이 문을 여는 데 방해가 된다는 것을 알기 때문이다. 컵을 손에 들고 문을 열려다 실패하는 시행착오 과정을 거치지 않고도 머릿속에서 생각한 후 행동을 하는 것이다.

(2) 전조작기

전조작기는 감각운동기와 조작적 사고가 가능한 단계 사이의 과도기에 해당된다. 조작은 변형된 경험이나 대상을 논리적 규칙을 적용하여 원래 형태로 환원할 수 있는 활동이다. 전조작기 아동은 이러한 조작을 수행하지 못한다. 즉, 사건의 순서를 원래의 반대순서로 재배열하지 못한다. 또한 사건의 다양한 차원 간의 관계를 이해하지 못하므로 경험의 한 차원이 변하더라도 다른 차원이 그대로 유지되는 것을 이해하지 못한다.

전조작기 아동은 상징을 사용하여 보이지 않는 대상이나 상황을 표현하고, 과업수행을 배우게 된다. 지각적 경험에만 의존하지는 않으나 논리보다는 지각에 아직 더 의존한다. 이 단계에서 가장 중요한 것은 언어를 사용하기 시작하여 언어능력이 발달한다는 것이다. 언어습득을 통해 개념적 사고를 하는 것이다. 이와 같이 언어의 습득으로 사물이나 사건을 내재화할 수 있는 능력이 생기고 보이지 않는 것을 기억하는 표상이 가능하지만, 직접적으로 지각적 경험을 하지 않은 사건이나 대상을 조작하는 능력은 제한되어 있다.

〈그림 13-1〉은 전조작기 아동이 수행하지 못하는 보존과제를 보여 준다(정옥분 역, 1991: 290). 첫째, 수의 보존과제는 아동 앞에 동전을 일렬로 배열하여 제시하고, 두 줄의 대상들 간의 지각적 동등성을 확립하도록

그림 13-1 여러 가지 보존과제

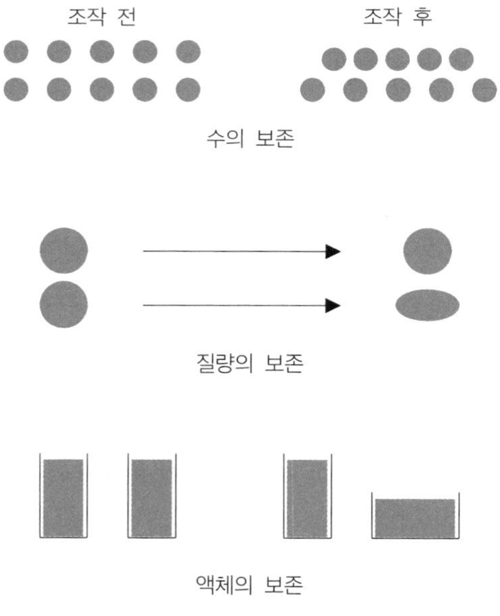

조작 전　　　　　　조작 후

수의 보존

질량의 보존

액체의 보존

첫 번째 줄의 동전과 똑같이 줄을 맞추어 두 번째 줄의 동전을 배열하라는 지시를 한다. 이 과제가 완성된 후, 한 줄이 다른 줄보다 짧도록 한 줄에서 동전들의 간격을 변화시킨다. 어떤 줄의 동전이 더 많은지를 물었을 때, 전조작기 아동은 길이의 차원과 수의 차원을 혼동해 길이가 긴 줄의 동전이 더 많다고 대답한다.

둘째, 질량의 보존과제도 유사한 결과를 초래한다. 아동에게 모양과 크기가 똑같은 두 개의 공 모양의 점토 덩어리를 준다. 점토 덩어리 하나를 다른 모양으로 만들었을 때, 전조작기 아동은 두 개의 질량이 다르며 하나가 다른 것보다 더 크다고 믿는다.

셋째, 액체 보존과제에서 두 개의 비커는 같은 모양을 하고 있고 같은 양의 용액을 담고 있다. 이 비커들에 든 물을 하나는 길고 좁은 비커에, 다른 하나는 짧고 넓은 비커에 붓는다. 전조작기 아동은 이 비커들에 각기 다른 분량의 액체가 담겨 있다고 생각한다.

전조작기 아동은 경험의 한 차원이 변한다고 해서 반드시 그 경험의 다른 차원들이 변할 필요가 없는 것을 이해하지 못한다. 즉, 이 시기의 아동은 경험의 한 차원에서의 변화가 반드시 다른 차원의 변화를 의미하지 않는다는 것을 인식하는 데 필요한 인지구조를 아직 갖고 있지 못한 것이다. 그러므로 이 시기의 아동은 모든 것이 눈에 보이는 그대로라고 믿는다.

전조작기 사고의 특징을 잘 나타내는 다른 예로는 상징놀이, 물활론(animism) 등이 있다. 상징놀이는 물리적으로 실제 존재하는 대상이 아닌, 아동의 내부에서 정신적 표상으로 대상을 만들어 놀이를 하는 것인데 아이들은 빗자루를 총이라고 하면서 총싸움을 할 수 있다. 물활론의 사고는 전조작기 아동의 자연관을 말해준다. 전조작기에는 모든 사물이 생명이 있으며 사고하고 감정이 있다고 믿는다. 예를 들어, 인형이 못에 걸려 찢기면 아플 것이라고 여긴다.

(3) 구체적 조작기

구체적 조작기에 아동은 기본적 논리체계가 획득되어 전 단계의 비논리적 사고에서 논리적 사고로 전환한다. 구체적 조작기의 아동은 보존의 개념을 이해하고, 특정한 조작을 수행할 수 있으며, 전조작기 아동이 할 수 없는 다양한 지적 과업을 수행한다. 이 단계를 구체적이라 일컫는 이유는 조작의 대부분을 직접적 경험을 통해 획득하기 때문이다. 과거 경험의 도움 없이 순전히 언어적 지시만으로는 조작이 수행될 수 없으므로, 이 시기의 아동은 여전히 지각의 한계를 벗어날 수 없으며 실제적이고 구체적인 대상과 사상에 한정된 논리만이 가능하고 이 논리를 가설적 문제에는 적용하지 못한다.

구체적 조작기의 아동은 보존의 개념을 획득했기 때문에 동일성, 보상성, 역조작의 사고가 가능하다(Piaget & Inhelder, 1969: 96~98). '더 붓거나 덜지 않았으니 액체의 양이 같다'고 대답하는 것은 동일성(*identity*)의 원리이다. '이 컵이 긴 반면 저 컵은 넓다. 따라서 액체의 양은 같다'고 말하는 것은 보상성(*compensation*)의 원리이다. '이것을 전의 컵에다 그대로 다시 부을 수 있기 때문에 두 컵의 액체 양은 같다'고 말하는 것은 역조작(*inversion*)의 원리이다.

또한 구체적 조작기의 아동은 사물을 일정한 속성에 따라 분류할 수 있다. 분류에서 전체와 부분의 관계, 즉 상위유목과 하위유목의 관계를 이해한다. 예를 들면, 아동은 생물이 동물과 식물이라는 하위유목으로 나뉘는 것을 이해한다. 이 단계의 아동은 정신적으로 대상 간의 관계를 조작할 수 있으므로 일련의 사물을 서열화하는 능력도 갖고 있다. 길이, 크기, 무게, 부피, 색의 강도에 대한 서열개념의 획득은 사물 간의 관계를 이해하는 데서 비롯된다. 구체적 조작기의 아동은 서로 다른 높이를 가진 여러 개의 실린더를 눈으로 보고 높이에 따라 그 실린더의 순서를 매길 수 있다.

(4) 형식적 조작기

형식적 조작기에는 가설설정 혹은 상상적 추론과 같은 추상적 사고가 가능하다. 즉, 이 단계의 아동은 새로운 상황에 직면했을 때 현재의 지각적 경험뿐만 아니라 과거와 미래의 경험을 사용한다. 이는 어떤 일을 수행하기에 앞서 문제에 대해 다양한 해결책을 고려할 수 있는 사고능력을 가졌다는 의미이다.

이 단계의 사고는 세 가지 면에서 구체적 조작기와 구분된다. 첫째, 가설-연역적 인지구조를 갖는다. 구체적 조작기의 아동은 시행착오적 방법으로 문제해결을 도모하므로 시간소모가 많다. 반면, 형식적 조작기의 아동은 문제해결을 위해 가능한 모든 방법을 생각하여 그 결과를 가정하여 가장 가능성 있는 것을 시도한다. 둘째, 조합적 분석능력이 있다. 구체적 조작기의 아동처럼 시행착오적 접근방법이 아닌, 체계적으로 가능한 조합을 차례로 시도하는 것이다. 셋째, 추상적 사고가 가능하다. 형식적 조작기에는 삶의 의미를 음미하고, 사회적 규범과 가치관을 이해하며, 예술작품이 상징하는 것을 안다.

형식적 조작적 사고의 발달은 부분적으로 학교 교육과정에 의존한다. 학교교육을 적게 받은 사람은 계속하여 구체적인 것에 비추어 사고하는 경향이 있으며 자아중심적 성향을 더 많이 간직하게 된다.

4) 인지발달단계에 따른 자아중심성의 변화

〈표 13-2〉는 인지발달단계에 따른 자아중심성의 발달과정을 보여주며, 그 목적과 과업을 제시한다(정옥분 역, 1991: 306).

(1) 감각운동기의 자아중심성
감각운동기의 아동은 자신이 직면하는 외부의 대상과 자신을 구별하지 못한다. 따라서 이 단계의 중요한 발달과업은 대상획득이다(Elkind, 1974). 신생아는 충족되어야 하는 기본적 욕구를 가진 협응되지 않은 반사들의 집합체 수준이므로 자신과 대상을 분리하지 못한다.

(2) 전조작기의 자아중심성
전조작기 아동은 자기와 외부 대상을 구분할 수 있다. 그러나 이 시기의 아동은 자신 이외 다른 사람의 관점을 추측할 수 없다(Piaget & Inhelder, 1956: 218). 예를 들면, 이 시기의 아동은 책을 세워 들고서는 반대편에 있는 사람이 책의 뒷면밖에 볼 수 없다는 것을 깨닫지 못한 채 그에게 책 속의 그림에 대해 묻는다. 그러므로 전조작기 아동은 다른 사람과 연결된 대화를 할 수가 없다. 자기중심적인 말 속에서 아동들끼리 하는 말은 성인과 같은 의미로 서로 이야기하는 것이 아니다. 그 아이들이 하는 말의

표 13-2 자아중심성의 발달과정

단계	목표	성취
감각운동기	대상의 획득	대상영속성
전조작기	상징의 획득	언어
구체적 조작기	현실의 획득	원인과 결과
형식적 조작기	사고의 획득	현실과 환상의 구별

거의 절반은 타인과의 의사소통이 아닌 독백에 불과하다.

따라서 전조작기 아동의 자아중심성은 이기주의나 몰인정과는 구별되어야 한다. 이 단계에서는 다른 사람의 관점이나 관심사를 고려하는 객관성이 획득되지 않았기 때문에, 아동은 자신의 지각적 경험이나 자신의 관심사에만 집중하는 것이다.

피아제는 전조작기 아동의 이러한 자아중심성은 성인이나 비슷하게 자아중심적인 다른 아이들과의 상호작용을 통해 벗어날 수 있다고 보았다.

(3) 구체적 조작기의 자아중심성

구체적 조작기에는 현재 또는 실제적인 것은 잘 이해한다. 그러나 가능한 것에 대해서는 실제적인 것의 연장선상에서 어렴풋이 이해할 뿐이다. 이 단계의 목표는 현실의 획득, 즉 가정과 사실을 구분하는 능력이다. 아동은 원인과 결과가 연속된 과정이라는 것을 이해하지만 그 요소들 간의 관계에는 관심이 없다. 가정과 사실을 구별하지 못하므로(Elkind, 1974: 9), 아동은 상황에 대한 그들의 가정을 바꾸기보다는 상황의 사실을 바꾸는 경향이 있다. 전조작기 아동의 주된 불일치는 자기와 타인 간에 발생하지만 구체적 조작기 아동에게서는 자기와 사실 간의 불일치가 주로 발생한다.

(4) 형식적 조작기의 자아중심성

청소년기는 논리에 도취되는 것처럼 보일 만큼 형이상학적 특성이 가장 우세한 시기이다. 피아제는 청소년기의 이상주의를 이 시기의 자아중심성으로 보았다.

이 단계에서는 자신의 사고와 다른 사람의 사고를 구별하지 못한다. 예를 들어, 청소년은 자기의 행동과 외모에 대해 다른 사람이 항상 살피고 있는 것처럼 생각한다. 이 시기의 목표는 사고의 획득으로 자신과 다른 사람의 사고를 구분하는 것이다. 엘킨드(Elkind, 1974)는 형식적 조작기의 청소년은 다른 사람이 이러이러하게 생각하리라고 자기가 여기는 대로 자신을 생각한다고 보았다. 그 예로 이러한 자아중심성이 청소년기의 자의식과 그들의 야단스럽고 화려한 복장을 설명해 준다고 했다.

청소년기의 자아중심성은 현실사회와의 상호작용을 거치며 이상주의의 실제적 한계를 경험하면서 변화된다.

2. 벡의 인지적 성격이론

아론 벡(Aron Beck)의 인지이론은 개인이 지닌 자기 자신과 세상에 대한 지각이 정서문제와 행동문제를 일으킨다고 전제한다. 이러한 기본전제 아래 인간이 환경적 요소를 어떻게 지각하는지에 초점을 두고, 잘못된 인지적 왜곡을 변화시킴으로써 문제가 되는 정서와 행동을 통제할 수 있다고 보았다.

인지도식은 성격의 기본단위로 간주된다. 벡에 의하면 신념과 규칙은 인지도식의 내용이고 인지도식은 경험과 행동을 조직하는 인지적 구조로서, 이는 행동으로부터 추론되거나 면접과 과거력 탐색을 통해 평가될 수 있다(권석만 역, 2007: 107). 벡은 인지도식이 좁고 구체적인지 아니면 광범위한지의 정도인 광범위성, 변화나 수정 가능성을 의미하는 유연성이나 경직성, 인지적 구조 속에서의 상대적인 특출함을 나타내는 밀도와 같은 구조적 특성을 지닌다고 설명했다(권석만 역, 2007: 163). 벡의 인지치료이론은 성격의 구조적 측면을 변화시키는 데 초점을 둔다. 부적응적 성격기능을 이해하고 치료하고자 하는 인지적 접근 가운데 벡의 인지이론만큼 큰 영향을 미친 이론은 없을 것이다(정영숙·안현의·유순화 역, 2005: 473).

1) 아론 벡의 생애

아론 벡은 1921년 로드아일랜드의 프로비던스에서 러시아계 유태인 이민자의 막내아들로 태어났다. 그는 문학과 교육을 중시하는 가정 속에서 주관이 뚜렷하고 정치적 관심이 많은 부모에 의해 양육되었다(권석만 역, 2007: 21). 벡의 어머니는 어린 딸의 죽음으로 인한 우울증을 앓았는데, 막내인 벡이 태어나면서 호전되었다. 그러나 이 우울증은 그녀의 여생 동안 지속되었고 이러한 가족배경으로 벡의 우울증에 대한 관심이 비롯되었다.

벡은 어린 시절 팔이 부러져 감염된 것이 패혈증으로 치명적 상태까지 진전된 경험이 있었는데, 이로 인해 불안증세와 공포증을 지니게 되었고 자주 학교에 결석했다. 이런 일들이 벡 자신이 무능하고 어리석은 사람이라는 신념을 갖게 만들었다. 게다가 벡은 1학년에서의 유급 경험으로 자신이 멍청하다는 생각이 더 확고해지기도 했는데 그 후 스스로 노력해 또래보다 1년 먼저 졸업했다. 자신이 어리석고 무능한 사람이라는 신념은 이에 일치되지 않는 증거에 의해 극복될 수 있었다(권석만 역, 2007: 36).

1953년 정신과 의사 자격증을 얻은 벡은 정신분석수련을 받았으나 정신분석이 과학적 근거가 부족하다고 불만이 컸다. 임상적 관찰과 실험적 연구가 계속되면서 결국 정신분석을 포기했다. 벡의 정신병리에 관한 연구는 우울증에서 시작되었고 이 영역에서 가장 중요한 업적을 쌓았다. 그의 인지치료는 초기에는 주로 우울증에 적용되었다가 나중에는 다양한 심리적 장애에 확대 적용되었다. 벡은 자신과 주변에서 경험했던 부정적 신념을 가진 사람들에 대한 관심으로 우울, 자살, 불안, 공황장애, 물질남용, 성격장애, 결혼문제 등을 연구했다.

2) 주요 개념

(1) 도식

도식은 사건이나 자극의 특징에 대한 추상적 표상으로, 사건이나 자극을 인식하고 이에 대응하는 데 사용되는 기본적인 이해의 틀이다(김동배·권중돈, 2005: 493). 개인은 어떤 상황에 직면하면 그 상황과 연관된 도식이 활성화된다(원호택 외 역, 1997: 28). 인지이론의 관점은 많은 인간문제가 효과적 기능을 방해하는 도식에서 야기되는 것으로 가정한다. 우울증을 비롯해 문제를 겪는 사람은 흔히 사건을 해석하는 데 오류가 많은 도식을 사용한다. 왜곡된 도식은 의지와 상관없이 자동으로 작동하여 자동적 사고의 흐름을 낳는다. 그리고 자동적 사고는 감정과 행동에 영향을 미친다. 우울증 환자는 자신이 뭔가 부족하고, 결점투성이고, 쓸모가 없고, 사랑받을 수 없다는 심각한 믿음을 갖고 있으며 이 믿음은 확고하다. 이러한 내적 일관성은 그 믿음과 모순되는 외적 증거에 반복적이고 극적으로 노출되더라도 흔히 유지된다(원호택 외 역, 1997: 81).

(2) 인지삼제

인지삼제(*cognitive triad*)는 자신·세계·미래를 보는 개인의 독특한 방식이다. 인지삼제는 우울증의 3대 인지요소로 일컬어지는 세 가지 부정적 도식을 의미하며, 자신·세계·미래에 대한 견해로 자신을 패배자로, 세계를 실망스러운 모습으로, 미래를 희망이 없는 것으로 그린다(정영숙·안현의·유순화 역, 2005: 473~474). 자신에 대한 부정적 견해는 "나는 결점이 많고 바람직하지 못하며 가치 없다"와 같은 자기진술에서 나타난다. 세계에 대한 부정적 견해는 "세상은 나에게 너무 많은 것을 요구하고 인생은 계속되는 좌절을 의미할 뿐이다"와 같은 말에서 나타난다. 미래에 대한 부정적 견해는 "인생에는 내가 지금 겪고 있는 고통과 상실이 앞으로도 계속될 것이다" 같은 진술에서 나타난다.

(3) 인지치료

인지치료는 왜곡된 개념화와 잘못된 신념, 잘못된 정보처리 방식을 인정하고 교정하도록 돕는 것이다(정영숙·안현의·유순화 역, 2005: 474). 인지치료란 잘못된 도식을 제거하고 새로운 도식을 형성하게 하는 것이다

(Carver & Scheier, 2012: 311). 따라서 인지치료는 인지적 재구조화 혹은 인지적 재구성으로 불리기도 한다. 사람들은 자동적인 자기패배적 사고를 인식해 이를 건설적인 다른 말로 바꾸는 것을 배운다. 또한 현재 상황 속에 있는 정보에 초점을 두고 선입견에 덜 근거하도록 요구받는다.

3) 인지의 수준

벡은 인지를 위계적 구조를 가진 것으로 전제했다. 인지적 구조는 자각 가능성과 안정성에서 서로 다른 여러 수준의 사고와 심상으로 구성된다 (권석만 역, 2007: 119). 가장 자각하기 쉬운 인지는 의도적 사고로 의식선상에 나타나게 된다. 이는 사람들이 보통 의식하는 생각이다. 자각하기가 어려운 인지의 수준은 ① 자동적 사고, ② 중간신념, ③ 핵심신념으로 살펴볼 수 있다(최영희·이정흠 역, 1999: 26~29).

자동적 사고는 마음속에서 계속 진행되는 인지의 흐름으로, 의식적 자각 없이 개인이 어떤 상황에 대해 내리는 즉각적이고 자발적인 평가를 말한다. 자동적 사고는 마음속의 단어뿐 아니라 영상이나 심상의 형태로도 경험된다. 자동적 사고는 정서적 반응으로 이끄는 특별한 자극에 의해 유발된 개인화된 생각으로서 노력이나 선택 없이 자발적으로 일어나며, 사람들이 자신의 경험으로부터 생성한 신념과 가정을 반영한다. 자동적 사고가 상황과 정서를 중재하므로 사람들은 자동적 사고에 따라 그 상황에 대해 느껴지는 감정이 발생한다. 자동적 사고는 감정에 영향을 미칠 뿐 아니라 행동에도 영향을 미치며 생리적 반응에도 영향을 미친다. 심리적 장애를 가진 사람의 자동적 사고는 흔히 왜곡되어 있거나 극단적이거나 부정확하다.

사람들은 자동적 사고를 언뜻 인식할 수도 있으나 대개는 자동적 사고에 뒤따르는 감정의 변화를 인식하는 경우가 더 많다. 그 결과, 자신의 자동적 사고를 사실인 것처럼 받아들이기 쉽다. 그러나 감정의 변화에 주목함으로써 자동적 사고를 식별할 수 있는 방법을 배울 수 있다. 예를 들면, 우울한 기분이 들 때 마음속에 스쳐간 생각이 무엇인지 자신에게 물어보는 것이다. 자동적 사고를 인식하면 그 사고의 타당성을 평가할 수 있게 된다.

중간신념은 핵심신념과 자동적 사고 사이에 존재하는데, 규칙과 태도, 가정으로 구성되고 핵심신념의 영향을 받으며, 자동적 사고에 반영된다. 사람들은 자신의 중간신념을 흔히 잘 인식하지 못한다. 규칙의 예로는 "항상 열심히 노력해야 한다" 혹은 "맡은 일은 성공적으로 완료해야 한다" 등을 들 수 있다. 태도의 예는 "능력이 없다는 것은 있을 수 없는 일이다"와 같은 믿음이다. 가정에는 긍정적 가정과 부정적 가정이 있다. 예를 들어, 긍정적 가정은 "만일 나 자신이 최선을 다한다면, 성공할 수 있을 것이다"인 반면, 부정적 가정은 "만일 최선을 다하지 못한다면, 실패할 것이다"이다.

핵심신념은 가장 근원적이고 깊은 수준의 믿음으로, 모든 영역에 영향을 미치고 경직되어 있으며 일반화되어 있다. 핵심신념은 세계, 타인, 자신, 미래에 대한 자신의 견해를 반영한다. 사람들은 이 핵심신념을 의문 없이 당연한 것으로 여기고 절대적 진리로 받아들인다. 근원적 신념이므로 자신조차도 인식하지 못한다. 자동적 사고인 마음속을 스치는 실제적 단어나 영상 등이 특정한 상황과 관련되어 생기는 표면적 인지수준이라면, 핵심신념은 자동적 사고의 토대가 되는 자신에 대한 중심적 신념이며 중간신념에 반영되어 있다. 핵심신념은 보편적이며 과잉일반화된 절대적인 것이라 할 수 있다.

중간신념과 핵심신념은 사람들이 자신의 경험을 조직화하는 데서 생긴다. 세상 혹은 다른 사람과의 상호작용을 통해 이러한 신념들이 형성되는데, 정확성과 기능적 측면에서 다양할 수 있다. 이 신념들은 그와 관련된 특정한 생활사건에 의해 촉발되어 활성화될 때까지 드러나지 않은 채 잠복한 상태로 존재한다(권석만 역, 2007: 119).

4) 인지적 왜곡과 재구조화

백의 정신병리에 관한 인지모델은 비합리적 신념인 도식 외에 부적응적 정보처리가 부정적이고 고통스러운 감정과 부적응적 행동에 영향을 미치는 것을 강조한다(정영숙·안현의·유순화 역, 2005: 474). 이러한 인지적 왜곡은 잘못된 가정 및 개념화로 이끄는 사고의 체계적 오류이다. 인지적 왜곡은 정보처리가 부정확하거나 비효과적일 때 나타나며, 자주 비현실적 세계관을 나타내거나 비논리적 추론과 관련된다. 인지적 왜곡은 자발적이고 자동적으로 발생하는 것처럼 보이므로 부정적 자동적 사고로 일컬어진다.

인지적 왜곡의 유형에는 ① 자의적 추론, ② 선택적 추론, ③ 과잉일반화, ④ 극대화와 극소화, ⑤ 개인화, ⑥ 이분법적 사고, ⑦ 정서적 추론, ⑧ 긍정성 박탈, ⑨ 파국화, ⑩ 잘못된 명명 등이 있다(노안영·강영신, 2003: 446~448).

자의적 추론은 충분한 적절한 증거가 없음에도 결론에 도달하는 것을 말한다. 선택적 추론은 일부 특성만 가지고 전체를 일반화하는 것으로, 긍정적 평가와 부정적 평가를 같이 받았을 때 부정적 평가에만 초점을 맞춰 사고하는 것을 의미한다. 즉, 상황의 긍정적 측면을 여과하고 극단적으로 부정적 세부사항에 국한해 사고하는 것을 말한다. 과잉일반화는 단일 사건에 기초해 극단적 신념을 가지고 유사하지 않은 사건이나 장면에 부적절하게 적용하는 것을 말한다. 극대화와 극소화는 불완전을 최대화하거나 좋은 점을 최소화하는 것을 말한다. 불완전한 측면을 극대화하고 좋은 측면은 극소화하므로 자신이 부적절하며 다른 사람들보다 열등하다고 생각되어 우울하다고 느낀다.

개인화는 자신과 관계되는 일이 아닌데도 외적 사건과 자신을 관련짓는 것을 말한다. 이분법적 사고는 모든 경험을 양극단 중 하나로 평가하는 것으로, 완전한 실패 혹은 완전한 성공과 같이 극단적으로 흑과 백으로 구분하는 경향을 일컫는다. 흑백논리로 사고하고, 해석하며, 경험을 극단으로 범주화한다.

정서적 추론은 정서적 감정이 현실과 진실을 반영한다고 여겨 정서적 경험에 근거해 자신, 세계, 미래에 관해 추리를 하는 것을 의미한다. 긍정성 박탈은 자신의 긍정적 경험을 평가절하 하는 것을 말한다. 파국화는 걱정하는 한 사건을 택해 지나치게 과도하게 두려워하는 것을 일컫는다. 잘못된 명명은 과잉일반화의 극단적 형태로 단일 사건 혹은 아주 드문 일에 근거해 부정적인 단정을 하는 것이다.

인지적 재구조화는 사람들에게 자신의 사고를 확실한 것으로 간주하기보다는 검증되어야 할 가설로 보도록 권고하고, 그 가설을 검증해 보도록 권하는 접근을 한다. 또는 인지적 재구조화를 위해 사람들에게 나쁜 결과가 나타날 것으로 비현실적으로 예상하고 있는 그 일을 계속 진행하도록 하기도 한다. 예상했던 나쁜 결과가 일어나지 않으면 사람들은 자신의 기대를 재검토할 수 있고 변화하게 된다.

인지적 재구조화를 일컫는 벡의 인지치료는 클라이언트가 자신에 대한 부정적이고 자기파괴적인 추론을 변화시키는 것을 목표로 한다. 이를 위해 치료초기에는 상대적으로 인식하기 쉬운 자동적 사고에 초점을 두어 자동적 사고를 분별하고 평가하며 수정할 수 있도록 개입한다. 이후 역기능적 사고에 잠재되어 있는 중간신념과 핵심신념으로 치료의 초점을 옮긴다.

인지치료의 일반적 가정은 다음과 같다(원호택 외 역, 1997: 23).

① 지각과 경험은 검열(*inspective*)과 내성(*introspective*) 자료를 모두 포함하는 능동적 과정이다.

② 개인의 인지는 내적·외적 자극의 종합을 반영한다.

③ 개인이 상황을 어떻게 평가하는가는 일반적으로 사고나 시각적 심상 같은 그의 인지에 나타난다.

④ 이러한 인지는 그 개인의 의식의 흐름 혹은 현상적 장을 구성하며, 이는 자신과 자신의 세계, 과거, 현재에 대한 그의 관점을 반영한다.

⑤ 기저에 있는 인지구조의 내용이 변화되면 정서상태와 행동패턴도 영향을 받는다.

⑥ 치료를 통해 자신의 인지적 왜곡을 자각할 수 있다.

⑦ 이러한 역기능적 구성개념을 수정하면 임상적으로 호전될 수 있다.

14장

인본주의적 성격이론

1. 로저스의 현상학적 성격이론

칼 로저스(Carl Rogers)의 이론은 인간을 이해하는 데 문제의 역사보다 '지금 여기에'(*here and now*)를 강조하므로 현상학적 성격이론으로 불린다. 로저스는 인간이 통합된 유기체로서 행동하기 때문에 전체론적 관점에서 접근해야 한다고 보았다. 그는 인간의 의식과 자기인식이 성격을 설명한다고 보았으며, 특히 자기(*self*)를 중요시했다.

로저스는 인간이 어떻게 행동하는가는 그가 세계를 어떻게 지각하느냐에 달려 있다고 생각해, 인간행동이 무의식적인 어떤 힘에 의해 야기되는 것이 아니라고 믿었다. 즉, 행동을 가장 잘 이해하기 위해서는 개인의 내적 준거틀의 이해가 필요하다고 보았다(Rogers, 1951: 494). 누구도 다른 사람의 내적 준거틀을 완전히 알 수 없기 때문에 인간은 그 자신이 자기에 관해 가장 많은 정보를 갖게 되고 가장 잘 알 수밖에 없다. 로저스는 자신의 임상경험을 바탕으로 인간본성의 핵심이 근본적으로 합목적적이고, 전진적이며, 건설적이고, 현실적이며, 신뢰할 수 있다고 주장했다.

로저스가 강조한 개인의 존엄성과 가치, 개인의 자기결정, 사회적 책임에 대한 소신은 사회복지실천 철학과 조화를 이루는 원칙이라 할 수 있다(Rowe, 1986). 로저스가 말하는 원조관계의 본질도 사회복지실천에 중요한데, 사회복지실천 이론가들은 이 원조관계를 개별사회사업(case-work) 과정의 핵심이며 모든 치료의 기본으로 보고 있다(Hollis, 1972; Perlman, 1957). 사회복지실천에 중요한 또 다른 로저스의 가설은 따뜻하고 관심을 가져주는 치료적 관계를 통해 구현될 수 있는 자기 이해와 성장을 위한 자원을 인간이 갖고 있다는 것이다(Raskin, 1985). 로저스의 또 다른 공헌은 성공적 치료에 필요한 조건설정으로, 그는 치료자가 치료적 관계에서 진실해야 하고, 일관성이 있어야 하며, 클라이언트에 대한 무조건적인 긍정적 관심을 가져야 하고, 클라이언트의 세계관에 공감해야 한다는 것을 강조했다. 이는 원조전문가로서 사회복지사가 가져야 할 기본태도인 것이다.

1) 칼 로저스의 생애

칼 로저스는 1902년 1월 8일 미국 일리노이 시카고 근처 오크파크에서 태어났다. 경제적으로 안정된 가정에서 자상하고 애정이 깊은 반면 종교적으로 엄격했던 부모 밑에서 성장한 로저스는 가족 외에는 가깝게 지내는 친구도 없이 고립된 채 고등학교를 마쳤다. 위스콘신대학에 진학해서는 북경에서 열린 세계기독학생연합회 참석차 6개월간 중국에 머물렀는데, 로저스는 이때 자신이 심리적 독립을 성취했다고 생각했다. 대학시절 로저스의 관심사와 전공은 농업에서 역사, 종교, 마침내 임상심리로 변화했다. 콜롬비아대학에서 임상심리로 박사학위를 받은 로저스는 그 후 반세기 동안 자기가 발전한 생각들을 반영한 삶을 살았다고 평가받는다.

심리학과 대학원 프로그램에 대한 불만으로 대학교수직을 떠난 후에는 연구소에서 인간관계 능력향상 연구와 실천에 전념했다. 1987년 세상을 떠나기까지 말년에는 인종 간의 긴장완화와 세계평화를 위한 노력에 열정을 바쳤다.

2) 주요 개념

(1) 개인의 세계
개인의 세계는 체험의 세계를 말하는데 체험은 특정 순간에 개인이 의식하는 것의 총체인 현상적 장을 말한다(Rogers, 1980: 102). 개인에게 현상적 장은 곧 현실이 된다. 따라서 개인의 모든 반응은 자신이 체험하고 지각하는 대로의 현상적 장에 근거한다. 여기서 현재 행동에 영향을 미치는 것은 과거 경험 속의 사실이 아니라, 과거 경험에 대한 현재의 해석이다. 어떤 사람의 행동 의미를 완전히 이해하기 위해서는 그 사람이 현실을 어떻게 체험하는지 알아야 한다. 왜냐하면 누구나 자신의 지각을 근거로 현실을 구성하기 때문이다.

(2) 자기
자기(self)는 개인의 현상적 혹은 지각적 장인 경험의 전체성에서 분화된 부분이며, 'I'와 'Me'의 의식적 지각과 가치를 포함한다(Rogers, 1980:

200). 즉, 자기 개념은 현재 자기가 어떤 사람인가에 대한 개념, 다시 말해 자신의 자아상인데 '현재의 나'라는 존재의 인식과 '내가 할 수 있는 것'이라는 기능의 인식을 포함한다.

유아는 처음엔 자기 자신을 독특한 실체로 인식하지 못하나, 부모를 비롯한 의미 있는 사람들과 상호작용하면서 자기 존재를 차츰 인식하게 된다. 자기의 행동에 대한 타인의 반응을 지각함으로써 일관성 있는 자아상, 즉 실존하는 자기와 바람직한 자기 간의 부조화의 가능성이 최소로 줄어들 수 있는 통합된 전체성을 발달시키게 되므로(이혜성 역, 1982: 51), 자기 개념은 자신의 현재 모습에 대한 지각뿐만 아니라 이상적 자기까지도 포함하게 된다. 연속되는 체험으로부터 서서히 자기가 인식된다.

(3) 자기실현

인간의 궁극적 동기는 유기체가 가진 유일한 기본경향인 유기체를 유지하며 향상하려고 인간의 모든 잠재능력을 개발하는 것, 즉 자기실현이다 (Rogers, 1959: 196). 사람에게는 누구나 밖으로 표현하려는 성장잠재력이 있으며 각자는 독특한 잠재력을 실현하려는 경향을 타고난다. 기본적인 생물학적 잠재력의 성취 외에도 인간은 실현되어야 할 인간적이고 심리적인 잠재력을 갖고 태어난다. 생물학적·심리적 잠재력이 동일한 사람들은 없다. 각자에게는 잠재력을 실현하는 체험과 잠재력을 실현하지 못하는 체험 간의 구분을 가능하게 하는, 타고난 신체적 지혜가 있다. 이것이 유기체적 평가과정(*organismic valuing process*)이다.

태어나면서 신생아는 무엇이 좋게 느껴지고, 무엇이 그렇지 않은지를 구별할 줄 안다. 유아는 이것을 유기체의 본능으로 아는 것이다. 그러므로 신체적 감각의 지속적 사용이 인간발달에 필수적이다. 무엇보다도 감각세포는 자극되지 않으면 쇠퇴한다. 각자가 태어난 물리적, 사회적, 문화적 환경이 생물학적, 심리적 잠재력의 실현을 돕는다.

3) 성격의 발달

로저스에 의하면 성격발달은 대체로 자기(*self*)를 중심으로 이루어진다. 로저스는 성격발달 그 자체에 많은 관심을 기울이지 않아 자기개념을 획득할 때 거치는 주요 단계의 구체적 시기를 언급하지는 않았으나, 유아기나 아동기 초기에 다른 사람들이 어떻게 평가하느냐에 따라 긍정적 또는 부정적 자아상이 발달한다는 것을 강조했다. 신생아는 신체적 감각이든 외적 자극이든 모든 경험을 단일하게 지각한다. 즉, 분리된 존재인 'I'로서 자신을 지각하지 못한다.

유아는 성장하면서 신체적 감각을 구분하고, 그 감각을 적절하게 확인하는 것을 배운다. 자기개념은 개인이 자신의 신체적 자기를 환경으로부터 분리된 존재로 경험할 때부터 생긴다. 장난감이나 손가락을 물 때 각각의 감각이 아주 다르게 느껴지며, 그러한 경험에 근거해 손가락은 나이고, 장난감은 내가 아니라는 인식이 유아에게 싹트게 된다. 어머니는 아동이 피곤하고, 춥고, 배고픈 것과 같은 신체적 감각과 그 정도를 구분하고 확인하는 것을 돕는 중요한 역할을 한다. 어머니를 포함해 중요한 타인들은 유아가 자신의 신체적 감각들에 주의하고 이를 적절하게 표상하는 것을 도울 수 있다.

자기는 처음 형성될 때 유기체적 평가과정에 의해 지배받는데, 모든 새로운 경험은 그 경험이 인간의 선천적인 유기체적 경향을 촉진하는지 혹은 방해하는지에 따라 평가된다. 유기체적 평가과정은 유아의 욕구충족의 적정한 상태를 유지해 주는 일종의 모니터링 시스템이다. 유아는 자신이 그 경험을 좋아하는지 혹은 유쾌한지에 따라 경험을 평가하는데, 이 평가는 직접 경험을 한 후 그 경험에 대한 자동적 반응으로 나온다.

한편, 자기의 발달은 환경과의 상호작용을 포함한 여러 요인에 달려 있는데, 그중에서 긍정적 관심(positive regard)에 대한 욕구가 결정적 역할을 한다. 존재로서의 자기에 대한 의식이 생기면 다른 사람으로부터 따뜻함, 수용, 존경, 숭배, 사랑을 받고 싶은 욕구가 생긴다. 로저스는 이 욕구를 기본적인 욕구로 간주했다. 이는 사랑받고 보호받고 싶어 하는 유아의 욕구에서 처음으로 드러난다. 아동의 자기발달은 어머니에 의해 가장 큰 영향을 받는다(이혜성 역, 1982: 52). 어머니가 긍정적 관심을 주지 않고 거부하면, 아동은 인정받지 못했던 것을 자기 행동 전체에 확산해 지각하기 쉽다. 긍정적 관심에 대한 욕구가 지각에 영향을 미치며, 지각이 자기개념에 중요한 영향을 미친다.

긍정적 관심을 얻는 길은 다른 사람으로부터 인정을 받는 것이다. 긍정적 관심에 대한 욕구는 다른 사람에 의해 충족될 수밖에 없으므로 자기개념은 다른 사람들에 의해 점차 달라진다. 아동은 자라면서 점점 더 다른 사람들로부터 긍정적 관심을 받고 싶어 한다. 따라서 긍정적 관심에 대한 욕구의 충족을 위해 아동은 희생도 감수한다(Rogers, 1959: 226~227).

일반적으로 긍정적 관심은 어떤 조건을 충족시킬 때 주어지는데, 이것이 가치의 조건(conditions of worth)이다. 예를 들면, 어떤 가정에서는 공부를 잘해야 긍정적 관심을 보이며, 스포츠나 음악에 뛰어난 것은 인정해 주지 않는다. 가치의 조건은 사회화의 기준을 제공하는 중요한 기능을 하지만 위험한 측면도 있다. 긍정적 관심의 욕구 때문에 가치의 조건에 지나치게 사로잡혀 환경의 다른 측면들을 지각하지 못한다면, 성장과 실현의 잠재력이 약화되기 때문이다. 삶에서는 주로 다른 사람의 조건부적인 긍정적 관심(*conditional positive regard*)을 경험하게 된다.

아동은 자기가 어떤 점에서는 중요한 타인들에게 가치 있게 여겨지며 다른 점에서는 그렇지 못하다는 것을 경험하는데, 아동에게 만족스러운 많은 체험이 중요한 타인으로부터는 긍정적 관심을 받지 못할 수도 있다. 아동은 중요한 타인의 관심을 중요하게 여기기 때문에 자신의 개인적 체험을 무시하고, 중요한 타인이 그 체험에 대해 갖는 견해를 받아들인다. 만일 어머니가 어린 자녀에게 조건부적인 긍정적 관심을 보인다면, 어머니의 이러한 태도는 아동에게 내면화되어 가치의 조건이 된다. 즉, 어머니가 보여준 조건부적인 긍정적 관심은 아동에게 내면화되어 규범과 기준이 된다(이혜성 역, 1982: 54). 이는 그 아동이 특정한 조건에서만 자기가치(*self-worth*)를 느낀다는 의미이다(이혜성 역, 1982: 53). 바로 이러한 이유 때문에 각자가 자기를 실현할 필요가 있음에도 다른 사람으로부터 사랑을 받기 위해 자기를 희생해야 하는 모순에 처하게 된다.

조건부적인 긍정적 관심이 가치부여 과정을 지배할 때, 그 개인은 자신의 잠재력과의 접촉을 상실하며 자기소외를 경험한다. 가치의 조건과 불일치하는 경험은 자기개념으로 내재화될 때 기존의 자기개념을 유지하기 위해 선택적으로 왜곡되어 지각되거나, 완전히 또는 부분적으로 의식에서 부정된다. 가치의 조건과 일치하는 경험은 지각되며 의식된다. 이에 따라 자기개념은 점점 부정확해지고 비현실적으로 되며 고정된다.

이와 같이 경험과 자기 간의 부조화가 현격할 때 불안이나 혼란된 행동이 나타난다. 현대인은 자주 다른 사람들에 의해 수용되고 존경받으며 사랑받기 위해 자신의 경험을 불신하고 무시하지만, 점차 중요한 타인의 규범을 채택하는 것이 수용을 보장해 주지 않는다는 것을 알게 된다.

로저스는 건강한 성격의 발달을 위한 가장 중요한 요건을 무조건적인 긍정적 관심(unconditional positive regard)이라 보았다. 그는 아무도 가치의 조건을 완전히 피할 수는 없지만 부여된 가치와 상관없이 긍정적 관심을 주거나 받는 것이 가능하다고 생각했다(Rogers, 1959: 224). 무조건적인 긍정적 관심은 어떤 경우에든 주어지는 완전하고 진실한 사랑과 존중을 의미한다. 이는 조건 없이 있는 그대로 수용하거나 존중하는 것을 의미한다. 아동이 어떻게 행동하든 어머니가 사랑과 애정을 기울이는 것이 이에 해당된다. 물론 무조건적인 긍정적 관심이 아동의 모든 행동에 제한이 전혀 없어야 한다는 뜻은 아니다. 주위에서 한 인간으로 존중해 주는 무조건적인 긍정적 관심을 받을 때, 그 사람은 자신을 가치 있는 존재로 판단하며, 유기체로서 자신의 욕구와 자기개념에 따라 행동하게 되므로 최대한으로 성장하게 된다.

처음엔 다른 사람들이 좋아해 주는 것이 중요하지만 자존감 혹은 자기가치가 항상 다른 사람의 관심에 근거하지는 않으므로 궁극적으로는 자기 스스로 좋아하는 것이 중요하다. 만일 다른 사람으로부터 무조건적인 긍정적 관심을 받는다면 그는 자신을 긍정적으로 여길 것이며 가치부여 과정에 의해 계속 그렇게 자기의 체험을 평가할 것이다. 무조건적 관심과 존경을 받는 대인관계는 다른 사람의 실재가 아닌 자신의 실재로서 수용된다고 느끼게 하므로 자기와 체험 간의 일치가 증가한다.

인간은 자기와 체험 사이의 일관성을 유지하려고 노력하므로, 자기구조와 일치된 체험은 지각되어 그 구조의 일부가 된다. 자기개념과 부조화를 이루는 체험은 긴장과 내적 혼란 같은 반응을 일으킨다. 로저스는 의식된 체험을 왜곡해서 지각하는 합리화나 부정과 같은 방어는 이러한 위협에 대한 행동적 반응이라고 지적했다(Rogers, 1959: 204~205). 자기가 위협적 체험으로부터 자신을 방어할 수 없을 때, 성격파탄과 정신병리가 발생하게 된다. 자기는 상당히 보수적이고 자기 보호적이며 지각에 영향을 미치고 체험과 기억을 여과한다. 자기의 여과기능은 성격의 변화가 어려움을 암시한다. 즉, 변화는 위협을 내포하므로 이를 없애려고 자기가 위협의 요소를 걸러내기 때문에 변화할 필요가 없어진다.

요약하면, 건강한 성격에 관한 로저스의 의견은 세 가지로 정리될 수 있다(Rogers, 1961: 186~196; 이혜성 역, 1982: 55~56). 첫째, 하나의 상태가 아닌 과정으로 보았다. 자기실현은 계속 진행되는 것으로 완료되었거나 정체된 상태가 아니다. 둘째, 자기실현 과정은 어렵고 때때로 고통스럽기도 하다고 보았다. 자기실현에는 능력에 대한 끊임없는 시험, 긴장, 자극이 수반된다. 셋째, 자기실현자는 진정한 자기 자신이 된다고 보았다. 이는 방향선택이나 행동이 전적으로 자기 자신에 의해 결정되기 때문이다.

4) 훌륭한 삶을 영위하는 성격: 완전하게 기능하는 사람

로저스가 말하는 훌륭한 삶이란 고정된 상태가 아니므로, 흔히 이야기하는 덕행, 만족, 해탈, 또는 행복의 상태가 아니다. 즉, 훌륭한 삶이란 적응, 충족, 실현한 상태가 아니다. 로저스는 훌륭한 삶이란 존재하는 상태가 아니라 과정이며, 목적이 아니라 방향을 뜻한다고 했다(Rogers, 1961: 186~187).

훌륭한 삶의 과정이 공통적으로 갖는 특징은 다음과 같다(Rogers, 1961: 187~192; 이혜성 역, 1982: 56~61).

첫째, 체험에 개방적이다. 자신의 체험에 완전히 개방적일 수 있으면 모든 자극은 방어기제에 의해 왜곡되지 않은 채 신경체계를 통해 자유롭게 전해진다. 체험에 개방적인 사람은 그 자극이 형상이나 색, 소리의 형태로 감각신경에 미치는 영향이든, 혹은 과거의 기억이든, 공포, 기쁨, 또는 혐오의 본능적 지각이든 이를 분명히 의식한다. 자신의 감정을 민감하게 인식하고 억압하지 않으므로 체험에 완전하게 개방적인 사람은 그 자신을 들을 수 있으며, 자기의 내면에서 무엇이 일어나고 있는지 체험할 수 있다. 그는 공포, 실망, 고통의 느낌에 개방적이며 또한 용기, 애정, 경외의 느낌에도 개방적이다. 느낀 대로 주관적으로 살 만큼 자유롭고 또한 이 느낌을 깨닫는 데 자유롭다.

둘째, 매 순간 충실하게 산다. 새로운 체험에 완전히 개방적인 사람에게 매 순간이 새로울 것은 자명하다. 이 순간에 존재하는 내적·외적 자극의 복잡함은 전에는 이런 식으로 결코 존재하지 않았던 것이다. 결과적으로 그러한 사람은 내가 다음 순간에 무엇이 될지와 무엇을 할 것인지가 이 순간으로부터 비롯되며, 나 또는 다른 사람에 의해 미리 예측될 수 없음을 깨닫는다. 즉, 완전하게 기능하는 사람은 실존적 삶을 산다. 실존적 삶이란 인간이 존재의 매 순간을 충분히 만끽하며 사는 것을 뜻한다. 현재의 자기나 미래의 자기는 그 순간으로부터 나오며 사전에 예측될 수 없다. 실존적 삶에서 개인의 자기와 성격은 경험으로부터 나타난다. 이는 스스로 유기체적 경험의 지속적 과정의 참여자이자 관찰자가 되는 것을 의미한다.

셋째, 실존적 상황에서 가장 만족스러운 행동에 도달하는 방법으로 자신을 신뢰한다. 완전하게 기능하는 사람은 자기의 유기체적 체험을 그가 해야 할 것과 하지 말아야 할 것을 결정하는 기준으로 삼는다. 자기 체험에 완전히 개방적인 사람은 그의 행동이 참조해야 하는 모든 가능한 정보, 즉 사회적 요구사항, 자신의 콤플렉스 및 갈등을 야기하는 욕구, 유사한 상황에 대한 기억, 그 상황의 독특성에 대한 지각 등의 정보를 입수한다. 그 결과 현재 상황에서 욕구를 최대로 만족하는 행동이 나온다.

넷째, 자유롭다. 그는 자기의 느낌과 반응에 따라 충실히 산다. 사람이 심리적으로 건강할수록 선택이나 행동에 자유로움을 체험한다고 로저스는 확신했다. 건강한 사람은 억제나 금지 없이 생각과 행동과정의 대안 사이에서 자유롭게 선택할 수 있다. 그뿐만 아니라 완전하게 기능을 발휘하는 사람은 일시적 생각이나 주변 환경, 과거 사건에 의해 미래를 결정하는 것이 아니라 자기 자신이 미래를 결정한다.

다섯째, 창조적이다. 모든 체험에 대해 개방적이고 유기체로서 자신을 신뢰하며, 결정이나 행동에 자유로운 사람은 자기 실존의 모든 영역에서 독창적 사고력과 창조적 삶으로 스스로를 표현한다. 창의적이고 자발적인 사람은 사회문화적 구속에 동조하거나 수동적으로 적응하지 않는다.

완전하게 기능하는 사람이란 개념은 이상적 개념이다. 현실 속에서 이 경지에 이르는 사람은 없으며 상대적인 의미에서만 완전하게 기능하는 것이다.

2. 매슬로의 인본주의적 성격이론

에이브러햄 매슬로(Abraham Maslow)의 인본주의적 성격이론의 기본전제는 세 가지로 정리된다. ① 각 개인은 통합된 전체로 간주되어야 한다(Maslow, 1970: 19~20). ② 인간의 본성은 본질적으로 선하며, 인간의 악하고 파괴적인 요소는 나쁜 환경에서 비롯된다(Maslow, 1970: 273~275). ③ 창조성이 인간의 잠재적 본성이다(Maslow, 1970: 170~171).

레너드(Leonard, 1983: 326)는 20세기 중반의 가장 영향력 있는 사람에 관한 기고문에서, 매슬로가 인간성과 인간의 가능성에 대한 사람들의 견해를 바꿨다고 평가했다.

매슬로의 성격이론이 기여한 점은 세 가지로 요약된다(노안영·강영신, 2003: 315). 첫째, 인간은 건강, 창의성, 통찰, 자아충만과 같은 상위의 수준을 향하고자 하는 내적 경향성을 지니는 것으로 보았다. 둘째, 신경증은 기본적으로 자아실현에 대한 내적 경향성이 봉쇄됨으로써 나타난 것으로 간주했다. 셋째, 일의 효율성과 개인 성장이 서로 밀접하게 연관되어 있다고 보았다. 자기실현의 과정이 각 개인으로 하여금 더 많은 효율성, 창의성, 생산성을 불러일으킨다는 것이다.

매슬로의 관점은 행동주의와 정신분석을 부정하는 입장으로서, 행동주의는 인간을 관찰 가능한 단순한 행동체계로만 취급할 뿐 가치관, 감정, 장래 희망, 행동의 선택, 창조성 등의 인간적 측면을 간과하고, 정신분석은 신경증적 행동을 병리적으로 강조한 결과 건강한 성격의 발달을 다루지 못했다고 보았다(Maslow, 1968; 1970). 행동주의와 정신분석에 대한 반동으로 매슬로는 탁월한 자기실현자들을 연구한 결과 내적으로 잠재력을 완전히 실현한, 즉 자유롭고 건강하며 두려움 없는 사람이 사회에서 완전히 기능한다는 것을 발견했다. 성장, 자기실현, 건강에 대한 열망, 정체감과 자율성의 추구, 향상을 향한 노력이 보편적 인간의 성향으로 간주되었다(Maslow, 1970: xii~ xiii).

매슬로는 유전이 성격발달에 중요한 역할을 수행하며, 유전구조 속에 잠재적인 재능이나 흥미가 결정되어 있다고 인정했다. 그렇지만 이러한 유전적 토대 위에서 자기실현은 환경에 의해 결정된다는 것을 강조했다.

인간본성에 대한 매슬로의 이론의 긍정적 견해는 사회복지실천에 중요한 시사점을 제공했으며, 욕구단계이론은 사회복지사가 클라이언트의 욕구평가를 하는 데 유용하게 활용되고 있다.

1) 에이브러햄 매슬로의 생애

에이브러햄 매슬로는 1908년 4월 1일 뉴욕의 브루클린에서 태어났다. 러시아에서 이민 온 유대인 부모의 7남매 중 장남이었다. 매슬로가 인간의 잠재력 실현과 성장이라는 이슈에 지속적 관심을 보인 것은 그 자신의 생애사와 밀접한 관련이 있다. 성장을 촉진할 수 없는 불우한 가정배경이 오히려 매슬로로 하여금 인간의 긍정적인 측면을 열정적으로 추구하도록 하는 원동력이 된 것이다. 유대인이라고는 전혀 없는 곳에서 청소년기까지 외로움과 불행을 경험한 매슬로는 도서관에서 책과 씨름하면서 성장했다.

1934년 위스콘신대학에서 심리학 박사학위를 취득할 때 그의 학위논문은 아이러니컬하게도 행동주의에 토대를 둔 원숭이의 성적 특성과 지배특성에 관한 관찰연구였다. 이후에 그는 동물의 성과 애정에 대한 초기의 관심에서 인간을 대상으로 한 연구로 전환했다. 여기에는 딸의 출생 후 아이가 보이는 복잡한 행동이 매슬로로 하여금 행동주의를 포기하게 만든 한 요인이 되었다는 에피소드가 있다. 더욱이 2차 세계대전으로 인간의 편견, 증오 등을 경험하면서 매슬로는 인본주의 심리학으로 결정적 전환을 한다. 매슬로는 1970년 6월 8일 62세로 사망했다.

2) 주요 개념

(1) 내적 본성

내적 본성 개념 속에는 몇 가지 기본적 가정이 있다(Maslow, 1968: 3~4). 내적 본성의 일부는 모든 인간에게 보편적이지만 일부는 개인마다 고유하며, 생물학적으로 결정된 인간의 내적 본성은 기본적 욕구, 정서, 능력 등으로 이루어진다. 그리고 내적 본성은 악하지 않고 선하거나 중립적이므로, 감추지 않고 장려하는 것이 좋다. 또 내적 본성에 따라 인생을 살면, 건강하고 풍요하며 행복한 삶을 살 수 있다. 이러한 중요한 속성이 부인되거나 억제되면 병이 된다. 또한 내적 본성은 미묘하고 섬세하며 약하므로, 습관, 문화적 기대, 그릇된 태도 등에 의해 쉽게 압도된다. 그러나 약할지라도 정상인은 물론 병리적인 사람조차 내적 본성이 완전히 사라지지는 않는다. 매슬로에 의하면 내적 본성을 드러내고 촉진하며 충족하는 경험은 성취감과 자기의 성장발달을 가져오며 건강한 자존감과 자신감을 낳는다.

(2) 욕구

매슬로는 다른 이론의 욕구 개념과 구별하기 위해 욕구를 두 가지 형태로 구별했다(Maslow, 1968: 21~27). 제 1의 형태는 기본적 욕구 혹은 결핍성의 욕구(*deficiency need*)로 음식, 물, 쾌적한 온도, 신체의 안전, 애정, 존경 등의 욕구이다. 기본적 욕구 혹은 결핍성의 욕구는 다섯 가지 객관적 특징과 두 가지 주관적 특징을 가진다(Maslow, 1968: 22). ① 결핍되면 병이 생긴다. ② 충족되어 있으면 병이 예방된다. ③ 충족되면 병이 회복된다. ④ 자유롭게 선택할 수 있는 상황이라면 충족이 결핍된 사람은 우선적으로 이를 충족하려 한다. ⑤ 건전한 사람에게는 결핍성의 욕구가 기능적으로 존재하지 않는다. ⑥ 의식적 또는 무의식적 바람이다. ⑦ 부족감 혹은 결핍감으로 느껴진다.

매슬로는 신경증이 결핍성 질환이라고 보았다(Maslow, 1968: 21). 즉, 기본적 욕구의 만족이 결핍되는 데서 신경증이 생긴다는 것이다. 대부분의 신경증은 안전, 소속과 동일시, 친밀한 애정관계, 존경과 위신에 대한 욕구가 충족되지 못한 것과 관련이 있다.

제 2의 형태는 성장 욕구(*meta need*) 혹은 자기실현 욕구(*selfactualization need*)이다. 자기실현 욕구는 잠재능력, 기능, 재능을 발휘하려는 욕구이다. 매슬로는 결핍성의 욕구를 저변으로 하여 자기실현 욕구를 정점으로 하는 체계를 가정했다. 그는 성장 욕구도 결핍성의 욕구와 같이 선천적인 것이라 보았다. 심리적 건강을 유지하고 완전한 성장을 이루려면 성장 욕구를 만족해야 한다. 그는 성장 욕구에 의해 동기화된 사람들이 진, 선, 미, 법, 질서, 정의, 완전을 추구한다고 보았다(Maslow, 1971: 310).

3) 욕구단계이론

매슬로에 의하면 인간은 삶에 의미와 만족을 주는 일련의 선천적 욕구에 의해 동기화된다(Maslow, 1970). 이 욕구는 강도와 중요성에 따라 일종의 계층적 단계로 배열된다. 〈그림 14-1〉은 매슬로의 욕구단계를 도식으로 나타내고 있다(홍숙기 역, 1992: 173). 강도의 순서에 따라 욕구의 위계는 생리적 욕구, 안전 욕구, 소속감과 애정의 욕구, 자존의 욕구, 자기실현 욕구 순이다.

이 욕구들은 다음과 같이 설명된다(Maslow, 1970: 35~47, 80~98).

그림 14-1 매슬로의 욕구서열에 관한 피라미드적 개념

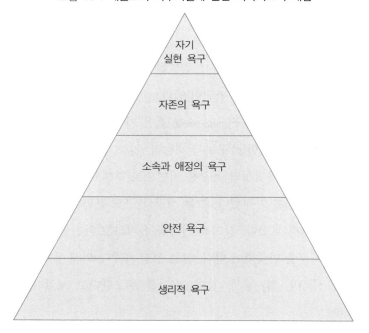

(1) 생리적 욕구

음식, 물, 수면, 배설, 성에 대한 욕구 등이다. 생리적 욕구는 유기체의 생물학적 유지에 직접 관련된다. 다음 단계의 욕구를 충족하기 전에 생리적 욕구가 충족되어야 한다. 생리적 욕구는 모든 욕구 중 가장 강력하다. 예를 들어, 음식, 안전, 애정, 존경이 결핍된 사람은 그중 어떤 것보다 더 절실하게 배고픔을 느낀다.

(2) 안전 욕구

생리적 욕구가 충족되면 재정적으로 안정되고 싶은 욕구와 같은 안전에 관한 욕구가 생긴다. 안전 욕구는 환경 내에서의 확실성, 안전, 질서, 고통회피, 보호 등에 대한 욕구를 말한다. 안전 욕구는 사회의 법, 질서, 권위에 대한 위협이 있을 때 절박해진다. 이럴 때 독재나 군사지배를 더 쉽게 받아들인다.

(3) 소속과 애정의 욕구

생리적 욕구 및 안전 욕구가 보장되면 동반자와 가족에 대한 욕구가 생겨 남들과 어울리고 애정을 나누고 싶어 한다. 집단의식이 개인의 주요 목표가 되는 것이다. 건전한 사회를 유지하려면 소속과 애정의 욕구를 충족해야 한다. 애정의 욕구는 애정을 주는 것과 받는 것 양쪽 다 포함한다.

(4) 자존의 욕구

자기 자신과 다른 사람들로부터 존경받고 싶은 욕구를 말한다. 자기존중은 능력, 신뢰감, 개인의 힘, 적합성, 성취, 독립, 자유 등을 의미하며, 다른 사람의 존경은 명성, 수용, 주목, 평판, 영광과 명예를 말한다. 다른 사람이 소중하게 대해 주는 데서 생기는 자존감이 일차적이다. 사실상 다른 사람이 자신을 귀하게 여겨 주지 않는다면 자기 자신을 중요한 사람이라고 느끼기 어렵다. 자존의 욕구충족은 자신감, 가치, 힘, 능력을 갖게 하며 이 욕구의 좌절은 열등감, 무력감을 낳는다.

(5) 자기실현 욕구

자신의 잠재력을 성취하고 싶은 욕구이다. 즉, 자기가 원하는 종류의 사람이 되려는 것이다. 자신의 본성에 충실하고자 하는 욕구인 자기실현 욕구의 구체적 형태는 사람마다 다르다. 어떤 사람에게는 이상적인 어머니가 되고 싶은 소망의 형태로, 다른 사람에게는 운동으로 표현될 수 있으며, 또 다른 사람에게는 화가가 되는 것이다.

욕구단계이론은 낮은 단계에 있는 욕구가 어느 정도 충족되어야 더 높은 단계의 욕구를 의식하거나 동기가 부여된다고 가정한다. 예를 들면, 배고프지 않고 애정의 결핍이 없을 때 진, 선, 미에 관심을 갖게 된다는 것이다. 그러나 다음 욕구가 출현하기 전에 하위욕구가 100% 충족되어야 하는 것은 아니다. 사실상 대부분의 사람은 기본적 욕구를 일부는 충족하고 일부는 충족하지 못한다. 욕구의 위계에서 상위욕구일수록 충족의 비율이 상대적으로 낮다. 예를 들어, 생리적 욕구를 85% 충족시키면, 안전 욕구는 70%, 애정 욕구는 50%, 자존 욕구는 40%, 자기실현 욕구는 10%를 충족하는 식이다.

한편, 매슬로는 욕구의 단계 서열에의 예외를 인정했다(Maslow, 1970:

51~53). 즉, 욕구서열이 일반성을 가지나 이 서열이 절대적인 것은 아니다. 예를 들어, 단식해 가며 자기의 이상을 주장하는 사람, 나라를 위해 목숨을 걸고 참전하는 사람, 구도를 위해 사랑하는 가족을 떠나는 사람 등은 이 욕구의 서열을 따르지 않는 예이다.

4) 자기실현자의 특징

매슬로는 자기실현을 하는 사람은 평범한 사람에 비해 그들을 움직이는 어떤 힘이 질적으로나 양적으로 다르다는 사실을 인식했다. 이에 그는 자기실현에 대해 나름의 정의를 내린 후, 그 정의에 맞는 사람의 공통적 특성을 발견하고자 했다. 그 결과 자기실현자는 존재가치에 의해 동기화 되는데, 존재가치가 성장동기로서 체험을 확장하고 삶을 풍부하게 하는 것으로 밝혀졌다. 또 하나의 공통적 특성은 연령인데 자기실현자는 중년 이상이다. 젊은이는 정체감이나 자율감이 강력하지 못하고, 아직 충분히 지속적인 사랑의 관계를 갖지 못하며, 자신이 헌신하고자 하는 사명을 발견하지 못하고, 자기의 가치관이나 인내심, 용기와 지혜를 아직 충분히 발달시키지 못한다고 간주했다.

매슬로는 자기실현자의 특징을 다음과 같이 정리했다(Maslow, 1970: 153~172).

첫째, 자기실현자는 현실을 효과적으로 지각하며 편안해한다. 자기실현자는 성격의 위장, 허위, 부정직한 측면을 간파하며, 일반적으로 사람을 정확하고 효과적으로 판단하는 능력이 있다. 또한 자기실현자는 일반적, 추상적, 규범적인 것과 새로운, 구체적인, 독특한 것을 쉽게 구분한다. 따라서 대부분의 사람이 신뢰하는 인간이 만든 개념, 기대, 신념, 고정관념을 따르지 않는다. 즉, 그들은 세계를 자기들이 원하거나 필요한 방식으로 보는 것이 아니라, 있는 그대로 본다.

둘째, 자기실현자는 불만 없이 자신의 본성과 다른 사람을 수용한다. 즉, 자기실현자는 약점과 장점을 포함한 자기 자신을 수용하므로 자기의 본성을 있는 그대로 받아들인다. 자신의 본성을 수용하므로 자기실현자는 자신을 왜곡하거나 변조할 필요가 없다. 또한 자기실현자는 자신에 대해서뿐 아니라 다른 사람의 결점에 대해 그리고 사실상 인류 전체의 결함에 대해 똑같이 관대하다.

셋째, 자기실현자는 행동에 꾸밈이 없으며 내적 생활, 사고, 충동에도 꾸밈이 없다. 그들의 행동은 순박하고 자연스럽다. 그렇다고 자기실현자의 행동이 인습에 얽매이지 않는다는 뜻은 아니다. 자기실현자는 고의로 전통에 거스르거나 반항하지 않으며, 의도적으로 사회의 규칙이나 규범을 우롱하지 않는다. 단지 상대적으로 자율적이고 개인적인 윤리강령을 가질 뿐이다.

넷째, 자기실현자는 일반적으로 자기 자신보다 외부의 문제에 크게 관심을 둔다. 자기중심적이지 않고 문제중심적인 것이다. 이는 반드시 그들이 스스로 좋아하거나 선택해서라기보다는, 그들이 느끼기에 자신의 책임, 의무, 과업이기 때문이다.

다섯째, 자기실현자는 자신에게 해롭거나 불편해하지 않으면서 혼자일 수 있다. 그들은 보통 사람보다 훨씬 더 고독과 프라이버시를 원한다. 보통 사람이 사회적 관계에 초연하면 문제를 낳지만, 자기실현자의 초연함은 다른 특성들로 인해 불가피하다. 예를 들어, 자기실현자는 문제지향적이므로 외부문제에 집중하다 보면 주위사람에 대해서는 무심하게 된다. 따라서 자기실현자는 일반적 의미로는 다른 사람들을 필요로 하지 않는다.

여섯째, 프라이버시와 독립의 욕구로 인해 자기실현자는 물리적·사회적 환경으로부터 비교적 독립되어 있다. 결핍성 동기가 아닌 성장 동기의 영향을 받기 때문에 자기실현자는 만족을 위해 실제세계, 다른 사람, 문화, 목적을 위한 수단, 부차적 만족에 의존하지 않고 오히려 자신의 발전과 성장을 위해서 자신의 잠재력과 잠재된 자원에 의존한다.

일곱째, 자기실현자는 자연, 어린아이 등과 같은 삶의 기본적인 것들에 대해 경외, 기쁨, 경이, 환희를 느끼며, 새롭게 받아들이고 순진무구하게 감사하는 놀라운 능력이 있다.

여덟째, 절정경험이라는 신비한 경험을 한다. 이는 눈앞에 끝없는 수평선이 펼쳐지는 느낌, 강력하면서도 동시에 스스로 어쩔 수 없는 느낌, 환희와 경이와 경외의 느낌 같은 것이다. 혹은 자기중심에서 벗어나거나 완벽한 순간에 느끼는 만족과 즐거움 같은 주관적 경험을 말한다.

아홉째, 자기실현자는 모든 인간에 강하게 이입된 감정과 애정을 느끼며 동시에 인본주의를 지지한다. 때로 분노, 안타까움, 혐오를 느끼기도 하지만 일반적으로 인간에 대해 깊은 동일시, 공감, 애정을 갖는다. 따라서 그들은 마치 한 가족인 것처럼 인류를 돕고 싶은 소망을 가진다.

열째, 자기실현자는 보통 사람보다 더 깊이 있는 인간관계를 맺는다. 자기실현자는 소수의 사람과 그런 깊은 유대를 맺는다. 그들은 다른 사람들이 가능하다고 여기는 것보다 더 밀착되고, 더 사랑하며, 더 완전한 동일시를 하여 자아경계를 없앤다.

열한째, 자기실현자는 민주적인 성격특성을 가진다. 그들은 계급, 교육수준, 정치적 신념, 인종, 피부색에 관계없이 어느 누구에게나 우호적이다.

열두째, 자기실현자는 수단과 목적을 분명하게 구분하며, 목적을 수단보다 훨씬 더 중요시한다. 그들은 또한 실제 생활에서 옳고 그른 것을 확실하게 구분한다. 그들은 윤리적이고 분명한 도덕기준을 가지며, 옳은 일을 하고 그른 일을 하지 않는다. 그러나 자기실현자의 옳고 그른 기준은 인습적 기준이 아니다.

열셋째, 자기실현자는 유머감각이 있다. 그러나 그 유머감각은 일반적으로 생각하는 유머가 아니다. 그들은 보통 사람이 재미있게 여기는 것을 재미있다고 생각하지 않는다. 따라서 그들은 다른 사람을 상처 입히며 웃기는 적대적 유머, 다른 사람의 열등함을 비웃는 우월감 유머, 음란한 농담 같은 권위에 저항하는 유머에 웃지 않는다. 예를 들면, 링컨의 유머가 자기실현자의 특성을 가진 유머이다. 즉, 우화에 가까운 유쾌한 형식으로 교육적 시사를 나타낸다. 인간이 어리석게 행동하거나 우주에서의 자기의 위치를 망각하거나 실제로 작은 존재임에도 큰 척할 때 놀려 주는 것이 자기실현자의 유머이다.

열넷째, 자기실현자의 창조성은 때 묻지 않은 어린아이의 순진무구하고 광범위한 창조성에 가깝다. 대부분의 사람은 문화의 영향을 받아 이 창조성을 상실한다.

열다섯째, 자기실현자는 문화적응에 저항하고 특정문화를 초월한다. 자기실현자는 자기충족적이고 자율적이므로 어떤 방식으로 생각하고 행동하라는 사회적 압력에 저항한다. 따라서 스스로 방향을 정하고 문화로부터 내적으로 이탈하여 초연함을 유지한다. 그러나 공연히 문화에 반항하는 것은 아니며, 개인적으로 대단히 중요한 문제에 대해서만 사회규칙이나 규범에 도전한다.

한편, 탁월한 자기실현자일지라도 많은 인간적 약점이 있다(Maslow, 1970: 175~176). 바보스럽고, 허영심이 있으며, 부주의한 경향이 있다. 지루하고, 완고하며, 성마른 면도 있다. 자기실현자도 결코 허무함, 긍지, 편협, 가족, 친구, 자녀로부터 자유롭지 못하며 성질폭발도 흔하다. 때로는 아주 냉혹하다. 자기실현자는 강할 뿐 아니라 다른 사람의 의견에 좌우되지 않으며, 관심사에 집중하면 다른 일에는 방심하거나 유머가 없으며 일상적 예절을 잊어버린다. 자기실현자의 친절함은 동정심으로 결혼하거나, 불행한 사람과 부적절하게 가까워지는 실수를 낳기도 한다. 자기실현자는 죄의식, 불안, 슬픔, 자책, 내적 갈등으로부터 완전히 자유롭지 않다. 즉, 자기실현자라 해도 결코 완벽한 인간은 아닌 것이다.

매슬로가 제시한 자기실현자의 특징을 갖도록 자기실현을 성취하는 사람은 극소수에 불과하다. 〈그림 14-1〉에서 보듯 자기실현은 피라미드의 꼭대기에 위치한 가장 작은 공간을 점유한다. 이는 자기실현이 인간의 모든 동기 가운데 가장 약하며, 다른 동기나 환경의 지배를 받을 수 있음을 상징한다. 매슬로는 사회의 표준적・전형적 행동에서 일탈하는 것이 문제가 아니라 자기의 잠재능력이나 내적 본성으로부터의 일탈이 문제라고 강조한다. 더욱이 자기실현은 자기 자신을 알아야 한다는 조건이 전제된다. 사실 많은 사람이 자신의 잠재력에 대해 모르므로, 개인이 가진 잠재력의 성취는 새로운 착상과 경험에 개방적이어야 한다. 때로는 자신을 안다는 것이 위협적일 수도 있다. 또 시류에 맞서는 것은 큰 용기를 필요로 한다. 그러므로 자기실현은 가능하지만 자기실현자가 되기 위해서는 하위수준의 욕구들이 어느 정도 충족되어야 하며, 사회적 환경에 언론의 자유, 행동의 자유, 탐구의 자유, 자신을 방어할 수 있는 자유 등이 확보되어 있어야만 한다.

3부

이상행동의 이해

- 이상행동의 개념
- 이상행동의 모델
- 이상행동의 분류와 평가
- 불안 및 신체증상 관련 장애
- 기분장애와 조현병
- 사회적 및 대인관계적 장애
- 아동기 및 노년기 장애

15장

이상행동의 개념

이상행동을 정의하기란 쉽지 않다. 일상생활에서 비정상적이라고 간주되는 행동들은 이상행동, 부적응행동, 정신장애 등 여러 용어로 표현된다(권석만, 2013). 이상행동(*abnormal behavior*)은 객관적으로 관찰될 수 있고 측정 가능한 비정상적 행동을 의미한다. 부적응행동(*maladaptive behavior*)은 적응을 개인과 환경 간의 원활한 상호작용이라고 보는 관점에서, 환경적 요구에 적절하게 대응하지 못해 여러 문제를 일으키는 행동을 가리킨다. 따라서 부적응행동은 이상행동을 포함해 더 넓은 의미의 역기능적 행동을 포함하는 것으로 볼 수 있다. 정신장애(*mental disorder*)는 일련의 이상행동이나 정신병적 증상들로 구성된 증후군을 말한다.*

　이상행동은 정신병(*psychosis*)과 신경증(*neurosis*)으로 구분할 수 있다. 정신병은 조현병과 같이 부적응의 정도가 매우 심한 정신장애를 말한다. 현실왜곡의 증상이 두드러져 직업이나 학업과 같은 사회적 적응이 불가

---

*　증후군이란 여러 가지 증상의 집합체를 의미한다.

능하며 자신이 비정상이라는 의식이 없다. 한편, 신경증은 현실적 판단에는 별 문제가 없으나 생활에 적응하는 데 여러 가지 불편함이 있다. 예를 들면 불안장애는 항상 불안하여 고통스러우나 현실을 왜곡하지는 않으며 자신의 문제에 대한 의식도 있다. 이러한 문제를 가진 사람은 사회적 적응에 대한 어려움이 있지만 직업이나 학업을 지속할 수는 있다. 이 책에서는 이상행동을 중심으로, 이러한 용어들을 그 용도에 알맞게 함께 사용하고자 한다.

로젠한과 셀리그먼(Rosenhan & Seligman, 1989: 7~13)은 이상행동을 정의하는 데 필요조건과 충분조건의 개념을 사용하며,* 다음과 같이 어떤 사람이나 행동을 비정상이라고 결정하는 데 고려해야 할 요소를 제시했다.**

1) 고통

이상행동은 고통스러운 것이다. 예를 들면, 우울증을 겪는 사람은 비참하고 고통스러워 하루하루를 보내는 것이 견디기 힘들 정도이다. 그러므

로 어떤 사람이 심리적으로 심각한 고통을 겪을 때 흔히 비정상으로 간주되며 심하게 고통을 겪을수록 우리는 더욱 그 사람을 비정상이라고 확신하게 된다. 극심한 불안, 우울, 분노, 절망 등으로 인한 정신적 고통은 개인의 삶을 매우 불행하게 만든다.

그러나 고통이 이상행동의 필요조건은 아니다. 다시 말해 어떤 행동을 이상행동이라고 정의하기 위해 고통이 반드시 존재해야 하는 것은 아니다. 가령, 조증(mania)의 상태에 있는 사람은 의기양양하고 현실성이 없는 포부를 실현될 것으로 확신하며 희망과 즐거움에 차 있다. 이 경우에 고통은 없으나 명백한 이상행동으로 간주할 수 있다.

고통은 또한 이상행동의 충분조건이 아니다. 우리는 일상생활에서 매우 아끼고 사랑하던 것을 잃었을 때 고통스러워하지만, 이것은 비정상적 반응이 아니다. 즉, 고통의 존재만으로는 이상행동이라고 정의할 수 없다. 따라서 고통의 존재는 이상행동을 분간해 내는 데 고려되는 요소이긴 하지만 그 자체로 이상행동을 정의할 수 있는 필요조건이나 충분조건은 되지 못한다.

2) 부적응

이상행동은 개인의 적응을 저해하는 정신적 기능손상을 반영한다. 즉, 개인의 인지적, 정서적, 행동적 기능이 저하되거나 손상되어 적응에 지장을 줄 때 부적응으로 간주하며, 이것은 이상행동을 정의하는 근본적인 요소이다(Wakefield, 1999). 어떤 행동이 적응적인지 아니면 부적응적인지를 판별하는 기준은 그 행동이 그 사람으로 하여금 특정한 목적의 성취를 얼마나 가능하게 하는가와 관련된다. 구체적으로 적응적 행동은 세 가지 측면 — ① 그 행동이 그 사람의 생존을 증진하는가? ② 그 행동이 개인의 안녕(well-being)을 증진하는가? ③ 그 행동이 사회의 안녕을 증진하는가? — 을 충족하는 것이라 할 수 있다.

그중에서도 그 행동이 얼마나 그 사람 자신의 안녕과 사회의 안녕을 증진하는지가 중요한 관심사이다. 개인의 안녕이란 일할 수 있는 능력 및 타인과 만족스러운 관계를 조성할 수 있는 능력에 관한 것이다. 예를 들면, 우울증이나 불안장애와 같은 이상행동은 대인관계와 일을 방해하며 삶의 만족을 저해한다. 이러한 저해의 정도가 심할수록 더 분명히 이상행동이라고 말할 수 있다. 따라서 개인과 사회의 안녕을 강력하게 저해하는 행동은 부적응적이며, 이것은 이상행동으로 평가하는 데 중요한 요소이다.

3) 비합리성과 불가해성

어떤 사람의 행동이 합리적 의미를 갖지 않아 그 행동을 이해할 수 없을 (incomprehensibility) 때, 우리는 그 행동과 그 사람을 비정상이라고 정의한다. 이러한 기준에 의해 이상행동으로 간주될 수 있는 대표적 예가 조현병의 주요 증세인 사고장애이다. 그 구체적 증상은 객관적 현실에 전혀 기반을 두지 않은 인식, 비합리적이고 터무니없는 생각, 한 사고에서 전혀 연관성이 없는 다른 사고로 이어지는 정신적 과정 등으로서, 객관적인 이해가 불가능하다.

4) 예측 불가능성과 통제력의 결핍

사람들은 타인으로부터 일관성과 자신을 통제할 수 있는 능력을 기대한다. 일관성이 결여된 사람에게는 무엇을 기대해야 할지도 모르고 또 어떻게 반응해야 할지도 모르게 된다. 사람은 누구나 환경을 통제하고 싶어 하고 또 자유를 유지하고자 하는 욕구를 지니는데, 이러한 욕구는 타인에 대해 예측 가능할 때에만 충족할 수 있다(Brehm & Brehm, 1981). 즉, 예측 가능한 세계에는 일관성과 통제가 존재하지만, 예측 불가능(*unpredictability*)한 세계에서 사람들은 무기력하고 위협받는 것처럼 느낀다. 어떤 사람에게 자신의 행동에 대한 일상적 통제가 갑자기 무너졌을 때, 또는 그 사람이 그렇게 행동하는 원인을 우리가 이해할 수 없을 때, 그 사람을 통제력을 상실했다고 간주하고 그러한 행동을 이상행동으로 정의한다.

5) 비인습성

어떤 행동이 인습적인지 또는 비인습적인지 판단할 때, 흔히 자신이 그 행동을 할 의사가 있는지에 비추어 생각하며, 또한 이러한 기준에 입각해 이상행동을 정의하는 경향이 있다. 다시 말해 자기가 할 의사가 없는 행동들을 비인습적이고 비정상적인 것으로 평가한다. 비인습성(*unconventionality*) 외에 그 행동이 사람들의 시선을 끄는 것도 이상행동의 판단 기준이 된다. 드물고 바람직하지 못한 행동은 사람들의 시선을 끌며 이상행동으로 간주된다.

이 외에 불쾌감을 주는 행동도 이상행동으로 정의된다. 각 문화마다 사람들이 직관적으로 알고 행동의 지침으로 사용하는 규율이 존재하며, 이를 준수하는 것은 사회적 적응과 밀접한 관계가 있다. 이러한 불문율을 어기는 행동은 불쾌감을 주며 비정상적인 것으로 간주된다.

도덕적 기준의 위반을 이상행동의 요소로 간주하기도 한다. 이는 올바른 생각과 올바른 행동에 해당하는 도덕적 기준과 이상적 규범에 대비해 행동을 평가하는 것이다. 그러나 비도덕적 행동을 모두 이상행동으로 볼 수는 없을 것이다(원호택, 1997).

앞서 지적한 요소 중 여러 가지 항목에 해당할수록, 그리고 그 증상이 더 심할수록 이상행동이라고 확신할 수 있다. 역으로, 어떤 행동이나 사람을 이상행동으로 규정하려면, 이러한 요소 중 적어도 한 가지는 반드시 존재해야 한다.

16장

이상행동의 모델

이상행동을 설명하는 이론적 모델은 네 가지 — 생물학적 모델, 심리역
동적 모델, 행동주의적 모델, 인지적 모델 — 로 구분할 수 있다.

1. 생물학적 모델

생물학적 모델(*biomedical model*)은 의학적 모델, 질병모델이라고도 부른
다. 이 모델은 이상행동을 신체적 또는 생물학적 역기능으로 설명하고자
하며 일종의 질병으로서 간주한다. 예를 들면, 우울증을 다룰 때 왜곡된
사고나 빈약한 인간관계를 강조하기보다는, 환자의 생물학적 과정에 관
련된 증상에 초점을 맞추어 설명한다. 그러므로 생물학적 모델에 입각한
전문가는 우울증 환자가 우울의 상태에 있을 때 그의 뇌에서 일어나는
화학적 변화의 증거를 조사한다. 또한 이상행동을 치료하고자 하는 시도
에서도 생화학적 요인에 작용할 화학적 치료나 약품에 의존한다. 그러므

로 생물학적 모델은 의학의 영역에 있으며, 다른 모델들보다 이상행동에 대한 사회복지실천에 시사하는 바가 적다고 할 수 있다.

생물학적 모델은 이상행동의 원인을 네 가지 측면 ─ 세균, 유전적 요인, 생화학적 이상, 뇌의 역기능 ─ 에서 찾는다.

첫째, 세균에서 이상행동의 원인을 찾는 것은 16세기에 유행하던 심리적 장애가 매독균에 의해서 일어난다는 것을 입증함으로써 성립되었다. 그리고 이러한 장애에 대한 치료는 신체적 질병에 대한 치료와 같은 방식 ─ 약물의 적용 ─ 으로 접근되었다. 그러나 이러한 장애는 오늘날에는 매우 드문 것으로 보고된다.

둘째, 원시시대에나 현대에나 조현병 환자는 같은 증상을 보인다는 사실에 입각해, 생물학적 모델은 심리적 장애가 유전적으로 전해지는 질병이라고 설명한다. 또한 쌍생아의 예에 의해서도 이러한 설명이 가능하다. 일란성 쌍생아는 염색체가 모두 같은 반면, 이란성 쌍생아는 염색체의 반만을 공유한다. 이란성 쌍생아의 경우 한 사람이 조현병일 때 다른 한 사람에게 조현병이 발병할 확률은 보통 사람보다 10배 이상 높으며, 일란성 쌍생아의 경우는 이란성 쌍생아보다 5배 이상 발병률이 높다 (Rosenhan & Seligman, 1989: 53). 이러한 현상은 이상행동의 발생에 유전적 요인이 관련되어 있음을 입증한다.

셋째, 생화학적 이상에서 이상행동의 원인을 찾는 것은 조현병의 경우에서 찾아볼 수 있다. 조현병에 대한 가설 중 하나는 이 증상이 체내의 불균형한 생화학적 요인에 의해 일어난다는 것이다. 이는 '도파민 가설'이라고 불리며 뇌에 도파민이 과다하게 존재함으로써 조현병의 증상이 유발된다고 설명한다.

넷째, 생물학적 모델은 이상행동이 뇌의 구조적 손상이나 특정한 영역의 역기능에 의해 초래된다고 본다. 예를 들면, 만성 조현병 환자는 뇌실이 정상인보다 두 배나 큰 반면, 전두엽 피질 등은 위축되어 있다는 연구결과가 있다.

이상행동의 원인에 대한 네 가지 설명에 입각해, 생물학적 모델은 이상행동의 치료를 신체적 질병의 치료와 같은 방식으로 추구해야 한다고 본다. 그리고 약품으로 이상행동을 치료하고자 하는 시도는 실제로 우울증이나 조현병, 불안장애 등에서 상당한 효과를 보였다. 그러나 어떤 의약품은 심각한 부작용을 수반하는 경우도 있다. 예를 들면 리튬은 조울증의 치료에 효과가 크지만 심장, 소화기, 중추신경에 심한 부작용을 초래하는 것으로 알려져 있다.

생물학적 모델에 입각한 또 다른 치료방법은 전기충격치료(ECT)로서, 이 방법은 논란의 대상이 되기는 했지만 그래도 심한 우울증의 치료에 효과적이었다. 즉, 전기충격치료는 흔히 다른 방법으로는 효과를 볼 수 없었던 우울증 환자의 증상을 치료했다. 그러나 이 방법은 기술적으로 적용하지 못하면 기억상실과 같은 부작용을 초래할 수 있다. 요컨대, 이상행동에 대한 육체적 치료는 몇몇 특정한 장애에는 효과적이나 치명적인 부작용을 동반하는 경우가 있다.

2. 심리역동적 모델

심리역동적 모델은 원래 프로이트의 정신분석이론에 그 기반을 두고 있으나 오늘날의 심리역동적 모델에 입각한 접근은 인간의 발달과 심리적인 문제에 대한 프로이트의 주장을 크게 수정한 것이다.

이 모델은 무의식적 또는 의식적으로 우리의 마음에 영향을 미치는 심리적인 힘에 관심을 갖는다. 인간의 내부에 존재하는 힘, 욕망, 동기 등은 흔히 갈등을 일으키는데, 이러한 갈등은 잘 해결되면 성장과 활기를 가져오지만 잘못 해결되거나 해결되지 않은 상태로 남으면 불안을 일으킨다. 심리역동적 모델은 이러한 갈등의 원인과 결과를 검토하고, 바람직한 해결과 바람직하지 않은 해결로 나아가는 조건을 설명했다.

심리역동적 모델에서는 불안을 이상행동의 주요인으로 간주한다. 프로이트는 원초아, 자아, 초자아 간의 갈등이 심리적 고통을 유발하며 이것이 불안이라고 했다. 그러므로 불안이 존재한다는 것은 갈등이 있다는 신호이다. 즉, 사람이 갈등에 압도당했을 때 자신이 무기력하고 이에 대처할 능력이 없다고 느끼면 불안이 일어난다.

적응을 잘 하는 사람은 환경의 요구에 맞추어 자아를 중심으로 세 요소 간의 균형을 잘 유지하는 사람이다. 원초아의 요구가 강해지거나 이를 통제할 수 있는 자아의 기능이 약해진 경우 원초아적 욕망이 표출되는 것에 두려움을 느끼게 되는데, 이를 신경증적 불안(*neurotic anxiety*)이라고 한다. 이러한 불안을 감소시키기 위해 사람들은 다양한 방어기제를 사용한다. 방어기제 중 성숙한 방어기제(승화, 이타주의, 유머)는 적응에 도움이 되지만 다른 유형의 방어기제를 과도하게 사용하면 부적응을 초래한다. 이상행동의 증상은 이러한 부적응적 기제의 사용과 밀접한 관련이 있다(권석만, 2013).

심리역동적 모델에 입각한 치료적 접근은 다양하다. 예를 들면, 실존적 치료는 사고와 행동의 의미에 초점을 두며, 심리역동적 가족치료는 부부나 가족과 같은 친밀한 사람 간에 발생하는 문제의 완화에 치중한다.

단기적 심리치료는 심리역동적 치료의 한 유형으로, 전통적인 정신분석요법과 많은 공통점이 있다(Rosenhan & Seligman, 1989: 93~100). 즉, 사고와 행동의 변화를 시도하며 현재의 관계에서 유년기의 갈등을 검토하고 무의식에 억제된 것을 의식하도록 추구한다. 자유연상과 꿈의 내용을 검토하며 이 과정에서 환자 스스로 갈등의 원인을 이해하고 갈등에 대한 해결을 찾도록 유도된다. 이러한 접근에 의해 갈등이 해결되면 갈등을 의식에 떠오르지 못하도록 억제하는 데 사용되었던 심리적 에너지가 성격의 발달을 추구하는 바람직한 목적을 위해 사용될 수 있다.

단기적 심리치료가 사용하는 기법은 정화(*catharsis*)와 전이(*transference*)이다. 정화란 해결되지 못한 채 남아 있던 유년기의 갈등을 찾아내 이를 완화함으로써 심리적 문제로 인한 고통에서 벗어나는 것이다. 그러나 이러한 현재의 문제증상을 해결하는 것은 치료의 일부이다. 더 중요한 것은 성인기에 인지하고 반응하는 양식이 문제를 경험했던 유년기에 확립된 것이며 이것이 그 이후의 모든 사고나 활동에 스며 있다는 것이다. 그러므로 심리역동적 치료는 현재 겪고 있는 증상의 제거뿐만 아니라 어린 시절의 경험으로 왜곡되어 형성된 태도, 인식, 행동을 포함하는 퍼스낼리티 자체를 변화하는 데 노력을 기울인다.

심리역동적 치료에서 이러한 퍼스낼리티의 변화는 전이에 의해 추구된다. 전이의 과정은 다음과 같다. 치료자는 자신의 개인적 반응을 전혀 보이지 않는 가운데 침착하게 클라이언트가 꿈이나 자유연상의 내용과 유년기의 갈등에 대해 이야기하는 것을 듣는다. 이러한 과정에서 클라이언트가 드러내는 것에 대해 당황하거나 자신의 견해 또는 판단을 제시해서는 안 된다. 마치 치료자는 클라이언트가 자신의 상상, 기억, 기대 등을 투사하는 빈 화면과 같이 반응하는 것이다. 시간이 경과함에 따라 치료자가 클라이언트의 삶의 중심을 차지하게 되는데, 이것이 전이로서 상당한 치료적 의미를 갖는다.

　더 구체적으로 설명하면, 전이란 클라이언트가 치료과정에서 자신이 유년기에 갈등을 겪었던 대상과의 경험을 치료자에게 옮겨 재경험하는 것이다. 그러므로 치료자는 클라이언트에게 아버지나 어머니, 배우자 — 갈등이 주어진 근원 — 로서의 역할을 하게 된다. 이러한 과정에서 클라이언트는 감정적으로 부담을 주던 생각들을 자유롭게 연상하고 솔직하게 말하도록 격려된다. 그리고 이전에 무의식 속으로 억압되고 왜곡되었던 것들이 의식에 떠오르게 되고, 이렇게 의식할 수 있는 것은 자아에 의해 통제될 수 있게 된다.

3. 행동주의적 모델

행동주의적 모델과 인지적 모델은 환경론에 속한다. 이상행동의 원인을 논할 때, 이상행동이 유전적 요인에 의해 결정되는지 또는 환경적 요인에 의해 결정되는지 하는 것이 주요한 이슈이다. 환경론에 의하면 인간의 삶에서 이상행동을 포함한 정신적 측면과 행동은 환경에서 이루어진 학습의 결과이다. 그러므로 행동주의적 모델은 심리적 문제가 환경의 변화에 의해 치료될 수 있는 것으로 간주한다.

행동이론의 다음과 같은 사항은 이상행동에 직접 관련된다. 첫째, 인간을 포함한 모든 유기체의 행동은 환경에 의해 형성된다. 따라서 우리는 과거와의 연관성을 통해 미래를 예측한다. 예를 들면, 아동이 어떤 음식을 먹을 때마다 좋아하는 TV 프로그램을 보게 해주면 점점 더 그 음식을 먹게 된다. 그러므로 행동이론은 이상행동을 포함하는 모든 행동이 과거의 경험으로부터 학습되었다고 본다. 둘째, 실험을 통해 환경의 어떤 측면이 특정한 행동을 일으켰으며 그것을 어떻게 변화시킬 수 있는지 알 수 있다. 즉, 실험에 의해 환경의 어느 부분이 이상행동을 일으켰는지 알 수 있다. 셋째, 인간이 환경의 산물이라면 그리고 그 인간을 형성한 환경적 요인을 실험을 통해 알게 된다면, 그 환경적 요인을 변화시킴으로써 그 사람도 변화될 수 있을 것이다. 다시 말해 환경적 요인이 변화하면 그 사람은 이전의 부적응적 행동이나 습관을 버리고 새롭고 적응적인 습관을 획득할 것이다.

이상행동의 발생과 치료에는 두 가지 기본적 학습과정 — 고전적 조건형성과 조작적 조건형성 — 이 관련된다.*

---

* 고전적 조건형성이론과 조작적 조건형성이론에 대해서는 "2부 성격이론" 중 "12장 행동주의적 성격이론"에 자세히 설명되어 있다.

1) 고전적 조건형성이론

고전적 조건형성이론에 의하면, 인간의 모든 감정은 중립적 대상(조건자극)과 무조건반응이 같이 일어난 결과로 학습된 것이다. 중립적 대상이란 단순한 관심이나 호기심으로 대할 뿐 다른 반응을 불러일으키지 않는 대상을 말한다. 그런데 이러한 중립적 대상과 무조건반응의 동시적 경험이 몇 번 반복되면, 중립적 대상은 그 중립성을 잃고 조건자극이 된다. 가령, 하굣길에 골목에서 불량한 아이들에게 몇 번 계속해서 혼이 난 아이가 있다고 할 때, 이렇게 혼이 나기 전에 이 골목은 아무런 감정을 일으키지 않았으나 여러 번 맞은 후에는 조건자극이 되어 골목에 다가가는 것만으로도 공포심을 불러일으키게 된다. 이러한 공포반응의 형성을 고전적 조건형성이론의 틀에 맞추어 정리해 보면 다음과 같다.

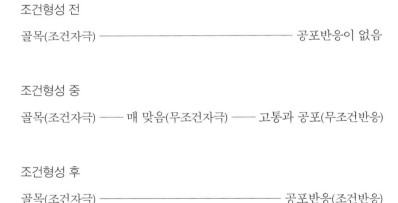

조건형성 전
골목(조건자극) ——————————————— 공포반응이 없음

조건형성 중
골목(조건자극) —— 매 맞음(무조건자극) —— 고통과 공포(무조건반응)

조건형성 후
골목(조건자극) ——————————————— 공포반응(조건반응)

행동이론은 이상행동을 비롯한 심리적인 문제도 이와 같이 학습된 것

이라 설명한다. 예를 들면, 공포증은 어떤 대상을 실제로 위험한 정도보다 훨씬 크게 공포의 대상으로 받아들이는 이상행동이다. 이것을 고전적 조건형성이론에 따라 설명하면, 동물(조건자극)에 대한 공포증이 있는 사람은 처음에는 동물이 중립적 대상이었으나 자신이 동물에게 물리거나 남이 공격당하는 것을 보는 경험(무조건자극)으로 고통과 공포(무조건반응)를 겪은 후, 그 동물에 대한 필요 이상의 두려움(조건반응)을 보이는 것이다.

그러므로 행동이론과 심리역동적 이론은 이상행동의 원인에 대해 근본적인 입장의 차이가 있다. 행동이론에 의하면 이상행동은 행동 자체로서 문제인 것이지 그 증세를 산출해 내는 내면적이고 근본적인 원인은 없다. 반면, 심리역동적 모델은 이상행동의 원인이 내면에 존재하는 유년기에 겪은 심리적 갈등 — 흔히 성적이거나 공격적인 — 이라고 본다.

행동주의적 모델에 입각한 치료적 접근은 이상행동의 원인을 보는 시각을 그대로 반영한다. 다시 말해, 이 모델은 이상행동이 그 자체로서 존재할 뿐이며 어떤 근본적인 병리를 반영하는 것이 아니므로 문제가 되는 증상만 치료하면 사라진다고 본다. 예를 들면 정서적 장애도 학습된 정서적 반응이므로, 실험에 의해 그러한 조건화된 정서적 반응을 소거할 수 있다고 밝혀진 기법을 적용해 정서적 문제를 치료할 수 있다.

고전적 조건형성이론에 입각한 이상행동의 치료적 기법은 홍수법(*flooding*)과 체계적 둔감화(*systematic desensitization*)*이다. 홍수법은 공포증 환자를 여러 시간 두려워하는 상황(조건자극)에 머물게 하여 처음

---

*   체계적 둔감화에 대해서는 공포증에서 설명할 것이다.

에 경험했던 고통스러운 사건(무조건자극)이 일어나지 않는 것을 스스로 확인하게 함으로써 공포증이 사라지도록 하는 기법이다.

2) 조작적 조건형성이론

조작적 조건형성이론은 학습에서 반복의 중요성과 행동결과의 역할을 강조한다. 즉, 최초의 자극은 알 수 없으나 특정한 반응을 가져오고, 이 반응은 반응 뒤에 주어지는 강화자극에 의해 통제된다. 그러므로 상과 벌의 적절한 조작을 통해 이상행동을 통제하고 바람직한 행동을 증가시 킬 수 있다.*

조작적 조건형성이론은 이상행동의 다음의 측면을 이해하고 그에 대한 대책을 세우는 데 적용된다(Rosenhan & Seligman, 1989: 114).

---

* 조작적 조건형성에서 상과 벌(강화와 처벌)의 개념은 다음과 같다. 첫째, 정적 강화는 좋아하는 것을 제공함으로써 바람직한 반응을 증가시키는 것이다. 예를 들면, 학교 사회복지사가 학습이 부진하고 싸움도 많이 해서 의뢰된 아동 A에게 숙제를 3번 제대로 해올 때마다 스티커를 주고, 스티커가 5개가 되면 아동이 좋아하는 게임을 하게 해주는 방식으로 아동의 숙제해 오는 행동을 늘려나가는 것이다. 둘째, 부적 강화는 싫어하는 것을 제거함으로써 바람직한 반응을 증가시키는 것이다. 아동 A가 학습태도가 좋으면 그가 싫어하는 학습부진아 학급에서 따로 더 공부하는 것을 면하게 해줌으로써 수업태도를 향상시키는 것이다. 셋째, 정적 처벌은 싫어하는 자극을 제공함으로써 바람직하지 못한 반응을 감소시키는 것이다. 아동 A가 학급에서 싸울 때마다 선생님이 야단을 쳐서 싸우는 행동을 감소시키는 것이다. 넷째, 부적 처벌은 좋아하는 자극을 제거함으로써 바람직하지 못한 반응을 감소시키는 것이다. 아동 A가 수업 중 소란을 피우면 쉬는 시간에 운동장에 나가 노는 것을 제한해 산만한 행동을 감소시키는 것이다.

① 어떤 이상행동에 환자가 빠져 있는가?

② 어떤 강화자극이 이러한 반응(이상행동)을 지속하는가?

③ 어떤 환경적 변화 — 강화자극의 변화 — 가 이 부적응행동(이상행동)을 적응행동으로 바꿀 수 있는가?

조작적 조건형성이론에 입각한 치료적 기법들이 여러 유형의 이상행동 치료에 사용된다. 선택적 정적 강화(selective positive reinforcement)란, 치료자가 증가시키기를 원하는 표적행동(target behavior)을 선택해 그 행동이 일어날 때 정적 강화를 체계적으로 해줌으로써 그 행동을 증가시키는 방법이다. 예를 들면, 거식증(anorexia nervosa)은 주로 젊은 여성에게서 볼 수 있는 치명적인 이상행동으로서, 이러한 사람들은 음식을 먹지 않으려는 이상한 식습관에 빠져 체중이 급속히 줄고 생명이 위태롭게 된다. 이들은 음식을 먹이려는 시도에 응하지 않는데, 이때는 환자가 먹는 것보다 훨씬 더 원하는 강화물을 사용해 음식을 먹으면 그 강화물을 갖거나 누리게 해주는 선택적 정적 강화가 효과적이다. 그러나 그러한 강화물이 무엇인지 물어도 결코 대답하지 않으므로, 관찰을 통해 그 사람이 좋아하는 행동을 분간해낸 후 먹을 때에만(표적행동) 그 행동을 할 기회(강화물)를 준다.

선택적 처벌(selective punishment)은 클라이언트의 문제행동을 표적행동으로 선택해 이 행동이 일어날 때마다 그 사람이 싫어하는 사건을 적용함으로써 그 행동이 일어날 확률을 감소시키는 방법이다. 예를 들면, 자폐증 어린이는 흔히 자기학대행동을 하는데, 자신을 때리거나 학대할 때마다 매 또는 찬물과 같은 혐오스러운 충격을 준다. 그러면 자기학대

행동이 벌을 가져온다는 것을 학습하게 되고 그러한 행동의 횟수가 줄어든다.

4. 인지적 모델

행동주의적 모델이 환경과 행동 간의 직접적 관계를 강조하고 정신적 과정을 부수적인 것으로 보는 데 반해, 인지적 모델은 인간의 생각하고 믿고 기대하는 능력을 중요시한다. 그리고 잘못된 인식과정을 이상행동의 원인으로 간주하며 이러한 잘못된 인식을 바꿈으로써 이상행동이 치유될 수 있다고 본다. 그러므로 인지적 모델에서는 인간의 사고가 일차적인 중요성을 갖는다.

1) 인지적 모델의 전제

인지적 모델의 기본전제는 정신적 사건 ― 기대, 믿음, 기억 ― 이 행동을 일으킨다는 것이다. 따라서 이러한 정신적 사건이 변화되면 행동의 변화가 뒤따르게 된다고 본다. 그러므로 인지적 모델에서는 심리적 장애의 원인을 잘못된 사고에서 찾는다. 예를 들면 어떤 사람이 우울증이라고 할 때 그 원인을 그의 신념이나 사고에서 살핀다. 아마도 그 환자는 자신의 삶에서 일어나는 사건에 대해 스스로 전혀 통제력이 없다고 생각하기 때문에 수동적으로 변하고 결국은 우울증에 빠지게 되었을지도 모른다. 그러므로 인지적 치료의 초점은 왜곡된 사고를 바꾸는 것이다. 다시 말해, 인지적 치료자는 심리적 문제를 가진 사람에게서 절망적 감정을 일으킨 부정적 사고를 찾아내 그것과 대조되는 과거의 긍정적 증거들을 직시하게 함으로써 그 부정적 사고를 바꾸도록 이끌어간다.

인지적 모델에서 다루는 사고의 유형은 ① 기대, ② 평가, ③ 귀인, ④ 신념 등이다(Rosenhan & Seligman, 1989: 118~124).

기대란 미래에 일어날 사건을 명확하게 예측하는 인지적 과정이다. 미래에 대해 부정적 기대를 가지면 우울증에 빠지게 된다.

또한 사람들은 항상 자신에게 일어난 사건이나 자기가 하는 행동을 의식적 또는 무의식적으로 평가(appraisal)하는 경향이 있다. 인지적 모델은 이러한 자동적인 평가과정이 감정을 일으킨다고 본다. 벡(Beck, 1980)에 의하면 특정한 감정은 특정한 평가적 사고에 의해 초래되는데, 슬픔은 자신에게 가치 있는 것을 상실했다는 사고에 뒤따라 일어나고, 불안은 자신을 해칠 위협이 존재한다는 사고에 뒤따라 일어나며, 분노는 자신의 영역이 침해당했다는 사고에 뒤이어 일어난다. 즉, 슬픔, 불안, 분노라는 감정의 본질은 상실, 위협, 침해의 평가라는 인지과정을 포함하는 것이다.

이러한 자동적 사고의 빈도를 측정하는 도구(Hollon & Kendall, 1980)가 있는데, 여러 질문에 클라이언트가 대답하면서 자신에 대해 부정적 평가를 얼마나 자주 내리는지 기록하도록 한다.* 그리고 이러한 부정적

---

*   홀른과 켄들(Hollon & Kendall, 1980)의 도구에서 제시된 부정적 평가는 "나는 아무 쓸모가 없다", "나는 너무 약하다", "내 삶은 엉망이다", "아무도 나를 이해하지 못한다", "나는 … 할 만한 가치가 없다" 등이다.

사고를 수정함으로써 감정의 변화를 이끌어내고자 한다.

귀인(*attribution*)이란 어떤 사건이 왜 자신에게 일어났는가에 대한 개인적인 해석이다(Heider, 1959). 즉, 자신이나 타인에게서 일어나는 사건이나 행동의 원인을 어디에 돌리는가에 관한 사고이다. 사회적 상호작용에 참여하는 사람들은 타인의 행동이나 특정한 사건에 대해 자신이 가지고 있는 인과관계적 추론의 틀에 비추어 그 원인을 이해하고자 하는 경향이 있다. 여기서 중요한 것은 그 행동이나 사건이 실제로 환경적 요인에 의해 일어났는지 아니면 그 사람의 개인적 속성에 의해 일어났는지 하는 것이 아니라, 이를 관찰하거나 수행한 사람이 그것을 둘 중의 어떤 원인으로 해석하는지이다.

인지적 모델에서 사건이나 행동에 대한 귀인은 다음의 세 가지 차원의 원인에 돌린다(Heider, 1959; Kelley, 1967).

첫 번째 차원은 외부적 또는 내부적 원인이다. 외부적 원인은 환경적 측면을 그리고 내부적 원인은 개인적 속성을 반영한다. 가령 시험에 실패했을 때 시험이 불공정해서 그렇게 되었다고 생각한다면 외부적 원인에 귀인하는 것이고, 반면 머리가 나빠서 그렇게 되었다고 생각하면 내부적 원인에 실패의 이유를 돌리는 것이다. 두 번째 차원은 일시적 또는 지속적 원인으로서, 감기에 들어 시험을 망쳤다고 생각하면 이것은 일시적 원인에 귀인하는 것이고, 원래 시험 보는 능력이 부족해 이번에도 실패했다고 느끼면 지속적 원인에 돌리는 것이다. 세 번째 차원은 전반적 또는 부분적 원인이다. 실패가 여러 가지 서로 다른 과제에 걸쳐 일어났을 때 전반적 원인에 귀인하는 반면, 단지 한 과제에만 실패했을 때는 부분적 원인에 실패의 이유를 돌릴 수 있다.

만일 부정적 사건을 당한 사람이 자기가 못나서 그렇게 되었다고 생각하면 이는 내부적, 지속적, 전반적 원인에 귀인하는 것이다. 그에 반해, 이번에 운이 없었다고 느낀다면 외부적, 일시적, 부분적 원인에 불행의 원인을 돌리는 것이다. 인지적 모델에 의하면 자기존중도가 낮은 사람은 실패했을 때 보통 그 원인을 내부적, 지속적, 전반적 원인에 돌린다. 즉, 자신이 바보 같고 능력이 없기 때문에 실패했다고 믿는다. 이러한 부정적 귀인은 낮은 자아개념과 우울증을 초래한다.

신념은 장기간에 걸쳐 진행되는 인지적 과정이다. 많은 심리적 장애가 비합리적 신념에서 비롯된다. 완전주의적 신념을 가진 사람은 항상 좌절감을 느낄 수밖에 없다. 이러한 신념의 예를 들면, "사람은 자신의 환경에 존재하는 모든 중요한 사람으로부터 사랑과 인정을 받아야 한다", "가치 있는 존재가 되려면 모든 측면에서 철저하게 유능하고 성공해야 한다", "자신이 의도했던 바대로 성취하지 못했다면 그것은 파국이다", "인간의 문제에 대해서는 완전한 해결책이 있으며 그러한 최선의 방법을 찾아내지 못한다면 끝이다"(Ellis, 1962) 등과 같다. 이러한 신념들은 일면 바람직한 것으로 보일 수도 있으나, 어떠한 노력도 항상 이러한 기준을 충족할 수 없기 때문에 좌절과 낮은 자부심을 초래한다.

인지적 모델에서는 환자의 왜곡된 사고과정의 변화를 통해 이상행동의 치료를 추구한다. 클라이언트의 인지적 과정 중 평가에 개입하는 경우, 치료자는 환자로 하여금 부정적 평가가 일어날 때마다 그것을 붙잡아서 비판하고 통제하게 함으로써 부정적 감정이 일어나는 것을 막는다.

또한 인지적 치료자는 흔히 잘못된 귀인을 바꾸기 위해 과제를 사용한다. 예를 들면, "지난주에 일어난 다섯 가지 부정적 사건에 대해 기록하고, 각각의 사건을 외부적 원인에 귀인하라"와 같은 과제를 통해 치료적 접근이 이루어진다(Beck, 1979). 과제를 수행한 사례를 보면 "어제 모임에서 남편이 내게 화를 냈는데 그것은 내가 사교적 기술이 부족해서가 아니라 그 사람의 기분이 좋지 않았기 때문이다"와 같다. 이러한 과제의 목적은 부정적 사건이나 경험의 원인을 자신의 내부적 속성에 귀인하는 것으로부터 외부적 요인에 귀인하도록 바꾸는 것이다. 이렇게 계속하면 몇 주 후 클라이언트는 자신의 실패에 다른 원인이 있을 수 있음을 볼 수 있게 되며, 내부적 원인에 귀인함으로써 형성된 낮은 자부심과 우울증이 감소된다.

클라이언트의 비합리적 신념에 개입할 경우에 치료자는 환자의 신념에 정면으로 반박하고 공격함으로써 완전무결을 성취하고자 하는 왜곡된 신념을 깨뜨리고자 시도한다.

17장

이상행동의 분류와 평가

1. 분류 및 진단

사람들이 보이는 이상행동은 다양하고 독특하지만 이러한 문제들을 유사한 특성이나 공통점에 의해 분류하는 것이 필요하다. 이상행동을 분류하는 것은 다음과 같은 장점이 있다(권석만, 2013). 첫째, 이상행동을 치료하고 연구하기 위해 해당 분야의 전문가 사이에 정확한 의사소통이 필요하며, 분류는 이러한 의사소통에서 공통적으로 사용할 수 있는 용어를 제공한다. 다시 말해 이상행동은 여러 가지 증상을 동반하는데 특정한 범주의 장애(예: 우울증, 조현병 등)로 진단함으로써 이러한 많은 증세를 간략한 전문적 용어로 포괄할 수 있다. 둘째, 객관적 기준에 입각한 분류는 이상행동의 공통적 특성에 대해 연구하고 적용할 수 있게 해준다. 셋째, 분류체계에 입각한 정확한 진단은 그 장애의 원인에 대한 통찰력을 갖게 해주고 치료에 가장 효과적인 몇몇 치료방법을 제시해 준다.

　　그러나 분류는 주의할 점도 있다. 첫째, 이상행동을 가진 사람은 분류된 범주에서 기술한 공통적 특성 외에 각각 고유한 증상이나 특성을 가지는데, 이러한 개인적 특수성이 고려되지 못할 수 있다. 둘째, 환자에게 특정한 범주의 질환으로 진단이 내려지면 이는 그 사람에게 낙인이 될 수 있다. 즉, 조현병으로 진단이 내려지면 그 사람에 대해 주변 사람들이 편견을 가질 수 있고, 환자도 자신에 대한 생각과 태도가 달라진다. 셋째, 분류체계에 입각한 진단은 환자에 대한 예후나 치료에 영향을 준다. 즉, 개인의 고유한 문제에 반응하기보다는 진단에 의해 치료방법이 결정되기 쉽다. 그러므로 분류에 입각한 진단을 내릴 때는 이러한 문제점들을 유념해야 한다.

이상행동의 진단에서 가장 널리 사용되는 지침은 DSM-5로 불리는 미국정신의학협회의 정신장애 진단 및 통계편람 제 5판이다.

DSM-5는 정신장애를 다음과 같은 20가지 범주로 구분했다(DSM-5, 2013; 권석만, 2014).

① 신경발달장애(*neurodevelopmental disorders*): 뇌의 발달 지연이나 손상과 관련된 장애로 유아기, 아동기, 청소년기에 흔히 처음으로 진단된다. 지적 장애, 의사소통장애, 자폐 등 전반적 발달장애, 학습장애, 주의력결핍 과잉행동장애(ADHD) 등이 포함된다.

② 조현병 스펙트럼 및 기타 정신증적 장애(*schizophrenia spectrum and other psychotic disorders*): 조현병(*schizophrenia*)은 정신장애 중 가장 부적응적인 이상행동으로 환각, 사고장애, 망상, 혼란된 언어, 기이한 행동, 감정의 둔화 등을 보인다. 조현병과 유사한 장애로 조현형 장애, 분열성 기분장애 등이 있다.

③ 우울장애(*depressive disorders*): 극도로 우울하고 슬픈 기분이 주된 증상으로 주요 우울장애, 지속성 우울장애 등이 포함된다.

④ 양극성장애(*bipolar and related disorders*): 기분이 고조된 조증 상태와 우울증 상태가 교차되어 반복적으로 나타난다.

⑤ 불안장애(*anxiety disorders*): 비합리적이거나 심한 불안이 주된 증상으로, 공포증, 공황장애, 범불안장애 등이 포함된다.

⑥ 강박 및 관련 장애(*obsessive-compulsive and related disorders*): 강박적인 집착, 반복적인 사고와 행동이 주된 증상이다.

⑦ 외상 및 스트레스 관련 장애(*trauma- and stress-related disorders*): 외상이나 스트레스 사건 후에 나타나는 부적응 증상으로, 외상 후 스트레스장애, 급성 스트레스장애 등이 포함된다.

⑧ 해리장애(*dissociative disorders*): 기억과 정체감에 영향을 주는 갑작스러운 의식의 변화가 주된 증상으로, 과거를 전부 잊어버리는 해리성 기억상실증, 심한 자기소외로 자신과 주변 현실이 매우 낯설게 느껴지는 이인화 장애 등이 있다.

⑨ 신체증상 관련 장애(*somatic symptom and related disorders*): 심리적 원인으로 인해 다양한 신체적 증상이 나타나는 장애로, 전환장애, 신체증상장애, 질병불안장애(건강염려증) 등이 포함된다.

⑩ 급식 및 섭식장애(*feeding and eating disorders*): 부적절한 섭식행동으로 인한 신체적 건강과 심리사회적 기능의 손상이 주된 증상이며 신경성 식욕부진증, 신경성 폭식증 등이 포함된다.

⑪ 배설장애(*elimination disorders*): 배설과 관련된 부적절한 행동으로 보통 아동기나 청소년기에 처음으로 진단된다.

⑫ 수면-각성장애(*sleep-wake disorders*): 수면과 관련된 부적응으로 불면장애, 과다수면장애, 수면상태에서 일어나는 비정상적 행동들이 포함된다.

⑬ 성기능장애(*sexual dysfunctions*): 성적으로 반응하거나 성적인 즐거움을 경험하는 능력의 주요한 손상이 특징이며, 남성 성욕감퇴장애, 여성 성적 관심흥분장애 등이 포함된다.

⑭ 성 불편증(*gender dysphoria*): 생물학적 성과 표현된 또는 경험된 성의 불일치로 인하여 수반되는 고통을 가리키며, 아동의 성 불편증, 청소년과 성인의 성 불편증 등이 포함된다.

⑮ 파괴적, 충동조절 및 품행장애(*disruptive, impulse-control and conduct disorders*): 정서와 행동의 자기통제 곤란으로 타인의 권리를 침해하고 사회적 규범을 위반하는 부적응적 행동을 보인다. 적대적 반항장애, 품행장애, 반사회적 성격장애, 도벽증, 방화증, 간헐적 폭발장애 등이 포함된다.

⑯ 물질 관련 및 중독장애(*substance-related and addictive disorders*): 알코올, 담배, 마약 등 물질이나 도박과 같은 행위에 대한 중독으로 나타나는 심리적·사회적 기능손상이 주된 증상이다. 물질사용장애, 물질중독, 물질금단 등 물질 관련 장애와 도박장애 등 비물질 관련 장애가 포함된다.

⑰ 신경인지장애(*neurocognitive disorders*): 뇌의 손상으로 의식, 기억, 언어, 판단 등 인지기능이 심각하게 저하되거나 손상된 장애로, 주요 신경인지장애, 경도 신경인지장애, 섬망 등이 포함된다.

⑱ 성격장애(*personality disorders*): 부적응적 성격과 그로 인한 지속적

인 부적응 행동이 주된 증상으로, 반사회적 성격장애, 편집성 성격장애, 강박적 성격장애 등 열 가지의 성격장애가 있으며 크게 세 가지 군집으로 분류된다.

⑲ 성도착장애(*paraphilic disorders*): 부적절한 대상이나 방식에 의해 성적 욕구를 해소하는 변태적 성행동으로 관음장애, 노출장애, 성적 가학장애, 성적 피학대장애, 아동성애 장애 등이 포함된다.

⑳ 기타 정신장애(*other mental disorders*): 앞선 범주들에 포함되지 않으나 사회적, 직업적 등 주요 기능 영역에서 심각한 고통이나 손상을 야기하는 정신장애의 증상이 존재하는 경우이다. 신체적 질병으로 인한 정신장애 등이 포함된다.

2. 평가

심리적 평가는 클라이언트에 대한 깊은 이해를 얻기 위해 실시한다. 평가를 위해 쓰이는 도구는 클라이언트에 관해 의미 있는 이해를 제공하는 것이어야 하므로 신뢰도와 타당도를 갖춘 것이어야 한다.* 1.00의 신뢰

---

*   신뢰도(*reliability*)란 그 도구를 반복해 사용하더라도 같은 결과를 낼 수 있는 정도를 말한다. 예를 들면, 고무줄로 길이를 잰다고 하면 고무줄은 늘어나기 때문에 잴 때마다 다른 답이 나올 수 있는데, 이러한 유형의 측정도구는 신뢰도가 낮은 것이다. 그러므로 신뢰도가 낮다는 것은 그 도구가 사용될 때마다 같은 측정을 하리라고 의존할 수 없다는 의미이다. 신뢰도에는 두 종류가 있다. 첫째, 검사자 간 신뢰도(*inter-judge reliability*)는 그 도구를 사용해 다른 검사자가 평가하더라도 클라이언트에 대해 얼마나 같은 결론에 도달하는가에

도란 불가능하다. 그러나 평가도구에 입각해 개인의 심리문제에 대해 평가하고, 평가에 입각해 치료적 접근이 이루어진다는 점에서 높은 정도의 신뢰도가 요구된다.

평가방법은 세 가지 — 면접, 검사, 관찰 — 로 구분할 수 있다.

1) 임상적 면접

임상적 면접은 클라이언트를 만나 대화를 나누어 보기 전에는 그 사람에 관해 알 수 없다는 전제에 입각한 것이다. 면접에서 말로 표현되는 내용뿐만 아니라 클라이언트의 태도, 행동, 억양 등으로부터도 정보를 확보한다. 성공적인 면접이 되기 위해서는 클라이언트와 면접자 간에 좋은 관계(*rapport*)가 형성되어야 한다. 즉, 클라이언트가 면접자를 지지적이고 위협적이지 않으며 자신을 드러내는 데 격려하는 사람으로 인식할 때, 정직하게 자기에 관해 이야기하게 되며 심리적 문제의 진단에 필요한 정보를 제공할 수 있다.

임상적 면접에는 두 종류 — 비구조적 면접과 구조적 면접 — 가 있다.

관한 것이다. 둘째, 검사 간 신뢰도(*test-retest reliability*)는 지금 실시한 검사와 일주일이나 한 달 후에 같은 도구를 가지고 행한 검사가 얼마나 같은 정도의 결론을 내는가에 관한 것이다. 타당도(*validity*)란 그 평가도구가 쓰여야 할 목적에 맞게 쓰이는가에 관련된 문제이다. 아무리 좋은 저울이라도 길이를 재는 데는 소용이 없는 것처럼, 한 가지 이상행동을 평가하기 위한 도구는 그것을 측정하는 데만 유용하고 다른 유형의 이상행동을 평가하는 데는 소용이 없어야 한다.

(1) 비구조적 면접

비구조적 면접은 전혀 조직적이지 않은 대화로 이루어진 것으로서 융통성이 있다. 즉, 클라이언트가 어떤 문제에 관해 먼저 말할 수도 있고 나중에 말할 수도 있으며, 면접자도 자신이 특히 관심이 가는 부분에 관해서는 더 탐색해볼 수도 있다. 이러한 유형의 어떤 면접도 서로 같은 결과를 내지 않으며 따라서 신뢰도와 타당도는 아주 낮다. 그렇다고 해서 면접이 마구잡이로 이루어지는 것은 아니며, 면접자의 이론적 방향에 의해 진행된다. 다시 말해 면접자가 이상행동의 어떤 모델에 방향을 둔 사람인가에 따라 끌어내는 정보의 내용이 판이하다. 만일 심리역동적 모델을 추구하는 면접자라면 어린 시절의 경험, 꿈의 내용과 같은 정보를 확보하려 할 것이고, 행동이론가라면 현재 문제가 되는 클라이언트의 행동, 그러한 행동을 둘러싸고 있는 현재의 사건이나 경험에 초점을 맞춰 대화를 전개할 것이다.

(2) 구조적 면접

비구조적 면접처럼 여러 면접자가 각각 자신이 입각한 모델에 따라 상이한 이슈를 다룬다면 서로 다른 결론으로 이끌어가기 때문에, 보다 구조적인 면접이 많이 사용된다. 구조적 면접은 면접자가 물어봐야 할 사항이 면접 스케줄에 다 준비되어 있어 이를 읽으면서 진행하는 것이다. 즉, 구조적 면접에서는 면접자가 물어봐야 할 질문이 표준화되어 있으며 따라서 신뢰도와 타당도는 높다.

구조적 면접의 대표적인 예는 SCID(*structured clinical interview for the DSM-5*)와 NIMH(National Institute of Mental Health)에서 개발한 DIS(*dia-*

gnostic interview schedule)이다. DIS는 임상전문가나 일반 면접자가 사용할 수 있도록 선별 정리된 질문들로 이루어져 있다.

SCID는 DSM-5에 친숙한 전문가를 위한 도구이다. 이는 특정한 진단 범주에 해당하는 행동양식을 보이는지 결정하기 위한 폐쇄형 질문과 클라이언트로 하여금 그들의 문제와 감정을 상세하게 설명하도록 하는 개방형 질문으로 이루어진다.

2) 심리검사

클라이언트로부터 이상행동에 대한 정보를 확보하는 또 다른 측정방법은 심리검사이다. 대부분의 심리검사는 구조화되어 있다. 심리검사는 세 가지 종류 — 목록식 심리검사, 투사적 검사, 지능검사 — 로 구분할 수 있다.

(1) 목록식 심리검사

목록식 심리검사는 "그렇다", "아니다"로 대답할 수 있는 다양한 질문을 포함하고 있으며, 피검사자는 이 질문이 자신에게 해당되는지 여부를 지적하도록 요구된다. 목록식 심리검사는 매우 구조화되어 있으며 따라서 신뢰도가 아주 높다. 가장 잘 알려진 목록식 심리검사는 MMPI(*Minnesota multiphasic personality inventory*)이다. MMPI는 광범위한 영역의 행동, 사고, 감정에 대해 탐색하는 500여 개의 문항으로 이루어져 있다.

MMPI는 사실적 정보에 의해 개발되었다. 즉, 임상전문가들은 심리적 장애를 반영하는 많은 진술을 제공한 후, 이미 특정한 장애를 가진 것으

로 진단된 사람들로 하여금 이 항목들이 자신에 해당하는지 평정하도록
했다. 그리고 특정한 진단에 속한 환자들이 다른 집단의 환자들보다 일
정한 방향으로 많이 반응한 문항들이 선택되었고, 부가적인 작업을 거쳐
척도로 확정되었다.

MMPI는 그 타당도를 향상시키기 위해 MMPI-2로 개정 및 재개정을
거쳤다(이봉건 역, 2018; Butcher et al., 1989). MMPI-2는 피검사자들의 다

표 17-1

척도	문항	해석
건강염려증	내 몸이 쿡쿡 쑤시는 것을 느낀 적이 거의 없다(아니다).	신체적 질병의 징후로서 신체의 감각에 과도히 예민하고 근심한다.
우울증	나는 인생에서 밝은 면을 거의 보지 못한다(그렇다).	통상적으로 위축되어 있고 슬픈 기분을 갖고 있으며 괴로워하고 있음을 시사한다.
히스테리	나는 손가락이 무감각할 때가 가끔 있다(그렇다).	다중적인 신체 증상을 호소한다.
반사회성	남들이 나에 대해 어떻게 생각하든 개의치 않는다(그렇다).	모험을 좋아하고 반사회적인 경향이 있다.
남성성-여성성	나는 식물과 꽃을 가꾸는 것을 좋아한다(그렇다).	남성은 예술적이고 섬세한 경향이 있다. 여성은 권위에 저항하고 자기주장을 잘한다.
편집증	잡히는 것을 두려워하지 않는다면, 대부분의 사람이 거짓말하고 속일 것이다(그렇다).	타인의 동기를 잘못 해석하고 의심과 시기심이 많으며 복수심이 있고 곰곰이 생각한다.
강박증	나는 대부분의 사람들처럼 유능하지 못하다(그렇다).	과도하게 불안하고 자기불신으로 가득 차 있으며 도덕주의적이고 강박적이다
조현병	나는 때때로 이상한 향기를 맡는다(그렇다).	기괴한 감각적 경험과 신념을 갖고 있으며 사회적으로 은둔한다.
경조증	때때로 나는 다른 사람들이 섬뜩하게 여길 일을 하고 싶은 충동을 느낀다(그렇다).	야심찬 포부를 가진 것으로 보이며 과잉활동적이고 조급하며 자극과민성을 보일 수 있다.
내향성	나는 사람들과 어울리는 것을 회피한다(그렇다).	겸손하고 수줍어하며 혼자서 활동하는 것을 선호한다.

양한 정신병리적 또는 성격적 특성을 평가하는 10개의 임상척도 ― 건강 염려증, 우울증, 히스테리, 반사회성, 남성성-여성성, 편집증, 강박증, 조현병, 경조증, 내향성 ― 로 구성되어 있다. 각각의 척도에 해당하는 문항과 그 문항에서 높은 점수에 대한 해석의 예를 들면 〈표 17-1〉과 같다(이봉건 역, 2018: 26; Kring et al., 2007: 83).

MMPI를 이용한 검사는 몇몇 한계가 있다. 예를 들면, 모든 응답자에게 같은 항목이 주어지는 것이 보통이지만, 같은 문항이라도 각각의 응답자에게 다른 의미를 지닐 수 있다. 즉, "나는 상태가 좋다"라는 항목에 대해 건강한 사람이 "그렇다"라고 답한 것과 입원환자가 "그렇다"라고 답한 것은 그 상태가 다르다. 또한 피검사자들이 사회적으로 바람직한 방향으로 반응하려는 태도에서 생기는 오류도 있겠으나 이러한 반응태도의 영향을 감소시킬 수 있는 방법은 심리학자들에 의해 개발되었다.

(2) 투사적 검사

심리역동적 모델에 입각한 치료자에게 평가의 초점은 주로 무의식적 갈등, 잠재적인 두려움, 성적 또는 공격적 충동, 드러나지 않은 불안과 같은 것이다. 조직화된 검사도구들은 의식에 존재하는 경험과 감정에 대해서만 탐색하므로 이러한 심리역동적 측면에 대하여 별로 측정할 수가 없다. 투사적 검사는 잉크반점의 형태와 같은 의미 없는 자극을 사용해 상상을 격려하며, 그 결과 갈등적인 또는 무의식적인 관심사가 드러날 기회를 증가시킨다(Kring et al., 2007: 82~83).

가장 잘 알려진 투사적 기법은 로르샤흐 잉크반점검사(*Rorschach test*)이다. 검사는 10개의 대칭적 잉크반점을 이용하며, 잉크반점은 각각 개별적 카드에 그려져 있다. 피검사자에게 한 번에 한 개씩 10개의 카드가 제시되며 각 반점에서 무엇을 보거나 파악했는지 말하도록 요청된다. 이러한 잉크반점에 대한 피검사자의 반응은 다음과 같은 여러 가지 측면에서 평가된다. 첫째, 피검사자가 본 바의 속성과 질(*quality*)에 대해 정말로 그렇게 보일 수 있는가? 둘째, 피검사자가 본 것이 다른 사람들에 의해서도 공통적으로 흔히 그렇게 파악되는가? 셋째, 잉크반점의 전체를 보았는가, 아니면 일부만 보았는가? 일부에 대해서만 반응한 사람은 현실의 중심적 부분을 직시하는 데 어려움이 있으며 사소한 것에 관심을 집중한다고 볼 수 있다.

로르샤흐 잉크반점검사의 해석은 많은 기술을 요하는 복잡한 과정이며 신뢰도와 타당도는 낮다.

(3) 지능검사

지능검사는 지적장애에 대한 진단에서 핵심적 역할을 하며, 신뢰도와 타당도가 가장 높다고 할 수 있다. 적성검사라고도 불리며 스탠퍼드-비네 (Stanford-Binet) 지능검사나 WAIS 등이 대표적이다.

3) 관찰

임상적 면접이나 심리검사는 공통적으로 심리상태를 파악하기 위해 언어를 사용한다. 그런데 언어는 부정확하며 흔히 문제를 과장한다는 전제 아래 관찰의 필요성이 부각되었다. 예를 들면, 우울증에 걸린 사람은 보통 "내 삶은 언제나 비참하다"고 말하는데, 이는 감정상태를 나타내기는

표 17-2

관찰된 행동	관찰 시기								
	1	2	3	4	5	6	7	8	합계
무릎이 떨린다									
손이 떨린다									
시선을 마주치지 않는다									
안면의 근육이 긴장되어 있다									
얼굴이 창백하다									
땀을 흘린다									
말을 멈추거나 더듬는다									

하지만 무엇이 문제인지, 그것이 얼마나 자주 일어나는지에 대해서는 전혀 알려주는 바가 없다. 또한 언어로 표현되었을 때는 커다란 갈등으로 보이던 부부간의 문제가 관찰의 결과 자그마한 의견 차이로 좁혀질 수도 있다. 그러므로 관찰에 입각한 행동평가는 치료적 접근에 중요한 역할을 한다.

관찰의 유형으로는 일상적 생활환경 속에서 개인을 관찰하여 평가하는 자연주의 관찰법, 특정한 자극을 제시하고 그러한 상황에 대응하는 환자의 행동을 관찰하는 구조화된 관찰법, 환자 스스로 자신의 행동을 체계적으로 관찰하게 하는 자기관찰법, 특정한 문제행동이 일어나는 전후 상황을 구체적으로 평가하는 행동분석법 등이 있다(권석만, 2013).

행동평가는 흔히 행동에 대한 치료적 접근과 함께 사용된다. 즉, 문제를 정의하고, 문제의 초점을 좁혀 변화되어야 할 구체적 행동을 관찰하여 기록하고, 행동변화에 접근을 시도하는 방식으로 진행된다. 행동평가에서는 변화시키고자 하는 행동이나 사고에 대해 가능한 한 정확한 기록 — 언제 그러한 행동이 일어나며, 얼마나 지속되며, 그리고 얼마나 심한가? — 을 하는 것이 중요하다. 가령, 여러 사람 앞에서 말해야 할 때 매우 긴장된다고 말한 사람을 평가하고자 한다면, 사람들 앞에서 이야기하도록 하고 그러는 동안에 행동평가 서식을 이용해 30초 간격으로 관찰하여 문제행동의 존재여부를 표시한 후 합산하여 점수를 낸다. 이러한 시도는 외양적 행동의 관찰을 통해 내면의 상태를 추론하고자 하는 것이다.

과제수행의 불안을 평가하기 위한 20개의 행동점검항목 중 몇몇 예는 〈표 17-2〉와 같다(이봉건 역, 2005).

18장

불안 및 신체증상 관련 장애

1. 불안장애

불안장애는 공포와 불안을 주요 증상으로 경험하는 이상행동이며, 불안의 증상과 회피대상에 따라 여러 가지 하위 유형으로 구분된다(권석만, 2014).

1) 공포증

공포증이란 어떤 대상이 주는 현실적 위험보다 훨씬 지나친 공포반응이 지속되는 문제를 말한다. 예를 들면, 어떤 사람은 고양이나 개에 대한 지나친 두려움 때문에 집 안에만 머물러 있는 경우도 있다. 이런 사람에게 집에서 기르는 고양이나 개는 사람을 공격하지 않는다고 아무리 이야기해 주어도 그 두려움은 지속된다.

공포증은 진단하기가 비교적 쉬운데, 이것은 그 증세가 명확하기 때문이다. 구체적으로 어떤 상황이 주는 위험의 실제를 훨씬 벗어난 두려움이 지속적으로 존재하고, 그러한 두려움이 비합리적으로 과도하며, 그 상황을 피하고 싶은 바람이 자신이 통제할 수 없을 정도로 크며, 공포증의 영역 이외의 다른 생활에서는 잘 기능한다.

공포증에 대한 DSM-5의 진단기준은 다음과 같다. ① 특정 대상이나 상황에 대해 현저하고 지속적인 공포를 보인다. ② 공포자극에 노출되면 즉각적 불안이 유발된다. ③ 자신의 공포가 비현실적이라는 것을 인정한다. ④ 공포의 대상과 상황을 회피하거나 아주 심한 불안 가운데 견딘다. ⑤ 이러한 증상들이 6개월 이상 나타나 일상생활과 사회적·직업적 생활에 현저히 방해를 받는다.

공포증의 종류에는 ① 광장공포증(*agoraphobia*), ② 사회공포증(*social phobias*), ③ 특정공포증(특정한 동물에 대한 공포증, 먼지·고공·폐쇄장소·어둠에 관한 공포증, 질병·부상·죽음에 대한 공포증)이 있다.

광장공포증은 가장 흔한 유형의 공포증으로, 공포증의 50% 정도가 이에 해당한다. 시장, 넓은 공간, 군중, 여행, 길에 대해 두려움을 보인다. 이 증상을 가진 사람은 집에서 떠나 있으면 재난이 자신한테 일어나고 누구도 그 상황에서 자신을 도와주지 않는다고 믿는다. 집을 떠나려 하지 않으므로 공포증 중에서도 가장 활동기능이 약화된다. 광장공포증을 가진 사람은 흔히 매우 불안하고 우울증을 동반하는 경우가 많으며 그 밖의 불안장애에도 취약하다.

사회적 모임에서 불안했던 경험은 누구에게나 있을 것이다. 사회공포증은 이러한 두려움이 심하게 존재하는 것이다. 사회공포증을 가진 사람은 누구에게 보이거나 관찰되는 것을 매우 두려워하며 다른 사람 앞에서

먹거나 말하거나 그 밖의 활동을 하는 것이 극도의 불안을 유발할 수 있다. 사회공포증은 타인과의 사회적 상호작용이 중요해지는 청년기에 주로 시작된다. 광장공포증 환자와 사회공포증 환자는 모두 군중을 두려워하지만 그 이유는 각각 다르다. 즉, 전자는 군중에 의해 짓밟히거나 질식당할까 봐, 반면 후자는 자신이 뭔가 잘못하거나 실수하는 것을 사람들이 관찰할까 봐 두려워한다. 사회공포증은 다른 불안장애보다 유병률이 높고 남자보다 여자에게서 더 많이 나타나며 다른 불안장애와 함께 수반되는 경향이 있다.

동물공포증은 대개 유아기에 시작되며, 청소년기 이후에 시작되는 경우는 거의 없다. 동물공포증은 매우 특정한 것에 국한된다. 예컨대 고양이는 공포의 대상이지만 개와 새는 좋아할 수도 있다. 대부분의 동물공포증 환자가 여자이며 이들은 특정한 동물을 두려워하는 문제 이외의 다른 영역에서는 잘 활동한다. 동물공포증 환자의 60% 정도가 공포의 대상인 동물과 관련된 어린 시절의 특수한 사건을 기술할 수 있으나, 그 외 나머지 환자에게는 명확한 사건이 없다(Rosenhan & Seligman, 1989: 201).

고공, 폐쇄장소, 흙이나 먼지, 어둠 등에 대한 공포증도 동물공포증과 유사한 증상을 보인다.

질병이나 부상, 죽음에 대한 공포증(nosophobias)도 있다. 질병에 대한 공포증을 가진 사람은 사실상 건강한데 특정한 질병에 걸렸거나 곧 걸리게 될까 봐 걱정한다. 그러한 질병의 징후가 없는지 자신의 신체를 탐색하고 약간의 통증도 그 병의 증거로 해석한다. 대개 장년기에 일어나며 아는 사람 중 누군가가 그 병에 걸렸을 때 일어나는 경우가 많다.

사회공포증의 사례

A는 사회적 만남이나 모임에서 어려움을 겪는 사람을 위한 상담을
받으려고 전문가를 찾아왔다. 그녀는 면접 중에도 내내 심하게 긴장해
있었고 모임에 가거나 다른 사람과 상호작용하려면 극도로 불안해 매우
고통스럽다고 호소했다. 이러한 문제는 몇 년에 걸쳐 점점 더 심해져서
이제는 남편 외에 누구하고도 관계를 가지고 있지 않았다. 그녀가 다른
사람들과 상호작용하는 것을 두려워하는 이유는 사람들이 자기를 바보
같다거나 자신을 제대로 표현할 줄 모르는 한심한 사람이라고 여긴다면
극도의 수치감을 느끼게 될 것 같아서이다. 이러한 공포는 그녀를
과민하게 만들어 다른 사람과 대화하려면 할 말을 잊어버리고 더듬게
되며, 이것은 다시 다른 사람이 그녀를 바보로 여길 것이라는 생각을 더
강화한다. 그 결과 사회적 모임이나 만남을 더 회피하는 악순환이
되풀이되고 있는 상황이다(Kring et al., 2007: 125).

(1) 공포증에 관한 이론

공포증에 관한 이론적 설명은 정신분석이론과 행동이론, 인지이론에 입
각한 것으로 구분할 수 있다.

공포증에 대한 정신분석이론의 설명은 프로이트의 "꼬마 한스의 사
례"(Little Hans Case)에서 비롯되었다.* 프로이트의 공포증에 대한 해석

---

* 　 한스는 5세의 남자아이로, 4세 때 길에서 말이 넘어져 일어나지 못하고 몸부림치는
것을 보고 이 장면에 매우 놀랐다. 그 후에 길에 나가면 넘어진 말에 의해 공격당할까 봐 두
려워 밖에 나가지 못했다. 프로이트는 이 아이는 넘어진 말이 아버지였으면 하고 바랐으며,
따라서 말에게로 오이디푸스적 갈등이 전이되었고, 그 결과로 두려움의 대상이 되었다고

은 여러 단계로 구성되어 있다. ① 공포증 환자가 남자라면 엄마를 사랑하고 유혹하고 싶어 한다. ② 아버지에게 질투심을 갖고 있으며, 질투로 인한 증오로 아버지를 공격하고 싶어 한다. ③ 이에 대해 아버지가 알고 자신을 해칠까 봐 두려워한다. ④ 이 갈등이 굉장한 불안을 일으키고 그래서 이러한 바람이 의식에 받아들여질 수 없으므로, 불안은 다른 대상(공포의 대상)에게 전이된다. 즉, 공포의 대상은 갈등을 상징하며 좀더 환자가 수용할 수 있는 두려움의 저장소이다. ⑤ 공포증 환자가 의식하지 못했던 자신의 이러한 갈등에 대해 통찰력을 갖게 됨으로써 공포증은 치유될 수 있다.

요컨대, 정신분석적 관점에서 공포증은 억압된 원초아의 충동에 의해 일어난 불안에 대한 방어라 볼 수 있다. 즉, 이 불안은 환자가 두려워하는 원초아의 충동과 상징적 연관성이 있으면서, 자신이 받아들일 수 있는 대상에게로 옮겨져 공포증으로 경험된다는 것이다.

행동이론에 의하면 공포증은 학습된 것이다. 별 의미를 지니지 않던 중립적 자극의 대상이 매우 고통스러운 경험과 함께 일어남으로써 그 대상이 공포의 의미를 지니게 되고 공포증이 생긴다. 왓슨과 레이너(Watson & Raynor, 1924)의 실험에 의하면 11개월 된 건강한 남자아이에게 흰쥐를 보여주었을 때 처음에는 호기심만을 보였다. 아이가 그것을 잡으려고 하다가 마침내 그의 손이 쥐를 잡을 때 머리 뒤에서 쇠막대기를 세게 두드려 매우 놀라게 하였다. 쥐와 소음의 짝지어짐이 네 번 반복된 후에 아이는 소음이 없는 채로 쥐만 보아도 심하게 울었다. 즉, 중립적 자극의 대상이

설명했다.

표 18-1

구분	조건자극	무조건자극	무조건반응	조건반응
사회공포증	사교적 모임	모임에서 술을 마시고 구토	수치감	사교적 모임에 대한 공포증
동물공포증	말	말이 넘어져 몸부림치는 것을 봄	놀람	말공포증
특정공포증	눈	눈사태로 사람이 죽는 것을 봄	당황, 두려움	눈공포증

던 흰쥐가 소음이라는 고통스러운 사건과 함께 경험됨으로써 본래의 중립적 의미를 잃고 공포의 대상이 된 것이다. 그러므로 공포증은 특별히 고통스러운 무조건자극에 의해 조건형성된 두려움이라고 할 수 있다.

모든 종류의 공포증은 고전적 조건형성이론에 입각해 〈표 18-1〉과 같은 도식으로 설명될 수 있다.

공포에 관한 인지적 관점은 사람들의 사고 과정이 공포증을 지속하는 방식에 초점을 맞춘다. 즉, 불안은 부정적 자극에 주의를 기울여 모호한 정보도 위협적인 것으로 해석하여 부정적 사건이 일어날 것으로 믿는 것에서 비롯된다. 특히, 사회공포증을 가진 사람은 자신이 타인에게 호감을 주지 못한다는 믿음을 가지고 있는 동시에, 타인에게 좋은 인상을 주어야 한다는 강한 동기를 가지고 있다. 또한 남들이 자신의 사소한 실수에도 자신을 싫어할 것이라는 인식이 있으며 사회적 상황에서 자신이 한 행동을 부정적으로 평가하는 경향이 있다(권석만, 2013).

(2) 공포증에 대한 치료적 접근

정신분석적 치료에서 공포증은 잠재된 갈등을 상징하므로 최면, 꿈, 자유연상 등을 통해 억압된 공포의 근원을 찾아 이것을 해결하고자 한다(Kring et al., 2007).

행동이론에 입각한 공포증의 치료는 ① 체계적 둔감화, ② 모델링, ③ 홍수법에 의해 시도된다. 체계적 둔감화는 긴장완화, 공포의 대상에 대한 순서 결정, 역조건 형성의 세 과정으로 이루어진다(Rosenhan & Seligman, 1989: 209~213).*

모델링은 환자가 자신이 두려워하는 것을 해내는 모델을 관찰하고 그 모델이 고통을 경험하지 않는 것을 봄으로써 공포증이 감소되도록 하는 것이다(Bandura, 1986; 1977b).

홍수법은 환자가 두려워하는 상황을 회피하지 않고 상상하거나 또는 실제로 그 상황에서 견디게 하면서 원래의 고통이 일어나지 않는다는 것을 확인함으로써 공포증을 치료하고자 하는 시도이다. 예를 들면, 폐쇄공포증 환자로 하여금 밀폐된 장소에 몇 시간 동안 있게 하면서 고통스

---

* 첫째, 긴장완화란 앉거나 누워서 근육을 이완시키는 것을 말한다. 둘째, 환자의 협조로 공포를 일으키는 상황이나 대상의 순서를 정한다. 예를 들면, 사고에 의한 죽음을 극도로 두려워하는 환자의 경우 가장 두려움이 낮은 상황에서 가장 두려움이 심한 상황까지의 여러 단계로 구분한다. 셋째, 조건자극인 가장 낮은 수준의 공포의 상황(예: 병원건물)을 고통스러운 무조건자극이 없는 상태에서 제시한다. 그리고 새로운 반응 ─ 긴장완화 ─ 을 이 조건자극과 함께 경험하게 한다. 환자가 공포반응이 전혀 없이 이 상황을 연상하거나 참여할 수 있을 때까지 반복한다. 이것이 성취되면 한 단계 더 높은 수준의 공포 상황으로 넘어가 같은 방식으로 시도하고, 점차적으로 더 높은 수준의 두려운 상황(예: 자동차 사고)까지 극복할 수 있도록 이끌어 간다.

러운 사건이 일어나지 않는다는 것을 알게 하면 공포증이 완화된다. 그러나 공포증을 가진 사람이 두려워하는 상황에 들어가는 데 극단적 공포감이 수반되고, 혹시 들어가더라도 가능한 한 빨리 벗어나려고 시도하기 때문에 이러한 절차는 쉽게 사용되지 않는다.

인지행동적 집단치료는 사회공포증을 치료하는 데 효과적인 것으로 알려져 있다. 사회적 상황에서 갖게 되는 부정적 사고와 신념을 수정하는 인지적 재구성, 집단 성원 앞에서 발표하는 것과 같이 두려워하는 상황에 대한 반복적 노출, 대화와 사회적 상호작용 기회의 증가를 통한 사회기술훈련, 역할극 등이 치료기법이다(권석만, 2013).

2) 공황장애와 범불안장애

공포증이 특정한 대상을 두려워하는 것인 데 반해, 공황장애와 범불안장애 환자는 불안해하지만 불안의 특정한 대상이 없다. 다시 말해 공황장애와 범불안장애의 경우, 불안이 명확하거나 특정한 대상에 초점을 두고 있지 않다. 공황장애는 불안을 급박하게 경험하는 것이며 범불안장애는 공황장애보다 미약한 수준의 불안이 만성적으로 존재하는 것이다.

공황장애는 갑자기 강렬한 불안에 사로잡히는 공황발작을 반복적으로 경험하는 장애이다. 공황발작은 예기치 못한 상황에서 발생하는, 죽을 것 같은 극심한 불안과 공포이다. 증상으로 호흡곤란, 아찔한 현기증, 질식할 것 같은 느낌, 빠른 심장박동 등을 느끼며, 몸이 떨리고 가슴에 통증을 느끼며 아주 무서운 일이 일어날 것 같은 절박한 느낌을 경험한다. 또한 인지적으로 자신이 죽거나 미치거나 통제력을 잃을 것이라는 두려움에 압도당한다. 몸이 달아오르거나 추위를 느끼기도 한다. DSM-5에 의하면 이러한 증상 중 4개 이상의 증상이 있을 때 공황발작으로 진단한다. 공황발작은 보통 몇 분 동안 지속되다가 점차 사라지며, 예기치 않게 반복적으로 일어나는 경향이 있다.

> 공황장애의 사례
>
> K씨는 상사와 심한 말다툼을 한 날, 기분이 몹시 상해 집에 돌아오는 길에 갑자기 심장이 불규칙적으로 심하게 뛰면서 마치 밖으로 튀어나올 것 같은 느낌이 들었다. 다리에 힘이 빠져 서 있을 수도 없었고 손은 얼음처럼 찼으며 발은 술에 취한 것 같이 비틀거렸다. 숨을 쉴 수도 없었고 마치 장거리 경주를 뛰었거나 계단을 쉴 새 없이 오르내린 것처럼 헐떡였다. 기절할 것 같이 느꼈으나 실제로 기절하지는 않았다. 공포가 엄습했는데 그 두려움이 어찌나 큰지 사자를 면전에서 마주쳤다 해도 이보다 더 두렵지는 않았을 것 같았다.

　범불안장애는 약하고 만성적인 불안이 지속적으로 또는 여러 상황에 걸쳐 존재하는 것이다. 범불안장애는 보편적으로 우울증과 더불어 존재한다. 이러한 장애를 가진 사람은 안절부절못하고, 쉽게 놀라며, 긴장하고, 주의를 곤두세우고 있는 것 같은 신경과민의 상태를 경험한다. 육체적으로는 땀을 흘리고, 맥박이 빠르며, 춥고, 손이 축축하며, 심장이 두근거린다. 또 참을성이 없고, 화를 잘 내며, 불면증과 주의산만함도 흔히 경험한다. 정신분석이론에서는 원초아의 충동과 자아 간의 무의식적 갈등이 범불안장애로 나타난다고 본다(오경자 외 역, 2017). 충동은 외부로 그 존재를 드러내려 하지만 사회적으로 용납될 성질의 것이 아니므로 자아에 의해 통제당하며, 그 결과 개인은 무의식적인 불안에 사로잡힌다는 것이다.

> 범불안장애의 사례
>
> 30대 주부인 L씨는 늘 불안하고 초조하다. 무슨 좋지 않은 일이 일어날 것 같은 막연한 불안감을 자주 느끼며 여러 가지 일로 걱정이 많다. 남편의 직장이나 자녀의 학업이 잘못되지나 않을까, 식구가 아프면 어떡하나 하는 걱정, 식사준비나 살림살이에 관련된 사소한 걱정 등 일상생활 전반에 걸쳐 걱정이 많고 불안하다. K씨 자신도 이러한 걱정이 불필요하다는 것을 알지만, 불안에서 벗어날 수가 없다. 늘 초조하고 긴장상태에 있으며 그러다 보니 힘든 일을 하지 않아도 저녁이면 몹시 피곤하고 사는 것이 고통스럽다(권석만 2013: 155).

2. 외상 및 스트레스 관련 장애

외상 및 스트레스 관련 장애는 인간이 겪을 수 있는 보편적 범위의 고통을 벗어난 특정한 사건 — 파국적 사건(*catastrophic event*) — 에 의해 생긴다. 예를 들면, 홍수, 지진, 화재 등을 심하게 경험한 사람은 외상 및 스트레스 관련 장애를 보이는 경우가 있다. 그 증상은 다음과 같다. 첫째, 꿈, 공상, 환상 등을 통해 그 사건을 되풀이해서 경험한다. 둘째, 주위세계에 대해 감각이 없어지고 그 사건을 떠올리게 하는 자극을 회피한다. 그 결과, 감정이 무디어지고 주변에서 일어나는 슬픔이나 기쁨에 반응이 없어진다. 셋째, 고통스러운 사건 이전에는 존재하지 않던 불안을 경험하며 신경과민, 기억력 손상, 쉽게 화를 내는 것, 분노의 폭발 등이 존재한다. 자기만이 살아남았을 때는 혼자 살아남은 것과 희생자를 구하지 못한 것에 대해 죄의식을 경험한다. DSM-5에 의하면 증상이 사건 후 바로 시작되어 한 달 미만으로 지속되면 급성 스트레스장애(acute stress disorder)로, 한 달 이상 지속되면 외상 후 스트레스장애(posttraumatic stress disorder)로 진단한다. 발생 시기와 지속 기간의 차이를 제외하고 급성 스트레스장애와 외상 후 스트레스장애의 증상은 거의 같다.

외상 후 스트레스장애의 사례

1972년 미국 웨스트버지니아 광산지역의 버펄로 크릭에 있는 댐이 홍수로 무너지면서 석탄이 섞인 엄청난 양의 물이 순식간에 마을을 덮쳐 주민의 죽음을 초래한 사건이 있었다. 살아남은 사람들에게 외상 후 스트레스장애가 많이 나타났다. 생존자인 월버와 데버라는 그 사건 이후 뉴스에서 비나 폭풍에 대한 예보가 있으면 극도로 긴장해 잠을 잘 수가 없었다. 비가 오면 신경과민이 되어 진정제 주사를 맞으며, 육체적 증상으로 발진을 보이기도 했다. 꿈속에서 홍수 장면이 재생되고 물을 피해 계속 도망 다녔다. 또한 옆집 사람들이 도움을 요청했으나 돕지 못했는데, 그들이 다 죽은 것을 알고 극심한 죄책감에 시달렸다. 때로 누군가 부르는 것 같아 돌아보면 그 집 사람들이 보이는 것 같을 때도 있었다. 홍수 이전에 하던 일상생활은 방치되었고 더는 아무런 의미도 주지 못했다. 감정은 무디어져서 마치 마비된 것처럼 슬픈 일이나 기쁜 일에 반응이 없어졌고 홍수 이전이라면 매우 슬퍼했을 가까운 친지의 죽음도 별 감정을 불러일으키지 못했다(Rosenhan & Seligman, 1989: 219).

1) 외상 및 스트레스 관련 장애를 일으키는 사건

급성 스트레스장애와 외상 후 스트레스장애를 일으키는 사건은 홍수나 지진과 같은 천재지변과 전쟁이나 범죄와 같이 인간이 자행한 사건으로 나눌 수 있다. 또한 홍수나 전쟁처럼 집단적으로 경험하는 사건과 범죄의 대상이 되는 것과 같이 단독으로 경험하는 사건으로 구분할 수도 있다.

현대사회에서 여성이 단독으로 경험하는 대표적 사건이 성폭행이다. 성폭행을 당한 여성은 흔히 급성 스트레스장애와 외상 후 스트레스장애를 보이며, 이를 특히 성폭행 트라우마 신드롬(*rape trauma syndrome*)이라고 부른다. 이러한 사건을 경험한 직후 여성은 두 가지 반응 ― 공포·분노·불안의 폭발 혹은 외면상 침착함을 유지하는 것 ― 중 하나를 보이지만 곧 외상 및 스트레스 관련 장애의 다양한 증상이 나타난다. 꿈에서 사건을 재경험하는 것, 그로 인한 수면장애, 주위에서 일어나는 일에 무감각해지는 것, 사건을 연상시키는 조그마한 자극에도 놀라는 신경과민 등의 증상을 경험한다.

2) 외상 및 스트레스 관련 장애에 대한 치료적 접근

급성 스트레스장애와 외상 후 스트레스장애에 대한 치료적 접근으로는 사건과 관련된 대상이나 장소에 대한 공포반응을 감소시키기 위해 체계적 둔감화를 시도한다. 또한 킨과 연구진(Keane et al., 1989)은 외상과 관련된 두려워하는 장면을 일정 기간 시각화하는, 상상을 통한 노출(*imaginal exposure*)을 실시해 외상 후 스트레스장애에 걸린 전역군인들에게서 우울증, 불안, 사건의 재경험, 놀람, 쉽게 분노하는 반응들을 크게 감소시켰다(이봉건 역, 2018).

  그러나 이 기법에서 외상적 사건의 재현은 극복하기 어려운 문제로, 치료 초기에는 상태가 더 악화되거나 정서적 혼란을 초래할 수 있다. 또한 파국적 경험의 결과로 무감각해지고 고립되는 것을 막기 위해 유사한 사건을 겪은 사람들끼리 경험과 감정을 공유하도록 집단치료를 추구하기도 한다. 많은 외상 후 스트레스 환자들이 분노를 경험하는데, 자기주장 훈련은 분노를 해소하는 데 도움이 된다. 범죄나 성폭행을 당한 이후 혼자 있는 것을 두려워하고 낯선 사람을 회피하는 것과 같은 반응은 현실적 안전을 보장하는 방법 — 문단속을 철저히 하고 혼자 어둡거나 외딴 장소에 가지 말 것 — 으로 대체하도록 한다.

3. 강박장애

불안과 관련된 이상행동은 두 가지 — 불안장애와 같이 불안을 그 증상으로 경험하는 경우와, 불안을 실제로 경험하지 않으나 장애의 원인이 되는 경우 — 로 구분할 수 있다. 이상행동 가운데 그 사람의 심리기저에 존재하는 불안이 장애의 원인으로 지적되는 경우가 강박장애와 신체증상 관련 장애이다.

강박장애란 스스로 통제할 수 없는 반복적 사고에 의해 고통을 겪으며, 그 결과 외관상으로 전혀 무의미한 행동을 반복하는 것이다. 강박장애를 가진 사람은 현관문을 잠그지 않았다는 생각 때문에 하룻밤에 20번씩 점검하거나, 자신이 가족을 해칠지도 모른다는 반복적인 사고 때문에 칼이나 도구를 집 안에서 다 치워 버리기도 한다.

일반적으로 사람들은 누구나 반복적 사고를 때때로 경험한다. 그렇지만 건강한 사람은 이러한 생각이 일어날 때 거의 관심을 기울이지 않고 곧 그 생각을 떨쳐 버릴 수 있다. 그러나 강박장애를 가진 사람은 그것이 안 된다. 즉, 생각하고 싶지 않은 사고가 떠오를 때 관심을 기울이지 않거나 자유의지대로 떨쳐버리는 것이 불가능하다.

강박장애의 사례

어떤 여자는 세균의 오염에 대한 공포에 사로잡혀 끊임없이 자신이 세균에 오염되었다고 생각하고 일단 그러한 생각이 떠오르면 이를 떨쳐 버릴 수가 없다. 이러한 세균의 오염에 대한 반복적 사고는 곧 일련의 청소와 세탁이라는 세균을 씻어내는 의식(ritual)으로 이어지며 이러한 작업으로 하루를 보낸다. 그녀는 아이를 무균상태로 만들기 위해 바닥에서 천장까지 하루에 수차례 닦아낸 방에만 있게 하며 문은 발로 열고 닫는데 이는 자신의 손이 오염되는 것을 막기 위해서이다.

이 예에서 알 수 있듯이 강박장애는 두 가지 요소 — 강박관념과 강박적 행동 — 로 구성된다. 강박관념은 원하지 않으나 의식에 자꾸 떠오르며, 스스로 떨쳐 버리거나 통제하기가 대단히 어려운 반복적 사고·상상·충동을 가리킨다. 앞선 예에서 여자는 질병과 세균감염에 대한 반복적 사고와 상상에 사로잡혀 있으며 이를 그만둘 수 없는 상태이다. 강박적 행동은 강박관념에 대한 행동적 반응으로서 스스로 원하지 않으나 그만두기가 매우 어려운, 무의미한 반복적 행동이다. 앞선 예에서 세균에 대한 강박관념으로 세탁과 청소를 하루에 수십 번 반복하는 것이 강박적 행동이다. 일반적으로 강박관념에 사로잡힌 사람은 강박적 행동도 함께 겪는다.

1) 강박장애에 대한 이론

강박관념과 강박적 행동의 지속에 대해서는 인지적 모델이, 그리고 강박적 사고의 내용에 관해서는 정신분석이론이 유용하다.

강박장애에 대한 인지이론적 설명에 의하면 강박장애를 가지지 않은 사람은 어떤 사건이 혼란스러운 상상이나 사고로 이끌어 간다고 해도 이 사고에 의해 불안해지지 않으며 쉽게 벗어날 수 있다. 그에 반해, 강박장애를 가진 사람은 그러한 사고에 의해 불안하고 우울해지며, 이는 그 사고를 떨쳐 버리는 능력을 약화한다. 어떤 사고에서 주의를 돌리는 것은 자의적 반응이며, 자의적 반응을 하는 능력은 우울한 경우에 약화되기 때문이다. 그 결과 그 사고는 지속되며 이를 떨쳐 버릴 수 없는 것이 더 큰 무력감과 우울, 불안을 낳고, 이는 다시 강박관념에 대한 그 사람의 취약성을 증가시키는 악순환이 형성된다.

강박적 행동은 강박관념에 의해 일어난 불안에서 그 사람을 일시적으로 구원해줌으로써 강화된 행동이다. 강박장애를 가진 사람은 일반인이 보통 사용하는 방법으로는 그 사고를 제거할 수 없으므로 다른 방법에 의존한다. 즉, 강박관념을 떨쳐 버리기 위해 안전을 보장하는 행동 — 세균오염에 대한 두려움을 완화하기 위해 손을 수십 번 씻는 것과 같은 — 을 시도한다. 이러한 강박적 행동은 강박관념으로부터 일시적으로 해방해 준다. 그러나 그러한 구원은 그때뿐이며 강박관념은 그대로 존재하기 때문에 점점 더 자주, 그리고 더 심하게 그 행동을 반복하게 되는 것이다.

정신분석이론에서는 강박관념을 그보다 더 생각하기 싫은 무의식적 사고에 대한 방어로 본다. 이러한 과정에 관련된 방어기제는 전이와 대체이다. 즉, 무의식적인 위험한 사고가 자꾸 그 사람의 의식으로 들어오려고 위협하면 불안해지고, 불안에서 자신을 방어하기 위해 덜 혐오스러운 대체물에 그 사고를 전이한다는 것이다. 예를 들면, 자녀를 해칠 것 같은 강박관념으로 고통을 받는 여자의 경우, 어린 시절 동생들에게 가졌던 심한 적의가 불안을 일으키자 의식에서 추방했으며, 이것이 어른이 된 후에 자녀라는 대체물에 전이되어 경험되는 것이다.

2) 강박장애에 대한 치료적 접근

정신분석적 접근은 환자로 하여금 강박관념으로 대체된, 내재하는 무의식적 갈등에 대해 통찰력을 갖게 함으로써 치료가 가능하다고 본다. 즉, 환자가 무의식에 억압하고 있는 것을 풀어줌으로써 그가 정말로 두려워하는 것을 직면하여 깨닫도록 하는 것이다(오경자 외 역, 2017: 146).

행동이론적 접근은 노출 및 반응제지(*exposure and response prevention*: ERP) 기법으로 이는 모델링, 홍수법, 반응제지의 세 단계로 이루어진다.

세균오염에 대한 강박장애를 가진 사람의 경우, 우선 치료자가 자신을 흙이나 먼지로 더럽히는 것을 보게 한다(모델링). 그다음으로, 환자도 흙이나 먼지를 묻히도록 한다(홍수법). 마지막으로, 이를 씻어 내지 않고 견디도록 한다(반응제지). 이것은 두려워하는 사건 ― 세균오염에 의한 질병 발생 ― 이 흙이나 먼지를 묻히는 것에 의해 일어나지 않는다는 것을 확인하게 하고, 씻는 것과 같은 강박적 행동이 행해지지 않더라도 질병이 일어나지 않는다는 것을 확인해줌으로써 강박관념을 감소시키는 것이다.

4. 신체증상 관련 장애

신체증상 관련 장애(*somatic symptom and related disorder*)는 전환장애, 신체증상장애, 질병불안장애, 허위성 장애, 의학적 상태에 영향을 주는 심리적 요인으로 구분된다.

1) 전환장애와 신체증상장애

전환장애(*hysterical conversion*)는 생리학적 원인이 없는데도 신체적 손상이나 기능장애를 호소하는 것이다. 전환장애로 진단하기 위해서는 다음과 같은 요소가 고려된다. ① 신체적 기능의 상실이나 변화가 있다. 갑자기 귀가 들리지 않거나 눈이 보이지 않거나 손발을 움직일 수 없는 마비와 같은 증상이 존재한다. ② 이러한 증상이 신체적 조건에 의해 설명되지 않는다. 예를 들면, 청각이나 시각의 상실을 가져온 신경적 손상의 증거가 전혀 없다. ③ 심리적 요인이 그 증상을 일으켰다는 긍정적 증거가 있다. 구체적으로, 신체적 기능상실이 일어나기 얼마 전에 이러한 문제와 연관이 있음직한 사건의 발생이 있었다. ④ 환자가 자신의 신체적 기능상실에 흔히 무관심하며 동요하거나 불안해하지 않는다. ⑤ 그 증상이 환자의 자유의지에 의해 통제되지 않지만 사건과 자신의 문제 간의 연관성에 통찰력을 갖게 되면 신체기능이 회복된다.

전환장애의 사례

B씨는 미국인이며 25세의 건축현장 근로자이다. 그는 약 3주 전부터 하반신을 전혀 움직일 수 없고 아무 느낌도 없다. 그런데 자신의 하반신 마비에 대해 걷지 못하는 것을 약간 걱정할 뿐 별로 동요하지 않았다. 처음에는 신경외과에서 진료했으나 신체적 손상이 없어 정신과로 의뢰되었다. B씨는 정신장애의 전력도 없었고 약물을 때때로 사용하고 술을 약간 마시는 것 외에는 심리적 문제도 없었다. 의사가 혹시 주변에 하반신 마비된 사람이 있느냐고 묻자 처음엔 생각해 내지 못하다가 최근에 친구가 목뼈가 부러져 하반신 마비가 되었다고 말했다. 의사가 그 경위를 설명해 보라고 하자 그는 B씨 자신의 책임이 크다고 하였다. 친구가 너무 재미없게 사는 것 같아 약물을 주었더니 환각을 일으켜 다리 아래로 뛰어내리는 바람에 다시는 걸을 수 없게 되었다는 것이다. 의사가 B씨에게 하반신 마비가 언제 시작되었는지 말해보라고 하자 친구의 사고 후 중장비차를 운전해 그 다리 밑을 지나가던 중 갑자기 하반신을 움직일 수 없었다고 말했다. 큰 소리로 도움을 청했고

동료들이 와서 그를 구해 냈다. 이렇게 설명하다가 갑자기 B씨는 "아! 내가 어떻게 된 건지 알겠네요" 라고 말했고, 며칠 후 그는 걸어서 집으로 돌아갔다(Rosenhan & Seligman, 1989: 248~249).

신체증상장애(*somatic symptom disorder*)는 신체적 증상을 심하게 호소하여 일상생활에 중대한 지장이 있는 경우를 의미한다. DSM-5에 의하면 신체증상에 대한 지나친 사고, 감정, 행동이나 지나친 건강염려를 다음 중 한 가지 이상으로 나타낸다. 첫째, 자신이 지닌 증상의 심각성에 대해 과도한 생각을 지속적으로 나타낸다. 둘째, 건강이나 증상에 대해 지속적으로 높은 수준의 불안을 나타낸다. 셋째, 이러한 증상과 건강염려에 지나친 시간과 에너지를 투자한다. 이러한 걱정과 염려가 6개월 이상 지속될 때 신체증상장애로 진단된다. 두 가지 유형의 신체증상장애 — 신체화 유형(*somatization pattern* 또는 *Briquet's syndrome*)과 통증 유형(*predominant pain pattern*) — 이 특별히 관심을 받는다. 신체화 유형의 증상을 가진 사람들은 생애에 걸쳐 놀랄 만큼 많은 진료기록을 갖고 있는 것이 특징이다. 이들은 두통, 피로, 메스꺼움, 구토, 알레르기, 기절 등의 증상으로 인해 매우 광범위한 의료적 처치를 받아 왔다. 이처럼 다양하고 반복적인 신체적 증상을 보이지만 그 원인은 육체적인 것이 아닌 경우가 대부분이다.

통증 유형은 신체의 특정 부위에 육체적 원인에서 비롯되지 않은 통증이 지속되어 적응에 어려움을 겪는 문제로, 가장 흔한 유형의 신체증상장애이다. 예를 들면 심각한 스트레스를 겪을 때마다 복부에 심한 통증을 느낀다든지 하는 현상으로, 이러한 통증은 바로 스트레스를 가하는 사건에 의해 초래된 불안을 직시하지 않으려는 신체적 핑계라고 볼 수 있다. 통증 유형은 남자보다 여자에게서 더 많이 나타나는 것으로 알려져 있으며 흔히 호소하는 통증은 두통, 흉통, 복통, 관절통 등이다.

(1) 전환장애와 신체증상장애에 대한 이론적 설명

전환장애와 신체증상장애에 대한 이론적 설명은 정신분석이론, 행동이론, 의사전달모델(*communicative view*)로 구분할 수 있다.

프로이트에 의하면 전환장애와 신체증상장애는 자신이 받아들일 수 없는 무의식적 갈등에 의해 일어난 불안을 흡수하고 완화하는 방어의 역할을 한다. 신체증상장애나 통증장애의 증상은 심리적 갈등이나 억압된 감정의 신체적 표현이다. 즉, 애정의 추구, 잘못에 대한 처벌, 죄를 용서받는 한 방법으로 증상이 표현될 수 있다(권석만, 2003).

전환장애에 관련된 과정을 심리역동적 모델은 다음과 같이 제시한다. 첫째, 전환장애를 겪는 사람은 자신이 받아들일 수 없는 어떤 사고에 의해 불안해진다. 둘째, 심리적 에너지가 신체적 기능상실로 변형된다. 즉, 불안에서 벗어나기 위해 사고로부터 불안이 분리되는데, 그 불안은 심리적 에너지이므로 어디론가 가야 하며 이것이 바로 신체적 기관을 약화하는 데 사용된다. 셋째, 특정한 신체적 기능상실이 내재하는 갈등을 상징한다. 예를 들면, 앞의 B씨 사례에서 친구가 당한 사고에 대한 자신의 책임이 죄의식과 불안을 일으켰고 그 결과로 친구가 기능을 상실한 신체적 부분과 같은 부분에서 자신도 마비를 일으켰다.

행동이론에서는 전환장애와 신체증상장애의 증상이 환경에 의해 강화되기 때문에 지속된다고 본다. 증상으로 인한 주변으로부터의 관심,

책임이나 의무의 회피 등이 강화요인이 된다.

의사전달모델에서는 전환이 방어가 아니라 의사전달의 기능을 갖는다고 본다. 이 모델은 환자가 불안을 비롯한 여러 가지 고통스러운 감정 — 슬픔, 분노, 죄의식, 공포, 수치심 — 을 다루기 위해 신체적 증상을 사용한다고 주장한다. 다시 말해 환자는 내재하는 심리적 고통을 신체적 증상으로 나타냄으로써 심리적 고통으로부터 자신의 주의를 돌리는 동시에 타인에게 자신이 고통스럽다는 사실을 알리는 것이다.

자신의 감정을 남에게 잘 표현하지 못하는 사람일수록 깊은 감정이 관련된 사건을 당하는 경우 전환장애나 신체증상장애를 겪을 가능성이 높다. 고통스러운 사건을 경험했으면서도 이에 대해 말하지 않는 것은 흔히 신체적 문제를 초래하는 것으로 보고되어 왔다. 한 조사에서 115명의 학생을 세 집단 — ① 고통스러운 사건을 경험한 적이 없는 집단, ② 그러한 사건을 겪었으나 타인에게 터놓고 이야기한 집단, ③ 그러한 경험이 있으면서 아무에게도 말하지 않은 집단 — 으로 구분했을 때, 세 번째 집단이 다른 두 집단보다 훨씬 더 많은 신체적 문제를 보였다(Pennebaker, 1985). 이러한 결과는 사건을 경험하고도 침묵하는 것이 신체적 고통과 질병을 유발할 가능성이 있음을 보여 준다. 아마도 다른 사람에게 고통스러운 사건에 대해 말하지 않을수록 자신은 더 그 사건에 대해 반추하고 숙고하며, 이것이 신체적 건강을 침식하는 것으로 보인다(Rachman & Hodgson, 1980).

의사전달모델은 전환적 증상이 '말한다'고 주장한다. 즉, 자신의 정서적 고통에 대해 말하지 못하는 사람은 자기에게 심리적 고통이 있다는 것을 표현하는 데 육체적 증상에 의존할 수밖에 없는지도 모른다.

(2) 전환장애와 신체증상장애에 대한 치료적 접근

전환장애나 신체증상장애를 가진 사람은 자신의 문제가 신체적인 것이라 믿기 때문에 심리적 치료를 추구하지 않는 경향이 있다. 그리고 증상에 대해 심리학적으로 설명해 주어도 잘 받아들이지 않는다. 전환장애나 신체증상장애는 종종 환자에게 신체적 증상이 곧 회복될 것이라고 확신시켜 주는 것만으로도 치료적 효과를 보는 경우가 있다. 그러나 정신분석적 접근에서는 전환장애나 신체증상장애를 가진 환자에게 신체적 기능상실을 유발한 심리적 갈등에 대해 통찰력을 갖게 함으로써 치료를 시도한다. 환자가 신체적 문제를 일으킨 내적 갈등이 존재한다는 것을 이해하고, 이것을 받아들이게 되면 증상이 치유될 수 있다는 것이다.

2) 정신신체적 장애

정신신체적 장애는 DSM-5에서 의학적 상태에 영향을 주는 심리적 요인(*psychological factors affecting other medical conditions*)으로 명명되었으나 여기서는 더 익숙한 용어인 정신신체적 장애를 사용했다.

위궤양, 심장병, 천식, 암과 같은 육체적 질병은 사고나 감정에 영향을 받는다. 이와 같이 심리(*psyche*)에 의해 영향을 받거나 발생하는 육체(*soma*)의 질병을 정신신체적 장애라고 한다. 정신신체적 장애는 다음의 두 가지 사실에 입각해 진단한다. 첫째로, 신체적 병리에 의한 문제나 증상이 존재한다. 둘째로, 심리적으로 큰 의미를 갖는 사건이 이에 선행했고, 그 사건이 신체적 문제의 시작이나 악화에 기여한 것으로 판단된다.

정신신체적 장애는 전환장애나 신체증상장애와 어떻게 다른가? 전환장애는 신경이나 척추의 손상과 같은 신체적 손상의 근거가 전혀 없는 채 마비나 통증이 일어난다. 반면, 상사에 의해 비난을 당할 때마다 위궤양으로 고통받는 사람은 실제로 위장에 손상이 일어난 결과로 이러한 증상을 경험한다. 즉, 정신신체적 장애에서는 심리적 사건에 의해 실제적인 생리학적 변화가 일어나고, 그 결과로 질병이 발생하거나 악화되는 것이다.

> 정신신체적 장애의 사례
>
> T는 아동기에 천식발작을 자주 겪었다. 그럴 때마다 호흡곤란으로 응급실에 실려 가곤 했다. 천식 촉발요인은 주로 꽃가루였다. 감기도 다른 사람보다 더 자주 앓았으며 흔히 기관지염으로 발전하곤 했다. 10대에 이르러 천식발작이 없어졌고 그 후 20년간 증상이 없었다. 그러다가 34세에 폐렴을 앓은 후 갑자기 발작이 다시 일어났다. 아동기 때의 발작과 달리 이번에는 정서적 스트레스가 촉발요인인 것으로 보였다. 이러한 가설은 의사가 T에게 2주간 일기를 쓰고 발작 전에 일어났던 일과 그의 감정을 기록하게 하면서 입증되었다. 그 기간에 네 번의 발작이 있었는데, 그중 세 번은 직장에서 상사와 불쾌한 일 직후에 일어났고 한 번은 장인·장모의 방문에 대해 부인과 언쟁을 벌인 후 일어났다(Davidson & Neale, 2001: 200~201).

(1) 정신신체적 장애에 대한 이론

신체적 질병이 스트레스와 관련되어 있다는 것은 여러 조사연구에 의해 알려졌다(Berkman, 1984; 1986).* 정신신체적 장애의 판정 기준은 ① 신체적 질병, 그리고 ② 그것에 선행하여 일어났으며 질병에 영향을 미친 것으로 판단되는 심리적 사건의 존재로, 이것은 신체적 취약성-스트레스이론(*diathesis-stress model*)에 의해 잘 설명된다.

'신체적 취약성'(*diathesis*)이란 신체적 질병을 일으키기 쉬운 체질적으로 약한 상태를 말하며, '스트레스'(*stress*)란 어떤 의미 깊은 사건에 대한 심리적 반응이다.

이 모델에 의하면, 사람이 어떤 신체적 취약성을 갖고 있고 동시에 심리적 혼란을 경험할 때 정신신체적 장애가 유발된다. 만일 그 사람이 체질적으로 매우 약하다면 아주 작은 스트레스로도 질병을 일으키기에 충분하며, 또한 극도의 스트레스가 일어나면 체질적으로 강한 사람도 병이 나게 된다. 그러므로 이 이론의 설명에 따르면 위궤양을 일으키는 사람은 체질적으로 위장의 병에 취약하며 동시에 이 질병을 일으키기에 충분한 스트레스도 경험했다는 것이다.

정신신체적 장애의 대표적 질병들은 위궤양, 고혈압, 관상심장질환,

---

*   홈스와 레이(Holmes & Rahe, 1967)는 개인이 여러 삶의 사건을 당했을 때 경험하는 스트레스의 정도를 점수화하여 사회적 재적응 평가척도(*social readjustment rating scale*)를 구성했다. 이 척도에 의하면, 배우자의 죽음이 생활변화점수 100점으로 적응에 필요한 시간과 강도가 가장 높고, 이혼(73점), 별거(65점), 수감(63점), 가까운 가족의 사망(63점), 자신의 부상이나 질병(53점), 결혼(50점), 직장에서의 해고(47점), 퇴직(45점), 임신(40점), 출산(39점), 가까운 친구의 사망(37점), 직장에서 책임의 변동(29점), 친척과의 불화(29점), 상급자와의 불화(24점), 주거지의 변동(20점), 여가활동의 변화(19점), 사교활동의 변화(18점), 수면습관의 변화(16점), 동거가족 수의 변화(15점), 휴가(13점), 가벼운 법칙위반(11점) 등의 순서였다. 이들의 조사에 의하면, 이러한 생활변화점수의 총점이 1년에 300점 이상인 사람 중의 79%가 건강상의 문제를 갖고 있는 것으로 나타났다.

천식 등이다.

관상심장질환(*coronary heart disease*)을 살펴보면 서양에서는 이 질환으로 인한 사망률이 가장 높다. 미국에서 45세 이상 성인의 죽음은 반 이상이 심장이나 순환계 문제에 의해 일어난다. 동맥경화를 포함한 관상심장질환의 요인을 철저히 조사한 결과, 여섯 가지의 신체적 요인 — 노화, 남자, 흡연, 고혈압, 높은 콜레스테롤, 운동부족 — 과 더불어 심리적 요인이 중요한 것으로 나타났다.

심리적 요인은 퍼스낼리티가 A유형의 성격인 것이다. 성격을 A유형과 B유형으로 구분할 때, 전자는 시간의 긴급함에 대해 과민하게 의식하고 경쟁심과 야심, 공격성과 증오심 등을 갖고 있는 것이 특징인 반면, 후자는 느긋하고 긴장이 완화되어 있으며 침착하고 평화롭고 시간의 긴급함을 별로 의식하지 않는 것 등이 특징이다. 그러므로 A유형의 성격을 가진 사람은 B유형의 성격을 가진 사람보다 더 많은 스트레스를 경험한다. A유형의 성격인 것이 관상심장질환의 요인이 된다는 조사결과가 있다. 예를 들면 로즌먼과 연구진(Rosenman et al., 1975)은 1960년에 관상심장질환의 역사가 없는 3,200명의 남자를 뽑아 8년 반 동안 추적한 결과, A유형의 성격으로 판정된 남자가 B유형의 성격의 남자보다 2.2배나 더 많이 이 질환에 걸린 것을 발견했다.

정신신체적 장애에서 새로운 관심을 받는 분야가 심리적 요인이 면역체계의 약화에 미치는 영향이다. 연구된 바에 의하면 감정, 행동, 인식이 모두 육체의 면역반응을 변화시키고 전염성 질환이나 암, 그리고 사망에까지 영향을 미친다. 심리적 요인의 면역체계에 대한 영향은 절망과 무력감의 영향, 그리고 비관적 귀인의 영향으로 구분할 수 있다.

첫째로, 절망과 무력감이 면역체계에 미치는 영향을 보면, 절망과 우울을 경험한 후 병원균의 침입에 대한 저항력이 약화된다는 연구보고가 있다. 이 연구는 독감이 어떤 부대를 휩쓸기 6개월 전에 600명의 고용인을 대상으로 심리검사를 실시했다. 나중에 독감이 유행하는 동안 26명이 이 병에 걸렸는데, 이들은 6개월 전의 조사에서 다른 사람들보다 훨씬 더 절망하고 우울한 상태에 있는 것으로 나타났던 사람들이었다(Rosenhan & Seligman, 1989: 293).

절망이 암에 걸릴 가능성을 높인다는 증거도 있다. 절망과 무력감의 경험, 자신의 삶에 대한 의미의 결여, 직업의 불안정, 미래에 대한 기대나 계획이 전혀 없는 것 등은 그 사람의 흡연량보다 더 정확하게 폐암을 진단한다는 것이다. 또한 이미 암에 걸린 사람도 무력하게 병을 받아들이는 환자보다 투지를 가지고 대응하는 사람들에게서 재발 없는 생존율이 더 높다고 보고한 연구도 있다(Greer & Pettingale, 1979).

둘째로, 비관적 귀인이 면역체계에 미치는 영향을 보면, 부정적인 사건의 원인을 습관적으로 내부적('내가 못난 탓이다'), 지속적('영원히 지속될 것이다'), 전반적('모든 일이 잘못될 것이다') 요인에 귀인하는 사람은 절망과 우울을 겪을 확률이 더 크며, 질병이나 죽음에 대한 위험도 증가한다(Peterson & Seligman, 1987). 비관론자는 생애를 통해 더 많은 질병을 경험하고 더 일찍 죽는다고 한다(Levy et al., 1988).*

---

* 연구진은 1939~1944년의 하버드대학 재학생의 5%를 대학졸업 후 계속해서 추적하여 조사했다. 25세 때 2차 세계대전에서 돌아왔을 때, 그들의 귀인양식을 보는 질문지를 작성하도록 했다. 그리고 그 이후 5년마다 신체적 진단을 했다. 25세에 비관론적 태도를 가진 사람은 45세부터 더 나쁜 건강상태를 보였다. 반면 낙관적 태도를 가진 사람은 장년기를 통

면역체계가 심리상태에 의해서 변화되는 것은 실험적으로 입증되었다. 면역체계는 두 가지 임무 — 병원균의 침입을 발견하는 것, 그리고 그것을 무기력하게 만들어 제거하는 것 — 를 갖는데 이러한 역할을 하는 세포는 B-cell, T-cell, NK-cell이다. 동물을 무력한 상태에 놓았을 때 이세 가지 세포의 능력이 현저하게 저하된 것을 발견할 수 있었다. 이러한 현상은 사람에게도 존재한다. 연구에 의하면 비관론자와 절망적인 사건을 경험한 사람은 T-cell의 기능이 약화되는 것으로 나타났다(Rosenhan & Seligman, 1989).

부정적 사건을 당했을 때 그 사건이 자신을 압도하도록 내버려 두는 것, 면역체계의 기능저하, 의학적 치료를 구하지 않는 것, 자신을 위로해 줄 사회적 지지를 찾지 않는 소극적 자세 등이 모두 질병을 유발하고 심화시키는 데 관련된다.

(2) 정신신체적 장애에 대한 치료적 접근

정신신체적 장애는 신체적 기능이 실제로 잘못된 것이므로 의학적 치료를 필요로 한다. 그러나 약물치료는 환자의 신체적 증상만을 치료할 뿐, 질병이 심리적 스트레스에 반응하는 것을 근본적으로 해결하지는 못한다. 정신신체적 장애 — 위궤양, 고혈압, 관상심장질환, 천식 — 는 불안과 관련된 질병이므로 불안을 감소시키는 것이 중요하다. 예를 들면 표현되지 못한 적개심과 같은 정서적 상태가 환자의 내부에 존재한다고 보고, 이러한 감정을 해소하고 자기주장을 하도록 유도한다.

과해 나가면서도 더 좋은 건강상태로 남아 있었다.

분노와 적개심을 감소시키는 방법으로, A유형 성격의 수정을 통해 정신신체적 장애를 치료할 수도 있다. 남성의 협심증 재발을 예방하기 위한 한 연구에서는 자신에 대한 요구를 줄여 긴장을 이완하는 것을 비롯해 A유형 성격의 수정을 위한 상담을 통해 심장발작 재발 위험성을 거의 반으로 줄일 수 있었다(Davidson & Neale, 2001). 다양한 스트레스 관리 기법을 사용해 고혈압 등 스트레스로 발생하는 질병이나 기능저하를 예방·치료할 수 있다. 근육이완훈련과 같은 긴장감소법, 왜곡된 신념을 긍정적이고 명료하게 해석하도록 돕는 인지적 재구조화, 문제해결기술과 사회성 훈련을 포함하는 행동기술훈련, 직장인의 근로환경 개선과 사회적 지지 조성 등 환경변화 방법이 스트레스 관리를 위한 구체적인 기법들이다(오경자 외 역, 2017).

19장

기분장애와 조현병

1. 기분장애

우울장애(*depressive disorder*)는 가장 흔한 심리적 장애이다. 이러한 문제를 가진 사람은 조증의 경험 없이 우울로만 고통을 받는다. 슬픔, 공허함, 절망감 등의 기분과 그에 수반되는 인지적·육체적 증상이 존재하며 그로 인해 기능이 저하된다(권석만, 2014). 반면, 양극성장애(*bipolar and related disorder*)는 우울과 조증이 함께 일어나는 것이다. 조증의 상태에서는 자신이 넘치고 말이 많아지며, 자부심이 높아지고 과대망상적이 되며 민감해진다. 양극성장애는 이처럼 외관상 반대방향인 두 기분의 문제가 공존한다.

사람은 누구나 우울을 경험한다. 상실과 고통은 성숙과 노화의 불가피한 요소로서, 사랑하는 사람을 잃기도 하고 학업이나 직업과 같은 삶의 주요한 부분에서 실패하기도 한다. 거의 모든 사람이 이러한 상실에 어느 정도 우울장애의 증세를 가지고 반응한다. 즉, 슬퍼하고 낙심하며, 소극적 태도가 되고 미래에 대해 불확실하게 느끼며 활기가 없어진다. 그러나 이러한 반응은 정상적이고 보편적이다.

위와 같은 보편적 우울의 경험과 우울장애의 차이는 정도에 있으며, 그 증세는 같다고 보아야 한다. 다시 말해, 우울장애가 더 심한 수준의 우울을 더 자주 장기간에 걸쳐 경험한다. 그렇지만 보편적 우울과 임상적 관심을 요하는 우울장애의 경계는 명확하지 않다. 반면, 양극성장애는 보편적 우울이나 우울장애로부터 명확하게 구분된다. 이것은 조증의 상태와 우울의 상태를 왕복하며 유전적 요소에 더 많이 기인한다. 우울장애는 자살로 이어지는 경우도 흔하다.

1) 우울장애

DSM-5는 우울장애를 주요 우울장애(*major depressive disorder*), 지속성 우울장애(*persistent depressive disorder: dysthymia*), 월경 전 불쾌장애(*premenstrual dysphoric disorder*), 파괴성 기분조절장애(*dysruptive mood dysregulation disorder*) 등으로 구분하고 있다. 주요 우울장애는 우울장애의 대표적인 유형으로, 가장 심한 우울증상을 나타내며 흔히 우울증이라고 불린다. 지속성 우울장애는 2년 이상 지속되는 만성적인 우울증상이 특징이다. 여기서는 주요 우울장애에 초점을 맞춰 설명하고자 한다.

주요 우울장애의 증세는 네 가지 측면 — 정서적, 인지적, 동기적, 육체적 증상 — 으로 설명할 수 있다(Rosenhan & Seligman, 1989: 308~315).

첫째, 정서적 증상을 보면 슬픔은 우울장애의 가장 특징적인 정서적 증상이다. 그 외에 우울증 환자에게서 표현되는 감정은 '우울하다', '비참하다', '무력하다', '절망적이다', '외롭다', '불행하다', '쓸모없다', '무가치하다', '수치심을 느낀다', '걱정된다', '죄의식을 느낀다' 등이다. 슬픔에 압도당한 나머지 깨어 있는 모든 시간을 울면서 지내는 경우도 있다. 이러한 상태는 하루의 시간대에 따라 달라지기도 하는데 흔히 아침에 가장 기분이 우울하고 시간이 지나면서 약간씩 나아진다.

만족의 상실도 우울장애 환자들의 공통적인 정서적 증상이다. 삶의 기쁨에 무감각한 상태가 되며, 만족을 주던 활동들이 무미건조하게 느껴진다. 흥미의 상실은 처음에는 몇 활동에서 시작되지만 우울증이 심해짐에 따라 모든 활동으로 퍼져 나간다. 취미나 여가활동, 가족생활의 즐거움이 모두 사라지며 사회적 모임도 회피하고, 마침내 먹는 것과 같은 생물학적 활동도 만족을 주지 못한다. 우울증 환자의 92% 정도가 삶의 주요한 관심사에서 더 이상 만족을 얻지 못하며, 64% 정도가 타인에 대한 느낌을 상실한 것으로 나타났다(Beck, 1967).

둘째, 인지적 증상을 보면 우울장애에 걸린 사람은 자신을 매우 부정적인 시각에서 본다. 구체적으로 자부심이 낮으며 자신을 실패자라고 여기고, 또 자신이 그 실패의 원인이라고 믿는다. 자신이 열등하고 부적합하며 무능하고 성공하기에 필요한 자질을 상실하고 있다고 생각한다. 그러나 이러한 실패나 무능에 대한 견해는 왜곡된 인식인 경우가 많다. 그밖에 자신을 잘 비난하며, 문제나 실패를 자기책임으로 받아들여 죄의식을 느끼기도 한다.

또 다른 인지적 증상은 미래에 대한 절망적 기대이다. 다시 말해어떤 시도나 활동을 하더라도 실패로 끝나리라고 믿는다. 그 결과 계획에서 조그마한 장애요소도 이들에게는 극복할 수 없는 큰 어려움으로 보이며,

미래의 어떤 행동도 효과를 전혀 발휘하지 못하리라고 생각한다.

셋째, 동기적 증상을 보면 우울장애 환자는 행동을 주도하는 능력이 결여되어 있으며 소극적 태도를 보인다. 이와 같은 동기의 결핍은 일과 대인관계를 손상하며, 하루를 시작하는 것부터 큰 어려움을 겪게 한다. 극도의 경우, '의지 마비'(*paralysis of the will*) 증상을 보이는데, 이것은 삶을 영위하기에 필요한 기본적 활동 — 일어나기, 옷 입기, 식사하기 — 조차 스스로 할 수 없는 상태를 가리킨다.

또한 우울장애에 걸리면 결정을 내리지 못하며 매우 우유부단해진다. 모든 결정이 너무 중대해 보이고 결정을 잘못 내릴까 봐 두려워하는 증상이 심해져 결정을 내릴 수 없게 된다.

넷째, 육체적 증상을 보면 우울장애가 심해지면 모든 생물학적 즐거움이 감소된다. 식욕의 상실, 체중감소, 수면장애 등이 일어나며, 이것이 몸의 쇠약과 피로로 이끌어 간다. 또한 신체가 그의 관심을 모두 차지해 통증이나 건강에 대한 근심이 증가하기도 하며 실제로 육체적 질병에 대한 취약성도 커진다.

주요 우울장애의 사례

M은 38세로 네 자녀의 어머니이며 2개월간 극도로 우울한 상태에 있다가 치료받기 위해 전문가를 찾아왔다. 그녀는 전업주부로 지내다 3년 전부터 남편의 수입만으로 자녀의 의료비 등을 감당하기 어려워 일을 시작했는데 7개월 전 해고당했다. 일을 그만두면서 경제사정에 타격을 받았고 이에 대해 죄책감과 더불어 전반적인 무력감에 사로잡혔다. 밤마다 잠자리에 든 지 1시간 이상 걸려야 겨우 잠들 수

있었고 자주 깼다. 식욕이 없어 그 결과 5킬로그램이나 체중이 줄었다. 에너지도 없었으며 과거에 즐겼던 활동에 더 이상 아무런 흥미를 느낄 수 없었다. 가사도 돌보지 않게 되었고 남편은 이에 대해 불평하기 시작했다. 그들의 결혼생활은 2년째 긴장상태에 있었으며 언쟁은 점점 더 심해졌다. 마침내 남편은 M이 심각한 상태라는 것을 깨닫고 전문가와 상담 약속을 하도록 했다(Kring et al., 2007: 229).

(1) 우울장애에 관련된 요인

① 현대화와 우울장애

현대의 문명화된 사회에 살수록 우울장애에 걸릴 확률이 더 높다. 조사에 의하면 20세기 전반에 태어난 사람들이 후반에 태어난 사람들보다 우울증을 덜 경험한다. 또한 주요 우울장애를 가진 환자의 친척에 관한 연구에서 나이가 많은 친척보다 나이가 젊은 친척 가운데 우울증의 발생빈도가 더 높았다(Rosenhan & Seligman, 1989). 그리고 애미쉬 사회(*Amish society*)와 같은 전근대적 문화의 연구에 의하면 엄격한 종교적 원리에 따라 전통적 생활방식과 가치관을 지키는 사회에서는 미국의 다른 지역보다 훨씬 낮은 우울증의 발병을 보임으로써 현대화와 우울장애의 관계를 입증했다.*

---

* 애미쉬 사회에 속한 사람들의 단극적 우울증의 발생률은 이웃의 현대화된 미국 지역의 10~20% 정도로 매우 낮았다. 그러나 양극성장애의 경우에는 애미쉬 사회와 다른 지역의 발생률이 동일한 것으로 나타났다(Egeland & Hostetter, 1983).

② 성과 우울장애

여성이 남성보다 우울장애에 걸릴 확률이 두 배 정도 높다.* 이러한 차이에 대한 이유는 여러 가지로 유추해볼 수 있다. 예를 들면, 학습된 무기력 이론과 관련해 상실에 대하여 여성은 소극적 태도로 반응하도록 강화된 반면 남성은 분노와 적극적 반응으로 대처하도록 강화되었기 때문에 여성이 우울장애에 더 잘 걸린다는 가설이 있다(Weissman & Paykel, 1974). 또한 생물학적으로 체내의 화학적 효소의 작용, 생리기간 동안과 그 직전의 우울이 여자에게 우울장애에 대한 취약성을 증가한다는 설명도 있다.

③ 삶의 사건과 우울장애

우울장애를 가진 사람은 그렇지 않은 사람보다 어린 시절에 더 많은 상실을 경험했고, 또한 우울장애가 시작되기 1~2년 전에 더 많은 고통스러운 사건을 경험한 것으로 보인다. 그렇지만 어린 시절에 상실을 경험했거나 최근에 부정적 사건이 있었던 모든 사람이 우울증에 걸리지는 않는다. 따라서 이러한 경험들이 우울장애에 직결된다기보다는 우울장애에 대한 취약성을 증가한다고 보는 것이 타당할 것이다.

아동기의 상실 중에는 부모의 죽음 — 특히, 어머니의 죽음 — 이 성인이 된 후에 우울장애에 걸릴 가능성을 증가시킨다(Brown & Harris,

---

* 병원이나 의사, 심리치료를 찾은 사례에서 그리고 지역사회에 존재하는 우울증 환자에 대한 조사에서도 2:1 정도의 비율로 여성이 남성보다 우울장애가 많이 발생하는 것으로 나타나 있다.

1978). 또한 부모의 이혼도 성인기의 우울증과 관련이 있는 것으로 확인되었다.

우울장애는 흔히 최근의 고통스러운 상실에 뒤따라 일어난다. 배우자나 자녀의 죽음, 직업 또는 학업에서의 실패, 이혼이나 별거와 같은 결혼의 실패, 자신이나 가족의 질병 등이 우울장애를 초래하는 사건이다. 그러나 이러한 사건을 경험한 사람 가운데 일부만이 우울장애에 걸리며 많은 사람이 잘 극복한다.

우울장애를 막아주는 데 도움이 되는 요소는 배우자 또는 친구와의 친밀한 관계, 집 밖에서 자신의 일을 갖는 것, 의존적 상태에 있는 자녀의 수가 적은 것, 종교적 믿음 등이다(Brown & Harris, 1978).

④ 연령과 우울장애

우울장애는 연령에 따라 상이한 증상으로 나타난다. 가령 6~18개월의 유아를 엄마로부터 오래 떼어 놓으면 감정과 반응이 없어지고 무관심, 체중감소, 질병에 잘 걸리는 것 같은 증상을 보인다(Bowlby, 1960). 그러나 엄마 또는 엄마를 대체할 만한 존재가 등장하면 이러한 증세가 사라진다.

아동기의 우울증 증상은 슬픔, 과민함, 장난감이나 게임 등 즐거움을 주는 활동에 대한 흥미상실 등으로 나타난다. 많은 아동이 두통이나 복통과 같은 신체적인 문제를 호소하며, 과잉행동이나 공격적 성향을 보이는 경우도 있다.

청소년기에는 성인기에 보이는 우울장애의 증세와 더불어, 남성의 경우 반사회적 행동을 동반한다. 산만함, 공격성, 가출하려는 성향 등이 공통적인 증상이고 그 외에 가족활동에 대한 비협조, 학교생활상의 문제, 약물사용 등이 증상으로 나타날 수 있다.

(2) 우울장애에 관한 이론

① 심리역동적 모델

심리역동적 모델에서는 우울장애에 대한 원인을 크게 다음과 같은 세 가지로 구분한다.

첫째, 프로이트는 우울장애의 원인을 자신에게로 돌려진 분노로 간주한다. 우울장애에 걸린 사람은 자신을 실패자로 여기며, 자기비난과 죄의식을 경험하는데, 이와 같은 자기비판은 자신을 향한 분노가 존재함을 암시한다고 한다. 자신을 향한 분노의 동기는 어린 시절의 경험이다. 어린 시절에 누군가를 사랑했으나 실망을 경험했고 이러한 실망에 분노를 느꼈는데, 자아가 이 대상과 동일시됨으로써 원래 그 사람에게 느꼈던 분노가 자신을 향하게 된다.

둘째, 우울장애에 특히 취약한 성격이 있다고 보는 견해가 있다. 이들은 자신을 평가하는 데 지나치게 남에게 의존한다. 항상 타인이 사랑과 동경을 자신에게 퍼부어줄 것을 바라며, 이러한 사랑과 인정에 대한 지속적인 욕구가 충족되지 못하면 자부심이 급격히 낮아진다.

셋째, 우울장애는 자신의 계획 앞에서 자아가 무력하다고 느낄 때 일어난다. 과도하게 높게 설정된 목표 앞에서 느끼는 자아의 무력감은 자부심의 상실을 가져오며, 자부심의 상실은 우울장애의 대표적 증상이다. 실제로 우울장애가 있는 사람은 흔히 극도로 높은 기준을 가진다. 자신이 유능하고자 하는 목표와 이러한 목표에 맞게 살아갈 수 없는 자아의 무력감에 대한 인식이 우울장애를 가져오는 주된 과정이다.

② 인지적 모델

벡(Beck, 1967)은 우울장애가 세 측면 — 자신, 현재의 경험, 미래 — 에 대한 부정적 사고 때문에 일어난다고 본다. 자신에 대한 부정적 사고는 자기가 무가치하고 부적합하다는 믿음이다. 이와 같이 자신이 결함 있고 불완전하다는 신념으로부터 낮은 자아개념이 형성된다. 현재의 경험에 대한 부정적 사고는 지금 자신에게 일어나는 것이 나쁜 일이라고 해석하는 것이다. 우울장애 환자는 흔히 자신의 경험에 대해 훨씬 더 타당한 긍정적 견지가 있을 때도 가장 부정적 해석을 이끌어낸다. 미래에 대한 부정적 사고는 절망의 상태를 의미하며, 자신의 결함 때문에 앞으로 부정적인 일이 지속될 것이라고 보는 것이다.

벡은 또 우울장애를 가진 사람의 사고는 다음의 다섯 가지 논리적 오류를 갖는다고 지적한다. ① 독단적 추론은 부정적 결론을 지지해줄 증거가 없는데도 스스로 부정적 방향으로 결론을 내리는 것을 말한다. ② 선택적 추상화는 어떤 상황에서 더 중요한 긍정적 특징을 무시하고 별로 중요하지 않은 미세한 부정적 부분에 초점을 두어 반응하는 것이다. ③ 과잉일반화는 한 가지 부정적 사실에 입각해 자신의 가치나 능력 전체에 대해 부정적 결론을 내리는 것을 가리킨다. ④ 과장과 과소는 평가의 오류로서, 조그마한 나쁜 사건은 과장하고 더 큰 좋은 사건은 과소화해서 생각하는 것이다. 마지막으로 ⑤ 개인화는 세상에서 일어나는 불행한 사건에 대해 자신이 책임이 있는 것처럼 받아들이는 것이다.

또 다른 인지적 모델은 학습된 무기력이론(*learned helplessness model*)이다. 셀리그먼(Seligman, 1975)은 실험을 통해 동물이나 사람이 스스로 지배할 수 없는 사건을 경험하면 수동적으로 되며 자유의지적 반응을 주도하고자 하는 동기가 손상된다는 것을 보여 주었다. 즉, 회피할 수 있는 충격을 받았던 집단은 새로운 충격에 능동적으로 통제하고자 시도하는 반면, 자신의 반응에 의해 통제되지 않는 충격을 경험한 집단은 수동적 태도를 보이며 이를 피하려 하지 않았다.

이러한 동기손상은 자신의 반응과 사건의 결과 간에 상관관계가 존재하지 않는다는 기대 때문에 일어난다. 즉, 자신이 어떤 반응을 하더라도 사건의 결과는 그에 상관없이 일어난다고 기대하는 것이다. 자신의 미래의 반응이 무익하다는 기대는 두 가지 문제를 초래한다. 첫째, 반응하고자 하는 동기를 손상시킴으로써 반응상의 문제를 가져온다. 둘째, 나중에 자신이 반응할 때 성공적인 결과가 일어나도 그것을 파악하지 못한다.

요컨대, 사건의 경험 그 자체가 동기나 인식의 결함을 가져오지는 않으며, 스스로 통제할 수 없는 사건의 경험만이 이러한 손상을 초래한다. 이것은 동물이나 사람이 통제할 수 없는 사건을 겪으면서 자신의 반응이 무익하다는 것을 학습하고 이를 미래의 상황에도 기대하게 되기 때문이다. 이렇게 사람이 통제할 수 없는 사건을 경험하면서 자신의 반응이 효과가 없음을 인식할 때, 자신의 무기력의 원인을 이해하고자 한다. 그리고 자신의 실패의 원인을 내부적·지속적·전반적 차원에 돌리는 왜곡된 귀인양식이 우울장애를 유발한다.[*]

(3) 우울장애에 관한 치료적 접근

우울장애에 대한 심리역동적 치료는 우울장애의 원인을 설명하는 심리역동적 이론의 세 가지 관점에 입각한다. 첫째, 우울장애가 자신을 향한 분노의 결과라고 보는 경우, 환자로 하여금 분노의 방향이 틀렸다는 것과 그것을 생성한 어린 시절의 갈등을 의식하도록 한다. 그리고 이러한 분노를 더욱 적합한 대상에게 향하게 함으로써 우울장애가 감소될 수 있다. 둘째, 자기평가를 지나치게 남에게 의존하기 때문에 우울장애에 걸린다고 보는 경우, 환자로 하여금 타인의 인정에 지나친 욕구를 갖게 한 갈등을 발견하여 그것을 해결하도록 한다. 그리고 진실한 자기평가는 자신의 내부로부터 온다는 것을 인식하도록 한다. 셋째, 자아의 무력감으로 인해 우울장애가 일어난다고 보는 입장에서는 환자로 하여금 그의 목표를 성취할 수 있는 것으로 인식하게 하거나 또는 실현 가능한 것으로 목표를 수정하도록 지도한다.

인지적 치료는 심리역동적 모델과 달리 아동기의 경험을 거의 논하지 않으며, 환자의 현재 사고와 감정에 초점을 둔다. 우울장애의 원인이 되는 왜곡된 사고와 논리적 오류를 확인해 내고 설득을 통해 이를 바로잡으려 시도한다. 잘못된 귀인양식을 바꾸고자 시도하기도 한다. 또한 환자가 이전에 자신이 극복할 수 없다고 믿었던 상황이나 문제를 해결해 보도록 지도한다. 인지적 접근은 흔히 행동적 기법도 함께 사용한다. 예를 들면, 우울증 환자가 더 많은 활동에 적극적으로 참여할 때 상을 주어 활동량을 증가시킨다. 또 부정적 사고를 바꾸기 위한 작은 단계를 하나

---

* 　귀인양식에 대해서는 "16장 이상행동의 모델" 중 "4. 인지적 모델"에 설명되어 있다.

씩 성취할 때마다 강화해줌으로써 점차 긍정적 사고로 나아가게 한다. 그 밖에 소극적 자세를 극복하기 위한 자기주장 훈련도 사용된다.

2) 양극성장애: 조울증

기분장애 환자 가운데 80~90%가 우울장애이며 양극성장애는 드문 편이다. 조증의 상태가 존재하면서 이전에 주요 우울장애의 경험이 있을 때 양극성장애로 진단된다. 즉, 우울한 상태와 고조된 상태가 교차되어 반복적으로 나타난다. 조증의 상태는 보통 갑자기 일어나는데, 행복하고 기분이 상승하며 생각이 마구 진전된다. 자신에 대해 과대망상적 사고를 보이고 잠도 자지 않는다.

> 조증의 감정상태
>
> 이 세상에 못하는 것은 아무것도 없다. 두려운 것, 두려운 사람도 없다. 이렇게 상승된 상태에 있을 때는 배운 적 없는 외국어도 다 말할 수 있고 비행기를 타본 적이 없지만 비행기도 조종할 수 있을 것 같다. 보통 때 꿈도 꿀 수 없는 훌륭한 시를 쓰고 그림도 그릴 것처럼 느껴진다.

이처럼 자신의 능력의 한계를 믿지 않으며 이 상태에서 생각해 내는 자신의 계획을 실행함으로써 닥쳐올 고통스러운 결과를 인정하지 않는다. 행동은 과잉행동(*hyperactivity*)과 광란적 행동으로 특징지을 수 있으며 직업, 종교, 대인관계 등에 광적인 열의를 보이면서 참여한다. 이들의 행동은 타인을 침해하고 지나치게 요구하며 지배적이어서 남을 불편하게 만든다. 이런 결과로 현실에서 심각한 부적응을 보이게 된다. 육체적으로 가장 현저한 증상은 불면으로, 불면이 이틀 정도 지속된 후에 피로가 찾아오고 조증의 상태는 가라앉는다.

양극성장애는 남녀 같은 비율로 발생하며 대개 20~30세에 시작되는데, 환자의 비정상적 과잉행동과 기이한 행동은 흔히 자신을 망치는 결과를 가져온다.

양극성장애의 원인으로는 조증의 상태가 내재하는 우울에 대한 방어라는 이론이 있다. 표면적으로 행복감과 과잉행동을 보이는 조증은 우울과 반대의 상태로 보이지만 실제로 그 둘은 가까이 있다는 것이다. 그 증거로 조증의 상태에 있을 때 울음을 터뜨리기도 쉽고 자살에 대한 생각도 보통 사람들보다 더 많이 하는 것을 발견할 수 있다. 또한 대부분 우울장애나 양극성장애가 있었던 집안에서 발생하므로 유전적 요인도 중요한 원인으로 간주된다.

3) 자살

우울장애의 가장 심각한 결과는 자살이다. 자살은 세계적으로 10대 사망원인의 하나이며, 우리나라의 경우 자살이 사망 원인 5위이고 국가별 연령구조를 감안한 OECD 기준 자살률은 2018년 하루 37.5명으로 1위이다(dongA.com, 2019. 9. 24). 성별로는 여성이 남성보다 4배 정도 더 많이 자살을 시도하지만 자살자의 약 70%가 남성이어서 실제로 자살하는 비율은 남자가 여자보다 2~3배 정도 많다(권석만, 2013). 죽음은 다른 심리적 장애의 결과로는 잘 오지 않으며, 우울증이 가장 많은 자살을 초래한다.

자살을 시도한 사람의 80% 정도가 우울증을 갖고 있는 것으로 확인되었다. 그러므로 우울증을 가진 사람에게 접근하는 치료자는 환자의 자살에 대한 의도를 염두에 두어야 한다.

자살을 유발하는 심리적 상태는 우울장애의 대표적 증상인 절망(*hopelessness*)으로, 이는 현재 고통스러운 상황이 해결될 수 없거나 더 악화될 것이라는 비관적인 예상을 의미한다. 그리고 이런 절망에서 벗어날 수 있는 최선의 길로 자살을 택하게 된다. 또한 자살은 실직, 이혼, 치명적 질병 등 부정적인 생활사건에 의해 촉발되기도 한다. 우울증과 같은 자살의 위험요인이 있는 사람이 부정적 생활사건을 경험하면 자살이라는 극단적 방법을 선택하기 쉽다(권석만, 2013). 따라서 만일 자살의도가 사고나 대화의 주요한 주제로 나타날 때는 면밀한 관찰, 위기개입, 입원 등의 조치를 취해야 한다.

자살하려는 사람을 전화 등을 통해 대화하게 만드는 것은 당장의 위기를 넘기는 데 매우 효과적이다. 사회복지사, 정신과 의사, 심리학자가 자살의도를 가진 사람을 접하면 자살의 위기에 대한 평가 — 자살에 대한 분명한 계획을 갖고 있는가? 자살을 시도한 적이 있는가? 혼자 사는가? 자살에 사용할 도구를 확보했는가? — 가 가장 우선적으로 이루어져야 한다. 이러한 평가에 입각해 개입계획 — 가정방문, 입원, 투약, 심리치료 — 을 빠르게 결정해 실천에 옮겨야 한다.

2. 조현병

조현병은 가장 심각한 정신장애이며 또한 가장 이해하기 어렵고 복잡한 문제이다.* 그리고 정신병으로 알려진 장애 중 가장 대표적인 것이다. 정신병이란 지각, 사고, 의식의 변화를 포함하는 장애로서, 환자는 현실에 대해 이해할 수 없는 엉뚱하고 비현실적인 추론을 하며 이를 실제의 것으로 믿는다(원호택, 1997). 또한 현실에서 이해할 수 없는 소리를 듣거나 어떤 보이지 않는 힘에 의해 자신이 조종당한다고 믿는다. 한마디로 조현병은 사고의 장애이며, 그로부터 정서적·행동적 문제가 비롯된다고 볼 수 있다. DSM-5는 조현병과 유사한 증상을 나타내며 공통적 기반의 원인을 가진 것으로 추정되는 조현정동장애, 조현양상장애, 망상장애, 조현형 성격장애 등을 묶어 조현병 스펙트럼장애(*schizophrenia spectrum disorders*)로 지칭했다(오경자 외 역, 2017).

조현병에 대한 정의는 크레펠린(Kraepelin, 1896)이 조발성 치매(*dementia praecox*)의 증상을 설명한 이래 많은 논란의 대상이 되어 왔다(권석만, 2013). DSM-5에는 조현병으로 진단되기 위한 기준 ─ ① 특징적 증상으로 망상, 환각, 혼란된 말, 총체적으로 혼란된 또는 긴장성 행동·음성증상(단조로운 감정, 무논리, 의욕상실) 중 두 개 또는 그 이상이 1개월 중 상당기간 동안 지속될 것, ② 사회적·직업적 역기능으로 직업이나 대인관

---

* 조현병은 원래 정신분열증으로 불렸으나 그 명칭이 주는 부정적인 인상과 편견을 피하기 위해 2011년부터 공식명칭이 변경되었다. 조현병은 마치 현악기가 정상적으로 조율되지 못한 것처럼 혼란스러운 상태를 나타내는 질병이라는 의미를 담고 있다(권석만, 2013: 355).

계 수준이 현저하게 감소할 것, ③ 지속기간으로 장애의 지속적인 증상이 적어도 6개월간 지속될 것, ④ 그 밖에 조현정동장애 및 기분장애의 배제, ⑤ 물질사용·일반의학적 조건 배제, ⑥ 전반적 발달장애와의 관련성 — 이 명확하게 제시되어 있다.

조현병의 증상은 사고장애, 지각과 주의장애, 정서적 증상, 운동적 증상으로 구분할 수 있다.

첫째, 사고장애(*thought disorder*)는 내용과 형태의 차원으로 구분된다. 내용의 차원은 조현병의 가장 대표적인 증상인 망상(*delusions*)으로 나타난다. 망상은 정상적인 사람이라면 그러한 생각을 떨쳐 버리기에 충분한 증거가 존재하는데도 지속적으로 간직하는 헛된 신념이다. 그 내용은 매우 기이해서 사고장애가 있다는 것을 자동으로 알 수 있으며 아무리 설득해도 환자에게서 그러한 망상은 사라지지 않는다. 망상의 주제로는 특정한 기관이나 개인이 자기를 감시하거나 미행하여 피해를 주고 있다고 믿는 피해망상, 자신이 매우 중요한 임무와 능력을 지닌 특별한 인물(예: 신, 천재)이라고 믿는 과대망상 등이 있다.*

형태의 차원에서는 환자의 이야기가 조리가 없고 일관성이 결여되어 있다. 따라서 자신의 생각을 이야기하지만 전혀 연결되지 않으며 무엇을 말하려고 하는지 이해할 수가 없다.

둘째, 지각과 주의장애로, 조현병 환자는 현실에 대한 감각이 상실되

---

* 그 밖에 자신이 유명한 사람과 사랑하는 사이라고 믿는 애정망상, 자신의 몸에 매우 심각한 질병이나 증상이 있다고 믿는 신체망상, 일상적인 일이 다 자신과 관련되어 있다고 믿는 관계망상 등이 있다(권석만, 2013).

어 있다. 즉, 주변세계를 현실과 다르게 느끼기도 하고, 자신의 신체나 신체의 부분이 훨씬 크게 또는 훨씬 작게 여겨지기도 하며, 감각이 없어지거나 뜨겁거나 전류가 통하는 것 같은 감각을 느끼기도 한다. 몸이 이인화(*depersonalized*)되어 자신이 마치 기계와 같이 느껴지기도 한다.

환각(*hallucinations*)은 환경으로부터의 자극이 없는데도 환자에게는 현실로 느껴지는 잘못된 감각적 인식이다. 가장 왜곡된 지각이라고 볼 수 있으며 조현병의 핵심적 증상 가운데 하나이다. 조현병에서는 청각적 환각이 더 공통적이며 그 내용은 흔히 환자의 행동에 대한 계속적인 언급이나 두 사람 이상의 대화로 구성된다.

셋째, 조현병 환자의 정서적 증상은 무반응 또는 무감정으로 특징지을 수 있는 상태(*flat*)와 부적절한 감정상태로 구분할 수 있다. 어떤 자극도 이들에게서 정서적 반응을 일으킬 수가 없으며, 감정이 완전히 무디어져 있기 때문에 무감정의 상태로 보인다. 부적절한 감정상태란 주위에서 일어난 일의 맥락에 전혀 맞지 않는 정서적 반응을 보이는 것을 말한다. 슬프거나 무서운 일에 웃음으로 반응하거나 즐거운 일에 울거나 분노로 반응하는 것 등이 그러한 예이다.

넷째, 조현병 환자는 운동상의 기이한 증상을 보인다. 이상한 얼굴표정을 짓거나 이상한 손, 팔, 손가락의 운동을 반복하기도 한다. 긴장형부동(*catatonic immobility*)은 평소에 잘 취하지 않는 괴상한 자세를 오랫동안 지속하는 것을 말한다.

조현병의 사례

갑자기 일들이 잘 풀리지 않았다. 나 자신과 생활에 대한 통제력을 잃기 시작했다. 학업에 집중할 수가 없었고 잠도 잘 수 없었으며 잠들면 죽는 꿈을 꾸었다. 학교에서 사람들이 나에 대해 이야기하는 것 같았고 그런 소리가 들리기도 해서 학교 가는 것이 겁났다. 어머니께 말씀드리자 동생과 같이 지내라고 하셔서 이사했다. 밖에 나가는 것이 두려웠고 창밖을 보면 밖에 있는 모든 사람이 "저 여자를 죽여라, 저 여자를 죽여라" 하고 외치는 것 같았다. 동생은 나를 강제로 학교에 가도록 했고 그러면 나는 일단 나갔다가 동생이 출근한 것을 확인한 후 다시 집으로 오곤 했다. 내 몸에서 나쁜 냄새가 나는 것 같았고 하루에 여섯 번씩 샤워를 했다. 하루는 식료품 가게에 갔는데 거기 있는 사람들이 "구원받으라, 예수가 답이다"라고 말하는 것처럼 들렸다. 상태는 점점 더 나빠져 나는 이제 아무것도 기억할 수가 없다. 학교수업이나 숙제도 기억나지 않았고 밤새 공부를 하곤 했지만 다음 날이면 학교에 갈 용기가 나지 않았다. 하루는 이렇게 악몽같이 살지 않기로 하고 35알의 진통제를 삼켰다. 그때 내 안에서 "왜 그런 짓을 했지? 너는 이제 천국에 갈 수 없어"라는 소리가 들려왔다. 그 순간에 죽기 싫다는 사실을 깨달았고 겁이 나서 동생이 전에 이야기했던 정신과 의사에게 전화를 했다. 그는 즉시 병원으로 오라고 했고 나는 병원에 도착하자 토하기 시작했다. 내가 정신과 의사에게 왔다는 것을 받아들일 수가 없었다. 정신과 의사는 미친 사람이나 만나는 것이라 생각해 왔고 나는 절대로 미치지 않았기 때문이다. 집에 오는 길에 동생을 만났고 동생은 나에게 즉시 병원으로 돌아가 입원하자고 했다. 전화로 이야기를 들으신 어머니께서도 다음 날 비행기로 바로 오겠다고 하셨다(이봉건 역, 2018: 189~190).

1) 조현병의 원인

조현병의 원인은 개인에 따라 다르지만 크게 네 가지 정도로 구분할 수 있다. 첫째, 조현병에는 유전적 요인이 있다. 친척 중 조현병 환자가 있을 경우, 그리고 그 친척이 가까울수록 발병할 가능성이 높아진다. 또한 이란성 쌍둥이보다 일란성 쌍둥이의 경우 한 사람이 조현병일 때 다른 한 사람이 발병할 가능성이 훨씬 크다. 둘째, 조현병은 생물학적 원인에 의해서도 일어난다. 즉, 신경전도물인 도파민의 활동이 과잉될 때 양성증상이, 그리고 뇌실의 확장을 포함하는 구조적 뇌손상에 의해 음성증상이 일어나는 것으로 보인다. 셋째, 가족 내의 비정상적 대화체계가 조현병의 발생에 기여하는 것으로 여겨진다(Kring et al., 2007: 369).*

또한 가족관계 ─ 그중에서도 특히 모자관계 ─ 가 조현병의 유발에 중요한 원인이 된다고 보는 사람도 있다. 그 결과 '조현병을 일으키는 어머니'라는 용어가 있으며, 이는 냉정하고 지배적이며 갈등을 유발하는 유형의 어머니를 말한다. 구체적으로, 거부적이면서도 과잉보호적·자기희생적이고 자녀의 감정에 무감각하며 친밀한 관계 형성을 두려워한

---

* 　베이트슨과 연구진(Bateson et al., 1956)이 제시한 이중구속(*double bind*) 가설에 의하면 개인이 다음과 같은 대화의 이중구속 상태에 지속적으로 놓이면 조현병의 사고장애가 유발된다. 첫째, 어떤 개인(예: 아들)이 다른 한 사람(예: 어머니)과 너무나 강력한 관계를 맺고 있어 전자가 적절하게 반응할 수 있으려면 후자로부터의 의사전달을 이해하는 것이 매우 중요하다. 둘째, 후자는 말할 때 두 가지 메시지를 동시에 표현하는데, 이 둘이 서로 모순되는 내용이다. 셋째, 전자는 후자의 모순된 메시지에 대해 언급할 수 없으며 또한 그 상황으로부터 물러나거나 메시지를 무시할 수 없다.

다는 특징이 있다. 그러나 어머니의 양육태도와 조현병의 발병 간의 필연적 관계는 입증되지 않았다(권석만, 2013).

　마지막으로, 조현병은 사회적 계층 중 하위계층에서 더 많이 발생한다. 낮은 사회적 계층의 사람들이 푸대접, 제한된 기회와 같은 사회적 스트레스를 더 많이 경험하며 이것이 조현병의 높은 발생률과 관련이 있는 것으로 보인다.

2) 조현병에 대한 치료적 접근

조현병의 치료는 조현병의 증상에 직접적으로 작용하는 강력한 진정제의 개발에 따라 크게 향상되었다. 그 결과, 병원에 수용되는 기간도 짧아졌으며 조현병 환자가 사회로 복귀할 수 있는 가능성도 높아졌다. 그러나 이러한 항정신병 약품의 효과가 완벽한 것은 아니며, 몇몇 한계점을 갖는다.

　조현병은 정신장애이므로 약품 이외의 방법으로 환자를 치료하고자 하는 시도가 이루어졌다. 행동적 치료법 — 특히, 조작적 조건형성과 사회적 학습 — 의 체계적 적용을 통해 부정적 행동을 감소시키고 바람직한 반응을 학습시킨 결과, 그 효과가 높은 것으로 보고되었다. 사회기술훈련을 통해 여러 사회적 상황에 대한 대응 능력을 기르고 인지적 기법을 통해 부적응적 사고를 변화시키는 방법도 실시된다.

　가족치료의 중요성도 부각되었다. 가족치료에 의해 이중구속(*double bind*)과 같은 비정상적인 가족성원의 대화체계와 모자관계를 향상시킴으로써 조현병을 치료하고자 하는 시도도 있었는데, 그 효과는 아직 확고한 결론을 내릴 수 없는 단계이다. 그보다는 환자가 퇴원하여 가족에게로 돌아온 이후 지지를 제공하기 위한 가족치료 프로그램의 효과가 더 명확한 것으로 보인다. 예를 들면, 조현병 환자의 배우자에게 장애에 대처하는 능력을 증진시킴으로써 재발을 막을 수 있었다는 보고가 있다.

20장

사회적 및 대인관계적 장애

1. 성격장애

사람은 누구나 고유한 행동양식과 대인관계방식을 가지고 있다. 예를 들어 어떤 사람은 질서정연한 반면 어떤 사람은 정돈할 줄 모르며, 어떤 사람은 혼자 있는 것을 좋아하는 반면 어떤 사람은 사람들과 어울리기 좋아한다. 그러나 이러한 행동양식이 사회적 기대로부터 심하게 벗어나 있고 부적응적이어서 심각한 개인적 고통과 사회적·직업적 기능을 손상할 때 성격장애로 진단된다. 성격장애는 어린 시절부터 점진적으로 형성되며 이러한 특성이 굳어지는 성인기에 진단된다(권석만, 2013).

DSM-5는 성격장애를 다음과 같은 세 집락으로 구분했다.

집락 A는 기이하고 괴상한 증상이 특징인 성격장애로, 편집성 성격장애, 조현성 성격장애, 조현형 성격장애가 이에 속한다.

집락 B는 극적이고, 감정적이며, 변덕스러운 증상이 특징인 성격장애로, 반사회적 성격장애, 경계선적 성격장애, 히스테리성 성격장애, 자기도취적 성격장애가 이에 속한다.

집락 C는 불안, 두려움이 특징인 성격장애로, 회피적 성격장애, 의존적 성격장애, 강박적 성격장애가 이에 속한다.

1) 집락 A의 성격장애

(1) 편집성 성격장애

편집성 성격장애(*paranoid personality disorder*)의 특징은 타인에 대한 지속적인 불신과 의심이다. 타인의 무해한 행동에서 항상 숨겨진 동기와 의미를 찾고자 하며, 이용당하거나 속지 않을까 하고 그 증거를 탐색한다. 이러한 사람은 하찮은 것에 예민하고 질투심이 많으며 논쟁을 잘 하고 긴장되어 있다. 또한 자신이 경험하는 어려움을 남의 탓으로 비난하고 자신의 책임이나 잘못을 받아들이지 않는다. 따라서 대인관계에서는 잘 싸우고 타인의 분노를 불러일으키는 경향이 있다.

> 편집성 성격장애의 사례
> 아내가 죽고 나서 S는 플로리다에 있는 은퇴촌에 들어갔다. 그는
> 포크댄스 그룹, 시사토론 그룹, 도자기 만들기 수업 등에 참여했다.
> 그러나 6개월 후 다른 노인들이 뒤에서 자신에 대해 말하고, 같이 춤출
> 파트너가 없고, 시사토론 그룹에서는 무시당하고, 도자기 수업에서는
> 잘못 가르쳐 준다고 불평하면서 모든 프로그램을 중단했다. 은퇴 전에
> 물리학자였던 그는 자신의 일에 관해 함구하고 서재는 항상 잠가
> 놓았으며 허락 없이 누구도 들어오지 못하게 했다. 부부 사이는

좋았으나 친구가 없었으며 새로운 사람을 경계하고 낯선 사람의 동기를 의심했다. 현재 그는 혹시 주식중개인이 자신에게 잘못 조언하거나 사고팔아야 할 시기를 방치할까 봐 매우 불안해하고 있다(Rosenhan & Seligman, 1989: 505).

(2) 조현성 성격장애

조현성 성격장애(*schizoid personality disorder*)의 가장 큰 문제는 사회적 관계를 형성하는 능력의 결핍이다. 사회적 참여에 관심이 없으며 다른 사람의 칭찬이나 비난에 무관심하다. 또한 타인의 감정에 무감각하며 사교적 기술이 부족하다. '고립주의자'로서 혼자만의 생활을 추구하며 극도로 내성적이다. 정신이 나간 것처럼 보이기도 하지만 현실과는 잘 접촉하고 있다.

> 조현성 성격장애의 사례
>
> 38세의 엔지니어인 H에 대해 그의 아내는 가족활동에 참여할 줄 모르고 아이들에게도 관심이 없으며 전반적으로 감정과 반응이 없다고 불평하면서 결혼상담에 데려왔다. 그는 직장에서도 타인과 사교적 관계를 맺지 못해 동료들은 그를 수줍음이 많거나 과묵하다고 평한다. H의 삶을 되돌아보면 사교적 무관심과 정서적 무반응의 오랜 역사를 볼 수 있다. 결혼에 전혀 관심이 없었으나 부모의 권유로 하게 되었고 그의 아내는 지금까지 그가 관심을 가질 만한 모임이나 사회적 활동을 끊임없이 준비해 보았지만 소용이 없었다(Rosenhan & Seligman, 1989: 510).

(3) 조현형 성격장애

조현형 성격장애(*schizotypal personality disorder*)는 사고, 인지, 대화, 행동에서 오랫동안 지속된 기이함이 특징이다. 이러한 기이함은 눈에 띌 정도로 심각하긴 하지만 조현병으로 진단될 만큼 심하지는 않다. 극도로 미신적이고 자신이 텔레파시의 능력이 있다고 믿으며 이인화 — 자기 자신과 환경으로부터 벗어나 있는 느낌 — 를 경험하기도 한다. 조현형 성격장애는 경미한 수준의 조현병이라고 할 수 있다.

2) 집락 B의 성격장애

(1) 반사회적 성격장애

반사회적 성격장애(*antisocial personality disorder*)는 사회병질자(*sociopath*)라고도 불린다. 이것은 비행이나 범죄와의 높은 관련성 때문에 사회복지실천에서도 많은 관심을 두는 장애이므로, 증상과 더불어 그 원인과 치료적 접근에 대해서도 간략하게 검토하고자 한다. 미국의 경우 남성의 2~3%가 반사회적 성격장애에 해당하며 남성이 여성보다 4배 정도로 많다(오경자 외 역, 2017). 반사회적 성격장애의 특징은 타인을 강탈하고자 하는 태도, 타인의 권리에 대한 만성적인 무감각과 무관심 등이며 그 결과 거짓말, 절도, 사기, 그 외에 더 심각한 범죄를 저지르게 된다.

　DSM-5의 반사회적 성격장애에 대한 진단기준을 보면 다음과 같다. 우선 반사회적 행동이 지속적이어야 한다. 15세 이후 다른 사람의 권리를 무시하고 침해하는 광범위한 패턴이 존재해야 한다. 이것은 다음 사항 — ① 준법행동에 대한 사회적 규율을 따르지 않는 것, ② 습관적 거짓말, ③ 충동성, ④ 성마름과 공격성, ⑤ 자신이나 타인의 안전을 무분별하게 무시함, ⑥ 일관된 책임의식의 결여(건실한 직장생활을 유지하지 못하거나 재정적 의무를 감당치 못하는 것의 반복), ⑦ 양심의 가책을 느끼지 못함(남에게 해를 끼치거나 학대하거나 남의 물건을 훔친 것을 합리화해 버림) — 중 세 가지 이상을 보이는 것을 가리킨다. 그 외에 적어도 18세 이상일 것, 15세 이전에 품행장애를 보인 증거가 있을 것 등이 진단기준이다.

품행장애가 있는 아동의 60% 정도가 나중에 반사회적 성격장애로 진전된다(Davidson & Neale, 2001). 그러므로 반사회적 성격장애는 청소년기에 시작되어 성인기 동안 다양한 영역에서 계속되는 지속적인 반사회적 행동이라고 정의할 수 있을 것이다.

반사회적 성격장애의 요인을 살펴보면 다음과 같다(Rosenhan & Seligman, 1989).

첫째, 학습능력의 결여로, 반사회적 성격장애를 지닌 사람은 경험을 토대로 하여 학습하는 능력이 결핍되어 있고, 따라서 이들은 반사회적 행위의 부정적 결과(예: 수감과 같은 법적 처벌)를 피하려 하지 않는다. 또한 반사회적 성격장애를 가진 사람은 불안을 거의 느끼지 못하기 때문에 반사회적 행동을 저지르는 것을 금할 줄 모른다. 이들의 낮은 불안과 각성 수준은 실험에 의해서도 입증되었다. 예를 들면, 이들은 보통 사람들이 스트레스를 느끼거나 불쾌하게 느끼는 상황에 직면해도 정서적으로 반응하지 않는다. 이와 같이 반사회적 성격장애를 가진 사람은 보통 사람과 다른 반응양식을 갖고 있으며, 특히 불안을 거의 느끼지 않으므로 불안이 반사회적 행동에 대한 통제력을 발휘하지 못한다. 그리고 이들은 계획능력이나 자제력도 결핍되어 충동적으로 행동한다. 이러한 여러 요인이 사회병질자로 하여금 후회 없이 비행을 저지르고 사회적 규칙을 고려하지 않은 채 스릴을 추구하도록 만든다고 볼 수 있을 것이다(Kring et al., 2007: 399).

둘째, 유전적 요인으로, 반사회적 행동에 대한 유전적 요인의 영향은 여러 연구에 의해 지지되어 왔다. 이러한 연구들은 주로 범죄성과 유전적 요인 간의 관계에 초점을 맞추고 있다. 일례로 일란성 쌍둥이와 이란성 쌍둥이의 범죄율을 비교한 결과, 일란성 쌍둥이가 더 높은 일치율을 보였으며, 이러한 결과는 범죄성에 대한 유전적 요인의 영향을 지지하는 것이라고 할 수 있다.* 또한 범죄기록이 있는 입양자에 대한 연구에서도 입양된 가족의 친척보다 친부모의 친척에서 더 높은 범죄율이 발견됨으로써 범죄성에 대한 유전적 영향이 입증되었다.

셋째, 가족적 요인으로, 반사회적 성격장애 환자는 사회적 규범을 내면화하지 못한 것으로 보이는데 그 때문에 사회화에 일차적 책임을 지는 가족이 연구되어 왔다. 어린 시절에 부모의 이혼이나 별거에 의해 부모와 헤어지는 것, 부모로부터 유기된 경험은 후에 반사회적 행동을 일으키는 것과 관련될 수 있다. 부모의 이혼이나 자녀의 유기를 선행하는 가정의 정서적 분위기 — 심한 논쟁과 격렬한 싸움, 성적 방종, 알코올중독, 부모의 정서적 불안정, 부모의 아동에 대한 방임 — 가 아동을 반사회적 성격으로 사회화하는 요인이 될 가능성이 있다.

---

*   그러나 이 조사에서 이란성 쌍둥이의 경우 형제가 이성(異性)인 경우와 동성(同性)인 경우에 일치율이 크게 달랐으며, 이는 이성의 이란성 쌍둥이는 동성의 이란성 쌍둥이보다 부모에 의해 다른 방식으로 양육된 결과라고 예측할 수 있다. 즉, 부모의 양육방식이라는 환경적 요인이 범죄성의 차이에 영향을 미친다는 것을 의미한다.

부모로부터의 심한 배척과 애정결핍이 반사회적 행동의 원인이라고 보는 연구도 있다. 즉, 부적절한 자녀양육 방식 — 그중에서도 특히 자녀로 하여금 타인에 대한 책임을 지도록 가르치는 데 일관성이 없는 것 — 은 후에 자녀가 반사회적 성격장애를 갖게 되는 원인으로 지적된다. 그리고 반사회적 성격장애를 가진 아버지는 반사회적 행동의 모델이 되어, 자녀의 반사회적 행동에 영향을 미치는 것으로 보인다(오경자 외 역, 2017).

반사회적 성격장애에 대한 효과적인 치료적 접근은 별로 알려져 있지 않으며, 치료는 성공할 가능성이 거의 없는 것으로 보고되어 왔다(Davidson & Neale, 2001). 이러한 현상의 주원인은 사회병질자의 경우에 치료자와 친밀한 관계를 형성할 수 없으며 따라서 어떤 형태의 심리적 치료도 효과를 보지 못하기 때문이다. 약물치료도 별로 효과가 없는 것으로 알려져 있다. 더구나 대부분의 반사회적 성격장애 환자가 범죄행위로 인해 감옥에서 많은 시간을 보내기 때문에 심리적 치료를 추구하기 어렵다. 그러나 반사회적 성격장애 환자는 40세 이후에 자연스럽게 심리적 안정을 찾게 되고 반사회적 행동이 현저히 줄어든다는 보고도 있다(이봉건 역, 2005: 285).

반사회적 성격장애의 사례

불규칙한 호흡, 빠른 맥박, 확대된 동공을 보이는 20세의 남자가 친구에 의해 병원에 실려 왔다. 친구는 그들이 함께 코카인을 복용했다고 고백했다. 자신들의 신분을 밝히지 않으려 했으나 병원에서 환자의 어머니를 찾아냈고, 그녀는 아들의 오랜 역사에 걸친 반항, 거짓말, 가출, 싸움, 가족 일에 대한 불참 등을 이야기했다. 그는 직업 없이 약물과 무모한 가속 경주에 빠져 있었으며 하루에 맥주를 한 박스씩 마신다고 큰소리를 쳤다. 약물을 사기 위해 돈이 필요하다 보니 자동차오디오를 뜯어 팔기도 하고 어머니의 돈을 훔쳐 내기도 했으며 그 밖에 다른 절도경험도 있었다. 그럼에도 자신은 아무 잘못된 것이 없다고 주장하며 전문가와의 첫 면담에서 시간이 다 되기도 전에 자리를 떴다(Kring et al., 2007: 399).

(2) 경계선적 성격장애

경계선적 성격장애(*borderline personality disorder*)는 매우 광범위한 범주로서, 특징은 다양한 성격영역 — 대인관계, 자아상, 기분, 행동 — 에서 충동적이고 불안정한 것이다. 이러한 영역들은 서로 꼭 관련되어 있다고 볼 수 없는 것들이며, 너무 광범위해서 때때로 전혀 다른 문제가 동시에 경계선적 성격장애로 진단되기도 한다.

경계선적 성격장애란 용어는 환자가 신경증과 조현병 사이의 경계선 상에 있다는 의미를 내포하고 있다. DSM-5에 의하면 경계선적 성격장애 환자의 경우 광범위한 대인관계, 자아상, 기분의 불안정이 성인기 초기에 시작되어 다양한 맥락에서 나타나는데, 이는 다음과 같은 증상 — ① 현실이나 상상에서 유기나 방임을 피하고자 하는 필사적 노력, ② 타인에 대한 이상화(*idealization*)와 평가절하를 반복하는 불안정하고 강한 대인관계 양식, ③ 자아정체감 혼란, ④ 낭비, 성관계, 물질남용, 무모한 운전, 폭식 등 자신에게 손상을 줄 수 있는 두 가지 이상의 영역에서 충동적이거나 예측할 수 없음, ⑤ 반복적 자살행동, 자살시늉, 자살위협, 자해행동, ⑥ 극도의 정서적 불안정, ⑦ 만성적 공허감, ⑧ 부적절하고 강한 분노 또는 분노를 통제하기 어려움, ⑨ 스트레스에 의한 망상적 사고 또는 심한 해리증상 ― 중 다섯 가지 이상이 존재하는 것에 의해 진단된다(DSM-5: 654).

(3) 히스테리성 성격장애

히스테리성 성격장애(*histrionic personality disorder*)는 자신에 대한 관심을 지속적으로 끌고 싶어 하고 사소한 사건에 의해서도 흥분된 정서적 반응을 보이는 것이 특징이다. 히스테리성 성격장애를 가진 사람은 표면상으로 매력적이고 따뜻하며 사교적으로 보일 수 있으나, 흔히 진실하지 못하고 천박하다고 간주된다. 미지의 관중에게 동경의 대상이 되기를 지속적으로 갈망하며, 일단 관계가 형성되면 매우 요구가 많고 무성의하며 자기중심적이다.

> 히스테리성 성격장애의 사례
>
> K는 대학 2학년인데 최근 교제하던 남학생과 헤어지고 우울해져서 상담소를 찾아왔다. 그녀는 처음 기숙사에 입사했을 때 귀엽고 친절해서 동료들의 인기를 독차지했으며 학교에서 남자들의 주의도 잘 끌었다. 그러나 시간이 지나면서 지나치게 감정적이고 불성실하며 변덕스러워 기숙사 동료들이 부담스러워 했다. 그녀는 작은 일에도 요란스럽게 행동했고 언제나 동료들의 주의를 독차지하고 싶어 했다. 교제하던 남학생에게도 요사이 관심이 줄었다고 불평하면서 헤어졌다(원호택, 1997: 360).

(4) 자기도취적 성격장애

자기도취적 성격장애(*narcissistic personality disorder*)의 특징은 자신의 중요성과 능력에 대한 매우 과장된 인식이다. 무한한 성공, 권력, 아름다움에 대한 환상과 동경에서 비롯된 자기도취에 사로잡혀 있다. 따라서 자신에 대한 비난, 타인의 무관심, 그리고 자부심에 대한 위협은 심한 분노, 수치심, 모욕감, 공허감 등의 과장된 반응을 일으킨다. 대인관계는 타인의 감정에 대한 이해의 결여, 자신의 욕망을 위해 타인을 이용하고자 하는 경향, 남들이 자기에게 무조건 특별한 호의를 베풀어 주기를 기대하는 것 때문에 원만하지 못하다.

3) 집락 C의 성격장애

(1) 회피적 성격장애

회피적 성격장애(*avoidant personality disorder*)의 특징은 사람들과의 새로운 경험, 더 나아가 자신이 익숙한 것까지도 회피하고자 하는 것이다. 낮은 자존감, 불안과 불신, 거부에 대한 극도의 예민함, 소심함, 사회적인 두려움, 공공장소에서 바보스럽게 행동할지도 모른다는 자의식 등이 특징이며 내향적이고 불안하다(원호택, 1997: 364). 타인의 수용과 애정을 매우 바라며 동시에 자신의 개인적 결점이나 실수를 두려워한다. 즉, 이들은 사회적 관계에 들어가고 싶어 하나 무비판적 수용이 보장되지 않는 한 조그마한 위험도 감수하려 하지 않는다. 부끄러움을 많이 타고, 타인으로부터 약간의 부인(否認)의 암시가 보이거나 조금이라도 자신이 실패한 것 같은 기색이 있으면 후퇴해 버린다.

사회적으로 고립되는 성향에서 회피적 성격장애는 조현성 성격장애와 공통점이 있으나, 전자는 사회적 관계를 갖고 싶어 하나 거부에 대한 불안 때문에 고립되는 반면, 후자는 사회적 관계에 대해 관심이 전혀 없기 때문에 그러하다.

(2) 의존적 성격장애

의존적 성격장애(*dependent personality disorder*)를 가진 사람은 타인으로 하여금 중대한 결정을 내리게 하고, 중요한 행동을 주도하도록 하며, 자신의 삶의 주요한 영역에서 책임을 맡게 한다. 자신의 욕구를 자기가 의존하는 사람의 욕구에 복종하며, 자기 욕구에 대한 주장이 그들의 관계를 위태롭게 한다고 생각한다. 그 결과, 의존적 관계를 지속하기 위해 자신이 의존하고 있는 타인의 무시나 학대도 참으며 자기주장을 요구하는 상황에서 전혀 적절하게 반응하지 못한다. 의존적 성격장애를 가진 사람은 결혼 후에 살 곳, 자녀양육, 재정, 여가생활 등 모든 영역에 대해 배우자의 결정에 의존한다. 의존적 성격장애는 고혈압, 암, 위장질환과 같은 신체적 질환에 관련되기도 한다.

(3) 강박적 성격장애

강박적 성격장애(*obsessive-compulsive personality disorder*)는 사소한 것, 규칙, 스케줄 등에 마음이 사로잡혀 있으며 완전주의를 추구하는 문제가 있다. 일과 생산성을 즐거움보다 중요하게 생각하면서도, 사소하고 세부적인 것에 과도하게 주의를 쏟는다. 아무리 우수한 결과도 그들을 만족시키지 못하며 이러한 완벽을 자신뿐만 아니라 타인에게도 요구한다. 이러한 경향은 이들의 대인관계를 저해한다.

> 강박적 성격장애의 사례
>
> K는 대학원생으로 고시를 준비하는데 지나치게 완벽주의적인 생활태도 때문에 공부가 비효율적으로 진행되어 상담을 받게 되었다. 그는 평소에 빈틈없이 생활하고 방도 철저하게 정리하며 공부할 때도 한 주제를 완벽하게 이해하고 기억하기 전에는 다른 주제로 넘어가지 못했다. 이런 성격을 보여주는 한 예가 있다. 고등학교 때 지능검사를 받았는데 IQ가 103점이었다. 당시 공부를 잘했는데도 지능검사 결과가 너무 낮게 나와 당황했다. 최근에 다시 지능검사를 한 결과 IQ가 140점이었다. 이런 차이는 K가 완벽주의인 나머지 첫 번째 검사에서 정답을 확인하고 또 확인하느라고 시간제한에 걸려 점수가 낮게 나왔기 때문이었다(원호택, 1997: 367).

이제까지 기술된 성격장애의 내용 중 어떤 것은 우리 자신이나 가족성원, 그 밖의 아는 사람의 성격에 해당하는 것처럼 보이기도 한다. 반사회적 성격장애를 제외하고는 신뢰할 만한 참된 성격장애의 유형이 존재하느냐에 대해 합의가 이루어지지 못한 상태이다. 이는 성격장애 진단의 낮은 신뢰도에 기인한다. 그러나 성격장애의 진단에 문제점이 있더라도 이러한 장애들이 만연하고 사람들의 일상생활에 심각한 지장을 초래하는 것을 생각할 때, 진단은 필요하며 그 유용성을 간과해서는 안 될 것이다(이봉건 역, 2018).

2. 물질 관련 및 중독장애

물질 관련 및 중독장애(*substance-related and addictive disorders*)는 중독성 물질을 사용하거나 중독성 행위에 몰두함으로써 초래되는 부적응을 가리킨다.

술이나 마약에 의존하는 물질 관련 장애는 오늘날 서구사회에서 가장 심각한 사회문제 중 하나이다. 또한 우리나라에서도 물질 관련 장애가 증가하고 있는 실정이다. 물질사용자는 흔히 자신의 상태를 심각하게 받아들이지 않으며 따라서 스스로 치료를 추구하지도 않으므로 더욱 문제가 된다.

물질 관련 장애는 물질사용장애(*substance use disorders*)와 물질유도성 장애(*substance-induced disorders*)로 구분된다. 물질사용장애는 중독성 물질을 반복적으로 사용함으로써 초래되는 다양한 부적응적 증상을 포함한다. 물질유도성 장애는 물질의 과도한 복용으로 인해 일시적으로 나타나는 부적응적 증상이다. 비물질 관련 장애는 도박장애를 의미하며 심각한 부적응을 유발하는 지속적인 도박행위가 핵심증상이다.

물질에 취해 학교나 직장을 계속해서 이탈할 때 물질사용장애로 간주될 수 있다. 한번 과음하거나 소량의 물질을 규칙적으로 사용하는 것은 일상생활에서의 기능을 손상하지 않는 한 물질사용이 아니다. 다시 말해 물질사용장애로 정의되기 위한 요점은 물질의 사용이 반복적으로 그 사람의 기능을 손상하는 결과를 가져오느냐 하는 것이다.

물질사용장애가 되면 특징적인 생리학적 현상이 나타난다. 우선, 물질에 대한 내성(*drug tolerance*)이 생겨 자신이 원하는 효과를 얻기 위해 물질의 양을 점점 더 증가해 사용해야 하며, 같은 양으로는 현저하게 효과가 감소된다. 그리고 물질사용에 의한 효과가 지난 후 또는 물질사용을 중단했을 때 물질에 적응된 신체가 비정상 상태에 빠짐으로써 금단증상(*drug withdrawal*)이 나타나고 이를 피하기 위해 같은 약물을 계속 사용하게 된다.

DSM-5에 의하면 물질사용장애는 다음 11가지 진단기준 — ① 내성, ② 금단증상, ③ 의도한 것보다 더 오랫동안 더 많은 물질을 사용함, ④ 물질사용을 줄이거나 통제하려고 지속적으로 노력하지만 성공하지 못함, ⑤ 많은 시간을 물질을 얻거나 물질의 효과로부터 회복하는 데 보냄, ⑥ 물질사용의 결과로 직장, 학업, 가정에서 중요한 의무 이행에 실패함, ⑦ 물질의 영향으로 인한 반복적인 사회적, 대인관계 문제(예: 배우자와의 싸움)에도 지속적으로 물질을 사용함, ⑧ 중요한 사회적·직업적, 여가활동 등이 물질사용 때문에 포기되었거나 감소됨, ⑨ 물질사용으로 신체적인 위험이 발생하는 상황에서도 지속적으로 물질을 사용함, ⑩ 물질사용에 의해 신체적·심리적 문제가 생기거나 악화되는 것을 알면서도 물질사용을 계속함, ⑪ 물질사용에 대한 갈망 또는 강한 욕구 — 중 2가지 이상이 존재할 때 그 물질에 대한 사용장애로 진단된다.

1) 물질 관련 장애의 원인

(1) 성격적 요인

성격적 요인은 구강의존적 성격과 반사회적 성격으로 구분할 수 있다. 첫째, 정신분석적 설명에 의하면 구강기에의 고착이 물질에 의존하게 만들며 물질사용자는 이러한 성격적 결함을 가지고 있다. 구강의존적 성격의 특징은 정서적으로 미성숙하고, 항상 외로우며, 어머니에게 의존적이다. 이러한 사람은 구강의 자극에 의해 불안을 감소시킨다. 따라서 술, 담배 등의 물질에 의존하게 된다. 이와 같은 성격은 유아기에 어머니와 유대를 형성하지 못한 결과로 일어난다. 그러나 이 모델로 물질 관련 장애에 취약한 사람을 예측하려는 시도는 신뢰성이 별로 없는 것으로 판명되었다.

둘째, 청소년기의 반사회적 성격과 그 이후의 물질사용 간의 관계가 입증되었다. 규칙의 거부, 충동에 대한 통제력의 부족, 과잉행동 등이 반사회적 성격의 특징이다. 그러나 이러한 성격이 이들로 하여금 직접 물질에 의존하게 만들었다기보다는 반사회적 행동이 물질에 노출될 가능성과 그것을 사용해볼 기회를 증가함으로써 물질사용을 초래한 것으로 보아야 할 것이다.

(2) 생물학적 요인

물질 관련 장애에는 어느 정도 유전적 영향이 있다. 예를 들면, 알코올중독의 부모에게서 태어난 사람은 그렇지 않은 사람보다 네 배나 더 알코올중독이 될 가능성이 높다고 한다. 친부모가 알코올중독인 아이가 그렇지 않은 가정에 입양되어 자랐을 때에도 이러한 인과관계는 성립했다(Rosenhan & Seligman, 1989). 이와 같은 증거는 물질사용자가 물질에 의존하게 하는 생물학적 원인이 존재한다는 것을 보여 준다.

(3) 물질에 존재하는 요인

물질 관련 장애를 일으키는 모든 물질에는 사람으로 하여금 의존하게 만드는 속성이 존재한다. 솔로몬(Solomon, 1977)은 의존성을 유발하는 물질의 세 가지 공통적 속성을 다음과 같이 지적했다. ① 물질을 처음 사용했을 때 유쾌한 상태를 가져온다. ② 내성(*affective tolerance*)이 존재한다. 즉, 신체조직이 물질에 익숙해져서 같은 수준의 효과를 얻으려면 점점 더 많은 양을 필요로 한다. ③ 금단증상이 존재한다. 물질의 첫 효과가 유쾌한 느낌이었다면, 물질의 갑작스러운 중단은 반대의 감정적 상태를 가져온다. 다시 말해, 물질에 중독된 사람은 물질이 주어지지 않으면 심각한 육체적·정서적 증세를 경험하기 때문에 시간이 지나면서 즐거움을 얻기 위해 물질을 사용하려는 동기로부터 금단증상을 피하기 위해 사용하는 상태로 바뀐다.

2) 물질사용장애의 유형

(1) 알코올 사용장애

알코올중독은 가장 보편적인 물질 관련 장애라고 할 수 있다. 술을 마셨을 때의 단기적 영향은 일이나 사고, 행동의 조정통합이 잘 안되며 운동감각의 기능이 저하되는 것이다. 과음하면 기억상실, 의식의 상실, 그리고 사망까지도 초래할 수 있다.

일단 알코올중독이 되면 금단증상이 존재하여 24시간 내에 술을 마시지 않으면 몸이 떨리고 땀이 나며 식욕이 저하되고 맥박이 빨라지며 불면, 혈압상승과 같은 증상이 나타난다. 또한 금단증상이 나타날 때는 정서적으로 우울해지고 불안해하며 술을 굉장히 마시고 싶어 한다. 이럴 때 술을 마셔야만 컨디션이 좋아진다. 어려서부터 술을 마신 사람은 30~40대에 이러한 금단증상이 나타난다(Davidson & Neale, 2001). 알코올중독의 진단에서 중요한 기준은 환자가 음주에 대해 통제불능의 상태에서 매일 술을 마셔야 하는지, 그리고 술을 끊으려고 반복해서 노력했음에도 실패했는지의 여부이다.

알코올중독을 설명하는 이론은 긴장감소가설과 진통보상가설이다. 긴장감소가설에 의하면, 술을 몇 번 마시는 과정에서 술을 마시면 불안이 감소된다는 것을 학습하고 그 결과 계속해서 술을 마시게 되며 그러한 사람 중 몇몇은 알코올중독자가 된다는 것이다(Mullaney & Trippett, 1982). 임상적 관찰에서도 불안과 알코올중독 간의 높은 관계가 입증되어 불안을 감소시키기 위해 술을 마신다는 설명이 지지되었다. 또한 음주는 이혼과 같이 스트레스를 가져오는 삶의 사건의 수에 비례한다는 것이 밝혀져 음주와 스트레스 간의 관계가 입증되었다(Marlatt & Gordon, 1980).

알코올중독을 설명하는 또 다른 이론은 진통보상가설이다. 음주는 진통이나 마취효과를 갖기 때문에 이러한 진통효과가 필요한 상황에서 술을 마시고 싶은 욕망이 증가한다는 것이다.

알코올중독에는 유전적 요인도 있는데, 알코올중독자의 가족이나 친척 중에 알코올중독자가 많으며, 아버지가 알코올중독인 경우 아들이 알코올중독자가 되는 비율은 일반인보다 4배나 높았다. 또한 사회문화적 요인으로 우리나라와 같이 술에 대한 관용이 높은 것이 알코올중독의 유병률을 높이는 원인이 될 수 있다.

알코올중독에 대한 치료적 접근을 보면, 가장 대표적인 알코올중독에 대한 접근은 알코올중독자 재활 프로그램을 통해 이루어진다. 알코올중독자 재활 프로그램은 흔히 30일 동안의 환자의 입원을 통해 치료를 시작한다. 치료가 시작된 직후 상태가 현저히 좋아지기 때문에, 환자가 술과 관련된 여러 가지 자신의 문제를 부정하는 것에 대해 프로그램의 초기에 대결(*confront*)해야 한다. 그 이후에는 한 주 또는 두 주에 한 번씩 심리치료를 계속한다.

심리치료는 흔히 집단형태로 이루어지며 재발의 방지를 위한 인지행동적 전략에 초점을 맞춘다. 즉, 술을 다시 마시는 위기에 빠질 수 있는 상황을 피하도록 하고, 그러한 상황에 대처할 수 있는 행동양식을 학습시킨다. 다시 말해, 술을 마시도록 이끌어 가는 기분이나 상황을 조정함으로써 이를 피하거나 다른 행동으로 대체하는 것을 배우도록 한다. 따라서 자기주장 훈련과 긴장완화 치료법이 주로 사용된다. 예를 들면, 배우자와 싸울 때 이전에는 같이 맞서는 것을 피하고 술에 의존하던 것에서 벗어나 침착하게 자신을 주장하는 것을 배우도록 하는 것이다. 알코올중독자를 위한 자조집단으로 널리 알려져 있는 AA(Alcoholics Anonymous)는 정기적 모임을 통해 경험을 공유하고 정서적으로 지지해 주며 알코올중독을 극복하는 방법을 알려주는 역할을 한다(권석만, 2013: 533).

(2) 진정제와 흥분제

① 진정제
진정제는 신체의 활동을 느리게 하여 반응성을 감소시키는 물질로 아편, 아편으로부터 추출된 모르핀과 헤로인, 합성 바비튜레이트(*barbiturates*)

와 세코날 등이 있다. 아편과 모르핀, 헤로인은 행복감, 졸림, 몽상을 일으킨다. 정맥주사를 맞으면 즉시 강렬한 쾌감이 느껴지고 근심이 사라지며 4~6시간 정도 강한 자신감을 느낀다. 그러나 효력이 사라지면 혼수상태와 비슷한 상태에 빠진다. 아편류의 금단증상은 몇 주 또는 그 이상 사용하던 아편류를 중단하면 보이는 증후군으로 다음 증상 ─ ① 불쾌한 기분, ② 오심 및 구토, ③ 근육통과 경련, ④ 눈물, ⑤ 발한, ⑥ 발열, ⑦ 불면 ─ 가운데 3개 이상이 나타나야 한다.

바비튜레이트와 유사 수면제는 근육을 이완하고 불안을 감소하는 효과를 갖기 때문에 소량을 복용했을 때는 기분을 좋게 해준다. 그러나 과도하게 사용하면 불명료한 발음, 불안정한 걸음걸이, 주의력장애와 기억력장애 등을 일으킬 수 있으며 정서적으로 통제력을 상실하여 화를 내거나 싸우기도 한다. 합성 진정제를 지속적으로 사용하다가 중단하면 금단증상이 심해지는데, 섬망, 경련, 그 밖에 알코올중독의 금단증상과 비슷한 증상이 나타난다. 이러한 진정제는 반사회적 경향이 있는 젊은 남성, 불면증이나 불안을 감소시키기 위해 의사의 처방에 따라 사용하다가 다량으로 복용하게 된 중년층, 약물에 쉽게 접근할 수 있는 의사나 정신건강전문가에서 중독이 나타나기 쉽다(이봉건 역, 2005).

② 흥분제

흥분제는 에너지가 증가되고, 편안하고 유쾌해지며, 자신감을 일으키는 효과를 갖는다. 흥분제에는 코카인(*cocaine*)과 암페타민(*amphetamines*)의 두 가지 종류가 있다.

코카인은 페루 인디언이 에너지를 얻고 배고픔과 피로를 극복하기 위해 사용한 것이 그 시작이다. 미국에서는 특히 코카인 사용의 급증이 심각한 사회문제로 대두되고 있다. 통계에 의하면 성인 초기의 미국인 4명 중 1명의 비율로 코카인을 시도한 경험이 있으며, 코카인 사용자의 대부분이 10대거나 젊은 성인인 것으로 보고되었다(SAMHSA, 2014). 코카인은 두뇌에 빠르게 작용하여 감각의 기민성을 높여 주고 매우 강렬한 행복감을 느끼게 해준다. 과잉복용하면 오한과 메스꺼움, 불면증과 벌레가 피부에 기어 다니는 것 같은 무서운 환각을 경험할 수 있다(이봉건 역, 2018).

암페타민은 중국의 마황에서 합성 추출되어 천식과 우울증 치료에 사용되었으며, 우리나라에서는 필로폰이라고 불린다. 적은 양의 암페타민은 유쾌함과 자신감을 높여 주는 효과가 있고 식욕을 감소시킨다. 그러나 과잉복용하면 예민해지고 편집성 성격장애와 비슷하게 남을 의심하고 적대시하며 공격적 행동을 보이는 상태가 된다. 암페타민중독은 암페타민 또는 그 유사물질을 사용한 후 불안, 긴장, 분노, 판단력 장애, 정서적 둔화, 대인관계의 민감성, 사회적·직업적 기능장애 등 심각한 부적응행동을 보이는 것을 말한다(권석만, 2013).

코카인, 암페타민과 같은 흥분제는 여러 가지 치명적인 의학적·사회적 문제를 낳는다. 첫째, 편집증적 증상이 일어나며 만성적으로 많은 양을 사용할 경우 환경에서 오는 자극에 대한 신경과민으로 진전된다. 둘째, 신체적으로 혈압과 맥박이 급상승하고 땀을 많이 흘리게 되며, 이는 심장마비나 사망으로 이끌어갈 수도 있다. 금단증상은 우울증의 증세와 비슷하여 에너지의 상실, 관심과 흥미의 감소, 불면 등이 나타난다. 이러한 증상을 피하기 위해 점점 더 많은 양의 물질을 복용해야 하게 된다. 흥분제에 의한 중독은 술이나 진정제에 의한 것보다 짧은 기간에 쉽게 이루어진다.*

(3) 환각제

LSD, 마리화나 등이 대표적 환각제(*hallucinogens*)이다. 환각제는 지각적 변화와 환각을 일으키는데, 이것이 조현병 같은 정신장애에서 보이는 환각과 유사한 점이 있어 관심을 받게 되었다. 그러나 조현병 환자는 주로 환청을 경험하는 데 비해 환각제는 환시 증상을 많이 일으킨다. 1943년 스위스의 화학자 호프만은 자신이 합성한 LSD를 복용하고 환각의 경험을 다음과 같이 묘사했다(Kring et al., 2007: 317).

> 지난 금요일 … 나는 실험실 작업을 중단해야 했다. … 극도의 초조함과 경미한 현기증이 엄습했다. 나는 집에 누워 그리 불쾌하지 않은, 강렬하게 자극적인 환상들로 가득 찬 일종의 정신착란에 빠져들었다. 눈이 감긴 채 의식이 반쯤 있는 상태에서 … 강렬한 색깔들이 만화경처럼 펼쳐지고 그러면서도 비상한 현실감으로 가득 찬 환상적인 장면들이 나를 에워쌌다.

환각제를 사용하면 시공간에 대한 지각의 변화, 만화경과 같은 환시,

---

* 술은 금단증상이 마지막 사용 후 12∼24시간 후에 일어나는 데 비해, 코카인은 몇 분 후면 일어난다. 그래서 코카인이 있는 한 그 사용을 억제할 수가 없으며 보통 코카인을 확보하면 앉은 자리에서 다 사용해 버린다고 한다.

현실감각의 상실, 시각과 촉각 등 감각이 예민해지는 것 등을 경험한다. 또한 환각제는 종교적 통찰력, 의식의 확장, 신체로부터 이탈 등 신비하고 황홀한 경험을 유발한다. 그러나 환각제는 인지적 측면에 미치는 부정적 영향이 심각하다. 주의력을 감소시키고 단기에 걸친 기억손상, 운동기능의 통합조정 능력의 저하를 가져오며, 공황장애를 일으킨다. 환각제 복용상태에서 판단력장애로 높은 데서 뛰어내리는 위험한 행동을 하기도 한다. 그 외에 불안, 우울, 공포, 피해망상 등을 유발할 수 있다.

마리화나는 대마의 마른 잎으로부터 얻는데, 대마 잎에서 스며 나온 진액을 건조한 해시시(hashish)는 마리화나보다도 훨씬 강력한 효과를 보인다. 마리화나의 효과는 용량에 따라 달라서 적은 용량의 마리화나는 긴장완화, 유쾌함, 지각을 예민하게 해주는 효과가 있으나, 많은 용량의 마리화나는 급격한 감정의 변화, 기억 손상을 초래하고 아주 많은 양을 사용하면 환각을 포함한 지각변화, 이인화, 통증 등 심각한 증상을 유발한다(이봉건 역, 2018). 지속적인 마리화나 사용은 인지적 퇴화, 급격한 공포, 망상 등과 더불어 폐암의 위험성, 생식기능손상 등 신체적 기능에도 무서운 영향을 미친다.

3) 물질 관련 장애에 대한 치료와 대책

흥분제나 환각제와 같은 중독성 약물에 대한 치료의 첫 번째 방법은 해독이며, 이는 재활(rehabilitation)과정에서 쉬운 부분이다(이봉건 역, 2018). 그리고 비교적 가벼운 증상에서부터 무서운 발작에 이르기까지 다양한 금단증상을 극복하도록 도와야 하는데 이것은 의료적 접근에 의해 점진적으로 이루어져야 한다. 실제로 약물중독자의 재활과정은 매우 어려운 일이다. 인지적 치료는 약물사용이 재발할 수 있는 위험한 상황을 피하고 약물에 대한 대안을 확보하도록 훈련하는 데 초점을 둔다.

물질사용의 근절을 위한 대책은 공급차원과 수요차원으로 구분할 수 있다. 첫째, 공급측면의 대책은 물질에 대한 접근이 불가능하도록 하는 것이다. 흔히 사람들이 더 쉽게 물질을 사용할 수 있는 사회일수록 물질사용장애가 증가한다. 또한 물질에 접근이 용이한 직업을 가진 사람이 물질에 중독될 확률이 높다. 이러한 증거들은 공급적 차원에서 물질의 활용 가능성을 제한하면 물질사용장애를 감소시킬 수 있다는 것을 보여준다.

물질에 대한 수요적 측면을 통제하는 방법으로는 교육과 홍보를 통한 예방이 주요한 방법이다. 성인기의 약물남용은 흔히 10대나 그보다 더 어린 나이에 물질을 사용해본 뒤 나타나기 때문에 많은 예방적 노력이 청소년에 초점을 맞춘다. 주로 학교 프로그램을 통해 물질사용의 무서운 결과에 대해 인식하고 약물에 저항할 수 있도록 훈련시키는 약물남용 저항교육(*drug abuse resistance education*: DARE), 자존감 강화와 같은 정서적 교육, 사회기술훈련 등이 실시된다. 미국에서 마리화나와 코카인의 경우 그 사용이 1970년대에 절정을 이루었으나 정부가 '마약과의 전쟁'을 선포하고 약물의 해로움을 인식시키기 위한 노력을 기울이면서 그 사용이 현저히 줄어든 것으로 알려져 있다.

21장

아동기 및 노년기 장애

아동기에 발생하는 대부분의 부적응 행동은 인지, 언어, 운동, 사회성의 습득에 문제가 있는 '신경발달장애'와 파괴적 행동을 수반하는 '파괴적, 충동조절 및 품행장애'에 포함되어 있다(이봉건 역, 2018). 신경인지장애는 주로 노년기에 인지기능의 결손이 나타나는 문제로, 주요 신경인지장애, 경도 신경인지장애와 섬망으로 구분된다.

1. 신경발달장애

신경발달장애(*neurodevelopmental disorders*)는 뇌의 발달지연이나 뇌손상에 관련된 장애로 흔히 유아기, 아동기, 청소년기에 처음으로 진단된다. 지적장애, 의사소통장애, 자폐스펙트럼장애, 학습장애, 주의력결핍 과잉행동장애, 운동장애 등이 포함된다.*

1) 지적장애

DSM-5에서는 그동안 통용되었던 '정신지체'(*mental retardation*)라는 용어가 '지적장애'(*intellectual disability*)로 바뀌었다. 지적장애는 지적발달장애(*intellectual developmental disorder*)라고도 불리며, 지능이 비정상적으로 낮아(IQ 70 미만) 학습 및 사회적 적응에 어려움을 보이는 장애를 말한다(권석만, 2014).

지적장애는 발달의 초기에 나타나는데, 진단기준은 세 가지이다. 첫째, 지적기능의 결손으로 지능검사 및 임상적 평가에서 결정된 지적기능의 손상이 있다. 둘째, 적응기능의 결손으로 가정, 학교, 직장, 지역사회 등 다양한 환경에서 한 가지 이상의 일상적 기능(의사소통, 사회참여, 독립적인 생활)이 제약을 받는 손상이 있다. 셋째, 이러한 지적·적응적 기능손상이 발달기간(아동기)에 발생한다(이봉건 역, 2018).

지적장애는 지능지수에 따라 네 가지 수준 — 경도(IQ 50~70: 교육이 가능하고 성인으로 자신을 돌볼 수 있는 수준), 중등도(IQ 35~49: 자신을 돌보는 것을 배울 수 있고 직업훈련을 할 수 있는 수준), 고도(IQ 20~34: 주의 깊은 지도감독이 필요하며 구조화된 보호환경에서 기초적인 작업수행을 배울 수 있는 수준), 최고도(IQ 20 미만: 매우 구조화된 환경에서 밀착된 지도감독이 필요한 수준) — 으로 구분한다(Comer, 2015).

---

* 학습장애에 대해서는 "1부 인간의 성장과 발달" 중 "4장 아동기"에서 "사회복지실천의 관심대상이 되는 아동기의 문제" 부분에 설명되어 있으며, 운동장애에 대해서도 간략하게 언급되었다.

지적장애의 유병률은 일반 인구의 1% 정도이며 남성이 약 60%를 차지한다(권석만, 2013). 지적장애를 가진 사람의 80~85%가 경도 지적장애에 해당하는데, 이들은 학교 수업을 받을 수 있고 성인으로 자립할 수도 있어서 '교육 가능한 수준'으로 불린다(Comer, 2015).

지적장애의 원인은 염색체 이상, 임신기간 또는 출산과정에서의 문제, 아동기 사고나 질병 등 생물학적 요인과 환경적 요인이 있다. 다운증후군은 염색체 이상으로 인한 대표적인 지적장애로, 작은 머리, 평평한 얼굴 등 특징적인 모습을 나타낸다. 열악한 사회적 환경도 아동의 지능을 저하시킬 수 있는 요인이다. 환경적 요인은 주로 경도 지적장애의 일차적 원인이 되며, 중등도 이상의 지적장애의 일차적 원인은 생물학적 요인이다(오경자 외, 역, 2017).

지적장애에 대한 개입은 장애의 수준에 따라 차이가 있으나 지적자극을 촉진하는 편안한 환경에서 적절한 교육과 기회를 제공하는 것이 필수적이다. 조기개입이 중요하며 적응을 돕기 위해 지적장애 아동과 그 가족을 위한 개별 및 집단치료 프로그램도 실시된다.

2) 자폐스펙트럼장애

자폐스펙트럼장애(*autism spectrum disorder*)는 심각한 의사소통과 사회적 상호작용의 손상, 타인에 대한 극도의 무반응, 경직되고 반복적인 행동을 특징으로 하는 대표적인 발달장애이다.

자폐스펙트럼장애의 진단기준은 다음과 같다. 첫째, 다양한 영역에서 의사소통과 사회적 상호작용 — ① 사회적·정서적 상호작용, ② 사회적·정서적 상호작용에 필요한 비언어적 의사소통, ③ 관계형성과 유지 ― 의 지속적인 손상을 보인다.* 둘째, 제한적이고 반복적인 행동, 관심, 활동이 다음 4가지 항목 ― ① 상동증적 또는 반복적인 언어, 동작, 물체의 사용, ② 동일한 일상, 언어, 행동에 대한 고집스러운 집착, ③ 매우 제한적이고 고정적이며 지나치게 강한 흥미, ④ 환경으로부터의 감각적 자극(input)에 대한 과잉 또는 과소반응 ― 에서 2개 이상으로 나타난다. 셋째, 이러한 증상이 아동기 초기에 나타난다. 넷째, 이러한 증상이 사회적, 직업적 또는 다른 중요한 기능영역에서 중요한 손상을 초래한다.

자폐스펙트럼장애는 3세 이전에 나타나는데, 약 80%가 남자아이에게 발생하며 이 장애를 가진 아동의 90%는 성인기까지 심각한 장애를 겪는다(Comer, 2015). 일부 자폐스펙트럼장애를 가진 사람에게서 기계적 기억이 뛰어난 경우가 있으나, 대부분 언어에 대한 이해력이 떨어지고 반향어**를 사용하며 자해나 파괴적·저항적 행동이 나타나기도 한다.

---

*   ① 사회적·정서적 상호작용의 손상은 비정상적인 사회적 접근을 나타내는 것, 정상적으로 대화하지 못하는 것, 관심사나 감정을 공유하지 못하는 것, 사회적 상호작용을 시작하거나 적절하게 반응하지 못하는 것 등으로 나타난다. ② 비언어적 의사소통의 손상은 언어적·비언어적 의사소통을 통합된 형태로 사용하지 못하는 것, 비정상적인 눈 맞춤과 동작을 보이는 것, 표정과 비언어적 의사소통이 결여되어 있는 것 등으로 나타난다. ③ 관계형성과 유지의 손상은 다양한 사회적 맥락에 맞게 적응하지 못하는 것, 상상놀이를 함께하거나 친구를 사귀지 못하는 것, 또래에 대한 관심이 없는 것 등으로 나타난다.
**   반향어란 다른 사람이 말한 문구를 그대로 되풀이하는 것으로, 동일한 어조로 반복하지만 이해하거나 대화할 의도는 보이지 않는다.

자폐스펙트럼장애의 사례

민수는 6세 남자아이로 영아기부터 어머니가 가까이 가도 반응을
보이지 않았다. 어머니가 어떤 물건을 가리켜도 쳐다보지 않았고
소리에도 반응하지 않았다. 대부분의 시간을 혼자 자기만의 세계에 빠져
있는 것 같이 보였으며 같은 행동, 예컨대 식탁을 반복적으로 탁탁
두드리는 행동을 나타냈다. 몇 시간이고 같은 물건을 가지고 놀았고
물건을 한 줄로 세워 놓고 놀다가 누가 방해하면 고함을 지르며 울었다.
있던 물건이 그 자리에 없어도 괴성을 지르고 난리를 쳤다. 질문하면
대답하기보다 질문을 반복하여 말했고 자발적으로 말하는 경우는 거의
없었다. 또래와 어울리게 해도 상호작용 대신 혼자 자신의 관심사에만
몰두하는 모습을 보였다(이우경, 2016: 59).

자폐스펙트럼장애의 원인으로는 유전자 변이와 같은 유전적 요인이
나 소뇌의 비정상적 발달 등 생물학적 요인이 주된 것으로 보인다. 환경
적 요인으로 냉담하고 거부적인 부모나 잘못된 양육방식과 같은 역기능
적인 가족 요인도 자폐스펙트럼장애의 원인으로 지적되었으나 이러한
주장은 연구들에서 지지를 받지 못했다. 정상적 의사소통과 상호작용을
불가능하게 하는 지각 및 인지문제에서 자폐스펙트럼장애가 비롯된다
는 견해도 있다(오경자 외 역, 2017).
자폐스펙트럼장애는 조기개입이 중요하며 역기능적인 행동을 감소시
키고 언어, 사회기술, 교실활동기술, 자조기술을 향상하기 위해 모델링
과 조작적 조건형성을 적용하는 행동적 치료기법이 많이 사용되어 왔다.
약물치료와 더불어 의사소통 훈련도 실시된다. 자폐 아동의 치료에 부모

와 가족의 역할이 중요하며, 이에 따라 치료 프로그램에는 다양한 부모교육이 포함된다. 자폐 아동에 대한 교육과 개입기술훈련을 받은 부모가 일상생활에서 아동을 지도하는 것은 자폐 아동의 치료에 필수적 요소이다(권석만, 2013). 지역사회의 일원으로 잘 적응하도록 돕기 위한 지역사회 통합도 이루어진다(Comer, 2015).

3) 주의력결핍 과잉행동장애

주의력결핍 과잉행동장애의 필수증상은 부주의, 충동성 및 과잉행동이다. 주의력결핍 과잉행동장애 아동은 교실에서 주의가 분산되어 과제수행에 어려움이 있고 끊임없이 움직이며 교사의 말을 경청하지 못한다. 집에서도 부모의 요청이나 지시를 따르지 못하고 자기 나이에 적합한 시간만큼 놀이나 활동을 유지하지 못한다.

DSM-5의 주의력결핍 과잉행동장애의 진단기준은 다음과 같다. 부주의 증상과 과잉행동-충동성이 A와 B중 한 가지 이상에 해당해야 한다.

A. 부주의(다음 9가지 중 6가지 이상이 6개월 이상 부적응적이고 발달수준에 맞지 않는 정도로 지속됨): ① 세부적인 것에 주의를 기울이지 못하거나 부주의한 실수를 자주 함, ② 주의집중을 유지하기 어려움, ③ 다른 사람이 직접 말하는 것을 귀 기울여 듣지 못함, ④ 지시사항을 수행하거나 작업을 마치지 못함, ⑤ 과제나 활동을 조직화하는 능력이 부족함, ⑥ 정신적으로 노력이 필요한 작업을 싫어하거나 회피함, ⑦ 과제나 활동에 필요한 물건을 잃어버림, ⑧ 무관한

자극에 의해 쉽게 주의가 분산됨, ⑨ 일상적 활동을 자주 잊어버림

B. 과잉행동-충동성(다음 9가지 중 6가지 이상이 6개월 이상 부적응적이고 발달수준에 맞지 않는 정도로 지속됨): ① 손발을 가만두지 않거나 자리에서 움직임, ② 부적절하게 자리에서 일어나 돌아다님, ③ 부적절하게 뛰어다니거나 기어 올라감, ④ 조용히 여가활동에 참여하거나 놀지 못함, ⑤ 지속적으로 움직임, ⑥ 지나치게 말을 많이 함, ⑦ 질문이 끝나기도 전에 성급하게 답함, ⑧ 차례를 기다리지 못함, ⑨ 다른 사람의 활동이나 대화에 불쑥 끼어듦

위의 증상 중 여러 가지가 12세 이전에 발생할 것, 증상이 가정·학교·직장 등 두 가지 이상의 환경에서 나타날 것, 사회적·학업적·직업적 기능에서 현저한 손상이 있을 것도 진단기준이다.

주의력결핍 과잉행동장애의 유병률은 학령기 아동의 약 5%로, 그중 70% 정도가 남자아동이다. 많은 아동이 청소년기에 증상이 개선되지만 60% 정도는 성인기까지 지속된다(Comer, 2015).

주의력결핍 과잉행동장애의 원인으로는 도파민과 같은 신경전달물질의 비정상적 활동과 뇌의 전두-선조체 영역의 비정상성과 같은 생물학적 요인이 중요하다(이우경, 2016). 높은 스트레스나 역기능적인 가족과 같은 요인도 관련이 있는 것으로 보인다(Comer, 2015). 주의력결핍 과잉행동장애 아동에 대한 개입은 주로 약물치료, 바람직한 행동을 강화하고 바람직하지 못한 행동을 소거하기 위한 행동치료가 이루어진다. 인지행동적 치료는 단계적으로 생각하는 방법 등을 가르쳐 아동의 사고나 문제해결 방식을 변화시킴으로써 행동의 변화를 이끌어낸다(권석만, 2013).

주의력결핍 과잉행동장애 아동의 치료에서도 부모의 역할은 매우 중요하며, 가정에서 아동에 대해 개입할 수 있도록 부모교육을 실시하는 것이 필수적이다.

2. 파괴적, 충동조절 및 품행장애

파괴적, 충동조절 및 품행장애(*disruptive, impulsive-control and conduct disorder*)는 감정이나 행동에서 자기통제의 문제가 특징적으로 나타나는 장애이다(이우경, 2016). 다른 사람의 권리를 침해하거나 사회적 규범을 위반하는 부적응 행동이 이에 해당하며 적대적 반항장애, 간헐적 폭발장애, 품행장애, 방화증, 도벽증, 반사회적 성격장애가 포함된다.[*]

품행장애(*conduct disorder*)는 아동기와 청소년기에 공격적이고 반사회적인 행동을 반복적으로 나타내 학업이나 사회적 기능에 중대한 지장을 초래하는 장애이다. 품행장애는 네 가지 영역의 문제행동 ─ 사람과 동물에 대한 공격적 행동, 재산파괴, 사기나 절도, 심각한 규칙위반 ─ 에 초점을 둔다.

DSM-5의 품행장애 진단기준은 다음과 같다. 다른 사람의 기본적 권리를 침해하고 나이에 맞는 사회적 규범 및 규칙을 위반하는 지속적이고 반복적인 행동 양상으로서 지난 1년간 다음 15개 항목 가운데 적어도 3개

---

[*] 반사회적 성격장애는 "20장 사회적 및 대인관계적 장애"의 "1. 성격장애" 부분에서 설명되었다.

가 존재하며, 적어도 1개는 지난 6개월 동안에 존재한다.

A. 사람과 동물에 대한 공격성: ① 자주 다른 사람을 괴롭히거나 겁주거나 협박함, ② 자주 몸싸움을 걺, ③ 다른 사람에게 심한 신체적 손상을 입힐 수 있는 무기(예: 방망이, 벽돌, 깨진 병, 칼 또는 총)를 사용함, ④ 사람에게 신체적으로 잔혹하게 대함, ⑤ 동물에게 신체적으로 잔혹하게 대함, ⑥ 피해자와 대면한 상태에서 도둑질을 함(예: 노상강도, 날치기, 강탈, 무장강도), ⑦ 다른 사람에게 성적 행위를 강요함

B. 재산파괴: ⑧ 심각한 손상을 입힐 의도로 고의로 불을 지름, ⑨ 다른 사람의 재산을 고의로 파괴함(방화 제외)

C. 사기 또는 절도: ⑩ 다른 사람의 집, 건물, 차에 침입, ⑪ 물건이나 호의를 얻기 위해 자주 거짓말을 함, ⑫ 피해자와 마주치지 않은 상태에서 귀중품을 훔침(부수거나 침입하지 않고 상점에서 물건을 사는 체하고 훔침, 문서위조)

D. 심각한 규칙위반: ⑬ 부모가 금지하는데도 자주 밤늦게까지 집에 들어오지 않으며, 이 행동이 13세 이전에 시작됨, ⑭ 부모나 양육자의 집에서 사는 동안 적어도 2번 이상 외박 또는 가출하거나 장기간 집에 돌아오지 않는 가출이 1회 이상임, ⑮ 무단결석을 자주 하며, 이 행동이 13세 이전에 시작됨

품행장애는 7~15세 사이에 시작되며 아동의 약 10%가 진단에 부합하는데, 그중 3분의 4가 소년으로 남성에게서 훨씬 높게 나타난다(Comer,

2015). 품행장애의 발병 연령에 따라 10세 이전에 발병하는 아동기 발병형은 치료가 잘 되지 않으나, 그 이후에 나타나는 청소년기 발병형은 나이가 들면서 문제행동이 감소하는 경향이 있다. 증상이 어린 나이에 시작되고 문제행동의 수가 많은 경우, 성인기에 반사회적 성격장애로 발전할 수 있다(권석만, 2014).

품행장애의 원인은 부모의 양육태도와 가정환경이 일차적 요인으로 보인다. 부모의 폭력적이고 강압적인 양육태도, 무관심하고 방임적인 양육태도, 부모의 불화, 가정폭력, 아동학대, 부모의 정신장애나 알코올 사용장애, 부모의 범죄 등이 품행장애와 관련된다(이우경, 2016). 또한 사회경제적 수준이 낮은 계층에서 품행장애가 많이 발생하는 것으로 알려져 있다. 생물학적 요인으로는 품행장애가 있는 아동의 경우 정서, 특히 공감반응을 뒷받침하는 뇌 영역의 결함이 있다는 주장이 있다.

품행장애의 치료는 아동의 생활과 관련된 다중체계(가족, 학교, 또래, 이웃)를 대상으로 행동적, 인지적 개입과 사례관리 등 포괄적 개입이 이루어져야 효과적이다(이봉건 역, 2018). 특히, 품행장애에서 가족 요인의 중요성을 고려하여 부모의 훈육방식과 부모·아동 간의 상호작용을 개선하기 위한 가족치료 등 가족개입이 중요하다. 아동의 문제행동을 감소시키고 바람직한 행동을 강화하기 위한 행동적 개입과, 분노를 효과적으로 관리하고 적응능력을 습득하도록 하기 위한 대처기술훈련 등 개별적 개입도 필요하다.

3. 신경인지장애

신경인지장애(*neurocognitive disorder*: NCD)는 의식, 기억, 언어, 판단 등 인지적 기능이 저하되거나 손상된 장애로, 주요 신경인지장애, 경도 신경인지장애, 섬망 등이 포함된다.

1) 주요 및 경도 신경인지장애

주요 신경인지장애(*major neurocognitive disorder*)와 경도 신경인지장애 (*minor neurocognitive disorder*)는 뇌의 질환이나 손상과 관련해 기억장애를 비롯한 인지기능의 문제가 지속적으로 나타나는 장애이다. 증상의 심각도에 따라 주요 또는 경도 신경인지장애로 구분되며, 일반적으로 치매로 알려져 있다. 이러한 장애는 노년기에 나타나는 가장 대표적인 정신장애로서, 기억력이 현저하게 저하되고 언어능력이나 운동능력이 감퇴하며 일상생활에 필요한 적응능력이 손상되는 증상을 나타낸다(권석만, 2014).

주요 신경인지장애는 인지능력의 감퇴가 심해 독립적인 생활이 어려운 상태인데, 그 진단기준은 다음과 같다. A. 한 가지 이상의 인지기능영역(복합적 주의력, 집행기능, 학습과 기억, 언어, 지각·운동, 사회적 인지)*에서 이전 수행 수준에 비해 인지 저하가 유의하게 일어났다는 증거

---

* 복합적 주의력은 시간이 흐르는 동안 주의를 유지하는지, 방해자극이 있어도 주의를 유지하는지, 동일한 시간 내에 2가지 자극에 주의를 기울이는지 등으로 평가된다. 집행기

가 두 가지 요소 ― ① 환자, 환자를 잘 아는 정보제공자, 임상의가 현저한 기능 저하를 걱정함, ② 인지 수행의 현저한 손상이 표준화된 신경심리검사 또는 다른 정량적 임상평가에서 입증됨 ― 에 근거한다. B. 인지손상이 일상활동에서 독립성을 방해한다.

경도 인지장애의 진단기준은 한 가지 이상의 인지기능 영역에서 인지저하가 이전의 수행 수준에 비해 경미하게 존재하며, 인지 손상이 일상활동의 독립성을 방해하지 않는다.

주요 및 경도 신경인지장애의 발생은 나이와 밀접한 관계가 있는데, 유병률이 65세에 1∼2%이지만 85세에는 50% 가까이 증가한다(Comer, 2015). 다시 말해 노년기에서도 고령으로 갈수록 발병 위험이 크게 높아진다.

주요 및 경도 신경인지장애는 알츠하이머질환, 뇌혈관질환, 외상성뇌손상, 물질·치료약물 사용, HIV 감염, 파킨슨질환 등 다양한 질환에의해 일어나며 이러한 원인적 질환에 따라 다양한 하위 유형으로 구분된다(권석만, 2013). 알츠하이머질환이 모든 사례의 3분의 2 정도를 설명하므로 가장 흔한 유형이다. 알츠하이머질환은 뇌신경의 퇴행성 변화로 일

능은 계획, 의사결정, 피드백에 대한 반응 등으로 평가된다. 학습과 기억은 즉각기억, 최신기억 등으로 평가되며, 언어는 표현성 언어(이름 대기, 단어 찾기, 유창성, 문법 등)과 수용성 언어(이해력)로 평가된다. 지각·운동은 주요 신경인지장애의 경우 이전에 익숙한 활동(도구사용, 운전)이나 친숙한 환경에서 길을 찾는 데 현저한 어려움이 있는 반면, 경도 신경인지장애는 지도나 다른 무언가에 더 의존하는 수준이다. 사회적 인지는 주요 신경인지장애의 경우 사회적으로 허용되는 범위를 분명하게 벗어나는 행동을 보이지만, 경도 신경인지장애의 경우 행동이나 태도에 미묘한 변화를 보여 성격의 변화로 흔히 묘사되며 공감능력의 감소, 억제력의 감소 등을 보인다.

어나며 기억장애가 가장 현저한 증상이고 점진적으로 진행된다. 뇌혈관
질환이 두 번째로 흔한 원인으로, 이 경우에는 인지 저하가 급격하게 일
어난다. 그 외에 감염질환이나 알코올과 같은 독성물질 등으로 원인을
구분할 수 있다.

　주요 및 경도 신경인지장애에 대한 치료는 일부 약물이 사용되지만,
많은 연구에도 근본적인 치료대책은 아직 없는 것으로 보인다(이봉건 역,
2018). 인지치료로는 저하된 인지 영역의 향상을 위한 기능회복 훈련이
실시된다. 주로 경도 신경인지장애 환자를 대상으로 개별적인 수준, 목
표, 가족환경에 맞추어 기억훈련, 주의집중훈련, 스트레스 관리, 가족개
입 등이 실시된다(이우경, 2016). 주요 신경인지장애 환자의 경우 가족에
게도 큰 부담을 주므로 환자에 대한 보건의료서비스와 더불어 시설보호,
재가복지서비스 등 돌봄에 대한 다양한 지원이 제공된다.

2) 섬망

섬망(*delirium*)은 인지 변화를 동반하는 주의 및 의식의 장애로 주요 증상
은 주의집중의 극심한 어려움과 각성 저하(환경에 대한 현실감각의 저하)
이다. 섬망 환자는 의식이 명료하지 못한 혼돈상태에서 날짜와 시간, 장
소, 사람(자신)에 대한 인지를 못 할 수 있다. 예를 들면, 병실에 있으면서
집에 있다고 믿거나, 한밤중에 아침이라고 믿는다. 안절부절못하고 소리
를 지르는 과다행동, 떨림, 망상, 환각 같은 증상을 보이기도 한다. 그리
고 수면·각성주기의 장애로 낮에 졸리고, 밤에는 깨어나 초조한 상태를
나타낸다. 섬망의 특징은 이러한 혼란 상태가 급격하게 시작되고 몇 시

간이나 며칠 정도의 단기간에 걸쳐 진행되는 것이다. 하루 중에도 증상이 변화해서 악화와 호전을 반복한다.

섬망은 어떤 연령대에서도 발생할 수 있지만, 노인에게서 가장 빈번히 일어난다. 비노령인구의 0.5% 미만에 비해 85세 이상 노인의 14%가 섬망을 경험한다(오경자 외 역, 2017).

섬망의 원인은 과도한 약물사용, 대사 및 영양 불균형, 감염, 신경학적 장애, 큰 수술의 스트레스 등이며, 이러한 원인이 교정되면 수일 내에 호전되어 증상은 사라진다(이봉건 역, 2018). 그러나 섬망이 있는 노인은 사망률이 높고 조기개입이 섬망의 기간을 단축시키는 것으로 알려져 기저질환을 신속히 치료하는 것이 필요하다.

4부

사회이론 및
사회환경의 이해

- 기능주의이론, 갈등주의이론,
  상징적 상호작용이론
- 사회체계이론
- 생태학이론
- 가족
- 집단
- 조직
- 지역공동체
- 사이버환경

기능주의이론, 갈등주의이론, 상징적 상호작용이론

사회의 본질을 설명하는 이론적 틀로 대표적인 이론은 거시적 관점에서는 기능주의이론과 갈등주의이론, 미시적 관점에서는 상징적 상호작용이론을 들 수 있다.

거시적 관점은 사회를 이해할 때 사회구조*나 사회변동**처럼 전체 사회와의 관계 속에서 광범위하게 살펴보는 관점이다. 거시적 관점에서는 사회 구성원인 개인의 행위보다 사회구조나 사회변동을 중심으로 사회를 이해하고 설명한다. 사회구조에 포함되는 여러 요소의 기능적 조화를 강조하는 기능주의이론과 사회를 구성하는 요소 간 갈등에 초점을 두는 갈등주의이론이 거시적 관점으로 간주된다. 기능주의는 사회가 여러 부분으로 구성되어 있고 각 부분은 합의된 가치와 규범에 따라 움직이는

---

*   사회구조는 사회적 집단, 조직, 제도 등 복합적인 전체로 개인의 행동을 정해 주는 일정한 틀을 말한다.
**   사회변동은 정치체계, 경제체계, 가치체계 등이 부분적 혹은 전체적으로 변화하는 과정을 일컫는다.

것으로 간주하며 균형 또는 안정을 강조하는 반면, 갈등주의는 경제적 이해대립과 권력의 불평등한 소유로 인해 사회체계의 요소 사이에 갈등이 상존하는 것으로 생각하여 알력 및 변동에 초점을 맞춘다(김성이·김상균, 1994).

미시적 관점은 사회적 행위자인 개인과 개인 간 상호작용에 주목하는데, 사회구조나 사회변동보다 사회 구성원인 개인의 사회적 행동을 이해하고 설명하고자 한다. 미시적 관점은 주로 사람들이 일상생활에서 어떤 상호작용을 하는지에 관심을 둔다. 상징적 상호작용이론은 미시적 관점으로 분류된다. 상징적 상호작용이론에서는 인간행동이 상호 간 사회적 상호작용을 통해 결정되는 것으로 가정한다. 상호작용 과정에서 행위자인 개인은 의미 있는 상징을 사용하는데, 이 상징들이 그 의미에 근거한 반응을 불러일으킨다는 것이다.

사회를 바라보는 주요 이론적 틀을 알고 활용하는 것은 인간행동을 이해하고 적합한 사회환경을 조성하는 데 유용하므로 이 장에서는 기능주의이론, 갈등주의이론, 상징적 상호작용이론을 살펴보고자 한다.

1. 기능주의이론

1) 기본 가정

기능주의이론의 핵심 개념은 사회적 욕구 또는 기능적 전제조건, 부분, 평형상태라는 세 가지로 논의할 수 있다(김성이·김상균, 1994).

　사회적 욕구 개념은 사회가 유지 혹은 존속하려면 사회 구성원을 외부의 위협으로부터 보호하고, 내부갈등을 해소하며, 생존에 필요한 재화를 생산하는 것과 같은 특정의 욕구를 충족해야 하는, 즉 사회가 유지되는 데 필요한 기능적 전제조건이 있음을 의미한다. 생물 유기체가 서로 다른 기능을 수행하는 기관의 조화와 균형을 통해 생명을 유지하듯, 개인·가족·집단·조직·제도 등이 각자의 기능을 수행하여 사회가 유지된다. 사회를 구성하는 요소들은 사회 유지에 적합한 기능이 있으며 이 요소들은 통합적이고 안정적인 구조를 지향하는 것으로 간주된다. 개인도 사회를 이루는 구성 요소로, 사회질서가 유지되는 데 필요한 기능을 담당한다. 사회규범 혹은 사람들이 공유하는 가치는 지켜야 하며 규범이나 가치를 따르지 않는 것은 안정과 질서를 위협하는 위험한 행위로 간주한다.

　부분 개념은 사회가 다수의 상호의존적인 부분들로 구성되어 있음을 일컫는데, 사회적 욕구를 충족하기 위한 가족, 종교, 경제 등과 같은 각 부분이 각각의 기능을 효과적이고 효율적으로 수행함으로써 사회가 존속된다. 기능주의에서는 사회는 상호의존하는 부분들의 통합이라고 이해한다(Colomy, 1990). 기능주의는 사회를 상호의존하는 부분들의 통합으로 간주하므로 사회가 생물 유기체와 같다고 여긴다.

평형상태는 전체와 부분 간 관계성을 규정하는 개념으로, 전체 사회는 부분인 하위체계의 통합이므로 통합 상태의 하위체계들은 반복되는 특정 유형의 과정에 의해 평형상태를 유지하게 된다. 기능주의이론에서 변동이나 갈등은 궁극적으로 통합과 안정을 추구하는 과정 속에서 일시적이거나 부정적인 현상으로 가정한다. 기능주의는 사회변동이나 갈등이 생기면 문제라고 여기는 경향이 있으나, 기능주의도 변화를 설명할 수는 있다. 기능주의에 따르면 체계의 한 부분에서 변화가 일어나면 그 변화는 다른 부분에까지 파급되고, 나아가서는 전체 사회에 영향을 미친다.

기능주의이론이 가정, 직장, 동호회, 종교기관 등 도처에서 발생하고 있는 성차별과 같은 사회현상을 어떻게 설명하는지 살펴보자. 기능주의이론에서는 성차별에 해당하는 현상을 성역할 구분이나 성역할 분화와 같은 표현을 사용해 설명한다. 기능주의 관점에서 성역할 구분은 남성과 여성의 생물학적 특성을 고려해 남성과 여성의 적합한 일을 분리하여 역할을 수행하는 것이 사회유지와 발전에 기여하는 것으로 본다. 이러한 기능을 담당하도록 남성과 여성의 역할을 구분하는 사회제도가 만들어졌고, 이러한 제도는 사회화 과정을 통해 유지되는 것으로 설명한다. 기능주의 시각에서 사회화는 사회생활에 필요한 태도, 가치관, 역할수행, 지식 등을 학습하고 훈련하여 개인이 사회에 적응할 수 있게 함으로써 사회질서를 유지하는 기능을 한다.

기능주의이론에 대한 평가는 긍정적 요소와 부정적 요소를 포괄하고 있다(강상경, 2018). 긍정적 측면에서는 기능주의가 사회를 이해하는 총체적 시각을 제공하는 것으로 평가한다. 기능주의는 개인, 집단, 조직 등 사회의 하위체계에 대해 이해하는 시각을 제공할 뿐 아니라 이 하위체계가 각각의 기능을 수행하여 전체 사회의 유지와 존속에 기여하는 메커니즘을 설명했다. 또한 사회의 속성을 설명하는 기능적 전제조건, 부분, 평형상태라는 핵심 개념으로 사회체계의 거시적·미시적 속성과 역동성을 이해하는 이론적 틀을 제공했다. 부정적 측면의 평가는 기능주의가 현존하는 사회구조에 초점을 두고 있어 사회체계의 역사적 변화나 전개를 설명하는 데 한계가 있다는 지적이다. 기능주의는 안정된 사회구조를 이해하는 데 초점을 두어 사회체계에 대한 낙관적 사회관과 더불어 사회체계를 유지하려는 보수주의적 성향을 지닌 것으로 평가된다.

2) 기능주의이론과 사회복지

기능주의는 사회정책학의 이론 구축에 크게 기여한 점을 비롯하여 사회복지에 미친 영향이 지대한 이론으로 평가된다. 사회복지에 대한 기능주의의 기여는 다음과 같다(Forder et al., 1984: 김성이·김상균, 1994 재인용). 첫째, 기능주의는 사회서비스 발달을 변화하는 사회의 욕구 충족을 위한 사회체계의 점진적 적응으로 설명하는 합리이론을 등장시키는 데 기여했다. 둘째, 기능주의는 사회적 긴장과 조직 간 혹은 특정 조직 내 긴장을 분석할 수 있는 분석틀을 제공했다. 예를 들면, 가족의 기능적 변화로 인한 사회보장제도, 보육정책 등의 변화를 설명할 수 있다. 셋째, 기능주의는 잠재적 기능개념 등 보완이 이루어지면서 사회정책의 과정에 대한 이해를 증진했다. 예를 들어, 경제정책과 사회정책 간 알력, 클라이언트와 전문가 간 이해관계 대립, 사회보장체계의 다목적 혹은 다기능성

현상 등에 대한 분석틀로 활용될 수 있다.

　가족복지실천과 같은 미시적 실천에 기능주의이론을 적용하면 가족
문제를 바라보는 시각, 즉 가족문제의 원인과 대응을 제시하는 데 보수
적인 성향으로 접근하게 된다. 가족 구성원 개인의 일탈행동, 사별, 이혼,
별거로 인한 가족해체, 가족 유대감 약화 등 가족의 기능수행이 원활하
지 못한 상태를 가족문제로 규정하므로, 기능주의이론은 가족문제의 원
인을 가족 구성원의 부적합한 태도나 가치관, 기대와 조화를 이루지 못
하는 역할수행 등 개인의 결함에 초점을 둔다. 역기능적인 가족이 증가
하는 것은 전체 사회에 바람직하지 않기 때문에 기능주의 관점에서는 가
족문제 해결이 중요하다. 가족문제 예방을 위해 가족 구성원이 적합한
태도, 가치관, 역할수행 등에서 결함이 없도록 교육에 중점을 둔다.

2. 갈등주의이론

1) 기본 가정

갈등주의이론은 한정된 재화와 권력의 분배를 둘러싸고 개인 간, 집단
간 대립과 갈등이 사회에 항상 존재한다고 가정한다. 따라서 갈등주의는
사회를 구성하는 각각의 부분이 자신의 이익에 따라 움직이는 것으로 간
주하고 갈등과 변동 중심으로 사회를 설명한다. 갈등주의이론은 무질서
나 부조화가 인간생활에서 피할 수 없는 현상이고 자연스러운 것으로 보
며 갈등이 사회발전의 원동력이라고 강조한다. 갈등주의 시각에서 사회

는 끊임없이 알력적인 다양한 이익집단, 연합체 혹은 계급이 강제, 제재, 지배를 통해 유지된다(김성이·김상균, 1994). 갈등주의이론은 사회통합과 안정이 재화나 권력을 가진 기득권 집단이나 지배집단에 의해 추구되는 것으로 보고, 사회 저변에 갈등이 상존하기 때문에 사회변동이 발생한다고 설명한다.

기능주의는 사회계층이 인력을 적재적소에 효율적으로 배치하는 것과 같은 사회적 필요성으로 인해 존재하는 것으로 설명한다면, 갈등주의는 집단 간 지배와 착취에 의해 계층이 생성되는 것으로 설명한다. 성차별 현상도 갈등주의 관점에서는 남성이 농경시대부터 계속 차지했던 지배적 지위를 활용해 여성을 구조적으로 차별해온 것으로 설명한다. 갈등주의 시각에서는 가부장제, 사회의 경제구조 등이 남성 우위의 사회를 초래한 것으로 여긴다. 갈등주의 관점에서 사회화는 기득권집단이나 지배집단의 이익을 유지하거나 강화하기 위한 요소가 전달되는 기제이다. 갈등주의이론에서는 남성 중심의 사회에서 여성이 차별 받는다는 인식조차 못 하게 법, 교육, 제도 등을 통해 성차별이 정당화되는 것으로 설명한다.

사회 및 역사를 이해하는 총체적 시각을 제공하는 갈등주의이론은 사회현상의 변화를 설명하는 데 한계가 있는 기능주의와 대비되는 장점으로, 권력과 자원의 편재와 갈등을 통한 사회변동 현상을 잘 설명해 주는 이론적 틀을 제공한다(강상경, 2018).

갈등주의이론의 한계를 살펴보면 다음과 같다(김성이·김상균, 1994). 첫째, 갈등주의이론에 대한 경험적 검증이 어렵다는 비판이다. 갈등, 지배, 제재 등과 같은 갈등주의이론에서 사용하는 용어의 개념 정의가 명확하지 않고 조작적 정의에 한계가 있어 과학적으로 관찰·검증하는 것이 용이하지 않다는 것이다. 둘째, 갈등주의이론에 의하면 사회체계가 지배집단과 종속집단 간 갈등상태에 있는 것으로 가정되지만, 비판자는 변화보다 질서가 훨씬 더 실제 상황에 가깝다고 주장한다. 셋째, 분석단위가 모호하다는 비판을 받는다. 이론의 추상성이 높으므로 갈등 분석단위를 개인, 집단, 조직, 계급, 공동체, 국가 등 모든 사회단위에 적용할 수 있는 반면, 갈등단위의 초점을 어디에 둘지 모호하다는 것이다. 넷째, 갈등주의이론 내에 기능주의가 잠재적으로 포함되어 있다는 비판이다. 갈등의 원인과 결과를 설명하는 과정에서 사회현상의 기능을 설명하다 보니 인과관계가 모호해진다는 지적이다. 갈등주의에서 갈등은 다른 힘에 의해 일어나는 결과인 종속변수이면서 다른 과정에 변화를 일으키는 힘인 독립변수이기 때문에 인과관계를 구별하는 것이 명확하지 않다. 다섯째, 갈등주의의 대표적 이론인 마르크스의 유물론에 대한 비판이다. 유물론의 가정처럼 사회는 경제적 이해관계의 단순한 반영으로 간주할 수 없으며, 유물론에서 말하는 자본주의의 필연적 멸망과 같은 사회변화에 대한 예측은 실현되지 못했다.

2) 갈등주의와 사회복지

신마르크스주의자가 주도한 갈등주의 관점의 사회복지에 대한 공헌을 살펴보면 다음과 같다(김성이·김상균, 1994). 첫째, 신마르크스주의는 국가의 사회서비스 제공현상이 자유방임적 자본주의의 산물인 반복지에 대한 인도주의적 대응이라는 해석에 반대되는 입장으로, 복지국가에 대한 대안적 해석을 제공했다. 국가의 사회복지 확대현상은 자본가계급의 필요에 의해 이윤보장, 새로운 투자, 경제성장과 같은 축적기능과 정의·형평의 유지와 같은 정당화기능이라는 두 가지의 상반된 성격의 기능을 국가가 수행할 수밖에 없기 때문이라고 설명한다. 둘째, 갈등주의이론의 일환인 정치경제학을 활용한 복지국가 분석은 복지국가의 본질이 자본주의 사회의 유지에 필요한 노동력의 재생산 양식을 수정하고 비노동인구를 유지하기 위해 국가권력을 사용하는 것으로 보는 등 복지국가의 실체에 대한 이해의 폭을 넓혔다. 셋째, 갈등주의이론은 복지국가가 해결할 수 없는 자본주의의 모순을 발견하는 데 기여했다. 변증법적접근을 적용하면 국가의 사회복지 확대현상을 설명하는 축적과 정당화기능도 모순 관계에 있으므로 해결이 필요해진다. 경제위기 상황에서 정부의 사회적 지출 감소는 사회복지가 경제의 생산적 시장에 부담이 되고있음을 밝혀 주는 것으로, 갈등주의이론은 경제위기에 대한 정부의 대응행동을 이해하는 데 유용한 틀이 된다. 넷째, 갈등주의이론의 일환인 신마르크스 관점은 사회정책에서 이데올로기의 역할이 유효함을 부각시켰다. 복지국가 위기론의 등장과 함께 복지이념의 모형에 마르크스주의가 포함된 것은 신마르크스주의의 공헌이다.

갈등주의이론은 사회복지사에게 문제의 원인을 개인보다 사회구조에서 찾고, 이를 해결하기 위해 갈등에 대한 인식과 문제해결을 위한 실천행동에 복지제도나 정책 등 거시적 요소에서 해법을 찾도록 하고, 복지요구투쟁이 사회복지서비스 발전을 고취시키므로, 이를 위한 조직화가 중요하다는 점을 시사한다(지은구·조성숙, 2019).

한편, 가족복지실천과 같은 미시적 실천에 갈등주의를 적용해 보면 갈등주의 시각에서는 가족문제를 가족 구성원 간의 갈등이 표출된 상태로 간주한다. 가족 구성원 간에도 경제적 재원, 권위나 영향력 등을 둘러싸고 자연스럽게 갈등이 일어나는 것으로 본다. 기능주의 관점이 갈등을 유발하는 가족 구성원 간의 불평등한 관계를 개선하는 데 초점을 두는 반면, 갈등주의이론에서는 가족 갈등을 자연스럽고 정상적으로 여기기 때문에 근원적 갈등을 표출하고 해결하는 방향을 강조한다.

3. 상징적 상호작용이론

1) 기본 가정

상징적 상호작용이론을 지지하는 학자는 개인만 존재할 뿐 사회라는 고정된 실체는 존재하지 않는다고 주장하면서, 사회를 상징적 상호작용을 통해 사회체계를 형성하는 사람들의 집단이라고 보았다(김윤태, 2017). 따라서 상징적 상호작용이론은 일상생활에서 다른 사람과 접촉하는 개인 간 상호작용으로 발생하는 현상에 초점을 둔다. 상호작용주의 시각은 인간의 핵심특성이 사물이나 인간행동의 의미를 해석할 수 있는 힘을 갖고 있는 것으로 본다(김성이 · 김상균, 1994). 인간이 지닌 정신(*mind*)은 주변의 대상에 상징을 부여함으로써 의미를 찾고, 언어라는 의사소통의 상징적 수단을 활용해 추상적 상징이나 기호를 해석할 수 있는 능력을 발휘한다는 것이다. 즉, 개인 간 상호작용에는 상징행위가 담기는데, 상징행위는 사물이나 인간의 동작에 의미를 부여하고 이를 공유하는 것으로 언어나 몸짓을 말한다. 따라서 사회적 현상은 개인이 일상생활에서 상징행위를 통해 상호작용을 함으로써 나타난 주관적 의미를 담은 것으로 간주된다.

　미드(Mead)는 인간 마음의 독특한 특징은 ① 환경 안의 대상을 표시하기 위해 상징을 사용하고, ② 이 대상을 향한 행위의 대안적 노선을 시연하며, ③ 부적절한 행위노선을 억제하고 행위가 표면화되는 적절한 과정을 선택하는 역량이라고 생각했다(김윤태 외 역, 2019). 미드는 환경 속 다른 행위자를 상징적으로 가리킬 수 있는 것처럼 사람들은 스스로를 대상으로서 상징적으로 재현할 수 있다고 보았다. 나아가 미드는 자아가 사회경험과 사회활동의 과정에서 생성되는 것으로 간주했는데, 사회화 과정을 설명하기 위해 자아를 세분화했다(김성이·김상균, 1994). 즉, 주관적 자아(*I*)와 객관적 자아(*me*)로 나누었는데, 주관적 자아는 충동적이고 자발적이며 통제받지 않는 경향을 의미하는 반면, 객관적 자아는 타인과의 상호작용을 통해 자신 속에 내재화된 사회적 기대를 일컫는다. 미드에 따르면 자의식은 다른 사람의 존재로 인해 생긴다. 자의식이란 다른 사람이 보는 나의 의미를 인식할 때만 존재할 수 있는 것으로, 자아는 혼자서 생각하고 만들어낼 수 있는 것이 아니며, 자아를 형성하는 데는 주관적 자아만큼 객관적 자아도 중요하다고 보았다. 미드는 사회적 자아를 I와 me의 역동적 관계라고 설명했다. 자아의 행동이 주관적 자아와 객관적 자아 사이에서 발생하는 상호작용의 산물이라는 이 설명은 인간의 행위를 주관적 자아와 객관적 자아를 더한 사회적 자아로 규정한다.

　미드는 사회가 행위자 사이에서, 또 행위자 내에서 상징적 상호작용으로 유지되고 변화되는 조율된 활동의 구성된 유형을 재현한다고 믿었는

데, 그에 의하면 사회의 유지와 변화는 마음과 자아의 과정을 통해 일어난다(김윤태 외 역, 2019).

상징적 상호작용이론에서 보는 사회질서는 상호작용을 지속하는 개인 사이에서 주고받는 말과 행동의 의미를 개인이 어떻게 해석하며, 그 해석에 따라 말과 행동을 어떻게 하는가에 따라 좌우된다(김성이·김상균, 1994). 이러한 점에서 상징적 상호작용이론에 따르면 상호작용이 없으면 사회는 유지·존속되기 어렵고, 사회조직은 사회 구성원의 상호작용에 기초한다(강상경, 2018). 사회조직을 이해하려면 상호작용을 파악해야 하는데, 상호작용의 과정은 상대방의 행위가 갖는 의미를 해석하고 행위가 일어난 상황을 파악하는 과정, 의미해석 및 상황파악에 따라 자신의 행위를 조정하는 과정, 상대방에게 자신의 의미를 제시하는 과정으로 구분될 수 있다. 상징적 상호작용이론의 시각은 인간을 주어진 사회규범을 수동적으로 따르는 존재가 아니라, 대상과 상황을 주관적으로 규정하고 의미를 부여함으로써 자신의 세계에 능동적으로 작용하는 존재로 간주한다.

상징적 상호작용이론은 인간행동에 영향을 미치는 사회관계의 힘에 주목하는데 그 예로 낙인이론은 처음 범죄를 저지른 사람을 주변에서 범죄자라고 낙인찍어 결국 그 스스로 범죄자의 가치, 행동, 태도를 갖게 되어 다시 범죄자가 되는 경우를 설명한다(김윤태, 2017). 일탈과 비행이 개인행위의 특성이 아니라 다른 사람의 반응에 의해 규정된다고 보는 것이다.

거시적 관점과 비교를 위해 성차별과 관련된 상징적 상호작용이론의 설명을 보면, 상징적 상호작용이론에서는 차별적 상호작용 과정을 성차별의 원인으로 간주한다. 상징적 상호작용 관점에서는 사회화에서 사람 간 상호작용이 자아형성에 미치는 영향을 강조하는데, 자신에 대한 다른 사람의 의견이나 판단이 자아개념에 반영된다는 것이다. 일례로 아동에게 의료 분야의 직업을 경험하는 역할놀이에서 배역을 결정할 때 여아에게 간호사 역할을, 남아에게 의사 역할을 담당하게 하는 식의 상호작용은 직업에 관한 개인의 의식과 행위에 영향을 미칠 수 있다.

상징적 상호작용이론은 거시적 시각인 기능주의나 갈등주의와 대조적으로 미시적 접근을 취하고 있어 사회에 대한 이해뿐 아니라 인간행위에 대한 이해를 할 수 있는 이론적 틀을 제공했고, 기능주의 및 갈등주의의 결정론적 이론 제시와는 다르게 결정론을 지향하지 않는 차별화된 특징이 있다. 이는 상징적 상호작용이론의 상대적인 강점으로 평가된다(김성이·김상균, 1994).

반면, 상징적 상호작용이론에 대한 부정적 평가는 다음과 같다(강상경, 2018). 첫째, 상징적 상호작용이론은 분석단위를 개인이나 조직 등 사회의 하위구조에 초점을 맞추므로, 미시적 사회구조 간 상호작용을 이해하고 설명하는 데는 적절하지만 거시적 사회구조를 이해하고 설명하기에는 한계가 있다. 둘째, 하위단위에 초점을 맞추는 상징적 상호작용이론의 특성상 정치적·역사적으로 형성되는 사회변동이나 과정을 분석하는 데는 한계가 있다. 셋째, 상징적 상호작용이론을 활용한 연구는 주로 사회적 약자에 대한 낙인, 선입견, 차별 등이 생기는 원인을 규명하는 데 중점을 두기 때문에 사회적 약자를 옹호하는 가치지향적 이론으로 비판되기도 한다.

2) 상징적 상호작용이론과 사회복지

사회복지와 관련된 사회구조적 문제에 대해서는 거시적 관점인 기능주의나 갈등주의가 기여했지만 상징적 상호작용이론은 사회정책과 사회서비스 실천이 어떻게 개인에게 직접적 영향을 주는지 밝히는 데 도움을 준 것으로 평가되는데, 상징적 상호작용이론의 공헌은 다음과 같다(김성이·김상균, 1994 재인용). 첫째, 대면적 상호작용에 초점을 두기 때문에 정책 결정이 실천에 미치는 영향을 쉽게 파악할 수 있으며, 좋은 의도에서 출발한 정책이 적용방법의 잘못으로 실패할 수 있는 가능성을 경고한다. 둘째, 사회복지 관련법의 입법과정이나 사회복지 행정에서 전문가나 관료의 영향력 행사를 파악할 수 있게 해준다. 셋째, 전문가가 클라이언트의 상황 인식이나 해석을 중요시하고 반드시 반영해야 함을 주장했다. 즉, 클라이언트의 자기결정 원칙의 중요성을 재확인했다.

상징적 상호작용이론을 클라이언트체계가 가족인 미시적 실천에 적용해 보면 거시적 관점과의 차이를 비교해볼 수 있다. 상징적 상호작용이론에서는 가족문제를 가족 구성원 간 상호작용에서 특정한 이슈나 요소에 의미를 부여하는 과정에서 문제가 발생하는 상태로 설명한다. 이 관점에서는 가족 구성원의 상호작용 방식을 수정하면 가족문제를 해결할 수 있다고 본다.

23장

사회체계이론

사회체계이론은 자연과학적 체계의 개념을 활용해 인간과 환경 간에 이루어지는 상호작용과 상호관계를 설명한다. 체계는 구별되는 방식으로 상호작용하고 일정시간 동안 지속되는 요소들로 이루어진 조직화된 전체를 뜻한다(Anderson & Carter, 1990). 버클리(Buckley, 1967: 41)의 정의도 유사한데, 그는 체계가 일정기간 동안 어느 정도의 안정성을 가지고 인과적 관계 속에 직접적 혹은 간접적으로 관련된 구성요소의 복합체라 했다. 체계의 속성을 좀더 세분화한 마틴과 오코너(Martin & O' Connor, 1989: 37~38)는 체계가 ① 조직화(*organization*), ② 상호인과성(*mutual causality*), ③ 항구성(*constancy*), ④ 공간성(*spatiality*), ⑤ 경계(*boundary*)라는 다섯 가지 속성을 가진다고 보았다.*

---

* 다섯 가지 속성은 다음과 같다. 첫째, 조직화는 체계의 부분 혹은 요소가 서로 관계있고 연결되어 있음을 뜻한다. 둘째, 상호인과성은 상호의존을 의미한다. 체계의 한 부분에 일어난 사건은 직접적·간접적으로 모든 부분에 영향을 미친다. 셋째, 항구성은 체계가 지속성이 있음을 뜻한다. 넷째, 공간성은 체계가 물리적 공간을 점유하며 관찰될 수 있음을

사회체계이론은 모든 조직수준과 인간결사체의 형태에 체계 개념을 적용한 것이다. 사람들이 공동의 장소와 문화를 공유하고 서로 상호작용하는 사회는 앞에서 기술한 체계로서의 다섯 가지 속성을 갖고 있다. 즉, 사회체계는 ① 일정기간에 걸쳐(항구성), ② 서로 관계를 맺고 있는(조직화), ③ 적어도 두 사람을 포함하며(공간성), ④ 어떤 식으로든 구성원이 아닌 사람을 분리하면서(경계), ⑤ 관련된 모든 구성원이 서로 영향을 미치고 있다(상호인과성). 사람들이 개별적 및 집합적으로 살고 행동하는 상황인 사회환경은 개인이 속한 가족, 집단, 조직, 지역공동체, 사이버환경 등으로 구성된다.

1. 기본 가정

앞서 기술한 개념정의에서 드러나듯 체계의 구성요소는 상호의존적이고 지속적으로 상호작용하는 속성을 지니고 있다. 또 체계의 한 구성요소의 변화는 다른 요소 간의 상호작용의 속성을 변화시키므로 전체체계의 속성을 변화시킨다. 그런데 사회체계이론은 체계가 변화한다는 것은 인정하지만 그 변화과정이 체계 내에 배제와 억압을 강화할 가능성에는 관심이 없고 변화과정이 기능적이고 자동적으로 회복하는 것으로 간주한다.

뜻한다. 다섯째, 경계는 공간성과 관련되는데, 경계란 체계의 테두리로 다른 체계와 환경을 구분한다. 체계로 들어오고 나가는 정보와 자료는 경계를 통해 여과된다.

그린(Greene, 2017a: 166)은 사회체계이론의 기본 가정을 아래와 같이 제시했다.

- 사회체계는 한 단위 혹은 전체를 이루는, 상호관련된 성원들로 이루어진다.
- 사회체계의 조직상 범위는 확립되었거나 혹은 임의로 규정된 경계와 성원자격으로 정해진다.
- 경계는 다른 사회체계들과 구별되는 체계로서의 정체성과 중심점을 규정한다.
- 체계의 환경은 그 체계의 경계선 밖으로 규정된 것이다.
- 사회체계에서의 삶은 그 참여자들의 활동의 합 이상이다.*
- 사회체계의 성원 간에는 고도의 상호의존과 조직이 있다.
- 모든 체계는 다른 더 큰 체계의 하위체계이다.
- 사회체계 간의 상호의존과 상호작용이 있다.
- 사회체계는 적응적 혹은 목표지향적이다.
- 사회체계의 한 성원에게 일어난 변화가 전체 사회체계의 특성에 영향을 미친다.
- 사회체계 경계를 가로지르는 관계, 즉 사회체계와 외부환경 간의 상호작용이 그 사회체계에 유용한 능력과 내적 구성에 영향을 미친다.
- 구조**의 불균형이 일어나면 체계를 움직이는 사회체계 내의 변화

---

* 전체체계는 부분체계의 합 이상이라는 의미는 전체체계의 독특한 관계상의 특성을 이해하면 명료해진다.

혹은 사회체계를 넘어서는 범위로부터의 변화가 균형을 재수립하려는 시도를 야기한다.

사회체계이론은 체계 간 상호작용에 초점을 맞추어 체계의 구성요소 간의 순환론적 인과관계를 이해하는 데 기여했으나 체계가 왜 상호작용하게 되는지 설명하는 데는 한계가 있다(강상경, 2018).

2. 주요 개념

1) 경계와 공유영역

사회체계의 경계(*boundary*)란 체계를 외부환경으로부터 구분하는 일종의 테두리를 의미한다(Chetkow-Yanoov, 1992: 19). 이는 개념적인 것으로, 누가 그 체계에 참여하는지를 규정하는 임의적 방법이다. 피부가 신체기관 및 기관 간의 보호막이므로 경계는 자주 사람의 피부에 비유된다. 그러나 피부와 달리 사회체계의 경계는 눈으로 보거나 만질 수 없고, 단지 그 체계를 구성하는 사람들이 서로에 대해, 그리고 외부사람에 대해 행동하는 방식에서 드러난다. 즉, 사회체계의 경계는 사회적 구조이지 물리적 구조가 아니므로 경계를 유지하는 행동을 통해서만 드러난다. 경계

** 구조란 사회체계에서 성원 간의 안정된 관계의 패턴을 말하며, 각 사람이 행하는 기능에 기초한다.

는 행정지역, 정치적 성향, 법적 정의, 인종처럼 객관적 기준에 근거할 수도 있으나 어떤 사람이나 집단을 열등하다고 낙인찍는 것처럼 인위적으로 정해질 수도 있다(Kuhn & Beam, 1982).

사회체계에서 경계는 세 가지 주요 기능을 한다(Norlin, Chess, Dale, & Smith, 2003: 61). 첫째, 그 체계의 정체성을 규정해 준다. 둘째, 상위체계인 환경과의 내적·외적 교환을 통제한다. 셋째, 그 체계를 구성하는 요소의 역할을 규정한다.

공유영역(*interface*)은 서로 다른 체계들이 접촉하거나 의사소통하는 지점 혹은 한 체계가 다른 체계와 공유하는 경계 부분을 일컬으며(Barker, 1999: 247), 이 두 체계는 공유된 경계와 공동으로 수행된 경계유지 노력으로 공통의 목표 달성을 추구하는 것으로 설명된다. 어떤 사회체계든지 상위체계 내에 구성요소가 있으면 많은 공유영역이 있게 된다. 예를 들어, 개인 간 혹은 기관 간에 계약의 형태로 이루어지는 것이 공유영역이 될 수 있다. 공유영역은 서로 다른 두 체계의 공통된 관심사를 반영한다는 점에서 경계와 구별된다(Norlin, Chess, Dale, & Smith, 2003: 64). 즉, 경계는 체계의 정체성을 유지하는 데 필요한 반면, 공유영역은 상이한 두 체계가 공통된 이익이나 관심을 추구하기 위해 필요하다.

2) 개방체계와 폐쇄체계

개방체계(*open system*)와 폐쇄체계(*closed system*)의 개념을 설명하려면 앞서 설명한 경계의 개념이 필요하다. 체계는 그 경계를 넘는 에너지나 정보의 교환을 수용할 수도 있고 수용하지 않을 수도 있다. 개방체계는 체계 내에서 정보와 자원을 자유롭게 교환하며 체계 안으로뿐 아니라 체계 밖으로도 자유롭게 에너지의 통과를 허용한다. 폐쇄체계는 터놓지 않으며 환경으로부터 고립되어 있다.

개방체계는 반투과성의 경계를 가지므로 경계가 상대적으로 느슨해 에너지, 정보, 자원을 다른 체계와 교환한다. 반면, 폐쇄체계는 다른 체계들과 상호작용하지 않으므로 다른 체계로부터 투입도 없고 다른 체계에 산출을 전하지도 않는다. 체계가 폐쇄적이면 시간이 지나면서 모든 요소들이 비슷해지기 시작하여 결과적으로 조직과 효과적인 기능의 상실이 초래되는 엔트로피(*entropy*) 속성이 나타나게 된다(Compton & Galaway, 1989: 125). 사회체계가 성장하고 발달하려면 상호작용하는 다른 체계로부터의 투입에 어느 정도 개방적이어야 한다. 건전한 체계는 반투과성의 경계를 가지며 이 경계를 잘 유지한다.

3) 초점체계, 상위체계, 하위체계

사회체계는 부분성과 전체성을 동시에 갖고 있다. 즉, 체계는 부분으로 구성되는데 한 체계가 이를 구성하고 있는 부분에 대해서는 전체가 되고, 동시에 그 체계는 보다 큰 체계의 부분이 된다. 초점체계(*focal system*)

는 관심의 대상이 되는 특정한 사회체계를 일컫는다(Norlin, Chess, Dale, & Smith, 2003: 17). 예를 들면, 김씨 가족의 갈등이 관심사인 경우, 이 가족이 초점체계가 된다.

초점체계의 외부에 있으면서 그 체계에 기능적으로 연결되어 영향을 미치는 사회단위가 그 체계의 상위체계(*suprasystem*)가 된다(Norlin, Chess, Dale, & Smith, 2003: 17). 김씨 가족이 속한 확대가족은 김씨 가족이라는 초점체계의 상위체계라 할 수 있다.

초점체계의 내부에 있으면서 내부의 다른 하위단계의 단위와 상호작용하여 체계를 이루는 것이 하위체계(*subsystem*)이다. 김씨 가족의 하위체계는 부부체계, 부모자녀체계, 형제체계 등이 있다.

4) 의사소통과 피드백

사회체계는 에너지와 정보의 이전이 필수적이다. 의사소통은 체계의 목표 달성을 위한 에너지의 이전이다. 체계는 환경과 상호작용할 때 정보를 줄 뿐 아니라 정보를 받는다. 상호작용은 언어적 혹은 비언어적 의사소통을 통해 실현된다.

피드백(*feedback*)의 개념은 인공두뇌학(*cybernetics*)에서 비롯되었다. 사이버(*cyber*)라는 단어는 조종하는 것 또는 키잡이를 뜻하는 그리스어에서 유래했는데, 키잡이는 시야나 계기를 통해 눈으로 입수할 수 있는 정보, 즉 피드백에 반응해 끊임없이 키를 조정함으로서 배를 조정한다. 동일한 원리를 적용해 보면 사회체계도 피드백을 통해 앞으로 나아간다. 사회체계가 건강하고 발전하는 경우는 피드백이 방해받지 않고 빠르게 일어날 때이다. 이와 같이 피드백은 정보의 투입에 대한 반응으로 작용하며, 연속적인 행동을 수정하도록 그 행동의 결과를 새로운 정보로 포함하는 것을 뜻한다. 사회체계는 목표와 관련된 피드백을 외부환경으로부터 받아들이기 때문에 목적지향적이라 일컬어진다. 즉, 피드백이 그 체계의 행동을 지시하는 목표로부터 파생된 것이기 때문에 피드백으로 조정되는 사회체계는 맹목적으로 내적 기제를 따르지 않고 목적지향적으로 된다(Buckley, 1967: 53).

피드백의 종류는 두 가지로 나뉜다. 부적 피드백은 체계가 목표를 성취하기 어려운 방식으로 행동하고 있다는 정보를 주어 목표와 조화를 이루도록 행동을 수정하게 한다. 정적 피드백은 체계가 목표와 관련하여 적절하게 행동하고 있으며, 그러한 행동이 더욱 요청된다는 의미를 전달한다. 예를 들어, 자녀의 행동이 수업을 자주 방해한다는 부적 피드백을 교사로부터 받으면, 부모는 자녀의 행동문제를 고치는 데 관심을 기울이게 된다. 반면, 자녀의 성적이 향상되고 있다는 정적 피드백은 부모에게 그동안 해온 방식대로 계속하도록 자신감을 준다. 피드백으로 체계는 목표를 달성하기 위한 노력을 더욱 효과적으로 조정할 수 있다(Kuhn & Beam, 1982; Rosenberg & Brody, 1974).

이와 같이 인간은 사회환경으로부터 반응을 받고 환경으로부터의 신호에 적응한다. 그러므로 피드백은 일종의 적응기제다. 효과적 피드백과 의사소통양식을 수립하는 것은 그 체계의 적응능력에 관련된다. 기능적 의사소통을 하는 사람은 필요시 메시지를 고쳐 말하고, 명료화하며, 수정할 수 있고, 피드백에 적절하게 반응하며, 자신의 인식을 점검하고, 예를 들어줄 것을 요청할 수 있다. 역기능적 의사소통을 하는 사람은 불명확하다. 이들은 관련된 것들을 흔히 잊고, 질문을 무시하며, 맥락에 맞지 않게 반응하고, 자주 부적절하게 행동한다.

5) 투입, 전환, 산출

투입(*input*)은 과업 관련 투입과 유지 관련 투입이라는 두 가지 형태로 나뉜다(Norlin, Chess, Dale, & Smith, 2003: 66). 과업 관련 투입은 그 사회체계가 관심을 갖는 지각된 욕구, 문제 혹은 기회로 인해 발생한다. 유지 관련 투입은 지각된 욕구를 충족시키거나 문제를 다루거나 기회를 모색하거나 이용하는 데 필요한 자원이다. 사회복지기관의 예를 들면, 클라이언트의 문제는 과업 관련 투입이고, 사회복지사 또는 돕는 데 필요한 기타 자원은 유지 관련 투입이 된다.

전환(*conversion operations*)은 구조와 기능으로 구성된다(Norlin, Chess, Dale, & Smith, 2003: 74). 구조는 체계의 투입이 산출되는 과정에서 나타나는 일종의 순서이다. 구조에 포함되는 것은 역할, 공식적인 행정적 준비, 시간, 예산, 계획안, 공간, 다른 체계와의 유대 등이다. 기능은 실제행동 그 자체다.

과업 관련 투입은 유지 관련 투입으로 가동되는 전환과정을 통해 산출(*output*)을 낳는다. 산출은 과업산출, 유지산출, 소모로 분류된다(Norlin, Chess, Dale, & Smith, 2003: 77). 과업산출은 과업 관련 투입이 처리된 결과이다. 사회복지기관의 경우 원조를 요청한 클라이언트의 문제가 종결된 결과가 과업산출이 된다. 유지산출의 예로는 클라이언트가 사회복지기관과 접촉함으로써 습득한 대인관계에 관한 지식과 기술을 들 수 있다. 소모는 과업산출과 유지산출을 낳는 데서 자원의 비효과적·비효율적 혹은 부적절한 사용을 의미한다. 사회복지사의 소진이 소모의 예이다. 산출은 다시 다른 체계의 투입으로 환경으로 내보내진다(Meyer, 1983: 43~44).

6) 균형, 항상성, 안정상태

균형(*equilibrium*), 항상성(*homeostasis*)과 안정상태(*steady state*)는 경계의 개방성에서 상이한 정도를 반영하는 개념이다(Anderson & Carter, 1984). 균형은 외부환경으로부터 새로운 에너지의 투입 없이 현상을 유지하려는 체계의 속성이다. 고정된 구조를 가지고 주위환경과 수직적 상호작용을 하지 않는 폐쇄체계는 수평적 상호작용만으로 이루어진다. 따라서 폐쇄체계는 내부균형을 낳는다.

항상성과 안정상태는 개방체계를 전제로 한다. 항상성은 환경과 지속적인 상호교환을 하는 체계에 존재하는데, 그 결과는 안정적이지만 정적인 균형이 아니라 역동적인 균형으로 나타난다. 이를테면 우리 몸은 외부환경에 급격한 변화가 일어나도 체내의 자동조절장치가 작동하므로 안정된 상태가 유지되곤 한다. 다시 말해, 외부기온이 변해도 인체의 조절 메커니즘인 발한, 수분함유량, 소름 등이 정상체온을 유지하기 위해 작용하므로 체온은 크게 변하지 않는데, 이와 같은 균형을 유지하려는 자동적 경향이 항상성이다. 항상성은 위협을 받았을 때 균형을 회복하려는 경향을 말한다. 그러나 항상성상태에서 체계의 구조는 크게 달라지지 않는다.

안정상태는 부분 간의 관계를 유지하고, 쇠퇴해서 붕괴되지 않도록 에너지가 계속적으로 사용되는 상태를 의미한다(Laszlo, 1972: 37). 안정상태는 환경과의 교환뿐 아니라 변화하는 여건에 적응하기 위해 구조를 변경시킬 수 있는 개방체계에 존재한다(Lewin, 1961). 건강한 개방체계는 현상 유지만 지향하거나 욕구 완화에만 그치지 않고 긴장이나 갈등을 성장의 전제조건인 건전한 자극으로 간주한다. 예를 들면, 안정상태로 개인-환경간의 상호교환을 하는 은퇴노인은 은퇴라는 변화를 이겨내기 쉽다. 그들은 상실한 직업적 역할에 집착하는 대신, 새로운 취미를 익히고, 새로운 친구를 사귀며, 새로운 역할을 맡는다.

7) 긴장

긴장은 복잡한 적응체계의 불가피한 속성으로 간주된다(Compton & Galaway, 1989: 128). 체계가 환경과 상호작용할 때 그 체계가 진화하는 데 긴장은 자연스러운 속성인 것이다. 예를 들면, 외부체계에 개방적인 가족은 스트레스를 느낄 기회가 더 많지만, 그 스트레스를 처리할 수 있으며 이러한 긴장의 결과로 성장할 수 있다. 긴장은 파괴적 혹은 건설적으로 나타나지만 사회체계이론에서는 긴장 그 자체에 대해서 긍정적이거나 부정적 가치를 부여하지는 않는다.

3. 사회체계의 역동성

파슨스(Parsons)는 모든 사회에서 특정한 기능적 전제가 사람들 사이의 공동생활을 위해 충족되어야 하며, 더 나아가 사회체계의 존속을 위해서는 이 기능적 전제들이 강제되어야 한다고 주장했다(이철·박한경 역, 2016). 사회체계의 평형 유지 과정을 밝히는 연구에서 파슨스는 사회체계가 유지되고 존속하려면 반드시 충족되어야 할 기능적 전제에 대해 AGIL 도식을 제시하였다. AGIL은 적응(*adaptation*), 목적달성(*goal attainment*), 통합(*integration*), 잠재적 유형유지(*latent pattern maintenance*)를 일컫는다.

파슨스는 모든 사회체계가 두 가지 축을 중심으로 구조적으로 분화된다고 보았다(Parsons, 1961). 수직적 축은 체계의 외재적-내재적 차원을 나타내며, 수평적 축은 도구적-충족적 측면을 나타내는 것으로 수단-목적 차원을 의미한다. 즉, 수직적 차원의 '외재적'과 '내재적'은 체계의 외부 관련성과 내부의 구조적 사실을 구별하고, 수평적 차원의 '도구적'은 행위의 수단을 지칭하고, '충족적'은 목적이 달성된다면 발생하는 상태를 의미한다(윤재왕 역, 2014).

파슨스는 이 두 축으로 사회체계가 안정상태를 유지하기 위해 성공적으로 충족해야 할 네 가지 기능상 전제를 규정하는 모형을 만들었다. 〈그림 23-1〉이 ① 목적달성, ② 통합, ③ 적응, ④ 유형유지라는 네 가지 기능상 전제를 나타낸 모형이다(Norlin, Chess, Dale, & Smith, 2003: 44).

파슨스가 이름 붙인 네 개의 칸에 대한 설명은 다음과 같다(윤재왕 역, 2014; 김윤태 외 역, 2019). 도구적 지향과 외재적 지향의 결합을 파슨스는 적응으로 일컬었다. 체계는 외부와의 관계를 도구화하고, 체계와 환경

그림 23-1 파슨스의 네 가지 기능상 전제 패러다임

	수단 · 도구적	목적 · 충족적
외재적	적응기능	목적달성기능
내재적	유형유지기능	통합기능

사이에 만족스러운 상태를 수립하기 위해 적절한 수단이 되는 상태에 도달하고자 노력한다. 적응은 환경으로부터 충분한 자원을 확보하여 체계 전반에 배분하는 것과 관련된다. 둘째, 외부 관계와 충족적 가치 실현의 결합을 파슨스는 목적달성이라고 부른다. 목적달성은 충족적 상태라는 것, 목적에 도달한 상태를 의미한다. 즉, 충족적 지향은 현재와 관련이 있다. 목적달성은 체계의 목적 중 우선적인 것을 수립하여 그 달성을 위해 체계의 자원을 동원하는 것을 말한다. 내재적 지향과 충족적 지향을 결합시킨 칸은 만족스러운 내재적 상태의 도달에 관한 것으로, 파슨스는 이를 통합으로 명명했다. 체계는 행위자에게 만족스러운 충족적 가능성을 창출함으로써 행위와 행위자를 통합한다. 통합은 체계단위 사이의 가능한 상호관계를 조정하고 유지하는 것을 가리킨다. 내재적 지향과 도구적 지향의 결합에 파슨스는 잠재적 유형유지라는 이름을 붙였다. 체계 고유의 구조라는 의미에서 '내재적'이고 미래에도 그 구조를 사용할 수 있도록 보장해야 한다는 의미에서 '도구적'이라는 것이다. 잠재적 유형유지는 유형유지와 긴장관리라는 두 가지 문제와 관련된다. 유형유지는 사회체계의 행위자가 동기, 욕구, 역할수행 등에서 적절한 특징을 보이는 것이고, 긴장관리는 사회체계 속 행위자의 내적 긴장을 다루는 것과 관련된다.

앞서 말한 바와 같이 사회체계의 개방성과 하위체계의 상호작용 때문에 사회체계가 정지상태로 있는 것은 불가능하다. 체계는 끊임없는 변화와 이동의 과정에 있으면서 동시에 역동적 평형(*dynamic equilibrium*)을 유지해야 한다. 목표를 향해 체계가 움직이는 것이 체계의 존속에 중요할지라도, 어느 정도의 질서와 안정성에 대한 체계의 욕구 또한 강하다.

이에 대해 버클리(Buckley, 1967)는 역동적 평형을 유지하는 것과 관련된 체계의 두 가지 속성인 구조유지(*morphostasis*)와 구조변화(*morpho-genesis*)를 논했다. 즉, 체계는 양극단에 도달하지 않으면서 현상유지와 변화 간을 이동하는 역동적 평형을 유지한다는 것이다.

24장

생태학이론

인간과 환경이 특정 문화와 역사적 맥락 속에서 서로 끊임없이 영향을 미치는 점을 감안해, 생태학이론은 이러한 맥락 속에서 인간과 환경을 바라본다. 생태학이론은 환경적 상황에 자연환경도 포함한다. 생태학이론은 단순한 인과관계의 규명이 아닌 복잡한 인간과 환경 간의 상호교류에 관심이 있다.

생태학적 접근으로 인간발달을 설명하는 브론펜브레너는 인간발달을 '인간이 자신의 환경을 지각하고 다루는 방식에서의 지속적 변화'라고 정의하면서 세 가지 기본전제를 제시했다(Bronfenbrenner, 1979). 첫째, 발달하는 개인을 단순히 환경의 영향을 받는 백지상태로 간주하는 것이 아니라, 환경을 재구성하는 존재인 성장하는 역동적 실체로 간주한다. 둘째, 환경도 상호조절 과정을 요구하면서 영향력을 발휘하기 때문에 개인과 환경 간의 상호작용은 상호호혜성의 특징을 가진 것으로 간주된다. 셋째, 생태학적 환경의 개념은 개인이 직접 참여하는 장면에 국한되는 것만이 아닌 개인이 직접 참여하는 장면 간의 상호연결과 개인이 속하지 않은 외부환경으로부터 오는 영향까지 포함한다. 브론펜브레너를 비롯해 생태학이론의 인간발달 및 행동 학자들은 인간이 생활하고 성장해 가며 환경에 적응하고 참아내며 무엇보다도 환경을 창조해 나가는 능력을 가졌다고 강조하면서, 인간의 적응성, 유능성 등을 부각했다.

1. 기본 가정

생태학이론은 개인이 경험하는 혹은 개인과 직간접으로 연결되어 있는 환경적 상황이 인간에 미치는 영향을 중시한다. 인간발달이 진공상태에서 일어나는 것이 아니며 환경이 개인의 행동에 영향을 주고 개인의 행동 또한 환경에 영향을 주는 개인-환경 간의 상호교류가 지속되는 측면을 주목하는 것이다. 이와 관련해 생태학이론은 자아심리학, 스트레스이론, 역할이론, 사회체계이론 등 많은 다른 이론으로부터 가정을 빌려왔다. 그린(Greene, 2017b: 208)이 정리한 생태학이론의 기본 가정은 다음과 같다.

- 환경과 상호작용하고 다른 사람들과 관계를 맺는
  인간의 능력은 타고난다.
- 유전적 및 생물학적 요소는 환경과의 관계의 결과로서
  다양한 방식으로 표출된다.
- 개인-환경은 인간과 환경이 상호 간에 서로 영향을 미치는
  단위로서의 체계, 즉 호혜적 관계를 형성한다.

- 적합성은 적응적 개인과 지지적 환경 간의 관계를 통해 성취되는 호혜적인 개인-환경 과정이다.
- 사람은 목적지향적이다. 사람은 유능하기 위해 노력한다. 개인이 환경에 대해 갖는 주관적 의미가 발달의 핵심이다.
- 사람은 자연스러운 환경과 상황 속에서 이해되어야 한다.
- 성격은 개인과 환경 간의 오랜 관계의 산물이다.
- 긍정적 변화는 생활경험으로부터 야기될 수 있다.
- 생활상의 문제는 전체적 생활공간 속에서 이해되어야 한다.
- 클라이언트를 돕기 위해 사회복지사는 클라이언트의 생활공간 어디든 개입할 준비가 되어 있어야 한다.

생태학이론에서는 체계 간에 균형과 항상성이 유지되지 못할 때 이를 회복하기 위해 하위체계가 적응하거나 상위체계가 하위체계에 영향을 주기 때문에 상호작용이 일어난다고 가정한다(강상경, 2018).

2. 주요 개념

1) 적합성, 적응성, 유능성

적합성(*goodness of fit*)은 개인의 적응적 욕구와 환경의 속성 간의 조화를 이루는 정도를 의미한다(Germain & Gitterman, 1995). 다시 말해, 개인의 욕구나 집단의 욕구, 권리, 목표, 능력과 특정한 문화적·역사적 맥락 속의 환경 간에 작용하는 실제적 적합성을 말한다. 그 상호교류는 적응적일 수도 있고 부적응적일 수도 있다. 인간에게 환경은 호의적일 수도 있고 비호의적일 수도 있기 때문이다. 환경이 호의적일 때는 지속적 발전을 도모하고 사회적 기능을 만족시키고 환경을 유지하거나 강화하므로, 나름대로 적합성의 상태를 나타낸다고 할 수 있다. 적합성은 인간-환경의 계속적 교류를 반영하며 고정되지 않고 상호교류의 변화에 따라 바뀐다. 따라서 부정적 교류가 거듭되면 인간발달과 건강, 사회적 기능은 손상된다.

적응성(*adaptiveness*)은 인간이 환경에 대한 적응수준을 유지하고 높이고자 사용하는, 지속적이고 변화지향적이며, 인지적, 감각적-지각적, 행동적인 과정이다(Greene, 2017b). 적응성은 환경의 변화를 위한 행동이나 인간이 자기 스스로 환경변화에 적응하는 것을 포함한다. 생태학이론에서는 적응상의 문제를 병리적으로 보지 않는다. 개인적 욕구와 대처가 환경적 자원이나 혹은 지지와 일치되지 못한 것으로 간주한다.

유능성(*competence*)은 개인이 환경과 효과적으로 상호작용할 수 있는 능력이다(White, 1959). 유능성은 환경과 성공적인 상호작용을 경험하는 데서 형성되는 것으로 일생에 걸쳐 확대될 수 있는 능력이다.

2) 상호교류

상호교류(*transaction*)와 상호작용(*interaction*)을 구별하는 것이 중요하다. 상호작용은 개인과 환경이라는 두 요소가 서로 영향을 미치나 분리된 정체성을 보유한다. 반면, 상호교류는 개인과 환경이 한 단위, 관련, 체계로 합쳐질 뿐 아니라 개인과 환경 간의 영향의 상호관계를 의미한다 (Lazarus, 1980). 상호교류적 관점은 과정 혹은 시간이 지남에 따라 혹은 만나면서 발생하는 관계를 강조한다.

3) 스트레스와 대처

스트레스는 사회적 혹은 발달적 변화, 충격적 사건, 다양한 생활문제 등의 요구가 자신이 활용할 수 있는 인적 자원 혹은 환경자원을 초과하는 상황에서 야기된다. 즉 개인과 환경 간의 상호교류에서의 불균형이 야기하는 현상인 것이다(Gitterman, 2017). 개인, 환경, 문화적 차이에 따라 어떤 사람은 자신의 성장을 방해하는 생활문제를 스트레스 요인으로 경험하는 반면, 다른 사람은 같은 문제를 도전으로 경험한다.

생활스트레스 요인에 대한 내적 반응으로 불안한 감정이나 생리적 상태로 표출되는 것이 스트레스이다. 관련된 감정은 불안, 죄의식, 분노, 두려움, 우울, 무기력감, 혹은 절망이며 일반적으로 사회적 관계, 자신감, 자긍심, 자율성 측면에서 빈약 또는 부족을 수반한다.

대처는 생활스트레스에 의해 발생되는 욕구를 해결해 나가기 위해 고안된 새롭고 특별한 행동이다. 성공적 대처는 내적·외적 자원에 달려 있는데, 내적 자원은 자부심, 문제해결기술 등을 일컬으며 외적 자원은 가족, 사회적 관계망, 조직차원의 지원 등을 포함한다(Greene, 2017b: 214). 성공적 대처는 인간-환경의 질을 향상하고 보다 높은 수준의 사회적 관계, 능력, 자긍심, 자율성의 획득으로 적응수준을 향상시킨다.

4) 거주환경과 적소

거주환경(*habitat*)과 적소(*niche*) 개념은 생태학으로부터 빌려온 용어이다. 물리적·사회적 환경이 거주환경을 구성한다. 빈곤지역을 예로 들어보자. 빈곤지역은 빈곤의 만연, 불량주택, 열악한 위생상태가 그 특징이다. 그러나 주민이 물리적 환경에는 불만인 반면, 사회적 환경으로서 이웃이 제공하는 지지 때문에 이웃에는 만족할 수 있다. 무허가 주거지역의 철거와 재개발이 흔히 지역주민을 만족시키지 못하는 것은 지역주민이 소중하게 여기는 생활양식을 도외시한 채 전시행정으로 빈곤지역 문제에 접근하기 때문이다. 재개발로 인해 빈민의 중요한 사회적 연결망인 이웃이 파괴된다면, 불량주택의 개량이나 다른 사회적 편의시설에도 지역주민은 만족하지 않게 된다. 쿠퍼(Cooper, 1976)는 고층 공공주택의 물리적 설계와 구조가 가치와 존엄성을 가진 독립된 고유한 인간으로서 주민의 자기 이미지를 해친다고 주장한 바 있다.

한편, 도시의 협소한 주거지에 살거나 농촌지역에 사는 사람은 사회적 비교를 통해 상대적으로 큰 좌절감을 경험할 수 있다. 더구나 거처할 집이 없다는 것은 인간존엄성에 큰 위협이 된다. 소득이 높은 계층의 주거지가 환경오염도가 낮고 저소득계층의 주거지가 높은 오염도를 나타내는 것은 경제적 능력이 있으면 유해한 생활환경조차 피할 수 있음을 말한다.

생태학적 접근으로 보았을 때 집, 건물, 농촌마을, 도심지역 같은 물리적 환경은 거주하는 사람의 생활양식, 연령, 성, 문화적 양식에 적합한 방식으로 가정생활, 대인관계, 직장생활, 종교생활과 관련된 사회적 환경을 지원해야 한다.

　적소 개념은 자연생태계의 적소 개념을 인간생태계에 적용한 것이다. 적소는 특정 집단이 지역공동체의 사회적 구조에서 차지하는 사회적 지위를 일컫는다. 지역공동체는 적소의 조직체라 할 수 있다(홍동식·강대기·민경희 역, 1995). 많은 지역사회가 정신질환자, 학대피해아동, 공공부조를 받는 한부모가정, 실직자, 학교중퇴자, 노숙인 등과 관련하여 주변적인 혹은 파괴적인 적소로 넘치고 있다. 사회 내의 성별, 계층, 종교, 신체적 장애, 정신장애 등에 따른 차별로 인해 낮은 사회적 지위가 부당하게 부여되는 것이다. 적소는 권력과 억압 같은 문제에 자주 관련된다 (Germain, 1991: 50～51).

3. 생태적 환경의 상호교류

브론펜브레너(Bronfenbrenner, 1979)는 개인의 생태적 환경을 ① 미시체계(*microsystem*), ② 중간체계(*mesosystem*), ③ 외부체계(*exosystem*), ④ 거대체계(*macrosystem*)로 구성했는데, 이 네 개의 체계는 서로 상호작용을 한다. 그는 생태적 환경을 한 구조가 그다음 구조 속에 끼워지는 일련의 겹구조로 보고 각 구조와 구조 간의 상호교류를 설명했다.

　첫째, 미시체계는 가족이나 학급, 친구와 같이 개인에게 직접 영향을 미치는 환경이다. 여기서 말하는 환경은 대면적 상호작용에 참여하는 장이다. 활동, 역할, 대인관계 등이 미시체계를 구성하는 요소인 셈이다. 그러나 역할기대는 하위문화나 문화의 수준에서 비롯되기 때문에, 미시체계의 한 요소인 역할은 사실상 상위체계인 거대체계에 그 근거를 둔다. 유아는 처음에는 직접 접하는 주위환경, 즉 미시체계 속에서 일어나는 사건만을 의식한다. 어릴 때는 관심의 초점과 발달하는 활동의 초점이 직접 경험하는 사건, 사물, 사람으로 제한되어 있다. 성장과 함께 미시체계가 변화하는데, 어릴 때는 가족이 가장 중요하나 청소년기에는 또래집단이 오히려 더 큰 영향을 미칠 수 있다.

둘째, 중간체계는 미시체계 간의 연결망에 해당된다. 중간체계는 개인이 참여하는 둘 이상의 미시체계 간의 상호작용으로 이루어진다. 예를 들면, 어느 날 아동은 자신이 직접 참여하지 않았던 상황이라도 그 상황 속에 있는 사건과 사람 간의 관계를 깨닫는데, 이는 중간체계의 존재를 인식하기 시작하고 이에 대한 감각이 발달되는 것을 의미한다. 이와 같이 환경과 환경 간의 관계를 인식하고 언어능력이 발달하면서 아동은 직접 경험하지 않은 환경에서 일어나는 사건의 본질과 발생을 이해하게 된다. 이에 따라 아동의 현상학적 세계는 현실의 단순한 표상이라기보다 현실을 구성하는 것이 된다. 아동은 점차 상상을 객관적 현실의 제약에 맞출 수 있고, 나아가 환경을 재구성할 수 있게 되므로 아동의 욕구나 능력에 환경이 더 잘 부합된다.

이와 같이 중간체계는 발달하는 개인이 새로운 환경으로 이동할 때마다 형성되거나 확대된다. 아동의 경우는 가족, 이웃, 학급, 또래집단 간의 관계를 말하며, 어른의 경우는 가족, 직장, 종교단체 간의 관계를 말한다. 예를 들어, 아동의 학업성취는 학교가 시키는 학습훈련뿐 아니라 학교와 가정이 어떤 상호교류를 하는지에 의해서도 좌우된다.

중간체계에서 주목할 점은 각각의 미시체계에 존재하는 발달을 촉진하거나 저해하는 특성과 미시체계의 특성이 서로 작용함으로써 발생하는 상호작용 효과이다. 개인은 각 미시체계와 관련되어 각각의 역할을 수행하는데, 미시체계 간의 연결이 제대로 이루어지지 못하면 어려움을 겪는다. 예를 들면 미시체계 간에 역할기대가 다를 때 개인은 부적응문제를 가질 수 있다. 따라서 특별한 보살핌이 필요한 아동이나 환자, 노인 등 취약한 사람에게는 중간체계의 원활한 연결이 특히 중요하다. 예를 들어 한부모가정 아동의 소외는 중간체계와 관련이 있다. 소외현상은 아동의 생활에 있어 다양한 부분 — 가족, 학교, 또래집단, 이웃 — 간의 상호연결이 파괴되었음을 반영한다. 헤더링턴과 그 동료들(Hetherington, Cox, & Cox, 1977)은 이혼한 가족이 경험하는 문제에 대한 실증적 증거와 포함된 과정, 그리고 이러한 가정에서 성장하는 아동에 대한 부정적 영향을 검토한 후, 그 원인에 대해 생태학적 해석을 하고 있다.

> 이러한 발달적 장애는 아버지 부재의 탓이 아니라 가족기능의 변화로
> 인해 편모와 그 자녀가 겪는 스트레스와 지원체계의 부족 때문인 것
> 같다. 한부모가족에게 더욱 건설적이고 만족스러운 생활방식을
> 제공하기 위해서는 한부모가족의 긴장을 감소시키고 새로운
> 지원체계를 발전시킬 수 있는 사회정책과 개입절차를 개발하는 것이
> 중요하다.

셋째, 외부체계는 개인이 직접 참여하지는 않으나 그 개인에게 영향을 미치는 환경요소를 말한다. 어린 아동의 경우 부모의 직장, 형제가 속한 학급, 부모의 친구, 교육청 등이 외부체계가 된다. 개인의 발달은 그 개

인이 존재하지 않는 상황에서 일어나는 사건에 의해서도 자주 영향을 받는다. 예를 들면 부모직장의 근무조건이 맞벌이가정 자녀의 발달에 큰 영향을 미칠 수 있다. 부모가 가정에서 자녀를 잘 양육하는 것은 가족 외부의 다른 환경에서 발생하는 역할기대, 스트레스, 사회적 지지 등에 달려 있다. 즉, 직장에서의 근무여건, 사적 지지망의 유무, 안전한 거주지, 자녀양육을 도와줄 수 있는 보육서비스의 유무, 공적 지지적 체계의 유무 등 외적 요소가 관련된다. 외부체계는 미시체계와 중간체계의 질에 상당한 영향을 미친다.

넷째, 거대체계는 개인이 소속한 문화나 하위문화로 개인에게 간접적 영향을 미치는 교육적, 사회적, 경제적, 법적, 종교적 체계이다. 미시체계, 중간체계, 외부체계의 구조와 본질이 동일한 문화권 혹은 하위문화권 내에서는 가정, 학교, 직장 같은 환경이 여러 측면에서 유사한 반면, 문화권이나 하위문화권이 다를 경우 이러한 환경들이 상이하다. 예를 들어 우리나라의 어린이집, 초등학교 교실, 놀이터, 찻집, 우체국, 행정관청 등은 어디서나 외관상 비슷해 보이고 기능도 유사하지만, 미국에 있는 동일한 시설과 비교하면 뚜렷하게 다르다. 또 가정과 학교 간의 관계 같은 중간체계도 양국 간에 차이가 뚜렷하게 존재한다. 그뿐만 아니라 각 사회 내에서도 사회계층에 따라 가정, 학교, 이웃, 직장과 그들 간의 관계가 각기 다르다. 브론펜브레너는 이를 각 문화권이나 하위문화권에 모든 유형의 환경을 조직하기 위한 청사진이 존재하는 것으로 간주했고, 이 청사진이 변화하면 사회 내 환경들의 구조가 뚜렷하게 변할 수 있으며, 따라서 인간행동과 발달 측면에서도 그에 대응하는 변화가 발생한다고 보았다. 따라서 거대체계는 미시체계, 중간체계, 외부체계라는 환경에 포괄적으로 영향을 미치게 된다.

어린 시절에는 미시체계만이 중요한 사회환경이지만, 성장하면서 외부체계와 거대체계가 점점 더 인간에게 중요한 영향을 미친다. 거대체계 가운데 브론펜브레너는 국가정책이 인간의 생활여건을 결정함으로써 인간의 복지를 향상하고 인간발달에 영향을 미치는 힘을 갖고 있다는 측면에 관심을 두었다. 공공정책은 거대체계의 일부로, 인간행동과 발달의 과정을 조정하는 미시체계, 중간체계, 외부체계의 구체적 속성에 영향을 미친다.

25장

가족

1. 사회환경으로서 가족체계

사회의 기본적 집단으로서 가족은 개인이 성장하고 발달하는 데 가장 친밀하고 영향력 있는 사회환경이다. 협의의 개념에서 가족은 혼인, 혈연 및 입양을 통해 이루어진 관계자의 집단, 의식주 해결을 공동으로 하고 정서적・정신적 유대와 공동체적 생활방식을 갖는 집단으로 정의된다 (원영희・손화희, 2019: 15). 이러한 협의의 개념으로는 현대의 다양한 형태의 가족을 포괄하는 데 한계가 있으므로 가족에 대한 광의의 개념은 그 다양성을 인정하여 "가족이라는 연대의식을 지닌 생활공동체의 집단"이라고 포괄적으로 정의한다.

로즈(Rhodes, 1980: 302)는 체계로서의 가족의 특성을 네 가지로 설명했다. 첫째, 가족 구성원은 가족 내에서 상호의존 상태에 있는 다양한 위치를 가진다. 위치, 지위, 행동, 혹은 한 구성원의 역할에서의 변화는 다른 구성원의 행동변화를 가져온다. 둘째, 가족과 가족 외부체계를 구분하는 경계의 두께는 그 엄격함과 침투성의 정도에 따라 다양하다. 셋째, 가족은 시간이 지나면서 반복되는 상호작용 패턴을 나타내며 적응과 균형을 추구하는 단위이다. 넷째, 가족은 더 큰 사회체계를 대표하는 외부체계의 요구 그리고 가족 구성원의 내적 욕구와 요구를 모두 충족시켜야 하는 과업수행 단위이다. 개인적 욕구와 사회적 욕구 간의 상호성이 가족 구성원의 사회화인 것이다.

가족의 기능은 가족 구성원을 재생산하여 사회가 유지되도록 해주는 '가족 재생산기능', 가족 구성원 개개인에게 필요한 경제적 자원과 물질을 제공하는 '경제지지기능', 가족 구성원에게 지위와 사회적 역할을 할당하는 '사회화기능', 가족 구성원에게 친밀한 관계의 근원을 제공하는 '정서적 기능', 노약자를 보호하는 '돌봄과 복지기능'으로 요약할 수 있다(조홍식·김인숙·김혜란·김혜련·신은주, 2017: 32). 이와 같이 가족은 사회 구성원이 될 자녀를 출산하는 제도이고, 경제적 능력이 있는 사람이 일을 하여 경제적 능력이 적거나 없는 식구와 살아가며, 전반적 사회생활에 필요한 역할, 성별 사회화, 의사소통능력, 가치관 등을 학습시키고, 정서적 측면에서 인정, 소속, 애정에 대한 욕구를 충족하는 기능을 하며, 보호와 특별한 지원이 필요한 가족 구성원에 대한 돌봄을 제공한다.

현대사회로 오면서 사회보장제도, 의료제도, 교육제도 등이 발달하여 가족이 행하던 기능 중 많은 부분이 이러한 사회제도로 이양되었으나, 자녀출산, 사회화, 정서적 지지는 여전히 중요한 가족기능이다. 즉, 가족은 합법적인 자녀출산을 가능하게 하는 유일한 제도이며, 사회화기능이 학교와 같은 다른 사회제도에 일부 이양되긴 하였으나 가족은 여전히 인간의 성격형성에 가장 큰 영향력을 지닌다. 또한 교육기관과 복지기관에 의해 도움을 받는다고 해도 가족 구성원끼리 정서적 측면에서의 상부상조는 아직까지 절대적이다. 가족기능의 핵심이 되는 이러한 관계적 상호작용기능은 가족해체의 위기가 급증하면서 오히려 그 중요성이 더해지고 있다.

우리나라의 가족기능의 변화를 보면 다음과 같다(이동원, 1993; 함인희, 1993).

첫째, 가족의 경제적 기능 측면에서 볼 때 생산기능은 약화 혹은 상실되고 소비기능이 강화되고 있다. 가장이나 가족 구성원의 직업과 수입 정도에 따라 가족이 누릴 수 있는 생활기회나 생활양식이 결정되며, 이 소비수준이 가족 구성원의 만족도에 상당한 영향을 미치고 있다.

둘째, 출산 및 성행위의 규제기능이 약화되고 있다. 성행동, 출산과 관련된 사회구조 및 가치관이 빠른 속도로 변화하고 이는 가족기능에 영향을 미친다. 의학기술의 발달로 인한 임신·출산의 자유, 피임방법의 발달로 인한 성생활의 자유, 향락산업 및 성과 관련된 각종 서비스산업의 발달로 인한 성적 욕구의 충족기회 증대 등으로 성을 더 이상 출산을 위한 수단적 의미로만 받아들이지 않게 된 것이다. 그러나 아직도 대를 잇는 것에 대한 집착이 강해 가족의 출산기능은 여전히 중요한 기능이다.

셋째, 자녀양육 및 사회화의 기능은 더욱 강화되면서 가족에게 큰 부담으로 작용하고 있다. 고학력을 부추기는 입시 위주의 교육제도, 부모의 과잉 교육열, 과보호로 인한 가정교육의 상실 내지 사회화기능의 왜곡이 문제되고 있다.

넷째, 가족의 정서적 유대기능과 여가기능이 점차 중시되고 있다. 부모자녀관계를 부부관계보다 우위에 두던 전통적 가족과 비교하면 젊은 세대로 갈수록 부부관계를 부모자녀관계보다 더 중요하게 생각하는 경향이 강해지고 있다. 또한 가족단위로 여가를 즐기는 것이 이제 생활양식으로 정착되고 있다.

다섯째, 가족의 돌봄기능은 심각한 위기에 처해 있다. 가족이 부양기능을 담당할 마땅한 인적 자원을 가족 내에 보유하기가 점점 어려워지는 실정이다. 특히, 고령사회 속에서 가족의 돌봄기능 약화로 인한 문제가 많아지고 있다.

환경체계 가운데 가족은 인간발달 및 인간행동에 가장 큰 영향력을 가진 일차적이고 직접적인 사회환경이다. 사회적 지지체계로서의 가족, 도움이 필요한 클라이언트체계로서의 가족 등 사회복지실천 차원에서 가족에 대한 이해는 필수적이다.

2. 가족의 형태

현대사회에서는 가족형태가 매우 다양한데, 이 가족형태에 따라 가족은 개인에게 상이한 영향을 미친다. 즉, 가족형태는 개인의 가족 내 지위나 가족 구성원과의 관계패턴 등에 직접적 혹은 간접적인 영향을 미친다. 우리 사회에서 흔히 접할 수 있는 가족형태를 핵가족, 확대가족, 노인가족, 한부모가족, 재혼가족으로 구분하여 살펴보면 다음과 같다.

1) 핵가족

핵가족은 가장 보편적인 가족형태로서 부부와 미혼인 직계자녀로 구성된 가족으로, 자녀는 결혼하면 부모의 집에서 분가하는 것이 원칙이다. 그러므로 가족구성이 부모와 자녀의 2세대로 한정된다. 핵가족은 현대 산업사회의 사회경제적 구조에 가장 적합한 가족형태로 간주되는데, 우리 사회에서도 핵가족이 지배적인 가족형태이다.

부부 중심의 핵가족이 지니는 가정 내외의 문제점을 살펴보면 핵가족이 가족 구성원에게 미치는 영향을 알 수 있다. 가정 내적 문제점으로는 가족기능의 축소, 가족결합의 약화, 가족 구성원 생활태도의 개성화, 가족 구성원 상호 간 사회적 관심과 생활태도에서의 차이로 인한 갈등 증가가 두드러지며, 가정 외적 문제점으로는 사회문화적 배경이 다른 배우자 선택으로 인해 가족성립 조건이 불안정하고 주위 친족 및 지역사회에서의 지원이 없으므로 위기 시 가족이 쉽게 해체되어 버린다는 점이 있다(최재율, 1983). 무엇보다도 핵가족으로의 변화는 가족의 보호 및 부양 기능의 약화를 초래하기 쉽다.

2) 확대가족

확대가족이란 한 집에서 여러 세대가 사는 가족을 일컫는다(Goode, 1982: 94). 즉, 확대가족은 핵가족이 종적 혹은 횡적으로 연결되어 형성되며, 자녀가 결혼한 후에도 부모와 동거하는 가족형태이다. 종적으로 확대된 직계가족(*stem family*)은 장남이 본가에 남아 부모를 모시면서 가계를 계승하고 차남부터는 분가하는 가족형태이다. 횡적으로 확대된 방계가족은 같은 세대의 형제들이 결혼 후에 부모와 다 같이 동거하는 가족형태이다. 전통적으로 우리나라에서는 가부장제도에 근거한 확대가족이 이상적 가족형태였으나, 핵가족의 증가와 반비례하여 확대가족은 우리나라에서 크게 감소하였다(이동원, 1993). 그동안 확대가족은 크게 감소했는데, 3세대 이상 가구 비율은 1980년에 17.5%, 2000년 9.8%, 2017년 6.9%로 감소 추세를 보이고 있다(원영희·손화희, 2019: 44).

현대사회에서 확대가족이 개인에게 미치는 영향은 전통적으로 이상적이라고 여겼던 것처럼 바람직하다고만 볼 수는 없을 것이다. 마찬가지로, 핵가족이 현대사회에 가장 적합한 가족형태라고는 하지만 핵가족의 기능으로 인간의 모든 욕구 충족이 충분하지 못한 것이 현실이다. 핵가족의 기능이 욕구를 충족하기에 미흡하다 해서 전통적 확대가족 형태를 취하기에는 현대사회의 여건을 감안할 때 어려움이 많기 때문에 나온 개념이 수정확대가족이다. 수정확대가족은 비록 지리적으로 떨어져 살고 자율적이지만 핵가족 외의 친족관계를 중요하게 여기며 유지하고자 하는 친족관계를 말한다(Skolnick, 1983).

3) 노인가족

전반적인 노인인구의 급증과 자녀와의 동거를 원치 않는 노인 및 부모와의 동거를 원치 않는 자녀의 증가로 노인가족이 크게 늘어나고 있다. 노인부양에 대한 인식 변화, 경제 및 건강상태가 양호한 노인의 증가, 핵가족 중심의 가족가치관 등으로 인해 자녀의 결혼이나 독립 이후 노인의 가구형태는 노인부부를 취하고, 배우자 사망 이후 자녀동거가구로 변화하기보다 노인독거로 전환되는 것이 일반화되고 있다(이윤경, 2014).

정경희와 연구진(2017)에 따르면 노인 중 23.6%가 독거이며, 48.4%가 노인부부가구이고, 자녀동거는 23.7%다. 이와 같이 자녀 측과 노부모 측, 양측의 사정과 선호로 노인가족이 다수를 차지한다. 노인독거는 1994년 13.6%, 2004년 20.6%, 2014년 23%, 2017년 23.6%로 점차 증가하고 있으며 자녀동거율은 1994년 54.7%, 2004년 38.6%, 2014년 28.4%, 2017년 23.7%로 점점 낮아지고 있다. 노인가족의 증가는 노인의 경제적 부양문제, 다중역할 및 역할상실 같은 역할문제, 수발문제 등을 유발할 수 있다.

4) 한부모가족

한부모가족은 이혼이나 사망 등으로 한쪽 부모가 없거나 법적 혹은 현실적으로 한쪽 부모가 부모 역할을 할 수 없는 모자가족이나 부자가족을 의미하며, 자녀가 18세 미만인 경우가 해당된다. 자녀가 학업 중인 경우는 22세 미만까지 한부모가족으로 간주한다. 한부모가족의 비율은 2015년에 9.5%로, 거의 10가구 중 1가구가 한부모가족에 해당했다(최선화・공미혜・전영주・최희경, 2018: 37).

한부모가족의 적응은 자원에 좌우된다. 가족자원의 기본인 가구소득은 별거 중이거나 이혼한 편모가족의 경우 크게 떨어진다. 사별로 인한 편모의 이전 직업경험과 경제적 자원은 적응에 큰 도움이 된다. 이혼한 편모도 결혼 전 직업을 가졌던 경우가 이혼 후 처음으로 직업을 가진 경우보다 가족을 경제적으로 잘 보호할 가능성이 크다. 한부모가족이 된 원인이 이혼인 경우, 친척과의 관계에 큰 변화가 초래되어 사별과는 또 다른 적응상 문제가 야기된다. 이혼한 한부모는 이혼초기에 환경의 변화를 받아들이고 자원이 제한된 상황에서 새로운 역할을 배워야 하므로 심한 압박감을 느끼거나 방향감을 상실할 수 있다.

현대사회에서는 친척 간 상부상조기능의 약화로 한부모가족이 경제적 원조를 받기가 어렵다. 일반적으로 모자가족의 경제적 문제가 부자가족보다 심각하지만 편부가족도 가사 및 육아에서 다른 사람의 도움을 받아야 하므로 새로운 가계지출로 인해 경제적 문제에 부딪힐 수 있다.

한부모가족에 관한 많은 연구는 그 가족원이 경험하는 특별한 어려움과 문제를 지적한다. 한부모는 고립되고 과다한 역할로 갈등을 느끼며 경제적으로 어렵고, 자녀는 양부모가정의 자녀보다 정서적으로 불안정하며 성취도가 낮고 성역할 동일시에서 혼란스러워하며 비행을 저지르는 경우가 많다는 것이 연구들의 일반적인 지적이다.

한편, 여러 연구는 한부모가족의 강점을 강조한다. 한부모는 그 역할이 다양한 상황을 헤쳐 나갈 독립성과 능력을 발달시킨다고 보고하고 있다(Shaw, 1991). 아마토(Amato, 1987)는 한부모가족의 청소년이 다른 가족형태의 청소년보다 더 높은 수준의 자율성을 보이며, 집안일에서 책임을 더 맡는다는 것을 발견했다. 독립성이 현대사회의 중요한 생존기술이라고 볼 때 한부모가족의 가장 큰 잠재적 강점으로는 가족 구성원의 자립정신과 자립능력이라 할 수 있다. 한부모는 가장으로서의 자신의 경험 때문에 자녀의 성취를 더 크게 강조하거나 독립성에 더 높은 가치를 부여할 수 있다. 한부모가 스스로 평가한 강점으로는 양육기술(59%), 가정운영기술(40%), 재정적 자립(29%), 자녀와의 커뮤니케이션 향상(28%), 개인적 성장(23%) 순이었다(Richards & Schmiege, 1993). 우리나라에서도 한부모가족의 강점으로 '부모와 자녀 모두 개인적으로 성장하는 계기가 된다', '부모와 자녀가 함께 협력하며 가정에 대한 책임감을 공유한다', '한부모는 두 명의 부모역할을 동시에 수행함으로써 자녀에게 양성적으로 유능한 역할모델이 될 수 있다', '자녀는 심리적으로 성숙하고 책임감과 독립심이 강해진다' 등이 제시되었다(임춘희·송말희·박경은·김명희·김신희, 2013).

5) 재혼가족

재혼가족은 가장 복잡한 가족형태를 이룬다. 이전 결혼에서 자녀가 없는 사람이 재혼하는 경우는 구조적으로 일반적인 핵가족과 차이가 없다. 그러나 일반적으로 재혼가족에는 자녀가 포함된다. 나스(Nass, 1978)는 복잡한 재혼가족의 예를 다음과 같이 묘사했다.

> 자녀를 가진 이혼한 여성이 역시 이혼한 남자와 결혼하여 현재 남편이 전처에게서 낳은 자녀를 데리고 오면 많은 새로운 관계가 생긴다. 새 남편과 아내, 아내와 남편의 자녀, 남편과 아내의 자녀, 적어도 가끔 함께 살아야 하는 이복형제 및 이부형제, 남편과 아내의 전남편, 아내와 남편의 전처, 새 부부와 양쪽의 새 인척, 새 부부의 부모와 의붓손자녀들, 재혼부부 사이에서 낳은 자녀와 앞서 말한 모든 사람과의 관계가 생긴다.

재혼가족의 부부는 계부모로서의 기능, 자녀양육관, 금전관리에 대한 계획을 미리 고려해야 한다(Messinger, 1984). 이러한 영역에서 재혼한 부부와 그 자녀가 가치의 차이를 좁히지 못하면 일상생활이 어려워진다. 재혼가족은 갈등을 일으키는 많은 요구와 제한된 자원이라는 어려운 상황에 놓이기 쉽다. 예를 들면, 떨어져 사는 이전 결혼에서 낳은 자녀가 있는 부모는 일정한 수입범위 내에서 그 자녀에 대한 경제적 지원과 현재의 가족을 위한 경제적 안정의 균형을 취해야 한다. 재혼부부는 초혼부부보다 결혼생활을 부적절하게 느낀다는 연구결과는 이 부적당한 느낌의 이유를 역할의 복잡성으로 설명한다(Jacobson, 1979).

　우리나라는 이혼율의 급격한 증가로 재혼가족이 증가하는 추세이다. 1995년에는 전체 혼인의 10%였던 재혼이 2000년에는 17.9%, 2016년에는 21.3%(유영주 외, 2018)로, 결혼하는 5쌍 중 1쌍 이상이 재혼부부이다.

　그동안 재혼가족에 대한 시각은 결손비교 관점이 지배적이었다. 이는 초혼핵가족과 비교해 재혼가족의 기능적이지 못한 부분을 해결해야 하고 지양해야 할 문제로 인식하는 문제지향적 특성을 갖는다(김연옥·유채영·이인정·최해경, 2005: 361). 최근에는 재혼가족의 병리적 문제에 관심을 두기보다 재혼가족의 건강한 발달에 기여하는 요인에 주안점을 둔 발달적 관점이 등장하여, 재혼가족에 대한 보다 긍정적인 접근을 하고 있다.

　성공적 재혼가족의 특성은 다음과 같이 제시된다(이원숙, 2012: 360~362). 첫째, 가족에 대한 기대가 현실적이다. 둘째, 상실이 애도될 수 있다. 셋째, 부부가 팀으로 협동하는 튼튼한 부부관계가 수립되어 있다. 넷째, 만족스러운 계부모자녀, 계형제자매의 관계가 형성된다. 다섯째, 융통성과 창의성을 발휘하여 만족스러운 일상과 의식을 수립한다. 여섯째, 재혼가족에 관련된 가구가 서로 협동한다.

3. 가족체계의 역동성

가족은 인간을 만들어 내는 근원적 환경으로 인간발달 및 인간행동과 성격의 형성에 결정적인 영향을 미친다. 건강하고 건전한 가족은 가족 구성원이 신체적, 심리적, 도덕적으로 건강하게끔 하나의 체계로서 잘 기능한다. 이러한 가족의 구성원은 외부의 자극이나 변화에 성공적으로 잘 대처한다.

가족체계가 인간행동에 미치는 영향에 관해, 리즈는 가족이 성격형성의 생물학적 측면과 문화적 측면을 연결하는 사회제도이며, 동시에 아동이 적응하고 성숙하는 데 필요한 기본적인 수단, 제도, 역할 등을 배우게 되는 사회체계라고 설명했다(장인협 외 역, 1990: 204~205에서 재인용). 리즈의 견해대로 체계적 관점에서 보는 가족의 중요한 과업은 가족 구성원의 사회화와 사회통제이다. 이 과업으로 인해 가족은 개인의 성격발달에 가장 큰 영향력을 지니는 사회환경이 되는 것이다.

사회체계이론에 의하면, 가족 내의 구조가 변하면 가족 구성원의 지위, 역할, 기능이 변하게 되므로 결과적으로 가족 구성원 개인의 행동도 변한다(Minuchin, 1974: 2). 가족 구성원이 선택한 관계형성방식을 강화해 주는 반복되는 경험이 가족 구성원의 상호작용 패턴인 행동을 결정한다는 것이다. 미누친은 가족체계 내의 경계선의 침투성 정도가 가족 구성원의 성격과 행동에 큰 영향을 미친다고 보았다. 예를 들어, 경계가 적절하게 설정된 부부하위체계는 각자의 출생가족과 명백하게 독립되어 있으며 출생가족의 간섭을 통제한다. 상대방의 완벽한 지지나 인정 없이도 각자 개별적 행동을 할 수 있도록, 개별 경계는 부부하위체계의 경계 내에서 각자 지배할 수 있는 영역을 제공한다. 이와 같이 개별 경계가 확립된 부부는 자아정체감을 가지고 개별 행동의 책임을 질 수 있다.

한편, 자녀의 출생으로 인한 가족원의 증가는 가족 내의 상호작용에 변화를 일으켜 부모하위체계를 낳는다. 이제 자녀를 출산하기 이전의 부부체계의 균형은 붕괴되고 부부와 자녀에게 새로운 경계가 수립된다. 자녀가 성장해 개별성을 추구하면 부모의 역할은 더욱 어려워진다. 이 시기에 부모하위체계에는 통제와 허용의 기능이 크게 요청된다. 자녀의 발달과정에서 필요한 통제를 하면서 자율성을 지원하는 역동적 평형을 유지하는 것은 쉬운 일이 아니다. 자녀는 형제하위체계를 통해 협의와 타협의 기술 등 대인관계의 유형을 배우고 확장한다. 부모자녀하위체계에서 일반적으로 부와 자녀 또는 모와 자녀는 경계 내에서 기능적 단위로 상호작용을 한다. 한편, 서로 다른 세대로 구성된 하위체계는 때로 역기능적일 수 있다. 이 하위체계의 경계가 부적절하게 경직되지 않고 다른 가족 구성원의 개입을 허용한다면 병리적이지 않다. 그러나 어머니와 자녀가 아버지를 배척하는 방식으로 결속하면 이 체계는 역기능적이 된다.

가족체계가 개인행동에 미치는 영향에 관해서는, 특히 역기능적인 가족이 미치는 영향에 관한 체계이론을 적용한 연구가 활발했다. 예를 들어 조현병 환자와 그 가족에 대한 한 연구는 환자의 증세가 호전되면 가족 구성원이 환자의 병을 지속시키기 위해 압력을 가하는 것을 보고했다

(Bateson, 1959). 또 환자가 회복된 상황에서는 다른 가족 구성원이 증상을 보이기도 한다. 이는 항상성의 상태를 유지하려 하는 가족체계가 가족 구성원의 증상을 유지시키기 때문으로 해석된다.

미누친은 개인의 문제는 그 가족체계에 원인이 있다고 보는 관점을 제시한 대표적 학자로, 가족 내 하위체계 간 경계선의 기능으로 가족원의 문제를 진단했다. 그는 가족구조의 속성을 속박된 경계선(*enmeshed boundary*)과 유리된 경계선(*disengaged boundary*)이라는 양극으로 구분하고, 대부분의 가족체계가 갖는 경계선의 기능은 이 양극을 잇는 연속선상의 어느 지점에 있다고 설명했다.

속박된 경계선은 가족 구성원 간의 상호작용에서 그 관계가 지나치게 밀접하고 강력해 서로의 생활에 지나치게 관여하고 과잉염려를 하는 것을 일컫는다. 이러한 가족은 가족 구성원 간의 경계선이 매우 개방적이고 거리감이 없으며 결속력이 강하다. 따라서 한 가족 구성원의 행동은 다른 가족 구성원에게 즉시 영향을 미친다. 극단적인 경우는 가족 구성원 간의 구분이 없어져 구성원 중 하나가 가족으로부터 독립적 태도를 취하면 이를 배신행위로 간주하는 경우이다. 이러한 지나친 일체감과 소속감 때문에 가정 내에 프라이버시란 없다. 가정에 대한 소속감이 절대적이어서 가족 구성원 개개인의 독립적인 자아의식은 발달하기 어렵다.

반면, 하위체계 간의 경계가 완전히 분리된, 즉 유리된 경계선을 가진 가족은 경계선이 폐쇄적이며 가족 구성원 간의 상호작용이 없다. 따라서 유리된 가족의 가족 구성원은 가족에 대한 소속감을 거의 갖고 있지 않으며 가족 구성원 간에 서로 독립되고 분리된 감정을 가지고 있다. 이와 같이 유리된 가족의 경계는 경직되어 있어 반응이 필요한 때도 반응을 보이지 않는다. 이러한 사람들은 가족 내에서 다른 사람과 관계를 맺는 경험을 하지 못했기 때문에 가족 밖에서도 대인관계를 원만하게 맺지 못한다. 자연히 이런 가족은 가족 구성원에 대한 보호기능이 약할 수밖에 없다.

미누친과 그 동료들(Minuchin et al., 1967)은 비행아동의 가족을 조사한 결과 그 특징이 지나치게 속박된 가족이거나 유리된 가족 또는 속박과 유리가 번갈아 일어나는 가족이라는 사실을 발견했다. 또한 정신신체적 문제를 나타내는 아동의 가족은 흔히 경계가 전형적으로 속박되어 있고, 하위체계의 기능이 원활하게 이루어지지 않는 특성을 보인다(Minuchin et al., 1978).

26장

집단

1. 사회환경으로서 집단체계

'인간은 사회적 동물'이라는 명제는 곧 인간의 삶이 집단 속에서 다른 사람들과의 상호작용을 통해 비로소 의미를 갖게 됨을 강조하는 말이다. 특히, 개인의 성격은 다른 사람과의 끊임없는 상호작용의 산물이다. 예를 들면, 또래집단과의 놀이나 학교에서의 동료와의 집단활동은 대인관계의 기초가 되는 사회적 기술, 즉 협력, 타협, 욕구통제 등을 배우는 기회를 제공한다.

일반적으로 집단은 한 개인으로 서로 인식하고 상호작용하며, 사회적 실체로서 집단에 대한 의식을 가지고, 구성원의 집단과 관련된 행동에 의해 영향을 받으며, 표현적 행동이 지배적인, 두 명 이상으로 구성된 사회적 조직형태로 정의된다(Norlin, Chess, Dale, & Smith, 2003: 163). 하트포드(Hartford, 1972: 26)는 집단이란 두 사람 이상이 공동목적이나 관심을 가지고 모여 서로 인지하고, 감정을 공유하며, 집단기능을 위해 규범

을 만들고, 행동을 위한 목표를 수립하며, 응집력을 발전시키므로 타집
단과 구별된다고 정의했다.

사회체계적 관점에서 집단의 특성은 다음과 같이 제시된다(Norlin,
Chess, Dale, & Smith, 2003: 163). ① 집단의 크기는 작다. 최소한의 크기는
두 명이며 최대 크기는 명시될 수 없으나 집단 구성원끼리 서로 대면적
상호작용을 해야 한다는 점에서 최대 크기는 제한된다. 대면적 특성이
상실되면 더 이상 집단이 아닌 것이다. ② 집단은 최소한의 역할분화 수
준이 특징이다. 구성원간의 상호작용은 본질적으로 대면적 상호작용이
어서 협의로 정의된 역할에 전적으로 근거하지 않고 전 인격적으로 이루
어진다. 그 결과, 집단목적이 집단 구성원들의 욕구에서 나오는 것이므
로 명시적인 것이 아니라 묵시적인 경향이 있다. ③ 모든 집단 구성원은
공통된 집단정체성을 가지며, 집단을 하나의 실체로 지각한다. 집단은
집단 구성원의 개성에 영향을 미친다. ④ 집단은 구성원에게 중요한 사
회화 및 사회통제기능을 수행한다. 집단은 구성원의 집단과 관련된 행동
에 영향을 미치는 규범체계를 포함한 하위문화를 가진다. ⑤ 집단 구성
원 간의 관계와 상호작용은 구성원의 내적 혹은 자연적 상태를 토대로
이루어진다. 따라서 집단과 관련된 행동은 이성적 요소보다는 정서적 요
소에 의해 주로 유발된다. ⑥ 집단은 배타적이다. 배타성(exclusiveness)
개념은 집단의 상대적인 안정성 잠재력 및 구성원의 사회화에 중요한 유
형의 안정성과 관련해 유용하다.

한편, 집단체계는 발달적인 생활주기를 갖는데, 터크먼은 집단발달에
관한 다섯 단계 모델을 다음과 같이 제시했다(남기덕 외 역, 2019: 137~141
에서 재인용). 첫째, 오리엔테이션 단계로, '형성하기'에 해당된다. 이 단

계에서 집단 성원은 의사소통이 잠정적이고 집단의 구조가 아직 발달하지 않았으므로, 자신의 집단 내 역할이 무엇인지, 집단의 목표를 달성하도록 무엇을 도와야 할지, 누가 집단을 이끌고 있는지 등에 확신을 갖지 못한다. 시간이 지나면서 성원들은 서로, 그리고 집단과 친숙해지는데, 상호작용이 더욱 개방적이고 자발적으로 이루어진다.

둘째, 갈등단계로, '폭풍우 치기'로 명명되었다. 성원 간의 개인적 갈등, 집단의 목표와 절차에서 야기되는 절차적 갈등, 권한이나 리더십, 더 칭찬받을 수 있는 역할을 놓고 벌이는 성원 간의 경쟁 등이 발생한다. 집단 성원들은 특정한 문제나 과제에 대한 과제 갈등, 함께 일하는 방식에 대한 과정 갈등, 대인관계에서 받는 스트레스와 긴장에 대한 개인적 갈등, 책임자가 누구인지에 대한 지위 갈등 등 다양한 갈등을 관리할 줄 알아야 한다.

셋째, 구조화 단계로, '규범 형성하기'가 핵심 요소이다. 이 단계에서 집단 성원의 상호신뢰와 상호지원이 증가하고, 더 협동적인 특징을 보이며, 응집력이 커진다.

넷째, 수행 단계로, 목표달성, 고도의 과제 지향성, 수행성과와 생산에 대한 강조가 두드러진다. 물론 모든 집단이 생산적인 수행 단계에 도달하는 것은 아니다.

마지막 단계는 해체 단계로, 역할의 종료, 과제 완수, 의존성의 감소 등이 특징이다. 집단은 계획에 따라 혹은 자발적으로 해체에 이른다. 해체 단계는 집단 성원에게 상당한 스트레스가 될 수 있다. 이와 같이 터크먼은 집단발달에 대해 연속적 단계를 제시했으나 집단발달은 다른 경로를 따라 진행되기도 하고, 발달단계 간 구분이 명확하지 않을 수도 있으며, 집단이 각 단계를 한 번만 거치는 것이 아니라 단계들을 거치는 주기를 되풀이하기도 한다.

와이즈먼은 집단의 발전과정을 다섯 가지 특성으로 설명했다(장인협 외 역, 1990: 181에서 재인용). ① 집단은 환경에 적응한다. 적응적 행동에 반응해 구성원은 집단의 활동, 감정 및 상호작용을 발전시킨다. 적응대상은 집단의 외적 체계이다. ② 집단은 목표지향적 행동을 통해 필요로 하는 적응적 행동을 능가하는 활동, 감정 및 상호작용을 발전시킨다. 이것이 내적 체계가 된다. ③ 내적 체계가 정교해지면서 유대, 응집력, 규범, 역할 및 지위 등이 발달한다. ④ 피드백으로 인해 집단의 적응은 환경과 더불어 발달하는 내적 체계에 의해 영향을 받는다. ⑤ 이에 따라 집단은 집단 구성원의 기능을 수정한다.

앞서 논의한 바와 같이 집단은 개인적 목적과 집합적 목적을 달성하도록 구성원을 지지하고 자극시키는 힘을 가지고 강력하게 성장을 촉진하는 사회환경이 될 수 있다. 즉, 집단은 대인관계와 목표추구의 장이 되며, 다양한 인간욕구를 충족할 수 있다. 소속과 인정에 대한 욕구, 피드백 과정을 통해 정당성을 인정받고 싶은 욕구, 다른 사람과 일반적인 경험을 나누려는 욕구, 업무수행에서 다른 사람과 함께할 기회를 가지려는 욕구 등이 집단을 통해 충족될 수 있다(남세진, 1992: 53).

집단이 항상 긍정적 기능만 하는 것은 아니다. 집단은 구성원에게 아무 영향력이 없거나 오히려 구성원이나 사회에 파괴적인 강력한 영향력을 행사할 수 있는 사회환경도 된다. 또한 집단은 대인 간 갈등을 야기하거나 부적절한 지도자 선발을 할 수도 있다. 심지어 사회심리학자 가운데는 집단이 유해한 사회환경이라고 주장하는 사람도 있다. 예를 들어,

집단은 좋지 않은 결정을 내리고, 곤경에 빠진 사람을 돕는 것을 거절하며, 괴상한 행동을 일삼고, 폭도가 되기도 한다는 것이다(Buys, 1978: 123).

유아기부터 노년기까지 모든 생활주기에서 인간은 다양한 집단을 경험하면서 이 집단들로 인해 인간발달 및 인간행동에 직접적 혹은 간접적인 영향을 받는다. 개인이 사회적 관계를 맺고 있는 집단은 필요한 도움을 줄 수 있는 환경체계가 될 수 있다. 역으로, 또래집단에서의 따돌림과 같이 집단이 개인에게 유해한 환경체계가 될 수도 있다. 환경체계로서 집단에 대한 이해는 사회복지실천에서 클라이언트체계의 사정 및 개입과 관련해 중요한 핵심 요건이 된다.

2. 집단체계의 유형

개인이 경험하는 집단의 유형과 그 집단에서 수행하는 과업 및 역할은 개인에게 직접적 · 간접적으로 큰 영향을 미친다. 퇴니스(Tönnies, 1957)는 사회적 관계의 두 가지 기본적 유형을 대비하기 위해 게마인샤프트(*Gemeinschaft*)와 게젤샤프트(*Gesellschaft*)라는 개념을 제시했다. 게마인샤프트 관계는 인간 상호 간 유대에 근거한 협력적 관계를 일컫고, 게젤샤프트 관계는 이익에 기반을 둔 합리적 관계를 의미한다. 이와 유사하게 쿨리(Cooley, 1909)는 원초집단과 이차집단이란 개념으로 사회적 관계를 유형화했다. 즉, 혈연과 지연을 바탕으로 자연발생적으로 이루어지는 원초집단(*primary group*)과, 목적달성을 위해 인위적으로 계약에 의해 만들어진 이차집단(*secondary group*)으로 분류한 것이다.

집단의 구성동기에 기초해서는 자연발생적인 집단과 의도적으로 형성된 집단으로 유형화된다(김종옥·권중돈, 1993: 21~22). 자연적 집단(*natural group*)은 자연발생적으로 만들어진 집단으로, 공식적 지원체계가 없는 것이 특징이다. 또래집단 혹은 갱집단이 이 유형에 해당한다. 자연적 집단은 원초집단과 유사한 속성을 갖는다. 형성된 집단(*formed group*)은 또래집단 같은 원초집단과 달리, 치료집단처럼 특정한 목적을 위해 만들어진다. 치료집단은 우울, 불안, 성격장애 및 외상적 스트레스와 같은 심리적 문제를 극복하도록 도와준다(남기덕 외 역, 2019: 524). 형성된 집단은 보통 공식적 규칙과 일련의 과업을 가진다. 이 집단은 형성된 목적을 성취하기 위해 역할에 의해 구조화되고 지위에 의해 층화된다. 형성된 집단은 이차집단과 유사한 속성을 가진다. 형성된 집단은 집단이 추구하는 목적에 따라 치료집단과 과업집단으로 분류되기도 하는데, 치료집단이 구성원의 교육, 성장, 행동변화, 사회화에 대한 욕구를 충족하기 위해 구성되는 반면, 과업집단은 과업성취를 위해 구성된다 (Toseland & Rivas, 1984).

한편, 현대사회의 여러 특성이 친밀한 인간관계를 맺기 어렵게 만들고, 가족기능을 약화시키며, 소외나 적응문제를 야기하며, 개인의 힘으로는 대처하기 어려운 사회적 곤란을 증가시키므로, 개인의 적응을 도와주는 집단의 한 형태인 자조집단이 증가하는 경향이 있다.

자조집단(*self-help group*)은 공통된 쟁점(*issue*)에 대해 개인 또는 환경에 바람직한 변화를 가져오기 위해 뜻을 함께하는 사람들로 구성된다. 이들은 비슷한 환경에 있으면서 공통의 이익을 도모하기 위해 서로 돕거나 공통의 문제를 함께 해결하려는 사람들이다. 자조집단은 개인으로 하여금 상호지원, 역할모방 등을 통해 공통된 생활문제에 대처하게 돕는다. 현대사회에서 자조집단은 그 수와 종류가 큰 폭으로 증가하고 있다. 많은 나라에서 다양한 의료적 문제, 행동상 문제, 사회적 여건과 관련해 자조집단이 크게 증가하는 경향이 있다(Richardson, 1983: 32). 카즈와 벤더(Katz & Bender, 1976: 37~38)는 자조집단을 개인적 성장이나 자기성취에 일차적 초점을 두는 집단, 사회적 옹호에 일차적 초점을 두는 집단, 생활의 새로운 유형을 창조하려는 집단, 자신들의 권리를 옹호하는 집단으로 분류했다.

자조집단에는 개인적 대처를 위한 집단뿐 아니라 사회적 변화를 지향하는 집단도 포함된다. 이러한 자조집단은 일반시민을 교육하고, 연구기금을 모으며, 필요한 입법조치를 위해 로비하는 프로그램을 운영하기도 한다. 또 다른 자조집단 범주는 식품조합, 탁아소조합처럼 자원교환망을 형성하는 집단이다. 항구적으로 지속되고 규모가 커지는 자조집단은 공식적 조직과 유사해진다. 자조집단에서 다루는 주제는 매우 다양해지고 있는데, 우울, 불안, 중독 등과 같은 개인 정신건강문제나 이혼, 사별, 실직, 돌봄 스트레스 등의 부정적 생활사건 관련 대처부터 성평등, 소수자 인권확보 등과 같은 시민의식의 증진에 이르기까지 광범위하다.

우리나라도 최근에 많은 자조집단의 이름과 활동이 알려지고 있다. 특히, 환경이나 제도적인 문제점을 해결하고자 하는 자조집단이 급증하고 있다. '푸른 한반도 되찾기 시민의 모임', '환경을 살리는 여성들', '인간교육 실현 학부모 연대', '소비자 문제를 연구하는 시민의 모임' 등이 그것이다.

3. 집단의 역동성

베일즈(Bales, 1970)는 체계이론을 토대로 집단체계의 기능을 설명하면서, 집단은 어떤 문제를 해결하려는 목적으로 상호작용을 하는 사람들이 모인 체계라고 전제했다. 커뮤니케이션의 패턴과 순서를 중심으로 상호작용 과정 분석을 한 베일즈의 연구결과로, 집단은 집단이 해결해야 할 수단적 문제에 초점을 둔 과업활동과 집단 내의 대인관계 문제를 포함하는 사회정서적 문제에 초점을 둔 사회정서적 활동을 주로 하는 것으로 밝혀졌다(Bales, 1970). 수단적 문제는 집단 외부에서 집단에 부과하는 요구에서 비롯되며, 사회정서적 문제는 집단 내부에서 야기된다. 집단의 과업달성과 관련된 문제를 다루기 위해 구성원은 정보, 제안, 의견을 구하고 제공한다. 구성원은 사회정서적 문제를 다루기 위해 긴장을 처리하고, 공동체의식이나 적개심을 보인다. 이 과정 속에서 집단의 생존을 위해서는 두 활동 간에 역동적 평형을 유지해야 한다. 즉, 과업활동에만 관심을 기울이면 집단 내에는 불만과 갈등이 심화되고, 사회정서적 활동에만 관심을 기울이면 집단의 목적달성에 실패한다. 따라서 집단은 정적 균형상태에 있을 수 없으며, 과업활동 영역과 정서적 활동 영역 간을 오가게 된다.

집단 구성원의 역할은 이 집단체계의 기능을 구체적으로 수행한다. 집단에서의 역할은 구성원이 누구와 상호작용하고, 누구의 명령을 따르며, 무슨 행동을 해야 하는지를 규정한다.

집단에서의 과업역할, 사회정서적 역할, 개인적 욕구 충족을 위해 행동하는 개인적 역할을 살펴보면 다음과 같다(Bales, 1970; Benne & Sheats, 1948).

1) 과업 역할

① 주도자(*initiator contributor*): 문제에 대한 기발한 아이디어나 새로운 접근방식, 지금까지 나오지 않았던 가능한 해결책을 솔선해 제안한다.

② 정보수집가(*information seeker*): 다른 사람에게 관련 정보를 요청함으로써 사실을 파악하는 데 중점을 둔다.

③ 의견수집가(*opinion seeker*): 태도, 가치, 감정과 같이, 더욱 질적인 형태의 정보를 요청한다.

④ 정보제공자(*information giver*): 전문가로부터 나온 사실을 포함해 결정을 내리는 데 필요한 자료를 제공한다.

⑤ 의견제공자(*opinion giver*): 의견, 가치, 감정에 관한 정보를 제공한다.

⑥ 상세한 설명제공자(*elaborator*): 다른 사람이 지적한 사항에 관해 예를 들거나 다른 말로 설명해 주며, 앞으로 어떻게 처리될 것이고 어떤 결과가 초래될 것인지 설명하는 추가정보를 제공한다.

⑦ 조정자(*coordinator*): 아이디어의 적절성 여부와 전반적인 문제에 관한 관련성을 지적하며 집단 구성원이나 하위집단의 활동을 조정한다.

⑧ 방향제시자(*orienter*): 진행사항을 요약하고 집단의 목표를 고려해 필요할 때 초점을 다시 잡아 준다.

⑨ 평가자·비평가(*evaluator-critic*): 집단과업과 관련된 집단기능의 기준에 비추어 집단의 성취를 평가한다. 집단의 노력을 논리성, 실현 가능성, 방법에 근거해 평가한다.

⑩ 활력원(*energizer*): 집단이 활동이나 결정을 하도록 자극하고, 질적·양적으로 우수한 활동을 하도록 자극하거나 환기하는 행동을 한다.

⑪ 절차전문가(*procedural technician*): 운영에 필요한 세부사항을 담당한다. 자료를 나눠 주거나 자리를 정돈하고 기계를 조작하는 일이 이에 해당한다.

⑫ 기록원(*recorder*): 안건과 집단의 의사결정사항 그리고 토의의 결과를 기록하는 비서기능에 해당하는 행동을 한다.

2) 사회정서적 역할

① 격려자(*encourager*): 다른 집단 구성원의 기여를 칭찬하고 동의하며 수용한다. 온화하고 의견일치를 주로 보인다.

② 중재자(*harmonizer*): 집단 구성원 간 차이를 중재하고 의견 불일치를 화해시키며 재치 있는 말을 하거나 파란을 진정시켜 갈등상황에서 긴장을 해소하는 행동을 한다.

③ 타협조정자(*compromiser*): 갈등에 관련되었을 때 자신의 입장을 양보하거나 과오를 시인하며 집단의 조화를 위해 자신을 조정하거나 집단의 의사를 따르기 위해 어느 정도 양보하여 타협하는 행동을 한다.

④ 진행자(*gatekeeper and expediter*): 절차를 수립하고 구성원의 동등한 참여를 보장함으로써 커뮤니케이션을 원활하게 하려는 행동을 한다.

⑤ 기준설정자(*standard setter*): 집단과정의 질을 평가하기 위한 기준에 관해 의견을 제시하거나 토의를 요청한다.

⑥ 집단관찰자 및 논평가(*group observer and commentator*): 집단의 역동성에 대한 긍정적·부정적 측면을 지적하고 필요한 경우 변화를 요청한다.

⑦ 추종자(*follower*): 다른 구성원이 내놓은 아이디어를 받아들이고 다른

사람의 생각을 수동적으로 받아들여 집단의 진행을 따른다.

3) 개인적 역할

① 공격자(*aggressor*): 다른 구성원의 입지를 약화시키고, 다른 구성원의 행동이나 감정을 배척하며, 집단에 기여하는 사람을 질투한다.
② 방해꾼(*blocker*): 이유 없이 혹은 비합리적 이유로 집단토의에서 반대하고, 반대하는 사람들을 규합하여 집단을 방해한다.
③ 인정추구자(*recognition seeker*): 열등한 위치에 있는 구성원으로 열등감을 보상하기 위해 자신의 업적이나 행동을 과잉선전해 관심을 집중시키려 한다.
④ 도움요청자(*help seeker*): 열등감, 부적응, 혼란 등으로 인해 불안해하며 다른 구성원이나 전체 집단으로부터 동정을 구하는 행동을 한다. 의존적인 행동을 주로 한다.
⑤ 국외자(*playboy*): 집단 밖의 여러 가지 사건을 끌어들인다. 집단과정에서 냉소, 무관심, 수다 등 부적절한 행동을 한다.
⑥ 지배자(*dominator*): 집단과정에서 자기과시와 위압적 행동을 하며 권위나 우월감을 내세우는 행동을 한다.

집단체계는 그 구성원인 개인의 동기, 태도, 행위 등에 영향을 미친다. 개인적으로 과업을 수행할 때와 집단으로 과업을 수행할 때를 비교하면 집단과업일 경우 개인의 동기가 더 강화되고 집단을 통한 개인의 태도나 행동변화는 훨씬 더 용이하다. 켈먼에 의하면, 집단을 통한 사회화는 세 가지 종류로 개인에게 발생한다(장인협 외 역, 1990). 첫째, 추종하는 유형은 무조건 따른다. 둘째, 동일시하는 유형은 집단을 자기 자신의 정체성의 일부로 만들어 집단의 견해를 채택한다. 셋째, 내면화하는 유형은 집단이 그를 위해 문제를 해결해 주기 때문에 집단의 견해를 채택한다.

집단은 구성원의 행동을 어떤 방식으로 하도록 함으로써 제재를 가하는 사회적 통제를 한다. 집단에서의 사회적 통제의 중요한 부분은 갈등의 관리이다. 밀즈의 말을 빌리면 다음과 같다(Mills, 1967: 14~15).

집단에서 경험하는 것은 갈등이다. 이는 사람들이 필요로 하는 것과 원하는 것을 모두 채워 주지 못하는 현실에 대한 반응이다. 조직화하기 위해 집단은 한 부분을 다른 부분과 서로 조정해야만 하며, 이렇게 하기 위해 일부의 자유를 제한해야 한다. 더 나아가 집단은 어떤 구성원을 다른 구성원보다 더 충분히 받아들이고 보상하지 않으면 안 된다. 이러한 불공평은 또 다른 형태의 갈등을 만들어 낸다.

결과적으로 사회체계로서 집단이 인간행동에 미치는 영향은 집단의 역동성으로 나타난다. 노슨(Northen, 1988: 22~45)은 집단의 역동성을 사회적 상호작용, 집단목적, 집단감정, 집단구조, 집단규범, 긴장 및 응집력 등으로 설명했다.

첫째, 역동적인 힘의 작용을 일컫는 사회적 상호작용은 사람들 간의 접촉이 태도와 행동을 변화시킴을 시사한다. 사회적 상호작용의 핵심인 커뮤니케이션은 정보, 느낌, 태도 등이 전달, 수신, 해석, 반응되는 복잡한 사회적 과정이다. 생각은 주로 언어적 수단을 통해 교환되며, 정서적인 측면은 얼굴표정, 몸짓, 침묵 같은 비언어적 수단을 통해 표현된다. 개방된 커뮤니케이션체계는 구성원이 자신의 문제와 집단의 문제에 대처하고 해결할 기회를 증가시킨다.

둘째, 모든 집단은 목적을 가지는데, 집단 구성원이 갖고 있는 소망과 욕구가 사회적 상호작용을 통해 집단목적으로 발전한다. 집단 구성원은 명백하고 의식적인 개인적 목적뿐 아니라 의식하지 못하는 개인적 목적을 가질 수 있다. 개인적 목적은 집단의 명시된 목적과 일치하거나 갈등을 일으킬 수 있다.

셋째, 집단 내에서의 커뮤니케이션을 통해 의견이나 사실뿐 아니라 감정의 긍정적·부정적 표현이 전달된다. 구성원은 서로 언어적·비언어적으로 느낌을 전달한다. 사람들이 서로에게 가지는 태도에는 양가감정이 존재한다. 즉, 사랑, 애정, 공감, 온정, 동일시 등의 긍정적 유대를 나타내는 반면, 증오, 적개심, 혐오, 공포, 편견, 무관심 같은 부정적 감정을 나타내기도 한다. 긍정적 태도는 보통 상대방에게서 긍정적 반응을 얻지만 반드시 그렇지는 않다. 친근감 혹은 거리감에 관한 사람들의 욕구가 양립할 수도 있고 하지 않을 수도 있기 때문이다.

넷째, 사람들이 알게 되고 서로 긍정적·부정적 감정을 전달하면서 관계의 구조가 발달한다. 즉, 지위와 역할이 분화되며 하위집단이 형성된다. 지위는 집단에서의 위계질서상 다른 구성원에 대한 그 구성원의 위치를 의미한다. 집단 구성원은 자기가 속한 각각의 집단에서 각기 다른 지위를 가지며, 동일집단에서도 시간이 지나면 지위가 달라진다. 지위를 근거로 역할이 결정된다. 집단에는 제도적 역할 외에 희생양, 경쟁자, 부끄럼쟁이 같은 개인적 역할도 출현한다. 일반적으로 집단 구성원이 공통점을 발견하면서 하위집단이 발달한다. 하위집단 형성은 '끼리끼리 모인 다'와 '서로 다른 사람끼리 끌린다'는 상반되는 논리로 흔히 설명된다. 하위집단이 때로 집단의 효율성과 응집력에 방해가 되기도 하지만, 보통은 개인적 발달과 집단발달에 기여한다.

다섯째, 집단규범은 집단이 기대하는 행동의 기준인데, 이 규범이 발달하는 과정은 집단이 무엇에 가치를 부여하고 수용하는가에 대한 집단 구성원들의 동일시에서 시작된다. 즉, 집단규범은 사회적 상호작용의 산물로서, 가치에 관한 구성원의 합의라 할 수 있다. 집단규범은 집단체계의 목표달성에 기여하지만 때로는 장애가 되기도 한다.

여섯째, 긴장은 인간의 발달에 본질적이다. 갈등은 집단관계에 건설적인 힘이 되고 상호작용에 대한 자극과 토대가 되기 때문이다. 상이점의 표출을 통해 공통된 가치와 관심이 뚜렷해지기도 한다. 물론 갈등이 개인, 집단의 다른 구성원, 사회에 미치는 영향이 건설적이지 않고 파괴적일 수도 있다.

일곱째, 응집력은 구성원이 상호 간에, 그리고 집단에 대해 끌리는 것을 일컫는다. 보통 집단의 매력은 구성원의 욕구를 충족하는 정도에 따라 결정된다. 집단의 응집력이 강할수록 구성원에게 미치는 영향력이 크다. 강한 응집력은 집단 구성원에게 긍정적 결과뿐 아니라 부정적 결과를 가져올 수 있다. 집단에 매료된 구성원은 변화되어야 하는 집단의 부정적 측면을 알아채지 못하거나, 다른 집단 구성원의 부적절한 영향을 받을 수 있다. 또한 집단에 대한 강한 동일시가 개성의 상실을 가져오기도 한다. 응집력이 강한 집단은 외부환경으로부터 새로운 정보 투입이 상대적으로 더딜 수도 있다.

27장

조직

1. 사회환경으로서 조직체계

파슨스는 조직의 정의를 다음과 같이 내렸다(Parsons, 1960: 17). "조직은 특정한 목표를 추구하기 위한 사회적 단위 또는 집단이다. 회사, 군대, 학교, 병원, 교회, 교도소 등이 조직에 포함되며 부족, 계급, 인종집단, 친목집단, 가족은 조직에서 제외된다. 조직의 세 가지 특징은 ① 분업, 권력, 의사소통의 책임, ② 조직의 협동노력을 통제해 목표로 지향하는 권력의 집중, ③ 구성원의 교체이다."

밀러는 조직이 여러 목표를 가지고 있으며, 목표를 추구하기 위한 상호작용하는 하위체계로 구성된 체계라고 정의했다(장인협 외 역, 1990: 144에서 재인용). 그는 또 조직에서의 권력이 한 체계가 다른 체계로부터 추종을 끌어내는 능력이라 하였다(장인협 외 역, 1990: 147에서 재인용). 여기서 권력과 통제의 목적은 조직의 목표추구를 위한 것이다. 에치오니(Etzioni, 1964: 6)는 조직의 목표란 조직이 실현하려고 하는 바람직한 상태라고 정의했다.

이와 같이 공식적 조직은 특정의 목적을 성취하고 내적인 긴장의 처리와 환경에 대한 적응 등 조직의 운영상 야기되는 문제를 해결하기 위해 만들어진다.

현대사회의 모든 생활경험은 앞서 정의 내린 조직과 관련된다. 기든스 (Giddens, 1989)는 사실 현대인은 일생의 대부분을 조직의 구성원으로 활동하거나 조직활동의 산물을 접촉하면서 생활하고 있다며 다음과 같이 묘사했다.

> 우리 대부분은 병원에서 태어나 다른 신생아와 구분하기 위해 이름표가
> 달린다. 거의 모두가 학교에 다니고, 일부는 대학까지 진학한다. 성인이
> 된 후엔 기업체나 금융회사, 은행, 정부기관 등에서 일한다. 일생 동안
> 편지나 전화를 하기 위해, 집에 전기와 난방을 공급하기 위해, 정보와
> 오락을 얻기 위해 신문을 보거나 라디오, 텔레비전 등을 보려고 할
> 때조차 조직에 의존해야 한다.

실버먼(Silverman, 1970)은 조직을 사회체계로 보는 기본적 가정을 세 가지로 제시했다. ① 조직의 각 부분은 전체에 대해 무엇인가 기여하고 있으며, 동시에 전체로부터 무엇인가 받고 있다. ② 체계로서의 조직이 존속하기 위해서는 만족되어야 하는 특정의 요구가 있는데, 조직은 그것을 끊임없이 충족하려 한다. ③ 체계로서의 조직은 스스로 행위능력을 갖고 있으며, 동시에 조직 구성원의 개별적 행위도 있다.

굴드너(Gouldner, 1961: 394~395)는 체계로서의 조직의 특성을 다음과

같이 세 가지로 정리했다. ① 조직체는 하나의 체계로서 유기적인 속성을 가진다. ② 구조적 변화는 합리적 작용에 의해서라기보다 조직의 평형상태를 깨뜨리는 위협에 대한 누적적, 비계획적, 적응적 반응의 결과이다. ③ 조직체의 욕구 중 가장 중요한 것은 목표의 달성이다. 또한 굴드너는 폐쇄체계에 해당하는 합리적 모형과 개방체계에 해당하는 자연적 체계모형으로 조직을 구별했다(Gouldner, 1959: 404~405). 합리적 모형에서 조직은 도구(*instrument*)로 간주된다. 즉, 조직이 목표를 실현하기 위한 합리적 수단이 된다. 자연적 체계모형은 조직이 목표의 달성뿐 아니라 조직 자체를 유지하여 역동적 평형을 이루려 한다고 본다.

조직체계의 예로 대규모 사회서비스조직의 특성을 생각해 보자. 사회서비스조직에는 사회복지전문가와 여러 원조전문가가 건강증진 혹은 삶의 질 향상, 자립원조, 의존성 예방, 가족관계 강화, 개인·가족·집단·조직의 사회적 기능 회복 등을 위해 수행하는 일이 포함된다(Barker, 1999: 453). 사회서비스조직이 중앙집권화되어 통제되는 경우, 의사결정자와 실무자 및 서비스 대상자 간의 거리가 멀어져 개별적 욕구에 융통성 있게 반응하는 것이 어렵다는 위험이 발생한다(Hage & Aikin, 1970).

사회복지조직의 정책·규칙·절차는 원래 문제해결과 목적성취를 지원하고 서비스의 동일한 질을 보장하기 위해 수립된다. 그러나 규칙과 규정은 그 본질적 속성 때문에 시간이 지나면서 더 엄격해지고 원래 의도한 목적에 부합하기보다 현상을 유지하는 쪽으로 전환되는, 이른바 목적의 전치가 일어나기 쉽다. 홀랜스와 페처스(Holland & Petchers, 1987: 208)는 목적전치는 목적을 이루기 위한 수단이 목적 그 자체가 될 때 발생하며, 이러한 목적전치가 대인서비스조직의 심각한 문제라고 주장했다. 물론 모든 사회복지조직이 이렇게 운영되는 것은 아니다.

일부 조직은 인간관계 유형에서 위계적 측면과 동료적 측면을 결합해 좋은 결과를 낳는다(Litwak, Meyer, & Hollister, 1977). 즉, 행정직과 전문직, 두 집단이 상이한 과업과 책임을 규정하고 규제하는 조직구조를 만드는 것으로 행정가는 재정정책과 절차 및 다른 구조적 측면에 대한 통제를 맡고 전문적 의사결정은 전적으로 전문가에게 맡기는 것이다.

일반적으로 조직의 공식적 구조로는 조직 구성원의 심리사회적 욕구와 관심을 충족할 수 없으므로 비공식적 구조가 이를 충족한다. 비공식 구조는 구성원의 성격, 감정, 개인적 목적, 동기, 태도, 전문적 소신, 이데올로기 등에 의해 형성된다. 이 요소가 조직생활의 스트레스 요인에 대한 적응기제로서 조직 내의 하위문화를 낳는다. 조직 내의 비공식집단은 어떤 의미에서 원초집단과 유사한 속성을 가진다. 즉, 구성원에게 심리사회적 지원을 제공하는 중요한 상호원조체계가 되는 것이다. 그러나 어떤 상황에서는 비공식 집단이 신뢰, 상호성, 협력, 유용성이 결핍되어 오히려 스트레스를 낳을 수도 있다.

인간은 아동기부터 노년기까지 모든 생활주기에서 다양한 조직의 직접적·간접적 영향을 받는 일상생활을 영위하므로, 현대인의 삶에서 조직은 다양한 인간행동과 상호작용이 발생하는 주요 환경체계이다. 특히, 조직은 구성원으로서의 활동을 통해 개인의 역량을 키우는 사회환경이 될 수도 있다. 조직의 인간발달 및 인간행동에 대한 영향력 또한 지대하다. 사회복지실천에서는 사회환경으로서의 조직에 대한 이해와 더불어 자원으로서 조직 활용, 문제해결방법으로서 조직화 등이 매우 중요하다.

2. 조직의 유형

파슨스(Parsons, 1960)는 개별조직과 사회 전체의 관계에 관심을 두고 체계이론의 기본틀을 조직에 적용해 조직이 사회의 유지·발전에 어떤 공헌을 하느냐에 따라 ① 생산조직, ② 정치조직, ③ 통합조직, ④ 잠재적 형태유지 조직으로 구분했다. 생산조직으로는 경제활동을 통해 적응의 기능을 하는 기업조직이 대표적이고, 정치조직에는 사회의 목적달성기능을 하는 정당이나 국회와 같은 조직이 있다. 통합조직에는 사회의 질서유지를 담당하는 군대와 같은 조직이 포함되고, 잠재적 형태유지 조직에는 사회화를 담당하는 교회나 학교 같은 조직이 해당된다.

블라우와 스콧(Blau & Scott, 1962)은 조직의 활동으로부터 누가 가장 이익을 얻느냐를 기준으로, ① 노동조합과 같이 조직 구성원 모두가 상호이익을 얻는 호혜조직, ② 조직의 소유자가 이익을 독점하는 기업조직, ③ 병원이나 학교와 같이 조직의 이용자가 가장 이익을 얻는 봉사조직, ④ 군대나 경찰과 같이 일반대중이 조직활동의 대상이 되는 공익조직으로 조직을 분류했다.

한편, 에치오니(Etzioni, 1961)는 복종을 기준으로, ① 강제적 조직, ② 자발적 조직, ③ 공리적 조직으로 구분했다. 강제적 조직은 조직 구성원의 의사와 상관없이 강제적으로 참여하는 조직이다. 강제적으로 조직의 목적을 위해 행동해야 하는 교도소나 군대 같은 조직체가 이에 해당된다. 자발적 조직은 자유롭게 가입하거나 탈퇴할 수 있는 종교단체나 전문직 단체를 의미한다. 공리적 조직은 조직원이 실리적 목적을 위해 가입하거나 탈퇴할 수 있는 회사 같은 조직체를 말한다.

또한 에치오니(Etzioni, 1964: 47~59)는 조직의 통제를 신체적 통제, 물질적 통제, 상징적 통제로 구분하면서, 각 조직이 사용하는 통제의 형식에 기초해 세 가지 조직을 설명했다. ① 강압적 조직은 위협과 처벌을 통제수단으로 사용해 조직 구성원 사이에 소외를 초래하기 쉽다. ② 보상적 조직은 조직 구성원으로 하여금 그들이 받는 혜택을 계산하게 하여 통제한다. ③ 규범적 조직은 도덕적 개입과 사회적 수용을 통제수단으로 사용하여 조직 구성원이 조직에 강한 의무를 느끼게 만든다.

주목적이 사회통제인 조직은 전면적 통제시설(*total institution*)이라고 일컬어지는 독특한 특성을 가진다. 고프먼(Goffman, 1961)은 전면적 통제시설이 수많은 유사한 상황을 가진 개인이 공식적으로 운영되는 시설에서 생활하도록 상당한 기간 동안 그 개인을 사회로부터 분리하는 기관이라고 했다. 정신병원, 교도소 등이 이에 해당된다.

전면적 통제시설의 공통된 속성은 다음과 같다(장인협 역, 1984: 88~92). ① 전면적 통제시설의 대부분 수용자는 시설에의 수용이 강제적이다. ② 수면 및 기타 옥내활동, 레크리에이션 및 작업에서 개별활동이 허용되지 않는다. ③ 전면적 통제시설은 일반사회의 기본적 생활형태와 많은 점에서 양립할 수 없다. ④ 전면적 통제시설에서는 수용자와 직원 간에 근본적인 차이가 있다. ⑤ 수용자는 시설에 수용되기 이전에 가지고 있던 고유문화와 단절된다. ⑥ 수용자는 새로운 세계의 구축을 위해 개인적으로 재조직된다. ⑦ 전면적 통제시설 내에는 특수한 문화환경이 조성되므로 은어사용과 같은 독특한 의식이 생긴다.

전면적 통제시설의 비투과적 속성과 반대되는 속성을 가진 조직체는 투과성 조직이라 일컬어질 수 있다(장인협 역, 1984: 101~105). 자원봉사

협회 같은 것이 투과성 조직이다.

투과성 조직의 가장 중요한 특성은 조직 구성원이 되는 것이 자발적이라는 점이다. 투과성 조직에서는 업무, 자유시간 활동, 사적 가정활동 간에 분명한 구분이 있다. 투과성 조직의 구성원은 다른 사회적 조직의 구성원이 되는 데 제약을 받지 않는다. 투과성 조직의 경계유지 구조는 매우 약하다. 전면적 통제시설의 높은 벽, 제한된 출입문, 격리 등과 달리, 투과성 조직은 제한영역으로 구분되지 않는다. 투과성 조직에서는 구성원에게 접근하는 것이 용이하다. 이러한 투과성을 지닌 경계는 외부체계와의 상호작용을 상대적으로 쉽게 만든다. 외부체계와의 상호작용이 활발하므로 투과성 조직의 역할구조는 전면적 통제시설의 역할구조보다 더 복잡하다.

투과성 조직은 조직 구성원이 개인으로서의 주체성과 기존의 문화를 유지할 수 있다는 점에서 전면적 통제시설과 다르다. 투과성 조직에서 개인은 자유롭게 자신의 일을 계획한다. 개인을 재조직화하려는 움직임은 일체 없다. 따라서 투과성 조직의 문화적 환경은 전체 사회체계의 문화와 크게 다르지 않다. 전면적 통제시설에서와 같은 특수한 문화가 조직 내에 존재하지 않는 것이다.

3. 조직 속에서의 인간행동

체계로서의 조직은 조직의 목표 · 구조 · 기능에 따라 조직 구성원의 행동에 상이한 영향을 미친다. 특히, 조직에서 결정한 조직의 목표와 조직이 의도하는 목표가 효율적으로 달성되도록 만들어진 조직구조는 조직 구성원의 행동에 큰 영향을 미친다. 예를 들면, 조직의 목표달성을 위해 조직 구성원은 목표지향적 활동을 하도록 기대된다. 또한 조직의 구조는 수직적, 수평적, 장소상 분화의 정도와 관련된 복잡성(*complexity*), 규칙과 절차가 이용되는 정도와 관련된 공식화(*formalization*), 의사결정권이 집중된 정도와 관련된 중앙집권화(*centralization*) 차원에서 조직 구성원의 행동에 영향을 미친다(김종재, 1985: 418~423). 예를 들어, 중앙집권화와 조직 구성원의 직무성과는 역의 상관관계가 있어 집권화된 조직구조에서 조직 구성원의 직무만족 수준은 낮다.

한편, 조직은 게마인샤프트와 게젤샤프트의 인간관계 속성을 모두 가지는 것으로 분석된다. 물론 조직이 특정한 목적을 성취하기 위한 수단이라는 점에서 조직 내에서는 게젤샤프트적 관계가 지배적이다. 게젤샤프트적 관계가 공식적 조직에서 지배적인 한편, 조직의 인위적 속성을 극복하도록 돕는 것은 게마인샤프트적 속성이다. 즉, 사람들을 결속시키도록 돕는 개인적 관계 때문에 조직 구성원은 조직의 목적을 달성하기 위해 협조적으로 일할 수 있는 것이다.

조직체 내의 갈등은 불가피한데, 밀러는 다음과 같이 설명했다(장인협 외 역, 1990: 143에서 재인용).

어떤 의사결정도 완전하게 합리적이거나 만족스럽지 못하다는 사실은 행정가에게 위안을 줄 수 있다. 대부분의 행정문제에 대해 완전하게 합리적인 해결책은 없다. 계급이 높으면 높을수록 그가 부딪히는 문제가 그렇다. 의사결정이 이루어져야 할 차원은 각기 다르다. 인간의 생활은 돈과, 돈은 시간과, 시간은 전문직의 탁월성과 상당히 차이가 있다. 그러나 이 모든 것이 조직체에 모자라게 공급되어 있어 이 중에 포기해야 할 것을 결정해야 한다.

프레스서스(Presthus, 1978)는 관료적 조직의 구성원인 개인이 조직에 적응하는 양상을 상승형, 무관심형, 모호형이라는 세 가지 행동유형으로 구분했다. 상승형(*upward mobile*)은 조직에서 비교적 상위직에 많다. 일반적으로 상승형은 낙천적이며 조직 내 생활에 만족한다. 조직에 대한 일체감과 충성심이 높고, 조직이 하는 일에 전적으로 긍정적이며, 조직을 행동의 준거틀로 삼는다. 무관심형(*indifferents*)은 조직 내의 하위직에 주로 많다. 무관심형은 조직이 좌절감을 제공하는 체계라고 간주한다. 조직에 대해 소외감을 느끼고 조직 밖의 일에 더 흥미를 둔다. 조직의 가치를 마음으로는 인정하지 않으며 조직에 충성심도 없다. 모호형(*ambivalents*)은 수적으로는 가장 적은 유형으로, 참모직에 주로 많다. 조직에 의한 조정과 통제의 필요성을 인정하지 않는다.

프레스서스가 설명한 상승형은 에치오니(Etzioni, 1964: 110)가 제시한 '관료적 성격'과 유사하다. 에치오니에 의하면 관료적 성격을 가진 사람은 다음과 같다. ① 사회단위, 특히 가족과 조직 사이를 오가는 데 익숙하다. ② 욕구 좌절을 잘 참으며 만족을 늦출 수 있는 능력이 있다. ③ 물질적이거나 상징적인 보상을 얻으려는 심리적 욕구가 있다. 에치오니(Etzioni, 1964: 110)는 조직과 다른 사회체계 간의 관계에 근거해 관료적 성격에 관해 부언설명했다.

> 인간의 성격과 조직의 요건을 이와 같이 수렴시킨 공로는 가족과
> 교육제도에 돌려야 하는데, 이 제도가 훌륭한 조직인이 될 인간유형을
> 만들어 내기 때문이다. 중류계급이 시간엄수, 청결, 성실, 일관성, 순종,
> 그리고 무엇보다도 성취지향성 가치를 강조하는 것이 인간의 성격을
> 조직에 적합하게 만든 요인이다. 조직의 효과는 조직의 욕구에 따라
> 성격을 형성하려는 시도에 기인하기보다는 그 조직에 적합한 유형의
> 참여자를 공급하는 사회적 환경에 더 기인한다.

톰슨(Thompson, 1961)은 관료적 조직에서의 특징적 인간행동을 관료병리(*bureau pathology*)로 설명했다. 관료병리는 규칙에 대해 과잉으로 의존하는 행동, 인간관계의 비인격성, 업무에서 사소한 권리나 특권을 주장하는 행동, 변화에 반대하는 행동 등이다.

한편, 조직 구성원 사이에는 소진현상이 흔하다. 소진은 해소되지 않은 긴장으로 인해 오는 일종의 쇠약한 심리적 상태이며, 에너지의 축적이 고갈된 상태, 병에 대한 저항력의 저하, 불만과 비관의 증대, 결근과 일에 대한 비능률의 증대와 같은 결과를 가져온다(Veninga & Spradley, 1981: 6~7).

베닝거와 스프래들리(Veninga & Spradley, 1981: 38~39)는 소진의 단계가 초기의 일에 대한 만족단계인 첫 번째 단계, 에너지의 고갈 등이 나타

나는 두 번째 단계, 증상이 만성적으로 변하며 직장과 가정에서 기능이 저하되는 세 번째 단계, 문제에 압도당하기 시작해 소진상태가 생활을 지배하는 네 번째 단계, 일이 전혀 기능을 발휘하지 못하고 생활이 심각한 방향으로 쇠퇴되는 다섯 번째 단계로 진행된다고 보았다.

28장

지역공동체

1. 사회환경으로서 지역공동체

일반적으로 공동체(*community*)라는 용어는 동일지역에 근거하는 사람의 구성단위를 일컫는다. 물리적으로 인접한 곳에 사는 사람들은 공통된 사회적 구조와 서비스에 의존하고, 유사한 관심을 가지며, 스스로 공동체라고 생각하는 지역과 관련된 정체성을 가진다. 그러나 공동체란 명칭은 행정구역, 교육구, 경찰관할구역, 교구 등과 같이 판별할 수 있는 지리적 경계를 가진 사람들의 구성단위만 일컫는 것이 아니다. 세계인이 사는 지구는 지구공동체라 불리고, 사회복지사는 자신의 결사체를 사회복지 전문직 공동체로 부르며, 대학은 학문공동체로 일컬어지고, 특정 종교의 신도집단, 인종집단, 이익집단 등 지역적 기반이 없는 집단도 공동체라는 명칭으로 불린다.

공동체에 대한 다양한 정의에서 야기되는 혼란을 해결하기 위해 버나드(Bernard, 1973: 3~4)는 여러 상황에서 사람 사이에 발생하는 공동의 유대나 연대정신을 지칭하는 공동체(*community*)와 지역적 차원을 가지는 사회 조직체의 단위를 의미하는 지역공동체(*the community*)를 구별해 사용하는 방안을 제시했다.

유사하게, 로스(Ross, 1967)도 공동체를 기능적 공동체(*functional community*)와 지리적 공동체(*geographic community*)로 구분했다. 그는 기능적 공동체를 복지, 농업, 교육, 종교 등에서 공동의 관심과 기능을 함께하는 사람들의 집단이라 정의했다. 즉, 기능적 공동체는 동일한 관심을 가진 사람들로 구성되는데, 정당, 교회, 전문직 단체가 여기에 해당된다. 지리적 공동체는 일정한 지리적 영역 내에 사는 모든 사람을 포함하는데, 동, 읍, 면, 시가 지리적 공동체에 해당된다. 이와 같은 공동체의 개념정의를 고려해 이 장에서는 사회적 환경의 한 구성요소로서 공동체 논의를 지역공동체에 한정한다.

워렌(Warren, 1978: 9)은 사람들이 지리적으로 근접한 생활을 하면 생활을 만족시키는 데 필요한 사회구조와 사회적 기능을 발전시킨다고 하면서, 지역공동체를 지역적 적합성을 지니며 중요한 사회적 기능을 수행하는 사회단위와 체계의 결합이라고 정의했다. 그는 사회적 기능의 수행에서 한 사회적 단위가 이 기능 중 여러 가지를 수행하기도 한다고 보았다. 지역공동체는 보다 작은 하위체계로 구성된 전체체계로 가정되며, 이 하위체계들이 지역과 관련된 다섯 가지 기능을 수행한다는 것이다 (Warren, 1978: 9~10).

첫째, 생산·분배·소비는 지역공동체의 구성원이 상품과 서비스를 생산하고 분배하며 소비하는 과정의 기능이다. 이 기능은 기업, 학교, 종교기관, 정부기관, 건강 및 복지서비스, 주택체계 등에 의해 수행된다.

둘째, 사회화는 공동체의 제도, 특히 가족과 사회가 그 구성원에게 지식, 사회적 가치, 행동패턴을 전수하는 과정이다. 인간은 사회화를 통해 사회의 구성원으로 기능할 수 있게 준비된다.

셋째, 사회통제는 공동체가 구성원의 행동을 규범에 동조하도록 규제하는 과정이다. 이 기능은 경찰, 법원, 학교, 가족, 종교조직, 사회기관 등에 의해 수행된다.

넷째, 사회적 참여는 공동체가 제공하는 제반활동에 구성원이 자발적으로 참여하는 것인데, 종교조직, 민간조직, 비공식 집단 등에 의해 주도된다.

다섯째, 상부상조는 사회 구성원이 개인적으로 자신의 욕구를 충족할 수 없는 상황에서 필요한 사회적 기능이다. 이는 가족, 친구, 이웃, 보건 및 복지조직에 의해 제공된다.

워렌의 설명은 지역공동체의 두 가지 핵심 특징을 함축한다. 첫째, 지역공동체는 장소의 개념으로부터 나온다. 즉, 지역공동체의 지리적 장소가 그 정체성의 핵심이다. 둘째, 사회적 기능은 동일한 주거환경을 공유하는 사람과 조직의 일상생활의 필요조건을 충족하기 위해 수행된다.

체계로서 지역공동체의 특징은 크게 다음 네 가지로 정리될 수 있다 (Norlin, Chess, Dale, & Smith, 2003: 366~367). 첫째, 물리적 또는 지리적 장소에 근거한 사회적 조직형태이다. 둘째, 공통된 지역에 살거나 동일시된 사람들과 그들의 사회적 조직에 초점이 두어진다. 셋째, 지역공동체가 추구하는 최상의 목적은 지역공동체 구성원을 위한 삶의 질을 향상하는 것이다. 넷째, 지역사회의 하위체계는 거기에 살고 있는 사람에게 봉사하는, 지역사회에 소재한 조직과 집단이다. 다섯째, 상호의존은 공통된 욕구, 공통된 문제, 성장과 발전을 위한 기회가 있다는 것을 전제로 한다. 여섯째, 지역공동체는 개인을 전체사회에, 그리고 전체사회를 개인에 연결하는 체계이다. 개념상 지역공동체는 전체사회의 하위체계이다.

한편, 데이비스(Davis, 1949: 312)는 현대의 지역공동체가 그 자체만으로는 완전히 이해될 수 없다고 보았으며, 지역공동체의 어떤 부분은 지역공동체 내부보다 지역공동체의 외부에 오히려 더 큰 관련이 있다고 함으로써 개방체계로서의 지역공동체를 주장했다. 이를테면, 지역공동체의 규범과 가치가 거대체계인 문화의 영향을 받아 변경될 수 있다. 사회적, 경제적, 정치적 힘이 지역공동체에 작용하며, 이 힘은 지역공동체가 그 기능을 수행하는 데 필요한 자원의 제공여부에 영향을 미친다. 그 예로 우리 농촌지역을 생각해 보자. 농촌생활에 관한 목가적 신화에도 불구하고, 우리나라의 농촌은 다양한 스트레스를 경험하는 상황이다. 농산물수입 개방으로 인한 농촌경제의 피폐, 동남아여성과의 혼인으로 인한 다문화가족의 급격한 증가 등 최근 농촌지역의 현실은 사회적, 경제적, 정치적 부산물인 것이다.

지역공동체는 개인을 둘러싼 환경일 뿐 아니라 사회복지실천의 현장이기도 하다. 사회복지실천 차원에서 지역공동체는 욕구 혹은 문제를 갖고 있는 개인의 집합체로서 클라이언트체계가 될 수도 있고, 지역공동체에 존재하는 인적 자원과 물적 자원을 제공할 수 있는 유용한 사회연계망이기도 하다.

2. 지역공동체의 유형: 농촌공동체와 도시공동체

대체로 농촌사회는 적은 인구와 공간적으로 넓은 농토를 특징으로 한다. 농촌사회의 지리적 고립성은 다른 사회와의 접촉을 제한하는 한편, 주민 간의 인간관계를 더욱 긴밀하게 하고 공동체의 전통문화를 공유하여 강한 유대감을 낳는다. 따라서 전통적인 농촌의 생활환경을 이루는 특징은 동질성, 안정성, 비이동성, 유대감 및 협업 등이었다. 그러나 이러한 농촌공동체의 특징은 우리나라에서 이제 거의 사라져 가고 있다. 우리나라 농촌사회의 변화는 1960년대 초 전체 한국사회의 변화와 함께 시작되었는데, 가장 큰 변화 중 하나로 농촌인구의 도시로의 대량이동으로 인한 농가의 수 및 농촌인구의 급격한 감소를 들 수 있다. 농촌으로부터 도시로의 대규모 인구이동은 농촌사회의 사회경제적 구조에 큰 변화를 야기했다. 노년층의 인구비율이 증가하고 이에 따라 노동력 부족현상이 심화되었으며, 농촌의 전통적 속성인 안정성·폐쇄성이 크게 약화되면서 공동체 내 주민 간 유대가 약화되었고, 전통적인 비금전적·자발적 협업체계 대신 농협과 같은 공식적 관료적 협업체계로 대치되었다.

도시공동체의 진화과정은 다음과 같이 다섯 단계로 나눌 수 있다(장인협 외 역, 1990: 113~114). 첫 번째 단계는 5만 명 이내의 인구를 수용하는 사방 2㎞의 지역으로, 중심지에서 변두리까지 도보로 10분 이상 걸리지 않는다. 두 번째 단계는 5만 명 이상의 인구를 수용하는 사방 6㎞의 지역이다. 그 예로는 고대 로마, 콘스탄티노플, 북경과 같은 제국의 수도를 들 수 있다. 도보로 걸리는 시간은 30분이 넘지 않았으며 마차로 사람을 운반했다. 이 단계의 도시는 통치하기가 어려웠으며, 빈민가가 생겼고 때로는 폭도가 도시를 지배했다. 세 번째 단계의 도시는 지하철이나 고가철도에 의존해 영역을 넓힌다. 이런 단계의 도시는 잠시 동안은 만족스러웠으나 불편이 심해 자동차 교통수단에 적응하기 위한 초고속도로가 건설되었다. 네 번째 단계는 수많은 도시문제로 시달리고 있는 현대도시이다. 다섯 번째 단계는 네 번째 단계의 문제들을 해결하지 못했기 때문에 그대로 남아 있는 병리를 안고 있는 거대도시(*megalopolis*)이다.

이와 같은 대규모도시에서 흔히 보는 것은 공동체 내의 공동체들이다. 분석수준에 따라 큰 공동체 내의 하위 공동체를 관찰할 수 있다. 즉, 도시공동체는 여러 이질적 하위문화를 가진 지역들로 이루어져 있다. 대도시일수록 규모가 작은 동질적 지역공동체에 존재했던 친밀관계가 파괴되고 혈연적·지연적 유대가 감소하여 일차관계에 기반을 둔 전통적 인간관계는 쇠퇴한다. 중산층 이웃과의 관계는 저소득층과 비교해 직접적인 일상생활에서의 상호부조가 아니라 형식적이고 피상적인 관계에 그친다(김정선·박순진, 1993: 62).

우리나라는 산업화와 근대화 과정에서 농촌의 개발 제외와 대도시의 사회문화적 유인요인에 의해 도시인구가 급성장하여, 단기간 내에 도시지배적인 형태로 전환되었다. 그 과정에서 대도시로 유입된 인구는 대부분 도시 공식부문의 취업에서 배제된 채 도시 변두리에 집단적으로 거주하면서 도시 빈곤지역을 형성했다(정동익, 1985: 45~47). 이러한 급격한 도시인구 증가는 도시 경제체계의 불균형으로 도시빈곤이라는 심각한 사회문제를 야기했고, 특히 주택부족과 열악한 주거환경은 사회문제의 중요한 쟁점이 되고 있다.

우리나라는 도시의 과잉팽창으로 도시가 수용할 수 있는 인구의 한계를 넘어 공해, 교통, 주택 등 심각한 환경문제를 낳고 있다(김정선·박순진, 1993: 37). 또 정부정책에 의한 신도시건설과 도시재개발 과정에서 아파트가 급증하면서 우리나라 대도시에서는 계층 간 거주지 분리현상이 심화되고 있다. 거주지 분리로 더욱 쾌적하고 능률적인 도시환경이 이루어졌다는 긍정적 평가와 편익시설과 사회서비스시설의 차등화로 주거지역에 따라 사회적 불평등이 심화되었다는 부정적 비판이 공존한다(조성남·김정선·박순진, 1993: 2).

3. 지역공동체의 상호교류

지역공동체가 외부환경 및 지역공동체의 하위체계 간에 상호교류를 지속한 결과가 공동체의식과 공동체의 긍지, 유능성, 자발성, 관계성이다(Germain, 1991). 동질적인 지역공동체는 유사성, 친밀감, 호혜성에 근거한 연대감으로 강한 일체감을 나타낸다. 그러나 현대사회처럼 급변하는 사회에서는 사람의 이동이 빈번하므로 한때는 동질적이었던 농촌지역이 공업단지가 조성되면서 기존의 규범, 가치, 서비스에 큰 변화가 일어나 신흥 공업도시가 되어 버리기도 한다. 또한 농촌지역은 젊은 사람이 대부분 도시로 떠나 버리고, 도시에서도 젊은 사람은 지역이동성이 크다. 이에 새로 이주해온 사람과 토박이인 사람 간에 지역공동체 내에서 다양성을 인정하며 긍지를 갖는 새로운 공동체의식을 발전시키는 데는 시간이 걸린다. 공동체의식을 통해 공동체가 행하고 공동체에 일어난 일이 그들 자신의 생활과 가치에 큰 영향을 미치는 것을 알고, 그들 스스로 공동체에서 중요한 역할을 하고 있다고 여기며, 공동체생활에 참여하는 노력에서 긍정적 결과를 기대할 때, 사람들은 지역공동체에 진정 헌신적이게 된다(Cottrell, 1976).

지역공동체가 인간행동에 미치는 영향을 살펴보기 위해서는 지역공동체의 물리적·사회적 환경에 초점을 두어야 할 것이다. 좋은 지역사회는 직업, 자원, 사회적 지지체계 등 사람들에게 필요한 것을 적절하게 제공한다. 반면, 문제가 있는 지역사회는 지역사회 구성원의 사회적 기능에 유해한 영향을 미친다. 빈부차가 심각한 도시지역은 가족해체, 가정폭력 문제, 아동학대, 범죄율 급증 등 사회문제를 낳는다. 저매인(Germain, 1991)은 지역사회의 물리적·사회적 환경이 부적절한 경우, 그 지역공동체에 속한 사람들이 환경과의 적합성이 부족하므로 부적응 문제에 직면하기 쉽다고 보았다.

유능한 지역공동체는 공동체생활에서의 광범위한 욕구와 문제를 적절하게 충족하고 처리한다. 코트렐(Cottrell, 1976)은 지역공동체의 유능성을 공동체의 하위체계가 공동체의 문제와 욕구를 규명하는 데 효과적으로 협력하도록, 목표와 우선순위에 대해 합의하도록, 목표를 이행하기 위한 방법에 의견이 일치하도록, 그리고 요구된 행동에 효과적으로 협력하도록 하는 능력이라고 정의했다. 이러한 지역사회는 구성원이 함께 시도하고, 공동으로 문제를 해결하며, 삶의 질을 향상하도록 조직화가 가능한 체계이다.

유능한 지역공동체는 모든 공동체 구성원의 적극적 참여에 가치를 두고 참여를 독려하며, 상호부조와 자발적 지원체계를 발달시키는 데 관심이 있다. 또한 유능한 공동체는 집단 간의 갈등을 처리하고, 공동체의 하위요소가 상호 간 관심사를 존중하고 유지하는 기술을 발전시킨다. 사실상 완벽하게 자율적인 지역공동체가 대도시에 존재하는 것은 불가능하지만, 상대적으로 자발성을 지향하는 지역공동체는 아노미적인 지역공동체와 비교해 외부환경과 유익한 관계를 맺고 유지한다. 자발성이 없으면 지역공동체는 내적 해체 또는 사회적 무관심의 위험에 처한다.

공동체의식, 유능성, 자발성은 인간 상호 간의 관계에 근거한다. 많은 지역공동체가 자연적 지원망의 작동으로 어려운 여건을 극복해 왔다 (Stack, 1974; Valentine, 1978; Myerhoff, 1978). 자연적 지원체계가 있는 지역공동체는 일체감, 유능성, 자발성이 있는 공동체가 되기 쉽다.

사회복지 전문가는 클라이언트체계와 지역사회의 상호작용에 관심을 두고 클라이언트를 돕기 위해 무엇을 할 수 있는지 다음과 같은 질문에 대한 답에서 단서를 찾는다(김규수 외 역, 2002: 48).

- 지역사회는 클라이언트에게 어떻게 영향을 미치는가?
- 클라이언트는 지역사회로부터 최적의 건강과 안녕에 필요한 자원을 제공받는가?
- 지역사회는 클라이언트의 욕구를 충족하기에 적절한 주거를 제공하는가?
- 지역사회에서 클라이언트의 능력에 알맞은 직업을 구할 수 있는가?
- 지역사회가 성장하고 번영하는가, 혹은 위축되고 쇠퇴하는가?

29장

사이버환경

1. 사회환경으로서 사이버공간

인터넷에서 사회활동이 일어나는 곳은 장소적 은유로 사이버공간이라 일컬어진다. 물리적 공간은 아니지만, 사이버공간에서 새로운 경험을 할 수 있고 사회적 관계가 형성될 수 있으므로 사회적 공간이 되는 것이다. 인터넷은 여러 방법을 동원해 사람들의 꿈, 취향, 기호, 의식을 드러내고, 그러한 것들이 공동체나 연대로 발전하면서 사회의 모습과 형태를 만든다(박창호, 2019). 사이버공간에서는 사람들의 상호작용이 활발하게 전개되고 상호 간 관심을 주고받는 상징적 집합장소로서 사이버공동체가 가동되는데, 사람들은 지식과 정보, 즐거움, 자유 등을 사이버공간에서 찾는다. 사이버공간에서 사람들은 자신을 표현하고 새로운 역할을 경험한다. 사람들은 인터넷에 게시글과 댓글을 올리면서 적극적으로 가상적 사회에 참여하거나, 다른 사람에 의해 작성된 게시글이나 댓글의 영향을 받는다. 블로그, 트위터, 페이스북 등에 댓글을 달거나 추종하는 현상을 상상해 보라.

사이버환경에서 사람들의 사회적 관계는 오프라인과 비교되지 않을 정도로 확장될 수 있다. 장소와 물질에 기반을 둔 현실과는 달리, 사이버환경에서는 시공간을 초월한 무한의 네트워크를 통해 사람들의 관계가 이루어지고 있다(이성식·전신현, 2009). 최근, 사이버공간은 기하급수적으로 팽창하고 있으며 사람들은 시간의 상당 부분을 사이버공간에서 보내고 있다(강상경, 2018). '네티즌'(*netizen*)이란 신조어가 등장할 만큼 네트워크로 연결된 사이버공간에서 일상적 삶이 이루어진다. 현실사회에서처럼 가상사회에서도 사람들은 다양한 삶의 모습을 보이고 있다.

특히, 스마트폰으로 장소를 초월해 인터넷에 접속할 수 있게 되면서 인터넷이 일상 속에 차지하는 비중은 상상을 초월한다. 인터넷, 스마트폰, SNS(*social network service*)가 우리 삶에서 차지하는 엄청난 비중을 생각해 보자. 식품, 의류, 화장품, 기차나 고속버스, 비행기 탑승권 등 사이버공간에서 이루어지는 구입은 이미 시장의 판도를 바꿨다. 또한 사이버공간에서 친구를 사귀거나 교류하는 것이 일상화되고 있다. 정부와 국민, 기업과 소비자, 사회단체와 구성원 등의 소통에도 페이스북 계정을 비롯한 사이버공간의 영향력이 크게 확대되고 있다. 사이버공간은 이미 일상의 사회적 공간이 되었다. 즉, 사이버공간의 정체성은 사회적이라 할 수 있다.

새로운 사회적 공간으로서 사이버공간의 특성은 다음과 같다(이성식·전신현, 2009: 29~32). 첫째, 사이버공간은 자유의 공간으로서, 현실의 구속, 억압으로부터 탈피해 자유롭다. 게시판에서의 자유로운 의견개진이나 성적 욕망의 표출과 같이, 사이버공간에서는 자유로운 행동이 가능하다. 현실로부터 해방된 모습이 탈억제 등의 여러 문제를 낳기도 한다. 둘째, 수평의 공간으로, 성별·연령·지위 등과 같은 사회적 단서가 제공되지 않는 경우 대등한 관계에서 의사소통이 가능하다. 셋째, 참여의 공간으로, 사이버공간은 누구에게나 개방되어 있다. 네티즌은 자신의 의견을 적극 개진해 나가면서 다양한 사회적 이슈에 참여한다. 넷째, 출현적 공간으로, 정적이지 않은 계속적이고 출현적 질서를 갖는 공간이다. 사이버공간은 주어지지 않은, 만들어지는 공간이라는 점에서 사회 참여자이자 구성원으로서 개개인이 사회보다 더 힘을 발휘하는 공간이 된다. 다섯째, 가상의 공간으로, 현실에 구속되지 않고 자신이 원하는 욕구를 충족할 수 있다. 가상의 공간이라도 사람들이 상호작용하고 상호교류하는 공간이므로, 사이버공간도 현실의 일부이며 연장이 될 수 있다. 여섯째, 인간관계의 장으로, 시간이 없거나 거리 때문에 잘 만날 수 없는 사람들이 서로 만날 수 있는 장이 되기도 하고, 새로운 인간관계를 형성할 수 있는 네트워크의 장이기도 하다.

사이버공간이라는 가상적 사회에 사람들이 참여하는 것은 집합적 이익이 가능하기 때문이다(이재현, 2002). 사이버공간에서 사람들은 사회네트워크자본을 만들 수도 있고, 같거나 비슷한 관심을 가진 사람과 접촉할 수 있기 때문에 집합적 이익이 실현된다.

사이버공간은 사회복지실천 영역에서도 점차 다양하게 활용되고 있다. 사이버공간은 특정한 문제나 이슈에 관한 정보를 제공하는 장으로서 기능을 하고, 동일한 어려움을 겪는 사람들이 서로 연결되고 도움을 주고받을 수 있게 해주며, 다양한 예방 및 치료서비스를 온라인으로 제공하고, 치료애플리케이션 등을 통해 스스로 치료를 시도할 수 있게 하는 등 사회복지와 관련해서도 의미 있는 환경으로 자리를 잡아 가고 있다.

2. 사이버공간: 메신저와 SNS를 중심으로

〈2018 인터넷이용실태조사 요약보고서〉에 의하면 만 3세 이상 우리나라 인구 중 최근 1개월 이내 1회 이상 인터넷을 이용한 사람의 비율은 91.5%에 이를 정도이며 남녀노소 구분 없이 인터넷을 이용하고 있는 것으로 나타났다(과학기술정보통신부·한국인터넷진흥원, 2019). 성별 이용률의 경우, 남성(93.9%)의 이용률이 여성(89.1%)보다 약간 높았고, 연령별 이용률의 경우 젊은 세대는 물론 50대가 98.7%, 60대도 88.8%의 높은 이용률을 보였다. 만 3세 이상 인터넷 이용자 중 95.3%가 하루 1회 이상 인터넷을 이용하며, 주 평균 인터넷 이용시간은 16시간 30분으로 나타났다. 인터넷을 이용하는 목적으로는 커뮤니케이션 94.8%, 정보수집 93.7%, 게임·영화 등 여가활동 92.5% 순이었다. 각종 인터넷서비스 이용률을 보면 카카오톡, 페이스북 메신저, 라인 등 메신저 95.9%, 페이스북, 카카오스토리, 인스타그램 등의 SNS 65.2%, 인터넷 뱅킹 63.7%, 이메일 62.1%, 인터넷 쇼핑 62.0%, 클라우드 서비스 30.2% 순으로 나타났다.

이용률이 가장 높은 메신저와 SNS를 중심으로 사이버공간이 인간행동에 미치는 영향을 간략하게 살펴보면 다음과 같다.

메신저는 인터넷을 통해 실시간으로 대화나 데이터를 주고받을 수 있어 '인스턴트 메신저'(*instant messenger*)로 불린다. 동일한 인스턴트 메신저 프로그램을 설치한 네티즌끼리는 별도의 사이트와의 연결 없이 단말기 대 단말기로 각종 통신기능이 가능하다. 메신저는 사용자가 만들어 놓은 목록에 등재되어 있는 사람이 네트워크에 로그온을 하면 사용자에게 알려 주므로, 상대방의 온라인 상태를 확인하고 메시지를 전송함으로써 즉각적인 응답을 기대할 수 있다. 파일도 교환할 수 있어 그룹회의나 온라인 공동작업에도 메신저를 활용한다.

메신저 중 '모바일 인스턴트 메신저'(*mobile instant messenger*)는 이제 필수적인 의사소통 수단이라고 할 수 있다. 모바일 인스턴트 메신저는 폐쇄적인 연결망을 기반으로 두는 특성이 있기 때문에 자신과 소통하는 사람의 범위를 제한함으로써 실질적이고 깊숙한 인맥형성이 가능하다 (심홍진·한은영·박병선·박남기, 2014: 35). 모바일 인스턴트 메신저는 편리한 의사소통 수단으로서 장점만 있는 것은 아니다. 부정적 측면의 예로 모바일 인스턴트 메신저는 신종 사이버폭력의 온상이 될 수도 있다. 카카오톡 왕따란 의미의 은어인 '카따', 채팅방에서 단체로 욕을 퍼붓는 '떼카', 계속 채팅방으로 초대해 괴롭히는 '카톡감옥' 등이 모바일 인스턴트 메신저의 그룹채팅 상황에서 발생하는 사이버 폭력에 해당된다.

SNS는 사용자 간 의사소통, 정보공유, 인맥확대 등을 통해 사회적 관계를 생성하고 강화해 주는 온라인 서비스다. 개별 서비스에서 차이점도 있지만 트위터, 페이스북, 라인 등과 같은 SNS는 네트워킹, 커뮤니케이션, 미디어 공유, 메시지 서비스 등 공통된 기능을 갖는다. SNS의 주요 기능은 다음과 같다(이재현, 2013). 첫째, 네트워킹기능으로, 이용자가 다른 이용자와 관계를 맺고 그것을 유지·관리하는 기능이다. 둘째, 커뮤니케이션기능으로, 이용자 사이에 메시지를 주고받는 것을 말한다. 커뮤니케이션은 공개적, 준공개적, 사적으로 이루어질 수 있다. 셋째, 미디어 공유기능으로, 사진, 음악, 뮤직비디오 등 미디어 객체가 공유된다.

SNS는 사이버공간을 활용하지만 현실의 사람과도 관계를 맺는다는 특징이 있고, 자기과시, 인정에 대한 동기로 시작해 정보공유, 인맥관리, 자기표현 등의 활동으로 타인과 관계를 형성하고 유지·관리해 간다는 특징이 있다(한국정보화진흥원, 2016).

SNS의 장점은 누구나 콘텐츠를 생산할 수 있고, 빠른 속도로 많은 사람에게 콘텐츠를 전달할 수 있다는 점이다. 재난상황 혹은 긴급한 사건이 발생했을 때 현장에 있는 사람들이 직접 영상을 촬영하고 SNS를 통해 전달할 수 있다. 이와 같이 SNS는 시민의 사회적 관심을 고조시키는 효과적 매체로도 기능한다. 부정적 측면으로, 이러한 SNS의 속성은 게시글이나 댓글에 담긴 정확하지 않은 정보 혹은 잘못된 해석으로 인해 순식간에 특정인이 몹쓸 사람으로 매도되었던 사건과 같은 문제를 초래하기도 한다.

3. 사이버환경에서의 자아정체성과 상호교류

미드(Mead, 1934)에 의하면 자아는 충동에 의해 행동하는 자아인 주관적 자아와 사회적 요구에 반응하는 자아인 객관적 자아로 구분된다. 사회적 요구에 대한 반응으로 미드가 제시한 개념은 일반화된 타인으로, 사회적 가치와 문화에 따라 행동하도록 작용하는 내면화된 다른 사람의 모습이다. 사람들은 일반화된 타인을 통해 자의식을 발전시켜 객관적 자아를 확대한다.

그런데 인터넷의 발달로 자아에 관한 새로운 접근이 불가피해졌다. 학습과 모방을 통해 고정된 방식으로 자아정체성을 설명하는 틀에 맞지 않게, 사이버공간에서는 자아정체성을 스스로 만들어낼 수 있기 때문이다. 사이버공간은 사용자가 자유와 선택을 통해 자신의 욕망을 충족할 수 있는 장으로서 기능한다. 사람들은 사이버공간의 온라인 삶을 오프라인보다 다양하게 펼치면서 자아정체성을 펼칠 수 있는 채널을 다양화한다(박창호, 2019).

사이버공간에서 자아정체성은 쉽게 조작할 수 있다. 오프라인에서의 일관된 자아정체성과 다르게 온라인에서의 자아정체성은 아바타, 이모티콘, 블로그, 대화명 등 여러 수단을 통해 전환이 가능하다. 사이버공간에서 실명으로 참여하고 상호작용하기도 하지만, 많은 사이버공간에서 사회적 관계는 익명적 관계의 확장이 가능하다. 익명성이 특징인 사이버공간에서 사람들은 다양한 자아정체성으로 자신을 드러낼 수 있다.

다양한 자아정체성은 온라인에서의 삶이 실제 삶과 다른 다음과 같은 특징에서 찾아볼 수 있다(박창호, 2019). 첫째, 가상공동체는 개인적 정서적인 유대를 친밀하게 가질 개연성을 제공하고, 고립된 개인에게 위안을 줄 수 있다. 둘째, 실제 자신과 다른 대안적 정체성이나 원하는 정체성을 가질 수 있으며 익명의 정체성으로 감추어진 자신 속에 다른 정체성을 갖는다. 셋째, 환상과 상상력을 동원한 성적인 공감각적 환상의 세계로 몰입할 수 있다. 넷째, 환경에 대한 지배와 함께 지위와 위신의 변화를 경험할 수 있다.

반면, 사이버공간의 자아정체성을 현실의 또 다른 모습으로서 자아로 간주하는 관점도 있다(이성식 · 전신현, 2009). 사이버공간의 자아가 초현실적인 상상의 새로운 '나'가 아니라 현실의 연장선에서 제 2의 정체성이 탄생하는, 즉 잠재되어 있던 나의 모습이라는 것이다. 이 관점에서는 사이버공간이 현실과 구분되는 초현실적인 것은 아니며, 사이버공간에서의 경험과 세계를 현실의 일부라고 여긴다. 현실에서의 사람과의 잦은 접촉 등 현실의 연장선으로서의 사이버공간을 활용하는 사람에게 사이버공간은 현실의 일부다.

한편, 사이버공간은 이메일, 문자, SNS 영상통화 등으로 사람들의 상호작용이나 관계형성에 급격한 변화를 초래하고 있다. 사이버공간을 통해 물리적 거리나 시간을 초월할 수 있는 인간관계, 상호교류가 가능해진 것이다. 이메일, 메신저, SNS 등과 같은 다양한 미디어 테크놀로지의 발전으로 시공간적으로 일치하지 않아도 사람들은 관계를 맺고 상호작용을 할 수 있다.

사이버공간에서의 사회자본에 대한 논의도 활발하다. 사회자본은 사람과의 관계 내에 존재하는 신뢰, 믿음, 협력, 연대, 정보획득, 네트워크 혹은 이러한 요소에 의해 획득되는 것을 일컫는다. 사이버공간의 사회자본은 온라인 네트워크에서 사람들이 상호작용하는 관계 속에서 주고받는 정신적·물질적 혜택이나 보상으로서의 자원을 의미한다(김명아, 2009). 개방적 네트워크의 속성을 지녔던 온라인 네트워크는 현재 대부분 회원제와 실명제를 통해 가입자만 참여할 수 있는 형태를 취하고 있다. 온라인에서 활동하고 있는 대학생을 연구대상으로 사이버공간에서 사회자본의 형성과 활용을 분석한 결과, 사이버공간에서의 관계형성은 약한 연대인 개방된 네트워크에서 강한 연대에 해당되는 폐쇄된 네트워크로 발전하는 과정을 통해 회원 간의 정서적 감정의 교환 등 인간중심의 네트워크 형성이 더 많은 사회자본을 획득하는 데 도움을 주는 것으로 나타났다(김명아, 2009).

사이버공간을 통한 다양한 집단과 개인의 등장으로 극대화된 다원화와 개인화가 초래될 가능성이 예상되기도 한다(송경진 역, 2016). 주류 및 비주류의 경계 약화, 소수집단의 권력에 대한 접근성 향상, 물리적 공간에서 가시성에 의해 강제되는 정체성으로부터 해방될 수 있는 기회 제공 등이 사이버공간에서 가능하다.

이제 사이버환경에서의 상호교류가 인간발달과 인간행동에 미치는 영향은 지대하다. 이와 관련해 SNS로 형성된 사회적 관계의 영향력은 SNS 이용자에게 긍정적 측면과 부정적 측면이라는 양면성이 있는 것으로 보고된다. 온라인에서의 사회적 관계가 청소년이나 노인의 삶의 만족도를 높이거나 우울수준을 낮추는 것으로 밝혀진 연구결과들은 SNS의 긍정적 영향력을 말해 주며, SNS를 통한 개입과 관련 실천적 함의를 시사한다. 반면, 사이버왕따, SNS중독 등과 같이 온라인에서의 사회적 관계가 병리적 문제를 초래하는 현상이 부정적 영향력에 해당될 수 있다.

참고문헌

강상경(2018). 《인간행동과 사회환경》(개정판). 파주: 나남.

고영복(1997). 《사회심리학》. 서울: 사회문화연구소.

공세권 외(1994). 《한국가족의 기능과 역할변화》. 서울: 한국보건사회연구원.

과학기술정보통신부・한국인터넷진흥원(2019). 〈2018 인터넷이용실태조사 요약보고서〉. 서울: 과학기술정보통신부・한국인터넷진흥원.

권석만(2003). 《현대이상심리학》. 서울: 학지사.

_____(2013). 《현대이상심리학》(2판). 서울: 학지사.

_____(2014). 《이상심리학의 기초》. 서울: 학지사.

_____(역)(2007). 《아론 벡》. 서울: 학지사.

권중돈・김동배(2005). 《인간행동과 사회환경》. 서울: 학지사.

김교헌・심미영・원두리(2005). 《성격심리학》. 서울: 학지사.

김규수 외(역)(2002). 《인간행동과 사회환경》. 서울: 나눔의 집.

김동배・권중돈(1998). 《인간행동이론과 사회복지실천》. 서울: 성원사.

김명아(2009). 《사이버공간의 사회자본》. 파주: 한국학술정보.

김성이・김상균(1994). 《사회과학과 사회복지》. 서울: 나남.

김연옥・유채영・이인정・최해경(2005). 《가족복지론》. 파주: 나남.

김윤태(2017). 《모두를 위한 사회과학》. 서울: 휴머니스트.

김윤태 외(역)(2019). 《현대 사회학 이론》. 파주: 나남.

김정선・박순진(1993). "근린관계와 지역공동체". 홍두승・이동원(편), 《집합주거와 사회환경: 소형아파트 단지 과밀의 사회적 함의》. 서울: 서울대출판부.

김종재(1985). 《조직행위론》. 서울: 박영사.

김태련 외(2004). 《발달심리학》. 서울: 학지사.

김형섭(역)(1997). 《한 권으로 읽는 융》. 서울: 푸른숲.

남기덕・노혜경・안미영・이종택・이진환・최훈석(2019). 《집단역학》(7판) 서울: 센게이지.

노안영・강영신(2003). 《성격심리학》. 서울: 학지사.

박창호(2019). 《인터넷을 넘어선 사회학》. 서울: 서울경제경영출판사.

서봉연(역)(1983). 《발달의 이론》. 서울: 중앙적성출판사.

서창렬(역)(1999). 《피아제》. 서울: 시공사.

송경진(역)(2016). 《제 4차 산업혁명》. 서울: 시그마프레스.

심홍진・한은영・박병선・박남기(2014). 《청소년의 사이버폭력 동기와 통제 요인에 관한 연구: 모바일 인스턴트 메신저를 중심으로》. 진천: 정보통신정책연구원.

안창일(편)(2008). 《이상심리학》. 서울: 학지사.

여성가족부(2017). 〈청소년백서〉.

오경자・정경미・송현주・양윤란・송원영・김현수(역)(2017). 《이상심리학》. 서울: 시그마프레스.

오상은・김정선・권영란・구정아・박성주・신미경・이윤정・임소연(역)(2017). 《인간성장과 발달》. 서울: 청담미디어.

원영희・손화희(2019). 《가족복지론》(2판) 서울: 학지사.

원호택(1997). 《이상심리학》. 서울: 법문사.

원호택 외(역)(1997). 《우울증의 인지치료》. 서울: 학지사.

유영주 외(2018). 《변화하는 사회의 가족학》(2판) 파주: 교문사.

윤재왕(역)(2014). 《체계이론 입문》. 서울: 새물결, 2014.

이동원(1993). "현대산업사회와 가족". 권희완 외(편), 《현대사회학의 이해》. 서울: 이화여대 출판부.

이봉건(역)(2018). 《이상심리학》. 서울: 시그마프레스.

_____(역)(2005). 《이상심리학》. 서울: 시그마프레스.

이성식・전신현(2009). 《사이버공간의 사회심리학》. 파주: 집문당.

이우경(2016). 《최신 이상심리학》. 서울: 학지사.

이원숙(2012). 《가족복지론》(3판) 서울: 학지사.

이윤경(2014). "노인의 가족 형태 변화에 따른 정책과제: 1994~2011년의 변화". 〈보건복지포럼〉, 211호: 45~54.

이인정(1996). "직장인들의 스트레스 관리를 위한 사회복지서비스 개발을 위한 연구". 〈한국사회복지학〉, 28호, 281~302.

이재현(2002). 《인터넷과 사이버사회》. 서울: 커뮤니케이션북스.

_____(2013). 《SNS의 열 가지 얼굴》. 서울: 커뮤니케이션북스.

이　철·박한경(역)(2016). 《사회학의 기본: 사회학적 사유와 관찰》. 서울: 이론출판사.

이현수(1990). 《이상행동의 심리학》. 서울: 대왕사.

_____(2001). 《성격과 행동》. 서울: 학지사.

이효선·Garz, D.(2006). 《사회복지실천을 위한 인간행동과 사회환경의 이해: 인간발달과 사회구조》. 고양: 공동체.

이훈구(역)(1993). 《성격심리학》. 서울: 법문사.

임춘희·송말희·박경은·김명희·김신희(2013). 《혼자서도 행복하게 자녀 키우기: 건강한 한부모가족을 위한 자녀양육 가이드북》. 서울: 한국건강가족진흥원.

장순복·김소야자·한인영·박영주·강현철·이선경(2001). "십대 여학생의 성 행태와 성경험 관련 요인". 〈대한간호학회지〉, 31권 5호: 921~931.

장인협(역)(1984). 《사회복지조직론》. 서울: 집문당.

장인협·오정수(1993). 《아동 및 청소년복지론》(전정판) 서울: 서울대 출판부.

장인협 외(역)(1990). 《인간행동과 사회환경》. 서울: 집문당.

정경희·오영희·강은나·김재호·선우덕·오미애·이윤경·황남희·김경래·오신휘·박보미·신현구·이금룡(2017). 〈2017년도 노인실태조사〉. 서울: 한국보건사회연구원.

정동익(1985). 《도시빈민연구》. 서울: 아침.

정영숙·안현의·유순화(역)(2005). 《성격심리학》. 서울: 박학사.

정영숙·박영신·정명숙·안정신·노수림(역)(2018). 《인간발달: 문화적 접근》. 서울: 시그마프레스.

정옥분(2004). 《발달심리학》. 서울: 학지사.

_____(2014). 《발달심리학: 전 생애 인간발달》. 서울: 학지사.

_____(역)(1991). 《인간발달의 이론》. 서울: 교육과학사.

조복희・도현심・유가효(2016). 《인간발달》. 서울: 교문사.

조성남・김정선・박순진(1993). "주생활실태와 주거환경". 홍두승・이동원(편), 《집합주거와 사회환경: 소형 아파트단지 과밀의 사회적 함의》. 서울: 서울대 출판부.

조흥식・김인숙・김혜란・김혜련・신은주(2017). 《가족복지학》(5판). 서울: 학지사.

지은구・조성숙(2019). 《지역사회복지실천론》. 서울: 학지사.

최선화・공미혜・전영주・최희경(2018). 《변화하는 사회의 가족복지》. 서울: 학지사.

최성재・장인협(2006). 《노인복지학》. 서울: 서울대 출판부.

최순남(1997). 《인간행동과 사회환경》(개정판) 서울: 한신대 출판부.

최영희・이정흠(역)(1999). 《인지치료: 이론과 실제》. 서울: 하나의학사.

최일섭・최성재(편)(1995). 《사회문제와 사회복지》. 파주: 나남.

최재현(역)(1988). 《현대사회학 이론》. 대구: 형설출판사.

통계청(2004). 《통계로 보는 여성의 삶》. 대전: 통계청.

한국정보화진흥원(2016). 〈2015년 스마트폰・인터넷 과의존 실태조사 결과〉. 대구: 한국정보화진흥원.

홍동식・강대기・민경희(역)(1995). 《인간생태학: 지역공동체 이론》. 서울: 일지사.

홍숙기(역)(1992). 《성격심리학》. 서울: 박영사.

Abramson, L. Y., Seligman, M. E. P., & Teasdale, J. D.(1981). "Learned help-lessness in humans: Critique and reformulation". *Journal of Abnormal Psychology*, 87: 49~74.

Adams, B. N.(1986). *The Family: A Sociological Interpretation*(4th ed.). San Diego: Harcourt Brace Jovanovich.

Adams, R. G. & Blieszner, R.(1995). "Aging well with friends and family". *American Behavioral Scientist*, 39(2): 209~224.

Adler, A.(1907/1917). *A Study of Organ Inferiority and Its Psychical Compensation*: *A Contribution to Clinical Medicine*. New York: Nervous and Mental Disease Publishing Co.

_____(1927). *The Practice and Theory of Individual Psychology*. New York: Harcourt, Brace, & World.

_____(1930). *The Pattern of Life*. New York: Holt, Rinehart, & Winston.

_____(1931). *What Life Should Mean to You*. Boston: Little, Brown, & Co.

_____(1938). *Social Interest*: *A Challenge to Mankind*. London: Faber and Faber.

_____(1956). *The Individual Psychology of Alfred Adler*: *A Systematic Presentation in Selections from His Writings*. Ansbacher, H. L. & Ansbacher, R. R.(eds.) New York: Basic Books.

_____(1963). *The Problem Child*: *The Life Style of the Difficult Child as Analyzed in Specific Cases*. New York: Capricorn Books.

_____(1964a). *Superiority and Social Interest*: *A Collection of Later Writings*. Ansbacher H. L., & Ansbacher, R. R.(eds.) Evanston, Ill: Northwestern University Press.

_____(1964b). *Problems of Neurosis*: *A Book of Case Histories*. New York: Harper & Row.

_____(1965). "Influence or model's reinforcement contingencies on the acquisition of imitative responses". *Journal of Personality and Social Psychology*, 1: 589~595.

_____(1969). *Principles of Behavior Modification*. New York: Holt, Rinehart, & Winston.

_____(ed.)(1971). *Psychological Modeling*. Chicago: Aldine-Atherton.

_____(1974). "Behavior theory and the models of man". *American Psychologist*, 29: 859~869.

_____(1977). *Social Learning Theory*. Englewood Cliffs, NJ: PrenticeHall.

_____(1982). "Self-efficacy mechanism in human agency". *American Psychologist*, 37: 122~147.

_____(1986). *Social Foundations of Thought and Action*: *A Social Cognitive Theory*. Englewood Cliffs, N.J.: Prentice-Hall.

Allport, G. W.(1961). *Pattern and Growth in Personality*. New York: Holt, Rinehart, & Winston.

Alwin, D. F. & Otto, L. B.(1977). "High school context effects on aspirations". *Sociology of Education*, 50: 259~273.

Amato, P. R.(1987). "Family processes in one-parent, stepparent, and intact families: The child's point of view". *Journal of Marriage and the Family*, 49: 327~337.

American Psychiatric Association(2013). *Diagnostic and Statistical Manual of Mental Disorder*(5th edition)(DSM-5). Washington DC: American Psychiatric Publishing.

Anderson, R. E. & Carter, I. E.(1990). *Human Behavior in the Social Environment*: *A Social Systems Approach*(4th ed.). Chicago: Aldine.

Ansbacher, H. L.(1971). "Alfred Adler and humanistic psychology". *Journal of Humanistic Psychology*, 11: 53~63.

Ansbacher, H. L. & Ansbacher, R. R.(eds.)(1956). *The Individual Psychology of Alfred Adler*. New York: Basic Books.

_____(1995). *Alfred Adler Individual Psychology*. Ernst Reinhardt Verlag.

Aronson, E. & Carlsmith, J. R.(1968). "Experimentation in social psychology". In Lindzey, G. & Aronson, E.(eds.), *The Handbook of Social Psychology*. vol.2. Menlo Park, California: AddisonWesley.

Ashford, J. B., Lecroy, C. W., & Lortie, K. L.(2006). *Human Behavior in the Social Environment*: *A Multidimensional Perspective*(3rd ed.). California: Thompson Brooks/Cole.

Atchley, R. C.(2000). *Social Forces of Aging*(9th ed.). Belmont, CA: Wadsworth Publishing Co.

Balch, R. W. & Kelly, D. H.(1979). "Reactions to deviance in a junior high school: Student views of the labeling process". In Kelley, D. H.(ed.), *Deviant Behavior*. New York: St. Martin's Press.

Bales, R. F.(1970). *Personality and Interpersonal Behavior*. New York: Holt, Rinehart, & Winston.

Balon, R.(1999). "Successful aging". *The American Journal of Psychiatry*, 156(5): 791~792.

Baltes, P. B. & Schaie, K. W.(1974). "Aging and the IQ: The myth of the twilight years". *Psychology Today*, 7: 35~40.

Bandura, A.(1969). *Principles of Behavior Modification*. New York: Holt, Rinehart, & Winston.

_____(1971). "Vicarious and self-reinforcement processes". In Glaser, R.(ed.), *The Nature of Reinforcement*. New York: Academic Press.

_____(1977). "Self-efficacy: Toward a unifying theory of behavioral change". *Psychological Review*, 84: 191~215.

_____(1982). "Self-efficacy mechanism in human agency". *American Psychologist*, 37: 122~147.

_____(1986b). "Fearful expectations and avoidant actions as coeffects of personal self-inefficacy". *American Psychologist*, 41: 1389~1391.

_____(1986a). *Social Foundations of Thought and Action: A Social Cognitive Theory*. Englewood Cliffs, N.J.: Prentice-Hall.

_____(1989). "Regulations of cognitive precesses through perceived self-efficacy". *Developmental Psychology*, 25: 729~735.

_____(1997). *Self-Efficacy: The Exercise of Control*. New York: Freeman.

Bandura, A. & Kupers, C. J.(1965). "The transmission of patterns of self-reinforcement through modeling". *Journal of Abnormal and Social Psychology*, 69: 1~9.

Bandura, A. & Rosenthal, T. L.(1966). "Vicarious classical conditioning as a function of arousal level". *Journal of Personality and Social Psychology*, 3: 54~62.

Bandura, A. & Walters, R. H.(1963). *Social Learning and Personality Development*. New York: Holt, Rinehart, & Winston.

Bandura, A., Ross, D., & Ross, S. A.(1961). "Transmission of aggression through imitation of aggressive models". *Journal of Abnormal and Social Psychology*, 63: 575~582.

Barker, R. L.(1999). *The Social Work Dictionary*(4th ed.). Washington DC: NASW Press.

Bateson, G.(1959). "Cultural problems posed by a study of schizophrenic process". In Auerback, A.(ed.), *Schizophrenia: An Integrated Approach*. New York: Roland Press.

Bateson, G., Jackson, D. D., Haley, J., & Weakland, J.(1956). "Toward a theory of schizophrenia". *Behavioral Science*, 1: 251~264.

Baumrind, D.(1991). "Effective parenting during the early adolescent transition". In Cowan, P. A. & Hetherington, E. M.(eds.), *Advances in Family Research*. vol.2. Minneapolis: Univ. of Minnesota Press.

Beard, R.(1969). *An Outline of Piaget's Developmental Psychology*. New York: Basic Books.

Beck, A. T.(1967). *Depression: Clinical Experimental and Theoretical Aspects*. New York: Harper & Row.

_____(1976). *Cognitive Therapy and the Emotional Disorders*. New York: International University Press.

_____(1985). *Anxiety Disorders and Phobias: A Cognitive Perspective*. New York: Basic Books.

Beck, A. T., Rush, A. J., Shaw, B. F., & Emery, G.(1979). *Cognitive Therapy of Depression*. New York: Guilford Press.

Bem, D. J. & Allen, A.(1974). "On predicting some of the people some of the time: The search for cross-situational consistencies in behavior". *Psychological Review*, 81: 506~520.

Bengtson, V. L.(2001). "Beyond the nuclear family: The increasing importance of multigenerational bond". *Journal of Marriage and the Family*, 63: 1~16.

Bengtson, V. L., Reedy, M. N., & Gordon, C.(1985). "Aging and self-conceptions: Personality processes and social contexts". In

Birren, J. E. & Schaie, K. W.(eds.), *Handbook of the Psychology of Aging*. New York: Van Nostrand Reinhold Co..

Benne, K. D. & Sheats, P.(1948). "Functional roles of group members". *Journal of Social Issues*, 2: 42～47.

Berger, R. L., Federico, R. C., & McBreen, J. T.(1991). *Human Behavior: A Perspective from Helping Professions*. New York: Longman.

Berkman, L. F.(1984). "Assessing the physical health effects of social networks and social support". *Annual Review of Public Health*, 5: 413～432.

_____(1986). "Social networks, support, and health: taking the next step forward". *American Journal of Epidemiology*, 123: 559～562.

Bernard, J.(1973). *The Sociology of Community*. Glenview, Ill: Scott, Foresman, & Co.

Bijou, S. W. & Baer, D. M.(1961). *Child Development*. vol.1. Englewood Cliffs, N.J.: Prentice-Hall.

Birditt, K. S.(2014). "Age differences in emotional reactions to daily negative social encounters". *The Journals of Gerontology*, 69: 1173～1182.

Birren, J. E.(1974). "Translations in gerontology — from lab to life: Psychophysiology and speed of response". *American Psychologist*, 29: 808～815.

Blau, P. M. & Scott, W. R.(1962). *Formal Organization*. San Francisco: Chandler.

Botwinick, J.(1984). *Aging and Behavior*(3rd ed.). New York: Springer.

Bower, T. G. R.(1974). *Development in Infancy*. San Francisco: Freeman.

Bowlby, J.(1980). *Attachment and Loss: Loss, Sadness, and Depression*. New York: Basic Books.

Bowles, S. & Gintis, H.(1976). "Educational and personal development: The long shadow of work". In Bowles, S. & Gintis, H.(eds.), *Schooling in Capitalist America*, pp.125～148. New York: Basic Books.

Brehm, S. S. & Brehm, J. W.(1981). *Psychological Reactance: A Theory of Freedom and Control*. New York: Academic Press.

Brodie, H. K. H. & Leff, M. J.(1971). "Bipolar depression: A comparative study of patient characteristics". *American Journal of Psychiatry*, 127: 1086~1090.

Bronfenbrenner, U.(1979). *The Ecology of Human Development*. Cambridge, MA: Harvard University Press.

Brown, G. W. & Birley, J. L. T.(1968). "Crises and the life changes and the onset of schizophrenia". *Journal of Health and Social Behavior*, 9: 203~214.

Brown, G. W. & Harris, T.(1978). *Social Origins of Depressions*. London: Tavistock.

Buckley, W.(1967). *Sociology and Modern Systems Theory*. Englewood Cliffs, N.J.: Prentice-Hall.

Bureau of Labor Statistics(2016). "Employment status of the civilian non-institutionalized population by age, sex, and race 2015". www.bls-gov/cps/cpssat03.htm.

Burns, D. D.(1980). *Feeling Good: The New Mood Therapy*. New York: William Morrow, & Co.

Bush, D. M. & Simmons, R. G.(1981). "Socialization processes over the life course". In Rosenberg, M. & Turner, R. H.(eds.), *Social Psychology*. New York: Basic Books.

Butcher, J. N., Mineka, S., & Hooley, J. M.(2010). *Abnormal Psychology*. Boston: Pearson.

Butcher, J. N., Dahlstorm, W. G., Graham, J. R., Tellegen, A., & Kraemer, B.(1989). *Minnesota Multiphasic Personality Inventory 2: Manual for Administration and Scoring*. Minneapolis: University of Minnesota Press.

Buys, C. J.(1978). "Humans would do better without groups". *Personality and Social Psychology Bulletin*, 4: 123~125.

Cantor, M. & Little, V.(1985). "Aging and social care". In Binstock, R. H. & Shanas, E.(eds.), *Handbook of Aging and the Social Sciences*. New York: Van Nostrand Reinhold Co.

Carson, R. C., Butcher, J. N., & Mineka, S.(2000). *Abnormal Psychology and Modern Life*(11th ed.). Boston: Allyn and Bacon.

Carter, B. & McGoldrick, M.(1989). *The Changing Family Life Cycle: A Framework for Family Therapy*. Boston, MA: Allyn and Bacon.

Carver, C. S. & Scheier, M. F.(2012). *Perspectives on Personality*(7th ed.). Boston, MA: Pearson.

Cavanaugh, J. C. & Blanchard-Fields, F.(2006). *Adult Development and Aging*(5th ed.). California: Wadsworth Thomson Learning.

_____(2015). *Adult Development and Aging*(7th ed.). CT: Cengage Learning.

Chetkow-Yanoov, B.(1992). *Social Work Practice: A Systems Approach*. Binghamton, NY: Haworth Press.

Christiansen, K. O.(1977). "A review of studies of criminality among twins". In Mednick, S. A. & Christiansen, K. O.(eds.), *Biosocial Bases of Criminal Behavior*. New York: Gardner press.

Clark, T. O., Stump, T. E., Hui, S. L., & Wolinsky, F. D.(1998). "Predictors of mobility and basic ADL difficulty among adults aged 70 years and older". *Journal of Ageing and Health*, 10(4): 422~440.

Clausen, J. A.(1975). "The social meaning of differential physical and sexual maturation". In Dragastin, S. E. & Elder, G. H.(eds.), *Adolescence in the Life Cycle: Psychological Change and Social Context*. Washington, DC: Hemisphere.

Cloward, R. A. & Ohlin, L. E.(1961). *Delinquency and Opportunity*. Glencoe, Ill: Free Press.

Cole, C. L. & Cole, A. L.(1985). "Husbands and wives should have an equal share in making the marriage work". In Feldman, H. & Feldman, M.(eds.), *Current Controversies in Marriage and Family*. California: Sage.

Coles, R. & Erikson, E. H.(1970). *The Growth of His Work*. Boston: Little, Brown, & Co.

Colomy, P. B.(1990). *Neofunctionalist Sociology*. Brookfield, VT: Edward

Elgar Pub.

Comer, R. J.(2015). *Abnormal Psychology*(9th ed.). New York: Worth Publishers.

Compton, B. R. & Galaway, B.(1989). *Social Work Processes*(4th ed.). Belmont, CA: Wadsworth Publishing Co.

Connolly, K., Furman, W., & Konarski, R.(2000), "The role of peers in the emergence of heterosexual romantic relationship in adolescence". *Child Development*, 71: 894~912.

Cooley, C.(1909). *Social Organization*. New York: Charles Scribner's Sons.

Cooper, C.(1976). "The house as symbol of the self". In Proshansky, H. M., Ittelson, W. H., & Rivlin, L. G.(eds.), *Environmental Psychology*. New York: Holt, Rinehart, & Winston.

Cottrell, L.(1976). "The competent community". In Kaplan, B. H., Wilson, R. N., & Leighton, A. H.(eds.), *Further Explorations in Social Psychiatry*. New York: Basic Books.

Coyne, J. & Gotlib, I. H.(1983), "The role of cognition in depression: A critical appraisal". *Psychological Bulletin*, 94: 472~505.

Craig, J. C.(1996). *Human Development*. Englewood Cliffs, N.J.: Prentice-Hall.

Craig, J. C. & Baucum, D.(1999). *Human Development*(8th ed.). Englewood Cliffs, N.J.: Prentice-Hall.

Crain, W. C.(1985). *Theories of Development: Concepts and Applications*. Englewood Cliffs, N.J.: Prentice-Hall.

Cumming, E. & Henry, W.(1961). *Growing Old: The Process of Disengagement*. New York: Basic Books.

Cunningham, F. G., Leveno, K. J., Bloom, S. L., Spong, C. Y., Dashy, J. S., Hoffman, B. L., Casey, B. M., & Sheffield, J. S.(2014). *Williams' Obstetrics*(21st ed.). Boston: McGraw-Hill.

Dacey, J. S. & Travers, J. F.(1999). *Human Development: Across the Lifespan*(4th ed.). Boston: McGraw-Hill College.

Davey, G. & Cullen, C.(1988). *Human Operant Conditions and Behavior*

Modification. New York: Wiley.

Davis, K.(1949). *Human Society*. New York: Macmillan Co.

Davison, G. C. & Neale, J. M.(1998). *Abnormal Psychology*(7th ed.). NY: John Wiley & Sons.

_____(2001). *Abnormal Psychology*(8th ed.). New York: John Wiley & Sons, Inc.

Denney, N. W.(1982). "Aging and cognitive changes". In Wolman, B. B.(ed.), *Handbook of Developmental Psychology*. Englewood Cliffs, N.J.: Prentice-Hall.

Dennis, W.(1966). "Creative productivity between the ages of twenty and eighty years". *Journal of Gerontology*, 21: 325~336.

Diagnostic and Statistical Manual of Mental Disorders(4th ed.)(1994). Washington, DC: American Psychiatric Association.

Dietrich, J., Parker, P., & Salmela-Aro, K.(2012). "Phase-adequate engagement at the post-school transition". *Developmental Psychology*, 48: 1575~1593.

Dohrenwend, B. S., Krasnoff, L., Askenasy, A. R., & Dohrenwend, B. P.(1978). "Exemplification of a method for scaling life-events: The PERI life events scale". *Journal of Health and Social Behavior*, 19: 205~229.

Dreeben, R.(1967). "The contribution of schooling to the learning of norms". *Harvard Educational Review*, 37: 23~49.

Dreikurs, R.(1950). *Fundamentals of Adlerian Psychology*. N.Y.: Greenberg.

Duck, S.(1988). *Handbook of Personal Relationships*: *Theory, Research, and Intervention*. New York: Wiley.

Dunkle, R., Roberts, B., & Haug, M.(2001). *The Oldest Old*: *Self Perception, Coping, and Stress*. New York: Springer Publishing Company.

Durkheim, E.(1951). *Suicide*(2nd ed.). Spaulding, J. A. & Simpson, G.(trans.). New York: Free Press.

Duvall, E. M.(1977). *Family Development*(5th ed.). Philadelphia: Lippincott.

Egeland, J. A. & Hostetter, A. M.(1983). "Amish study Ⅰ: Affective disorders among the Amish, 1976~1980". *American Journal of Psychiatry*, 140: 56~61.

Elkind, D.(1974). *Children and Adolescents*. N.Y.: Oxford University Press.

Ellis, A.(1962). *Reason and Emotion in Psychotherapy*. N.Y.: Lyle Stuart.

Epstein, S.(1973). "The self-concept revisited: Or, a theory of a theory". *American Psychologist*, 28: 404~416.

_____(1979). "The stability of behavior: On predicting most of the people much of the time". *Journal of Personality and Social Psychology*, 37: 1097~1126.

Erikson, E. H.(1959). *Identity and the Life Cycle: Selected Papers*. New York: International University Press.

_____(1963). *Childhood and Society*(2nd ed.). New York: W.W.Norton.

_____(1968). *Identity: Youth and Crisis*. New York: W.W.Norton.

_____(1980). *Identity and the Life Cycle*. New York: Norton.

_____(1982). *The Life Cycle Completed: A Review*. N.Y.: Norton.

Etzioni, A.(1961). *A Comprehensive Analysis of Complex Organizations*. New York: Free Press.

_____(1964). *Modern Organizations*. Englewood Cliffs, N.J.: PrenticeHall.

Evans, R. B. F.(1968). *Skinner: The Man and His Ideas*. N.Y.: Dutton.

Eysenck, H. J.(1965). *Fact and Fiction in Psychology*. Baltimore, MD: Penguin Books.

_____(1967). *The Biological Basis of Personality*. Springfield, IL: Charles C Thomas.

_____(1970). *The Measurement of Personality*. Lancaster: Medical and Technical.

_____(1977). "Personality and factor analysis: A reply to guilford". *Psychological Bulletin*, 84: 405~411.

_____(ed.)(1982). *Personality, Genetics, and Behavior: Selected Papers*. New York: Praeger.

Eysenck, H. J. & Eysenck, M. W.(1985). *Personality and Individual Differences*:

A Natural Science of Approach. N.Y.: Plenum Press.

Feld, S. & Radin, N.(1982). *Social Psychology for Social Work and the Mental Health Professions.* New York: Columbia University Press.

Femia, E. E., Zarit, S. H., & Johansson, B.(1997). "Predicting change in activities of daily living: A longitudinal study of the oldest old in Sweden". *The Journal of Gerontology*, 52B(6): 294~302.

Fenson, L., Dale, P. S., Reznick, J. S., Bates, E., Thal, D. J., & Pethick, S. J.(1994). "Variability in early communicative development". *Monographs of the Society for Research in Child Development*, 59(5).

Flavell, J. H.(1963). *The Development Psychology of Jean Piaget.* New York: Van Nostrand Co.

_____(1977). *Cognitive Development.* Englewood Cliffs, N.J.: PrenticeHall.

Florian, V. & Kravetz, S.(1983). "Fear of personal death: Attribution structure, and relation to religious belief". *Journal of Personality and Social Psychology*, 44: 600~607.

Forder, A. et al.(1984). *Theories of Welfare.* London: Routledge & Kegan Paul.

Freud, A.(1936/1966). *The Ego and the Mechanisms of Defence.* Baines, C.(trans.). New York: International University Press.

_____(1965). *Normality and Pathology in Childhood.* New York: International University Press.

_____(1969). "Adolescence as a developmental disturbance," In Caplan, G. & Lebovici, S.(eds.), *Adolescence: Psychological Perspective.* New York: Basic Books.

Freud, S.(1895/1962). *A Reply to Criticisms of My Paper on Anxiety Neurosis.* London: Hogarth Press.

_____(1900/1953). *The Interpretation of Dreams.* London: Hogarth Press.

_____(1903/1978). "Selected papers on hysteria". In *The Major Works of Sigmund Freud.* Brill, A. A.(trans.). Chicago: Encyclopedia Britanica.

_____(1905/1938). *Three Contributions to the Theory of Sex, the Basic Writings of Sigmund Freud.* New York: Modern Library.

632

_____(1910/1978). "The origin and development of psycho-analysis". In *The Major Works of Sigmund Freud*. Chase, H. W.(trans.). Chicago: Encyclopedia Britanica.

_____(1911/1950). *Formulations Regarding the Principles of Mental Functioning*: *Collected Papers*. vol.4. New York: Basic Books.

_____(1915/1959). *The Unconscious*: *Collected Papers*. vol.4. New York: Basic Books.

_____(1920). *A General Introduction to Psychoanalysis*. New York: Boni and Liveright Publishers.

_____(1923/1961). *The Ego and the Id*. London: Hogarth Press.

_____(1926/1936). *Inhibitions, Symptoms and Anxiety*. London: Hogarth Press.

_____(1933/1965). *New Introductory Lectures on Psychoanalysis*. New York: W.W. Norton.

_____(1938/1969). *An Outline of Psycho-Analysis*. N.Y.: W.W.Norton.

Garfein, A. J. & Herzog, A. R.(1995). "Robust aging among the younger old, old-old, and oldest-old". *Journal of Gerontology*, 50: 77~90.

Gaskin, S.(2015). "Childhood practices across cultures: Play and household work". In Jensen, L. A.(ed.), *Oxford Handbook of Human Development and Culture*: *An Interdisciplinary Perspective*. New York: Oxford University Press.

Gecas, V.(1981). "Context of socialization". In Rosenberg, M. & Turner, R. H.(eds.), *Social Psychology*. New York: Basic Books.

Germain, C. B.(1970). "Casework and science: A historical encounter". In Roberts, R. W. & Nell, R. H.(eds.), *Theories of Social Casework*. Chicago: University of Chicago Press.

_____(1991). *Human Behavior in the Social Environment*: *An Ecological View*. New York: Columbia University Press.

Germain, C. B. & Gitterman, A.(1995). "Ecological perspectives". In Edwards, R. I. et al.(eds.), *Encyclopedia of Social Work*(19th ed.). Washington,

DC: NASW Press.

Giddens, A.(1989). *Sociology*. London: Polity Press.

Gilligan, C.(1982). *In a Different Voice: Psychological Theory and Women's Development*. Cambridge, MA: Harvard University Press.

Giovacchini, P. L.(1977). "Psychoanalysis". In Corsini, R. J.(ed.), *Current Personality Theories*. Itasca, Ill: F. E. Peacock Publishers.

Gitterman, A.(2017). "Life model of social work practice: An overview". In Turner, F. J.(ed.), *Social Work Treatment: Interlocking Theoretical Approaches*(6th ed.). New York: Oxford University Press.

Glick, P. C.(1977). "Updating the life-cycle of the family". *Journal of Marriage and the Family*, 39: 5~13.

Goetting, A.(1981). "Divorce outcome research: Issues and perspectives". *Journal of Family Issues*, 2: 350~378.

Goffman, E.(1961). *Asylums: Essays on the Social Situation of Mental Patients and Other Inmates*. Garden City, NY: Doubleday & Co.

Goode, W. J.(1982). *The Family*. Englewood Cliffs, N.J.: PrenticeHall.

Gould, S. J.(1978). *Transformations, Growth and Change in Adult Life*. New York: Simon & Schuster.

Gouldner, A. W.(1959). "Organizational analysis". In Merton, R. K. et al.(eds.), *Sociology Today*. New York: Harper & Row.

_____(1961). "Metaphysical pathos and the theory of bureaucracy". In Etzioni, A.(ed.), *A Sociological Reader on Complex Organizations*. New York: Holt, Rinehart, & Winston.

Greene, R. R.(2017a). *Human Behavior Theory & Social Work Practice*(3rd ed.). New York: Routledge.

_____(2017b). "Ecological perspective: An eclectic theoretical framework for social work practice". In Greene, R. R.(ed), *Human Behavior Theory & Social Work Practice*(3rd ed.). Routledge.

Greene, R. R. & Ephross, P. H.(1991). *Human Behavior Theory and Social Work Practice*. New York: Aldine de Gruyter.

Greer, S. M. & Pettingale, K. W.(1979). "Psychological response to breast cancer: Effect on outcome". *The Lancet*, 2: 785~787.

Grossman, H. J.(ed.)(1975). *Manual on Terminology and Classification in Mental Retardation*. Washington, DC: AAMD.

Grusec, J. E. & Lytton, H.(1988). *Social Development: History, Theory, and Research*. New York: Springer Verlag.

Gupta, V. & Korte, C.(1994). "The effects of a confidant and a peer group on the well-being of single elders". *International Journal of Ageing and Human Development*, 39(4): 293~302.

Hage, J. & Aikin, M.(1970). *Social Change in Complex Organizations*. New York: Random House.

Hagestad, G. O. & Neugarten, B. L.(1985). "Age and the life course". In Bistock, R. H. & Shanas, E.(eds.), *Handbook of Aging and the Social Sciences*. New York: Van Nostrand Reinhold Co.

Hall, C. S.(1954). *A Prime of Freudian Psychology*. New York: New American Library.

Hamilton, G.(1940). *Theory and Practice of Social Casework*. New York: Columbia University Press.

_____(1958). "A theory of personality: Freud's contribution to social work". In Parad, H. J.(ed.), *Ego Psychology and Casework Theory*. New York: Family Service of America.

Hartford, M. E.(1972). *Groups in Social Work*. New York: Columbia University Press.

Havighurst, R. J.(1972). *Developmental Tasks and Education*(3rd ed.). New York: David Mckay.

Haynes, S. G., Feinleib, M., & Kannel, W. B.(1980). "The relationship of psychosocial factors to coronary heart disease in the framingham study: III. Eight years incidence in coronary heart disease". *American Journal of Epidemiology*, 3: 37~85.

Heider, F.(1958). *The Psychology of Interpersonal Relationships*. N.Y.: Wiley.

Hetherington, E. M., Cox, M., & Cox, R.(1977). "The development of children in mother-headed families". Paper presented at the conference of Families in Contemporary America. Washington, DC: George Washington University.

Higgins, E. T., Ruble, D. N., & Hartup, W. W.(1985). *Social Cognition and Social Development: A Sociocultural Perspective*. New York: Cambridge University Press.

Hilleras, P. K., Jorm, A. F., Herlitz, A., & Winblad, B.(1998). "Negative and positive affect among the very old: A survey on a sample of 90 years or older". *Research on Aging*, 20(5): 593~610.

Hirschi, T.(1969). *Causes of Delinquency*. Berkeley, CA: University of California Press.

Hoffman, M. L.(1979). "Development of moral thought, feeling and behavior". *American Psychologist*, 10: 958~966.

Holland, T. P., & Petchers, M. K., "Organizations: Context for social service delivery". In Minahan, A.(ed.), *Encyclopedia of Social Work*. Silver Spring, MD: NASW.

Hollis, F.(1964). "Social casework: The psychosocial approach". In Turner, J. B.(ed.), *Encyclopedia of Social Work*. Washington, DC: National Association of Social Workers.

_____(1972). *Casework: A Psychosocial Therapy*. N.Y.: Random House.

Hollon, S. D. & Kendall, P. C.(1980). "Cognitive self-statements in depression: Development of an automatic thoughts questionnaire". *Cognitive Therapy and Research*, 4: 383~395.

Holmes, T. H. & Rahe, R. H.(1967). "The social readjustment rating scale". *Journal of Psychosomatic Research*, 11: 213~218.

House, J. S.(1981). *Work Stress and Social Support*. Addison-Wesley.

Jackson, J. K.(1979). "The adjustment of the family to the crisis of alco-holism". In Kelley, D. H.(ed.), *Deviant Behavior*. New York: St. Martin's Press.

Jacobi, J.(1959). *Complex/Archetype/Symbol in the Psychology of C. G. Jung*. Princeton, N.J.: Princeton University Press.

Jacobson, D. S.(1979). "Step families: Myths and realities". *Social Work*, 24: 202~207.

Johnson, C. L. & Troll, L. E.(1994). "Constraints and facilitators to friendships in later life". *The Gerontologist*, 34: 79~87.

Jung, C. G.(1907/1960). *The Psychology of Dementia Praecox*: *Collected Works*. vol.3. Princeton, N.J.: Princeton University Press.

_____(1928). *Contributions to Analytical Psychology*. New York: Harcourt, Brace & Co.

_____(1933). *Modern Man in Search of a Soul*. New York: Harcourt, Brace & Co.

_____(1934/1954). *The Practical Use of Dreams Analysis, Collected Works*. vol.16. Princeton, N.J.: Princeton University Press.

_____(1936/1959). *The Concept of the Collective Unconscious*: *Collected Works*. vol.9. Princeton, N.J.: Princeton University Press.

_____(1959). *Psychological Types, or the Psychology of Individuation*. New York: Pantheon Books.

_____(1961). *Memories, Dreams, Reflections*. Jaffe, A.(ed.). New York: Vintage Books.

Kalish, R. A.(1985). "The social context of death and dying". In Binstock, R. H. & Shanas, E.(eds.), *Handbook of Aging and Social Sciences*. New York: Van Nostrand Reinhold Co.

Katz, A. H. & Bender, E. I.(1976). *The Strength in the U.S*. New York: New Viewpoints.

Keane, T. M., Fairbank, J. A., Caddel, J. M., & Zimering, R. T.(1989). "Implosive (flooding) therapy reduces symptoms of PTSD in vietnam combat veterans". *Behavior Therapy*, 20: 245~260.

Keating, D. P.(1980). "Thinking processes in adolescence". In Adelson, J.(ed.), *Handbook of Adolescent Psychology*. N.Y.: John Wiley.

_____(2004). "Cognitive and brain development". In Lerner, R. M. & Steinberg, L.(eds.), *Handbook of Adolecent Psychology*(2nd ed.). New York: Wiley.

Kelley, D. H.(1979). *Deviant Behavior: Readings in the Sociology of Deviance*. New York: St. Martin's Press.

Kelley, H. H.(1967). "Attribution theory in social psychology". In Levine, D.(ed.), *Nebraska Symposium on Motivation*. Lincoln: Dot Nebraska Press.

Kessler, R. C.(1997). "The effects of stressful life events on depression". *Journal of Annual Review of Psychology*, 48: 191~215.

Kessler, R. C., Price, R. H., & Wortman, C. B.(1985). "Social factors in psychopathology". *Journal of Personality and Social Psychology*, 45: 830~850.

Kleigl, R., Smith, J., & Baltes, P.(1990). "On the locus and process of magnification of age differences during mnemonic training". *Developmental Psychology*, 26: 894~904.

Knee, D. O.(2010). "Hospice care for the aging population in the United States". In Cavanaugh, J. C. & Cavanaugh, C. K.(eds.), *Aging in America*, pp.203~221. Praeger.

Kohlberg, L.(1964). "Development of moral character and moral ideology". In Hoffman, M. L. & Hoffman, L. W.(eds.), *Review of Child Development Research*, 1. California: Sage.

Kohn, M. L.(1980). "Job complexity and adult personality". In Smelser, N. J. & Erikson, E. H.(eds.), *Themes of Work and Love in Adulthood*. Cambridge, MA: Harvard University Press.

Kring, A. M., Davidson, G. C., Neale, J. M., & Johnson, S. L.(2007). *Abnormal Psychology*(10th ed.). New York: John Wiley & Sons, Inc.

Kring, A. M., Johnson, S. L., Davidson, G. C., & Neale, J. M.(2010). *Abnormal Psychology*(11th ed.). New York: John Wiley & Sons, Inc.

Kubler-Ross, E.(ed.)(1975). *Death: The Final Stage of Growth*. Englewood

Cliffs, N.J.: Prentice Hall.

Kuhn, A. & Beam, R. D.(1982). *The Logic of Organization: A SystemBased Social Science Framework for Organization Theory*. San Francisco: Jossey-Bass.

Kurzman, P. A. & Akabas, S. H.(1993). *Work and Well-Being: The Occupational Social Work Advantage*. Washington, DC: National Association of Social Workers.

Laszlo, E.(1972). *The Systems View of the World*. New York: Braziller.

Lau, R. R.(1979). "Dynamics of the attribution process". *Journal of Personality and Social Psychology*, 46: 1017~1028.

Lazarus, R. S.(1980). "The stress and coping paradigm". In Bond, L. A. & Rosen, J. C.(eds.), *Competence and Coping during Adulthood*. NH: University Press of New England.

Leonard, G.(1983). "Abraham Maslow and the new self". *Esquire*, 1983 December: 326~336.

Levinson, D.(1978). *The Seasons of a Man's Life*. N.Y.: Ballantine Books.

Levy, L. H.(1970). *Conceptions of Personality*. N.Y.: Random House.

Levy, S., Morrow, L., Bagley, C., & Lippman, M.(1988). "Survival hazards analysis in first recurrent breast cancer patients: Seven-year follow-up". *Psychosomatic Medicine*, 50(5): 520~528.

Lewin, K.(1961). "Quasi-stationary social equlilibria and the problem of permanent change". In Bennis, W. G. et al.(eds.), *The Planning of Change*. New York: Holt, Rinehart, & Winston.

Liang, J.(1994). "Social networks, social support, and mortality among older persons". *Journal of Gerontology*, 49(1): 3~17.

Lindemann, E.(1944). "Symptomatology and management of acute grief". *The American Journal of Psychiatry*, 101: 141~148.

Litwak, E., Meyer, H. J., & Hollister, D.(1977). "The role of linkage mechanism between bureaucracies". In Liebert, R. & Imershien, A. W.(eds.), *Power, Paradigms and Community Research*. London: Sage.

Lowenstein, S. F.(1985). "Freud's metapsychology revisited". *Social Casework*, 6: 139~151.

Lykken, D. T.(1957). "A study of anxiety in the sociopathic personality". *Journal of Abnormal and Social Psychology*, 55: 6~10.

Maccoby, E. E.(1992). "The role of parents in the socialization of children: An historical overview". *Developmental Psychology*, 28: 1006~1017.

Maccoby, E. E. & Jacklin, C. N.(1974). "What we know and don't know about sex differences". *Psychology Today*: 109~112.

Maduro, R. J. & Wheelwright, J. B.(1977). "Analytical psychology". In Corsini, R. J.(ed.), *Current Personality Theories*. Itasca, Ill: F. E. Peacock Publishers.

Maier, H.(1969). *Three Theories of Child Development*: *The Contributions of Erik H. Erikson, Jean Piaget, Robert R. Sears, and Their Applications*. New York: Harper & Row.

Marcia, J.(1980). "Identity in adolescence". In Adelson, J.(ed.), *Handbook of Adolescent Psychology*. New York: John Wiley.

Marlatt, G. A. & Gordon, J. R.(1980). "Determinants of relapse: Implications for the maintenance of behavior change". In Davidson, P. O. & Davidson, S. M.(eds.), *Behavioral Medicine*: *Changing Health Lifestyles*. New York: Brunner/Mazel.

Martin, G. & Pear, J.(1988). *Behavior Modification*: *What It Is and How To Do It*(3rd ed.). Englewood Cliffs, N.J.: Prentice-Hall.

Martin, P. Y. & O'Connor, G. G.(1989). *The Social Environment*: *Open Systems Applications*. White Plains, NY: Longman.

Masters, W. H., Johnson, V. E., & Kolodny, R. C.(1985). *Human Sexuality*(3rd ed.). Boston: Little, Brown, & Co.

Maslow, A.(1968). *Toward a Psychology of Being*. Princeton, N.J.: D. Van Nostrand Co.

_____(1970). *Motivation and Personality*. New York: Harper & Row.

_____(1971). *The Farther Reaches of Human Nature*. N.Y.: Viking.

Mead, G. H.(1934). *Mind, Self, and Society*. Chicago: University of Chicago Press.

Messinger, L.(1984). *Remarriage: A Family Affair*. N.Y.: Plenum Press.

Meyer, C. H.(ed.)(1983). *Clinical Social Work in the Ecosystems Perspective*. New York: Columbia University Press.

Miller, P. H.(1989). *Theories of Developmental Psychology*. New York: W. H. Freeman & Co.

Miller, W. B.(1979). "Lower class culture as a generating milieu of gang delinquency". In Kelley, D. H.(ed.), *Deviant Behavior*. New York: St. Martin's Press.

Mills, T. M.(1967). *The Sociology of Small Group*. Englewood Cliffs, N.J.: Prentice-Hall.

Minuchin, S.(1974). *Families and Family Therapy*. Cambridge, MA: Harvard University Press.

Minuchin, S., Montalvo, B., Guerney, B. G., Rosman, B. L., & Schumer, F.(1967). *Families of the Slums: An Exploration of Their Structure and Treatment*. New York: Basic Books.

Minuchin, S., Rosman, B. L., & Baker, L.(1978). *Psychosomatic Families: Anorexia Nervosa in Context*. Cambridge, MA: Harvard University Press.

Mischel, W., Shoda, Y., & Rodriguez, M. L(1989). "Dealy of gratification in children". *Science*, 244: 933~938.

Mullaney, J. A. & Trippett, C. J.(1982). "Alcohol dependence and phobias: Clinical description and relevance". *British Journal of Psychiatry*, 135: 565~573.

Munro, G. & Adams, G. R.(1977). "Ego identity formulation in college students and working youths". *Developmental Psychology*, 13: 523~524.

Murdock, G. P.(1949). *Social Structure*. New York: Free Press.

Myerhoff, B. G.(1978). *Number Our Days: A Triumph of Continuity and Culture among Jewish Old People in an Urban Ghetto*. New York: Simon &

Schuster.

Nass, G. D.(1978). *Marriage and the Family*. MA: Addison-Wesley.

Neimark, E. D.(1982). "Adolescent thought: Transition to formal operations". In Wolman, B. B.(ed.), *Handbook of Developmental Psychology*. Englewood Cliffs, NJ: Prentice-Hall.

Neugarten, B. L.(1974). "Age groups in American society and the risk of the young old". *The Annals of the American Academy of Political and Social Sciences*, 415(1): 187~198.

_____(1977). "Personality and aging". In Birren, J. & Schaie, K. W.(eds.), *Handbook of the Psychology of Aging*. New York: Van Nostrand Reinhold Co.

Neugarten, B. L. & Weinstein, R.(1964). "The changing American grand parent". *Journal of Marriage and the Family*, 26: 199~204.

Nevid, S. N., Rathus, S. A., & Greene, B.(1997). *Abnormal Psychology in a Changing World*. Englewood Cliffs, NJ: Prentice-Hall.

Newman, B. M. & Newman, P. R.(1991). *Development through Life*: *A Psychosocial Approach*(5th ed.). California: Brooks/Cole Publishing Co.

_____(2006). *Development through Life*: *A Psychosocial Approach*(9th ed.). California: Brooks/Cole Publishing Co.

_____(2018). *Development through Life*: *A Psychosocial Approach*(13th ed.). Boston: Cengage Learning.

Norlin, J. M., Chess, W. A., Dale, O., & Smith, R.(2003). *Human Behavior and the Social Environment*: *Social Systems Theory*(4th ed.). Boston, MA: Allyn and Bacon.

Northen, H.(1988). *Social Work with Groups*. New York: Columbia University Press.

O'Connor, B. P.(1995). "Family and friend relationships among older and younger adults: Interaction motivation, mood and quality". *International Journal of Aging and Human Development*, 40(1): 9~29.

O'Neil, J. M., Ohlde, C., Tollefson, N., Barke, C., Piggott, T., & Watts, D.(1980). "Factors, correlates, and problem areas affecting career decision making of a cross-sectional samples of students". *Journal of Counselling Psychology*, 27: 571~580.

Owens, W. A.(1966). "Age and mental abilities: A second adult follow-up". *Journal of Educational Psychology*, 57(6): 311~325.

Papalia, D. E. & Martorell, G.(2015). *Experience Human Development*(13th ed.). New York: McGraw-Hill Education.

Parsons, T.(1960). *Structure and Process in Modern Societies*. Glencoe, Ill: Free Press.

_____(1961). "An outline of a social system". In Parsons, T. et al.(eds.), *Theories of Society*. New York: Free Press.

Pasamanick, B., Scarpitti, F. R., & Dinitz, S.(1979). "Treating schizophrenics in the community". In Kelley, D. H.(ed.), *Deviant Behavior*. New York: St. Martin's Press.

Pavlov, I. P.(1927). *Conditioned Reflexes: An Investigation of the Physiological Activity of the Cerebral Cortex*. Anrep, G. V.(trans.). London: Oxford University Press.

Pearlin, L. I. & Skaff, M. M.(1996). "Stress and the life course: A paradigmatic alliance". *The Gerontologist*, 36(2): 239~253.

Peck, R. F.(1968). "Psychological developments in the second half of life". In Neugarten, B.(ed.), *Middle Age and Aging*. Chicago: University of Chicago Press.

Pennebaker, J. W.(1985). "Traumatic experience and psychosomatic disease: Exploring the roles of behavioral inhibition, obsession, and confiding". *Canadian Psychology*, 26: 82~95.

Perlman, H. H.(1957). *Social Casework: A Problem-Solving Process*. Chicago: University of Chicago Press.

Peterson, C. & Seligman, M. E. P.(1987). "Explanatory style and illness. Special issues: Personality and physical health". *Journal of Personality*, 55:

237~265.

Petr, C. G.(1988). "The worker-client relationship: A general systems perspective". *Social Casework*, 69: 620~626.

Piaget, J.(1936/1974). *The Origins of Intelligence in Children*. New York: International University Press.

_____(1963). *The Origins of Intelligence in Children*. New York: Norton.

_____(1973). *The Child and Reality: Problems of Genetic Psychology*. New York: Grossman Publishers.

_____(1985). *The Equilibration of Cognitive Structures: The Central Problem of Intellectual Development*. Chicago: University of Chicago Press.

Piaget, J. & Inhelder, B.(1956). *The Children's Conception of Space*. London: Routledge & Kegan Paul.

_____(1969). *The Psychology of the Child*. New York: Basic Books.

Presthus, R.(1978). *The Organizational Society*. N.Y.: St. Martin's Press.

Quinn, R. P. & Staines, G. L.(1979). *The 1977 Quality of Employment Survey*. Ann Arbor: Institute of Social Research.

Rachman, S. J. & Hodgson, R. J.(1980). *Obsessions and Compulsions*. Englewood Cliffs, NJ: Prentice-Hall.

Radloff, L. S. & Rae, D. S.(1979). "Susceptibility and precipitating factors in depression: Sex differences and similarities". *Journal of Abnormal Psychology*, 88: 174~181.

Raskin, N.(1985). "Client-centered therapy". In Lynn, S. J. & Garske, J. P.(eds.), *Contemporary Psychotherapies Models and Methods*. Columbus: Charles E. Merrill.

Rhodes, S. L.(1980). "A developmental approach to the life cycle of the family". In Bloom, M.(ed.), *Life Span Development*. NY: Macmillan.

Rice, M. L.(1989). "Children's language acquisition". *American Psychologist*, 44: 149~156.

Richards, L. N. & Schmiege, C. J.(1993), "Problems and strengths of single-parent families: Implications for practice and policy". *Family*

Relations, 42: 277~285.

Richardson, A.(1983). "The diversity of self-help groups". In Hatch, S. & Kickbusch, R.(eds.), *Self-Help and Health in Europe*. Geneva: World Health Organization.

Richmond, M.(1917). *Social Diagnosis*. New York: Russell Sage Foundation.

Robinson, B. E. & Fields, N.(1983). "Casework with invulnerable children". *Social Work*, 28: 63~65.

Roche, A. F. & Davila, G. H.(1972). "Late adolescent growth in stature". *Pediatrics*, 50: 874~880.

Rogers, C. R.(1951). *Client-Centered Therapy: Its Current Practice, Implications, and Theory*. Boston: Houghton Mifflin Co.

_____(1959). "Theory of therapy, personality, and interpersonal relationships, as developed in the client-centered framework". In Koch, S.(ed.), *Psychology: A Study of Science*. vol.3. New York: McGraw-Hill.

_____(1961). *On Becoming a Person: A Therapist's View of Psychotherapy*. Boston: Houghton Mifflin Co.

_____(1980). *A Way of Being*. Boston: Houghton Mifflin Co.

Rogers, R. G.(1996). "The effects of family composition, health, and social support linkages on mortality". *Journal of Health and Social Behavior*, 37(4): 326~338.

Rosenberg, M.(1981). "The self-concept: Social product and social force". In Rosenberg, M. & Turner, R. H.(eds.), *Social Psychology*. New York: Basic Books.

Rosenberg, M. & Brody, R.(1974). *Systems Serving People: A BreakThrough in Service Delivery*. Cleveland: Case Western University Press.

Rosenhan, D. L. & Seligman, M. E. P.(1989). *Abnormal Psychology*(2nd ed.). New York: W. W. Norton.

Rosenman, R. H., Brand, R. J., Jenkins, C. D., Friedman, M., Straus, R., & Wurm, M.(1975). "Coronary heart disease in the western collaborative group study: Final follow-up experience at 8 1/2 years". *Journal of* the *American Medical Association*, 233: 872～877.

Rosow, I.(1985). "Status and role change through the life cycle". In Binstock, R. H. & Shanas, E.(eds.), *Handbook of Aging and the Social Sciences*. New York: Van Nostrand Reinhold Co.

Ross, M. G.(1967). *Community Organization: Theory, Principles, and Practice*. New York: Harper & Row.

Row, J. W. & Kahn, R. L.(1996). "Successful aging". *The Gerontologist*, 37(4): 433～440.

Rowe, W.(1986). "Client-centered theory". In Turner, F. J.(ed.), *Social Work Treatment*. New York: Free Press.

Roy, M. P., Steptoe, A., & Kirshbaum, C.(1998). "Life events and social support as moderators of individual differences in cardiovascular and cortisol reactivity". *Journal of Personality and Social Psychology*, 75(5): 1273～1281.

Rutter, M.(1983). "School effects on pupils progress: Research findings and policy implications". *Child Development*, 54: 1～29.

Ryckman, R. M.(2004). *Theories of Personality*(8th ed.). Belmont, CA: Wadsworth/Thomson Learning.

SAMHSA(2014). *Mental Health Parity and Addition Equity*. Washington, DC: Department od Health and Human Services.

Santrock, J. W.(2004). *Life-Span Development*(10th ed.). Boston: McGraw-Hill.

Sarasen, I. G. & Sarasen, B. R.(2002). *Abnormal Psychology: The Problem of Maladaptive Behavior*(10th ed.). New Jersey: Prentice Hall.

Schacter, S. & Latane, B. T.(1964). "Crime, cognition, and the autonomic nervous systems". In Levine, D.(ed.), *Nebraska Symposium on Motivation*. Lincoln: University of Nebraska Press.

Schaie, K. W.(1996). *Intellectual Development in Adulthood: The Seattle Longitudinal Study*. New York: Cambridge University Press.

Schaie, K. W. & Herzog, C.(1983). "Fourteen-year cohort-sequential analyses of adult intellectual development". *Developmental Psychology*, 19: 53

1~543.

Schaie, K. W. & Willis, S.(2002). *Adult Development and Aging*(5th ed.). New Jersey: Prentice Hall.

Schriver, J. M.(1995). *Human Behavior and the Social Environment: Shifting Paradigms in Essential Knowledge for Social Work Practice*. Boston: Allyn and Bacon.

Searles, J.(1988). "The role of genetics in the pathogenesis of alcoholism". *Journal of Abnormal Psychology*, 97: 153~167.

Seeman, T. E., Bruce, M. L., & McAvay, G. J.(1996). "Social network characteristics and onset of ADL disability: MacArthur studies of successful aging". *Journal of Gerontology*, 51(4): 191~200.

Seligman, M. E. P.(1975). *Helplessness: On Depression, Development, and Death*. San Francisco: Freeman.

Selye, H.(1956). *The Stress of Life*. New York: McGraw-Hill.

Settersten, Jr., R. A.(1997). "Adulthood and aging: Research on continuities and discontinuities/the human elder in nature, culture, and society/the meanings of age: Selected papers of Bernice L. Neugarten". *The Gerontologist*, 37(5): 693~698.

Sharf, R. S.(2000). *Theories of Psychotherapy & Counseling*(2nd ed.). Pacific Grove: Brooks/Cole Publishing Company.

Shaw, C. R. & McKay, H. D.(1942). *Juvenile Delinquency and Urban Areas*. Chicago: University of Chicago Press.

Shaw, S.(1991). "The conflicting experiences of lone parenthood". In Hardey, M. & Crow, G.(eds.), *Lone Parenthood*. Toronto: University of Toronto Press.

Sigelman, C. K.(1999). *Life-Span Human Development*(3rd ed.). Brooks/ Cole Publishing Co.

Simonton, D.(1990). "Creativity and wisdom in aging". In Birren, J. & Schaie, K.(eds.), *Handbook of the Psychology of Aging*(3rd ed.). San Diego: Academic Press.

Siverman, D.(1970). *The Theory of Organizations*: *A Sociological Framework*. London: Heinemann.

Skinner, B. F.(1938). *The Behavior of Organisms*: *An Experimental Analysis*. New York: Appleton-Century Crofts.

_____(1953). *Science and Human Behavior*. New York: Macmillan Co..

_____(1962). *Walden Two*. New York: Macmillan Co.

_____(1974). *About Behaviorism*. New York: Alfred A. Knopf.

_____(1983). "Intellectual self-management in old age". *American Psychologist*, 38: 239~244.

_____(1990). *Beyond Freedom and Dignity*. N.Y.: Bantam Book.

Skogstad, M. B. A.(1998). "The oldest old, ADL, social network, and loneliness". *Western Journal of Nursing Research*, 20(3): 325~343.

Skolnick, A. S.(1983). *The Intimate Environment*. Boston: Little, Brown, & Co.

Soldo, B. J., Hurd, M. D., Rodgers, W. L., & Wallace, R. B.(1997). "Asset and health dynamics among the oldest old: An overview of the AHEAD study". *The Journal of Gerontology*, 52B: 1~15.

Solomon, R. L.(1977). "An opponent process theory of acquired motivation: The affective dynamics of addiction". In Maser, J. & Seligman, M.(eds.), *Psychopathology*: *Experimental Models*. San Francisco: Freeman.

Spanier, G. B.(1977). "Sexual socialization: A conceptual review". *International Journal of Sociology of the Family*, 6: 121~146.

Specht, R. & Craig, G. J.(1987). *Human Development*: *A Social Work Perspective*(2nd ed.). Englewood Cliffs, NJ: Prentice-Hall.

Spendlove, D. C., Gravelek, J. R., & MacMurray, V.(1981). "Learned helplessness and the depressed housewife". *Social Work*, 26: 474~481.

Stack, C. B.(1974). *All Our Kin*: *Strategies for Survival in a Black Community*. New York: Harper Colophon.

Stark, R.(1975). *Social Problems*. New York: Random House.

Sussman, M.(1985). "The family life of old people". In Binstock, R. H. &

Shanas, E.(eds.), *Handbook of Aging and Social Sciences*. New York: Van Nostrand Reinhold Co.

Swing, E. L. & Anderson, C. A.(2007). "The unintended negative consequences of exposure to violent videogames". *International Journal of Cognitive Technology*, 12: 3~13.

Tanner, J. M.(1990). *Foetus into Man: Physical Growth from Conception to Maturity*. Cambridge: Harvard University Press.

Taylor, S. E. & Brown, J. D.(1988). "Illusion and well-being: A social psychological perspective on mental health". *Psychological Bulletin*, 103: 193~210.

Thomas, R. M.(1985). *Comparing Theories of Child Development*. Belmont, CA: Wadsworth.

Thompson, V. A.(1961). *Modern Organizations*. New York: Knopf.

Thomson, N. F.(1997). "Coping with job loss: An attribution model". *The Journal of Psychology*, 131(1): 73~81.

Tomer, A. & Eliason, G.(2000). "Attitudes about life and death: Toward a comprehensive model of death anxiety". In Tomer, A.(eds), *Death Attitudes and Older Adult: Theories, Concepts, and Applications*. New York: Brunner-Routledge.

Tönnies, F.(1957). *Community and Society*. Loomis, C.(trans. and ed.). Lansing, Mich.: Michigan State Press.

Toseland, R. W. & Rivas, R. F.(1984). *An Introduction to Group Work Practice*. New York: Macmillan Co.

Turner, F. J.(1976). *Differential Diagnosis and Treatment in Social Work*(2nd ed.). New York: Free Press.

_____(1984). *Adult Psychopathology: A Social Work Perspective*. New York: Free Press.

_____(1989). *Child Psychopathology: A Social Work Perspective*. New York: Free Press.

Turner, J. S. & Helms, D. B.(1983). *Lifespan Development*(2nd ed.). New York:

Holt, Rinehart, & Winston.

Valentine, B. L.(1978). *Hustling and Other Hard Work*. N.Y.: Free Press.

Veninga, R. L. & Spradley, J. P.(1981). *The Work-Stress Connection*. Boston: Little, Brown, & Co.

Veroff, J., Douvan, E., & Kulka, R. A.(1981). *The Inner American*. New York: Basic Books.

Wakefield, J. C.(1999). "Evolutionary versus prototype analyses of the concept of disorder". *Journal of Abnormal Psychology*, 108(3): 374~399.

Warren, R. L.(1978). *The Community in America*. Chicago, Ill: Rand McNally & Co.

Watson, J. B. & Rayner, R.(1920). "Conditioned emotional reactions". *Journal of Experimental Psychology*, 3: 1~14.

Weiss, L. & Lowenthal, M.(1975). "Life-course perspectives on friendship". In Lowenthal, M., Thurner, M., & Chiriboga, D.(eds.), *Four Stages of Life*. San Francisco: Jossey-Bass.

Weissman, M. M. & Paykel, E. S.(1974). *The Depressed Woman: A Study of Social Relationships*. Evanston: University of Chicago Press.

Welford, A. T.(1977). "Psychomotor performance". In Birren, J. E. & Schaie, K. W.(eds.), *Handbook of the Psychology of Aging*. New York: Van Nostrand Reinhold Co.

Wheaton, B.(1983). "Stress, personal coping resources, and psychiatric symptoms: An investigation of interactive models". *Journal of Health and Social Behavior*, 24: 208~229.

Whitbourne, S. K.(1985). "The psychological construction of the life span". In Birren, J. E. & Schaie, K. W.(eds.), *Handbook of the Psychology of Aging*. New York: Van Nostrand Reinhold Co.

White, R. W.(1959). "Motivation reconsidered: The concept of competence". *Psychological Review*, 66: 279~333.

Whiting, B. & Edward, C. P.(1973). "A cross-cultural analysis of sex differences in the behavior of children aged three through eleven". *Journal of*

Social Psychology, 91(2): 171~188.

Wicks-Nelson, R. & Israel, A. C.(2015). *Abnormal Child and Adolescent Psychology: DSM-5 Update*(8th ed.). Pearson.

Wilmoth, J. M.(1998). "Living arrangement transitions among America's older adults". *The Gerontologist*, 38(4): 434~444.

Woodroofe, K.(1971). *From Charity to Social Work in England and the United States*. Toronto: University of Toronto Press.

Zastrow, C. & Kirst-Ashman, K. K.(2007). *Understanding Human Behavior and the Social Environment*(7th ed.). California: Thomson Brooks/Cole.

_____(2013). *Understanding Human Behavior and the Social Environment*(9th ed.). California: Belmont Brooks/Cole.

찾아보기 — 용어

찾아보기 ― 인명

A Theory of Cognitive Dissonance

인지부조화 이론

레온 페스팅거 지음
김창대(서울대) 옮김

**인간의 비합리성을 이해하는
가장 합리적인 이론**

미국의 저명한 사회심리학자 레온 페스팅거의 《인지부조화 이론》 국내 최초
완역본. 1957년에 발표된 이 이론은 인간행동의 동기를 설명하는 새로운 시각을
제시함으로써 사회심리학계에 큰 반향을 일으켰다. 각종 사회현상과 인간심리의
보편적 작동과정을 합리적으로 해석한 이 책은 오늘날까지 설득력 있는
설명체계로 활용되고 있는 현대의 고전이다. 신국판·양장본 / 344면 / 22,000원

Contemporary Sociological Theory

현대 사회학 이론

조나단 터너 지음
김윤태 외 16인 옮김

**대표 사회학자 터너가 그린
현대 사회학 이론의 지형도**

현재 가장 영향력 있는 사회학 이론가로 꼽히는 터너가 제시하는 현대 사회학
이론의 체계적 가이드. 기능주의부터 페미니즘까지 9가지 사회학의 핵심 이론의
역사와 구조를 종횡으로 펼치며 사회학 이론 지형도를 제시한다. 국내 대표
사회학자들의 공동번역을 통해 완성도 높은 번역서로 태어난 이 책은 사회학의
본질에 한 발 더 다가갈 수 있도록 이끈다. 46배판 / 688면 / 34,000원

나남
nanam
Tel : 031-955-4601
www.nanam.net